노쌤의

달 달 **한국사**

노동진

오래

서 문

들어가는 글

이 책은 올바른 역사관을 심어주기 위해 쓴 책은 아닙니다. 올바른 역사관을 위한 재료인 역사적 지식을 역사의 흐름과 더불어 정확하게 전달하기 위해 편찬되었습니다. 역사를 알아야 역사관이 생깁니다.

사람마다 역사관은 다를 수 있지만, 애초에 자신의 역사관이 없는 사람은 불행한 사람입니다. 역사관(歷史觀)은 역사를 보는 시각을 말하는데, 역사가 보이지 않는 사람이 무슨 관점이 있겠습니까? 그런 사람은 역사맹(歷史盲)일 뿐입니다. 역사를 모르는 사람은 정신이 가난한 사람이고, 그런 사람들이 많은 나라는 우민(愚民)의 나라일 것입니다.

매년 새로운 학생들을 만날 때마다 한국인의 역사적 감수성이 황폐해지고 있음을 느낍니다. 어른이 되어 다시 역사를 공부하고 싶은 사람도 길을 몰라 고민하는 모습을 많이 보았습니다. 한국사를 전공하고 한국사를 가르치는 사람으로서 그런 분들에게 조금이라도 도움이 되고자 이 책을 썼습니다. 시험을 위해 공부해야 할 학생뿐 아니라, 아이들에게 어떻게 역사를 가르쳐야 될지 고민하는 부모님들, 교양으로 한국사를 공부하려 하는 성인들에게도 권하고 싶습니다.

영어나 수학을 한권으로 끝낼 수 있다고 생각하는 사람은 없을 것입니다. 역사의 깊이와 방대함이 다른 학문만 못하겠습니까? 한국사를 한 권의 책으로 완벽하게 이해할 수는 없습니다. 하지만 책 한권이 한국사를 공부할 때 길을 잃지 않기 위한 지도나 나침반 역할은 할 수 있습니다. 제 책을 읽고 한국사에 대한 관심이 커져 다른 책을 읽고 싶다는 마음이 든다면 참으로 감사하겠습니다. 다만 시험을 위한 한국사 책이 필요한 학생은 이 책 한권이면 공부에 필요한 기본 지식은 충분히 배울 수 있습니다.

한국사에 대한 관심이 역사 전반에 대한 관심으로, 역사에 대한 관심이 나를 둘러싼 세상에 대한 애정으로 커나가는 데 조금이라도 도움이 되면 좋겠습니다.

추천의 글

스토리텔링이라는 용어가 시중에 회자되고 있다. 아마도 우리 인간은 태생적으로 스토리에 감동하고 자극받는 존재이기 때문일 것이다. 현대 사회에서 스토리는 이제 인간의 범주를 넘어서 상품과 서비스에도 매우 중요한 요소로 부각되고 있다. 인간을 이해시키고 감동시키지 못하는 상품과 서비스는 존재할 수 없기 때문이다. 이러한 이유로 경영학교수인 나는 학생들뿐만 아니라 기업현장의 경영자들에게도 항상 역사서를 읽으라고 강조해 왔다.

독자들이 이 책을 통하여 역사를 만들어간 사람들과 사건들이 어떤 관계 하에 진짜 역사를 만들어왔는지, 어떤 선구자의 뛰어난 상상력은 때때로 왜 역사로 남겨질 수 없었는지 상상하는 기회를 가져보길 기대한다. 아마도 역사를 이해하는 것을 넘어 새로운 역사를 만들어낼 수 있는 스토리텔링의 힘을 얻게될 것이다.

– 한양대학교 경영학부 교수 황승준

학생들을 가르치는 바쁜 중에도 시간을 쪼개어, 먼지가 쌓이고 녹이 슬었던 역사의 한순간 한순간을 일일이 장면을 찾아서 찾아서 윤을 내고 광을 내어 멋지고 새로운 장면으로 재탄생시켰으니 많은 독자들이 한국사의 달달한 케이크을 한입씩 베어 물기를 바랍니다.

– 의학 박사, 정신과 전문의 박지홍

내가 노선생을 처음 만난 것은 초등학생 때였다. 노선생 집에서 공책에 빽빽히 써 놓은 소설을 보고 나중에 소설가가 되는 것 아닌가 생각했다. 중고등학교도 같이 다녔는데 국사와 세계사에서는 선생님이 오히려 노선생에게 물어보곤 했다. 그가 역사를 전공한 것은 너무나 자연스럽게 느껴진다.

역사라는 소재는 소설이나 만화, 영화, 드라마와 같은 여러 가지 예술과 오락 장르에 활용된다. 그리하여 누구나 약간씩은 역사에 대한 지식이 있다. 하지만 대개의 경우 그 지식은 일관된 서술로부터 얻은 것이 아니라 사실과 픽션이 뒤섞여 있다.

노선생의 책은 정사를 기반으로 조금 더 풍부한 사료를 첨가한 것이다. "교과서에서 한 겹 더 들추어보기" 정도의 내용으로 모르고 있던 재미있는 뒷이야기가 많다.

이 책을 고등 참고서 정도로만 소개하는 것은 아쉽다고 생각한다. 실제로 교양역사서들이 비전공자들의 억측에 가까운 이야기인 경우가 많은데, 교양인이라면 우선 정사에 기반한 탄탄한 역사인식을 갖추고 볼 일 아닐까.

－초·중·고·대학을 함께 보낸 친구 안준철

평준화 시대의 인문계 고3 우등반에는 과목마다 담당 선생님들을 긴장시키는 특출난 아이들이 하나씩 있었고, 국사와 세계사 시간의 주인공은 항상 노동진이었다. 방대한 연대기적 지식은 물론 정사와 야사를 넘나들며 풀어내는 역사 이야기로 감탄과 시샘을 자아내던 그가, 한국사의 최고학부를 거쳐 명문 입시학원에서 오랫동안 아이들을 가르치며 쌓아온 역사지식의 고갱이를 이제 일반 독자를 상대로 풀어놓는다.

－정연욱, 미국변호사/톰발리㈜ 대표

차 례

차례

4일차 \ 조선 시대

010

6일차 \ 일제강점기

1일차

역사의 시작

**구석기
시대** ───── • 수렵 · 채집
　　　　　　• 이동생활

　　　　　　　　　　　– 뗀 석기
　　　　　　　　　　　– 주먹도끼
　　　　　　　　　　　– 슴베찌르개(구석기 후기)

　　　　　　중석기시대　　– 잔석기

**신석기
시대** ───── • 농경 · 목축
　　　　　　• 정착 생활

　　　　　　　　　　　– 간석기
　　　　　　　　　　　– 토기 제작(빗살무늬 토기)

**청동기
시대** ───── • 계급과 사유재산 제도 등장
　　　　　　• 청동무기를 이용한 정복 전쟁 활발
　　　　　　• 고조선의 건국

　　　　　　　　　　　– 반달돌칼, 비파형 동검, 고인돌
　　　　　　　　　　　– 무늬없는 토기, 미송리식 토기

**철기
시대** ───── • 국가의 발전
　　　　　　– 고조선의 철기 수용
　　　　　　– 여러 나라의 성장
　　　　　　• 청동기의 의식용 도구화

　　　　　　　　　　　– 세형동검, 거푸집
　　　　　　　　　　　– 철제 농기구 사용

01 구석기와 신석기 시대

선사 시대		고대					중세	근세	근·현대
구석기	신석기	청동기	철기	원삼국	삼국	남북국	고려	조선	

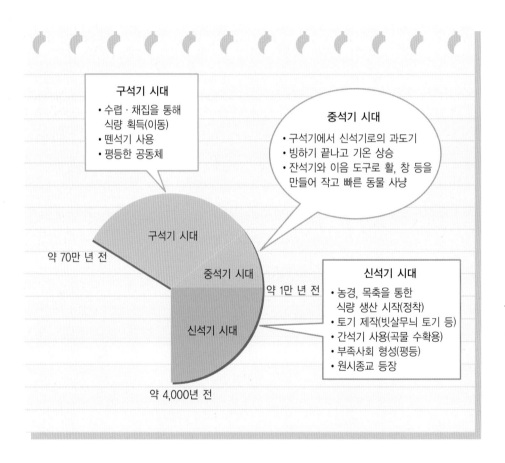

구석기 시대
• 수렵·채집을 통해
  식량 획득(이동)
• 뗀석기 사용
• 평등한 공동체

중석기 시대
• 구석기에서 신석기로의 과도기
• 빙하기 끝나고 기온 상승
• 잔석기와 이음 도구로 활, 창 등을
  만들어 작고 빠른 동물 사냥

구석기 시대

약 70만 년 전

중석기 시대

약 1만 년 전

신석기 시대
• 농경, 목축을 통한
  식량 생산 시작(정착)
• 토기 제작(빗살무늬 토기 등)
• 간석기 사용(곡물 수확용)
• 부족사회 형성(평등)
• 원시종교 등장

신석기 시대

약 4,000년 전

구석기 시대

✎ 인류는 구석기 시대부터 한반도와 만주 지역에서 살았다. 구석기 시대는 수렵 채집을 통해 식량을 얻었으며 이를 위해 이동생활을 하였다. 이 시기는 빙하기와 간빙기를 되풀이 하면서 해안선이 계속 변하였다. 빙하기에는 해수면이 낮아서 지금보다 육지가 넓고, 바다가 좁았으며 황해는 존재하지 않았다. 중국과 일본 열도는 한반도와 연결되어 인간과 동물들이 육지를 통해 사유스럽게 넓은 아시아 대륙을 이동하면서 생활하였다. 빙하기가 끝나고 해수면이 높아지면서 한반도는 중국, 일본 열도와 분리되었다. 구석기인들은 계속 이동 생활을 하면서 살았기 때문에 우리 민족과 직접적인 관련은 없는 것으로 보고 있다.

◐ 구석기 시대의 주먹도끼
(국립중앙박물관)

✎ 한반도와 만주 지역의 구석기 시대는 약 70만 년 전부터 시작되었다. 이 시기 사람들은 돌을 깨뜨려 만든 뗀석기와 뼈로 만든 도구를 사용하였다. 구석기 시대 초기에는 한 개의 석기를 다양한 용도로 사용하였고 찍개와 주먹도끼 등이 사용되었다. 이후 석기 제작 기술이 발전하면서 석기의 크기가 작아지고 다양한 용도의 석기가 제작되었다. 구석기 후기에 이르면 슴베찌르개를 나무나 뼈에 연결하여 쓰는 이음 도구를 만들기도 하였다.

◐ 구석기 후기, 좀돌날몸돌
(국립중앙박물관)

✎ 이동 생활을 하던 구석기인들은 동굴, 바위 그늘에 살거나 막집을 짓고 살았다. 계급이 존재하지 않는 평등 사회로 경험 많은 사람이나 연장자가 무리를 지도하였다.

✎ 구석기에서 신석기로 넘어가는 시기에 빙하기가 끝나고 기후가 따뜻해지자 숲이 우거지고 작고 빠른 동물들이 늘어났다. 이를 사냥하기 위해 잔석기를 만들어 나무나 뼈에 꽂아 창이나 활로 사용하기도 하였다. 이 시기를 학자에 따라 중석기라고 따로 부르기도 하였다.

신석기 시대

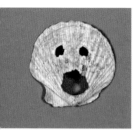

◎ 신석기 시대의 조가비 탈
(국립중앙박물관)

📖 우리 민족의 원형이 형성된 것은 신석기 시대에서 청동기 시대를 거치면서이다. 한국사는 지역사의 성격과 민족사의 성격을 함께 가지고 있지만 특히 민족사의 성격이 강하다. 따라서 신석기 시대와 청동기 시대를 특히 관심있게 살펴야 한다.

📖 약 1만 년 전부터 인류는 신석기 시대에 들어가게 된다. 신석기 시대의 가장 큰 특징은 식량 생산이다. 농경, 목축을 통하여 안정적으로 식량을 생산하게 되면서 인구가 늘어나고 사회가 복잡해졌다. 이런 토대 위에서 문명이 발전하게 되었다.

◎ 신석기 시대의 가락바퀴
(국립중앙박물관)

📖 농경을 위해서 정착생활이 시작되었다. 정교한 간석기로 농기구를 만들었다. 잡곡류를 주로 재배하였고 목축도 행하여졌다. 그러나 여전히 사냥과 채집, 어로 활동이 중요한 생산 수단이었다. 그물이나 낚시를 이용한 고기잡이가 중요하였기 때문에 신석기 시대 사람들은 강가나 바닷가에 주로 거주하였다. 가락바퀴와 뼈바늘을 이용해서 옷이나 그물을 만들었다. 이 시기의 가장 대표적인 유물이 가락바퀴이다.

📖 정착생활을 하게 되자 사람들은 이동의 부담에서 벗어나 다양한 생활 도구를 제작하였다. 포장이사나 택배의 도움없이 순전히 자기 힘으로 토기를 들고 유랑하는 선사 시대 사람들을 상상해보라. 다양한 생활 도구는 정착 생활이 가져다 준 선물이다. 토기를 제작하여 식량을 조리하고 저장하였다. 신석기 시대의 대표적인 토기는 빗살무늬 토기로 한반도 전역에서 출토되었는데, 주로 강가나 바닷가에서 발견되었다.

◎ 신석기 유물
(국립중앙박물관)

📖 원시적인 형태의 예술과 종교 현상이 나타나 신석기인들은 조개껍데기로 예술품을 만들거나 짐승의 뼈, 이빨 등으로 치레걸이(장식품)를 만들었다. 또한 자연에 대하여 관심을 가지고 태양 같은 자연물이나 자연 현상을 숭배하고(애니미즘) 특정 동식물을 부족의 조상으로 여기고 섬겼으며(토테미즘), 무당과 주술을 믿기도 하였다(샤머니즘). 신석기 시대도 기본적으로 평등한 사회였다.

슴베찌르개

인간은 동물을 사냥하고 다른 인간 집단과 투쟁하는 과정에서 항상 새로운 무기를 개발하여 왔다. 무기를 사용할 수 있는 범위는 사용하는 인간의 팔 길이에 제한을 받을 수 밖에 없었는데, 이를 극복하기 위하여 창과 같은 긴 병기, 활과 같은 장거리 투사 무기가 개발되었다. 슴베찌르개는 슴베가 달린 찌르개라는 뜻이다. 슴베는 칼·낫·호미 등의 자루 속에 박히는 부분이다. 자루를 달아 사냥 도구나 연장으로 사용되었는데, 점차 화살로 발전하였다.

◎ 구석기 후기, 단양수양개에서 출토된 돌날과 슴베찌르개(문화재청)

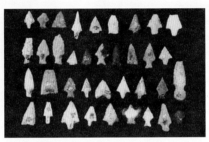

◎ 신석기 시대, 제주 고산리에서 발견된 석촉 (문화재청)

◎ 청동기 시대, 슴베 없는 화살촉(국립중앙박물관)

토기

흙을 빚어 그릇을 만들기 시작하면서 토기가 등장하였다. 토기는 뒤에 도기와 자기로 발전한다. 토기와 도기·자기의 차이는 유약을 발랐는지와 제조 당시 가마의 온도에 따라 구별된다. 한국에서는 신석기 시대에 토기가 등장하였다. 신석기 시대의 토기는 초기 무늬없는 토기와 빗살무늬 토기가 유명하다. 청동기 시대에는 무늬없는 토기와 미송리식 토기가 널리 알려져 있다.

◎ 신석기 시대의 빗살무늬토기(국립중앙박물관)

◎ 신석기 시대의 덧무늬 토기(국립중앙박물관)

◎ 청동기 시대의 무늬없는 토기(국립중앙박물관)

◎ 청동기 시대의 붉은 간토기(국립중앙박물관)

◎ 초기 철기 시대의 무늬없는 토기(국립중앙박물관)

💬 선사 시대의 주거지

① 구석기 시대

구석기인들은 계속 이동을 하면서 살았기 때문에 영구적인 주거지를 건설할 필요가 없었다. 그러나 찬 이슬을 맞으면서 노숙을 하는 것도 불편하기 때문에 동굴이나 바위 그늘이 있으면 이를 이용하였다. 마땅한 곳이 없을 때는 나뭇가지와 가죽, 풀 등을 이용하여 간단한 집을 만들었는데 이를 막집이라 한다.

◎ 막집 복원 모형(공주 석장리박물관)

◎ 구석기 시대의 충북 제천 점말 동굴(문화재청)

② 신석기 시대

신석기 시대에 정착 생활이 시작되면서 장기적인 주거지가 필요해졌다. 신석기 시대의 대표적인 가옥이 움집이다. 움집의 특징은 보온을 위하여 반지하로 집을 만들었다는 것이다. 대체로 원형이거나 원형에 가까운 사각형으로 땅을 파고, 둘레에 기둥을 세운다음 비바람을 막기 위해 풀잎 등으로 지붕을 덮었다. 움집의 중심부에는 취사와 난방을 하기 위한 화덕을 설치했다. 이 화덕 옆에는 저장 구덩이가 있는데, 취사를 하는데 필요한 것들을 여기에 보관했을 것이다. 경우에 따라서 저장 구덩이가 다른 곳에 하나 더 발견되는 움집도 있다. 출입구는 대체로 동남쪽이나 서남쪽의 햇볕을 잘 받는 방향에 설치되었다.

◎ 신석기 시대 집터(문화재청)

◎ 원형움집(문화재청)

③ 청동기 시대

청동기인들도 주로 움집에서 살았다. 움집의 구조는 둥근 모양의 것이 점차 줄어들면서 신석기시대의 후기에 등장하기 시작한 직사각형 움집이 주류를 이루었다. 땅을 판 깊이는 점차 얕아지면서 지상가옥에 가까워지고 있었음을 알 수 있다. 또한 후기로 갈수록 움집 안쪽에 놓여 있던 화로나 저장 구덩이와 같은 시설이 점차 움집 한쪽 벽에서 밖으로 돌출시킨 곳에 따로 설치되면서 공간의 활용도가 높아졌다. 청동기 시대에는 점차 마을의 규모가 커지고 다양한 형태의 집터가 등장한다. 이를 통해 사회가 점점 복잡해지고 빈부의 격차도 나타나고 있었음을 알 수 있다.

◎ 강원도 동해시에서 발견된 초기철기시대 집터(문화재청)　◎ 부여 송국리 청동기시대 집터(문화재청)

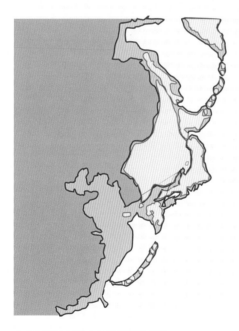

◎ **구석기와 신석기 시대 해안선 지도**

　빙하기 때는 한반도와 중국, 일본 열도가 육지로 연결되어 있었다. 현재의 해안선은 빙하기가 끝나고 해수면이 상승한 약 1만 년 전에 형성되었다. 많은 구석기 유적이 바다 속에 있을 것이다. 신석기 유적은 새로 형성된 해안선을 따라 바닷가나 강가에서 많이 발견되고 있다.

청동기와 철기 시대

선사 시대		고대					중세	근세	근·현대
구석기	신석기	청동기	철기	원삼국	삼국	남북국	고려	조선	개항 이후~현재

청동기	철기	원삼국(삼한 시대)	삼국	남북국
전기 고조선	후기 고조선 위만 조선	한군현 부여, 고구려, 옥저 동예, 삼한	고구려, 백제, 신라, 가야 연맹	통일신라 발해

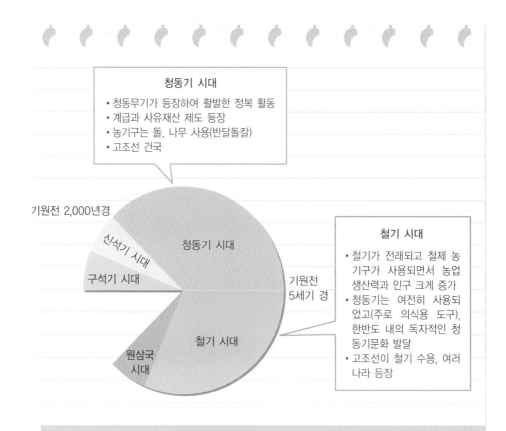

청동기 시대
- 청동무기가 등장하여 활발한 정복 활동
- 계급과 사유재산 제도 등장
- 농기구는 돌, 나무 사용(반달돌칼)
- 고조선 건국

기원전 2,000년경

신석기 시대
구석기 시대
청동기 시대

기원전 5세기 경

철기 시대
- 철기가 전래되고 철제 농기구가 사용되면서 농업 생산력과 인구 크게 증가
- 청동기는 여전히 사용되었고(주로 의식용 도구), 한반도 내의 독자적인 청동기문화 발달
- 고조선이 철기 수용, 여러 나라 등장

철기 시대

원삼국 시대

청동기 시대(고조선의 성립, 전기 고조선)

🖋 만주와 한반도 지역에서 기원전 2,000년에서 기원전 1,500년 사이에 청동기 문화가 보급되었다. 청동기 시대에 들어오며 계급이 발생하고 빈부격차가 나타났다. 국가가 등장하면서 우리 민족 최초의 국가인 고조선이 세워진다.

🖋 청동기는 주로 무기와 의식용 도구에 사용되었고, 농기구는 반달 돌칼과 같은 석기를 주로 사용하였다. 비파형 동검이 널리 사용되었던 대표적인 청동기이다. 이 시기의 대표적인 토기는 무늬 없는 토기이다. 농업은 여전히 밭농사 중심이었으나 일부 저습지에서는 벼농사도 지었다.

◎ 울주 반구대 암각화, 국보 제285호(문화재청)

🖋 동검(銅劍)에서 동은 구리를 뜻한다. 구리로 만든 검이라는 의미지만 순수한 구리만으로는 단단한 검을 만드는 것이 어렵기 때문에 주석을 섞어서 합금을 만드는데 이것이 청동이다. 현대인들이 사용하는 동전(銅錢)도 원래 구리로 만든 돈이라는 뜻이다. 실제로 순수한 구리만으로는 일정한 강도를 유지하는 것이 어렵기 때문에 주석이나 니켈 등을 섞어서 동전을 만든다.

◎ 청동기 시대, 부여 송국리 유적에서 발견된 불탄 쌀, 벼농사의 증거이다. (국립중앙박물관)

🖋 청동기 시대에는 주로 농경과 방어에 유리한 나지막한 산이나 구릉 지대에 주거지가 형성되었고, 마을의 규모가 커졌다. 개인 간의 빈부 격차도 커졌고 계급의 분화가 일어났다. 군장은 스스로 하늘의 후손이라는 천손 사상을 내세워 주변 부족을 통합하고 자신의 정당성을 강조하였다. 정복 전쟁이 활발해지면서 사회 규모가 점점 커졌고 국가가 출현하였다. 이 시기에 등장한 우리 역사 최초의 국가가 고조선이다.

🖋 이 시기에 군장들은 지배층의 권위를 과시하기 위하여 많은 사람들을 동원하여 고인돌을 만들었다. 또한 사냥 및 고기잡이의 성공과 풍년을 기원하기 위하여 바위그림을 그렸다. 울산 반구대 바위그림에는 고래와 사슴, 호랑이 등이 그려져 있고, 경북 고령 장기리 바위그림에는 동심원 등 기하학적 무늬가 그려진 것이 발견되었다.

1일차 역사의 시작

철기 시대(후기 고조선, 원삼국 시대)

✍ 만주와 한반도 지역에 기원전 5세기경부터 철기가 보급되기 시작하였다. 초기 철기 시대는 청동기 시대와 크게 다른 것이 없고 청동기와 철기가 함께 쓰였다. 이 시대에 청동기가 주로 의식용 도구로 사용되면서 청동 제품이 풍부하게 출토되고 그 수준이 오히려 청동기 시대보다 더 높아졌다. 이를 '청동기의 의기화' 현상이라 한다.

◯ 초기 철기 시대, 농경하는 모습이 새겨진 농경문 청동기(국립중앙박물관)

✍ 처음부터 모든 계층의 사람들이 철제 농기구를 사용한 것은 아니었다. 초기에는 주로 귀족들이 보유하였지만, 점차 평민에게까지 철제 농기구가 보급되면서 농업 생산이 크게 늘어나고 인구가 증가하였다. 국가의 규모가 커지고 정복 전쟁은 더욱 활발해졌다.

✍ 초기에는 요령 지역을 중심으로 발전하던 고조선은 기원전 3세기 초에 중국 세력과 충돌 하였고 점차 중심지를 한반도 안의 대동강 유역으로 옮기게 되었다. 이런 상황에서 만주 지역과 다른 한반도의 청동기 문화가 독자적으로 발전하면서 세형 동검과 잔무늬 거울 등이 제작되었다. 철기시대에 들어 왔는데도 여전히 청동기가 널리 만들어졌다는 것이 특이하다.

◯ 초기 철기 시대, 농기구인 쇠가래(국립중앙박물관)

✍ 이 시기 한반도의 독자적 청동기 문화는 대동강 유역의 평양 일대가 중심지였고 청천강 이남 지역에서 독자적인 유물들이 많이 출토된다. 한반도에서 독자적으로 청동기를 제작했던 사실은 청동기를 만드는 틀인 거푸집이 출토되면서 보다 확실히 알 수 있게 되었다. 무덤 양식으로는 나무 널을 사용한 널무덤과 두 개의 항아리를 이어 만든 독무덤 등이 있다.

💬 반달 돌칼

곡물의 이삭을 따는데 쓰인 청동기 시대의 농기구이다.
한반도 전역에 걸쳐 출토되고 있다. 한국에서는 청동기
시대에 농기구로 청동 농기구가 아닌 석기로 만든 농기
구가 사용되었다. 청동은 농기구로 사용하기에는 적당
한 재료가 아니다. 청동기 시대이지만 석기가 주된 생
산도구였다는 점이 특이하기 때문에 자주 언급된다.

◎ 반달돌칼(국립중앙박물관)

💬 비파형 동검

청동기 시대의 무기 혹은 제기이다. 검의 몸체가 비파
와 비슷하게 생겨 붙은 이름이다. 비파는 동양의 전통
악기로 기타와 비슷한 곡선을 가진 현악기이다. 중국
동북 지방의 요하를 중심으로 하는 요령 지방에서 주로
출토되었기 때문에 '요령식 동검'이라고도 부른다. 만
주 지역은 물론이고 한반도 전역에서 발견되면서 세형
동검에 앞서는 만주와 한반도 지역의 대표적인 청동기
로 인정받고 있다. 비파형 동검 문화는 고조선과 관련
된 것으로 보이며 이후 청천강 이남의 세형 동검 문화
는 이 비파형 동검 문화를 바탕으로 이루어졌다.

◎ 비파형 동검(국립중앙박물관)

💬 세형 동검

청동기 시대 후기 또는 철기 시대 전기의 유물로 한반
도의 청천강 이남에서 발견된다. 비파형 청동검이 점차
변화하여 나타난 것으로 보인다. 후기 고조선시대의 대
표적 유물이다. 원조는 비파형 동검이며, 청천강 이남
에서 출토되는 것으로 보아 세형동검의 발생지는 한국
으로 보인다. 따라서 '한국식 동검'이라고도 불린다.
비파형 동검에서 세형 동검으로의 변화는 만주와 한반
도 지역에서 일어난 정치적, 문화적 변화를 보여준다.
연해주, 일본 규슈 등지에서도 발견된다.

◎ 세형동검(국립중앙박물관)

◎ 낙랑에서 출토된 청동거울(문화재청)

🗨 청동거울

거친무늬 거울은 청동기 시대 전기에 사용되었던 문양이 거칠고 선이 굵은 청동거울이다. 주로 요령 지방에서 비파형 청동검과 함께 출토되고 있다. 잔무늬 거울은 청동기 시대 후기에서 철기 시대 초기까지 유행하였고, 한반도에서 주로 출토되었다. 간단하게 거친무늬 거울은 청동기 시대인 전기 고조선, 잔무늬 거울은 철기 시대에 접어든 후기 고조선의 유물이라고 정리해두면 좋을 것이다.

🗨 거푸집

거푸집은 금속을 녹여서 부어 넣어 어떤 물건을 만들기 위한 틀로써, 주로 청동기·철기 같은 금속 도구의 제작에 사용되었다. 거푸집이 제작되고 사용되었다는 것은 금속기를 대량으로 주조하여 사용하였음을 의미하며, 이 시기에 생산력이 크게 증대되었고 사회·경제적으로 큰 변화가 있었음을 보여준다. 후기 청동기와 철기 시대에 접어들면서 한반도 곳곳에서 청동기를 만드는 거푸집이 발견되었다. 이는 이 시기에 한반도에서 만주와 다른 독자적인 청동기 문화가 발달한 증거로 보아 상당히 중시된다. 만주 요하 지역에 고조선의 중심지가 있었던 시기에도 비파형 동검으로 대표되는 청동기 문화가 발달하였으나 만주 지역은 현재 우리 영토가 아니라 중국 땅이다. 그러다보니 이 지역의 문화가 역사적으로 현대의 어느 국가에 귀속되는지에 대해 논란이 있는 것이 현실이다. 하지만 세형 동검으로 대표되는 시기의 문화는 한반도 전역에서 발견되고, 특히 거푸집이 한반도에서 출토되고 있다. 이는 만주와 다른 한반도의 독자적인 청동기 문화로 간주되고, 온전히 한국사에 속하는 것으로 취급되면서 강조된다.

◎ 세형동검 거푸집(국립중앙박물관)

🗨 무덤 양식의 변화

인류가 종교적 관념에 눈을 뜨면서 무덤을 만들기 시작하였다. 무덤 양식은 극히 보수적으로 인구의 이동이 있을 경우 무덤 양식도 같이 움직이는 경우가 일반적이다. 따라서 무덤 양식은 그 시기의 인구 이동이나 지배 계층의 계통을 연구하는 데 중요한 자료이다.

① 신석기 시대가 되면 무덤이 만들어지는데 간단히 흙을 파고 시신을 매장하였고, 토기나 석기를 함께 묻기도 하였다.

② 청동기 시대가 되어 계급이 발생하자 족장의 권력이 커졌고, 무덤이 대형화되고 껴묻거리(부장품)도 풍부해지기 시작하였다. 각 지역마다 무덤 양식이 조금씩 다르지만 간단하게 특징을 살펴보면 청동기 시대에는 돌을 적극적으로 이용한 것이 특징이다. 대표적인 것이 고인돌이고, 돌널무덤과 돌무지무덤 등이 만들어졌다. 특히 긴 받침돌을 놓아 탁자처럼 만든 북방식 고인돌은 고조선의 세력권과 관련된 것으로 보인다.

③ 철기 시대의 대표적인 무덤은 널무덤과 독무덤이다. 널무덤은 토광묘라고도 하며 구덩이를 파고 시체를 직접 넣거나 나무관에 넣고 흙을 덮어 쌓아올린 무덤이다. 가장 간단하고 일반적인 무덤 양식으로 널리 만들어졌다. 독무덤은 옹관묘라고도 하며 두 개의 항아리를 옆으로 이어 만들었고 전라도의 영산강 유역에서 많이 만들어졌다.

🗨 선사 시대의 주요 유적지

	주요 유적지	주요 유물
구석기	• 상원 검은모루 동굴, 충남 공주 석장리, 경기도 연천 전곡리, 충북 단양 금굴 등 • 평남 덕천 승리산 동굴과 충북 청원 두루봉 동굴 등에서 화석 인골 발견	주먹도끼, 슴베찌르개, 흑요석으로 만든 석기
중석기	함북 웅기 부포리, 평양 만달리 등	잔석기
신석기	서울 암사동, 부산 동삼동, 제주도 한경, 평양 남경, 황해도 봉산 지탑리 등	간석기, 이른 민무늬 토기, 빗살 무늬 토기, 가락 바퀴
청동기	평북 의주 미송리, 충남 부여 송국리 등	고인돌, 비파형 동검, 미송리식 토기, 거친 무늬 거울, 민무늬 토기, 반달 돌칼
철기	경남 창원 다호리	세형 동검, 잔무늬 거울, 거푸집, 널무덤, 독무덤 중국 동전 다수 출토(명도전, 반량전, 오수전) 붓 출토(다호리 유적)

🌑 **명도전(국립중앙박물관)**

🗨 한민족(韓民族)의 형성

신석기 시대에 빗살무늬 토기를 사용하는 사람들이 만주와 한반도에 정착하여 살고 있었는데, 비파형 동검을 사용하는 종족이 청동기 제작 기술을 가지고 새로 들어 왔다. 이들이 오랜 세월 동안 서로 융합되어 하나의 문화적 동질성을 갖게 되면서 한민족이 형성되었다. 중국인들은 한민족을 동이(東夷)라 불렀다.

고대의 한민족은 다시 북방의 예맥(濊貊), 남방의 한(韓)으로 크게 나누어지는데 이들이 고조선ㆍ부여ㆍ고구려ㆍ옥저ㆍ동예ㆍ삼한을 세우면서 우리 민족의 주류를 이루게 되었다.

예맥은 고대에 한반도 북부와 만주에 살던 종족으로 예(濊)와 맥(貊) 종족이 따로 있다가 한데 합쳐져 예맥이라 불린 것으로 보인다. 고구려는 원래 맥족이다. 남방에는 한족이 거주하고 있었는데 북방에서 내려온 이주민과 결합하여 신라와 백제를 세웠다.

예맥족과 한족을 바탕으로 형성된 우리민족은, 이후 주변의 여러 종족과 활발히 교류하면서 현대의 한민족을 형성하였다. 한민족은 혈통상으로 원래 단일민족은 아니었지만, 오랜 시간을 함께 하면서 하나의 문화 공동체ㆍ운명 공동체를 이루게 되었다.

🌑 **명도전(국립중앙박물관)**

03 고조선과 진국

선사 시대		고대					중세	근세	근·현대
구석기	신석기	청동기	철기	원삼국	삼국	남북국	고려	조선	개항 이후~현재

청동기	(초기)철기	원삼국(삼한 시대)	삼국	남북국
전기 고조선	후기 고조선 위만 조선	한군현 부여, 고구려, 옥저 동예, 삼한	고구려, 백제, 신라, 가야 연맹	통일신라 발해

고조선(古朝鮮)

• 의의 : 우리민족 최초의 국가
• 발전
① 단군 조선(청동기 문화기반
  → 철기 도입)
② 위만 조선(발달된 철기 문화
  를 바탕으로 팽창)
③ 멸망 이후 한 군현 설치

진국(辰國)

• 의의 : 고조선과 같은 시기에
  남쪽에 존재
• 변화 : 북방 유이민 집단이
  선진 철기 문화를 가져오면
  서 사회변화를 겪고 삼한으
  로 발전

고조선에 대한 역사적 인식의 변화

우리는 고조선이 우리 민족이 세운 최초의 국가이며 단군은 우리 민족의 공통된 조상이라고 믿고 있다. 그러나 고조선과 단군을 우리의 공통된 조상으로 생각하는 관념은 고려 후기에 정착되었다.

원래 삼국은 각각의 독자적인 시조가 있었다. 고구려는 주몽, 백제는 온조, 신라는 혁거세가 시조이며, 독자적인 역사가 따로 있다고 믿어왔다. 통일 신라가 삼국을 통일하고(676) 고려가 다시 후삼국을 재통일하였지만(936), 고려 무신집권기(1170~1270)까지도 여전히 삼국의 유민 의식이 남아있어서 고구려, 백제, 신라의 부흥을 내세운 민란이 일어났다. 그러나 몽골과 수 십 년에 걸친 전쟁을 겪으면서 이민족과 싸우는 우리는 모두 하나의 공동체라는 의식이 강해지면서 공통의 조상으로 고조선과 단군이 주목을 받게 되었다. 고려 후기와 조선 시대를 거치면서 단군과 고조선에 대한 인식이 정착되었다.

단군이 하늘에 제사를 지냈다는 이야기가 전해지는 강화도 참성단(문화재청)

특히 유학자들은 기자를 중시하였다. 중국 중심의 중화사상에서 보면 중국은 문명국이고 주변 국가들은 문화가 발달하지 못한 오랑캐 국가이다. 그러나 우리나라는 다른 주변 국가와 달리 일찍부터 중국의 성인인 기자가 건너 와 교화를 시켰기 때문에 주변의 여진이나 일본과는 달리 문화가 꽃핀 소중화(小中華)라 하여 스스로를 자랑스럽게 생각하였다.

위만 왕조는 고조선의 마지막 왕조로 가장 확실한 기록이 남아있는 시기이다. 그러나 위만은 찬탈자라 하여 긍정적인 평가를 받지 못했고, 특히 조선 후기의 실학자 이익은 위만 조선 대신 쫓겨난 준왕이 세운 마한이 정통이라 주장하였다.

나라를 빼앗기고 이민족의 지배를 받던 일제 강점기에는 독립 운동가들을 중심으로 단군에 대한 관심이 높아졌고 단군을 섬기는 민족 종교인 대종교가 발전하기도 하였다.

우리 조상들이 믿어 온 고조선의 역사

🖋 단군 신화에 따르면 고조선은 신석기 말기인 기원전 2333년에 건국되었다. 기원전 108년에 중국 한 무제의 공격으로 멸망하고 한의 군현이 설치될 때까지 2,000년 이상 존속하였다고 한다. 고조선은 단군 조선에서 기자 조선, 위만 조선으로 계보가 이어진다. 신화에 나오는 건국 연도를 그대로 믿기는 힘들지만 고조선이 청동기 시대에 건국되어 초기 철기시대에 멸망하였다는 것은 사실이다.

🖋 단군 신화가 현존하는 역사서에 처음 나타나는 것은 고려 후기 몽골의 침략을 겪고나서 몽골(원)의 간섭을 받을 때인 충렬왕 때이다. 일연이 편찬한 삼국유사(1281)에 처음 등장하고, 몇 년 뒤에 이승휴가 쓴 제왕운기(1287)에도 역시 나타난다.

⊙ 강화도의 고인돌, 북방식 고인돌이다.(문화재청)

단군 조선

단군 신화에 따르면 하늘을 다스리는 환인의 아들 환웅이 태백산 신단수 아래 내려와 신시(神市)를 열고 인간을 다스렸다. 이때 곰과 호랑이가 사람이 되기를 원하였으나 인내심 강한 곰만이 뜻을 이루어 웅녀라는 여성이 되었다. 이후 환웅과 웅녀가 혼인하여 단군왕검을 낳았고, 단군왕검이 평양에 도읍하여 조선을 세우게 된다. 다시 도읍을 백악산 아사달로 옮기고 이곳에서 단군은 1천 5백여 년 동안 나라를 다스렸다. 그 후 기자가 중국에서 조선으로 들어오자 단군은 기자에게 왕위를 물려주고, 아사달에 숨어서 산신이 되었다고 한다. 단군은 종교적 제사장을, 왕검은 정치적 군장을 뜻하는 말로 단군왕검이라는 지배자 호칭은 당시가 제정일치 사회였음을 짐작하게 한다.

⊙ 비파형 동검(국립중앙박물관)

기자 조선

기자 조선은 중국에서 조선으로 들어 온 기자에 의해 세워졌다. 기자는 상나라의 성인(聖人)으로 주나라의 무왕이 기자에게 나라를 올바르게 다스리는 방법을 물었을 때 기자가 '홍범구주'라는 아홉가지의 정치 원칙을 전했다고 한다. 갑오개혁 당시 발표된 '홍범14조'의 홍범은 여기에서 따온 것이다. 기자가 상을 멸망시킨 주의 지배를

거부하고 중국을 떠나 조선으로 가자 무왕이 조선의 후(侯)로 봉하였다고 한다. 전통
사회에서 기자동래설은 일찍부터 우리 민족이 문화적 교화를 받아 주위 오랑캐와 다
른 문명국이 된 상징으로 생각하여 중시되었다. 그러나 기자의 실재 여부와는 관계없
이 기자나 그가 이끄는 집단이 만주와 한반도 지역에 들어왔다는 증거가 없어 현재는
신뢰성이 떨어지는 기록으로 보고 있다.

위만 조선

중국 대륙에서 통일왕조인 진이 망하고 한이 건국되는 혼란기에 중국의 동북쪽에 있
던 연 출신의 위만이 유민들을 데리고 고조선으로 망명하였다. 고조선의 준왕은 위만
을 받아들여 관직을 주고 국경을 지키게 했으나, 위만은 이를 배신하고 준왕을 쫓아
버리고 스스로 왕이 되었다(기원전 194). 쫓겨난 준왕은 남쪽으로 내려가 한왕(韓王)
이 되었다고 한다. 삼국사기에 따르면 고조선의 유민이 경주에서 사로6촌을 이루었
다고 하는데, 대륙과 한반도의 혼란기에 있었던 다수의 인구 이동을 보여주는 설명으

◎ 세형 동검(국립중
앙박물관)

로 보인다. 위만 이전에 이미 철기가 전래되었지만, 중국에서 온 위만은 더욱 발달된
철기 문화를 가져 왔다. 위만 조선은 발달된 철기 문화를 바탕으로 영토를 넓히고 크
게 번성하였다. 특히 남쪽의 진과 동쪽의 예가 중국의 한나라와 직접 교통하는 것을
막고 중계 무역의 이익을 취하고, 또한 북방의 흉노와 연결되어 한을 견제하였다. 이
에 한 무제는 대군을 보내 고조선을 공격하였다. 위만의 손자로 위만 조선의 마지막
왕인 우거왕 때 고조선은 멸망하고 그 지역에 한의 군현이 설치된다(기원전 108).

단군 신화와 팔조법금

고조선에 대한 기록은 거의 남아있지 않다. 그러나 단군 신화와 고조선의 법으로 알
려진 팔조법금을 보면 고조선의 사회 모습을 어느 정도 추론할 수 있다. 단군 신화는

◎ 초기철기 시대의 권총형
동기, 수레 부속품으로
중국의 영향을 받았지만
중국에서 볼 수 없는 독
특한 모습을 하고 있
다.(국립중앙박물관)

고조선이 청동기 문화를 바탕으로 성립된 국가라는 것을 보여준다. 팔조법금을 통해
고조선은 사유재산이 존재하였고 엄격한 신분제 사회였다는 것을 보여준다. 고조선
시대에는 8조의 법으로 충분했으나 한 군현 시기에 중국의 수탈과 이에 대한 토착민
의 저항으로 사회가 점점 어지러워지자 한 군현은 법률을 강화하여 조문이 60여 조
로 늘어났다.

한국사 교과서의 태도

선조들은 고조선이 단군 조선, 기자 조선, 위만 조선의 순서로 계승되었다고 믿었고, 우리 민족이 일찍 문명화된 상징으로 기자를 자랑스럽게 생각하였다. 그러나 기자동래설 자체가 신뢰하기 힘들고 여러 논란이 있다. 또한 주변 국가가 이를 악용하여 한국사의 독자성을 부인하는 데 이용되기도 하는 문제가 있었다. 현재 한국사 교과서는 기자 조선을 인정하지 않는다. 하지만 우리 선조들이 기자를 중시하였다는 사실 자체는 변함이 없으므로, 시대별로 단군조선과 기자조선에 대한 인식이 어떻게 변화하였는지는 잘 알아두어야 한다.

⬦ 청동기 시대의 농기구인 돌낫(국립중앙박물관)

실제 고조선의 역사

⬦ 청동기 시대의 부채 모양 청동 도끼(국립중앙박물관)

🖋 고조선은 청동기 시대에 건국되어 초기 철기시대에 멸망하였다.

전기 고조선

• 전기 고조선은 청동기 시대에 요령 지방을 중심으로 성장하였고, 점차 요령 지방과 한반도 북부 지역에 걸쳐서 세력권을 형성하였다.

• 고조선의 세력권으로 보이는 지역에서 발견되는 대표적인 유물은 비파형 동검, 거친 무늬 청동거울, 미송리식 토기, 북방식 고인돌이다.

• 기원전 5세기 무렵 만주와 한반도에 철기가 보급되면서 고조선은 더욱 세력을 확장하였고 산둥 반도의 제(齊)나라와 교역을 하기도 하였다. 중국이 전국 시대에 접어들며 제후들이 스스로 왕을 칭하게 된다. 이 시기의 고조선은 베이징 부근에 있던 연과 대립하며 스스로 연과 대등하게 왕을 칭할 정도로 강성하였다. 그러나 연이 장군 진개를 보내 고조선을 침략하면서 고조선은 서쪽의 영토를 잃고, 한반도 북부 지역으로 중심지를 옮기면서 후기 고조선으로 접어들게 된다.

후기 고조선

• 후기 고조선은 평양을 중심으로 대동강 유역에서 성장하였고, 청천강 이남 지역이

주된 활동 무대였다.

- 대표적인 유물은 세형 동검, 잔무늬 청동거울, 거푸집이다. 철기 시대에 접어들었 지만 대표적인 유물이 청동기라는 점이 특이하다. 후기 고조선은 만주와 다른 한반 도의 독자적인 청동기 문화가 발달하였다는 것이 중요한 특징이다. 청동기를 제작 하는 틀인 거푸집이 출토되어 이를 뒷받침해준다.

- 후기 고조선 시기 중국에서 온 유이민 출신 위만이 단군 조선의 마지막 왕 준왕을 몰아내고 왕위를 차지한다(기원전 194). 이후 본격적으로 철기 문화가 발달하면서 국력이 강해지고 이러한 힘을 바탕으로 영토를 넓혔으며 주변 국가가 중국과 직접 교류하는 것을 막고 중계 무역의 이익을 취했다. 한 무제는 고조선이 북방의 흉노 와 연결되는 것을 두려워하여 군대를 보내 1년간의 치열한 전쟁 끝에 고조선을 멸 망시키고 그 자리에 4개의 군현을 설치하였다(기원전 108).

◉ 청동기 시대, 충남 아산 에서 발견된 거친무늬 거 울(국립중앙박물관)

알려지지 않은 또 하나의 국가, 진(辰)

🕊 고조선이 만주와 한반도 북부 지역에서 자리잡고 있을 때 한강 이남 지역에는 진(辰)이라는 국가가 등장하였다.

🕊 진(辰)은 한반도 남부 지역에 금속 문화가 전파되면서 기원전 3세기에서 기원전 2세기 무렵에 등장한 것으로 보인다. 청동기 및 초기 철기문화를 바탕으로 한반도 중 남부지역에 존재한 초기 집단으로, 북쪽에 있는 고조선과 공존하였다. 이후 고조선의 유이민 집단이 유입되면서 정치적 변화를 겪게 되었고 점차 마한, 변한, 진한의 삼한 으로 개편되었다. 고조선에서 위만이 왕이 되고 원래 왕이었던 준왕이 남쪽으로 내려 와 한왕이 되었다는 기록은 이러한 역사적 변화를 보여주는 것으로 보인다.

◉ 초기철기 시대의 잔무늬 거울(국립중앙박물관)

🕊 하지만 기록이 거의 남아 있지 않아 정확한 정체는 알 수 없다. 진은 위만 조선 시기에 발달된 선진 문물을 입수하기 위하여 중국의 한(漢)나라와 직접 교류하고자 하였으나 위만 조선의 방해로 실패하였다.

💬 단군 조선과 단군 신화

■ 단군 신화는 사실인가? 신화인가?

단군신화는 고조선을 건국한 단군에 관한 신화로 이를 전하고 있는 문헌으로는 '삼국유사', '제왕운기', '세종실록 지리지', '응제시주' 등이 있다. 책마다 내용이 조금씩 다른데 '삼국유사'에 실린 내용을 요약하면 다음과 같다.

옛날에 환인(천제)의 서자인 환웅이 항상 인간 세상에 뜻을 두자 환인이 이를 헤아리고 천부인 3개를 주어 세상에 내려보내서 인간 세상을 다스리게 했다. 환웅은 무리 3천을 이끌고 태백산 신단수 아래 내려와 이곳을 신시로 정하고, 풍백·운사·우사를 거느리고 곡·명·병·형·선·악 등 인간의 360여 가지 일을 주관하며 세상을 다스렸다. 그때 곰 한 마리와 호랑이 한 마리가 환웅을 찾아와 인간으로 살기를 간청하니, 환웅이 신령스러운 쑥 1자루와 마늘 20통을 주며 이것을 먹고 동굴 속에서 생활하며 1백일 동안 햇빛을 보지 않으면 사람으로 화할 것이라고 했다. 곰과 호랑이가 이것을 받아먹고 인간이 되고자 했으나 곰은 잘 참아 여자로 변했지만 호랑이는 참지 못해 인간이 되지 못했다. 웅녀는 그와 혼인해주는 사람이 없으므로 신단수 아래서 아이를 낳게 해달라고 축원했다. 환웅이 이를 보고 변해서 아들을 낳으니 이가 바로 단군왕검이었다. 왕검이 요 임금 즉위 50년 후 평양성에 도읍하고 나라 이름을 조선이라고 했다. 그 뒤 다시 도읍을 백악산 아사달로 옮겼다. 단군은 1천 5백여 년 동안 나라를 다스렸다. 그 후 그는 아사달에 숨어 살다가 1,908세의 나이로 산신이 되었다. 주의 무왕이 즉위한 기묘년(己卯年)에 기자를 조선에 봉하니 단군은 곧 장당경으로 옮겼다가 뒤에 돌아와 아사달에 숨어 산신이 되었다.

이러한 신화는 물론 있었던 그대로의 사실은 아니고, 고조선의 어떤 부족의 시조설화였을 것이다. 그런 설화가 고려시대에 이르러 몽골과의 전쟁을 거치면서 민족 의식이 발달하는 과정에서 단군이 민족의 공동조상으로 강조되고 오늘날까지 우리 민족의 시조로 인식된 것으로 보인다. 특히 '삼국유사'가 몽골의 침입 등과 같은 민족적 시련기에 쓰였다는 것은 그러한 해석을 가능하게 해준다. 단군조선의 개국기원에 관해서는 '삼국유사'에 따르면 단군왕검이 아사달에 도읍할 때는 중국 당고(요 임금)의 시기와 같다고 하고 있다. 현재 우리가 사용하던 단기(檀紀)는 '동국통감'에 의해 BC 2333년으로 추정되는 것을 기준으로 하고 있다.

💬 기자와 기자 조선

■ 기자 조선을 인정할 것인가?

중국에서 상(은)나라가 주나라로 교체되던 시기에 상(은)의 왕족으로 성인(聖人)이었던 기자가 조선에 와서 왕이 되었다는 이야기가 '기자동래설(箕子東來說)'이다. 기자가 조선의 왕이 된 것은

◎ 삼국유사, 국보 제306-2호(문화재청)

기묘년(기원전 1122년)의 일로 전해진다. 기자는 5천여 명의 무리와 함께 조선으로 와서 백성들에게 문명을 가르쳤다고 한다. '삼국유사'에는 기자가 건너오자 원래 조선의 군주였던 단군이 기자를 피해 장당경으로 옮겨 갔다고 나타난다. 기자는 평양에 도읍을 두고 8조의 법금을 베풀어 나라를 다스렸다. 정전제(井田制)를 실시하고 농사짓는 법과 누에치는 법을 가르쳤다.

기자 이후는 한동안 기록이 나오지 않다가 기원전 300년을 전후하여 연나라와 외교 마찰이 있었고, 연나라의 장군인 진개에게 서쪽 영토 2,000여 리를 빼앗겨 세력이 크게 약화되었다는 기록이 나온다. 진시황이 중국을 통일한 후에 만리장성을 쌓자 기자조선의 왕이었던 부(否)는 이를 두려워하여 진나라에 복속하였다고 한다. 부가 죽고 아들 준(準)이 즉위하였다. 준왕은 기원전 194년에 한나라에서 망명해 온 위만에게 왕위를 찬탈당하였고, 이로써 기자 조선은 멸망하였다.

'낙랑대윤장'이 새겨진 봉니(국립중앙박물관)

그러나 중국에 기자라는 사람이 정말 있었다 하더라도 기자가 조선에 들어 와 왕이 되었다는 것을 실제 사실로 받아들이기는 힘들었다. 일단 고고학적인 증거가 거의 없다. 이에 대해 남아 있는 기록의 의미를 찾고 살리려는 학자들은 기자라는 특정한 인물이 아니라 기자로 대표되는 유이민 집단이 중국에서 조선으로 유입되었고 이들이 고조선에서 점차 세력을 얻은 사실이 기자동래설로 전해졌다고 보기도 한다. 하지만 현재 한국사 교과서는 기자 조선의 존재를 인정하지 않는다. 기자 조선의 존재를 인정한다면 위만에게 축출당한 준왕은 기자 조선의 마지막 왕이 되지만, 부정한다면 준왕은 단군 조선의 마지막 왕이 된다.

🗨 위만과 위만 조선

▓ 위만 조선을 어떻게 볼 것인가?

위만은 중국의 베이징 부근에 있던 연나라 출신이다. 중국을 통일한 유방이 부하였던 노관을 연의 왕으로 책봉하였으나 이후에 제거하려 하자 노관은 흉노로 망명하였다. 이러한 혼란기에 위만은 연의 망명자 1,000여 명을 이끌고 고조선으로 망명해왔다. 고조선의 준왕은 처음에 위만을 신임하여 박사로 삼고 100리의 땅을 주어 서쪽 국경선을 지키게 하였으나 점차 세력을 키운 위만은 준왕을 쫓아내고 스스로 왕이 되었다. 쫓겨난 준왕은 바다를 건너 남쪽의 한(韓) 땅으로 가서 한왕(韓王)이 되었다 한다.

위만의 출신에 대하여는 논란이 있으나 중국인으로 보는 견해도 있고 중국에 거주하고 있던 조선인으로 보는 입장도 있다. 한국사 교과서는 위만 조선을 중국인이 세운 정복 국가로 간주하면서 우리의 자주성을 부정하려는 입장에 맞서, 기존의 우리 민족이 세운 고조선의 연장으로 간주하고 있다. 위만이 왕이 된 이후에도 국호는 그대로 조선이라고 하였기 때문에 위만 조선을 위만 왕조라 부르면서 기존의 고조선의 연장임을 강조하는 경향이 강하다.

한군현(한4군)

한이 위만 조선을 멸망시키고 위만 조선의 영역에 설치한 네 개의 군현을 말한다. 낙랑군, 현도군, 임둔군, 진번군이 있다. 토착세력의 저항으로 임둔군, 진번군은 곧 없어지고 현도군은 요동 지역으로 철수하였다. 대동강 유역의 평양 지역에 있었던 것으로 보이는 낙랑군만 계속 지속되다 4세기 초 고구려 미천왕의 공격으로 멸망하였다(313). 3세기 초에 진번군이 있던 황해도 지역에 대방군이 설치되기도 하였는데, 역시 고구려에 의해 멸망하였다. 한 군현이라지만 한이 직접 통치를 했다기보다 중국에서 건너온 세력과 그 지역 토착 세력들이 자치를 하면서 중국의 문물을 받아들이는 통로 역할을 했던 것으로 보인다. 삼한 등의 토착 세력은 낙랑군, 대방군 등과 교역을 하면서 선진 문물을 받아들였고, 한 군현은 이들에게 읍군 등의 지위를 인정해주고 의책(옷과 모자), 인수(관리에게 주는 도장과 끈) 등을 나눠주면서 영향력을 행사하였다.

고조선의 강역 문제

◉ 초기철기 시대의 을자모양 동기, 후기고조선과 낙랑의 문화가 혼합되기 시작하는 무렵의 유물로 추정된다.(국립중앙박물관)

고조선 역사에서 또 하나의 중요한 문제는 고조선의 중심지와 영역에 대한 것이다. 단군 조선의 위치에 관한 문제는 아직까지도 학자들 간의 이견이 큰 부분으로서 대동강 중심설, 요령 지방 중심설, 이동설 등이 맞서 있으나 결론은 나지 않고 있다. 현재 한국사 교과서는 명확한 입장을 밝히고 있지 않으나, 이동설을 중심으로 이해하면 편리하다. 이동설은 요동에서 대동강 유역으로 고조선의 중심지가 이동되었다는 주장으로 근래 주목을 받고 있다. 고조선의 중심지 문제는 곧 고조선이 멸망한 뒤에 설치되었다는 한 군현의 위치 문제와 연결된다. 평양을 중심으로 하는 대동강 유역에서 낙랑군과 관련된 것으로 추정되는 유물들이 다수 발굴되고 있다. 따라서 적어도 고조선이 멸망하기 직전의 중심지는 평양으로 보는 것이 합리적이다. 그러나 처음부터 끝까지 평양이 고조선의 중심지였다 추정하기도 어렵다. 전기 고조선의 주요 유물로 추정되는 비파형 동검 같은 고고학적 유물의 분포나 제작 시기를 보면 요하 유역에서 고조선이 성립되었을 가능성이 높다. 따라서 고조선은 성립 당시에는 요하 유역에서 세워져서 점차 한반도 서북부 지역으로 세력을 확장한 것으로 보인다. 그러나 중국의 연나라와 충돌하면서 요하 유역의 영토를 상실하고 대동강 유역으로 중심지를 이동하였다고 추정하는 것이 합리적이다. 하지만 그렇게 되면 고조선 멸망 이후에 세워진 한 군현의 위치가 문제가 된다. 현재 한 군현의 위치를 한반도 내와 만주 일대로 추정하는 것이 일반적인데, 한 군현이 한반도에 있었다고 하면 마치 식민 사관의 잔재처럼 생각하여 이를 강력하게 비판하는 경향이 있다. 이후 역사의 전개 과정을 머릿 속으로 그리려면 이동설에 입각하여 정리해두는 것이 편리하다.

팔조법금(八條法禁)

고조선 시대의 법률이다. 8조법금의 전문은 전하지 않고 3개 조만이 '한서' 지리지에 전한다. 즉, ① 사람을 죽인 자는 사형에 처한다. ② 남에게 상해를 입힌 자는 곡물로써 배상한다. ③ 남의 물건을 훔친 자는 데려다 노비로 삼으며, 속죄하고자 하는 자는 1인당 50만 전(錢)을 내야 한다는 것 등이다. ①은 생명에 관한 것, ②는 신체에 관한 것, ③은 재산에 관한 것이다. '한서'에는 8조법금에 이어 '이로써 백성들은 서로 도둑질하지 않게 되어 문을 닫지 않았다. 부인은 정조를 지키고 음란하지 않았다.'라고 기록되어 있다. 이 가운데 부인은 정조를 지키고 음란하지 않았다는 것은 고조선이 가부장적인 사회로 간음을 금하는 법이 존재하였기 때문일 것이다. 따라서 8조 중에 간음을 금지하는 조항이 있었다 추정할 수 있다. 원래 고조선의 풍속이 순박하여 밤에도 문을 닫지 않았다 한다. 그러나 한나라의 관리나 상인들이 낙랑에 오면서 도둑질을 했기 때문에 풍속이 점차 각박해져서 법금이 60여 조로 늘어났다. 이처럼 8조법금은 당시의 사회상을 반영하는 것으로, 점차 사회가 복잡해지고 있음을 보여준다.

💬 현대의 고조선

역사는 가장 정치적인 학문이다. 먼 과거를 다루지만 과거는 직접적으로 현재에 영향을 미치기 때문이다. 그렇기 때문에 현재에 가까운 근현대는 치열하게 정치적인 논쟁이 벌어지는 시대이다. 그렇다면 현대에서 가장 먼 선사 시대나 고대는 현재와 관련이 없을까? 그렇지 않다. 고대는 자료가 별로 남아 있지 않기 때문에 역사적 상상력이 개입할 여지가 상대적으로 크다. 이런 이유로 우리 민족 최초의 국가인 고조선의 역사는 각각 다른 목적을 가진 사람들에 의해 다양하게 해석되고 받아들여졌다.

⊙ 단군 영정(원광대학교)

기록을 그대로 믿는다면 단군 조선은 약 1211년(기원전 2333~기원전 1122), 기자 조선은 약 928년(기원전 1122~기원전 194), 위만 조선은 약 86년(기원전 194~108) 존속하였다. 따라서 고조선의 역사는 총 2,225년이다. 신라가 992년(기원전 57~기원후 935), 고려가 474년(918~1392), 조선이 518년(1392~1910) 동안 존속하였는데 모두 합치면 1,984년이다. 즉 고조선의 역사가 신라·고려·조선을 모두 합친 것보다 길다. 우리 역사를 흔히 오천년 또는 반만년이라 이야기하는데 그 비결은 바로 고조선인 것이다. 고조선을 포함하면 오천년, 포함하지 않으면 이천년이기 때문에 우리 역사를 줄이려는 사람들과 늘이려는 사람들 사이에서 고조선은 항상 관심의 대상이었다.

일제는 단군을 신화적 존재로 보고 인정하지 않고, 대신 한 군현을 강조하면서 우리 역사가 중국의 식민지로 시작되었다 주장하였다. 중국의 식민지로 시작된 한국의 역사가 일본의 식민지로 끝나게 된 것은 자연스러운 일이라는 것이다.

우리 조상들은 기자를 높이 평가하였다. 중국의 성인인 기자가 조선에 들어 와 우리 민족을 교화시켜, 우리도 중국과 맞먹는 문화 민족이 되었다는 상징으로 기자를 중시하였다. 반면 일제강점기를 거친 현재의 한국사 교과서는 단군은 긍정적으로 서술하면서 기자동래설은 인정하지 않고 있다.

전승 그대로의 단군 이야기는 신화(神話)일 수밖에 없다. 피노키오가 사람이 된 것도 입증되지 않았는데 곰이 삼칠일(三七日) 만에 사람이 될 수는 없을 것이다. 또한 신석기 시대에 국가가 성립되었다는 것도 현대의 국가 이론에 맞지 않는다. 덕분에 교과서에서 청동기 시대의 상한선만 계속 올라가고 있다. 그러나 단군 신화가 신화라고 고조선 자체가 신화일 수는 없다. 우리뿐 아니라 세계의 모든 나라들은 역사의 시작을 신화로 시작하고 있다. 단군 신화는 신화인 역사로 받아들이면 좋을 것이다.

04 여러 나라의 성장

선사 시대		고대					중세	근세	근·현대
구석기	신석기	청동기	철기	원삼국	삼국	남북국	고려	조선	개항 이후~현재

청동기	(초기)철기	원삼국(삼한 시대)	삼국	남북국
전기 고조선	후기 고조선 위만 조선	한군현 부여, 고구려, 옥저 동예, 삼한	고구려, 백제, 신라, 가야 연맹	통일신라 발해

부여
- 고구려와 백제의 뿌리
- 고구려를 견제하려 중국 군현과 우호관계

고구려
- 중국 군현과 투쟁하며 성장
- 활발한 정복 활동

옥저와 동예
- 정치 발전이 늦어 군장국가 단계
- 고구려·신라에 흡수

삼한
- 수십개의 소국이 연맹 형성
- 마한의 목지국이 삼한 주도

변한
- 철이 많이 생산
- 해상 무역 활발

배경

🕊 만주와 한반도 지역에서 최초로 등장한 국가는 고조선이며, 비슷한 시기에 한강 이남에서 진국이 점차 국가의 틀을 갖춰가고 있었다. 그외에도 크게 알려지지 않은 국가들이 존재했던 것으로 보인다. 역사에 가정은 부질없는 일이지만 정상적으로 고조선과 진국이 발전했다면 남북에 별개의 국가가 성립하였거나, 둘 중 하나가 살아남아 일찍부터 만주와 한반도를 아우르는 통일 국가가 등장했을지도 모른다. 그러나 고조선이 한 무제의 공격으로 멸망하고 한 군현이 설치되면서 우리 역사의 발전이 늦어지게 된다. 당시 한반도에서 가장 선진적인 지역이었던 대동강 유역에 한의 군현인 낙랑군이 설치되고 주변에 현도군, 진번군, 임둔군이 차례로 설치되었다. 토착민의 강력한 저항으로 진번군과 임둔군은 곧 철폐되고 현도군은 요동 지역으로 밀려나게 된다. 하지만 낙랑군은 오랫동안 살아남았고, 황해도 지역에는 대방군이 다시 설치되기도 하였다. 한 군현은 4세기 초에 고구려 미천왕의 공격으로 완전히 멸망(313)할 때까지 유지되었다. 그러나 중국 군현 세력도 근대의 식민지 개념으로 볼 수는 없다. 또한 시종일관 중국의 직접적인 지배를 받지도 않았다. 중국에서 건너 온 세력과 토착 세력이 연합하여 중국과 구분되는 독특한 문화적 정체성을 이루어낸 특수한 지역으로 보아야 되며, 그 문화와 사람들은 뒤에 고구려에 통합되었다.

◐ 낙랑의 별구름무늬 거울
(국립중앙박물관)

🕊 대동강 유역을 중심으로 낙랑군이 400년 이상 존재하였고, 대동강 일대를 제외한 그 주변 지역에서 다시 우리 민족의 국가들이 성장하기 시작하였다. 우리 민족의 기틀을 형성한 종족은 북방의 예맥(濊貊)과 남방의 한(韓)으로 이들이 각지에 국가들을 건설하면서 다양한 나라가 등장하였다.

부여

🕊 부여는 예맥족이 세운 나라로 기원전에 세워져 기원후 494년까지 북만주에 있었던 국가이다. 부여는 고조선이 존재하던 시기에 이미 국가로 성립되어 있었던 것으

로 보인다. 부여의 건국 신화에 따르면 시조인 동명(東明)이 북쪽에 있는 탁리국 또는 고리국에서 옮겨 와서 건국하였다 하는데, 고구려의 건국 신화와 거의 유사하다. 1세기 초에 이미 왕을 칭하였고 초기에는 고구려보다 강력하여 3세기 전후 무렵에 영역이 사방 2천리에 이르렀다. 고구려와 백제의 지배 계급이 부여에서 갈라져 나왔다.

만주의 지형은 백두산을 중심으로 하는 남부는 산악 지형이고 북부는 평야 지대이다. 고구려는 만주 남쪽의 산악 지역, 부여는 북쪽의 평야 지역에서 성장하였다. 부여는 만주 쑹화강 유역의 평야 지대에서 성립되어, 5부족이 연합한 연맹왕국으로 발전하였다. 남쪽으로는 고구려, 동쪽으로는 읍루(후대의 말갈), 서쪽으로는 선비족과 국경을 접했다. 인구는 약 8만 호였으며 토지가 비옥하여 농사가 잘되는 지역이었다.

왕이 있었지만 왕의 통치는 직접 다스리는 중앙에만 미치고, 지방의 다른 부족은 각 부족의 부족장이 따로 다스렸다. 부여의 족장은 가축의 이름을 따서 마가, 우가, 저가, 구가라 하였고 이들이 다스리는 지역을 사출도라 하였다. 왕과 족장인 가(加)들은 각자 대사자, 사자 등의 관리를 거느렸다. 왕권이 강하지 못하여 흉년이 들거나 하면 왕이 부덕한 탓이라 하여 왕을 교체하거나 죽이기도 하였다.

부여는 귀족이 죽으면 많은 사람을 함께 묻는 순장과 형이 죽으면 형수를 아내로 삼는 형사취수제의 풍습이 있었다. 살인자는 사형에 처하고, 남의 물건을 훔친 자는 12배로 배상하도록 하였다(1책12법). 12월에 영고라는 제천행사를 열었고 국가의 중대사에 대하여 소 발굽을 불에 넣어 갈라지는 모습으로 점을 치기도 하였다(우제점법 또는 우제점복).

선비족과 고구려에 대항하기 위하여 중국 세력과 친하게 지냈으며 따라서 중국 기록에 보면 고구려와 달리 부여는 긍정적으로 표현된 경우가 많다. 3세기 말에 선비족의 침략으로 세력이 크게 약화되었다가 5세기 말 고구려 문자왕 때 고구려에 편입되었다.

고구려

🖊 고구려는 부여의 지배 계급 내의 투쟁에서 밀린 주몽이 남쪽으로 내려와 압록강 중류의 졸본 지방에 있던 토착 세력과 손잡고 건국하였다. 산악 지대로 농토가 적어 농업 생산에 한계가 있었다. 이 때문에 일찍부터 국가의 발전방향을 정복으로 잡고 주변의 다른 나라를 정복하면서 세력을 확장해갔다. 동쪽으로 옥저를 정복하고 서쪽 으로는 한 군현을 몰아내고 요동 지방으로 진출하였다. 서북쪽으로는 부여와 자주 충 돌하였는데 이 때문에 부여는 고구려를 견제하고자 한 군현과 친하게 지낸다. 이 시 기의 중국 기록은 부여는 우호적으로 고구려에 대하여는 부정적으로 서술하고 있다.

○ 고구려 고분에서 출토된 집모양 토기(국립중앙박 물관)

🖊 왕 아래에 상가·고추가·대로·패자 등 제가(諸加)들이 있었고, 각각 사자, 조 의, 선인 등 관리를 거느렸다. 가(加)는 족장을 뜻하며, 제가는 여러 족장이란 의미이 다. 귀족들이 모이는 제가 회의가 있어서 국가의 중대사를 결정하였다. 중대한 범죄 자가 있으면 제가 회의를 통하여 사형에 처하고 가족은 노비로 삼았다. 시조 주몽과 그 어머니 유화부인에게 제사를 지냈다. 고구려는 서옥제의 풍습이 있었고 10월에 동맹이라는 제천행사를 지냈다. 수도의 동쪽에 왕과 신하들이 함께 제사를 지내는 국 동대혈이라는 동굴이 있었다.

○ 고구려 고분에서 출토된 철제 부뚜막(국립중앙박 물관)

옥저와 동예

연맹왕국으로 발전하지 못한 옥저와 동예

옥저와 동예는 고구려와 같은 계통으로 풍습이 비슷하였다. 연맹왕국 단계까지 발전 하지 못하여 왕이 없었고, 군장이 자기 부족을 다스렸다. 왕국으로 발전하지 못한 이 유는 주로 외부의 압력 때문이다. 옥저와 동예는 낙랑군과 고구려의 압력을 받았고 결국 고구려에 흡수되었다. 군장은 후, 읍군, 삼로라고 불리었다.

옥저

함경도 해안에서 두만강 유역에 걸쳐 존재하였던 옥저는 어물과 소금 등 해산물이 풍부하고 토지가 비옥하여 농사가 잘되었다 한다. 일찍 고구려에 정복되어 공물을 바쳤고, 결국 흡수되었다. 옥저는 민며느리제라는 혼인 풍습이 있었고 가족이 죽으면 가매장을 하였다가 뼈만 추려서 가족 공동 무덤인 커다란 목곽에 넣었다(골장제).

동예

강원도 북부에 위치한 동예는 단궁, 과하마, 반어피 등의 특산물이 유명하였다. 10월에 무천이라는 제천 행사를 열었다. 다른 부족의 경계를 침범할 경우에는 가축이나 노비로 변상해야 하는 책화와, 같은 씨족끼리는 결혼하지 않는 족외혼의 풍속이 있었다. 점차 고구려와 신라에 편입되어 흡수되었다.

삼한

◉ 원삼국 시대, 창원 다호리 유적에서 출토된 칼과 칼집(국립중앙박물관)

🖋 만주와 한반도 북쪽에서 고조선이 발전할 당시 한반도 남쪽에는 진(辰)이 성장하고 있었다. 진은 중국과 직접 교섭하고자 하였으나 고조선이 방해하였고 이 과정에서 고조선은 중계무역의 이익을 얻었다. 북쪽에서 위만조선이 세워졌다 멸망하고 한 군현이 설치되는 등 정치적 변동이 일어나면서 많은 유민들이 한반도 남부와 일본 열도로 이동하였다. 북쪽에서 온 유민들을 통해 발달된 철기 문화가 유입되면서 진 사회도 큰 변화를 겪었다. 유이민들이 토착민과 융합하면서 마한, 변한, 진한이 성립되고 삼한이라는 연맹체로 성장하였다.

🖋 마한은 54개국, 변한과 진한은 각각 12개국의 소국이 있었다고 한다. 경기, 충청, 전라도 지역에서 성장한 마한은 목지국이 가장 강성하였고, 목지국의 지배자가 마한왕 또는 진왕으로 추대되어 삼한 전체를 주도하였다. 그러나 점차 백제가 발전하면서 목지국을 몰아내고 마한 지역을 장악하면서 고대 국가로 발전하였다. 목지국은 처음에 천안 부근에 있었으나 백제 세력이 성장하면서 점차 전라도 나주 부근으로 이

동한 것으로 보인다.

소백 산맥 동쪽의 경상도 지역은 낙동강이 한 가운데를 관통하여 흐르는데 낙동강 동쪽에는 진한이 서쪽에는 변한이 자리잡고 발전하였다. 진한에서는 사로가 점차 성장하면서 진한을 병합하여 신라가 되었다. 변한은 김해 지방의 금관가야가 중심이 되어 가야 연맹이 성립되었디. 가야 연맹은 고대 국가로 발전하지 못하고 신라와 백제에 흡수되었다.

김제 벽골제, 삼한 시대부터 만들어진 것으로 보인다.(문화재청)

삼한은 따뜻한 남쪽 지방의 평야 지대에 자리 잡아 일찍부터 농업이 발달하였다. 특히 벼농사가 발달하여 씨를 뿌린 5월에 수릿날, 수확을 마친 10월에 계절제를 열고 하늘에 제사를 지냈다. 또한 변한에서는 철이 많이 생산되어 이를 화폐처럼 사용하기도 하고 낙랑군, 왜 등으로 수출하였다. 일반 백성들은 초가지붕을 올린 반움집이나 귀틀집에서 살았고, 두레 조직을 통하여 여러 가지 공동 작업을 하였다.

삼한의 지배자는 세력이 큰 존재는 신지·견지 등으로, 작은 존재는 읍차·부례 등으로 불렸다. 옥저·동예의 지배자인 후·읍군·삼로와 다르니 주의하여야 한다. 삼한은 종교와 정치가 분리되어 정치적 군장 외에 제사장인 천군이 따로 있었다. 또한 천군이 주관하는 신성 구역인 소도가 있어 농경과 종교에 대한 의례를 주관하였다. 소도에는 군장의 세력이 미치지 못하여 죄인이 도망쳐도 잡을 수 없었다. 단군왕검이라는 제정일치의 지배자가 있었던 고조선에 비하여 군장과 천군이라는 정치와 종교의 지도자가 별도로 있던 삼한은 제정분리의 예로 자주 언급된다.

철정, 쇳덩어리(국립공주박물관)

삼한(三韓)은 이후 조선과 함께 우리 나라를 가리키는 호칭으로 널리 사용되었고 중국에도 많이 알려졌다. 통일 신라는 삼국을 통일한 이후 삼한을 일통하였다는 자부심을 가졌는데 여기서 삼한은 삼국을 의미하는 것으로 고구려까지 포함하는 개념으로 사용되었다. 대한제국의 국호도 여기서 온 것으로 현재 대한민국의 국명이 삼한에서 기원하였다. 월드컵이나 국제 경기에서 외치는 대~한~민~국! 구호의 유래가 삼한에서 온 셈이다.

💬 제천 행사(祭天行事)

하늘에 제사 지내는 원시 종교 의식으로 과거에는 대부분의 국가에서 국가 단위로 행하여졌다. 지배 계급이 피지배 계급에 대하여 자신의 우월성을 강조하고, 또한 피지배 계급에게 음식 등을 나누어주는 재분배 기능을 통해 공동체 전체의 결속을 강화하였다. 부여의 영고, 동예의 무천, 고구려의 동맹, 삼한의 5월·10월의 제사가 그것이다. 제천 행사는 음악, 무용 등이 어우러지는 원시 종합 예술을 형성하고 있었기 때문에 예술의 역사에서 보았을 때도 중대한 의의를 갖는다. 대체로 제천 행사는 농업과 관련이 있기 때문에 수확이 끝난 10월 경에 지내는 것이 일반적이다. 그러나 부여의 영고는 특이하게 12월에 행하는데, 이는 수렵의 전통과 관련 있다고 본다. 농사가 끝나는 겨울철이 사냥철이기 때문이다.

💬 사출도

연맹 왕국 단계에서는 왕이 모든 영역을 직접 지배하지 못하고 직할 지역만을 통치하였고, 지방은 연맹에 속하는 각 부족의 족장이 통치하였다. 부여에서 족장들이 통치하는 지역을 사출도(四出道)라고 한다. 사출도는 부족장인 제가(諸加)가 관할하였다. 부족장으로 가축의 이름을 딴 마가(馬加)·우가(牛加)·저가(猪加)·구가(狗加) 등이 있다. 처음에 제가는 부족의 대표자 역할만 했으나 점차 귀족화되며 국가의 지배신분층이 되었다. 제가는 세력의 크기에 따라 수천 가(家) 또는 수백 가의 호(戸)를 지배하였다.

💠 원삼국 시대, 창원 다호리 유적에서 출토된 별, 구름무늬 거울(국립중앙박물관)

💬 순장

신분이 높은 사람이 죽었을 때 생전에 그를 모시던 사람을 같이 매장하는 풍습이다. 지배층이 자신의 생전의 삶을 사후까지 연장하려는 동기와 피지배층의 생명을 자신의 소유로 여기는 사고방식 때문에 생겨났다. 우리나라에도 이런 풍습이 존재하여 삼국시대까지 행하여졌다. 불교가 전래되면서 불교적 세계관이 널리 퍼지고, 현실적으로 노동력을 보호해야 할 필요성 등에 의해 점차 없어졌다.

💬 서옥제

고구려의 혼인 제도로 여성의 집에 서옥(사위의 집)을 짓고 이곳에 남성을 머무르게 하였다. 여성이 아이를 가지면 남성은 집으로 돌아갔다. 여성은 아이를 낳아 이 아이가 크면 함께 남성의 집으로 가서 가정을 이루었는데, 옥저의 민며느리제와는 여러 면에서 반대이다. 부족한 노동력을 확보하기 위한 혼인 제도였다.

🗨 민며느리제

옥저의 결혼 풍습으로 여자가 남자 집에 미리 가서 살다가 결혼하는 제도이다. 여자의 나이가 10세 가량 되었을 때 약혼하고 신랑집에서 머물다가, 성인이 되면 여자를 집으로 돌려보냈다가 예물을 보내어 다시 맞아들이는 제도이다. 딸이 없는 집에서 여자의 노동력이 필요하여 실시하였다.

🗨 가족공동묘와 골장제

옥저의 장례 풍습이다. 사람이 죽으면 바로 영구 매장을 하지 않고 일단 가매장을 하였다. 가매장한 시신이 썩으면 뼈만 추려내어 가족 공동묘인 목관에 안치하였다. 목관에는 여러 사람의 뼈를 함께 안치하였다.

🗨 책화

각 부족끼리 일정 지역을 정해 놓고 서로 침범하면 노비와 소, 말 등으로 배상하는 동예의 풍습이다. 족외혼과 함께 씨족 사회의 풍습을 계승한 것이다. 각 씨족들이 자신의 생활권을 지키며 살던 과거의 풍습을 알 수 있다.

🗨 족외혼

자기 씨족 외에 다른 씨족에서 배우자를 맞이하는 풍습이다. 반대 개념으로 족내혼이 있다. 족내혼은 자기 종족 내의 단결을 공고히 하는 효과가 있다. 같은 혈통이라도 몇 대를 내려가다보면 4촌, 6촌, 8촌 관계가 되면서 점점 유대감이 약해진다. 이때 같은 종족끼리 결혼하면 다시 중첩된 혼인 관계에 의해 가족 간의 관계가 강화된다. 신라 왕실의 근친혼 등이 이런 목적에서 이루어졌다. 그러나 족내혼만 하게 되면 다른 씨족과의 관계가 소원해진다. 사람들은 다른 사람들과 힘을 합치고 세력을 키워야만 살아남고 발전할 수 있다. 사람끼리 동맹을 맺는데 가장 확실한 방법은 결혼을 통해 인척 관계를 맺는 것이다. 이런 혼인 동맹을 통해 씨족이 부족이 되고, 부족 연맹을 이루면서 국가로 발전해나갔다.

🔷 원삼국 시대, 대구에서 출토된 청동꺽창(국립중앙박물관)

🗨 삼한과 기리영 전투

삼한은 중국 군현으로부터 선진 문물을 흡수하였고, 중국 군현은 이들을 회유하는 한편 견제하고 분열시키려 하였다. 삼한이 성장하면서 군현 세력과 충돌하는 일도 종종 벌어졌다. 대표적인 사건이 3세기에 벌어진 기리영 전투이다. 낙랑이 진한 지역으로 세력을 확대하려 하자 여기에 반발한 한인(韓人)들이 낙랑·대방과 충돌하여 대방 태수 궁준을 전사시켰다. 비록 전투에서는 삼한 세력이 패하였으나 삼한의 힘이 중국 군현에 맞설 정도로 커졌다는 것을 보여준다. 기리영 전투의 주체에 대해서는 백제설, 목지국설, 마한의 한 국가인 신분고국이라는 학설 등이 있다. 결국 4세기 초에는 고구려와 백제가 군현 세력을 몰아낸다.

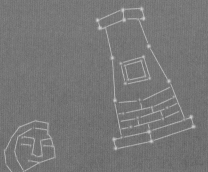

2일차

삼국시대

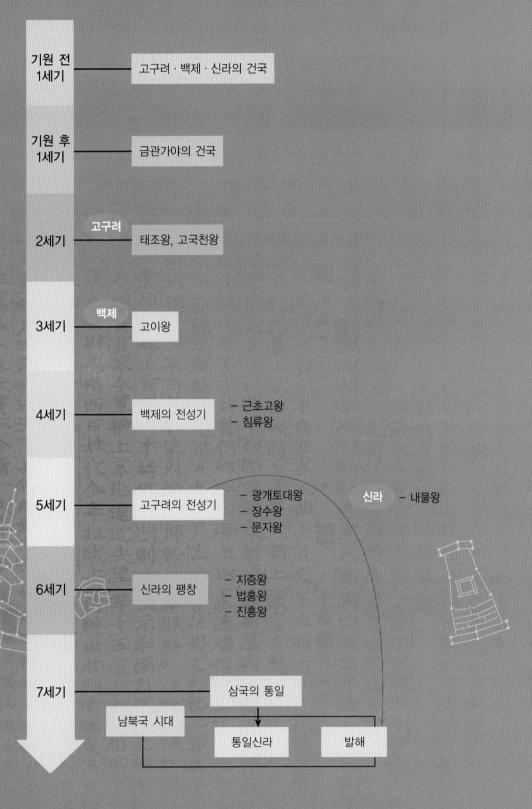

기원 전 1세기	고구려 · 백제 · 신라의 건국	
기원 후 1세기	금관가야의 건국	
2세기	**고구려** 태조왕, 고국천왕	
3세기	**백제** 고이왕	
4세기	백제의 전성기	– 근초고왕 – 침류왕
5세기	고구려의 전성기	– 광개토대왕 – 장수왕 – 문자왕
		신라 – 내물왕
6세기	신라의 팽창	– 지증왕 – 법흥왕 – 진흥왕
7세기	삼국의 통일	
	남북국 시대	통일신라 발해

05 삼국의 성립

선사 시대			고대				중세	근세	근대 태동기	근대와 현대		
구석기	신석기	청동기	(초기) 철기	원삼국	삼국	남북국	고려	조선 초기	조선 후기	개항기	일제	현대

B.C. 1세기 ~A.D.3세기	4세기	5세기	6세기	7세기
삼국의 성립	백제의 전성	고구려의 전성	신라의 전성	통일 전쟁

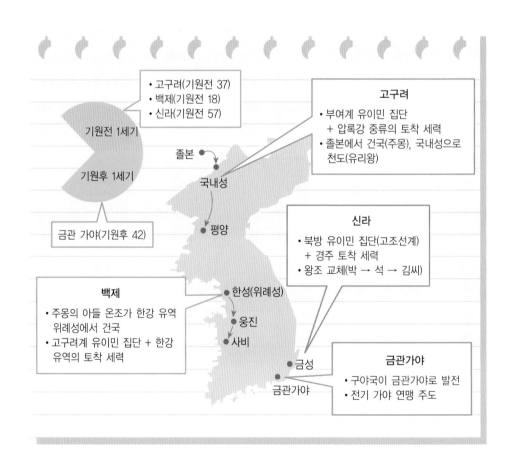

• 고구려(기원전 37)
• 백제(기원전 18)
• 신라(기원전 57)

기원전 1세기

기원후 1세기

금관 가야(기원후 42)

졸본

국내성

평양

고구려
• 부여계 유이민 집단 + 압록강 중류의 토착 세력
• 졸본에서 건국(주몽), 국내성으로 천도(유리왕)

신라
• 북방 유이민 집단(고조선계) + 경주 토착 세력
• 왕조 교체(박 → 석 → 김씨)

백제
• 주몽의 아들 온조가 한강 유역 위례성에서 건국
• 고구려계 유이민 집단 + 한강 유역의 토착 세력

한성(위례성)

웅진

사비

금성

금관가야

금관가야
• 구야국이 금관가야로 발전
• 전기 가야 연맹 주도

삼국 건국의 공통점

✐ 통일 신라의 영토에서 등장한 고려, 고려를 그대로 이어받은 조선과 달리 고구려, 백제, 신라의 삼국은 국가가 존재하지 않던 단계에서 국가를 처음으로 만들어 성립되었다. 기존에 있던 국가 체제를 이어받은 것이 아니라 아무것도 없던 상황에서 하나씩 스스로의 손으로 갖추어가면서 국가를 건설한 것이 삼국이다. 따라서 삼국이 국가의 모습을 형성하는 데는 오랜 시간이 걸렸으며, 국가의 틀을 정확하게 갖춘 시기도 불명확하다. 역사적 사료조차 불충분하여 이 시대를 정확하게 파악하는 데는 한계가 있다. 이 시대는 명확하게 시기를 구분하는 것이 어려우므로 언제쯤에 이런 상황이 전개되었다는 정도로 이해하면 충분하다.

◎ 고구려의 연가7년이 새겨진 금동여래입상, 국보 제119호(국립중앙박물관)

✐ 삼국은 원래 그 지역에 살고 있던 토착 세력과 북방에서 선진 문물을 가지고 내려 온 유이민 집단의 결합에 의해 성립되었다. 고조선과 진이 있던 시기부터 농경을 하면서 살고 있던 토착민이 있었다. 거기에 새로운 세력이 들어오면서 때로는 갈등하고 때로는 협력하면서 새로운 정치 체제가 만들어졌다.

고구려의 건국

건국 신화

천제의 아들 해모수와 혼인한 하백의 딸 유화는 아버지에게 쫓겨난 후 동부여의 금와왕에게 의탁하였다. 유화는 햇빛을 받고 큰 알을 낳는다. 금와왕은 이를 불길하게 여겨 버리라고 명하였지만 동물들이 보호해주었다. 알에서 태어난 주몽은 동부여의 왕자들에게 시기를 받자 동부여를 탈출하여 졸본 땅에 나라를 세우고 나라 이름을 고구려라 하였다. 고구려의 건국 신화는 부여의 건국 신화와 비슷하다. 건국 신화에서 주몽의 아버지 후보가 셋이다. 해모수, 해(SUN), 금와왕. 금와왕의 아버지가 해부루라는 기록이 있으므로 결국 셋은 모두 해씨이다. 주몽이 원래 부여의 왕족 출신이라는 추정이 가능하다.

◎ 고구려의 화살촉(국립중앙박물관)

✍️ 고조선이 존재하던 시기부터 압록강 중류 지역인 졸본 지역 일대에 살던 사람들이 있었다. 이들을 원고구려 사회라 부른다. 여기에 부여에서 내려 온 주몽 집단이 합류하면서 그들과 연합하여 고구려가 세워졌다. 주몽은 부여의 왕족 출신으로 부여의 왕위 계승 다툼에서 패배하고 남쪽으로 내려 와 졸본 지역에 있던 사람들과 연합하여 고구려를 세웠다. 주몽과 토착 세력의 결합을 상징하는 사건이 주몽과 소서노의 결혼이다. 소서노는 졸본 사람 연타발의 딸로 주몽과 결혼하여 그의 건국에 큰 기여를 하였고, 주몽과의 사이에 비류와 온조를 낳았다.

○ 백제 초기 도성으로 추정되는 풍납동 토성(문화재청)

백제의 건국

건국 신화

졸본 땅으로 온 주몽은 그 지역의 족장 딸인 소서노와 결혼하여 고구려를 세운다. 어느 날 주몽이 동부여에서 예씨 부인과 혼인하여 낳은 아들인 유리가 찾아오자 주몽은 그를 태자로 삼았다. 그러자 소서노의 아들인 비류와 온조가 남쪽으로 내려와 미추홀과 위례성에 나라를 세웠다. 위례성에 도읍을 정한 온조 세력은 번성하였지만 비류 세력은 점차 쇠약해졌다. 비류가 죽고 그 집단을 흡수한 온조는 나라 이름을 십제에서 백제로 고쳤다.

○ 백제, 금동미륵보살입상, 국보 제247호(국립중앙박물관)

✍️ 백제 건국에 대해서는 여러 계통의 설화가 서로 엇갈리고 있다. 한강 유역에는 원래 진(辰)이 있었는데, 고조선의 멸망을 전후하여 북방에서 철기 문화를 가진 유이민이 대거 내려와 큰 정치 변동을 겪으면서 삼한으로 개편되었다. 한강 유역은 원래 삼한 중 마한의 세력권이었다. 북방에서 내려 온 고구려 계열의 유이민이 한강 유역의 토착 세력과 함께 백제를 세우게 된다. 초창기의 백제는 마한의 소국 중 하나였고, 마한의 주도 세력이었던 목지국의 영향력 밑에 있었다. 처음에는 미추홀에 근거를 둔 비류 집단이 우세하였으나 점차 위례성(한성)에 근거를 둔 온조 집단이 우위를 차지한 것이 비류와 온조 형제의 설화로 남은 것으로 보인다. 백제는 점차 성장하면서 원래 삼한을 주도하던 목지국을 남으로 밀어내고 마한의 잔여 세력을 통합하면서 거대

한 영토국가로 발전하였다. 백제의 초기 중심지인 한성은 오늘날 서울시 송파구 일대의 몽촌토성과 풍납토성 일대로 추정되고 있다. 미추홀은 인천 부근으로 보는 견해가 많다.

신라의 건국

건국 신화

경주 지방에 고조선의 유민들이 여섯 마을을 이루어 살고 있었는데, 한 부족장이 우물 옆에서 흰 말이 울고 있는 것을 보았다. 그곳에 자줏빛 큰 알이 있었고 그 알에서 사내아이가 태어났다. 여섯 족장이 모여 아이의 성을 박, 이름을 혁거세라 짓고 왕으로 모셨다.

○ 신라의 기마인물형토기, 국보 제91호(국립중앙박물관)

경상도 지역은 소백 산맥으로 둘러싸여 한반도의 다른 지역에 비해 고립되어 있고 교통도 불편하였다. 경상도 지역은 인접한 전라도 지역에 비해 평지가 적은 편이지만 경주 분지는 상당히 넓고 농업 생산성도 높아 인구 부양력이 컸다. 본래 경주 일대에 살던 토착 세력이 있었는데 점차 북방에서 고조선 계통의 유이민들이 내려오면서 함께 손잡고 국가를 세우게 된다. 처음에는 토착 언어를 한자로 표기한 '사로'라는 국명으로 불리다 지증왕 때 국호를 '신라'로 바꾸었다.

신라는 다른 나라와 달리 왕통이 여러 차례 바뀌었다. 처음에는 나라를 세운 박혁거세의 후손들이 왕위를 차지하였으나, 뒤에 발달된 제철 기술을 보유한 집단으로 보이는 석탈해 집단이 와서 큰 세력을 형성하였다. 결국 석탈해가 왕위를 차지하면서 한동안 박씨와 석씨가 왕위를 교대하다 석씨가 왕위를 독차지 하였다. 이후 역시 북방에서 온 것으로 보이는 김씨 집단이 성장하여 석씨와 왕위를 교대로 차지하다 내물왕 이후 김씨가 왕위를 독점하게 된다. 내물왕 이후의 신라의 왕들은 대부분 김씨로 내물왕의 후손들이다.

🗨 목지국

목지국은 삼한의 소국 중 하나로 백제가 성장하여 목지국을 압도하기 전에는 삼한 내지 마한 전체를 대표하는 위치에 있었다. 백제의 역사는 마한의 여러 나라 중 하나로 목지국의 영향력 하에 있던 백제가 점점 성장하여 목지국을 남쪽으로 밀어내고 최종적으로는 마한의 대부분의 국가를 병합하여 거대한 영토 국가로 성장하는 역사이다.

위치는 충청남도 직산(천안) 일대로 보는 견해가 유력하나 확실하지는 않다. 우두머리를 진왕(辰王)이라고 했는데, 이것은 진국(辰國)의 왕이라는 뜻이다. 중국 기록에서 한강 이남 여러 군장국가를 진국으로 불렀다. 진국의 왕, 즉 진왕은 여러 소국 중 세력이 가장 큰 자로서 군장국가 연맹의 맹주의 위치에 있었다.

🗨 신라 왕통(王統)의 변화

① 고구려나 백제와 달리 신라의 왕통은 박씨, 석씨, 김씨의 세 성씨로 계속 교체되었다. 고구려나 백제도 중간에 왕의 계통이 바뀌었다는 주장이 있지만, 어쨌든 신라는 기록상으로 확실히 왕의 계통이 바뀌었다.

② 초기에 경주 분지에 사로6촌이라는 여섯 씨족이 연합하여 국가를 이루었을 때는 박혁거세가 군장이 되었다. 이후 혁거세의 아들인 남해가 죽자 다음 군장 자리를 두고 새로운 라이벌이 등장하는데 바로 석탈해이다. 석탈해는 동해안쪽에서 진출해 온 새로운 집단의 대표자로 석탈해 집단은 제철 기술을 가지고 들어와 이를 바탕으로 세력을 키운 것으로 보인다. 이후 박씨와 석씨가 교대로 왕위를 차지하다 석씨가 왕위를 독점하게 된다.

③ 김알지의 후손인 김씨가 등장하고 내물왕 이후에는 김씨가 신라의 왕위를 독차지한다. 김알지는 석탈해에 의해 발견되고 키워졌다는 설화가 있는데, 이는 김씨 집단이 석씨 집단보다 뒤에 등장하였음을 보여준다.

❂ 황남대총 신라금관, 국보 제191호(문화재청)

🗨 신라 왕호의 변천

신라는 오랫동안 독자적인 왕의 호칭을 사용하였다. 1대인 박혁거세는 진한 말로 왕이나 귀인을 의미하는 '거서간'을, 박혁거세의 아들인 2대 남해는 제정일치 시대의 군장을 뜻하는 '차차웅'을 사용하였다. 3대 유리부터는 연장자, 계승자를 뜻하는 '이사금'을 사용하였는데 이는 신라가 연맹왕국 단계로 발전하였음을 보여준다. 17대 내물왕 때부터는 우두머리를 뜻하는 '마립간'을 왕호로 사용했는데, 이는 신라가 점차 왕권이 강화되면서 고대국가로 발전해가고 있음을 의미한다. 그러다가 22대 지증왕 때에 나라의 발전을 위하여 적극적으로 중국 문화를 받아들이는 한화 정책(漢化政策)을 추진하면서 비로소 중국식 지배자의 명칭인 '왕'을 사용하기 시작했다.

역사는 어떻게 시대를 구분하는가?

역사는 시대 구분이 가장 중요하다. 원래 시간은 연속되어 흐르고 중간에 끊어지는 일이 없다. 그러나 인간은 자신에게 편리하도록 끊임없이 지나가는 시간을 잘라내어 부분별로 구분하고 이름을 붙인다. 시간을 잘라내 그 시간에 대하여 이름을 붙일 때, 그 이름은 그 시간에서 볼 수 있는 가장 중요한 특징을 따서 명명하기 마련이다. 따라서 시대를 구분하고 이름을 짓는 것은 역사의 가장 기본이라 할 수 있다. 한국사 교과서도 이러한 이유로 각 시대를 구분하여 이름을 붙이고 있다.

일반적으로 역사를 구분하는 방법은 고대·중세·근대의 3단계 구분법이다.

서양에서 시작된 이러한 구분법은 한국을 비롯한 동양에도 큰 영향을 끼쳤다. 그러나 이러한 3단계 구분법으로 모든 시대를 다 포괄하고 설명할 수는 없다.

이 책을 읽는 동안에는 다음과 같이 시대를 구분하도록 하자.

먼저, 선사 시대와 역사 시대의 구분이다. 문자발명 이전의 시대가 선사시대이다.

문자가 발명되어 인간의 활동이 문자로 기록된 시대가 역사 시대이다. 문자의 발명은 청동기 시대이므로 이때부터 역사 시대라 부른다.

1. 선사 시대(先史時代)

구석기 시대와 신석기 시대로 나뉜다. 학자에 따라 그 사이에 중석기 시대를 따로 설정하기도 한다. 문자기록이 없어 고고학, 인류학 등을 통해 연구한다.

2. 역사 시대(歷史時代)

① 도구를 기준으로 보면 청동기 시대와 철기 시대로 나뉜다.

② 역사 발전 단계에 따른 구분법
- 고대: 고조선(청동기~초기 철기)시대부터 남북국 시대까지
- 중세: 고려 시대
- 근세: 조선 시대
- 근대: 흥선대원군 집권 이후(1863)
- 현대: 해방 이후

③ 국가를 기준으로 보면 청동기 시대에 고조선이 탄생하였고(전기 고조선), 철기 시대에 들어 와 고조선은 더욱 발전하였지만 중국의 침략으로 멸망하였다(후기 고조선). 고조선 이후 부여, 고구려, 옥저, 동예, 삼한 등의 여러 소국들이 차례로 등장하여 번영하였다. 이 시대를 원삼국 시대라 부른다.

원삼국 시대의 소국들은 서로 충돌하면서 성장하거나 멸망하였다. 결국 3개의 고대 국가가 최종적으로 남게 되면서 삼국 시대가 열리게 되었다.

선사 시대	역사 시대		
	청동기 시대	철기 시대	
	전기 고조선	후기 고조선	원삼국 시대	삼국 시대

06 삼국의 발전

선사 시대			고대				중세	근세	근대 태동기	근대와 현대		
구석기	신석기	청동기	(초기) 철기	원삼국	삼국	남북국	고려	조선 초기	조선 후기	개항기	일제	현대

B.C. 1세기	1세기	2세기	3세기	4세기	5세기	6세기	7세기
건국				백제의 고대국가 완성 고구려의 고대국가 완성		신라의 고대국가 완성	삼국 통일

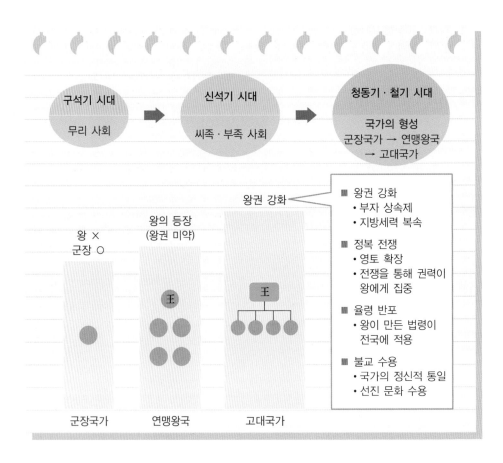

구석기 시대
무리 사회

→

신석기 시대
씨족 · 부족 사회

→

청동기 · 철기 시대
국가의 형성
군장국가 → 연맹왕국
→ 고대국가

왕권 강화

왕 ✕
군장 ○

왕의 등장
(왕권 미약)

王

王

군장국가

연맹왕국

고대국가

■ 왕권 강화
 • 부자 상속제
 • 지방세력 복속

■ 정복 전쟁
 • 영토 확장
 • 전쟁을 통해 권력이 왕에게 집중

■ 율령 반포
 • 왕이 만든 법령이 전국에 적용

■ 불교 수용
 • 국가의 정신적 통일
 • 선진 문화 수용

국가의 발전 과정

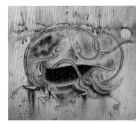

삼국은 후대의 고려, 조선 등과 다르다. 고려는 통일 신라를, 조선은 고려를 이어받아 건국되었다. 그러나 삼국은 국가가 없던 상태에서 처음 국가를 만들어 발전시켜왔다. 따라서 삼국의 발전 과정은 국가의 성립·발전 과정과 일치한다.

○ 고구려 고분벽화, 강서대묘 사신도(위키피디아)

인간은 사회적 동물이기 때문에 항상 집단을 이룬다. 인간이 모이면 여기서 권력을 획득하고 행사하는 정치가 등장하는데 이러한 정치 현상이 복잡해지면서 국가가 탄생하였다. 국가는 군장 국가, 연맹 왕국, 고대 국가의 과정을 거치면서 발전하였다.

군장 국가는 신분의 세습화, 직업의 전문화, 전통적인 족장권(族長權)의 성립, 재분배 경제 등이 이루어지는 단계로서, 아직 왕이 등장하지는 않았지만 상당한 권력을 가진 군장이 자기 부족을 지배하는 국가이다. 군장 국가는 철기 문화의 보급과 이에 따른 생산력의 증대를 토대로 등장하였고, 인구는 수 천 명에서 수 만 명에 지나지 않았다.

연맹 왕국은 몇 개의 부족이 연합해 왕국을 결성한 형태이다. 고구려는 계루부를 비롯한 5부족, 신라는 사로 6촌의 연합으로 시작되었다. 연맹 왕국 시기에는 각 부족의 대표인 부족장들의 세력이 강했으며, 왕은 그들의 대표자에 불과했다. 연맹에 속한 각 부족은 부족장이 실질적으로 통치하였고 왕권은 미약하였다. 이후 점차 왕권이 강화되며 연맹 왕국은 중앙 집권화된 고대 국가로 발전하게 되었다. 중앙 집권 국가로 발전하는 데 성공한 나라는 고구려·백제·신라였으며, 부여와 가야는 연맹 왕국 단계에 머무르다 멸망하였다.

○ 고구려 고분벽화, 무용총 수렵도(위키피디아)

고대 국가는 왕을 중심으로 하는 중앙 집권 체제가 확립된 국가이다. 고대 국가로 발전하기 위해서는 정복 전쟁으로 영토의 확장이 이루어져야 하고 이 과정에서 군사력과 경제력이 왕에게 집중되면서 왕권이 강화되어야 한다. 또한 율령을 반포하여 통치 체제를 정비하고, 집단의 정신적 통합을 위해 불교를 받아들이는 과정을 거치게

2일차 삼국 시대

된다. 한국사 교과서는 고대 국가가 되기 위한 조건으로 왕권 강화, 정복 전쟁을 통한 영토 확장, 율령 반포, 불교 수용을 제시한다. 이러한 과정을 거치면서 연맹 왕국이 고대 국가로 발전하였다.

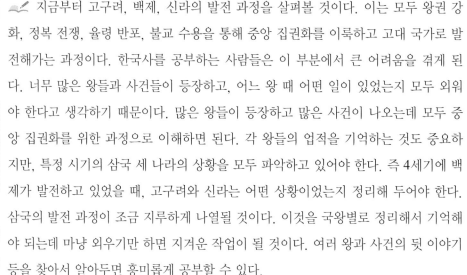

군장 국가	연맹 왕국	고대 국가
군장○, 왕✕	왕✕(왕권 미약)	왕○(왕권 강화)

● 백제 무령왕릉(문화재청)

📖 이러한 발전 과정은 왕권이 강화되어 가는 과정과 일치한다. 왕권 강화를 통하여 각 지역 족장 세력의 자의적인 농민 수탈을 억제하고 국가의 힘을 한 군데로 통합하여 대외 발전에 노력할 수 있기 때문이다.

📖 지금부터 고구려, 백제, 신라의 발전 과정을 살펴볼 것이다. 이는 모두 왕권 강화, 정복 전쟁, 율령 반포, 불교 수용을 통해 중앙 집권화를 이룩하고 고대 국가로 발전해가는 과정이다. 한국사를 공부하는 사람들은 이 부분에서 큰 어려움을 겪게 된다. 너무 많은 왕들과 사건들이 등장하고, 어느 왕 때 어떤 일이 있었는지 모두 외워야 한다고 생각하기 때문이다. 많은 왕들이 등장하고 많은 사건이 나오는데 모두 중앙 집권화를 위한 과정으로 이해하면 된다. 각 왕들의 업적을 기억하는 것도 중요하지만, 특정 시기의 삼국 세 나라의 상황을 모두 파악하고 있어야 한다. 즉 4세기에 백제가 발전하고 있었을 때, 고구려와 신라는 어떤 상황이었는지 정리해 두어야 한다. 삼국의 발전 과정이 조금 지루하게 나열될 것이다. 이것을 국왕별로 정리해서 기억해야 되는데 마냥 외우기만 하면 지겨운 작업이 될 것이다. 여러 왕과 사건의 뒷 이야기 등을 찾아서 알아두면 흥미롭게 공부할 수 있다.

● 백제금동대향로, 국보 제 287호(문화재청)

고구려의 발전

📖 기원전 1세기에 고구려는 주몽으로 대표되는 부여에서 온 이주민 집단과 압록

강 유역의 토착민 세력이 연합하여 나라를 세웠다(기원전 37). 1세기 초 유리왕 때 졸본에서 국내성으로 도읍을 옮기며 세력을 확장하였고, 삼국 가운데 가장 먼저 국가 체제를 갖추었다.

📖 1세기 후반 태조왕은 옥저를 정복하고, 요동 지방으로 진출을 시도하였다. 계루부 출신의 고씨가 왕위를 독점적으로 차지하기 시작한 것도 이 시기이다.

📖 2세기 후반 고국천왕 때 왕위 세습이 형제 상속에서 부자 상속으로 바뀌었다. 재상 을파소의 건의에 따라 가난한 백성을 구제하기 위한 진대법이 실시되었다.

📖 4세기 초반 미천왕은 낙랑군을 축출하고 대동강 유역을 차지하였다(313). 고구려와 백제는 직접 국경을 접하면서 황해도 지역을 놓고 충돌하였다.

📖 4세기 중반 고국원왕은 선비족이 세운 전연과 백제의 침입으로 어려움을 겪었다. 백제 근초고왕이 평양성을 공격할 때 맞서 싸우다가 전사하였다.

📖 4세기 후반 소수림왕은 내정의 기틀을 다졌다. 중국 북조의 전진으로부터 불교를 수용하였고, 태학을 설립하고 율령을 반포하였다.

📖 4세기 말 광개토대왕은 소수림왕의 내정 정비를 바탕으로 활발한 정복 전쟁에 나섰다. 요동을 포함한 만주 남부 지방을 차지하고 두만강 하류 지역을 정복하였다. 백제를 공격하여 한강 이북 지역을 병합하였고, 신라 내물왕의 지원 요청을 받고 신라에 침입한 왜를 격파하여 낙동강 유역까지 세력을 뻗쳤다.

📖 5세기 장수왕은 분열된 중국 정세를 이용하여 남조와 북조 모두와 교류하였다. 남하 정책을 추진하여 국내성에서 대동강 유역의 평양으로 천도하였다(427). 백제를 공격하여 수도 한성을 함락시키고 백제 개로왕을 죽였다(475). 나아가 남한강 유역으로 진출하고 경북 지역까지 세력을 넓혔다. 장수왕 때 세워진 광개토대왕릉비와 충주 고구려비를 보면 이러한 고구려의 활발한 정복 활동을 알 수 있다.

고구려

- **동명성왕**
(기원전 37~기원전 19)
- **유리왕**
(기원전 19~기원후 18)
- **태조왕**(53~146)
- **고국천왕**(179~197)
- **미천왕**(300~331)
- **고국원왕**(331~371)
- **소수림왕**(371~384)
- **광개토대왕**(391~412)
- **장수왕**(412~491)
- **문자왕**(491~519)
- **영류왕**(618~642)
- **보장왕**(642~668)

백제의 발전

기원전 1세기에 백제는 부여·고구려 계통의 이주민 집단과 한강 유역의 토착 세력이 결합하여 성립되었다(기원전 18). 이는 백제 시조인 온조가 고구려 시조 주몽의 아들이라는 삼국 사기의 기록과 백제 초기 무덤 양식이 고구려 무덤과 유사한 것을 통해 짐작할 수 있다. 고구려가 한 군현과의 투쟁을 통해 성장한 것은 많이 알려져 있지만 백제 또한 한강 유역으로 남하하던 중국의 군현세력과 대결하면서 점차 성장하였다.

3세기 중엽 고이왕이 율령을 반포하면서 중앙 집권 국가로의 모습을 갖추기 시작하였다. 6좌평을 비롯한 관등과 공복을 제정하였고, 대외적으로는 한강 유역을 장악하였다. 고이왕 때 백제의 영토를 근초고왕 때와 구분하여야 한다.

4세기 중엽 근초고왕은 왕위의 부자 상속을 확립하였다. 마한의 잔여 세력을 공격하여 전라도 남해안까지 정복하였고, 낙동강 유역까지 진출하여 가야에 영향력을 행사하였다. 북쪽으로 고구려 평양을 공격하여 고국원왕을 전사시키고 황해도 일대를 차지하였다. 바다를 건너 중국의 요서, 산둥 지역, 일본의 규슈 지역에 진출하기도 하였다.

4세기 후반 침류왕은 중국 강남지역의 동진으로부터 불교를 수용하였다.

4세기 말부터 점차 고구려의 공격으로 국력이 약화되기 시작하였다. 이때문에 신라와 동맹을 맺어 고구려에 대항하였다(나제 동맹, 433~553). 그러나 고구려 장수왕의 공격으로 개로왕이 전사하고, 한강 유역을 상실하고 웅진(공주)으로 천도하면서 국가적인 위기를 맞게 된다(475).

웅진 시대(475~538)는 국가적 위기에 처한 백제가 중흥을 위하여 노력하던 시기였다.

5세기 후반 동성왕은 탐라(제주)를 복속시켰고, 신라 왕족의 딸과 혼인하는 결혼 동맹을 통하여 신라와의 관계를 강화하였다.

6세기 전반 무령왕은 지방에 22담로를 설치하고 왕족을 파견하여 지방에 대한 통제를 강화하였다.

🕊 6세기 중반 성왕은 수도를 방어에 유리한 요새 지역인 웅진에서 대외 진출에 유리한 사비(부여)로 옮기고(538) 국호를 남부여로 바꾸었다. 중앙과 지방의 제도를 정비하고 일본에 불교를 전해주었다. 내정을 다진 성왕은 신라 진흥왕과 손잡고 고구려를 공격하여 한강 유역을 회복하였으나, 신라의 공격을 받아 한강 유역을 다시 상실하였다. 이에 성왕은 군사를 보내 신라를 공격하였으나 관산성에서 크게 패배하고 자신도 전사하여 백제 중흥의 노력은 결실을 맺지 못하였다.

🕊 7세기 초반 무왕은 사비에서 전라북도 익산 지역으로 천도를 꾀하며 익산에 미륵사를 세우기도 하였으나 실패하였다.

무왕의 아들 의자왕은 즉위 직후 신라를 맹공격하여 40여 개의 성을 빼앗고 특히 신라 수도 방위의 거점인 대야성을 함락시켜 신라를 위기에 몰아넣었다.

◐ 신라의 유리병, 국보 제
193호(국립중앙박물관)

신라의 발전

🕊 기원전 1세기에 신라는 경주 분지에서 토착민 집단과 유이민 집단이 결합하여 박혁거세를 중심으로 사로국을 건국하였다(기원전 57). 초기에는 박, 석, 김의 3성이 교대로 왕위를 차지하였다.

🕊 4세기 후반 내물왕 때에 고대 국가로 성장하기 시작하였다. 낙동강 동쪽의 진한 지역을 대부분 정복하였다. 또한 김씨의 왕위 계승권을 확립하고 왕호도 대군장의 의미를 가진 마립간으로 고쳤다. 가야와 왜의 연합 세력이 신라를 공격하였을 때 고구려 광개토대왕에게 구원을 요청해 고구려군이 이를 물리치게 되었다. 이후 한동안 고

◐ 신라의 유리잔, 국보 제
193호(국립중앙박물관)

구려 군대가 신라 영토에 주둔하였고 신라는 고구려의 영향력 하에 들어가게 되었는데, 이는 경주에서 출토된 호우명 그릇을 통해 알 수 있다. 이 때 신라는 고구려를 통해 중국 북조의 전진과 교류하기도 하였다.

📖✏ 5세기 전반 눌지왕은 고구려의 간섭과 압박에서 벗어나고자 백제와 동맹을 맺었다(나제 동맹, 433~553).

📖✏ 6세기 초 지증왕은 나라 이름을 '신라'로, 왕의 칭호를 마립간에서 중국식 칭호인 '왕'으로 바꾸었다. 우경을 장려하였고, 수도와 지방의 행정 구역을 정비하였다. 장군 이사부를 보내어 우산국을 정복하였는데 이때부터 독도가 한반도의 영토에 편입되었다.

📖✏ 6세기 전반 법흥왕 때가 되면 고대 국가 체제가 완성 단계에 이르렀다. 율령을 반포하고, 골품제를 정비하였다. 관등과 관복을 정비하여 관리들의 체계를 분명히 하였다. 그리고 병부를 설치하여 종래 귀족들이 갖고 있던 병력을 국가에서 통제하고, 이차돈의 순교를 계기로 불교를 공인하였다. 김해의 금관가야를 병합하였으며, '건원' 연호를 사용하였다.

📖✏ 6세기 중반 진흥왕은 적극적인 대외 정복에 나섰다. 화랑도를 국가적 조직으로 개편하여 유능한 인재를 양성하였다. 백제 성왕과 연합하여 한강 상류 지역을 차지한 뒤에 동맹을 깨고 백제를 공격하여 한강 하류 지역까지 차지하였다. 이로써 당항성을 통해 중국과 직접 교통하는 길을 열어 선진 문물을 적극적으로 수용할 수 있었다. 고령의 대가야를 병합하고 함경도 남부 지역까지 진출하였는데, 진흥왕은 확보한 영토에 단양 적성비와 창녕 척경비, 북한산 순수비, 황초령 순수비, 마운령 순수비를 세웠다.

💬 왕권 강화는 나쁜 일인가?

우리는 민주주의 사회에 살고 있다. 권력의 분산은 좋은 일이다. 권력이 집중되는 것은 독재이기 때문에 나쁜 일이다. 권력의 집중은 소수의 사람이 자신의 권력을 임의로 휘둘러 다수의 피지배자에게 고통을 줄 수 있기 때문이다. 따라서 근대 서구에서 들어 온 민주주의는 권력의 분산, 견제와 균형을 절대선으로 생각한다. 현대 사회의 경우, 대부분 올바른 주장이다. 그러나 과거 전근대 사회도 그랬을까?

신라 천마도, 벽화가 아니라 말 배가리개에 그려진 그림이다. 국보 제207호(국립중앙박물관)

현대 사회는 원칙적으로 신분제가 없는 평등 사회이다. 그럼에도 불구하고 실질적인 불평등은 존재하며, 금수저를 물고 태어난 사람과 나무젓가락을 물고 태어난 사람은 인생의 출발점이 다르다. 하물며 과거의 전근대 사회는 불평등을 법적으로 제도화한 신분제 사회이다. '인간은 누구나 평등하다.'는 명제가 상식이 된 것은 최근이다. 왕은 분명히 강력한 권력을 갖고 있는 사람이다. 그러나 왕의 권력을 제한하여도 그 권력이 백성에게 돌아가는 것은 아니며, 백성을 괴롭히는 다른 강자가 또 있다. 바로 백성이 사는 지역에서 경제적, 사회적 우위를 누리는 사람들이다. 시대에 따라서 이러한 사람들을 촌주, 호족, 토호 등으로 부른다. '법보다 주먹이 가깝다.'는 말이 있다. 전근대 사회에서 이들은 멀리 있는 왕보다 백성들에게 훨씬 두려운 존재였다. 왕권 강화는 이러한 지방 세력의 자의적인 지배와 착취를 억누르며, 국가가 정한 한도 내에서만 백성을 지배하도록 지방 세력들을 견제하는 효과를 가져왔다. 왕이 반포한 율령이나 법령은 대부분 지방 세력의 자의적인 수탈보다는 합리적이고 온건한 경우가 많았다. 따라서 적어도 민주주의가 정착되는 근대 이전에는 왕권 강화는 긍정적인 측면이 크고, 백성의 삶에도 좋은 영향을 주는 경우가 많았다. 삼국 시대의 왕권 강화는 피지배자인 백성의 입장에서도 분명히 발전이었다.

💬 형제 상속과 부자 상속

삼국의 왕위 계승은 초기의 형제 상속에서 점차 부자 상속으로 바뀌게 된다. 세상에 하나 밖에 없는 소중한 보물이 자신에게 있다고 생각해보자. 이것을 자식에게 물려줄 것인가? 동생한테 물려줄 것인가? 당연히 동생한테 물려줘야 한다고 생각하는 의좋은 형제는 동화책을 제외하면 많지 않을 것이다. 형제 상속에 비하여 부자 상속은 왕위 계승권이 있는 사람의 범위를 줄이면서 안정적인 왕위 계승이 가능하도록 한다. 또한 가장 신뢰할 수 있는 사람 간에 상속이 이루어지면서 안정적인 정책의 추진과 강력한 왕통의 형성이 가능해지게 된다.

💬 을파소와 진대법

고국천왕은 재상 을파소의 건의로 진대법(賑貸法)을 실시하였다. 진대법은 봄에 가난한 농민에게 곡식을 빌려주고 가을에 돌려받는 제도로 농민의 몰락을 막기 위한 법이었다. 어울리지 않아 보이지만 진대법도 역시 왕권 강화와 관련이 있다. 자유민인 평민은 왕(국가)에게 속한 공적인 백성(公民)이다. 노비는 주인(귀족)에게 속한 사적인 백성(私民)이다. 평민이 망해서 노비가 된다. 누가 손해일까? 국가 입장에서 농민은 세금을 내는 재원인 동시에, 군대에 가거나 노동력을 제공하는 나라의 기둥이었다. 농민이 몰락하면 죽거나 귀족들의 노비가 되는데, 노비는 귀족의 소유이며 세금도 내지 않았다. 따라서 농민의 몰락을 막는 것이 국가를 유지하는 핵심이었다. 이와 비슷한 제도는 고구려 뿐만 아니라 다른 나라에도 있었다. 신라도 흉년에 백성을 구휼한 기록이 있고, 고려와 조선에서 실시된 의창과 환곡, 백성에 대한 각종 구휼 제도는 모두 농민의 몰락을 막아 국가의 재정을 튼튼히 하고 왕권을 강화하기 위해 실시되었다.

🗨 불교의 수용

기록에 따르면 한국에 불교가 들어 온 것은 4세기 후반이다. 고구려는 소수림왕 때 중국 북조의 전진에서 불교를 수용하였고(372), 백제는 침류왕 때 중국 남조의 동진에서 불교를 받아들였다(384). 신라는 좀 늦게 5세기에 고구려로부터 불교를 받아들였다. 그러나 고구려와 백제에서는 불교가 큰 저항 없이 받아들여진데 비해 신라는 토착 귀족의 반발이 심하여, 6세기 법흥왕 때에 와서야 이차돈의 순교를 계기로 공식적으로 인정되었다. 이는 불교 수용에 대한 공식적인 기록이다. 하지만 그 이전에도 이미 불교는 한국에 들어왔을 것으로 보이며, 이러한 기록들은 국가적인 차원에서 공식적으로 받아들인 것을 문서로 남겼다고 추정된다.

불교 수용도 왕권 강화와 무관하지 않다. 고대는 원시 사회에서 유래한 샤머니즘이나 토테미즘 같은 토속 신앙이 주류를 이루었다. 각 부족은 자신의 조상신이 있었고, 유력한 부족의 조상신들은 특별한 취급을 받았다. 이런 상황에서 국가의 정신을 하나로 통합할 고등 종교의 필요성이 있었고, 인도에서 중국을 거쳐 들어 온 불교가 이러한 필요성에 부응하였다. 불교가 전래되면서 사상, 음악, 미술, 건축, 공예, 의학 등 관련된 선진 문화가 수입되었고 문화 발전에 큰 공헌을 하였다.

🔵 금동미륵보살반가사유상, 반가부좌 자세로 생각하는 미륵보살상이다. 국보 제83호(국립중앙박물관)

🗨 삼국과 일본의 관계

일본 열도에는 죠몬인이라 불리는 원주민들이 살고 있었다. 그러나 기원전 3세기경부터 한반도에서 많은 사람들이 건너가면서 원래 원주민들을 몰아내거나 흡수하면서 세력을 확장하였다. 이들을 야요이인이라 부르는데 일본에 청동기와 철기 문화, 벼농사를 전해주었다. 이 무렵부터 일본의 인구가 폭발적으로 성장하였다. 그 당시는 만주와 한반도 북부에 자리잡고 있던 고조선이 정치적 변동을 겪으면서 중심지를 만주의 요령 지방에서 한반도로 옮기던 시기였다. 이러한 정치적 혼란 속에서 많은 유이민이 한반도 남부와 일본 열도로 이동하였다. 이런 변동 속에서 한반도 남부의 진(辰)은 마한·변한·진한의 삼한(三韓)으로 변화하였고, 일본 열도에도 한반도에서 건너 온 사람들에 의해 많은 소국들이 생겨났다. 이런 소국들을 왜(倭)라 불렀다.

삼한에 70여개의 소국이 있었던 것처럼 당시 왜에도 100여개의 소국이 있었다 한다. 이러한 소국들은 점차 연맹체를 이루었다. 3세기를 전후한 시기에는 야마타이 국의 히미코 여왕을 중심으로 여러 나라들이 연맹체를 이루어 중국의 위에 조공을 바쳤고 신라에도 사신을 보냈다. 4세기경에는 야마토 정권이 등장하여 점차 주변의 소국과 호족들을 통합하며 통일 국가로 발전하였다. 이 무렵 고구려의 남하 정책으로 백제와 신라가 혼란에 빠지고 5세기에는 장수왕의 공격으로 백제가 한강 유역을 상실하면서 많은 유민들이 일본으로 건너갔다. 이렇게 일본으로 건너 온 사람들은 도래인(渡來人)이라 하였는데 이들이 가져 온 선진 문물을 바탕으로 일본은 급속도로 발전하였다. 백제 뿐 아니라 신라, 가야, 고구려에서도 많은 사람들이 일본으로 이주하여 발달된 문화를 전파하였다.

섬으로 고립된 일본은 대륙의 선진 문물을 흡수하는 것이 중요했고, 이를 위해 일본에서 가장 가까운 한반도 남부의 가야와 밀접한 교류를 하고 있었다. 그러나 가야가 약화되고 중국 문물 수입의 통로였던 대방군이 고구려에게 멸망당하면서 선진 문물의 도입이 어려워졌다. 그러자 왜는 백제에게 접근하게 된다. 당시 백제는 한강 유역을 장악하고 중국에서 선진 문물을 수입하면서 강국으로 성장하고 있었다. 백제는 근초고왕 무렵부터 왜와 밀접한 관계를 맺고 사실상의 동맹국이 되었다. 백제가 왜에게 선진 문물을 전수해주는 대신 왜는 군대를 보내어 백제가 가야나 신라, 고구려와 싸울 때마다 협력하였다. 백제가 한강 유역을 상실하고 세력이 약화되자, 백제는 왜의 도움이 더욱 필요하였다. 이를 위해 백제는 꾸준히 왜에 선진 문물을 전해주었고 왜는 백제를 지원하여 한반도 남부 지역에서 활동하였다. 백제 멸망 이후에도 왜는 백제의 부흥을 도와 대군을 보냈으나 나·당 연합군에게 패배하였다. 백제와 왜의 관계는 기본적으로 대등한 입장이었고, 상황에 따라 더 급한 쪽에서 상대에게 아쉬운 소리를 하는 정도의 관계였다. 백제 멸망 이후 일본은 한반도와 별개의 독자적인 정체성을 창조해나가면서 역사를 가공하여 한반도와 일본의 관계를 일방적으로 자신들이 우위였던 것처럼 왜곡하였다.

시기별 삼국의 주요 왕 비교

	고구려	백제	신라	가야
기원전 1세기	건국	건국	건국	
1세기	태조왕			건국
2세기	태조왕/고국천왕			
3세기		고이왕		전기 가야연맹
4세기	미천왕 고국원왕 소수림왕 광개토대왕	근초고왕 침류왕	내물왕	
5세기	광개토대왕 장수왕 문자왕	개로왕 문주왕 동성왕	눌지왕	후기 가야연맹
6세기		무령왕/성왕	지증왕 법흥왕 진흥왕	
7세기	보장왕	무왕/의자왕	선덕여왕 태종무열왕 문무왕 신문왕	

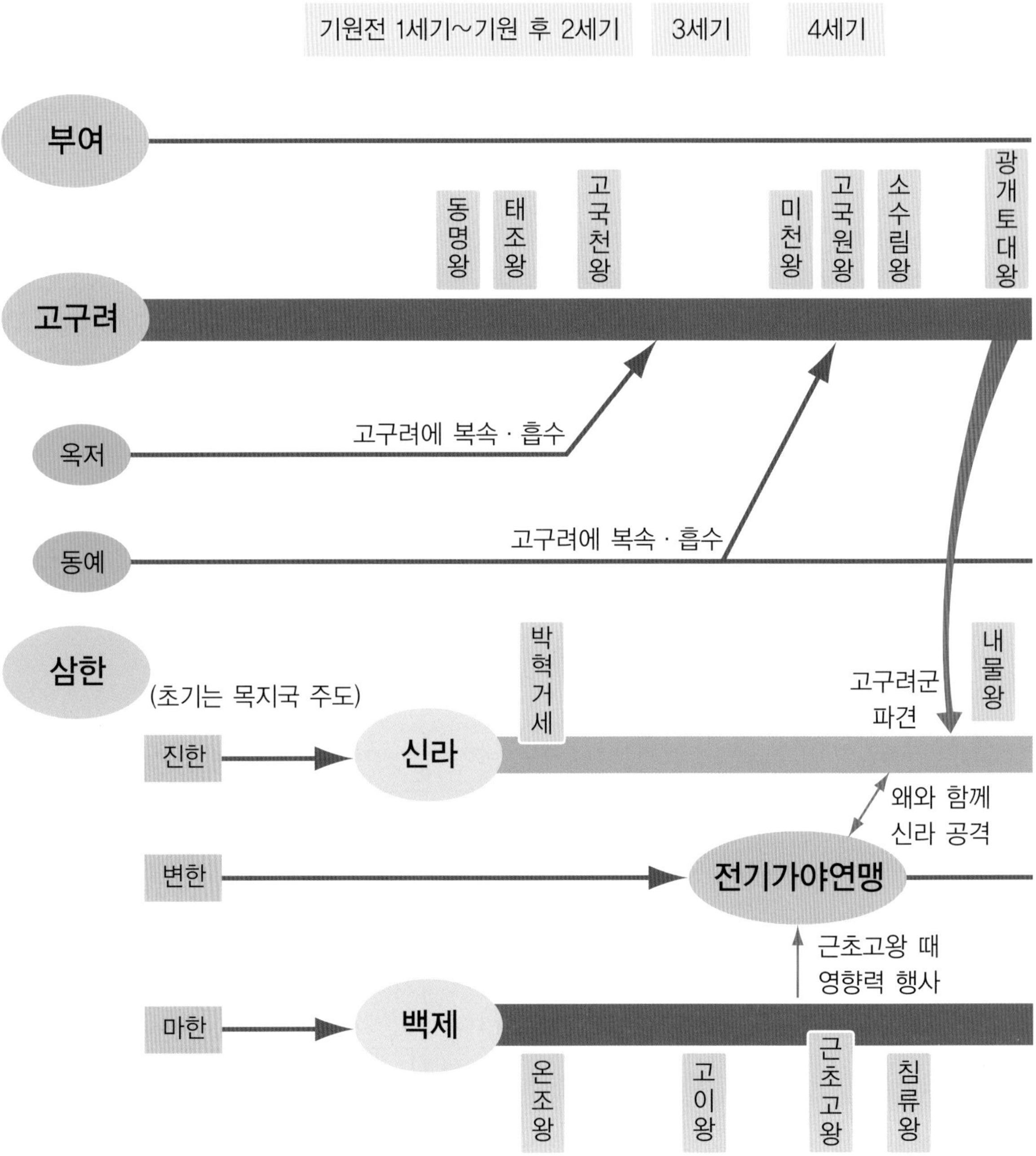

기원전 1세기~기원 후 2세기   3세기   4세기

부여

고구려

동명왕 태조왕 고국천왕 미천왕 고국원왕 소수림왕 광개토대왕

옥저 ──── 고구려에 복속 · 흡수

동예 ──── 고구려에 복속 · 흡수

삼한 (초기는 목지국 주도)

진한 ▶ 신라
박혁거세

변한 ▶ 전기가야연맹

고구려군 파견 내물왕

왜와 함께 신라 공격

근초고왕 때 영향력 행사

마한 ▶ 백제
온조왕 고이왕 근초고왕 침류왕

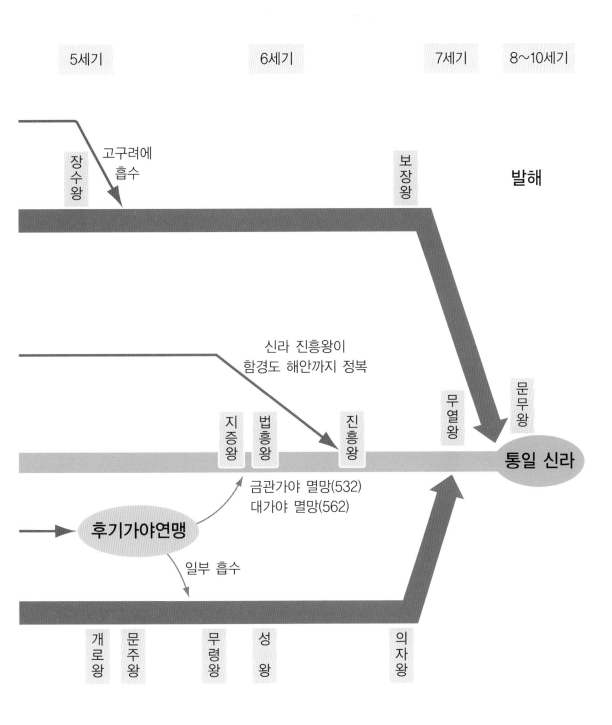

5세기   6세기   7세기   8~10세기

고구려에
흡수

장수왕   보장왕   발해

신라 진흥왕이
함경도 해안까지 정복

                                              문무왕
                              진흥왕   무열왕
지증왕 법흥왕   통일 신라

금관가야 멸망(532)
대가야 멸망(562)

후기가야연맹

일부 흡수

개로왕 문주왕 무령왕 성왕 의자왕

07 삼국의 항쟁

B.C. 1세기 ~A.D.3세기	4세기	5세기	6세기	7세기
삼국의 성립	백제의 전성	고구려의 전성	신라의 전성	통일 전쟁

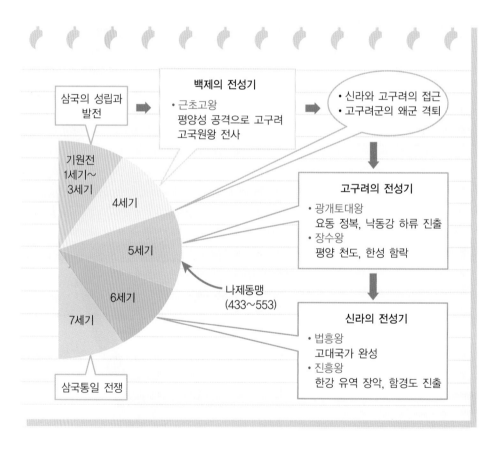

삼국의 성립과 발전

백제의 전성기
• 근초고왕
  평양성 공격으로 고구려 고국원왕 전사

• 신라와 고구려의 접근
• 고구려군의 왜군 격퇴

기원전 1세기~ 3세기

4세기

5세기

6세기

7세기

나제동맹 (433~553)

삼국통일 전쟁

고구려의 전성기
• 광개토대왕
  요동 정복, 낙동강 하류 진출
• 장수왕
  평양 천도, 한성 함락

신라의 전성기
• 법흥왕
  고대국가 완성
• 진흥왕
  한강 유역 장악, 함경도 진출

4세기 백제의 발전

발전의 배경

3세기 고이왕 때, 백제는 한강 유역을 장악하고 중국의 선진문물을 받아들여 빠르게 발전하였다. 이러한 고이왕 때의 발전을 바탕으로 백제는 적극적인 대외 팽창에 나선다. 4세기 초에는 그동안 한반도의 여러 나라를 견제하던 중국 군현인 낙랑군과 대방군이 고구려에 의해 멸망하였다(313). 백제의 북방에 있던 중국의 군현이 소멸되면서 백제는 북방으로 진출하였고 중간에 있는 황해도 일대를 두고 백제와 고구려가 대결하였다.

백제의 은새김고리자루 칼, 지배층의 위세를 과시하는 물품으로 추정된다.(국립중앙박물관)

백제의 전성기

4세기 중엽 근초고왕은 왕위의 부자 상속을 확립하고 왕권을 강화하였다. 마한의 남은 지역을 정복하여 전라도 남해안까지 영토를 확장하였고, 가야 지역까지 진출하였다. 북쪽으로는 황해도 일대를 놓고 고구려와 다투면서 고구려의 평양을 공격하여 고국원왕을 전사시키기도 하였다. 또한 중국의 요서, 산동 지역과 왜의 규슈 지역에 진출하였다.

침류왕 때에 중국의 동진으로부터 불교를 수용하여 왕의 권위를 높이고 백성을 사상적으로 통합하려 하였다.

백제를 둘러 싼 국제 관계

4세기 말, 5세기 초에 백제와 연결되어 있는 가야 · 왜 연합군이 신라를 공격하자 신라 내물왕은 고구려 광개토대왕에게 구원을 요청하였다. 고구려군이 낙동강 하류지역에서 가야와 왜 연합군을 격퇴하면서 신라는 고구려의 영향력 하에 놓이게 된다.

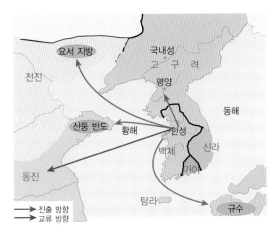
🔹 **4세기 근초고왕 때의 백제**

2일차 삼국 시대

백제의 위기

그러나 4세기 말부터 고구려의 공격을 받아 국력이 약화되기 시작하였다. 5세기 전반 신라와 나제 동맹을 맺고(433) 고구려에 대항하였으나, 5세기 후반에는 수도 한성을 빼앗기고 웅진으로 천도하는 등 국가적인 위기를 맞게 되었다(475).

5세기 고구려의 전성기

발전의 배경

⊙ 고구려에서 무기로 사용되는 마름쇠, 용도는 밟아보면 알 수 있다.(국립중앙박물관)

태조왕, 고국천왕을 거치면서 중앙집권화의 기틀을 확립한 고구려는 4세기 초에 낙랑군을 멸망시키고 당시 문화적 선진 지대인 대동강 유역을 차지하였다. 그러나 낙랑군이 사라지면서 고구려와 백제는 중간 지대 없이 직접 충돌하게 되었고, 백제 근초고왕이 평양을 공격하자 고구려는 왕이 직접 평양을 지원하러 나왔는데 이 전투에서 고국원왕이 전사하였다. 이후 고구려는 큰 위기에 처하는데 소수림왕 때 내정 개혁을 통하여 극복하였다.

광개토대왕의 정복 활동

소수림왕 때의 내정 정비를 바탕으로 광개토대왕은 적극적인 대외 정복 사업에 나섰다. 서쪽으로는 오랫동안 고구려를 괴롭혀 온 선비족의 국가 후연을 격파하고, 거란을 공격하였다. 동쪽으로는 숙신과 동부여를 굴복시켜 만주 지역을 완전히 장악하였다. 남으로는 백제를 공격하여 한강 유역을 차지하였고, 신라의 구원 요청을 받고 고구려군을 파견하여 낙동강 유역까지 영향력을 미쳤다. 장수왕 때 세워진 광개토대왕릉비에는 이러한 광개토대왕의 활약이 기록되어 있다. 또한 신라 귀족의 무덤에서 발견된 호우명 그릇은 신라에 대한 고구려의 영향력을 잘 보여준다. 호우명 그릇은 광개토대왕의 공적을 기리기 위하여 만들어진 그릇이다.

장수왕의 남하 정책

장수왕은 중국 남북조의 분열을 이용하여 남조, 북조와 모두 외교 관계를 맺으면서 중국을 견제하였다. 한편 본격적인 남하 정책을 추진하였는데, 이를 위해 수도를 국내성에서 대동강 유역의 평양으로 옮겼다(427). 백제를 공격하여 개로왕을 죽이고 한성을 빼앗았다(475). 남한강 유역으로 진출하여 중부 지역을 대부분 장악하였다. 충주 고구려비를 보면 당시 고구려가 남한강 유역까지 장악하였음을 알 수 있다.

고구려의 팽창과 신라 · 백제의 나제 동맹

이러한 고구려의 남하 정책에 맞서, 신라는 고구려와 손을 끊고 백제와 동맹을 체결하였다(나제 동맹, 433~553).

◎ 5세기 장수왕 때의 고구려

◎ 고구려, 호우 글자가 있는 청동그릇(국립중앙박물관)

6세기 신라의 팽창

발전의 배경

신라도 꾸준히 성장하면서 주변 지역을 병합하여 영토를 넓혀갔다. 신라는 4세기 말 내물왕 때 낙동강 동쪽의 진한 지역을 대부분 장악하고 중앙 집권 국가로 발전하기 시작하였다. 신라에 침입한 왜의 세력을 격퇴하기 위하여 고구려의 도움을 받으면서 간섭을 받기도 하였으나, 또한 고구려를 통해 중국 문물을 받아들이기도 하였다.

지증왕 때의 발전

6세기 초 지증왕 때 본격적인 제도 정비를 실시하였다. 나라 이름을 사로에서 신라로,

2일차 삼국 시대

왕의 호칭도 마립간에서 왕으로 바꾸었는데 토착 이름에서 중국식 명칭으로 바꾸면서 중국의 문물을 적극적으로 수용하려 하였다. 농업 생산성을 높이기 위하여 우경(牛耕)을 장려하였다. 이사부를 보내 우산국을 정복하고 울릉도와 독도를 영토로 삼았다.

고대 국가를 완성한 법흥왕

6세기 전반 법흥왕은 율령을 반포하고 골품제를 정비하였다. 관등제와 관복제를 정비하여 관리들 간의 서열을 분명히 하였다. 그리고 병부를 설치하여 귀족들이 보유하던 병사들에 대한 통제를 시작하였다. 김해 지역의 금관가야를 병합하였고, 건원이라는 독자적 연호를 사용하였다. 또한 이차돈의 순교를 계기로 불교를 공인하여 국가의 사상적 통합을 시도하였다.

◐ 진흥왕이 세운 황룡사 절터, 7세기에 선덕여왕은 황룡사에 9층목탑을 세웠다.(문화재청)

진흥왕의 팽창 정책

6세기 중반 진흥왕 때에 신라는 크게 팽창하였다. 진흥왕은 옛날부터 내려오던 청소년 단체를 화랑도라는 국가적 조직으로 개편하였다. 화랑도에서 많은 인재가 양성되었는데 이들은 삼국 통일에서 주도적 역할을 하였다. 대외 팽창에 나선 진흥왕은 백제 성왕과 손잡고 고구려를 공격하여 한강 상류 지역을 차지하였다. 그러나 백제와의 동맹을 깨고 백제가 차지한 한강 하류 지역을 빼앗고 당항성을 통하여 중국과 직접 교류하는 통로를 확보하였다. 고령의 대가야를 정복하고 동해안을 따라 함경도 지역까지 진출하였다. 진흥왕의 이런 정복 활동은 단양 적성비와 창녕 척경비, 북한산 순수비, 황초령 순수비, 마운령 순수비 등의 비석을 통해 알 수 있다.

◐ 6세기 진흥왕 때의 신라

중원 고구려비(충주 고구려비)

중원은 충주 인근의 지명으로 남한강 상류 부근이다. 현재는 충청북도 중원군이 충주시에 통합되어 있어 충주 고구려비라고도 부른다. 고구려 영토의 경계를 표시하는 비로, 고구려가 백제의 수도인 한성을 함락하고 한반도의 중부지역까지 장악하여 그 영토가 충주 지역에까지 확장되었음을 말해준다. 또한 남한 지역에 남아 있는 유일한 고구려비라는 점에서 커다란 역사적 가치를 지닌다. 비가 세워진 시기에 대해서는 4세기부터 6세기까지 여러 가지 학설이 있으나, 고구려가 남한강 유역까지 영역을 확장한 5세기 장수왕 때 세워진 것으로 추정된다. 비문에서는 고구려 왕을 '고려대왕(高麗大王)'이라고 칭하고 있으며, '신라토내당주(新羅土內幢主)' 등의 표현에서 고구려군이 신라의 영토에 주둔하

충주 고구려비, 국보 제205호(문화재청)

며 영향력을 행사했다는 사실이 확인된다. 이외에 고모루성, 대사자 등 당시의 지명과 관직명도 기록되어 있다. 이처럼 중원고구려비는 5세기 고구려의 남진과 신라와의 관계를 알려주어 사료로서의 가치가 매우 크다.

광개토대왕릉비

중국 지린성(吉林省) 지안현(集安縣) 퉁거우(通溝)에 있는 고구려 제19대 광개토대왕의 능비(陵碑)이다. 비문에는 고구려 건국 신화와 추모왕(동명왕) 등의 고구려 초기 왕들의 계보, 광개토대왕의 정복 활동 등이 기록되어 있어 고구려사 연구에 중요한 자료가 되고 있다. 특히 광개토대왕이 고구려 군을 보내 신라를 도와 왜를 축출한 기사 내용을 둘러 싸고 논란이 있었다. 과거 일본은 비의 내용을 자신의 입맛대로 해석하여 고대에 일본이 한반도 남부를 지배하였다는 이른바 임나일본부설의 근거로 삼았다. 이에 대해 우리 역사학자들이 적극

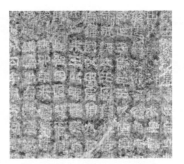

광개토대왕비 탁본(국립중앙박물관)

적으로 반론을 제기하였고, 임나일본부설은 폐기되었지만 아직도 한·중·일의 역사학자들이 다양한 논의를 벌이고 있다.

💬 진흥왕의 정복 활동과 순수비

순수라는 말은 천자가 천하를 돌아다니며 천지산천에 제사하고, 지방의 정치·민정을 시찰하던

◉ 북한산신라진흥왕순수비가 있던 자리에 세워둔 모형 비석(문화재청)

고대 중국의 풍습을 뜻한다. 확인 가능한 유적을 남기기 시작한 것은 시황제(始皇帝) 때부터인데, 그는 천하를 통일한 후 매년 한 번씩 각 지방을 순수하였다. 특히 동방을 순수할 때는 각지의 산에 올라 산천에 제사한 뒤 각석(刻石)을 세워 진나라의 덕을 찬양하게 하였다. 이런 종류의 비석을 순수비라 한다. 한국에서 발견된 순수비는 신라 제24대 왕 진흥왕(眞興王)이 세운 것으로, 창녕(昌寧) 순수비(경남 창녕군 소재), 북한산(北漢山) 순수비(서울 소재), 황초령(黃草嶺) 순수비(함남 함흥시 소재), 마운령(摩雲嶺) 순수비(함남 함흥시 소재) 등이며 이들은 모두 진흥왕이 확장한 영토, 곧 당시 신라의 국경을 표시한다.

💬 단양 적성비

◉ 단양적성비, 국보 제198호(문화재청)

이 비는 이사부(伊史夫)를 비롯한 여러 명의 신라 장군이 왕명을 받고 출정하여, 고구려 지역이었던 적성을 공략하고 난 뒤, 그들을 도와 공을 세운 적성 출신의 야이차와 가족 등 주변인물을 포상하고 적성지역의 백성들을 위로할 목적에서 세웠다. 여기의 이사부는 '삼국사기'에 나오는 이사부(異斯夫)로 알려졌다.

💬 삼국 시대의 중국 여러 왕조

① 고구려, 백제, 신라가 한반도와 만주에서 각축을 벌일 당시 중국은 한-위·진·남북조-수-당의 여러 왕조가 나타났다 사라졌다. 고구려(기원전 37~서기 668), 백제(기원전 18~서기 660), 신라(기원전 57~서기 935)는 기원전 1세기에 세워져 7세기에 통일 신라로 합쳐졌다.

② 한(기원전 202~서기 220)

고조선이 한 무제의 공격으로 멸망하였다(기원전 108). 고구려, 백제, 신라가 건국되어 성장하던 시기는 기원전 1세기로 고조선이 멸망한지 아직 백년이 지나지 않았던 때였다. 특히 고구려와 백제는 한이 설치한 군현인 낙랑군, 대방군과의 투쟁을 통하여 성장하였다. 낙랑군과 대방군은 고구려에 의해 멸망하였다(313).

③ 위·진·남북조 시대(220~589)

한이 멸망하고 중국은 300여 년의 대혼란을 겪게 되는데 이를 위·진·남북조 시대라 한다. 특히 북방의 다섯 유목 민족이 화북 지역에 16개의 나라를 세웠다는 5호16국 시대(304~439)에는 중국이 극도의 혼란을 겪으면서 만주와 한반도에 신경을 쓰기 힘들었다. 이 시기에 중국의 혼란

을 이용하여 고구려와 백제는 영토를 넓혀 나갔다. 특히 고구려는 요동 지역을 꾸준히 공략하여 영토로 삼았다. 광개토대왕이 활동하던 시기가 여기에 속한다(391~412).

혼란스럽던 화북 지역이 선비족이 세운 북위에 의해 통일되면서 북방에는 북위가 남방에는 한족의 여러 왕조가 대립하는 남북조 시대가 열렸다(439~589). 남북조 시대에는 고구려와 인접한 화북 지역에 북위라는 강력한 국가가 세워지면서 고구려가 예전처럼 서쪽으로 팽창하기 힘들었다. 장수왕(412~491)은 남북조와 각각 외교 관계를 맺어 양측을 견제하면서 남하 정책을 통해 남쪽으로 영토를 넓혀나갔다. 이 시기에 고구려는 수도를 국내성에서 남쪽의 평양으로 천도하였다(427). 고구려가 북조와 주로 관계를 맺으면서 남조와도 외교를 했던 반면, 백제는 주로 양쯔강 남쪽에 근거를 두고 있는 남조 국가들과 교류하였다. 신라는 고구려와 가까웠던 시기에는 고구려를 통해 중국의 북조와 교류하였고, 나제 동맹을 맺고 백제와 가까울 때는 백제를 통해 중국의 남조와 교류하였다.

④ 수(581~618)

수 문제 양견이 혼란스러웠던 중국을 통일하였다(589). 수가 만주 지역으로 세력을 확대하려 하자 고구려와 수 사이에는 긴장감이 높아졌다. 고구려는 북쪽의 돌궐과 남쪽의 백제, 왜와 연합 세력을 만들어 수에 대항하려 하였다. 수 문제와 뒤를 이은 양제는 거듭하여 고구려를 침략하였다. 고구려는 요하를 저지선으로 삼아 수의 침략을 막아냈고, 백만이 넘는 양제의 대군을 살수대첩에서 크게 격파하였다(612).

⑤ 당(618~907)

수의 뒤를 이어 건국한 당도 고구려를 침략할 기회를 엿보았다. 이에 고구려는 천리장성을 쌓고 당의 침략에 대비하였다. 당 태종이 직접 군대를 이끌고 고구려를 침략하면서 큰 위기를 겪었으나 안시성 싸움에서 당군을 물리치는데 성공하였다(645). 당은 고구려를 공격하기 위해 고구려 남쪽에 있는 신라의 지원을 얻을 필요를 느끼고 신라와 나·당 연합을 결성하였다(648). 나·당 연합군은 먼저 상대적으로 약한 백제를 멸망시켰다(660). 그리고 고구려를 공격하였는데 수·당과의 오랜 전란에 국력을 소모한 고구려는 결국 나·당 연합군에 의해 멸망하였다(668).

⑥ 5대 10국(907~960)

통일 왕조인 당이 멸망하고 분열의 시대가 되었다. 중국의 중심지인 황하 유역에는 5개의 왕조가 성립하고 멸망하기를 반복하였고(5대), 강남 지역에는 10개의 나라가 나타났다(10국). 5대 10국 시대는 송에 의해 통일될 때까지 약 50여 년 동안 지속되었는데, 이 시기는 한국사에서 신라 말, 후삼국, 고려 시대에 해당한다. 분열기였기 때문에 중국의 왕조들은 한반도에 적극적으로 간섭할 수 없었다는 점이 통일 왕조 명(明)이 존재했던 조선 건국 시기와 다르다.

08 가야의 역사

B.C. 1세기	1세기	2세기	3세기	4세기	4세기 말~5세기 초	5세기	6세기
고구려·백제· 신라 건국	구야국 건국		전기 가야 연맹	백제의 영향력 확대	고구려군의 공격으로 전기 가야 연맹 몰락	후기 가야 연맹	멸망

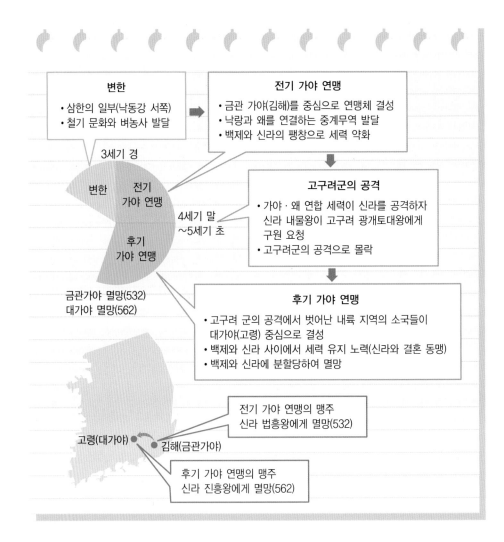

변한
• 삼한의 일부(낙동강 서쪽)
• 철기 문화와 벼농사 발달

3세기 경

전기 가야 연맹
• 금관 가야(김해)를 중심으로 연맹체 결성
• 낙랑과 왜를 연결하는 중계무역 발달
• 백제와 신라의 팽창으로 세력 약화

변한

전기
가야 연맹

4세기 말
~5세기 초

후기
가야 연맹

금관가야 멸망(532)
대가야 멸망(562)

고구려군의 공격
• 가야·왜 연합 세력이 신라를 공격하자
  신라 내물왕이 고구려 광개토대왕에게
  구원 요청
• 고구려군의 공격으로 몰락

후기 가야 연맹
• 고구려 군의 공격에서 벗어난 내륙 지역의 소국들이
  대가야(고령) 중심으로 결성
• 백제와 신라 사이에서 세력 유지 노력(신라와 결혼 동맹)
• 백제와 신라에 분할당하여 멸망

고령(대가야) ● 김해(금관가야)

전기 가야 연맹의 맹주
신라 법흥왕에게 멸망(532)

후기 가야 연맹의 맹주
신라 진흥왕에게 멸망(562)

가야의 건국 신화

가야 지역에는 아직 나라가 세워지지 못하였고 백성들이 촌락별로 나누어 살고 있었다. 어느날 하늘에서 소리가 들려 9명의 족장과 여러 백성들이 구지봉에 올라 갔다. 그곳에서 하늘에 제사지내면서 춤추고 노래하자 하늘에서 붉은 보자기가 내려왔는데 그 안에 여섯 개의 알이 들어 있었다. 그중 가장 먼저 태어난 김수로는 금관가야의 임금이 되었고 나머지도 다섯 가야의 임금이 되었다(42). 김수로는 태어나자마자 왕이 되었으니 생존시기와 재위 기간이 똑같다. 인도 아유타국에서 온 허황옥과 결혼하였으며 김해 김씨와 김해 허씨의 시조가 되었다.

◯ 가야의 덩이쇠(국립김해
박물관)

가야의 역사

전기 가야 연맹

삼한 중에 낙동강 하류 지역에 있었던 변한은 벼농사가 활발하고 철이 풍부하게 생산되었다. 12개국으로 구성된 변한 내에서 통합이 이루어지면서 연맹왕국인 가야로 발전하였다. 3세기경부터는 김해의 금관가야가 연맹을 주도하였는데 이를 전기 가야 연맹이라 한다. 금관가야는 철을 화폐처럼 사용하였고 바닷길을 통하여 낙랑군, 왜 등과 활발히 교류하였다.

◯ 김해 구지봉(문화재청)

4세기 백제 근초고왕의 공격을 받으면서 가야는 점차 백제의 영향력 하에 들어가게 되었다. 4세기 말, 가야와 왜의 연합 세력이 신라를 공격하자 신라 내물왕이 고구려 광개토대왕에게 구원을 요청하였다. 이때 고구려의 군대가 낙동강 하류 지역까지 원정을 와 금관가야가 큰 타격을 받고 전기 가야 연맹이 붕괴된다.

후기 가야 연맹

금관가야가 쇠퇴하자 직접적인 피해를 입지 않은 경상북도 고령의 대가야가 중심이 되어 후기 가야 연맹이 성립되었다. 대가야는 농업에 유리한 지역에 자리를 잡고 철의 산지를 차지하고 있었다. 5세기 후반에 크게 성장하면서 소백산백을 넘어 서쪽으로 세력을 떨치기도 하였다. 중국 남조에 사신을 보내고 신라에 침입한 고구려군을 물리치는 데 신라군과 함께 싸우기도 하였다.

그러나 가야 연맹은 연맹 구성원들의 힘을 한데 모으는데 실패하였고, 백제와 신라 사이에서 점차 위축되었다. 대가야는 한때 신라와 결혼 동맹을 맺어 독자적인 위상을 유지하려 노력하기도 하였다. 그러나 금관가야가 신라 법흥왕에게 병합되고(532), 대가야도 신라 진흥왕에게 멸망당하면서(562) 가야 연맹은 해체되었다. 결국 가야는 중앙집권화된 고대 국가로 발전하지 못하고 연맹 왕국 단계에서 멸망하였다.

◎ 가야 기마인물형각배, 국
보 제275호(국립중앙박
물관)

가야의 대외 관계

가야, 특히 낙동강 하류의 금관 가야는 한 군현과 한반도, 일본을 연결하는 해상 교통로의 중심에 있었다. 단순히 교통이 편리했기 때문에 무역의 중계지로 활약한 것이 아니라 가야 스스로 매력적인 수출 상품이 있었는데 바로 철이었다. 변한과 가야의 철은 한 군현과 왜 등에 활발하게 수출되었으며 철 덩어리가 교역에서 화폐처럼 거래되었다.

외교적으로 가야는 한 군현인 낙랑과 대방, 동해의 예, 왜 등 여러 나라와 교류하였고 중국의 남조에 사신을 보내기도 하였다.

◎ 동래 복천동 가야 고분
출토 말 갑옷(문화재청)

가야의 토기 제작 기술이 일본에 전파되어 스에키 토기가 만들어졌다.

역사에 남아 있는 가야인

가야는 멸망하였지만 가야인들은 신라에 흡수되어 신라 역사에 발자취를 남겼다. 가장 유명한 인물이 금관가야 출신의 김유신이며, 대가야의 우륵도 신라 음악에 큰 영향을 끼쳤다. 대가야의 우륵은 가야금을 만들고 12악곡을 지었는데, 이것이 신라에 전해져 우리 음악 발전에 크게 기여하였다.

🗨 가야와 왜의 관계

가야가 위치한 낙동강 하류 지방은 지리적으로 일본과 가장 가까운 거리에 있다. 일본 열도에 청동기, 철기 문화를 가지고 들어 간 야요이 인들이 한반도 남부에서 건너 간 이들이다. 가야는 일찍부터 왜와 밀접한 관련을 가지고 있었고, 가야 지역에서 왜인들이 활발하게 활동하였다. 가야와 왜는 종족적으로, 정치적으로, 경제적으로 밀접한 관련을 가지고 있었을 것이다. 가야는 왜와 연합하여 신라를 공격하였다가 고구려 광개토대왕의 원정으로 전기 가야 연맹이 붕괴되는 어려움을 겪기도 하였다. 이러한 사실을 악용하여 과거 일본 학자들 일부가 '임나일본부설'라는 판타지를 창작하여 일본이 고대에 한반도 남부를 지배하였다는 주장을 하기도 하였으나, 현재 임나일본부설은 부정되고 있다. 가야는 왜에 선진 문물을 전해주는 통로 역할을 하였으나 가야가 점차 쇠퇴하면서 백제가 이를 대신하게 되었다.

🗨 가야의 발전이 늦은 이유

가야가 자리 잡은 낙동강과 경상도 내륙 지역에는 여러 소국들이 있었는데, 이들의 세력이 거의 대등하였기 때문에 정치나 문화 발전 수준이 비슷하였다. 초창기에 김해의 가야국이 상대적으로 우위에 있었지만 다른 소국들을 압도할 정도가 되지 못하였다. 김해, 부산, 창원, 함안, 고령 등에 강력한 세력들이 자리 잡아 서로를 견제하였다. 또한 가야 지역은 배를 통해 다른 지역과 쉽게 교통할 수 있었다. 낙동강을 끼고 있어 경상도 내륙으로 연결하는

◎ 부산 동래 복천동의 가야고분군 전경(문화재청)

수상 교통이 발달했으며 바다로는 한반도 중부와 서북부를 거쳐 중국 대륙으로 연결되었다. 또한 남쪽으로는 왜와 교역이 활발하였기 때문에 이런 천혜의 입지 조건과 이권을 노리고 외부 세력이 자주 개입하였다. 신라와 백제가 가야 지역을 두고 경합하였고, 고구려 광개토대왕도 신라의 요청으로 군대를 파견하여 가야와 왜의 연합군을 공격하며 낙동강 유역까지 세력을 떨쳤다. 남쪽의 왜인들도 가야에 들어와서 활동하였다. 이런 이유로 중앙 집권적인 고대국가로 발전하는 것이 늦어졌는데, 특히 고구려 광개토대왕이 보낸 고구려군의 공격으로 전기 가야 연맹이 붕괴하면서 발전이 더욱 늦어졌다.

가야는 철이 대량으로 생산되어 이를 다른 지역에 수출하면서 많은 이익을 얻었다. 그러나 이러한 가야의 우위도 왜의 기술이 발전하고 독자적인 철 생산이 가능해지면서 점차 약화되었다. 그리고 백제와 왜가 직접 교류에 나서면서 가야의 중계 역할도 다시 한계에 부딪치게 되었다. 결국 가야는 백제와 신라에게 점차 분할 점령되었고, 최종적으로 금관가야와 대가야가 신라에 멸망하면서 역사에서 사라지게 되었다.

삼국의 통일

B.C. 1세기 ~A.D.3세기	4세기	5세기	6세기	7세기
삼국의 성립	백제의 전성	고구려의 전성	신라의 전성	통일 전쟁

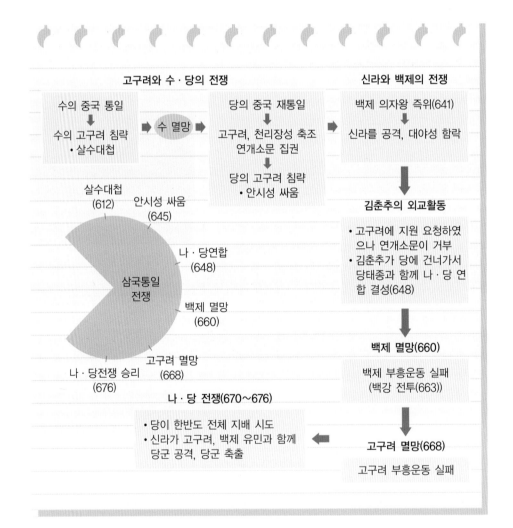

고구려와 수·당의 전쟁

수의 중국 통일
↓
수의 고구려 침략
• 살수대첩

➡ **수 멸망** ➡

당의 중국 재통일
↓
고구려, 천리장성 축조
연개소문 집권
↓
당의 고구려 침략
• 안시성 싸움

신라와 백제의 전쟁

백제 의자왕 즉위(641)
신라를 공격, 대야성 함락

살수대첩
(612)

안시성 싸움
(645)

나·당연합
(648)

**삼국통일
전쟁**

백제 멸망
(660)

나·당전쟁 승리
(676)

고구려 멸망
(668)

김춘추의 외교활동

• 고구려에 지원 요청하였
으나 연개소문이 거부
• 김춘추가 당에 건너가서
당태종과 함께 나·당 연
합 결성(648)

백제 멸망(660)

백제 부흥운동 실패
(백강 전투(663))

나·당 전쟁(670~676)

• 당이 한반도 전체 지배 시도
• 신라가 고구려, 백제 유민과 함께
당군 공격, 당군 축출

⬅

고구려 멸망(668)

고구려 부흥운동 실패

삼국 통일을 둘러 싼 국제 정세

삼국이 만주와 한반도에서 때로는 협력하고 때로는 충돌하면서 세력을 키워나가고 있을 때, 당시 중국 대륙은 위·진·남북조의 혼란기였다(221~589). 전통적으로 중국 대륙을 지배하는 단일한 통일 왕조가 등장하면 주변 지역으로 세력을 확장하였고, 만주와 한반도는 중국 대륙의 영향을 크게 받았다. 일본은 섬나라로 일본과 한반도의 거리는 영국과 유럽 대륙의 거리의 세 배이다. 일본인들이 자기들 세계에서 스스로의 수장을 하늘의 신(天皇)이라 부르건, 자기 나라를 신의 나라(神國)라고 자칭하건 중국인들이 개입하기에는 너무 먼 곳에서 일어나는 일이었다. 그러나 만주와 한반도는 육지로 연결되어 있었고, 만주와 한반도에서 황제를 자칭하는 세력이 나타나면 중국은 즉시 개입할 수 있었다. 이러한 역사적 배경을 모르고 일본이 우리보다 자주적이었다고 생각하면 곤란하다. 고려와 조선을 비교해보더라도 조선이 건국(1392)되었을 때는 이미 중국 대륙을 통일한 명(1368~1644)이라는 강력한 통일 왕조가 있었다. 이에 비해 고려가 건국(918)되었을 때는 중국 대륙에서 당이 망하고 송이 건국되기 이전에 오대십국(907~979)의 혼란기였으므로 한반도에 간섭하기 힘들었다. 고려가 조선보다 자주적으로 평가받는 데는 이러한 배경이 작용한다.

근초고왕이 활동하던 백제의 전성기 4세기, 광개토대왕과 장수왕의 고구려 전성기 5세기 등은 모두 중국이 분열되었던 시기였다. 그러나 6세기 말 중국 대륙이 수에 의해 통일(589)되면서 이제 만주와 한반도에 엄청난 변화가 일어나게 된다. 만주와 한반도에 있던 국가들은 통일된 거대한 중국과 맞서야 했고 제1선에서 수·당과 충돌한 나라는 고구려였다.

한반도 남부에서는 백제와 신라가 충돌하였다. 백제와 신라는 고구려의 남하에 맞서 오랫동안 동맹을 유지해왔다(433~553). 그러나 6세기 진흥왕 때 신라는 백제와 협력하여 한강 상류 지역을 차지했지만 인구와 물산이 풍부하고 중국과의 교통로였던 한강 하류 지역을 차지하기 위해 동맹을 깨고 백제를 공격하였다. 이 과정에서 백제 성왕이 신라를 공격하다 충청북도 옥천에 있었던 관산성에서 전사하였다. 이후

백제와 신라의 원한이 깊어지면서 백제가 멸망할 때까지 싸움을 거듭하였다.

수와 대결하던 고구려는 북쪽으로는 돌궐, 남쪽으로는 백제·왜와 연결하였다. 한편 백제와 싸우던 신라는 수, 당과 손을 잡았다. 돌궐, 고구려, 백제, 왜의 남북 진영과 수·당, 신라의 동서 진영의 대결이 벌어지는데, 이 대결은 7세기 동아시아의 세계 대전이라 할 수 있다. 세계 대전 이후 새로운 질서가 형성되었듯이 삼국통일전쟁은 동아시아 사회에 큰 변화를 가져왔다.

고구려와 수·당의 전쟁

🖎 중국 대륙을 통일한 수가 고구려에 복속을 요구하고 침략을 준비하였다. 이를 눈치챈 고구려의 영양왕은 말갈병 1만을 동원하여 요서 지방을 먼저 공격하였다 (598).

◐ 고구려 평양성에서 발견된 돌조각(국립중앙박물관)

🖎 성난 수 문제가 30만의 병력을 동원하여 육로와 수로 양면에서 고구려를 침략하였다. 폭풍우와 전염병 등으로 수의 군대는 큰 타격을 받고 철수하였고, 이후 수와 고구려는 잠시 평화를 유지하였으나 문제가 죽고 양제가 즉위하자 다시 전쟁이 일어났다.

🖎 수 양제는 113만이라 일컫는 대군을 동원하여 고구려를 침략하였다. 요하를 건너 요동성을 공격하였으나 몇 달 동안 함락시키지 못하자 30만의 별동대를 조직하여 평양성을 직접 공격하려 하였으나 실패하였다. 을지문덕이 이끄는 고구려군은 후퇴하는 수의 군대를 살수에서 대파하였다(살수대첩, 612).

🖎 고구려 침략이 실패한 이후에도 양제는 재침략을 준비하였다. 그러나 과중한 부역에 시달리는 사람들이 각지에서 반란을 일으켰고 수는 멸망하였다. 이후 혼란을 수습하고 당 고조 이연이 당을 건국하였다(618). 당과 고구려는 초기에는 평화를 유지하였다. 양측 모두 전란에 지쳐 있었기 때문에 전쟁을 원하지 않았다. 당과 고구려는

친선 관계를 맺었고 영류왕을 비롯한 고구려의 온건파들은 당에 대하여 유화 정책을 펼쳤다. 그러나 한편으로 고구려는 요동 지역에 천리장성을 쌓아 당의 침략을 대비하였다. 천리장성 축성 작업을 주도한 이가 연개소문으로, 이 과정을 거치면서 연개소문이 요동 지역의 군사력을 손에 넣은 것으로 보는 견해도 있다. 천리장성을 쌓은 뒤 연개소문은 정변을 통해 영류왕을 시해하고 권력을 장악하였고, 당에 대하여는 강경한 태도를 보였다.

📖 당 태종은 고구려를 침략하였고, 요동성을 함락시켰으나 안시성 싸움(645)에서 고구려에 패배하였다. 이후 당은 고구려를 계속 공격하기 위해서 고구려의 후방에 있는 신라와 손잡을 필요성을 느끼게 되었다.

백제와 신라의 충돌, 나당 동맹의 성립

📖 고구려에 대항하기 위하여 무려 120년간 동맹(433~553)을 맺어왔던 신라와 백제는, 신라가 한강 유역을 장악하고 신라를 공격하던 성왕이 전사하면서 불구대천의 원수가 되었다. 성왕 이후 백제는 다시 위기에 빠졌다. 7세기에 들어오면서 무왕(600~641)은 사비에서 전라북도 익산 지역으로 천도하여 분위기를 쇄신하고 왕권을 강화하려 하였으나 성공하지는 못하였다. 무왕의 아들인 의자왕(641~660)이 왕위에 오르면서 신라를 맹렬히 공격하여 40여 성을 빼앗았다. 특히 합천 지역의 대야성을 함락하였는데 대야성은 신라의 수도 서라벌로 가는 핵심적인 요충지였다. 대야성을 빼앗긴 신라는 절체절명의 위기를 느끼게 되었다.

⬤ 계백장군의 묘로 추정되는 무덤(문화재청)

📖 신라는 김춘추를 중심으로 외교전을 전개한다. 고구려를 방문한 김춘추는 당시 고구려의 권력자인 연개소문에게 백제를 공격하는 것에 대하여 지원을 요청하였다. 그러나 고구려는 진흥왕 때 신라가 차지한 죽령 이북의 땅에 대하여 반환을 요구하였다. 결국 고구려의 지원을 얻는데 실패한 김춘추는 바다를 건너 당으로 건너갔다. 당시 고구려 원정에 실패하고 기회를 엿보던 당 태종을 설득하여 나·당 연합을 결성하

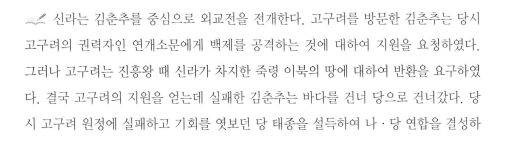

2일차 삼국 시대

였다(648). 신라와 당은 먼저 백제를 치고, 최종적으로 고구려를 멸망시킨 뒤에 패수 (대동강)를 경계로 남쪽은 신라가, 북쪽은 당이 차지하기로 약속하였다.

백제의 멸망과 부흥 운동

◐ 백제 부흥운동군을 진압 한 당 유인원 기공비(국 립중앙박물관)

📖 나·당 연합군은 먼저 백제를 공격하기로 결정하였다. 당시 백제 의자왕이 왕권 강화를 꾀하면서 자신의 아들들을 요직에 임명하고 귀족들을 숙청하면서 지배 계층 내에서 내분이 격화되고 있었다. 이때 소정방이 이끄는 당군 13만이 바다를 건너 와 서 백제에 상륙하였다. 김유신의 신라군 5만도 백제로 진격하였다. 백강 하구에 상륙 한 당군은 사비를 향해 진격하였고, 김유신이 이끄는 신라군은 황산벌에서 계백의 결 사대를 전멸시켰다. 웅진으로 피난간 의자왕이 항복하면서 백제는 멸망하였다(660). 온조가 나라를 세운 이후 678년 만이었다(기원전 18~660). 백제를 멸망시킨 당은 웅진도독부를 설치하여 백제 지역을 직접 지배하려 하였다. 백제 땅은 원래 나당 연 합이 체결되면서 당이 신라의 영토로 인정한 지역이었다. 심지어 당은 서라벌에 계림 도독부를 설치하고 문무왕을 도독으로 임명하여 신라 땅까지 직접 장악할 야심을 보 였다. 그러나 신라는 당분간 당과의 직접적인 충돌을 피하면서 상황을 살폈다.

📖 백제 멸망 이후 백제 유민들은 부흥 운동을 전개하였다. 복신, 흑치상지, 도침은 일본에 있던 의자왕의 아들 부여풍을 귀국시켜 왕으로 추대하였다. 백제 부흥운동군 은 주류성과 임존성을 중심으로 한 때 기세를 올렸으나 왜의 원병과 백제 부흥군이 백강 전투(663)에서 나·당 연합군에 패하면서 백제 부흥 운동은 실패로 돌아갔다. 백제 마지막 왕은 의자왕으로 알려져 있지만 조선 후기의 역사가인 안정복은 동사강 목에서 의자왕의 아들 풍왕(661~663)을 백제의 마지막 왕이라 기록하였다.

고구려의 멸망과 부흥 운동

고구려는 수·당이라는 중국의 통일 왕조와 70년을 싸워왔다(598~668). 살수 대첩 같은 빛나는 승리도 있었으나 기본적으로 체급의 차이가 있었기 때문에 고구려의 전쟁 수행 능력은 점점 고갈되어갔고 점차 내분까지 일어나게 되었다. 고구려는 연개소문을 중심으로 당군에 대항하였다. 평양 인근의 사수 전투에서 당군을 전멸시키는 등 마지막까지 고구려는 용감하게 싸웠으나, 이미 요동 방어선이 무너지고 당군이 평양으로 직접 쳐들어오는 상황이었다. 게다가 연개소문이 죽자 아들들 사이에 내분이 일어나면서 동생에게 쫓겨난 맏아들 남생은 당에 망명하고 연개소문의 동생인 연정토는 신라에 항복하였다. 결국 나·당 연합군이 평양성을 점령하고 마지막 왕인 보장왕이 항복하면서 고구려는 멸망하였다(668). 주몽이 나라를 세운 이후 705년만이었다(기원전 37~668). 고구려를 멸망시킨 당은 평양에 안동도호부를 설치하여 고구려 땅 역시 당이 전부 지배하려 하였다. 이제 신라와 당이 충돌하는 순간이 다가오고 있었다.

○ 삼국통일을 이끈 태종무열왕릉 비석, 국보 제25호(문화재청)

고구려 멸망 이후 고연무, 검모잠이 왕족인 안승을 왕으로 추대하고 오골성, 한성(황해도 재령)에서 고구려 부흥 운동을 벌였다. 신라도 당을 견제하기 위하여 고구려 부흥 운동군을 지원하면서 한때 기세를 올렸으나 결국 당의 압박과 내분으로 실패하고, 안승은 신라에 투항하였다.

나·당 전쟁과 신라의 삼국 통일

당은 백제와 고구려의 옛 땅에 웅진도독부와 안동도호부를 설치하였고, 심지어 신라의 금성에 계림도독부를 두어 문무왕을 계림도독으로 임명하면서 한반도 전체를 지배할 뜻을 분명히 하였다. 이에 신라는 당의 배신을 질책하고 고구려 부흥군과 함께 당군을 공격하면서 나·당 전쟁(660~676)이 발발하였다. 신라는 고구려 부흥 운동을 지원하여 당과 전쟁에 고구려 유민들을 동원하였고, 백제 땅에 주둔하고 있던

○ 삼국통일을 주도한 김유신 묘의 12지신상(문화재청)

당군을 몰아냈다. 나·당 전쟁에서 초기에는 신라가 당의 공격으로 어려움을 겪었고 고구려 부흥 운동은 결국 실패하였다. 그러나 신라는 끝까지 싸우면서 임진강 일대에서 당군과 격전을 벌였다. 마침내 육지에서는 매소성 싸움, 바다에서는 기벌포 싸움에서 당군을 크게 격파하였다. 이러한 상황에서 티베트 지방의 토번이 당의 수도 장안을 위협하자, 당군이 철수하면서 나·당 전쟁은 끝나고 신라에 의한 삼국 통일이 완성되었다(676). 이후 당은 신라와 불편한 관계를 유지하였으나, 발해가 건국되자(698) 신라를 이용해 발해를 견제하기 위하여 신라와의 관계를 개선하였다. 이후 신라는 당과 밀접한 관계를 맺고 선진 문화를 수용하면서 크게 발전하였다.

✎ 신라의 삼국 통일은 양면성을 가진다. 긍정적인 평가를 하면 삼국으로 나누어져 있던 민족을 통일하여 현재에 이르기까지 민족 문화가 발전하는 기틀을 다졌다 볼 수 있다. 현대 한국인은 신라의 삼국 통일 이후 형성되었다. 또한 이 과정에서 당군을 무력으로 축출하는 자주성을 보여주었다. 그러나 외세를 끌어들였고 대동강 이북의 고구려 영토를 상실하였다는 한계를 지적받기도 한다.

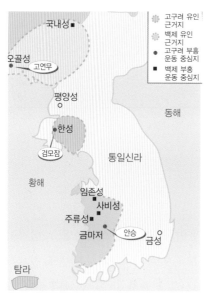

◐ 백제와 고구려의 부흥 운동

◐ 나당 전쟁

💬 김춘추와 김유신

김춘추와 김유신은 삼국 통일의 주역이다.

과거에 김춘추와 김유신은 삼국을 통일한 위인으로 높이 평가받았다. 1970년대에는 축구 국가 대표팀 1진이 화랑, 2진이 충무라고 불리었는데, 이를 보면 김유신이 이순신과 대등한 평가를 받았음을 알 수 있다. 그러나 최근에는 이순신이 여전히 민족의 성웅으로 추앙받는 데 비하여 김유신에 대해서는 관심이 떨어지고 있다. 김유신이 이런데 김춘추는 말할 것도 없다. 여러 가지 이유가 있겠지만 근래 신라의 삼국 통일이 가지는 한계를 지적하는 사람이 늘어나고 있고, 특히 일본군과 싸운 이순신과는 달리 김유신은 대부분 동족인 백제나 고구려와 싸웠기 때문으로 보인다. 그러나 신라의 삼국 통일으로 한국 민족과 한국 문화의 원형이 형성되었으며, 직접적으로든 간접적으로든 현대 한국인은 신라의 후손이라는 점에서 삼국 통일의 중요성은 참으로 크다. 한국인의 다수를 차지하는 김·이·박 같은 성들이 신라의 성씨이다.

김춘추(604~661, 재위: 654~661)

김춘추는 진지왕의 손자로 김용춘의 아들이며, 어머니는 진평왕의 딸인 천명부인이다. 진지왕의 손자이므로 원래 왕위를 계승할 수 있었으나 진지왕이 화백회의에 의해 쫓겨나면서 왕위 계승에서 밀려났다. 왕좌에서 소외된 김춘추는 김유신의 여동생 문희와 결혼하면서 가야계의 김유신과 손을 잡게 된다. 신라에 항복한 금관가야 출신의 김유신과 왕통에서 소외된 김춘추는 서로를 필요로 하였다. 김춘추의 정치적 배경과 김유신의 군사적 역량은 결국 삼국을 통일하고 신라에 새로운 왕통을 만들어내게 된다.

신라는 6세기 이후 백제와 계속 전쟁 중이었다. 백제 의자왕은 즉위하자마자 신라를 대대적으로 공격하였는데, 특히 서라벌로 가는 길목인 대야성의 함락은 신라인들에게 큰 충격을 주었다. 대야성 성주인 김품석은 김춘추의 사위였는데 대야성이 함락되면서 김춘추는 딸과 사위를 한꺼번에 잃게 되었다. 김춘추에게 백제는 국가의 적인 동시에 개인적으로도 원수가 되었다. 김춘추는 고구려로 건너가 지원을 요청하였다. 그러나 고구려는 진흥왕 때 신라가 차지한 한강 유역의 영토를 반환할 것을 요구하였고, 결국 고구려에 대한 김춘추의 외교 활동은 실패로 끝났다.

선덕여왕 말기에 귀족 세력을 대표하는 비담이 난을 일으켰는데 김유신이 이를 진압하였고, 반란 중에 선덕여왕이 세상을 떠나자 김춘추와 김유신은 진덕여왕을 추대하였다. 이제 김춘추와 김유신은 신라의 최고 권력자로 떠올랐다.

우리 기록에는 나오지 않지만 일본 기록에 의하면 이 무렵 김춘추는 일본에도 건너갔다고 한다. 일본서기에 따르면 김춘추는 용모가 아름답고 말도 잘했다고 한다. 집안도 좋으니 전형적인 엄친아로 일류 외교관에 뛰어난 정치가였던 것이다. 결국 김춘추는 당으로 건너가서 당 태종을 만나서 나·당 연합을 결성하게 된다.

신라에 돌아온 김춘추는 마침내 왕위에 오르게 되는 데 그가 태종무열왕이다. 진평왕 이후 성골 출신의 남성이 존재하지 않는 상황에서 성골 출신 여성인 선덕여왕과 진덕여왕이 차례로 왕위에 올랐다. 진덕여왕마저 승하한 뒤에는 성골이 완전히 없어졌기 때문에 왕위 계승권이 진골에게 넘어가게 되었다. 이런 상황에서 김춘추는 화백 회의의 추대를 받아 왕위에 올랐다. 김유신의 강력한 지원이 있었음은 물론이다. 660년, 드디어 소정방이 이끄는 당의 13만 대군이 백제에 상륙하였고, 김유신이 이끄는 5만의 신라군도 백제로 진격하였다. 마침내 백제는 멸망하였고 항복한 의자왕의 술잔을 받음으로써 개인적인 복수와 국가의 숙원을 모두 이루었다. 백제 멸망 다음 해에 태종무열왕은 죽고 문무왕이 뒤를 잇는다. 문무왕 때 고구려를 멸망시키고(668), 나·당 전쟁으로 당을 축출하고 통일을 달성하였다. 문무왕은 김유신의 동생 문희의 아들이었기 때문에 결국 김춘추와 김유신의 연합이 삼국 통일이라는 결과를 이뤄낸 셈이다.

김유신(595~673)

김유신은 삼국 통일을 이뤄낸 명장으로 죽은 뒤에는 흥무대왕으로 추존되었다. 신하로서 살다가 왕으로 추존된 유일한 인물이다. 이순신은 영의정으로 추론되었다.

김유신은 금관가야의 마지막 왕 구해왕의 증손자이며 금관가야의 시조인 수로왕의 12대손이다. 신라는 법흥왕 때 금관가야를 병합하고 그 왕족을 진골귀족으로 편입하였다. 정복한 국가의 왕족을 죽이지 않고 유화 정책을 실시한 것인데, 이러한 정책은 그 후손의 활약으로 대성공이 되었다. 백제와 고구려에 계속 공격받으면서 바람 앞에 등불이 된 신라를 위해 동분서주하면서 불패의 명장으로 이름을 남겼다. 정치적인 감각도 뛰어나 진지왕의 손자로 왕통에서 밀려난 김춘추와 손잡고 그를 왕으로 만들었다. 태종무열왕 이후 신라 중대의 왕들은 모두 여동생 문희의 핏줄이었으므로 정치인으로도 크게 성공한 셈이다.

백제를 공격할 때는 직접 군대를 이끌고 사비성으로 진격했으나, 고구려 공격 시에는 노령과 질병 때문에 직접 군대를 이끌고 참전하지는 못했다. 백제와 고구려가 모두 멸망하자 패수 이남의 땅을 신라에 주기로 한 당이 약속과 달리 한반도 전체를 직접 지배하려 하자 신라는 백제 땅에 있는 당군을 공격하였다. 이에 당의 장군 설인귀가 이를 꾸짖는 오만한 편지를 보내자 여기에 답장을 보내는데 이것이 나·당 전쟁의 선전포고문이라 할 수 있는 '답설인귀서'이다. 여기서 신라는 당의 약속 위반을 꾸짖고 고구려 유민들과 함께 당군을 선제 공격하면서 나·당 전쟁이 시작되었다. 김유신은 나·당 전쟁이 한창일 때 눈을 감게 된다(673). 참으로 파란만장한 일생으로 삼국 통일을 위해 살아왔다 해도 과언이 아닌 인물이었다.

💬 삼국 통일에 대한 평가

근대에 민족주의가 발달하면서 김춘추와 김유신을 이민족을 끌어들여 동족을 공격한 배신자로 비판하고, 신라의 삼국 통일이 영토의 축소를 가져왔음을 지적하는 사람들이 많다. 특히 민족주의 역사학자인 신채호는 신라를 강력히 비판하였다.

북한도 이런 입장에서 신라의 통일을 인정하지 않고, 신라는 매국노이며 정통성은 발해에게 있다 주장하고 있다. 진정한 민족의 통일은 고려라는 것이다. 북한 입장에서 정통성은 고조선, 고구려,

발해, 고려, 조선, 그리고 북한으로 이어진다. 그리고 평양은 혁명의 수도이자 우리 민족의 역사적인 수도로서 서울보다 우월한 위치에 서게 된다.

그러나 고구려, 백제, 신라가 동족이라는 것은 현대인의 입장일 뿐, 그들이 진짜 같은 민족으로서의 정체성을 갖고 있었는지는 불확실하다. 항상 전쟁을 벌이며 경쟁하던 고구려, 백제는 신라 입장에서 당과 별로 다를 바 없는 외국이었을 것이다. 우리는 고조선을 민족의 뿌리로 보고 있지만 신라의 삼국 통일을 통해 새로운 민족 문화 발전의 토대를 마련할 수 있었다.

💬 안동도호부와 웅진도독부, 계림도독부

도호부와 도독부는 당이 지방이나 이민족이 다스리던 지역을 지배하기 위해 둔 관청이다. 책임자는 도호와 도독이다. 도호부가 도독부 보다 상위의 관청이다. 당은 고구려 멸망 이후 평양에 안동도호부를 두고 고구려 각 지역에 9개의 도독부를 설치하였다. 심지어 백제와 신라에 웅진도독부와 계림도독부를 설치하였는데, 이는 백제와 신라를 직접 지배하겠다는 의도가 담겨있는 것으로 신라와의 약속 위반이었다.

💬 백제 부흥 운동(660~663)과 백강 전투(663)

백제 멸망 이후 복신, 도침, 흑치상지 등은 일본에서 귀국한 의자왕의 아들 부여풍을 추대하여 백제 부흥 운동을 일으켰다. 주류성과 임존성을 주요 근거지로 하여 한 때 200여 개의 성을 되찾을 정도로 기세를 올렸고, 사비성과 웅진성에 있는 당군을 공격하면서 4년간 저항하였다. 그러나 지도자들 사이에서 내분이 일어나 복신이 도침을 죽이고, 부여풍은 복신을 죽이면서 점차 세력이 위축되었다. 한편 백제와 오랫동안 우호 관계에 있던 왜는 국력을 기울여 백제 부흥 운동을 지원하였다. 수 차례에 걸쳐 약 4만의 왜군이 파견되었는데 백제·왜 연합군이 백강에서 나·당 연합군과 충돌한 것이 백강 전투이다. 백강은 현재 금강 부근으로 추정된다. 이 전투에서 백제·왜 연합군이 대패하면서 백제 부흥 운동은 결국 실패하였다. 살아남은 백제 부흥 운동군과 많은 백제인들은 왜로 망명하였다.

⚪ 충남 예산의 임존성 성벽 (문화재청)

💬 고구려 부흥 운동과 나·당 전쟁

고구려는 수·당과의 70년 전쟁을 통해 국력이 쇠약해지고 지배층 사이에 내분이 일어났다. 668년에 평양성이 함락되고 보장왕을 비롯한 수십만의 고구려인들이 당으로 끌려가고 평양에는 안동도호부가 설치되었다.

보장왕의 서자 안승, 검모잠, 고연무 등이 중심이 되어 고구려 부흥 운동이 일어났다. 한성(서울이 아니라 지금의 황해도 재령)과 오골성을 근거지로 일어난 부흥 운동은 한 때 평양성을 되찾을 정도로 기세를 올렸다. 나·당 전쟁이 일어나자 신라가 고구려 부흥 운동군을 지원하였으나 당의 공격과 내분으로 결국 부흥 운동은 실패하였다. 안승은 신라에 투항하였고, 신라는 고구려 유민들을 과거 백제 땅이었던 전라북도 익산의 금마저에 보내 보덕국이라는 신라의 위성국을 세우게 하였다. 그러나 신라는 곧 보덕국을 폐지하고 왕이었던 안승을 진골로 편입하면서 고구려 유민들을 회유하였다.

10 발해의 발전

선사 시대		고대					중세	근세	근·현대
구석기	신석기	청동기	초기철기	원삼국	삼국	남북국	고려	조선	개항 이후~현재

발전기			혼란기	전성기	쇠퇴기	멸망
1대 고왕	2대 무왕	3대 문왕		10대 선왕		거란에게 멸망 (926)

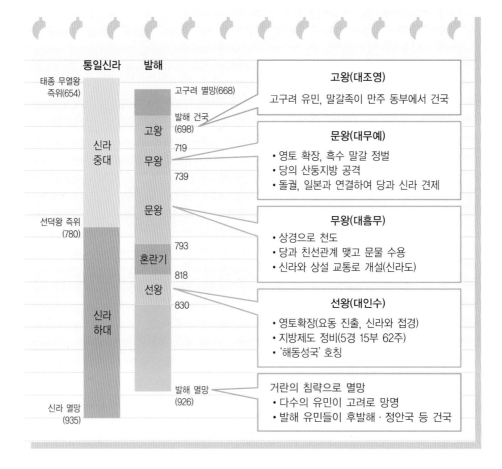

통일신라

태종 무열왕 즉위(654)

신라 중대

선덕왕 즉위 (780)

신라 하대

신라 멸망 (935)

발해

고구려 멸망(668)

발해 건국 (698)

고왕

719

무왕

739

문왕

793

혼란기

818

선왕

830

발해 멸망 (926)

고왕(대조영)
고구려 유민, 말갈족이 만주 동부에서 건국

문왕(대무예)
• 영토 확장, 흑수 말갈 정벌
• 당의 산둥지방 공격
• 돌궐, 일본과 연결하여 당과 신라 견제

무왕(대흠무)
• 상경으로 천도
• 당과 친선관계 맺고 문물 수용
• 신라와 상설 교통로 개설(신라도)

선왕(대인수)
• 영토확장(요동 진출, 신라와 접경)
• 지방제도 정비(5경 15부 62주)
• '해동성국' 호칭

거란의 침략으로 멸망
• 다수의 유민이 고려로 망명
• 발해 유민들이 후발해·정안국 등 건국

발해의 건국(698)

대조영과 발해의건국

고구려 멸망 이후 당은 고구려의 재기를 막기 위해 고구려 유민 2만 8천 호를 당의 각지에 강제 이주시켰다. 그중 일부 유민들은 요서 지방의 영주로 이주당하였다. 영주는 원래 거란족의 영역이었는데, 강제 이주당한 고구려 유민과 말갈 유민들이 거란족과 어울려 살게 되었다. 7세기 말, 거란족이 당에 저항하여 반란을 일으키면서 영주 일대가 소란해지자 걸사비우, 걸걸중상, 대조영 등은 고구려인과 말갈인을 이끌고 영주를 탈출하여 고구려의 옛 땅으로 들어갔다. 당의 추격군을 천문령 전투에서 격파하고 만주로 다시 돌아갈 수 있었다. 이 과정에서 당과 싸우다 걸사비우와 걸걸중상은 죽고 대조영이 유민들의 지도자가 되었다. 원래 고구려의 중심지는 요동과 평양, 국내성 일대였지만 이 지역은 오랜 전쟁으로 피폐해진 상태였다. 대조영은 전쟁의 피해가 적은 만주 동부의 동모산에서 나라를 세웠고, 처음에는 나라 이름을 진국(震國)이라 하였다(698). 당은 처음에 발해를 견제하였으나, 점차 만주에 대한 지배가 현실적으로 어려워지자 발해를 인정하였다. 대조영은 당나라로부터 발해군왕(渤海郡王)으로 책봉 받은 뒤에는 국호를 '발해'로 바꾸었다(713).

◎ 상상하여 그린 천문령 전투(이광호, 전쟁기념관)

발해의 발전

✒ 무왕은 당과 대립, 문왕은 당과 화해.

090

발해

- 고왕
  (698~719)
- 무왕
  (719~737)
- 문왕
  (737~793)
- 선왕
  (818~830)
- 대인선
  (906~926)

무왕, 당과 대립하며 영토 확장

고왕(대조영, 698~719)의 아들 무왕(대무예, 719~737)은 연호를 '인안'으로 하고 영토 확장에 나서며 말갈족을 흡수해나갔다. 발해의 세력이 북쪽의 흑수(흑룡강)까지 미치자 이 지역에 있던 흑수말갈이 당과 연결하여 발해를 견제하려 하였다. 무왕은 동생 대문예를 보내 흑수말갈을 공격하도록 하였으나 대문예는 당에 대한 적대 정책에 반대하고 당으로 망명하였다. 대문예의 송환 문제로 다시 발해와 당이 충돌하였다. 육군은 요서 지역에서 당군과 격돌하였고, 장문휴가 이끄는 수군은 바다 건너 산둥의 당 수군 기지인 등주를 공격하여 등주 자사인 위준을 죽였다. 당은 신라에 지원을 요청하여 신라군이 한때 북쪽으로 출진하였으나 폭설이 쏟아지면서 다시 되돌아오기도 하였다. 무왕은 신라를 견제하기 위하여 신라의 배후에 있는 일본에 사신을 보내 외교 관계를 맺었다.

문왕, 당과 화해하며 문물 수용

무왕의 아들 문왕(대흠무, 737~793)은 56년간 재위하였는데 발해의 장수왕이라 할 만하다. 문왕은 당과의 대립 관계를 해소하고 신라와도 친선 관계를 맺었다. 발해는 추운 지역에 위치하여 농업 생산력은 낮고 인구도 많지 않았기 때문에 당과 지속적인 적대 관계를 유지하는 것은 불가능하였다. 문왕은 대내적으로 체제 정비에 힘썼다. 당의 선진 문물과 제도를 받아들이고, 신라와는 상설 교통로를 개설하였다. 또한 수도를 산악 지역인 중경에서 평야 지역인 상경으로 천도하였다.

선왕, 해동성국

◎ 발해의 연꽃무늬 기와(국립중앙박물관)

문왕 사후 왕권 다툼이 일어나면서 잠시 혼란에 빠진 발해는 선왕(대인수, 818~830)이 즉위하면서 안정을 되찾았다. 선왕 때 고구려의 옛 땅을 대부분 회복하면서 최대 영역을 이루었다. 북쪽으로 흑룡강 유역까지 진출하고 흑수말갈을 영향력 하에 넣었다. 또한 서쪽으로는 요동 지방으로 진출하였고, 남쪽으로는 대동강 방면으로 나아가 신라와 국경을 접하였다. 초기에 '사방 2천리'였던 영토가 이 무렵에는 '사방 5천리'에 달하게 되었다고 한다. 5경 15부 62주의 지방 행정 조직도 완비되었다. 일본과도 여전히 활발히 교류하였으나 점차 교류의 성격은 정치적, 군사적 목적에서 상업적 목적으로 바뀌어갔다. 이후 전성기를 맞이하게 된 발해를 중국인들은 '해동성국'이라 부르기도 하였다.

발해의 쇠퇴와 멸망

발해의 발전

9세기 후반에도 당에서 유학생들을 대상으로 치르는 과거 시험인 빈공과에서 발해 유학생이 신라 유학생을 제치고 수석을 차지하기도 하였고, 발해 왕자가 신라 왕자보다 윗자리에 앉을 것을 요구한 쟁장사건(爭長事件)이 벌어지기도 하였다. 이를 보면 멸망 전인 9세기 후반에도 발해의 국력이 크게 융성하여 신라를 넘볼 수준이었음을 알 수 있다. 그러나 발해의 멸망은 갑작스럽게 찾아왔다.

○ 발해에서 병권을 가지고 있음을 증명하기 위해 중앙정부에서 발급한 표찰 (전쟁기념관)

발해의 멸망

10세기 전반, 거란족이 야율아보기의 지도 아래 성장하면서 동쪽의 발해를 공격하여 한달 만에 멸망시켰다(926). 발해가 단 시간에 허무하게 멸망한 이유가 무엇인지는 확실하지 않지만 지배층의 내분, 고구려계가 중심인 지배층과 말갈족이 다수인 피지배층의 갈등 등을 원인으로 보고 있다. 발해 멸망 이후 상당수의 발해 유민은 고려에 망명하였고, 후발해와 정안국 같은 발해의 후계 국가를 세우기도 하였다. 넓게 보면 12세기에 여진족에 의해 세워지는 금도 발해의 후예로 볼 수 있다.

발해의 정체성

발해는 고구려를 계승한 우리 민족의 국가이다. 발해의 2대 무왕은 일본에 보낸 국서에서 "고구려 옛 땅을 수복하고 부여의 유속을 이어받았다."라고 주장하며 고구려 계승의식을 분명히 하였고, 3대 문왕 역시 스스로를 고려국왕 대흠무라 자칭하였다.

🌀 **한·걸·음·더**

💬 중국의 동북 공정과 발해

중국은 우리 나라와 다른 역사관을 갖고 있다. 우리는 한민족이 역사의 주체라는 민족 중심의 역사관을 갖고 있다. 반면 중국은 현재의 중국 영토에 살고 있는 모든 민족이 중화 민족이라는 하나의 대가정을 이루고 있고 이들의 역사가 모두 중국의 역사라는 영토 중심의 역사관을 갖고 있다. 이런 입장에서 중국인의 94%를 차지하는 한족의 역사 뿐 아니라 소수 민족의 역사도 중국의 역사가 되는데, 만주에 살고 있는 만주족이나 조선족 등의 역사도 모두 중국 역사로 수용하면서 만주 지역에 대한 연고를 주장하는 것이 중국이 동북 공정을 추진하는 목적이다.

우리는 고조선, 부여, 고구려, 발해가 만주에서 성립되었지만 우리 민족이 세웠기 때문에 당연히 우리 역사라 생각한다. 하지만 중국은 만주가 중국 영토이기 때문에 이들의 역사는 중국의 역사로 간주한다. 중국은 발해 뿐 아니라 고구려, 심지어 고조선까지도 만주에서 성립한 국가로 중국 역사의 일부로 포함시키려 하고 있다. 우리는 고조선을 우리 민족의 시조로 간주되는 단군이 세운 나라로 믿어왔고, 일제강점기에는 단군을 신앙의 대상으로 하는 대종교가 독립 운동에서 중요한 역할을 하였다. 또한 고구려와 발해는 만주를 호령했던 강국으로 현재 민족적 자부심의 원천으로 관심이 높은 상황이다. 이런 상황에서 중국과 우리의 역사 전쟁이 보이지 않는 곳에서 벌어지고 있다.

💬 말갈

고대 만주에는 크게 세 계통의 종족이 살고 있었다. 서쪽에는 동호 계통으로 선비, 거란, 몽골로 이어졌다. 중앙에는 예맥 계통이 살았는데 이들이 부여, 고구려를 세우는 우리 민족의 직계 조상이다. 그리고 동쪽에는 숙신 계열이 살았는데, 이들이 읍루, 물길, 말갈, 여진, 만주족으로 이어진다. 말갈은 크게 7부족으로 나누어져 있었다. 고구려가 성장함에 따라 이들 부족은 점차 고구려에 복속되었다. 특히 속말말갈과 백산말갈은 예맥계와 숙신계의 혼합으로 점차 고구려화된 부족이다. 대조영이 속말말갈 출신이라는 기록이 있다. 속말말갈은 부여가 있던 지역에서 성장한 부족이다. 이를 고려하면 무왕이 '부여의 유속을 이어받았다.'고 한 것이 이해된다.

압록강 중류 지역에서 예맥족이 중심이 되어 5부족 연맹으로 출발한 고구려는 영토를 확장하면서 많은 종족을 고구려인으로 편입하였다. 전성기의 고구려는 다양한 민족이 모여 사는 다민족 국가였다. 예맥, 중국인, 말갈인, 거란인 등이 포함되어 모두 고구려인으로 살았다. 발해는 원래 고구려를 이루었던 예맥족과 뒤에 고구려로 편입되어 고구려화된 말갈족이 어우러져 세운 나라였다.

💬 발해의 교통로

발해에는 외국으로 연결되는 주요한 교통로가 5개 있었다. 바다를 통하여 일본과 왕래하던 일본도(日本道), 함경도의 동해 연안을 따라 개설되었던 신라도(新羅道), 요하 상류쪽으로 연결되었던

💡 발해 수도 상경에서 발견된 청동기마인물상의 복제품(전쟁기념관)

거란도(契丹道)가 있었다. 또 당나라와 왕래하던 길은 2개가 있었으니, 하나는 요동반도와 산동반도를 잇는 바닷길인 조공도(朝貢道)이고, 다른 하나는 요동지방과 요서지방의 내륙교통로로 이어지던 영주도(營州道)이다. 그리고 문헌에는 보이지 않지만, 발해 북쪽을 통하여 중앙아시아와 연결되던 교통로도 있었을 것으로 추정하기도 한다.

🗨 발해의 문물 제도

발해는 당의 제도를 받아들여 문물 제도를 완성하였다. 발해는 대외적으로는 왕국을 표방하였지만 내부적으로는 황제국의 체제를 갖추었다. 무왕 때 '인안', 문왕 때 '대흥', 선왕 때 '건흥'이라는 연호를 사용하였는데, 동아시아에서 연호의 사용이 의미하는 바를 생각하면 당과 대등한 독자적인 국가를 이루었음을 알 수 있다.

발해의 독자성은 중앙 정치 조직을 봐도 알 수 있다. 당의 3성 6부제를 도입했지만, 명칭을 당과 달리 하고 운영 방식도 당과 다르게 하였다. 중서성과 문하성이 중심인 당과 달리 발해는 상서성에 해당하는 정당성을 중심으로 국정을 운영하였으며, 6부의 명칭도 유교 덕목을 사용하였다. 정당성의 장관인 대내상이 수상이 되었고 그 밑에 좌사정과 우사정을 두고 각각 3부씩 나누어 맡겼다. 그 밖에 관리를 감찰하는 중정대, 국립 대학인 주자감, 책과 문서를 관리하는 문적원 등을 두었다.

중앙군으로 10위를 설치하였고, 지방에는 지방군을 두어 지방관이 지휘하게 하였다.

지방 행정 조직으로 5경 15부 62주를 두어 도독과 자사 등의 관리를 파견하였다. 말단 지방 행정 단위인 촌락은 말갈 부락의 족장인 수령이 자치적으로 다스리도록 하였다. 대체로 지배 계층은 고구려 유민이었지만 점차 말갈인과 융합되면서 발해인의 정체성이 형성되어 갔다.

926년, 거란의 침입으로 발해가 멸망한 뒤에 상당수의 발해 유민은 고려에 망명하였지만, 남은 세력은 부흥 운동을 전개하여 후발해, 정안국 같은 발해를 계승하는 나라를 세웠다.

발해 정효공주묘의 벽화를 바탕으로 복원한 발해 시위(호위무사)의 복식, 공주의 남자?(전쟁기념관)

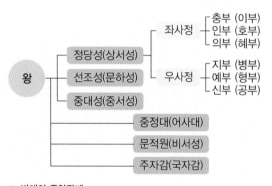

발해의 중앙관제

발해의 영역

11 통일 신라의 발전

선사 시대		고대					중세	근세	근·현대
구석기	신석기	청동기	초기철기	원삼국	삼국	남북국	고려	조선	개항 이후~현재

통일 신라(676~935)	
중대(나당 전쟁 승리~혜공왕)	하대(선덕왕~경순왕)

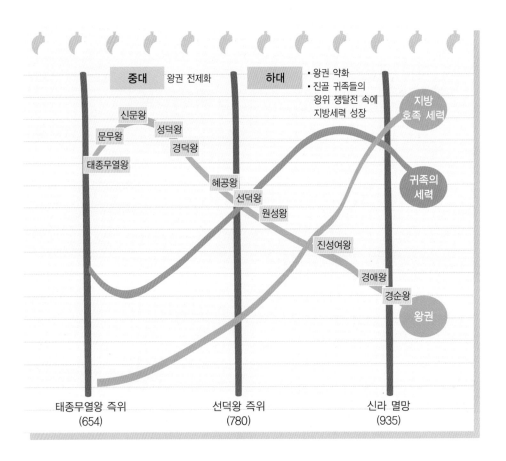

신라 중대와 하대의 비교

삼국사기의 신라 역사 시대 구분

삼국사기는 신라의 역사를 상대, 중대, 하대로 나누고 있다. 상대는 성골 출신이 왕이 되었던 진덕여왕 때까지, 중대는 성골이 없어지고 대신 진골 출신 왕이 나온 태종무열왕(김춘추) 때부터 김춘추의 후손들이 왕위를 독점하던 혜공왕 때까지를 말한다. 혜공왕을 마지막으로 더 이상 김춘추의 후손들이 왕위를 차지하지 못하고 다른 김씨들이 왕위를 차지하던 시기를 하대라 부른다. 김춘추를 비롯한 김씨 왕들은 모두 내물왕의 후손이기에 이들을 내물왕 계열의 방계 귀족이라 부른다. 그렇다고 김춘추의 후손들이 내물왕의 후손이 아니라는 의미는 아니다. 태종무열왕 때 백제를 멸망시킨 뒤에 다음 왕인 문무왕 때는 고구려를 멸망시키고 당을 몰아내면서 삼국 통일을 완성하였기에 중대와 하대는 곧 통일 신라 시대이다. 교과서는 중대와 하대라는 용어를 특별히 쓰지는 않지만 통일 신라는 기본적으로 중대와 하대로 구분되고, 교과서 서술

삼국사기의 시대 구분 방법

상대(혁거세~진덕여왕)	중대(태종무열왕~혜공왕)	하대(선덕왕~경순왕)

삼국유사의 시대 구분 방법

상고	중고(불교식 왕명 사용)〈법흥왕, 진흥왕, 진지왕, 진평왕, 선덕여왕, 진덕여왕〉	하고 (태종 무열왕 이후~)

중대	하대
• 태종무열왕~혜공왕(내물왕 후손인 김씨 중에서도 김춘추의 직계 후손 집단) • 왕권 전제화 • 시중이 수상 역할(시중은 왕의 비서 기관인 집사부의 책임자) • 6두품은 왕권과 협력하여 정책 조언	• 선덕왕 이후(김춘추의 후손들이 배제되고 다른 내물왕 후손인 김씨 왕족들이 왕위를 놓고 대립) • 왕위 쟁탈전 격화(왕권 약화) • 상대등이 수상 역할(상대등은 귀족 회의인 화백회의의 책임자) • 6두품은 권력에서 배제되며 반신라적 성향

도 이를 기준으로 하기 때문에 중대와 하대의 개념과 특징은 머릿속에 정확히 들어가 있어야 한다.

삼국유사의 구분 방법

비중은 적으나 삼국유사의 구분 방법도 알아두면 좋다. 승려인 일연이 지은 책 답게 불교의 관점에서 신라사를 구분하는데, 불교 공인 이후 불교식 왕명을 사용했던 6명의 왕의 시대를 중고(中古)라 하고 그 앞의 상고, 뒤의 하고와 구별한다. 6명의 왕은 법흥왕, 진흥왕, 진지왕, 진평왕, 선덕여왕, 진덕여왕이다.

신라 중대

신라 중대와 왕권 강화

신라 중대는 왕권 강화가 특징이고, 왕의 비서 기관이었던 집사부의 장관인 시중이 수상 역할을 하였다. 6두품은 전제 왕권과 연합하여 왕의 정치적 조언자로 활동하면서 어느 정도 위상을 확보하였다.

주요 왕

📖 태종무열왕, 김춘추

태종 무열왕은 통일 전쟁을 치르며 백제를 멸망시켰다 이 과정에서 왕권을 강화하였고 그의 직계 자손이 왕위를 독점하였다.

📖 문무왕과 삼국 통일

태종 무열왕의 아들 문무왕은 고구려를 멸망시키고 당을 축출하여 통일을 완성하였다.

📖 신문왕과 전제 왕권의 확립

문무왕의 아들 신문왕은 자신의 장인인 김흠돌의 난을 계기로 진골 귀족 세력을 숙청하고 강력한 왕권을 확립하였다. 중앙과 지방의 정치 조직을 마련하고 군사조직을 정비하였다. 국립대학인 국학을 설립하여 유교적 소양을 갖춘 인재를 양성하였다. 관료들에게 관료전을 지급하고 녹읍을 폐지하여 귀족들의 경제적 기반을 약화시켰다.

✎ 성덕왕 때 가난한 농민들에게 국가에서 정전을 나누어주었다.

✎ 경덕왕 때 진골귀족의 반발로 녹읍이 다시 부활하였다. 중대 말기에는 이미 왕권이 약화되고 있음을 보여준다.

✎ 혜공왕 때 귀족의 반란이 일어나면서 반란 중에 혜공왕이 살해당하고 김춘추의 직계후손이 아닌 선덕왕이 즉위하면서 중대는 끝나고 하대로 들어선다.

- 태종무열왕(654~661)
- 문무왕(661~681)
- 신문왕(681~692)
- 성덕왕(702~737)
- 경덕왕(742~765)
- 혜공왕(765~780)
- 선덕왕(780~785)
- 원성왕(785~798)
- 흥덕왕(826~836)
- 진성여왕(887~897)

신라 하대

하대의 특징

하대 때는 왕권이 약화되었고 진골귀족들이 치열한 왕위 쟁탈전을 벌이면서 중앙 정치가 혼란에 빠지고 지방에서도 호족들이 자립하면서 후삼국 시대로 들어가게 된다. 시중의 힘이 약화되면서 귀족의 대표인 상대등이 수상 역할을 하고, 6두품 세력은 정치권력에서 배제되고 호족·선종 세력과 더불어 반신라적 성향을 띠게 된다.

주요 왕

✎ 원성왕 때 왕권 강화를 위하여 독서삼품과를 실시하였으나 진골귀족의 반발로 큰 효과를 보지 못하였다.

⊙ 하동 쌍계사 진감선사탑비, 신라 하대에는 선종의 영향으로 탑비와 승탑이 유행하였다. 최치원이 비문을 짓고 글씨를 썼다. 국보 제47호(문화재청)

✎ 진성여왕 때 당에서 귀국한 최치원이 개혁안을 건의하였으나 받아들여지지 않았고 나라는 점점 더 큰 혼란에 빠져든다.

✎ 후백제 견훤의 공격으로 수도 금성이 함락당하고 경애왕이 죽음을 당하였다.

✍ 경순왕이 고려의 왕건에게 항복하면서 신라는 멸망하였다. 왕건은 경순왕을 우대하여 사위로 삼고 경주의 사심관으로 임명하였다.

통일 신라의 문물제도

정치 조직

통일 전쟁을 치르면서 강화된 왕권을 바탕으로 통일 신라는 중앙 집권 체제를 정비하였다. 왕의 비서 기관인 집사부를 중심으로 그 아래에 13부의 중앙 관서를 두었다.

○ 신라의 9주 5소경

동아시아의 중앙 관제는 중국의 경전인 '주례'에 나오는 6전 제도의 영향을 크게 받았다. 위화부(이부), 조부와 창부(호부), 예부, 병부, 좌·우 이방부(형부), 예작부(공부) 등으로 나누어진 신라의 중앙 관제도 마찬가지이다. 감찰 기관인 사정부를 두었고 국립대학인 국학을 설치하였다.

지방 제도

신라는 삼국 통일 이후 신문왕 5년(685년)에 전국의 행정 구역을 9주5소경으로 재조직하여 편성하였다.

① 9주가 설치된 곳은 신라 본토 및 가야 지역에 3개, 옛 백제 지역에 3개, 옛 고구려 지역에 3개 등으로 나누어져 있는데 이는 삼국 통일의 정당성을 강조하기 위한 것이었다. 주의 장관의 명칭은 군주 → 총관 → 도독으로 바뀌었다. 이는 점차 군사적 성격보다는 행정적 성격을 강조하는 명칭으로 바뀌었다는 것을 보여준다. 9주 아래에는 군이나 현을 두어 지방관을 파견하였고, 그 아래의 촌은 토착 세력인 촌

주가 중앙에서 파견된 지방관의 통제를 받아 지역을 통치하였다. 또한 향과 부곡이라는 특수 행정 구역도 있었다. 소는 고려 시대에 등장한다.

② 5소경에서 소경은 작은 서울이라는 뜻이다. 신라의 수도 서라벌은 한반도 동남부에 치우쳐 통일 국가의 수도로는 위치가 적당하지 않아 달구벌(대구)로 수도를 옮기려 한적도 있었으나 그만 두었다. 대신 수도 외에 5개의 작은 서울, 즉 소경을 두어 지방의 균형 있는 발전을 꾀하였다. 금관경(金官京, 김해)·남원경(南原京, 남원)·서원경(西原京, 청주)·중원경(中原京, 충주)·북원경(北原京, 원주)이 그것이다. 소경에는 사신이라는 장관을 두었다.

③ 지방관을 감찰하기 위해 외사정을 파견하였고, 지방 세력을 견제하기 위하여 서울에 와서 거주하도록 하는 상수리 제도가 있었다. 일종의 인질 제도이다. 상수리 제도는 고려의 기인 제도로 이어졌다.

○ 석굴암 석굴 국보 제24호(문화재청)

군사 제도

통일 신라의 군사 조직은 중앙군인 9서당, 지방군인 10정이 있었다. 중앙군 9서당은 신라인 뿐 아니라 피정복민인 고구려·백제인과 말갈족까지 포함시켜 민족 융합을 꾀하였다. 지방군 10정은 9주에 1정씩 배치하였는데, 국경 지대인 한주만 2정을 두었다.

특징

통일 신라는 중국식 관료 제도를 수용하여 종래의 진골 중심의 폐쇄적인 신라 사회에 변화를 꾀하였다. 그러나 여전히 중앙 관부의 장관, 주의 도독, 군대의 장군 등의 핵심적인 지위는 모두 진골이 독점하였고, 다른 계층은 권력에서 소외되었다. 이러한 혈통 중심의 배타성은 이후 6두품·선종 세력과 지방민의 반감을 불러 일으켜 신라 사회가 무너지는 중요한 계기로 작용하였다.

🔹 김흠돌의 난

김흠돌은 삼국통일전쟁에 참여하였던 진골 귀족으로 그 딸이 세자 시절의 신문왕과 결혼하여 왕의 장인이 된 세력가였다. 신문왕 즉위 초기에 왕권 강화 정책에 반발하여 난을 일으켰다가 진압당하였다. 김흠돌의 딸도 왕비에서 쫓겨나고 새로운 왕비를 맞이하는데 신문왕 다음 왕인 효소왕과 성덕왕이 새로운 왕비의 소생이다. 김흠돌의 난을 진압하고 신문왕은 대대적으로 진골을 숙청하면서 왕권 전제화의 기반을 다졌다.

🔹 만파식적(萬波息笛)

신문왕이 죽고나서 바다의 용이 된 문무왕과 천신이 된 김유신으로부터 받은 보물로 대나무로 만든 피리이다. 이름은 만 가지 파도를 없애고 세상을 평안하게 하는 피리라는 뜻이다. 만파식적을 한번 불면 적군이 물러나고 병이 나으며 자연재해도 사라지는 신기한 효과가 있었다고 한다. 신문왕의 훌륭한 통치와 태평성세를 강조하기 위해 등장한 설화로 보인다.

🔹 녹읍과 관료전

🔹 문무대왕의 수중릉 내부
(문화재청)

전근대의 국가는 행정력이 미비하여 영역 내의 토지와 백성을 제대로 파악하지 못하였다. 국가가 백성에게 세금을 철저히 거두고 일부를 관리들에게 급료로 지불해야겠지만 여러 가지 한계가 있었다. 따라서 조선 전기까지 국가는 일부 토지에 대한 수조권(세금을 걷는 권한)을 관료에게 지급하고, 이를 급료 대신으로 하였다. 녹읍과 관료전은 모두 관리들에게 토지에 대한 수조권을 주는 것에서는 동일하지만 녹읍은 토지를 경작하는 농민에 대한 노동력 징발권까지 가져 귀족이 더욱 강력한 힘을 행사할 수 있었다. 중앙집권화를 꾀한 신문왕은 노동력 징발권을 제외하고 세금을 수취하는 권리만 인정하는 관료전을 지급하고 녹읍은 폐지하였다. 그러나 중대 말기인 경덕왕 때 진골 귀족의 반발로 녹읍이 다시 부활하였는데, 중대 말기에 이미 왕권이 약화되고 있음을 보여준다.

🔹 정전

정전은 신라 중대 성덕왕 때 가난한 백성에게 국가가 토지를 경작할 수 있게 지급한 땅이다. 여기에 대해 국가가 새로 토지를 지급한 것이 아니라 단순히 원래 농민이 갖고 있던 땅의 소유권을 국가가 확인해준 것에 불과하다는 주장도 있다.

🔹 상대등과 시중

왕 아래에서 왕명을 받아 여러 관료를 통솔하는 관리의 우두머리를 수상(首相)이라 한다. 상대등은 법흥왕 때 설치된 관직으로 귀족회의인 화백회의의 장이다. 시중은 왕의 비서기관인 집사부의

장으로 중시라 불리기도 하였다. 왕권이 강한 신라 중대에는 왕의 비서실장이라 할 수 있는 시중이 수상 역할을 하였다. 그러나 왕권이 약해지고 진골귀족의 힘이 강해진 신라 하대에는 귀족회의의 대표인 상대등이 수상 역할을 하였다.

🗨 국학과 독서삼품과

권력의 핵심은 군사력, 돈, 그리고 인사권이다. 관리를 어떤 방법으로 임명하고 해임하는지는 권력을 행사하는 데 가장 중요한 요소이다. 고려 광종 때 과거 제도가 처음 실시되었고 그 이전인 고대에는 과거를 통한 관리 선발 제도가 없었다. 관리는 세습이나 추천 등을 통해 등용되었고, 상대적으로 왕이 관리 임용에 개입할 방법이 적었다. 국학과 독서삼품과는 이런 한계 속에서 관리와 관리 후보자들에게 유교적 소양을 교육시키고 그 교육 정도에 따라 관직에 등용함으로써 왕권을 강화하려는 목적으로 설치되었다.

국학은 통일 신라의 국립대학으로 신문왕 때 설치되었다. 국학에서는 유교 경전인 주역(周易), 상서(尙書), 모시(毛詩), 예기(禮記), 춘추좌씨전(春秋左氏傳), 문선(文選)을 주로 공부하게 했다. 박사또는 조교를 두어 학생을 가르쳤다. 15세부터 30세까지의 학생을 가르쳤고 수업 연한은 9년이원칙이었다.

🔵 해운대 동백섬(문화재청)

원성왕 때는 독서삼품과를 두었다. 원성왕은 중대가 아니라 하대의 왕이다. 하대에 들어왔지만 여전히 왕의 관심사는 왕권 강화였다는 것을 알 수 있다. 춘추좌씨전, 예기 또는 문선을 읽어 그 뜻을 통달하고 아울러 논어와 효경에도 밝은 사람을 상(上)으로 치고, 곡례(曲禮:예기의 시작편)·논어·효경을 읽은 사람을 중(中), 곡례·효경을 읽은 사람을 하(下)로 쳤다. 그러나 진골귀족의 반발로 독서삼품과는 큰 성과를 거두지 못하였다.

결국 고려 광종 때 우리나라 최초로 과거제도가 실시되면서, 유학에 익숙한 새로운 세력이 지배계층으로 유입되었다.

🗨 최치원(857~?)

통일 신라 말의 학자이다. 6두품 출신으로 일찍부터 당에 유학가서 공부하고 당의 빈공과에 급제하여 당에서 벼슬을 지냈다. 황소의 난이 일어났을 때 지은 '토황소격문'이 유명하다. 귀국한 뒤에 진성여왕에게 시무책을 올려 신라의 문제점을 지적하며 개혁을 주장하였으나 받아들여지지 않았다. 이후 지방관 등을 지내며 각지를 여행하면서 많은 이야기를 남겼다. 부산 해운대의 지명은 최치원이 이곳의 절경을 보고 감탄한 나머지 동백섬 바위에 '해운대'라고 새긴데서 비롯되었다.

🔵 부산 해운대의 석각(문화재청)

6두품은 '득난(得難)'이라 하여 진골 다음 가는 계층으로 우대받았지만, 신라의 핵심 권력은 진골이 모두 장악하고 있었다. 신라 중대에는 6두품이 왕권을 뒷받침하며 어느정도 위상을 인정받았지만, 최치원의 시대에는 6두품의 역할이 크게 위축되었다. 신라를 건국한 사로 6촌 촌장의 후손들이 사용한 성이 이·정·최·손·설·배의 6성인데, 이들 중에 6두품이 많이 배출되었다. 최치원, 설총, 최승로 등이 6두품 출신이다.

12 고대의 사회와 문화

삼국 시대			남북국 시대
성립	발전	멸망(통일)	통일 신라
			발해

고대의 사회와 문화

사회
① 엄격한 신분제 사회
  + 지배층 대상의 별도의 신분제 존재
② 신분구조 : 귀족 · 평민 · 천민
③ 특징 : 엄격한 형벌 제도 + 상무적 기풍

문화
① 전통문화를 바탕으로 다양한 외래문화 수용
② 중국, 일본, 북방민족, 서역, 인도 등과 활발한 문화교류
③ 외래 종교와 학문 수용 : 유학, 불교, 도교, 풍수지리설
④ 예술과 과학 기술의 발달

고대의 사회

📖 고대는 엄격한 신분제 사회였다. 사회 계층은 귀족, 평민, 천민으로 나누어졌다.

📖 귀족은 정복을 통해 형성된 고대 국가의 왕족과 부족장의 후예로 많은 특권을 누렸다. 삼국은 지배층을 대상으로 하는 별도의 신분제를 마련하여 지배층 내부에서도 사회적·경제적 차이를 두었는데 신라의 골품제가 대표적이다. 이는 복잡한 정복 전쟁을 통해 형성된 고대 국가의 역사를 반영하며 최고 귀족의 특권을 보장하기 위해서였다.

📖 평민은 대부분 농민으로 무거운 세금을 내고 노동력과 군역을 부담하였는데, 생활이 어려워 귀족의 노비로 전락하는 경우가 많았다. 국가는 평민이 몰락하여 귀족 소유의 노비가 되는 것을 방지하기 위하여 노력하였다. 고구려의 진대법이 대표적이다.

📖 천민은 노비와 집단 예속민으로 이루어졌다. 전쟁에서 져 정복당한 피정복민이 집단적으로 예속민이 되었는데 왕권이 강화되고 국가 체계가 자리잡으며 점차 평민으로 전환되었다. 노비는 전쟁 포로 출신도 있지만, 형벌을 받거나 부채를 갚지 못하여 노비가 되는 경우가 많았다.

◎ 백제 사택지적비 탁본(국립중앙박물관)

고대의 문화

고대의 문화 교류

고대 국가들은 자신들의 본거지에서 독자적인 문화를 발달시켰다. 그러다 점차 중국을 비롯한 주변 국가로부터 다양한 문화를 받아들였는데, 중앙의 지배층은 선진 문화를 쉽게 흡수하였지만 지방의 일반 백성은 소박하고 전통적인 생활 모습을 오랫동안 고수하였다. 삼국은 치열하게 경쟁하면서도 중국, 인도, 서역 등으로부터 선진 문화를 흡수하였고 서로 활발하게 교류하여 문화적 영향을 주고 받았다. 통일 신라와 발해도 대립하면서도 교류를 이어나갔고, 신라도라 불리는 교통로가 존재하였다.

삼국 문화의 일본 전파

삼국은 자신들의 문화를 일본에 전해주어 고대 일본의 사상과 문화 발전에 큰 공헌을 하였다. 일본은 초기에는 가야, 뒤에는 백제를 통하여 주로 선진 문물을 수입하였다. 그러나 고구려와 신라도 일본에 큰 영향을 주었다.

📖 삼국의 선진 문화를 수용하여 발달한 일본의 문화가 아스카 문화이고, 통일 신라의 문화를 받아들인 문화가 하쿠호 문화이다.

역사서 편찬

삼국은 중앙 집권 체제를 확립하는 과정에서 왕의 권위를 강조하기 위하여 역사서를 편찬하였다.

◎ 성덕대왕신종, 경덕왕이 돌아가신 아버지 성덕왕을 위하여 만들기 시작하여 그 아들인 혜공왕에 의해 771년에 완성되었다. 국보 제29호(국립중앙박물관)

📖 고구려는 국가 초기에 '유기(留記)' 100권을 편찬하였는데, 영양왕 때 이문진이 이를 간추려 '신집(新集)' 5권으로 고쳐 편찬하였다.

📖 백제는 근초고왕 때 고흥이 '서기(書記)'을 편찬하였다. 백제의 역사서는 현재 남아 있는 일본에서 가장 오래된 역사서인 일본서기에 영향력을 주었을 것으로 보인다.

📖 신라는 진흥왕 때 거칠부가 '국사(國史)'를 편찬하였다.

📖 이러한 역사서는 하나도 전해지지 않지만 삼국사기 등에 그 내용이 남아 있다.

불교의 발달

불교가 수용된 이후 고대 문화는 곧 불교 문화라 할만큼 불교가 융성하였다. 불교는 왕실의 후원을 받아 왕권을 이념적으로 뒷받침하는 역할을 하였다.

삼국 시대에는 국가의 발전과 왕실의 안녕을 비는 사찰과 탑이 많이 세워졌다.

① 백제 무왕은 미륵사를 세웠다. 미륵사에는 목탑과 석탑이 함께 세워졌는데 현재는 석탑만이 반쯤 허물어진 채 남아있다.

② 신라 진흥왕이 황룡사를 세웠는데, 선덕여왕은 황룡사에 거대한 9층 목탑을 세웠다. 9층 목탑은 몽골 침입 때 불타 없어졌다. 분황사에는 벽돌탑의 모양을 본뜬 석탑이 세워졌다.

③ 삼국은 모두 다양한 불상을 만들었는데 미륵보살상이 많이 제작되었다.

④ 통일 신라 시대에는 백제 석탑의 영향을 받아 신라 고유의 석탑 양식이 정착되었다. 이 시대의 대표적인 석탑이 불국사 3층 석탑(석가탑)과 다보탑이다. 석굴에 사원을 만드는 문화가 인도에서 중국으로 전해졌는데 통일 신라도 석굴 사원인 석굴암을 만들었다. 불국사도 신라 중대에 세워졌다.

⑤ 통일 신라 말에는 선종이 크게 유행하였다. 선종은 경전 공부를 강조하는 교종과 달리 참선 수행을 통한 깨달음을 추구하였는데 이는 지방 호족의 성향과 일치하였다. 선종은 호족의 후원을 받아 지방에 9산 선문이라는 대표적인 선종 종파를 이루었다.

◉ 통일신라의 **9산 선문**

◉ 불국사 삼층석탑, 내부에서 현존하는 세계에서 가장 오래된 목판인쇄물인 '무구정광대다라니경'이 발견되었다. 국보 제21호(문화재청)

◉ 불국사 다보탑, 국보 제20호(문화재청)

도교와 풍수지리설

🖋 삼국은 일찍부터 도교의 원류에 해당되는 노자와 장자의 사상, 신선 사상을 수용하였다. 특히 신선 사상은 우리나라의 전통적인 산천 숭배와 결합하여 일찍 받아들여졌다. 도교가 정식으로 수입된 것은 당이 고구려에 전해주면서이다. 특히 연개소문은 불교를 견제하기 위하여 도교를 적극적으로 장려하였다. 백제의 산수무늬 벽돌과

금동대향로는 이러한 도교적인 세계관을 잘 보여준다.

✒ 통일 신라 말기에는 도선 등 선종 승려가 중국에서 풍수지리설을 도입하였다. 풍수지리설은 자연의 지형과 인간의 길흉화복이 관련이 있음을 주장하였다. 이는 경주 중심의 국토 관념을 뒤흔들어 다른 지역도 도읍이 될 수 있음을 암시하여 신라 하대에 호족들의 자립을 사상적으로 뒷받침하였다.

발해의 문화

◎ 발해 함화 4년명 비석상 복제품(전쟁기념품)

발해는 고구려 문화를 토대로 당의 선진 문화를 수용하였고, 피지배층인 말갈인의 토착 문화 또한 발전시켜 다양하고 복합적인 문화를 발전시켰다.

특히 불교가 왕실과 귀족을 중심으로 널리 유행하였다. 발해 수도 상경에는 많은 절이 세워졌고 석등은 지금도 남아있다. 또한 발해의 불상으로 두 부처가 나란히 앉아있는 이불 병좌상이 유명하다.

발해는 유학도 중시하여 유학 교육 기관인 주자감을 설치하여 귀족 자제를 가르쳤다. 또한 당에 유학가 빈공과에 급제한 사람도 많이 있었고, 신라 유학생과 성적을 놓고 경쟁할 정도로 유학이 발달하였다.

발해의 상경은 당의 수도 장안성을 본떠 건설되었다. 남북으로 넓은 주작대로를 내고 바둑판 모양으로 길을 닦았다. 궁궐 안에는 고구려 전통을 이은 온돌 시설도 발견되었다. 정혜공주 묘는 고구려 양식으로 굴식 돌방무덤에 모줄임천장 구조를 갖추었고, 정효공주 묘는 벽돌무덤으로 당과 고구려 양식이 모두 보이고 있다.

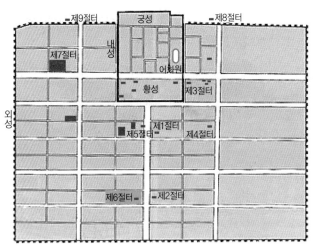

◎ 발해 상경 용천부 전경

💬 삼국 문화의 일본 전파

가야	철기와 토기 제작 기술 전파 → 스에키 토기
신라	조선과 축제술(제방 쌓는 기술) 전파, '한인의 연못'이라는 지명 존재
고구려	• 승려 혜자가 쇼토쿠 태자의 스승으로 활동 • 담징이 종이와 먹의 제조법을 전해주고, 호류사 금당 벽화를 그림
백제	• 학문 전파(아직기) • 천자문과 논어 교육(왕인) • 불교 보급(노리사치계) • 백제 문화 바탕으로 고류사 미륵보살 반가사유상, 호류사 백제 관음상 제작 • 오경박사, 의박사, 역박사, 천문박사와 화가, 공예 기술자 파견 • 목탑이 건설되고 백제 가람 양식 발달

💬 아스카 문화와 하쿠호 문화

① 아스카 문화는 나라의 아스카 지방을 중심으로 발달한 고대 일본 문화로 특히 불교 문화가 발달하였다. 6세기 중반부터 삼국으로부터 전래된 불교 문화를 바탕으로 7세기 전반에 크게 융성하였다.

② 하쿠호 문화는 670~810년 무렵에 발달한 고대 일본의 문화이다. 이 시기는 대체로 일본사에서 나라 시대와 헤이안 시대 초기에 해당된다. 당의 율령 체제를 받아들여 중앙 집권 체제를 정비하고 당의 장안성을 본뜬 대규모 도성을 건설하였다. 이 시기에 견당사와 견신라사를 파견하여 선진 문물을 받아들였다.

💬 장보고의 활약(?~846)

장보고는 신라의 무장이자 상인으로 청해진을 설치하여 당과 신라, 일본을 연결하는 해상 무역을 주도하였다. 장보고의 출신은 정확히 알 수 없으나 낮은 신분 출신으로 신라 사회에서 성공하기 어렵다는 것을 알고 당으로 건너가 활동한 것으로 보인다. 당에서 군대에 투신해 무령군 소장까지 지냈는데, 같은 신라인 정년과 함께 활동하면서 상당한 전공을 세웠다.

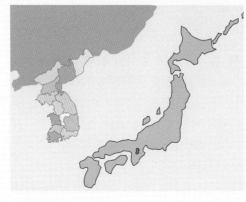
◎ 나라 지역

당에서 돌아와 흥덕왕의 허가를 받아 청해진을 설치하고 대사가 되어 병력을 이끌고 해적을 소탕하고 해상권을 장악하였다. 또한 일본의 승려 엔닌이 당에 건너가 불법을 공부하는데 많은 도움을 주었다. 장보고는 당과 활발하게 교역하면서 법화원을 비롯한 절을 세우기도 하였다.

위세를 떨치던 장보고는 중앙의 왕족들의 왕위 다툼에 휘말리게 되었다. 왕위 쟁탈전에서 밀려난 왕족을 도와 신무왕을 옹립한 뒤에, 그의 딸을 신무왕의 아들인 문성왕의 왕비로 세우려 하였으나 중앙 귀족들의 반대로 뜻을 이루지 못하였다. 오히려 문성왕이 보낸 자객 염장에 의해 살해당하였고, 신라는 청해진을 없애고 그곳 사람들을 벽골군으로 이주시켰다. 장보고의 시대는 우리 민족이 동아시아의 해상권을 장악했던 유일한 시대로 현대 한국인들의 동경의 시대가 되고 있다. 그러나 장보고가 활동하던 9세기는 신라 하대로 중앙 정부의 권위가 땅에 떨어지고 지방 호족의 세력이 커져가던 시대이기에 가능한 일이기도 했다.

◎ 장보고 무역선 모형(해군 사관학교)

◎ 장보고 무역선 모형(해군사관학교)

🗨 삼국의 고분 양식의 변화

① 고구려는 초기에 돌무지무덤을 많이 만들었으나 점차 굴식 돌방무덤을 만들었다.

② 백제는 초기에는 고구려의 영향을 받아 돌무지무덤을 많이 만들었다. 백제의 지배층이 고구려 계통이라는 것을 보여준다. 웅진으로 천도한 이후에는 굴식 돌방무덤이나 벽돌무덤을 만들었다. 벽돌무덤은 당시 백제가 활발히 교류하던 중국 남조의 영향을 받은 것으로 공주 무령왕릉이 대표적이다.

③ 신라는 고구려, 백제와 달리 돌무지덧널무덤을 만들었다. 이는 도굴이 어려운 구조로 천마총, 금관총 등의 고분에서 많은 유물이 출토되었다. 신라도 점차 굴식 돌방무덤을 만들었다.

④ 벽화는 벽이 있어야 그릴 수 있는데, 돌무지무덤과 돌무지덧널무덤은 벽이 없어 벽화도 나오지 않는다. 신라의 천마도는 말 배가리개에 그려진 그림으로 벽화가 아니다. 고구려, 백제, 신라는 후기에 모두 굴식 돌방무덤을 만들었는데, 돌방에 벽이 있어 벽화가 그려졌다. 고구려의 벽화가 가장 유명하지만 백제, 신라에도 벽화가 전혀 없는 것은 아니다.

⑤ 통일신라는 굴식돌방무덤 양식을 계승하였고, 주위에 둘레돌을 두르고 12지신상을 새기는 양식이 나타났다.

◎ 신라 미추왕릉, 미추왕은 신라의 제13대 왕으로 최초의 김씨왕이다.(문화재청)

◎ 장군총
출처 : 위키피디아, By Bart0278 (자작) [CC BY-SA 3.0(http://creativecommons.org/licenses/by-sa/3.0), via Wikimedia Commons)

🗨 탑의 발달

탑은 본래 석가모니 입적 이후 부처의 사리를 보관하기 위해 만들어졌다. 당연히 불교의 발상지인 인도에서 처음 만들어졌고 중국을 거쳐 한국, 일본에 전해졌다. 탑은 다양한 재료를 사용해 만들어졌는데 크게 벽돌로 만든 전탑, 나무로 만든 목탑, 돌로 만든 석탑으로 나눌 수 있다. 동아시아 각국에서는 자기 나라의 상황에 맞는 탑이 발달하였는데, 중국은 전탑, 한국은 석탑, 일본은 목탑이 널리 세워졌다.

불교를 수용한 삼국은 처음에 전탑, 목탑, 석탑을 두루 만들었다. 삼국 시대에 만들어진 전탑이 현존하지는 않으나, 경주 분황사에 있는 모전(벽돌모양) 석탑에서 전탑 양식을 엿볼 수 있다. 또한 목탑도 만들었는데 백제는 미륵사에 목탑을 세웠고, 신라는 황룡사에 9층 목탑을 만들었다. 그러나 현재는 모두 남아있지 않다.

백제는 무왕 때 익산 미륵사지 석탑, 의자왕 때 부여 정림사지 석탑을 세우는 등 석탑을 점차 만들어갔지만 곧 멸망하였다. 한편 신라는 백제의 석탑 양식을 계승하는 한편, 신라 고유의 미 의식을 바탕으로 신라 탑의 모습을 확립해갔다. 신라 고유의 3층 석탑 양식은 경주 감은사지 3층 석탑, 불국사 3층 석탑 등을 통해 살펴볼 수 있다.

◎ 경주 감은사지 3층석탑, 신문왕 때 세워진 탑으로 전형적인 신라 석탑 양식을 보여주고 있다. 국보 제112호(문화재청)

13 후삼국과 고려

선사 시대		고대					중세	근세	근·현대
구석기	신석기	청동기	철기	원삼국	삼국	남북국	고려	조선	개항 이후~현재

신라	후백제	후고구려	발해
	견훤이 건국(900) 수도 완산주(전주)	궁예가 건국(901) 수도 송악(개성)	(698~926)

마진(904)

철원으로 천도
(905)

후백제와 고려의 충돌

• 왕건의 금성(나주)
  점령
• 공산 전투

태봉(911)

궁예 축출
왕건 즉위

고려(918)

송악으로 천도
(919)

발해 유민 흡수(926)

신라 항복
(935)

정변으로 견훤이 쫓겨나자   후백제 멸망
고려로 탈출   (936)

통일 왕조 고려

통일 신라의 혼란과 후삼국

후백제

● **견훤**(900~935)

● **신검**(935~936)

신라 하대의 혼란

신라 하대에 들어 와 중앙 정부의 통제력이 약화되고 귀족들의 농민 착취가 심해졌다. 지방에서는 호족 세력이 성장하면서 스스로 성주, 장군이라 칭하고 중앙의 통제에서 벗어나 독립적인 지배권을 행사하였다. 당시 도선 같은 선종 승려들은 중국에서 풍수지리설을 들여왔는데, 이는 수도 금성 외에 다른 지역도 도읍이 될 수 있음을 역설하여 호족들의 환영을 받았다.

견훤과 후백제

견훤은 경상도 상주 출신으로 신라의 군인이 되어 활동하다가 자립하였다. 이처럼 신라의 군인 출신으로 중앙정부의 통제를 벗어나 독립한 세력을 군진 세력이라 한다. 견훤은 전라도 지역의 무진주(광주)와 완산주(전주)를 차례로 점령하였다. 그리고 완산주에 도읍을 정하고 후백제를 세웠다(900). 지도 상으로는 후고구려가 가장 넓은 영토를 가진 것처럼 보이지만, 실제로는 후백제가 차지한 땅이 가장 알짜였다. 후백제는 물산이 풍부하고 인구가 밀집한 전라도와 충청도 일대를 점령하여 군사적 우위를 가졌고, 남중국과 외교적 관계를 맺기도 하였다. 그러나 고대적인 사고방식에서 벗어나지 못해 지배자가 모든 것을 갖는다고 생각하여 민심을 달래고 호족을 포섭하는 데 실패하였다. 또한 신라를 지속적으로 공격하여 신라인들의 반감을 사서, 결과적으로 신라가 고려에 자진하여 항복하게 만들었다. 그리고 안정적인 후계 구도를 만들지 못하고 내분이 일어나서 후백제는 견훤이 살아 있을 때 멸망하고 말았다.

● **후삼국의 영토**

궁예와 후고구려

후고구려, 마진, 태봉

궁예(901~918))

궁예는 신라 왕족 출신으로 도적 무리에 있다가 몸을 일으켜 강원도, 경기도, 황해도를 중심으로 중부 지방을 장악하였다. 황해도 부근 호족들의 지지를 받아 송악(개성)에 도읍을 정하고 후고구려를 세웠다(901). 이후 내륙의 철원으로 도읍을 옮겼고, 나라 이름을 후고구려에서 마진으로, 태봉으로 계속 바꾸었다. 궁예는 신라의 골품제를 대신할 새로운 신분 제도를 모색하였고, 최고부서인 광평성을 설치하여 새로운 정치를 시도하였다. 그러나 궁예가 왕권을 강화하기 위하여 미륵신앙을 이용하여 스스로를 미륵이라 칭하면서 신하들을 가혹하게 탄압하고 살해하자, 신하들은 정변을 일으켜 얼마전까지 자신의 동료였던 왕건을 왕으로 추대하였다. 왕건은 송악의 호족 출신으로 강력한 지역적 기반을 갖고 있었고, 궁예의 신하로 여러 차례 공을 세웠다. 왕건의 집안은 배를 타고 중국과 무역을 했었기 때문에 배를 잘 다루었고, 수군을 이끌고 후백제의 후방인 금성(전라도 나주)을 점령하기도 하였다. 군공으로 얻은 명성과 원만한 성품으로 동료들의 인망을 얻었던 왕건이 새로운 왕으로 추대되었다.

왕건과 고려

왕건은 왕이 된 이후 고구려를 계승했음을 천명하며 국호를 고려라 하고(918), 이듬해 도읍을 자신의 근거지인 송악으로 옮겼다. 고려와 후백제는 치열하게 대립하였는데 왕건은 지방의 호족에 대하여는 겸손한 태도를 취하고 유력한 호족의 딸과 결혼하는 정책을 통해 호족들의 지지를 얻어냈다. 신라에 대하여는 화친 정책을 취하고 후백제 하나만 적으로 두는 정책을 실시하면서 신라 지역 호족들의 지지를 끌어냈다. 또한 고대적 사고에서 벗어나 '취민유도(取民有度)'라 하여 백성에게 세금을 수취할 때도 절제할 줄 알았기 때문에 민심을 얻을 수 있었다.

◎ 왕위에 오르기 전의 왕건과 장화왕후 오씨(혜종의 어머니),(위키피디아)

고려의 후삼국 통일

견훤은 군대를 이끌고 신라의 수도 금성을 기습 공격하여 함락시키고 경애왕을 죽이고 많은 재물을 약탈하였다. 왕건이 신라를 구원하기 위하여 직접 군대를 이끌고 달려오자 대구 인근의 공산에서 고려군을 크게 격파하면서 위세를 떨쳤다. 그러나 왕건은 군사적으로는 패배하였지만 신라인의 민심을 얻을 수 있었다. 이후 고전하던 고려군은 점차 후백제군을 물리치고 곳곳에서 군사적인 우위를 차지하였다. 또한 발해가 멸망(926)하자 수만 명의 발해 유민들이 고려로 망명하였는데 이들의 가세는 고려에 큰 힘이 되었다.

이때 후백제에서 왕위 계승을 둘러 싼 내분이 일어났다. 견훤이 큰 아들 대신 넷째 아들인 금강을 세자로 세우자 큰 아들인 신검은 반란을 일으켜 견훤을 금산사에 유폐하고 스스로 왕이 되었다. 견훤은 탈출하여 고려로 망명하였다(935). 신라의 경순왕도 나라를 들어 투항하였다(935). 왕건은 견훤을 앞세워 후백제로 진격하여 신검을 격파하고 후백제를 멸망시켰다(936). 마침내 고려는 후삼국을 통일하였다.

◎ 후삼국의 통일 과정

◎ 견훤이 아들에게 축출당하고 갇혀 있었다는 금산사에 있는 미륵전이다. 현 건물은 17세기에 세워졌다.
국보 제62호(문화재청)

💬 호족

호족은 중앙의 귀족과 대비되는 용어로 지방의 토착 세력을 의미한다. 호족은 중국사나 일본사에서도 등장하는 일반적인 개념이지만 한국사에서는 보통 신라 말에서 고려 초에 활동한 지방 세력을 뜻한다. 지방에서 일정한 지역을 실질적으로 지배하면서 스스로 장군, 성주 등으로 칭하였다. 여러 가지 유형의 호족이 존재하였는데 중앙에서 지방으로 낙향한 귀족 출신의 호족이 있고, 지방의 군사 기지인 군진을 중심으로 성장한 세력, 무역에 종사하면서 힘을 키운 해상 세력, 지방의 실력자인 촌주 출신의 세력 등이 있었다.

💬 신라구(新羅寇)

신라구는 신라의 도적이란 의미로 신라 하대의 혼란기에 활동하던 해적이다. 이들은 쓰시마와 일본 서부 일대를 휩쓸면서 해적 행위를 하였다. 일본 정부는 이들을 몹시 두려워 하였다. 이러한 신라 해적의 활동은 견훤이 서남해안을 장악하고 후백제를 세우면서 사라졌다. 견훤이 서남해안 일대에서 바다를 무대로 활동하는 해상 세력을 장악하면서 나타난 현상으로 보인다.

💬 견훤

🔵 경북 상주의 견훤 사당
(문화재청)

견훤의 원래 성은 이(李)이며, 아자개(阿慈介)의 아들이다. 상주 가은현(지금의 문경시 가은읍)에서 태어났다. 서남해 지방 방위에 공을 세웠고, 나라가 혼란한 틈을 타서 진성여왕 6년(892)에 반기를 들고 일어나 여러 성을 공략하고, 무진주(武珍州, 광주)를 점령하여 독자적인 기반을 닦았다. 효공왕 4년(900) 완산주(完山州, 전주)에 입성하여 정식으로 나라를 세웠다. 본래 견훤은 신라 지역 출신이지만 옛 백제 지역을 근거지로 일어났기 때문에 백제 부흥을 내세워 나라 이름을 백제라 하였다. 후백제는 후대의 사람들이 붙인 명칭이다. 중국의 강남 지역에 있었던 오월에 사신을 보내 국교를 맺었으며 신라를 압박하고 후고구려와 계속 충돌하면서 세력을 확장하였다. 지도를 보면 후고구려가 가장 크고 후백제는 신라와 영토가 비슷하지만 실제 가장 부유한 지역을 차지하고 있었기에 초기에는 후삼국의 주도권을 후백제가 장악하였다. 927년에는 신라의 수도 금성을 점령하여 경애왕을 살해하고 경순왕을 왕으로 세웠다. 또한 돌아오는 길에 왕건이 이끄는 고려군을 공산 전투에서 섬멸하여 세력을 떨쳤다. 그러나 후백제의 강경책에 위기를 느낀 신라가 고려에 접근하였고, 여러 호족 세력의 투항과 발해 유민의 가세로 고려의 기세가 점점 강해졌다. 결정적으로 왕위 계승 문제로 후백제에 내분이 벌어졌다. 견훤은 장남인 신검 대신 4남인 금강을 세자로 세우려했으나, 아들들의 반란으로 금산사에 유폐되었다. 이후 탈출하여 고려 왕건에게 투항하였고, 고려가 후백제를 공격할 때 군대를 이끌고 자신이 세운 나라를 공격하여 스스로 문을 닫았다. 우리 역사에서 보기 드문 군인 군주이다.

궁예(857(?)~918, 재위: 901~918)

궁예의 출생과 신분은 베일에 가려져 있다. 신라 헌안왕, 또는 경문왕의 서자라든지 장보고의 숨겨진 외손자라든가 하는 여러 이야기가 있지만 확신할 수 있는 것은 없다. 어릴 때 세달사에서 승려생활을 하였다. 신라가 혼란스러워지자 기훤, 양길과 같은 반란군 무리에 들어갔다 자립하여 스스로 장군이라 칭하였다. 이후 강원도와 경기도 일대를 장악하자 송악을 도읍으로 나라를 세워 후고구려라 하였다(901). 궁예는 송악의 호족 출신이었던 왕건을 부하로 두었다. 왕건은 수군을 이끌고 후백제의 후방 지역인 금성(오늘날 나주)을 점령하여 이름을 떨쳤다. 이제 궁예의 후고구려는 후삼국의 절반을 점유하는 강국이 되어 견훤의 후백제와 대결하게 되었다. 궁예는 도읍을 내륙의 철원으로 옮겼고, 나라 이름을 후백제에서 마진, 마진에서 태봉으로 거듭 고쳤다.

자신감을 얻은 궁예는 자신의 권력을 강화하기 위하여 종교를 이용한 전제 정치를 펼쳤다. 아버지로부터 왕좌를 물려받은 세습 군주와, 궁예·견훤·왕건 같은 창업 군주는 서로 다르다. 전통의 권위가 없는 창업 군주는 자신의 남다른 업적을 신하와 백성에게 과시함으로써 지지를 얻어야 한다. 궁예는 여기에 종교를 이용하였다. 국호를 태봉으로 고친 후 궁예는 스스로를 현세의 미륵이라 칭하였다. 미륵신앙에 따르면 미륵불은 현세의 부처인 석가모니와 달리 미래에 올 부처로 아직은 부처가 아닌 보살로 이 세상에 오지 않고 천상 세계인 도솔천에서 설법을 하고 있다. 그러다 56억 7천만년이 지나면 이 세상에 내려와 부처가 되어 석가모니를 대신하게 된다. 이렇게 미래에 새로운 세상을 약속한 미륵신앙은 현세에 고통받는 백성들에게 크게 공감을 얻어 삼국 시대에 널리 믿어졌다. 궁예는 이러한 미륵을 자처하면서 부처의 신통력 중 하나인 관심법으로 다른 사람의 마음을 읽을 수 있다 주장하였다. 관심법을 내세워 많은 신하와 장수들을 반역으로 몰아 처단하면서 공포 정치를 자행하였다.

○ 견훤을 물리친 고창(안동) 전투에서 유래되었다는 설화가 있는 안동 차전놀이(문화재청)

이에 불만을 가진 신숭겸·홍유·복지겸·배현경 등이 쿠데타를 일으켜 왕건을 추대하고 궁예를 축출하였다. 궁예는 철원을 탈출하다 죽임을 당하면서 파란만장한 생애를 마쳤다. 왕건은 나라 이름을 고구려를 계승한다 하여 고려라 하고, 즉위 다음 해에 도읍을 철원에서 자신의 근거지인 송악으로 옮겼다(919).

고구려와 고려

왕건은 고구려를 계승한다는 의미로 고려를 국호로 삼았다. 고려는 고구려의 줄임말이 아니다. 고구려인들이 자기 나라를 어떻게 발음했는지는 정확하게 알 수 없지만, 한자로 표기한 국호로는 고구려와 고려가 건국 초부터 함께 사용되었다. 그러다 장수왕 때부터 고려라는 국호로 통일되었다. 궁예가 후고구려를 세웠을 때에도 원래 국호는 그냥 고려였다. 왕건이 고려를 국호로 한 것은 고구려 국호를 그대로 사용한 것이며, 마진·태봉 이전의 국호로 되돌아 간 것이다. 그래서 중국이나 일본에서는 고구려와 고려를 같은 나라로 인식하는 경우가 많았다.

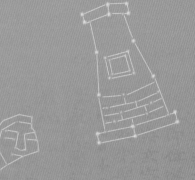

3일차
고려시대

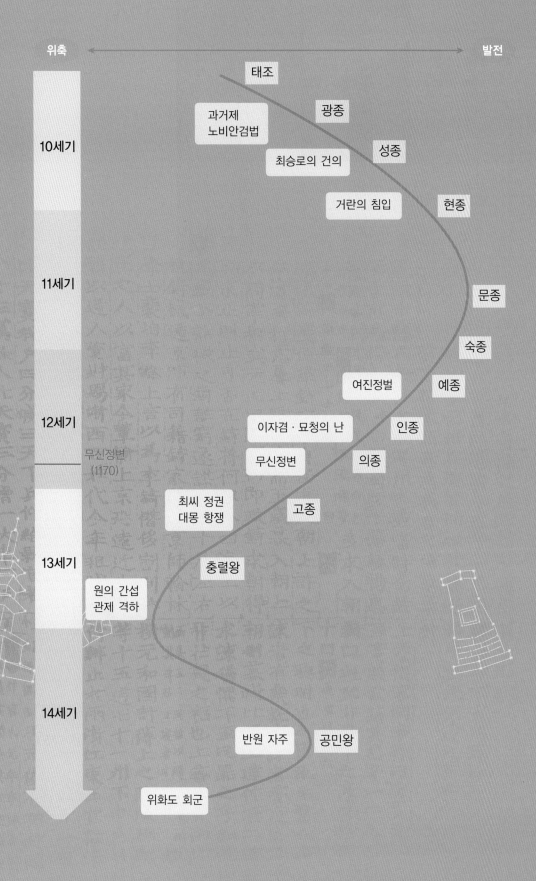

위축 ←————————→ 발전

태조

10세기

과거제
노비안검법

광종

성종

최승로의 건의

거란의 침입

현종

11세기

문종

숙종

예종

여진정벌

12세기

이자겸 · 묘청의 난

인종

무신정변
(1170)

무신정변

의종

최씨 정권
대몽 항쟁

고종

13세기

충렬왕

원의 간섭
관제 격하

14세기

반원 자주

공민왕

위화도 회군

14 고려의 발전

선사 시대		고대					중세	근세	근대 태동기	근대와 현대		
구석기	신석기	청동기	(초기) 철기	원삼국	삼국	남북국	고려	조선 초기	조선 후기	개항기	일제	현대

고려 전기		고려 후기		
초기 (공신·호족)	중기 (문벌귀족)	무신집권기 (무신)	원 간섭기 (권문세족)	말기 (신진사대부)

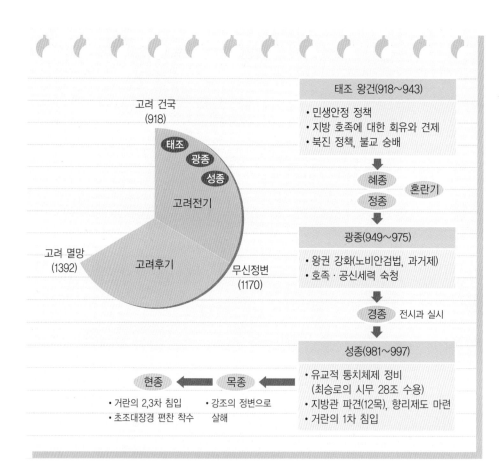

고려 건국 (918)

태조
광종
성종

고려전기

고려 멸망 (1392)

고려후기

무신정변 (1170)

태조 왕건(918~943)
• 민생안정 정책
• 지방 호족에 대한 회유와 견제
• 북진 정책, 불교 숭배

혜종
정종
혼란기

광종(949~975)
• 왕권 강화(노비안검법, 과거제)
• 호족·공신세력 숙청

경종 전시과 실시

성종(981~997)
• 유교적 통치체제 정비 (최승로의 시무 28조 수용)
• 지방관 파견(12목), 향리제도 마련
• 거란의 1차 침입

현종 ◄ 목종 ◄
• 거란의 2,3차 침입
• 초조대장경 편찬 착수
• 강조의 정변으로 살해

태조 왕건의 정책

대내 정책(호족 통제와 민생 안정)

① 호족에 대한 통제

고려는 실질적으로 호족 연합 세력이 세운 나라이기 때문에 호족을 다루는 것이 고려 초기에 가장 중요한 문제였다. 호족에 대해서는 한편으로는 견제하고 한편으로는 회유하는 정책을 실시하였다.

호족을 견제하기 위하여 기인 제도와 사심관 제도를 시행하였다. 기인 제도는 지방 호족을 중앙에 머무르게 하여 인질로 삼는 제도이다. 사심관 제도는 아직 지방관을 파견하지 못한 상황에서 그 지역 출신의 중앙 관리를 자기 출신 지역의 사심관으로 삼아 고향을 통제하도록 하는 제도이다.

호족을 회유하기 위하여는 사성 정책과 결혼 정책을 시행하였다. 유력한 호족들에게 왕실의 성인 왕씨 성을 하사하여 가족 관계를 맺었고, 호족의 딸과 결혼하여 대호족을 왕의 장인으로 삼아 우대하는 정책을 실시하였다.

○ 공산 전투, 견훤의 공격을 받은 신라를 구원하기 위해 왕건이 군대를 이끌고 가다 공산에서 참패를 당하였다.(위키피디아)

② 정치 제도 정비

태봉, 신라, 중국의 제도를 참고하여 정치 조직을 마련하였다. 신하들에게 '정계'와 '계백료서'를 내려 신하의 도리를 명확하게 밝혔고, 후대의 왕에게는 '훈요 10조'를 남겨 정책의 기본 방향을 제시하였다.

③ 민생 안정책

세율을 10분의 1로 하여 호족의 지나친 수취를 막았고, 흑창을 설치하여 가난한 농민들에게 곡식을 빌려주는 제도를 실시하였다.

대외 정책(북진 정책)

옛 고구려, 백제, 신라에 발해 출신까지 적극 수용하여 민족 통합 정책을 실시하였다. 특히 발해 멸망 이후 발해 유민들을 적극적으로 받아들였다. 한편 발해를 멸망시킨 거란에 대해서는 적대 정책을 쓰면서 평양을 서경으로 이름 붙이고 중시하면서 적극적인 북진 정책을 실시하였다. 이러한 북진의 결과 고려의 영토는 대동강 선에서 청천강 선까지 확장되었다.

광종의 정책

태조의 왕자 간의 왕위 다툼

태조의 호족 정책은 어느 정도 성과를 거두어 태조 당시에는 큰 문제가 없었다. 그러나 태조 사후에는 외척세력을 등에 업은 28명의 왕자 사이에 왕위 쟁탈전이 벌어질 가능성이 컸다. 결국 왕위 다툼의 혼란 속에서 큰 아들인 혜종과 둘째 아들인 정종이 차례대로 즉위하였으나 일찍 죽고 셋째 아들인 광종이 고려의 제4대 왕으로 즉위하였다.

광종의 왕권 강화 정책

광종의 기본 정책은 왕권 강화이며 이를 위해 호족과 공신 세력을 과감하게 숙청하였다. 노비안검법을 실시하여 호족의 경제적 기반을 약화시키고 국가의 재정 기반을 튼튼히 하였다. 중국에서 귀화한 쌍기의 건의를 받아들여 과거제를 실시하여 기존의 지배 계층 대신 유교 교육을 받은 새로운 지배 계층을 만들려 하였다. 또한 중국에서 온 귀화인들을 적극적으로 우대하여 자신의 지지기반으로 삼았다.

왕의 권위를 높이기 위하여 황제를 칭하고 개경을 황도라 불렀으며, 광덕, 준풍 등의 독자적인 연호를 사용하기도 하였다. 그리고 관료들의 관복 색깔을 관등별로 정하여 관리들의 위계를 세웠다.

○ 현대의 연등회 연등행렬
(문화재청)

광종의 아들 경종은 이러한 바탕 위에 전시과 제도를 실시하여 관료제도의 경제적 기반을 마련하였다.

성종의 정책

최승로의 시무28조 수용

경종이 죽고 경종의 어린 아들(목종)을 대신하여 성종이 왕위에 올랐다. 성종은 관료들에게 새로운 정책을 제시할 것을 요구했고, 여기에 대하여 최승로는 시무28조를 올려 기존의 정치적 혼란을 비판하고 유교 정치를 실현할 것을 주장하였다. 성종은 이러한 최승로의 시무28조를 수용하여 유교 정치 이념을 바탕으로 중앙과 지방의 통치 제도를 정비하였다.

성종의 유교 정치

성종은 전국의 주요 지역에 12목을 설치하여 지방관을 파견하였고, 향리 제도를 마련하여 지방의 중소 호족을 향리로 편입하여 통제하였다. 또한 지나친 불교 행사를 억제하여 연등회, 팔관회 같은 불교 행사를 축소하고, 과거 제도를 정비하여 과거 출신자를 우대하였다. 국자감을 정비하고, 지방에 경학 박사와 의학 박사를 파견하여 유학 교육을 진흥시켰다.

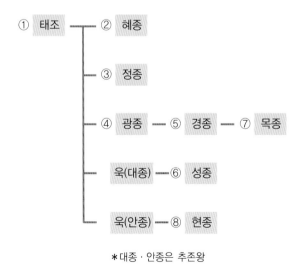

＊대종·안종은 추존왕

◉ 고려초기의 왕계보

💬 왕건(877~943)

왕건은 송악의 호족 출신이다. 그의 집안은 고구려 유민 출신으로 대대로 중국과의 교역에 종사하면서 큰 부를 쌓았다. 오랫동안 해상 무역을 해왔던 왕건 집안은 배를 능숙하게 다룰 수 있었고 수군을 이용한 싸움에 많은 경험이 있었다. 궁예 밑에서 장군으로 활동할 때 왕건이 수군을 이끌고 후백제의 후방을 공격하여 금성(나주)를 점령한 것은 왕건이 바다에 익숙했기 때문에 가능한 일이었다.

통일 이후 신라는 예성강 이북의 황해도 평산 지역에 패강진을 설치하고 패강진을 중심으로 주변 지역을 개척해나갔다. 예성강 서쪽의 황해도 지역은 패서 지방이라 불리면서 신라의 변경을 지키는 국경이 되었는데, 패서 지역에는 고구려계 호족들이 많이 자리 잡고 있었다. 왕건의 집안은 이러한 패서 지방 호족들 사이에서 두각을 나타냈고, 이들의 지원을 받았다. 예성강에서 강화도 사이의 지역에 튼튼한 기반을 갖고 있던 왕건 집안은 후삼국의 혼란기에 강원도와 경기도를 장악하고 그 일대의 지배자로 떠오른 궁예를 왕으로 받들었다. 왕건의 아버지 왕륭은 금성 태수가 되었으며, 왕건은 궁예 휘하의 장수로 활약하게 되었다.

◉ 공산 전투에서 왕건을 구하고 대신 죽은 신숭겸 장군의 유적, 신숭겸은 고려 내내 최고의 충신으로 여겨졌다.(문화재청)

왕건은 호족적 기반을 가졌을 뿐 아니라 실력도 출중하여 후고구려군을 이끌고 여러 성을 함락시키면서 궁예의 영토를 넓히는데 큰 공헌을 하였다. 특히 수군을 이끌고 후백제의 후방을 공격하고 금성(나주)를 후고구려 땅으로 만든 것은 견훤에게 큰 타격을 주었다. 견훤은 나라를 세우고 중국과 일본에 외교 사절을 보내면서 국제적으로 활발하게 활동하였는데, 금성의 상실은 뱃길을 이용한 견훤의 외교 활동을 어렵게 하였다. 잇따른 공적으로 왕건은 시중까지 올라가면서 태봉의 2인자가 되었다.

그러나 1인자와 2인자의 처지는 하늘과 땅 차이인 법. 궁예는 왕권을 강화하기 위하여 불교를 이용하면서 스스로 미륵이라 자칭하고 부하 장수들을 함부로 죽이면서 난폭하게 행동하였다. 궁예는 자신이 미륵이므로 부처의 신통력인 미륵관심법을 행한다고 하면서 부하들에게 역모죄를 뒤집어 씌웠다. 왕건도 궁예의 관심법에 의해 죽을 위기에 몰렸으나 왕건은 궁예의 의심을 부정하지 않고 자신이 역모를 꾀한 것은 사실이므로 용서해 달라고 빌었다. 궁예의 용서를 받아 겨우 살아난 왕건은 자신이 살기 위해 궁예를 제거하기로 하였다. 결국 홍유·배현경·신숭겸·복지겸 등의 추대를 받아, 918년 6월 궁예를 내쫓고 새 왕조의 태조가 되었다. 철원에서 즉위해 국호를 고려(高麗), 연호를 천수(天授)라고 하였다. 다음해인 919년에는 왕건의 근거지인 송악으로 도읍을 옮겼다. 하지만 왕건에게는 많은 난관이 기다리고 있었다. 왕건의 즉위에 반발하는 여러 세력을 진압하고 민심을 수습하는 한편 지방 호족들을 달래야 했다. 또한 걸출한 군사적 능력을 갖춘 견훤이 이끄는 후백제와 싸워야 했다.

왕건은 민생안정책을 추진하고 호족을 포용하기 위해 노력하였다. 왕건은 견훤만큼의 군사적 역량은 없었을지 몰라도 그를 훨씬 능가하는 정치적 감각이 있었다. 궁예가 신라를 철저히 적대시한 것과 달리, 신라를 포용하면서 후백제와 싸우는 정책을 펼쳤다. 비록 신라의 힘이 약화되었다지만 여전히 천년 왕조로서 정통성을 가지고 있었고, 발달된 문화와 많은 인구를 보유하였기 때문에 신라를 고려 편으로 끌어들이려 한 것이다. 이러한 왕건의 정책은 성공하여 점차 신라 지역 호족들의 지지를 얻게 되었다. 군사적으로도 초기에는 후백제에 밀렸지만 점차 열세를 만회하였고 고창(안동) 전투에서 승리한 이후 후백제에 대하여 우위를 차지하게 되었다. 견훤이 투항한 뒤에는 그를 우대하여 상보(尙父)라 높여 부르고 태자보다 높은 자리에 두었다. 신라가 항복한 뒤에는 마지막 왕이었던 경순왕을 죽이지 않고 그의 맏딸을 시집보내 사위로 삼았다. 또한 서라벌을 경주로 이름을 고치고 경순왕 김부의 식읍으로 주었다. 그리고 경순왕을 경주의 사심관(事審官)으로 임명해 부호장 이하의 향직에 대한 업무를 맡겼는데, 고려의 사심관 제도가 여기에서 비롯되었다.

왕건은 군사적으로도 유능하였지만 이러한 정치적 역량이 그를 후삼국의 최종 승자로 만들었다. 우리 역사에서 왕건처럼 정치력이 뛰어난 군주는 찾아보기 힘들다. 그러나 이러한 호족에 대한 유화 정책은 본인 당대에는 효과적이었지만 후대의 왕들에게는 호족 통제라는 숙제를 남기게 되었다. 이 숙제에 정면으로 도전한 이가 그의 셋째 아들 광종이다.

● 개성 남계원 터 칠층석탑, 국보 제100호(국립중앙박물관)

🗨 초창기 왕건 정권의 성격

왕건은 자신이 송악의 호족 출신이었고, 그를 도와 고려를 세운 공신들도 대부분 호족 출신이었다. 또한 왕건과 맞서 싸운 후백제 또한 신라의 군인 출신이었던 견훤이 전라도 지방의 호족과 손잡고 세운 나라였다. 즉, 고려나 후백제는 모두 호족 연합 정권의 성격을 갖고 있었다. 또한 왕건과 신하들의 관계는 원래 군신 관계가 아니라 같은 신하의 입장이었기 때문에, 상하 관계라기보다 협력적인 동료 관계의 성격을 가지고 있었다. 따라서 고려 초기에 가장 중요한 국가 정책은 호족을 통제하는 것이었다.

왕건의 호족 정책은 채찍(강경 정책)과 당근(유화 정책)이 함께 사용되었다. 채찍으로는 지방 세력을 통제하기 위하여 사심관 제도와 기인 제도를 시행하였다. 당근으로는 왕건이 호족의 딸과 결혼하여 호족을 왕의 장인으로 대우하는 혼인 정책, 호족들에게 왕씨 성을 하사하여 친척으로서 동질감을 느끼도록 유도하는 사성(賜姓) 정책을 실시하였다.

🗨 지방 통제와 지방관 파견

대규모 영토 국가는 왕이 있는 도읍보다 지방이 훨씬 땅도 넓고 사람도 많다. 이런 상황에서 국가와 왕실의 안전을 위해서는 지방의 통제가 굉장히 중요하였다. 현대는 중앙과 지방이 대등한 관계로, 땅값 외에는 큰 차이가 없다. 그러나 고대는 중앙과 지방이 지배와 피지배의 관계였다. 작은 나라들끼리 싸우다 이긴 나라가 도읍이 되고 패배한 나라는 도읍에 종속된 지방이 되었다. 전쟁에서 승리한 나라는 비록 승자이지만 패배한 모든 나라를 직접 통치할 역량이 되지 못했기에 정복한 지역의 통치를 원래 그 지역의 세력들에게 어느 정도 위임할 수 밖에 없었다. 그러다 점점 국가의 역량이 커지면서 중앙은 지방에 대한 직접 지배에 나서게 되었다. 백제의 담로, 신라의 소경은 모두 중앙의 지방 지배를 위한 거점이었다. 그러나 모든 곳에 관리를 파견하여 직접 통치하기에는 역량이 부족했으므로 처음에는 지방의 주요 거점에만 지방관을 파견하였고, 점차 지방관의 파견을 늘리면서 중앙의 지방 지배가 자리를 잡았다. 고려는 성종 때 처음 주요 고을에 12목을 설치하여 목사를 파견하였고, 차츰 지방관 파견을 늘렸다. 그러나 고려가 멸망할 때까지 모든 군현에 지방관을 파견하지는 못하였고 지방관이 파견되지 못한 속현이 지방관을 파견한 주현보다 많았다. 이러한 속현은 조선 시대에 와서 없어졌다. 조선은 모든 군현에 지방관을 파견하면서 지방 지배를 확고히 하였다.

🗨 지방관과 향리

관리(官吏)는 관(官)과 리(吏)를 합쳐 이르는 말로 관은 높은 벼슬아치, 리는 낮은 벼슬아치를 의미한다. 현대의 한국 공무원들은 1급에서 9급까지 나누어져 있는데 5급 이상은 관, 6급 이하는 리에 해당한다. 지방관이라는 단어 자체가 중앙에서 지방으로 파견된 높은 관리, 향리는 그 지역 출신으로 지방에서 실무를 담당하는 낮은 관리라는 의미를 가지고 있다. 지방에는 원래 그 지역 출신의 세력가들이 있었다. 이들은 중앙에 복속한 후에도 상당한 권력을 지방에서 행사하였는데, 신라에서는 촌주가 그러한 지방 세력이었다. 통일 신라 말의 혼란기에 이러한 촌주나 군진 세력, 해상 세력 등이 할거하면서 호족이 되었는데, 고려 건국을 주도한 것이 바로 호족이었다. 호족도 여러 계층이 있는데 최상위의 호족은 통일 과정에서 공을 세우고 벼슬을 얻어서 중앙에서 활동하게 되었지만, 중소 호족은 지방을 지키면서 자기 고향에서 영향력을 행사하였다. 성종 때 이러한 호족을 억누르기 위하여 향리 제도를 마련하여 호족들이 스스로 높여 부르던 호칭을 격하시켰다. 고려 시대에는 중앙의 통제력이 약하고 지방관이 파견되지 못한 속현이 많아 여전히 향리가 지방의 실질적인 지배자였다. 그러나 조선은 왕권이 강화되고 모든 군현에 지방관이 파견되면서 향리의 힘은 약화되고 지방관에 종속된 세습적인 아전으로 전락하였다. 아전(衙前)은 관청의 앞에 사는 낮은 벼슬아치라는 의미이다.

◉ 청자 상감 국화 넝쿨 무늬 완, 국보　제115호 (국립중앙박물관)

🗨 사심관 제도(事審官)

지방 출신의 관리를 자신의 연고지의 사심관으로 삼아 그 지역을 통제하도록 하는 제도로 부호장 이하의 향리를 다스렸다. 신라 항복 이후 마지막 왕이었던 경순왕 김부를 경주의 사심관으로 임명한 것이 시초였다.

🗨 기인 제도(其人)

고려 시대에 지방 세력을 견제하기 위하여 호족의 자제를 인질로 수도에 머무르게 한 제도이다. 신라의 상수리제도(上守吏)에서 유래되었다. 교통과 통신이 발달하지 못하고 중앙의 지배력이 약한 시대에 지방에 있는 세력가들은 어느 시대든지 중앙의 큰 골칫거리였다. 이들을 통제하기 위하여 무지막지하지만 가장 효과적인 제도는 본인 또는 가족을 인질로 잡아두는 제도였다.

3경제

고려는 수도인 개경 외에 중요한 지역을 수도에 버금가는 곳으로 취급하여 삼경을 두었다. 처음에는 개경, 서경(평양), 동경(경주)이었으나, 중기에 동경 대신 남경(한양)을 두었다. 풍수지리설의 입장에서 길지에 3경을 두고 왕이 순행하여 각지에 머물렀다.

광종의 개혁

왕이 아닌 신하에서 출발했던 아버지 태조 왕건과는 달리 광종은 처음부터 왕자로 태어났다. 광종은 왕이 된 뒤에 왕권 강화를 위하여 노력하였는데 노비안검법과 과거제를 실시하면서 제도적 개혁을 추진하였다. 또한 호족·공신 세력에 대한 대대적인 숙청을 통하여 인적인 청산을 추진하였다. 광종의 숙청을 거치면서 고려의 지배 계층은 점차 초기의 후삼국 통일 과정에서 공을 세운 호족 세력에서 과거·음서를 통해 관직을 얻은 문벌 귀족으로 바뀌게 된다.

노비안검법(奴婢按檢法)

후삼국 통일 전쟁 과정에서 불법적으로 노비가 된 사람들을 조사하여 양민으로 풀어 준 법이다. 국가(왕)는 백성이 낸 세금으로 운영되고 백성은 군역과 요역을 통해 국가를 지킨다. 이때 백성은 국가에 속한 공적인 백성(公民)이다. 그러나 호족이나 귀족, 양반 같은 중간 지배 계급은 자기 소유의 노비를 늘려야 자신의 경제 기반이 확대된다. 따라서 국가는 노비 숫자를 억제하려고 하며 가난한 농민이 몰락하여 세력가의 노비로 전락하는 것을 극도로 경계하였다. 반면 지배 계급은 노비 숫자를 늘리기 위해 노력하였다. 노비안검법은 호족·공신 세력 소유의 노비를 해방시켜 호족·공신의 힘을 약화시키고 국가의 재정 기반을 강화하기 위한 조치였다.

청동 은입사 물가 풍경 무늬 정병, 국보 제92호 (국립중앙박물관)

과거제(科擧制)

과거제가 실시되기 이전의 관리 충원 방법은 추천, 세습 등이었다. 통일 신라의 원성왕 때 독서삼품과를 실시하여 유교적 소양을 쌓은 인물을 관리로 충원하려 하였으나 진골 귀족의 반발로 큰 성과를 거두지 못하였다. 광종은 중국의 후주 출신 귀화인인 쌍기의 건의를 받아들여 과거제를 실시하였다. 과거제는 유교적 소양을 가진 인물을 관리로 충원하여 기존의 호족 출신의 구 세력을 왕에게 충성하는 새로운 세력으로 교체하려는 정책이었다.

최승로의 시무28조

광종은 왕권 강화를 위해 급진적 개혁을 시도하면서 많은 희생자를 만들었다. 성종은 즉위 후 고위 관료들에게 국정에 대한 개혁안을 제시하도록 하였는데, 신라 6두품 출신의 관리였던 최승로는 상소를 통해 자신의 의견을 제시한다. 최승로의 상소 전반부는 과거의 왕들의 정치를 비판하면서 특히 광종의 독단적인 정치를 철저히 비판하였다. 후반부에서는 시무 28조를 제시하였는데, 왕과 신하가 함께 협력해서 통치하는 유교적 정치를 제안하였다. 최승로의 건의는 성종에 의해 대부분 받아들여져 고려는 성종 이후 유교적 문물 제도를 완비해 나간다.

15 고려의 문물 제도

고려 전기		고려 후기		
초기 (공신·호족)	중기 (문벌귀족)	무신집권기 (무신)	원 간섭기 (권문세족)	말기 (신진사대부)

중앙 정치 제도
- 연혁: 태봉, 신라, 당, 송 + 고려 독자
- 기본: 2성 6부제
- 주요 기관: 중추원, 어사대, 삼사
- 회의 기관: 도병마사, 식목도감
- 대간: 어사대 + 중서문하성의 낭사
- 기타: 원 간섭기에 관제 격하

지방 행정 제도
- 성종 때부터 지방관 파견(12목)
- 이원적: 5도(일반), 양계(군사), 경기
- 특수 행정 구역 존재: 향, 부곡, 소
- 속현 다수, 향리의 영향력 유지

고려의 문물제도
: 문물(文物)과 제도(制度)

관리 임용과 교육 제도
- 과거: 문과(제술과·명경과), 잡과,
  승과, 무과(제대로 시행되지 않아
  문무 양반 제도 미비)
- 음서: 5품 이상
- 교육 기관: 국자감(중앙), 향교(지방)

군사 제도
- 중앙군: 2군 6위
- 지방군: 주현군, 주진군
- 기타: 별무반, 삼별초

고려의 제도 정비 과정

왕건은 궁예가 세운 태봉을 이어받아 고려를 건국하였다. 따라서 고려는 태봉과 통일 신라의 관제를 토대로 점차 중국의 당과 송의 관제를 본받아 제도를 정비하였다. 고 려의 통치 제도는 성종 때에 마련된 2성 6부제를 토대로 하였다.

중앙 정치 제도

🖋 고려의 중앙 정치 제도는 태봉, 신라, 중국의 당과 송의 제도를 고려의 실정에 맞게 고쳐 마련되었다. 2성 6부제가 근간이었는데 2성은 중서문하성과 상서성을 가 리키고, 6부는 상서성에 소속된 이·병·호·형·예·공부를 뜻한다. 국정을 심의하 고 결정하는 최고 기구는 중서문하성으로 장관인 문하시중이 고려의 수상이 되어 국 정을 총괄하였다. 상서성은 아래에 6부를 두어 실제 정책을 집행하였다. 또한 중추원 이라는 왕권을 뒷받침하는 특별 기구를 설치하여 군사 기밀과 왕명 출납을 담당하게 하였다. 삼사라는 기구가 있었는데 송의 제도를 바탕으로 설치되었지만 송과 달리 단 순히 화폐와 곡식의 출납에 대한 회계만 맡았다.

🖋 중서문하성은 고관인 재신과 중하급 관원인 낭사로 구성되었다. 재신은 국가의 정책을 심의하고, 낭사는 정치의 잘못을 비판하였다. 중추원은 고위 관원인 추밀(추 신)과 중하급 관원인 승선으로 구성되었다. 추밀(추신)은 군사 기밀을 담당하고 재신 과 함께 국정을 총괄하였고, 승선은 왕명 출납을 담당하였다.

🖋 한편, 도병마사와 식목도감이라는 회의 기구는 고려가 귀족의 합의에 의해 운영 되는 귀족 사회라는 것을 보여준다. 도병마사는 국방, 식목도감은 법의 제정을 담당 하였다. 도병마사와 식목도감은 중서문하성과 중추원의 고관에 의해 구성되었다. 중 서문하성의 고관을 재신, 중추원의 고관을 추밀(추신)이라 하는데 이들은 6부의 고관 을 겸하면서 정책의 결정과 집행에 모두 참여하였다.

📝 어사대는 정치의 잘잘못을 논하고 관리의 비리를 감찰하는 임무를 맡았다. 중서문하성의 낭사와 어사대의 관원은 대간으로 불리며 언론 기능을 담당하였다.

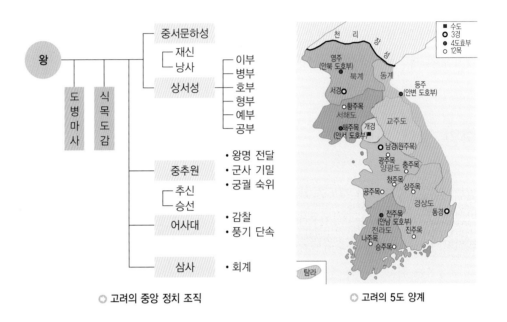

◎ 고려의 중앙 정치 조직　　　　◎ 고려의 5도 양계

지방 제도

📝 고려의 지방 제도는 성종 때 12목에 지방관을 파견하면서 정비되기 시작하였다. 점차 지방관의 파견을 늘려갔지만, 여전히 속현이 주현보다 많았다.

📝 전국을 5도와 양계, 경기로 크게 나누었다. 그 아래에 군·현과 진을 설치하였다. 진은 군사상의 요충지에 설치하였다.

📝 개경 주위 지역을 경기라 하여 개경을 지키고 지원하는 역할을 맡았다. 본래 왕이 있는 도읍을 '경', 도읍 주위 지역을 '기'라 한다.

📝 지방은 일반 행정 구역인 5도와 군사적 특수 행정 구역인 양계로 나누어 따로 관리하였다. 5도에는 안찰사, 양계에는 병마사를 파견하였다. 다수의 속현에는 지방관을 파견하지 못하고 지방관이 파견된 주현에서 통솔하였다. 실질적인 지방 행정 업

무는 향리가 담당하였다.

관리 등용 제도

🖊 과거제와 음서제가 있었다.

🖊 과거는 문과, 무과, 잡과, 승과가 있었는데 무과는 제대로 시행되지 못하였다. 문과는 작문 시험인 제술과와 경전 시험인 명경과로 나뉘어졌다. 법적으로는 양민 이상이면 누구나 과거에 응시할 수 있었으나 경제적인 이유 등으로 실제로 문과는 대부분 귀족과 향리의 자제가 응시하였고 주로 잡과에 양민들이 응시하였다.

🖊 음서제는 왕실과 공신의 후손이나 5품 이상 고위 관리의 자손에게 시험 없이 관직을 주는 제도였다.

◉ 고려 초기의 하남 하사창동 철조석가여래좌상(국립중앙박물관)

군사 제도

🖊 고려는 중앙군과 지방군으로 구성되었다.

🖊 중앙군은 2군 6위가 있었다. 2군은 국왕의 친위 부대로 수도와 국경 방어를 담당하는 6위보다 서열이 높았다. 이들은 직업 군인이 중심으로 군인전을 지급받고 직역이 자손에게 세습되었다. 그러나 건국 이후 시간이 지나면서 이러한 원칙은 잘 지켜지지 않았고 중앙군은 점차 약화되었다. 특히 군인전이 제대로 지급되지 않으면서 무신들의 불만이 커져갔다.

🖊 지방군은 5도에 주둔하는 주현군과 국경지방인 양계에 주둔하는 주진군이 있었다. 주진군은 국경 지방을 담당하는 상비군인 반면, 주현군은 평상시에는 농사를 지으면서 군역도 지는 일종의 예비군의 성격을 가지고 있었다.

2성 6부제

중국에서 당나라때 중앙 정치 조직으로 3성 6부제가 확립되었다. 3성은 중서성(中書省)·문하성 (門下省)·상서성(尙書省)을 말한다. 중서성에서 어떤 정책을 실시할 것인지 연구하여 황제의 조 칙을 기초하면, 귀족들이 모여있는 문하성에서 이를 심의한 뒤에 상서성에서 이를 실행에 옮겼다. 상서성에는 이부(吏部)·호부(戶部)·예부(禮部)·병부(兵部)·형부(刑部)·공부(工部)의 6부가 소 속되어 업무를 나누어 담당하였다. 이러한 3성 6부제는 중국 뿐 아니라 동아시아 각국에 영향을 주었다.

발해도 이러한 3성 6부제를 시행하였는데 명칭과 임무는 발해의 실정에 맡겨 독자적으로 고쳐서 운영하였다. 고려도 이러한 3성 6부제를 도입하였는데, 시기에 따라 다소 변화를 주어 운영하였 다. 중서성과 문하성을 합쳐 중서문하성을 설치하는 경우가 보통이라 고려는 2성 6부제를 실시하 였다고 말한다. 중서문하성의 장관인 문하시중이 고려의 수상 역할을 하였다.

중추원

교과서 범위에서 중추원이라는 호칭이 세 군데에서 등장한다. ① 고려 때 중추원, ② 조선 말 대 한제국 시기에 독립협회가 의회식으로 개편을 주장한 중추원, ③ 일제 시대 조선 총독의 자문 기 관으로 친일파들이 모여 있는 중추원이다.

① 고려의 중추원은 송의 관제를 참고하여 설치한 기관으로 왕명의 출납·궁궐 숙위·군국기무 등의 정무를 담당한 중앙 관청으로, 추밀원(樞密院) 또는 밀직사(密直司)로 불리기도 했다. 중 서문하성과 함께 고려의 가장 핵심적인 중앙 관청이었다. 왕명의 출납은 왕의 비서 역할, 궁궐 숙위는 왕을 호위하며 지키는 역할, 군국기무는 군대 등에 대한 중요한 일을 담당하는 역할을 뜻하며 모두 왕권을 뒷받침하는 중요한 임무였다. 이렇듯 고려의 중추원은 왕권 강화에 중요 한 역할을 하였는데, 조선 시대에는 중추원의 이러한 기능은 유명무실화되고 특별한 임무가 없는 고관을 소속시켜 대우하는 기관으로 바뀌었다.

② 대한제국 시기에는 독립협회가 이러한 중추원을 개편하여 서양에 있는 의회처럼 만들자고 주 장하였다. 고종이 이를 수락하면서 의회 개설 작업을 진행하다 독립협회가 탄압받으면서 중단 되었다.

③ 일제강점기에 조선 총독부는 총독 자문 기관으로 친일파들을 모아 중추원을 설치하였다. 1919 년에 3·1 운동이 일어날 때까지 정식 회의조차 소집되지 않을 정도로 유명무실한 기구였다.

대간(臺諫)

① 관료를 감찰 탄핵하는 임무를 가진 대관(臺官)과 국왕에게 간쟁하고 봉박하는 임무를 가진 간

관(諫官)을 합쳐 대간이라 불렀다. 관리를 감찰하기 위하여 신라는 사정부를 설치하고 지방에 외사정을 파견하였고, 발해는 중정대를 두었다.

② 고려는 감찰을 위해 어사대(御史臺)를 설치하였는데 그 관원이 대관의 역할을 하였다. 어사대의 대(臺)라는 한자를 보면 대간(臺諫)의 대(臺)와 같다는 것을 알 수 있다. 간관으로는 중서문하성의 3품 이하 중·하급 관료가 낭사(郞舍)라 불리면서 간쟁하는 역할을 하였다. 그러나 이들은 함께 활동하면서 대간이라 불리었다.

즉, 어사대의 관원이 대관, 중서문하성의 낭사가 간관으로 합쳐 대간이라 불리면서 서경, 간쟁, 봉박을 담당하였다. 간쟁(諫諍)은 군주의 옳지 못한 행동에 대하여 간언하는 것이고, 봉박(封駁)은 부당한 왕의 명령이나 법의 제정을 거부하는 것이다. 서경(署經)은 법의 제정이나 인사조치를 할 때 왕의 재가가 있은 후에도 대간의 동의를 얻도록 하는 제도이다. 고려는 모든 관리의 인사에 서경권을 행사하였으나 조선은 5품 이하의 관리에 대해서만 서경권을 행사할 수 있도록 범위를 축소하였다.

③ 조선은 사헌부에서 대관의 역할을 하였고, 간관은 사간원을 따로 설치하였다. 사간원을 독립시킨 태종은 왕권 강화를 위해 왕권에 대한 견제 기능보다 신하들에 대한 견제 기능을 더욱 중시하였다. 원래 사헌부와 사간원이 양사로 불리면서 언론 기관으로 활동하였다. 그런데 성종 때 설치된 홍문관이 정책을 학술적으로 뒷받침하는 본래 기능 외에 언론 기능까지 하면서 사헌부, 사간원과 함께 삼사로 불리었다. 조선의 삼사는 재정 기관인 고려의 삼사와 달리 언론 기관이다.

💬 음서(蔭敍)

고려나 조선에서 관료가 되려면 과거를 거쳐야 하는 것이 원칙이었다. 그러나 관리의 아들, 손자, 동생, 사위 등에게 과거를 거치지 않아도 관직을 얻을 수 있는 기회를 주었는데 이를 음서라 하였다. 목종 때부터 실시된 음서는 문종 이후 지급된 공음전과 함께 고려 문벌 귀족 사회를 형성하는 토대가 되었다.

◎ 고려 초기의 논산 관촉사 석조미륵보살입상(문화재청)

고려 시대에는 5품 이상의 관직을 지낸 관리의 자제가 대상이었으나, 조선 시대에는 공신과 2품 이상으로 축소되었다. 조선 시대에 6조 판서가 정2품이고, 8도 관찰사가 종2품이라는 것을 고려하면 음서의 대상이 많이 축소되었음을 알 수 있다. 또한 고려 시대에는 음서 출신자가 재상이 될 수 있는 길이 열려 있었던 데 비하여 조선 시대에는 음서 출신이 고위직에 올라가는 것이 어려웠다. 현대에도 부모의 도움으로 직장이나 공직에 나갈 경우 현대판 음서 제도라는 비판을 듣기도 한다.

16 문벌 귀족 사회의
성립과 몰락

고려 전기		고려 후기		
초기 (공신 · 호족)	중기 (문벌귀족)	무신집권기 (무신)	원 간섭기 (권문세족)	말기 (신진사대부)

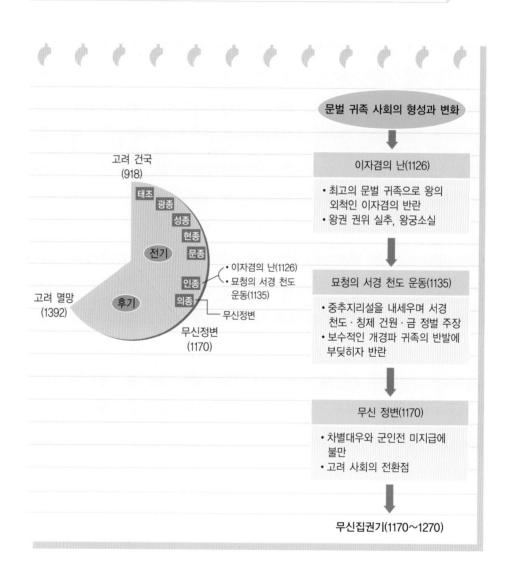

문벌 귀족 사회의 형성과 변화

이자겸의 난(1126)

- 최고의 문벌 귀족으로 왕의 외척인 이자겸의 반란
- 왕권 권위 실추, 왕궁소실

묘청의 서경 천도 운동(1135)

- 중추지리설을 내세우며 서경 천도 · 칭제 건원 · 금 정벌 주장
- 보수적인 개경파 귀족의 반발에 부딪히자 반란

무신 정변(1170)

- 차별대우와 군인전 미지급에 불만
- 고려 사회의 전환점

무신집권기(1170~1270)

고려 건국
(918)

태조
광종
성종
현종
문종

전기

이자겸의 난(1126)
묘청의 서경 천도
운동(1135)

인종

후기

의종

무신정변

고려 멸망
(1392)

무신정변
(1170)

문벌 귀족

광종과 성종을 거치면서 중앙 집권적인 국가 체제가 정비되었고, 점차 문벌 귀족이 고려의 지배층으로 등장하였다. 문벌 귀족에는 호족 출신들도 있고 신라 시대에 학문에 종사했던 6두품 출신들도 있었다. 문벌 귀족은 과거와 음서를 통해 관직을 독점하고 중서문하성과 중추원의 고관이 되어 정치를 주도하였다. 또한 관직의 대가로 받는 과전 외에 고관에게 지급되고 세습이 허용되는 공음전을 받아 안정된 경제 기반을 누렸다. 따라서 음서와 공음전은 문벌귀족의 가장 중요한 특권으로 중시되었다. 대표적인 문벌 귀족 가문으로 경원 이씨, 해주 최씨, 경주 김씨, 파평 윤씨 등이 있었지만 최고의 귀족 가문은 왕족인 개성 왕씨였다. 그러나 문벌 귀족사회가 점차 흔들리면서 반란이 잇따라 일어났다.

문종(1046~1083)

순종(1083)

선종(1083~1094)

헌종(1094~1095)

숙종(1095~1105)

예종(1105~1122)

인종(1122~1146)

의종(1146~1170)

명종(1170~1197)

이자겸의 난(1126)

문벌 귀족들은 서로 간에 혼인 관계를 맺었지만 왕실과 혼인하는 것이 자신의 세력을 강화하는 가장 중요한 수단이었다. 4대에 걸쳐 80여 년 간 왕실과 혼인하여 최고의 문벌 귀족으로 올라 간 것이 경원 이씨이고 그 대표자가 이자겸이었다. 이자겸은 자신의 딸을 예종과 결혼시켜 그 사이에서 태어난 자신의 손자 인종이 왕이 되면서 왕의 외할아버지가 되는 영예를 누렸다. 이자겸은 거기에 만족하지 않고 자신의 두 딸을 인종에게 시집보내 세력을 더 강화하였다. 이에 인종과 그 측근 세력은 이자겸을 견제하려 하였다. 그러자 이자겸이 반대파를 제거하고 스스로 왕이 되고자 척준경과 더불어 난을 일으켰는데 이것이 이자겸의 난이다(1126). 척준경은 무인으로 윤관의 여진 정벌(1107)에 참여하여 큰 공을 세운 인물로, 기록에 남아 있는 그의 무공은 전설적이었다. 이후 권력자인 이자겸의 측근이 되어 고관이 되었고 이자겸의 난에 참여하였다. 이때 척준경이 이끄는 반군에 의해 궁궐이 거의 소실되었다. 그러나 척준경이 마음을 돌리어 이자겸을 몰아냈고, 그도 탄핵을 받아 축출되면서 난은 진압되었다.

○ **고려의 동전 삼한통보와 삼한중보**(국립중앙박물관)

묘청의 난(1135)

이러한 문벌 귀족은 다시 고구려 계승 의식이 강하고 자주성을 강조하는 세력과 신라 계승 의식을 바탕으로 중국 중심의 질서를 인정하는 세력으로 나뉘었다. 이들 간의 충돌이 묘청의 서경천도 운동으로 이어졌다. 서경은 태조 때부터 개경과 함께 3경의 하나로 지정되어 특별한 대우를 받았던 곳으로, 왕이 정기적으로 서경으로 행차하여 머무르면서 정사를 처리하였다. 거란과의 전쟁 이후 북진 정책이 퇴조하면서 서경 세력도 약화되었다. 서경 세력을 대표하는 묘청, 정지상 등은 인종에게 서경 천도와 칭제 건원, 금나라 정벌을 주장하였다. 인종이 이를 받아들이자 이들은 서경에 대화궁을 건설하면서 천도를 준비하였다. 그러나 김부식을 비롯한 보수적인 개경 귀족들의 반발로 천도는 좌절되었고 서경 세력은 반란을 일으켰다. 국호를 대위, 연호를 천개, 군대를 천견충의군이라 하여 난을 일으켰는데 이것이 묘청의 난이다(1135). 난은 1년 만에 관군에 의해 진압되고 김부식은 신라 계승 의식을 강조하면서 삼국사기를 편찬하였다(1145).

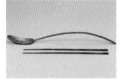

◎ 고려 인종의 릉에서 출토된 은제숟가락과 청동젓가락(국립중앙박물관)

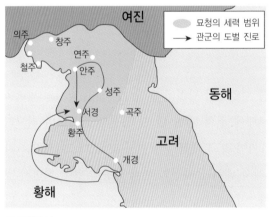

◎ 묘청의 난

무신정변(1170)

무신들이 일으킨 무신정변에 의하여 고려 사회는 엄청난 변화를 겪게 된다. 조선이 임진왜란을 전후로 전기와 후기로 나뉘어지는 것처럼, 고려는 무신정변을 계기로 완전히 다른 사회로 바뀌게 된다.

💬 칭제건원(稱帝建元)

칭제는 군주의 호칭을 황제라고 하는 것이고, 건원은 그 나라의 독자적인 연호를 사용하는 것을 의미한다. 원래 중국에서도 군주의 칭호는 왕(王)이었다. 봉건제를 실시한 주나라에서는 하늘의 명을 받아 천하를 다스리는 천자(天子)인 주나라 왕만이 왕(王)의 호칭을 사용했고, 왕의 신하인 제후들은 공(公)이니 백(伯)이니 하는 명칭을 사용하였다. 진시황이 춘추전국을 통일한 이후에는 황제(皇帝)가 천자의 호칭이 되었고 제후는 왕이라 불리었다. 따라서 황제를 칭하는 것은 곧 군주가 천명을 받아 세상을 다스리는 천자라는 의미이고 중국과 대등한 국가라는 선언이었다. 연호(年號)는 해를 세는 호칭을 말하는 데, 동아시아에서는 하늘을 관측하여 달력을 만드는 것은 하늘의 아들인 황제만이 할 수 있었다. 따라서 중국의 연호를 받아 쓰지 않고 독자적인 연호를 만들어 쓰는 것도 역시 자주성의 상징이었다.

고구려의 광개토대왕은 영락이라는 연호를 사용하였고, 신라도 법흥왕이 건원이라는 연호를 제정한 이후 한동안 독자적인 연호를 사용하다가 중국과 교류가 강화되면서 자신의 연호를 포기하였다. 이렇게 독자적인 연호를 쓰거나 중국의 연호를 받아 사용하는 것은 고도의 외교적인 행위였다. 발해가 당의 지방 정권이 아니라 독자적인 국가임을 알 수 있는 가장 강력한 증거가 바로 독자적인 연호를 사용했다는 사실이다. 고려도 광종 때 독자적인 연호를 사용하였고, 묘청은 난을 일으킨 이후에 천개(天開)를 연호로 정하여 사용하였다. 외교적으로는 제후의 예를 취하여도 내부적으로는 황제국가의 체제를 갖고 있었던 고려와 달리 조선은 제후국 체제를 유지하였다. 그러나 조선도 유교식으로 하늘에 제사를 지내지 못했기 때문에 도교식으로 하늘에 제사를 올리는 초제를 거행하였다. 하늘에 제사를 지내는 것은 천자인 황제의 특권으로, 제후는 남의 부모인 하늘에 제사를 지내지 못하는 게 원칙이었기 때문이다. 성리학 이념에 투철했던 조광조가 도교 행사를 주관하는 소격서를 철폐하고자 했던 것도 이 때문이었다. 그러나 조선도 재조지은을 내려준 상국으로 떠받들던 명이 멸망한 이후 점차 조선 중화주의가 대두되었고 결국 개항 이후 대한제국을 선포하면서 고종이 황제가 되고 광무 연호를 사용하게 되었다.

○ 고려의 왕궁 만월대에서 출토된 새모양 토기(국립중앙박물관)

💬 묘청의 서경 천도 운동을 바라보는 신채호의 인식

일제 강점기에 신채호는 독립 운동을 위해 민족의 자주성을 강조하였다. 이런 입장에서 묘청의 난을 '조선역사상 일천년래 제일대사건'이라고 주장했다. 김부식의 사대적이고 중국 의존적 사관 때문에 만주가 우리 역사에서 사라지게 되었다고 보았으며, 묘청을 자주적이고 진취적인 정신을 가진 인물로 생각하였다. 이러한 신채호의 인식에 영향을 받아 과거 묘청의 난으로 불리우던 사건이 오늘날 묘청의 서경 천도 운동으로 칭해지게 되었다.

17 무신의 집권

고려 전기		고려 후기		
초기 (공신·호족)	중기 (문벌귀족)	무신집권기 (무신)	원 간섭기 (권문세족)	말기 (신진사대부)

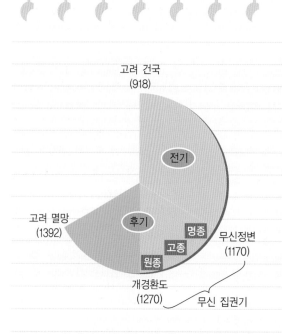

고려 건국
(918)

전기

후기

고려 멸망
(1392)

명종

고종

원종

개경환도
(1270)

무신정변
(1170)

무신 집권기

권력 쟁탈의 시대(1170~1196)

• 무신집권자 간의 권력 다툼으로
국정 혼란
• 이의방 → 정중부 → 경대승 →
이의민
• 권력기구 : 중방
• 군사집단 : 도방(경대승 설치)

최씨 정권(1196~1258)

• 최충헌이 권력 독점·세습
• 최충헌 → 최우 → 최항 → 최의
• 권력기구 : 교정도감(최충헌)
정방(최우)
• 군사집단 : 도방(최충헌 확대)
삼별초(최우)
• 몽골과 전쟁 시작, 강화 천도

삼별초의 항쟁(1270~1273)

• 몽골과의 강화를 거부하는 삼별
초가 배중손의 지휘하에 반기
• 강화도 → 진도 → 제주도로 근
거지 이동
• 여·몽 연합군에게 진압

말기(1258~1270)

• 몽골과의 강화를 거부하는 최의
를 일부 무신들이 제거
• 김준 → 임연·임유무
• 무신정권이 무너지면서 개경
환도

무신정변의 배경과 전개

✎ 문벌 귀족이 권력을 독점하면서 무신에 대한 차별이 심해지고 군인에게 지급되는 군인전마저 문신들이 차지하는 경우가 많아졌다. 여기에 불만을 품은 무신들이 정변을 일으켰다(1170).

무신 정권의 변화(1170~1270)

✎ 무신 정권은 무신 정변 이후부터 몽골과 강화하면서 강화도에서 개경으로 환도할 때까지 정확히 100년간 유지되었다. 무신 정권은 초기인 권력투쟁기, 중기인 최씨 정권기, 말기로 나누어 볼 수 있다.

무신 정권 초기(권력 쟁탈기, 1170~1196)

초기에는 무신 간의 권력 투쟁이 벌어지면서 정권이 계속 바뀌었다. 이의방에서 정중부로, 그리고 경대승, 이의민으로 최고 권력자들이 계속 바뀌면서 유혈 투쟁이 잇따랐다. 이 시기에는 무신들의 회의 기구였던 중방이 최고 권력 기관 역할을 하였다.

무신 정권 중기(최씨 정권기, 1196~1258)

이의민을 제거한 최충헌은 권력을 잡고 아들인 최우에게 권력을 물려주면서 4대에 걸친 최씨 정권이 성립되었다. 최충헌은 최고 집정 기관인 교정도감을 두어 정책을 결정하고 반대 세력을 감시하였다. 최충헌은 개혁안인 봉사 10조를 올려 잘못된 정치를 바로잡을 것을 건의하였으나 실제로는 자신도 권력을 마음대로 휘두르고 토지와 노비를 늘려 경제적 기반을 확대하였다. 도방과 삼별초는 최씨 정권의 무력 기반역할을 하였다.

최우 때 몽골의 침입이 시작되면서 수도를 강화도로 옮기고 30여 년간 몽골과 전쟁을 하였다. 국토가 황폐해지고 백성의 고통이 심해지자 몽골과의 화해를 주장하는 세력들이 늘어났다. 특히 무신 정권이 들어선 이후 권위가 실추된 국왕은 권력을 다시

○ 고려의 금속활자 실물(국립중앙박물관)

의종(1146~1170)

명종(1170~1197)

신종(1197~1204)

희종(1204~1211)

강종(1211~1213)

고종(1213~1259)

원종(1259~1274)

되찾으려 하였으나 힘이 없었다. 국왕 세력은 몽골과 강화를 통해 최씨 정권을 누르고 왕권을 회복하기를 원하면서, 몽골과의 평화 조약을 추진하였다. 그러나 최씨 정권은 몽골과의 강화에 소극적이었고, 결국 국왕의 지지를 받은 일부 무신들이 마지막 최씨 집권자인 최의를 제거하였다. 권력이 다시 국왕에게 돌아가는 왕정의 복고가 이루어진 것 같았지만 여전히 무신 세력이 권력을 행사하였다.

무신 정권 말기(1258~1170)

이 과정에서 김준, 임연, 임유무 같은 무신들이 마지막으로 권력을 다투면서 10여년을 보냈다. 마지막 무신 집권자인 임유무가 개경환도를 거부하다 살해당하면서, 100년 간의 무신 정권은 막을 내렸다. 마침내 몽골과 강화를 맺고 개경으로 환도하였다.

삼별초의 항쟁(1170~1173)

몽골과의 강화를 반대하면서 삼별초가 배중손의 지휘아래 강화도에서 반기를 들었다. 이들은 진도와 제주도로 근거지를 옮기면서 항전하였으나 고려와 몽골 연합군에게 결국 진압되었다. 삼별초의 항쟁을 진압한 몽골은 제주도에 탐라총관부를 설치하고 제주도를 한동안 지배하였다.

○ 삼별초의 이동지도

무신정변

고려는 조선과 달리 무과가 정기적으로 실시되지 못하였다. 무신들도 과거 출신은 거의 드물고 제대로 된 소양을 갖춘 인물도 적었다. 고려 전기에 이름을 날린 서희, 강감찬, 윤관 등도 모두 문신으로 최고위 무관직에 올랐다. 조선에서 문무과가 정기적으로 실시되어 문무 양반 제도가 확립된 것과는 대조적이다. 이런 상황에서 무신은 여러 가지로 무시당하였는데, 특히 점차 관료들에게 나누어줄 토지가 부족해지면서 문신들이 군인에게 지급해야 할 군인전마저 가로채는 경우가 늘어나면서 무신의 불만이 극에 달하였다.

무신정변 당시 정변을 주도한 정중부는 문신에게 평소부터 큰 불만을 가지고 있었다. 인종 때 궁궐에서 벌어진 행사에서 김부식의 아들 김돈중이 정중부의 수염을 촛불로 태워버리는 일이 일어났는데, 김부식과 김돈중은 이를 사과하기커녕 오히려 인종에게 화를 낸 정중부를 처벌하라고 주장한 사건이 있었다. 인종이 승하하고 장남인 의종이 즉위하자 초기에는 측근 세력을 중심으로 개혁을 시도하였다. 그러나 정치가 자신의 뜻대로 되지 않자 의종은 향락에 빠지게 된다. 의종은 자주 궁궐을 나가 산천을 유람하면서 유흥을 즐겼는데, 무신들은 이들을 경비하면서 추위와 배고픔에 떨어야했다. 무신들의 불만이 높아지자 왕은 이들을 달래고자 보현원으로 행차하는 길에 수박희라는 무술 시합을 열도록 하였다. 그러나 여기서 나이 많은 대장군 이소응이 젊은 무신에게 밀리게 되자, 문신 한뢰가 이소응의 뺨을 때리면서 비웃었다. 정중부는 이에 격분하였고 이고, 이의방의 권유를 받아들여 정변을 일으켰다. 보현원에서 문신들을 살해한 무신들은 개경으로 들어가 권력을 장악하게 되었다.

⊙ 강화산성(문화재청)

무신들은 이후 의종을 폐위시키고 왕의 동생이었던 명종을 왕으로 옹립하였으나 실권은 모두 무신들에게 있고 왕은 허수아비일 뿐이었다. 이러한 상황은 몽골과의 전쟁으로 무신정권이 무너질 때까지 계속되었다. 무신 정권 초기에는 이고, 이의방, 정중부 등이 함께 권력을 행사하였다. 먼저 이고가 제거되고 이의방도 정중부에게 살해당하면서 정중부가 최고 권력자가 되었다. 그러나 정중부도 권력을 남용하다 청년 장군 경대승에게 살해당하였다. 경대승은 나름 개혁을 추진하며 혼란한 정치를 수습하려 노력하였으나 병으로 일찍 죽고 권력은 천민 출신이었던 이의민에게 넘어갔다. 결국 최충헌이 이의민을 죽이고 권력을 장악했고 최충헌은 천수를 누리고 아들 최우에게 권력을 넘겨주면서 최씨 정권이 60여 년간 집권하게 된다.

무신집권기의 권력 기구와 군사적 기반

① 무신정권 초창기의 주요 권력 기구는 중방이었다. 고려의 중앙군은 2군 6위의 8개의 군단인데, 각 군단의 최고 지휘관을 상장군, 부지휘관을 대장군이라 하였다. 이들의 최고 회의 기구가 중방으로 고려 최고의 무신 회의였다. 2군 6위에서 가장 서열이 높은 부대는 응양군인데 정중부는 그 상장군으로 무신 정변을 주도하였다. 정변 이후에는 당연히 고위 무신들의 회의

기구인 중방이 최고 권력기구가 되었다. 그러나 무신들이 정권을 주고받던 시대가 끝나고 최충헌이 집권하면서 최씨 정권이 확립되자 최충헌은 교정도감이라는 기관을 세워 최고 집정부로 삼았다. 최충헌의 아들 최우는 자기 집에 정방이라는 인사를 담당하는 기관을 설치하였다. 이후 최씨 정권이 무너진 뒤에도 정방은 남아서 왕권을 제약하고 권문세족이 권력을 행사하는 기구로 남아 있다가 공민왕이 이를 폐지하였다.

② 고려의 중앙 군단은 2군 6위였다. 그러나 무신집권기에는 도방과 삼별초가 무신 정권의 사병 집단 역할을 하였다. 도방은 경대승이 자신의 신변 보호를 위해 설치하였다. 경대승은 무력을 통해 정중부를 죽이고 권력을 잡았기에 적이 많았다. 따라서 경호를 위해 도방을 설치하였는데 경대승이 죽고 해체되었다. 최충헌이 집권한 이후에는 규모를 훨씬 늘려 도방을 설치하여 자신의 사병 집단으로 삼았다. 또한 최충헌의 아들 최우는 치안 유지 등을 위해 야별초라는 특별 부대를 설치하였는데, 그 규모가 늘어나면서 좌별초와 우별초로 나누어지고, 몽골과의 전쟁에서 포로가 되었다가 탈출한 병사들을 신의군으로 편성하여 삼별초를 두었다.

무신집권기 민란의 성격

한국사에서 민란이 자주 일어났던 시기는 크게 세 차례이다. 첫째 통일 신라 말, 둘째 고려 무신집권기, 셋째 조선 말 세도정치기이다. 통일 신라 말과 조선의 세도정치기는 왕조 말기라는 공통점을 가지고 있지만 고려 무신집권기는 성격이 다르다. 무신집권기는 아랫 사람이 윗사람을 치고 그 자리에 오르는 하극상이 빈번했다. 이의민은 어머니가 여종이었기 때문에 원래 천민이었는데, 최고 권력자까지 올라갔다. 이런 분위기에서 신분 상승을 꾀하는 농민이나 천민의 봉기가 잦았다.

최충헌의 노비였던 만적은 '왕후장상의 씨가 따로 있느냐.'면서 노비들을 모아 봉기하려고 하였다. 그러나 다른 노비의 밀고로 봉기에 참여하려 하였던 동료 노비들과 함께 처형당하였다. 만적의 활동은 우리 역사상 최초의 신분 해방 운동이라 할 수 있다. 망이·망소이 형제는 공주 명학소에서 봉기하였다. 고려의 특수 행정 구역인 향·부곡·소에 살던 주민들은 양인 신분이었지만, 일반 군현민과 달리 세금 부담도 더 컸으며 신분 상승에도 많은

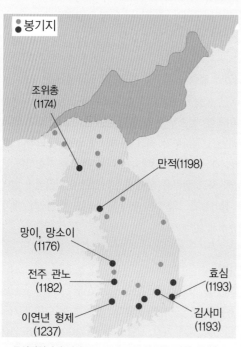

● 봉기지

조위총
(1174)

만적(1198)

망이, 망소이
(1176)

전주 관노
(1182)

효심
(1193)

이연년 형제
(1237)

김사미
(1193)

◐ 무신집권기의 민란

제약이 있었다. 진압이 어려워지자 무신 정권은 명학소를 충순현으로 승격시키면서 이들을 회유하였다. 그러나 정부가 약속을 지키지 않고 배신하자 다시 봉기하였다. 결국 관군에게 진압을 당하였지만 점차 특수 행정 구역이 폐지되는 계기가 되었고, 조선 시대에는 모든 향·부곡·소가 사라지고 일반 행정 구역으로 바뀌었다.

🗨 삼별초의 항쟁(1270~1273)

삼별초(三別抄)은 세 개(三)의 특별한 부대(別抄)라는 뜻이다. 최씨정권 시기에 최우가 도둑을 잡기 위하여 야별초(夜別抄)를 설치하였다. 야별초의 규모가 커지면서 좌별초와 우별초로 나누어지고, 몽골과 전쟁에서 포로가 되었다 탈출해서 돌아온 사람들로 신의군이 조직되면서 삼별초가 만들어졌다.

삼별초는 무신정권의 사병 역할을 하였다. 몽골과 강화를 하게 되자 삼별초는 이에 반대하면서 배중손의 지휘로 강화도에서 반기를 들었다. 삼별초는 왕족을 왕으로 추대하고 근거지를 진도로 옮겨 조운선을 탈취하는 등의 활동을 하면서 남해안 일대에서 해상 세력을 형성하였다. 고려와 몽골 연합군에 의해 진도가 함락되자 제주도로 옮겨 항전하였으나 결국 진압당하였다(1273). 이후 몽골은 제주도에 탐라총관부를 설치하고 직접 지배하다 충렬왕 때 반환하였다. 삼별초의 항쟁이 없었다면 몽골은 고려와 강화 후 바로 일본으로 원정을 떠났을 것이고, 이때에도 때맞추어 태풍이 불어줬을 지는 알 수 없다. 일본 역사에서도 삼별초의 항쟁은 상당히 중요한 영향을 미쳤다. 또한 삼별초의 잔여 세력이 바다를 건너 류큐 열도로 가서 지역 사회의 발전을 촉진시켜 류큐 왕국이 세워지는 데 기여했다는 학설도 있다.

◐ 합천 해인사 대장경판, 국보 제32호(문화재청)

✚ 오대산 월정사에 있는 팔만대장경 인쇄본(문화재청)

18 고려의 대외 관계

고려 전기		고려 후기		
초기 (공신·호족)	중기 (문벌귀족)	무신집권기 (무신)	원 간섭기 (권문세족)	말기 (신진사대부)

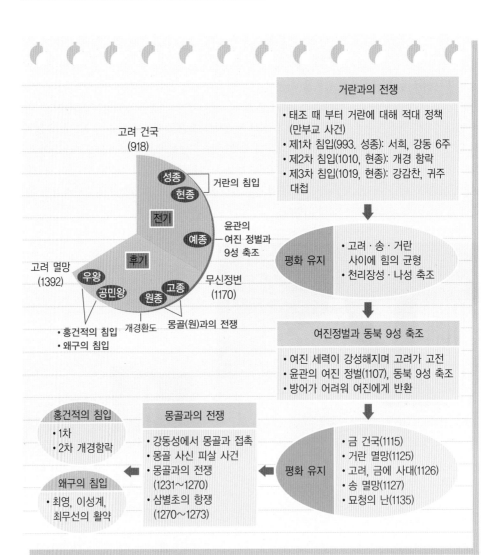

고려 건국
(918)

성종
현종 — 거란의 침입

전기

예종 — 윤관의 여진 정벌과 9성 축조

후기

고려 멸망
(1392)

우왕
공민왕
원종 고종 — 무신정변
(1170)

개경환도 몽골(원)과의 전쟁

• 홍건적의 침입
• 왜구의 침입

거란과의 전쟁

• 태조 때 부터 거란에 대해 적대 정책
  (만부교 사건)
• 제1차 침입(993. 성종): 서희, 강동 6주
• 제2차 침입(1010, 현종): 개경 함락
• 제3차 침입(1019, 현종): 강감찬, 귀주
  대첩

평화 유지
• 고려·송·거란
  사이에 힘의 균형
• 천리장성·나성 축조

여진정벌과 동북 9성 축조

• 여진 세력이 강성해지며 고려가 고전
• 윤관의 여진 정벌(1107), 동북 9성 축조
• 방어가 어려워 여진에게 반환

평화 유지
• 금 건국(1115)
• 거란 멸망(1125)
• 고려, 금에 사대(1126)
• 송 멸망(1127)
• 묘청의 난(1135)

홍건적의 침입
• 1차
• 2차 개경함락

몽골과의 전쟁
• 강동성에서 몽골과 접촉
• 몽골 사신 피살 사건
• 몽골과의 전쟁
  (1231~1270)
• 삼별초의 항쟁
  (1270~1273)

왜구의 침입
• 최영, 이성계,
  최무선의 활약

고려 대외 관계의 특징

고려 시대는 북방 민족이 강성하여 남방의 농경 민족이 그들의 침입에 어려움을 겪던 시기였다. 당시는 세계적으로 지구의 평균 기온이 떨어지는 시기로 소빙기에 해당하여, 추위와 자연 재해에 견디지 못한 북방 민족들이 끊임없이 남하를 시도하였기 때문이라는 주장도 있다.

● 거란의 글씨가 새겨있는 거울(국립중앙박물관)

고려 전기에는 거란과의 오랜 전쟁 끝에 결국 거란을 물리치고 평화적 공존을 이룩하였고, 여진이 강성해진 뒤에는 여진이 세운 금에 사대하면서 평화를 유지할 수 있었다. 그러나 후기에 들어서면서 북방 민족의 끝판왕 몽골이 등장하면서 자주성을 지키려는 고려의 노력은 어려움을 겪게 된다. 30여 년의 전쟁 끝에 결국 몽골에 굴복하여 몽골의 지배하에 들어갔다. 이 시기에 약해진 국방력과 혼란스러운 정치 때문에 고려 말에는 홍건적과 왜구가 계속 고려를 침입하면서 어려움을 겪었다. 그러나 이 과정에서 외적을 물리치는 전쟁 영웅들이 나타나게 되는 데 그 중 한 명인 이성계에 의해 고려는 멸망하고 조선이 건국된다.

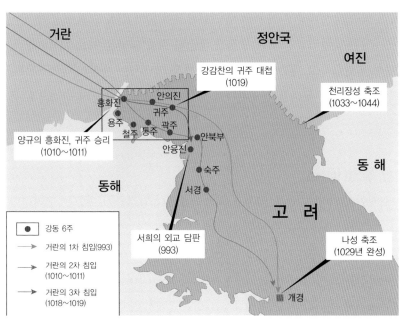

● 거란의 침입

거란과의 전쟁

- **성종**(981~997)
- **현종**(1009~1031)

배경

고려가 후삼국을 통일할 무렵, 중국은 5대10국의 혼란기에 빠져있었고 북방에는 거란족이 세운 요가 점차 세력을 확대하고 있었다. 태조 왕건은 발해를 멸망시킨 북방 민족 거란(요)에 대하여 적대적인 정책을 취하였다.

거란의 제1차 침입(993)

소손녕이 대군을 거느리고 고려에 침입하였다. 거란의 기세에 놀란 고려에서 거란에게 서경 이북의 땅을 넘겨주고 화해하자는 할지론(割地論)이 대두되었다. 이때 서희는 소손녕과 담판하여 고려가 고구려의 후계자임을 주장하면서 거란으로 가는 교통로가 확보되면 거란과 교류하겠다고 약속하였다. 이후 거란이 철수하자 고려는 압록강 동쪽에 6개의 성(강동 6주)을 쌓아 거란에 대비하는 전진 기지로 삼았다.

거란의 제2차 침입(1010)

고려에서 강조가 목종을 시해하고 현종을 세우는 사건이 일어났다. 송과 교류를 지속하는 고려를 못마땅하게 여기던 거란은 황제인 성종이 직접 대군을 이끌고 고려를 침입하였다. 개경이 함락당하고 현종이 전라도 나주까지 피난가는 사태가 벌어졌으나, 거란은 고려의 항복을 받지 못하고 철수하다가 양규가 이끄는 고려군의 반격으로 큰 피해를 입었다.

○ 강감찬 생가터, 서울 낙성대(문화재청)

거란의 제3차 침입(1018)

현종 때 다시 소배압이 10만 대군을 이끌고 쳐들어왔으나 강감찬이 이끄는 고려군이 이를 저지하고 귀주대첩에서 대승을 거두었다(1019).

✍ 전쟁 이후 고려는 개경 주변을 둘러쌓는 나성과 국경지대를 방어하는 천리장성을 쌓아 거란과 여진에 대비하였다. 천리장성은 압록강에서 도련포에 이르는 지역에 축조되었는데, 일반적으로 고려의 국경선이라 하면 천리장성을 말한다.

윤관의 여진 정벌(1107)

● 숙종(1095~1105)
● 예종(1105~1122)

🖋 고구려와 발해에 복속되어 있던 말갈의 후예인 여진은 고려를 부모의 나라로 섬기면서 토산물을 바치고 있었다. 고려는 여진족 추장들에게 벼슬을 주는 등 회유 정책을 펼쳤다. 고려와 요에 복속되어 있던 여진은 12세기에 점차 완옌부를 중심으로 통일을 이루면서 강성해졌다. 동북쪽 국경에 위협을 느낀 고려는 윤관을 파견하였으나 기병 중심의 여진에게 고전하였다. 이후 윤관의 건의를 받아들여 별무반이라는 특별 부대를 편성하였다. 별무반은 기병인 신기군, 보병인 신보군, 승병인 항마군으로 이루어졌는데 신기군이 중심을 이루었다.

🖋 예종 때 별무반을 동원하여 여진을 정벌한 후 동북쪽 국경 밖에 9개의 성을 쌓았다(동북 9성). 그러나 여진이 계속 침입하면서 인적 물적 자원의 소모가 심해지자 다시 침입하지 않는다는 약속을 받고 9성을 돌려주었다. 이후 여진은 금을 세우고(1115) 황제를 칭하면서 고려에 사대를 요구하였다. 여진은 본래 고려에 복속된 종족이었기에 이를 반대하는 주장이 많았으나 당시 집권 세력이었던 이자겸 일파는 금의 요구를 받아들여 사대 관계를 맺게 되었다(1126). 이에 대한 반발이 묘청의 서경천도 운동(1135)이 일어나는 하나의 원인이 되었다.

⊕ 윤관영정(문화재청)

몽골과의 전쟁(1231~1270)

🖋 최씨 정권 시기에 대륙에서는 몽골이 화북 지역을 침입하고 금을 공격하였다. 그러자 금 지배하에 있던 거란족이 탈출하여 도망치다 고려 영토로 침입해 와서 강동성을 점령하였다. 고려는 강동성에 있는 거란족을 물리치려 하였으나 어려움을 겪고 있었는데 몽골군이 들어 와서 함께 손을 잡고 거란족을 격퇴하였다. 이후 몽골은 막대한 공물을 요구하는 등 고려를 압박하였다. 몽골 사신이 고려를 방문하고 돌아가는 길에 피살되자 몽골은 고려의 책임이라 주장하며 고려를 침략하기 시작하였다. 전쟁에서 불리해진 고려는 수도를 강화도로 옮기고 백성을 섬과 산성에 들어가게 하고 장

기적 항전을 준비하였다.

고종(1213~1259)

원종(1259~1274)

✎ 용인 처인성에서 승려 김윤후가 몽골 장수 살리타를 사살하였고, 충주성에서는 노비 등 피지배 계층이 몽골에 강력하게 저항하였다. 그러나 전쟁이 장기화되면서 국토가 황폐해지고 인명 손실이 커지자 점차 강화도에 있는 최씨 정권에 대한 불만이 커졌다.

✎ 강화를 주장하는 무신들이 최씨 정권을 무너뜨리고 왕정이 다시 복고되었다. 고려는 독립과 풍속의 유지를 약속받는 조건으로 몽골과 강화를 맺고 개경으로 다시 환도하였다(1270).

✎ 최우가 양성하고 무신 정권의 군사 기반 역할을 하던 삼별초는 몽골과의 강화에 반대하면서 왕족 왕온을 왕으로 추대하고 강화도에서 반기를 들었다. 근거지를 진도로 옮기면서 조운선을 탈취하는 등 도서 지역을 장악하고 해상 왕국을 이루었다. 고려와 몽골의 연합군이 진도를 공격하자 제주도로 근거지를 옮겨 싸웠으나 결국 진압당하였다(삼별초의 항쟁: 1270~1273).

왜구와 홍건적의 침입

◎ 강화 외성(문화재청)

일본은 무로마치 막부가 혼란에 빠지면서 중앙 정부가 지방에 대한 통제력을 상실하게 되었다. 이때 쓰시마를 중심으로 서부 일본의 무사들이 배를 타고 중국과 고려 해안 지방에 대한 약탈에 나섰다. 왜구의 약탈로 지방의 세금을 개경으로 운송하는 조운로가 제 기능을 하지 못하고 급기야 개경 부근까지 왜구가 침범하는 상황에 이르렀다. 이 때 최영과 이성계 등의 신흥 무인 세력이 왜구 등의 침입을 격퇴하면서 백성의 신망을 얻게 된다. 최영의 홍산 대첩, 이성계의 황산 대첩, 최무선의 진포 싸움 등이 유명하다.

중국대륙에서 일어난 농민 반란군인 홍건적도 고려에 두차례 침략하였다. 특히 2차 침입때는 개경이 함락당하고 공민왕이 경상도 복주(안동)로 피난가기도 하였다.

홍건적(紅巾賊)

원나라 말기에 일어난 한족의 농민반란군으로 머리에 붉은 두건을 둘렀다하여 홍건적이라 불렸
다. 일부가 원의 군대에 쫓겨 고려에 두 차례에 걸쳐 침입해왔다. 특히 제2차 침입 때는 개경이
함락당하고 공민왕이 왕비인 노국공주와 함께 경상도 안동(복주)로 피난하기도 하였다. 지금도 안
동에는 그때 피난왔던 공민왕과 노국공주의 사당이 남아있다. 고려는 20만의 병력을 모아 홍건적
을 몰아내고 개경을 탈환하였다. 홍건적의 침입을 격퇴한 이후 이성계를 비롯한 신흥 무인 세력
이 크게 성장하였다.

서경

서경(西京)은 고려 3경의 하나로서 오늘날의 평양이다. 대동강 유역의 중심지 평양은 고조선 멸망
당시 고조선의 중심지가 있었던 것으로 추정될 정도로 오래 전부터 정치와 경제, 문화의 중심지
였다. 고구려는 낙랑 정복 이후 장수왕 때 수도를 평양으로 옮겼고, 멸망할 때까지 고구려의 수도
가 되었다.

평양은 고구려 멸망 이후 황폐해졌다가 고려 태조 왕건이 평양을 다시 재건하고 백성을 옮겨 북
진 정책의 전진 기지로 삼았다. 고려 때는 개경에 이어 서경이라 칭해질 정도로 개경과 거의 대

◐ 일제강점기의 평양(조선
　총독부 철도국)

등한 제2의 수도 역할을 하였다. 서경에는 왕이 자주 행차하여 머물렀고, 이때 왕이 개경에 있을
때와 똑같이 정무를 행할 수 있도록 각종 국가 기관과 주요 시설이 설치되었다. 그러나 고려 사
회가 안정되고 북방 민족인 거란, 여진이 국가를 세우면서 북진 정책이 벽에 부딪치자 서경의 중
요성도 과거에 비해 떨어지게 되었다. 인종 때 묘청 등이 이러한 서경 세력의 불만을 등에 업고
서경 천도 운동을 전개하였다. 한때 서경 천도가 결정된 듯 보였으나 좌절되었고, 이에 묘청은 반
란을 일으켰으나 실패하면서 서경은 큰 타격을 받았다. 몽골과의 전쟁 때는 정부에 불만을 품은
세력이 반란을 일으켜 원나라에 항복하고 여러 성을 바쳤다. 원이 이곳에 동녕부를 설치하여 영
토로 편입하였으나 충렬왕 때 고려에 다시 반환되었다.

조선 시대에도 평양은 한양에 이은 제2의 도시로 번성하였다. 일제강점기에도 평양은 제2의 도시
로 조선의 수도 경성에 라이벌 의식을 갖고 있었으며 두 도시 간의 축구 시합인 경·평전은 많은
인기를 끌었다. 해방 이후 남북이 분단된 이후에는 북한의 수도가 되었다. 지금도 북한은 남북 대
결에서 자신들의 정당성을 강조하기 위하여 평양의 역사성을 선전하고 고분 하나를 발굴하여 단
군릉이라 대대적으로 선전하고 있다. 통일된 이후에는 다시 한국 제2의 도시가 되어 서울과 라이
벌 관계가 될수도 있을 것이다.

19 고려의 사회와 문화

고려 전기		고려 후기		
초기 (공신·호족)	중기 (문벌귀족)	무신집권기 (무신)	원 간섭기 (권문세족)	말기 (신진사대부)

고려의 사회와 문화

사회
① 신분제 사회 + 고대보다 상대적으로 개방적
② 신분구조 : 귀족, 중류층, 양민, 천민
③ 특징 : 유교 + 불교 + 도교 + 토속신앙 공존
　　 향도 등 마을 공동체 발달
　　 여성의 지위 어느정도 인정

문화
① 외래문화를 개방적으로 수용 + 다양한 문화 발전
② 송, 거란, 여진, 일본, 아라비아, 원과 활발한 교류
③ 유학 : 정치 이념으로 확립, 성리학 수용
④ 불교 : 적극적인 숭불정책, 불교문화 발달, 폐단 발생
⑤ 도교와 풍수지리설도 발전

고려 사회의 특징

🖋 고려의 신분 제도는 고대와 달리 하급 지배층인 중류층이 따로 존재하였다. 고려의 신분제는 기본적으로 양인과 천인으로 나뉘는데, 양인은 다시 귀족, 중류층, 양민으로 구분되었다.

🖋 고려는 귀족 사회로 귀족은 고려 지배층의 핵심이었다. 고려 전기는 문벌 귀족, 고려 후기는 권문세족이 대표적인 귀족이다. 문벌 귀족은 국가로부터 음서와 공음전의 혜택을 누렸고 왕실이나 같은 문벌 귀족끼리 결혼하여 지배층을 형성하였다. 무신 정변 이후 문벌 귀족이 약화되면서 권문세족이 등장하였다. 권문세족은 기존의 문벌 귀족 출신, 무신 집권기에 성장한 가문, 원 간섭기에 원과 결탁하여 성장한 가문 등이 중심이었고 하층민에서 신분을 상승한 이들도 상당수 있었다.

🖋 중류층은 하급 지배층으로 중앙에서 말단 행정을 담당하는 서리, 궁중 실무 관리인 남반, 지방의 향리, 하급 장교 등이 있었다. 중류층은 직역을 세습하였고 국가로부터 토지를 지급받았다.

🖋 양민들은 대부분 농민이었는데 고려의 일반 농민은 백정이라 불리었다. 이들은 국가에 대하여 조세, 공납, 역 등을 부담하였는데, 잡과 등에 응시하여 신분을 상승하는 것도 어느정도 가능했다. 양민은 일반 군현에 거주하는 사람과 특수 지역인 향·부곡·소 등에 거주하는 사람으로 나뉘는데, 특수 지역에 사는 사람들은 양민이었지만 일반 군현민에 비해서는 여러 가지 차별을 받았다. 이들은 다른 지역으로 이주할 수도 없었고 신분 상승의 기회도 제한을 받았다. 향·부곡은 농업, 소의 거주민은 수공업이나 광업에 종사하였다. 군현민이 반란을 일으킨 경우에 군현 전체를 향·부곡·소로 강등시키는 경우도 있었다.

🖋 천민은 노비가 대부분을 차지하였다. 노비는 국가 소유의 공노비와 개인 소유의 사노비가 있었다. 공노비는 다시 궁중이나 관청에서 근무하며 급료를 받는 공역 노비

와 지방에서 독립 생활을 하며 농사를 짓는 외거 노비로 구분되었다. 사노비도 주인 집에 살면서 가사 일을 하는 솔거 노비와 주인과 따로 살면서 주인에게 신공을 바치는 외거 노비로 나누어졌다. 노비는 주인에게 예속되어 매매 · 증여 · 상속의 대상이 되었지만, 가족을 이룰 수 있었고 재산을 소유할 수도 있었다. 심지어 노비가 노비를 소유하는 경우도 있었다. 일천즉천(一賤則賤)이라 하여 부모 중에 어느 한쪽만 노비여도 자식은 노비가 되었다. 부모가 모두 노비인데 주인이 다른 경우 자식은 어머니의 주인의 소유가 되었다. 인간은 부계를 따르지만 짐승은 모계를 따르는 것과 마찬가지 경우로 노비가 제대로 사람 대접을 받지 못했다는 것을 보여준다.

🖊 고려는 엄격한 신분제 사회였지만 삼국 시대 보다는 개인의 능력이 상대적으로 중시되고 어느 정도는 신분 상승이 가능하였다. 특히 무신 집권기에 하극상이 성행하면서 각 지역에서 민란이 일어났고, 만적은 노비의 신분으로 노비 해방을 꿈꾸며 난을 일으켰으나 실패하기도 하였다. 대몽 항쟁기에는 군공을 세운 향 · 부곡 · 소가 일반 군현이 되거나, 공을 세운 노비가 해방되기도 하였다.

🖊 여성의 지위도 상대적으로 높아 여성도 호주가 될 수 있었고 호적 기재에도 남녀 차별을 두지 않았다. 결혼은 일부일처제가 일반적이었으며, 결혼 후에는 남자가 처가에서 오랫 동안 사는 경우가 많았다. 사위가 처가의 제사를 지내기도 하였고 여성의 재혼도 자유로웠다. 고려 왕실에서는 신라 왕실의 전통대로 근친혼을 하는 경우가 많아 원 간섭기에는 원이 이를 문제삼기도 하였다. 원 간섭기에 공녀로 끌려가는 것을 피하기 위해 조혼 풍습이 유행하기도 하였다.

고려의 문화

사상과 종교

고려는 불교, 유교, 도교, 풍수지리설 등이 모두 크게 발전하였다. 고려 시대의 유학자들은 불교를 배척하지 않아 함께 발전할 수 있었다. 특히 의천과 지눌은 교종과 선

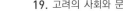

종을 통합하려고 노력하였다. 고려 후기에는 원으로부터 성리학이 도입되었다.

인쇄술의 발전

📖 문화가 발전하고 서적 인쇄의 필요성이 높아지면서 인쇄술이 발전하였다.

📖 통일 신라에서는 목판인쇄술이 발전하였는데, 불국사 3층 석탑(석가탑)에서 발견된 '무구정광대다라니경'은 현존하는 세계에서 가장 오래된 목판인쇄물이다.

📖 목판인쇄술은 고려 시대에도 계속 발전하여 초조대장경과 교장, 그리고 팔만대장경이 조판되었는데, 팔만대장경은 지금도 남아 있어 그 우수성을 보여준다.

◉ 직지심체요절(문화재청)

📖 목판인쇄술은 한 페이지씩 인쇄가 가능하여 대량 인쇄에 유리하였으나 당시는 대량으로 책을 인쇄하기보다 수십 부 단위로 소규모로 책을 인쇄하는 것이 일반적이었다. 이에 적합한 금속활자 인쇄술이 세계 최초로 고려에서 발명되었다.

📖 금속활자 인쇄술이 언제 발명되었는지는 알 수 없으나 강화 천도 시기에 금속활자로 '상정고금예문(1234)'를 인쇄했다는 기록이 남아 있다. 청주 흥덕사에서 간행된 '직지심체요절(1377)'은 현존하는 세계에서 가장 오래된 금속 활자본으로 국제적으로 공인받고 있다.

◉ 팔만대장경중 일부, 국보 제32호(국립중앙박물관)

📖 금속활자 인쇄술은 조선에도 이어져 태종 때 계미자, 세종 때 갑인자 등이 만들어졌다.

고려의 역사서

📖 고려는 건국 초부터 실록을 편찬하였으나 거란의 침략으로 개경이 함락되면서 모두 불타버렸다. 이에 현종 때 태조부터 목종 때까지의 '7대 실록'을 다시 만들었다. 고려의 실록은 지금 전해지지 않는다.

3일차 고려 시대

📖 인종 때 김부식이 편찬한 '삼국사기'는 현존하는 가장 오래 된 역사서이다 (1145). 삼국사기는 유교적 합리주의에 입각하여 기전체로 서술하였다.

📖 대몽 항쟁기에 민족에 대한 관심이 높아지면서 이규보가 고구려의 전통을 강조하는 '동명왕편'을 저술하였다.

📖 고려 후기에 원의 간섭을 받던 충렬왕 때는 일연의 '삼국유사', 이승휴의 '제왕운기'가 단군 신화를 서술하여 민족 의식을 강조하였다. 승려 일연이 지은 삼국유사에는 불교사 이외에 고대 설화 등도 수록하여 삼국사기에 나와 있지 않은 전통 사회의 모습을 보여주었다.

📖 고려 후기에는 성리학적인 정통 의식과 대의명분을 강조하는 역사관이 등장하였는데, 이제현은 '사략'을 저술하였다.

◎ 안동 봉정사 극락전 내부, 국보 제15호(문화재청)

건축

고려 시대의 건축물은 13세기 이후에 지은 일부 건물만이 남아 있다. 고려 전기에는 주심포 양식이 유행하였는데, 안동 봉정사 극락전은 현존하는 가장 오래된 목조 건축물이다. 그 밖에 영주 부석사 무량수전과 예산 수덕사 대웅전이 유명한데 두 건축물은 배흘림기둥을 사용하였다. 고려 후기에는 다포식 건축물이 등장하였다. 주심포와 다포 양식은 지붕 무게를 받치는 부분인 공포가 기둥 위에만 있는지, 기둥 외에 벽 위에도 있는지에 따라 다르다. 다포 양식은 주심포 양식보다 지붕을 더 크게 올릴 수 있어 위엄있고 화려한 건축물을 세우는 데 용이하였다.

◎ 영주 부석사 무량수전, 국보 제18호

💬 고려의 백정과 조선의 백정

고려의 백정은 조선의 백정과 의미가 다르다. 고려의 백정은 관직이 없는 일반 농민을 의미했다. 고려 시대에는 거란이나 여진 같은 북방민이 들어와서 사는 경우가 많았는데 이들을 양수척, 또는 화척이라 불렀다. 이들은 정착하여 농사를 짓지 못하고 각 지역을 떠돌면서 소나 말을 도살하거나 버들고리를 만들어 팔아 살았는데, 때로는 민가에 내려와 약탈을 하거나 횡포를 부리는 일도 있었다.

고려 말 조선 초에 이들에게 농사를 가르치고 정착시키는 정책을 실시하면서 이들을 신백정이라 불렀다. 그러자 고려의 원래 백정들은 평민, 양민 등으로 불리게 되었다. 백정은 조선 시대에 들어와서도 농경에 익숙해지지 못하고 도살업, 유기제조업 등에 종사하면서 살았고 이들은 천민 대접을 받으면서 사회적으로 차별을 받았다. 갑오개혁 이후 신분제가 폐지되면서 공식적으로는 백정에 대한 차별 대우가 사라졌지만 사회적으로는 여전히 차별이 존재하였고, 일제 강점기에 일본은 이를 유지시키고 부추기면서 조선인의 단결을 방해하였다. 이런 상황에서 백정들은 형평사를 조직하고 백정의 신분 해방 운동인 형평 운동을 전개하였다.

💬 노비수의 증가

통일 신라 시대의 민정 문서를 보면 마을에서 노비 수는 전체 인구의 5% 정도 밖에 되지 않았다. 그러나 후삼국 통일 전쟁을 겪으면서 전쟁 포로 등으로 노비가 늘어났고, 일천즉천의 원칙 때문에 노비 수는 더욱 증가하였다. 고려 말의 혼란기에도 양민이 몰락하여 노비가 되는 경우가 많아서 조선 초에는 인구의 절반이 노비라는 말이 나올 정도로 노비가 늘어났다. 특히 노비는 토지와 함께 양반의 중요한 경제적 기반이기 때문에 양반은 노비의 수를 계속 늘리려 하였다. 그러나 왕의 입장에서 국역을 부담하지 않는 노비의 수가 늘어나는 것은 바람직한 일이 아니었다. 따라서 왕권이 어느 정도 강화된 조선 영조 때에는 노비종모법(奴婢從母法)을 실시하여 노비 증가를 억제하였다.

조선 후기에 신분제가 무너지면서 도망 노비가 늘어나고 노비를 감시하여 일을 시키는 것이 점점 어려워지면서 노비 숫자도 줄어들었다. 순조 원년(1801)에 공노비 60,000여 명을 해방시킨 것은 인도적인 이유 때문이 아니라 경제적인 이유 때문이다. 노비를 부리는 일이 힘들어졌기 때문에 양민으로 해방시켜 세금을 받기 위해서였다.

개항 이후에는 국가가 1886년에 노비 세습 제도를 폐지하였으며 결국 갑오개혁으로 노비제도 자체를 폐지하였다. 그러나 사회적인 차별은 여전하였고 현실적으로 경제적인 자립이 어려웠으므로 노비는 여전히 주인과 사는 경우가 많았다. 노비가 완전히 사라지는 것은 일제강점기와 6·25 전쟁의 격변을 겪은 이후이다.

🗨 도자기 기술의 발달

① 흙으로 만든 그릇은 토기에서 점차 도기, 자기로 발전하였다. 그 구분은 유약을 바르는지, 몇 번이나 바르는지에 따라 구분하고, 그릇을 굽는 가마의 온도도 달랐다.

② 신라는 초기에 토기를 만들다 당의 기술을 받아들여 자기를 만들었다. 발해도 자기를 만들었고 당에 수출하기도 하였다.

③ 고려는 신라의 전통을 바탕으로 송의 자기 기술을 받아들여 도자기를 발전시켰다. 귀족 사회의 전성기인 11세기에는 고려의 독자적인 자기가 발전하였다. 비취색이 나는 청자가 만들어졌는데 중국에서도 천하의 명품으로 꼽힐 정도였다.

12세기에는 상감 기법이 청자에 활용되어 상감청자가 만들어졌다. 상감청자는 고려의 독창적인 기술로 무늬를 다양하고 화려하게 넣을 수 있었다. 청자는 흙과 연료가 풍부하고 바닷길로 제품을 운송하기 쉬운 전라도 강진과 부안 등지에서 많이 만들어졌다. 그러나 14세기이후 점차 쇠퇴하였다.

④ 고려 말에 나타난 분청사기는 퇴화된 기술 때문에 청자 고유의 색이 살지 않자 청자에 백토의 분을 칠한 자기이다. 안정된 그릇 모양과 소박하고 천진스러운 무늬가 특징으로 고려 말에서 조선 초까지 유행하였다.

⑤ 조선 16세기부터는 세련된 백자가 유행하였다. 백자는 당시 사회를 주도하는 선비의 고상한 취향과 잘 어울렸기 때문에 널리 사용되었다.

⑥ 조선 후기에는 백자를 사용하는 계층이 확대되고 백자에 안료를 더해 색을 내는 청화, 철화, 진사 백자가 발달하였다. 특히 청화 백자가 유명하다.

◉ 고려 상감청자 운학무늬매병, 국보 제68호(문화재청)

◉ 분청사기 음각어문 편병, 국보 제178호(국립중앙박물관)

◉ 백자 청화죽문 각병, 국보 제258호(문화재청)

◉ 백자 청화매죽문 항아리, 국보 제219호(문화재청)

서경길지설과 남경길지설

신라 말에 중국에서 도입된 풍수지리설은 도참사상과 합쳐져 고려 시대에 널리 유행하였다. 도참사상은 미래에 대한 예언이다.

신라 말의 승려 도선은 풍수지리설을 체계화하였는데, 고려가 건국되는 과정에서 송악이 새 왕조의 도읍이 된다는 송악길지설이 유행하였다. 태조 왕건은 훈요 10조에서 풍수지리설에 입각하여 사원을 짓도록 당부하기도 하였다. 이후 풍수지리설은 정치적으로 활용되면서 천도 주장이 있을 때마다 등장하였다. 묘청은 서경길지설을 이용하여 천도 운동을 전개하였다. 북진 정책이 퇴조한 이후에는 남경길지설(한양명당설)이 등장하였다. 그러면서 고려 초기에 3경의 하나였던 동경(한양)이 남경(한양)으로 바뀌고 남경에 궁궐이 지어졌다. 이씨 성을 가진 이가 왕이 되어 남경에 도읍한다는 도참이 유행하기도 하였는데, 결국 이성계가 왕이 되어 한양으로 천도하였으니 실현된 셈이다. 조선 시대에 유행한 도참서인 '정감록'에는 다음 왕조는 정씨가 계룡산에 도읍을 하고 새 나라를 연다고 쓰여 있었다. 때문에 많은 정도령이 부푼 꿈을 안고 계룡산에서 시간을 보내기도 하였다.

◎ 조선 시대의 풍수서(국립민속박물관)

고려 시대 여성의 지위

고려 여성의 지위는 조선과 비교하면 상대적으로 높은 편이었다. 여성도 호주가 될 수 있었고, 호적에도 자녀 사이에 차별을 두지 않고 태어난 순서대로 기록하였다. 여성은 자신의 재산을 소유할 수 있었고, 재산 상속에 있어서도 남성과 차별을 받지 않았다. 결혼은 일부일처제가 일반적이었다. 고려 후기에 몽골과의 전쟁을 겪으며 인구가 크게 줄어들자 박유가 인구를 늘리기 위해 일부다처제를 도입하자고 주장하였는데, 고위 관리들 중에 아내를 두려워하는 사람이 많아 성사되지 못할 정도로 가정 내에서 여성의 발언권이 강하였다.

남성이 결혼 후에도 처가에서 생활하는 경우가 많았다. 처가 호적에 사위가 올라가는 경우도 자주 볼 수 있었다. 딸과 사위가 장인·장모의 제사를 지내는 일도 많이 있었고, 여성의 재혼도 자유로웠다. 원 간섭기에는 공녀로 가는 것을 피하고자 조혼 풍속이 유행하기도 하였다. 고려 왕실에는 신라 왕실을 본받아 근친혼이 성행하였는데, 근친혼은 종족의 사회적 특권을 유지하기 위한 것이었다. 원 간섭기에 원에서 고려 왕실의 근친혼을 금지시키면서 대대로 재상을 지낸 명문가와 결혼하도록 하였는데, 이때 왕실의 결혼 대상으로 언급되는 집안이 철원 최씨, 해주 최씨, 공암 허씨, 평강 채씨, 청주 이씨, 당성 홍씨, 황려 민씨, 횡천 조씨, 파평 윤씨, 평양 조씨 등이다. 이들이 대표적인 권문세족 가문이다.

◎ 고려, 원주 법천사 터 지광국사탑, 국보 제101호(국립중앙박물관)

20 원의 간섭과 공민왕의 개혁

고려 전기		고려 후기		
초기 (공신·호족)	중기 (문벌귀족)	무신집권기 (무신)	원 간섭기 (권문세족)	말기 (신진사대부)

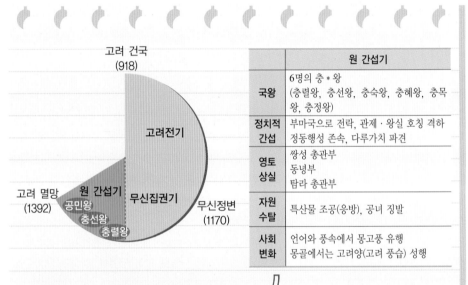

고려 건국 (918)

고려전기

무신정변 (1170)

무신집권기

고려 멸망 (1392)

원 간섭기
공민왕
충선왕
충렬왕

원 간섭기	
국왕	6명의 충*왕 (충렬왕, 충선왕, 충숙왕, 충혜왕, 충목왕, 충정왕)
정치적 간섭	부마국으로 전락, 관제·왕실 호칭 격하 정동행성 존속, 다루가치 파견
영토 상실	쌍성 총관부 동녕부 탐라 총관부
자원 수탈	특산물 조공(응방), 공녀 징발
사회 변화	언어와 풍속에서 몽고풍 유행 몽골에서는 고려양(고려 풍습) 성행

공민왕의 반원 자주 정치	
국왕	공민왕 → 우왕 → 창왕 → 공양왕 → 멸망
공민왕의 정책	• 반원 자주 정책: 기철 등 친원파 숙청 관제복구, 쌍성 총관부 수복 • 왕권 강화: 정방 폐지, 전민변정도감 설치 • 공민왕이 시해되며 개혁 실패
신진사대 부의 등장	• 지방 향리 출신, 성리학 수용 • 공민왕의 개혁에 참여 • 이성계와 손잡고 조선 건국

원의 내정 간섭

원과의 강화와 개경 환도(1270)

고려와 원이 강화를 맺고 고려 조정이 개경으로 환도하였다. 이후 원은 고려 내정을 간섭하고 물자와 사람을 수탈하였다.

일본 원정(1274, 1281)

원은 두 차례의 일본 원정에 필요한 군대와 물자의 제공을 강요하였다. 일본 원정이 실패로 돌아간 뒤에도 일본 원정을 위해 설치하였던 정동행성을 그대로 두고 고려의 내정 간섭에 이용하였다.

영토 상실

전쟁 중에 고려의 영토를 빼앗아 동북 지방에 쌍성총관부, 서경에 동녕부, 제주도에 탐라총관부를 설치하였다.

◎ 삼국유사(국립중앙박물관)

관제와 왕실 호칭의 격하와 수탈

고려 왕이 원의 공주와 혼인하여 고려는 원의 부마국이 되었다. 이에 따라 왕실 호칭과 관제의 격도 낮아졌다. 만호부를 두어 고려의 군사 조직에 간섭하였고, 감찰관인 다루가치를 파견하기도 하였다. 또한 인적·물적 수탈을 하였는데 결혼도감을 설치해 젊은 여자들을 공녀로 징발해가고, 금·은·인삼 등의 특산물을 가져갔다. 특히 몽골 귀족들이 매사냥용으로 고려 매를 선호하여 매를 징발하기 위하여 응방이라는 기관을 설치하기도 하였다.

친원 세력의 성장

원 간섭기에 권문세족이 새로운 지배 세력으로 성장하였는데, 권문세족은 친원적 성향을 가지고 있었다. 권문세족은 도평의사사를 중심으로 정치를 장악하고 높은 관직을 독점하였고, 막대한 농장과 노비를 소유하였다.

공민왕의 반원 자주 정치(재위: 1351~1374)

- **충렬왕**(1274~1308)

- **충선왕**
  (1298, 1308~1313)

- **충숙왕**
  (1313~1330,
  1332~1339)

- **충혜왕**
  (1330~1332,
  1339~1344)

- **충목왕**(1344~1348)

- **충정왕**(1348~1351)

- **공민왕**(1351~1374)

- **우왕**(1374~1388)

- **창왕**(1388~1389)

- **공양왕**(1389~1392)

배경

공민왕은 14세기 중반 이후 원이 점차 쇠퇴하던 상황을 이용하여 고려의 자주성을 회복하고 왕권을 강화하기 위한 개혁을 단행하였다.

반원 자주 정치의 추진

① 원의 기황후와 연결되어 있던 기철 일파를 숙청하고, 친원파를 제거하였다.

② 고려의 관제와 복식을 회복하고, 몽골 풍속을 금지시켰다.

③ 내정 간섭의 통로였던 정동행성 이문소를 폐지하였다.

④ 원이 차지하고 있던 쌍성총관부를 공격하여 수복하였다. 이때 이 지역 출신으로 쌍성총관부 공격에 협력하였던 인물이 이자춘으로, 그의 아들 이성계가 고려 역사에 등장하게 되었다.

⑤ 원이 고려로 쳐들어오는 길을 차단하고 고구려의 옛 땅을 수복하기 위하여 요동을 공략하였다. 한때 요동성을 장악하였으나 오래 지키지 못하고 퇴각하였다.

왕권 강화 정책

① 정방을 폐지하였다. 무신정권 때 설치되었고 당시 권문세족이 인사를 담당하며 왕권을 제약하는 기구였던 정방을 폐지하여 국왕이 인사권을 장악하고 신진 사대부를 등용하였다. 원과 연결되어 있는 권문세족을 대신하여 공민왕의 개혁을 뒷받침할 새로운 세력을 육성하기 위하여 신진사대부를 적극적으로 중용하였다.

② 전민변정도감을 설치하였다. 신돈을 등용하여 전민변정도감을 설치하고 권문세족이 빼앗아 갔던 토지와 노비를 원래대로 회복시켰다. 그러나 권문세족의 반발로 신돈은 축출되었고, 공민왕이 암살당하면서 개혁은 중단되었다.

◎ 공민왕 내외 영정(국립고궁박물관)

◎ 쌍성총관부, 동녕부, 탐라총관부

관제와 왕실 호칭의 격하

고려의 2성 6부제는 황제국의 관제였다. 고려의 국왕이 원의 부마가 되는 것이 관행이 되면서 고려의 관제와 왕실의 호칭은 황제국이 아닌 제후국에 맞게 격하되었다. 2성인 중서문하성과 상서성이 합쳐져 첨의부가, 6부는 통폐합되어 4사로 개편되었다. 중추원은 밀직사, 도병마사가 도평의사사로 바뀌었다. 또한 왕을 폐하가 아니라 전하로 부르게 되었다.

쌍성총관부, 동녕부, 탐라총관부의 설치

① 고려가 몽골과 오랫동안 싸우는 과정에서 일부 영토가 원으로 넘어갔다. 동북쪽 철령 이북에 쌍성총관부(1258~1356)를 설치하였고, 서북쪽 자비령 이북을 통치하기 위하여 서경에다 동녕부(1270~1290)를 설치하였다. 고려의 끈질긴 반환 요청으로 동녕부는 충렬왕 때 돌려받았으나 쌍성총관부는 반환을 거부하여 결국 공민왕 때 고려가 무력으로 수복하였다. 이때 고려의 쌍성총관부 탈환에 협력하여 중앙 정계에 진출하게 된 사람이 이자춘으로 그의 아들이 이성계이다.

② 원은 삼별초의 항쟁을 평정한 후 제주도에 탐라총관부를 두고 다루가치를 파견하여 다스렸으며, 목마장을 설치하여 말을 기르면서 일본 원정을 준비하였다. 장기간 제주도에 몽골인들이 머무르면서 제주에 큰 영향을 미쳤고, 공민왕 때는 이들이 난을 일으키기도 하였다.

권문세족

권문세족(權門勢族) 또는 권문세가(權門勢家)는 고려 후기 원 간섭기의 지배층으로 친원적 성향을 가졌다. 종래의 문벌 귀족 가문, 무신 집권기에 새로 등장한 가문, 원과의 관계를 통하여 성장한 가문 등이 이에 포함되었다. 특히 몽골과 전쟁을 할 때 침략에 협력하였거나, 원의 세력을 등에 업고 권세를 누린 군인, 역관, 환관 출신들이나 그 친척들이 많았다. 이들은 백성의 토지를 빼앗아 산천을 경계로 하는 거대한 농장을 이루고 가난한 백성들을 노비로 삼아 농장을 경영하였다. 그 때문에 국가에 조세를 내야 할 백성이 적어지면서 국가의 조세 수입이 크게 감소하여 고려의 재정이 궁핍해졌다.

정동행성과 정동행성 이문소

정동행성은 일본 정벌을 위해 설치한 관청으로 일본 정벌이 실패한 이후에도 남아 고려 내정을 간섭하는 역할을 하였다. 여기에 대해 실질적으로 내정 간섭 기구였다기보다 고려와 원 사이에 연락을 맡은 기관이었다는 학설도 있다. 정동행성 이문소는 고려와 원 사이에 관계된 범죄를 단속하는 기관이었는데, 점차 친원 세력의 이익을 대변하는 기관으로 변질되었고 공민왕 때 폐지되었다.

🐙 공민왕(1330~1374, 재위: 1351~1374)

공민왕(恭愍王)은 고려의 제31대 국왕으로 충숙왕의 차남이다. 공민왕은 바얀 테무르라는 몽골 이름을 갖고 있었으며, 시호인 공민왕은 명으로부터 받았다. 태어날 때는 몽골 이름, 죽고 난 뒤에는 명의 시호라는 대비가 공민왕의 일생을 잘 보여준다. 즉위 초반에는 원의 지배에서 벗어나 자주 정치를 실시하였고, 승려 신돈을 등용하여 개혁 정책을 펼쳤으나 사랑하는 아내 노국대장공주가 죽고 나서 개혁의지를 상실하였다. 이후 향락에 탐닉하다 홍륜, 최만생 등의 반역으로 죽음을 당하였다. 공민왕은 공식적인 왕비와 후궁에게서 아들을 얻지 못하였고, 신돈의 시녀인 반야에게서 아들 모니노를 얻었는데 그가 우왕이다. 공민왕이 어이없이 살해당하고 후계 문제가 대두되었을 때 공민왕의 모후였던 공원왕후가 다른 왕족을 왕으로 세우려 하였으나 이인임 등의 강력한 주장에 의해 우왕이 즉위할 수 있었다.

🐙 신돈과 전민변정도감

농업에 기반을 둔 전근대사회에서 국가의 재정 기반은 땅과 사람이다. 국가(왕)와 지배 계급(귀족)은 땅과 사람을 서로 차지하기 위하여 경쟁을 하였다. 고려 후기 권문세족이 대농장을 소유하고 많은 노비를 소유하여 경제력을 독점한 반면, 국가의 재정은 약화되어 관리들에게 지급할 토지마저 부족한 형편이었다. 이때 공민왕은 기득권 세력인 권문세족과 인연이 없는 신돈을 등용하고 전민변정도감을 설치하여 개혁을 추진하였다. 전민변정도감(田民辨正都監)은 불법으로 노비가 된 사람을 양민으로 풀어주고 힘없는 백성이 땅을 빼앗긴 경우 그 땅을 원래 주인에게 돌려주는 일을 하였다. 신돈이 이 사업을 하자 나라 안이 모두 기뻐하면서 신돈의 인기가 크게 치솟게 된다. 권문세족이 신돈을 공격하기도 하였지만 이러한 신돈의 인기에 부담을 느낀 공민왕이 그를 버린 것이 신돈이 몰락하는 이유가 되었다. 신돈이 제거되고 공민왕도 시해당하면서 개혁은 중단되었다. 개혁을 주도하는 신하가 인기를 얻자 위협을 느낀 왕이 그 신하를 제거하는 것은 조선시대에 조광조와 중종의 관계에서 되풀이 된다. 물론 조광조는 신돈보다 훨씬 청렴한 인물이었다.

○ 고려의 경천사10층석탑, 국보 제86호(국립중앙박물관)

🐙 쌍성총관부 수복과 이성계의 등장

공민왕이 쌍성총관부를 수복하려 할 무렵에 그 지역의 고려인 실력자였던 이자춘이 원을 버리고 고려에 복속하였다. 이자춘은 공민왕에게 관직을 받고 쌍성총관부 수복에 적극 협조하였는데 이때 그의 아들이 쌍성총관부 수복에 함께 참여하여 공을 세웠는데 그가 이성계이다.

이성계 집안은 전주 이씨로 대대로 전라도 전주에 살았다. 이성계의 6대조 조상인 이린은 무신집권기의 권력자였던 이의방의 동생이었다. 이린의 손자가 이안사인데, 이안사는 조선 왕조 개국 후에 추존되어 목조(穆祖)가 되었다. 이안사는 전주에 살았는데 그 지역 관리와 충돌이 생겨서 일가를 데리고 강원도 삼척으로 이주하였다. 이때 이안사를 따라 이주한 사람들이 170여 가(家)나 되었다는 기록으로 보아 이미 그 당시에 상당한 세력을 가진 집안이었을 것이다. 삼척에서 살던 이안사는 새로운 지방관을 맞게 되었는데, 하필 전주에서 그와 분쟁이 있었던 사람이었다. 결국 이안사는 다시 일족을 데리고 동북면으로 이주하였고, 이후 원에 투항하여 대대로 원의 벼슬을 지내면서 동북 지역에서 세력을 키웠다. 이후 이안사의 아들 이행리, 이행리의 아들 이춘이 그 뒤를 이었다. 이춘의 아들이 바로 이자춘이다. 이자춘은 당시 원의 세력이 흔들리는 정세를 파악하고 공민왕을 찾아가 고려에 투항하였고 개경으로 이주하게 되었다. 이자춘의 아들이었던 이성계도 부친을 따라 고려에서 활동하게 되었다. 이성계 집안은 대대로 동북면 일대에 세력을 떨치면서 사병을 거느리고 있었다. 이성계가 고려 말의 혼란기에 원, 홍건적, 왜구 등과 싸워 공을 세우고 그 이름을 떨칠 때 이성계가 거느리던 병사들이 바로 그의 사병들이었다. 이성계는 이러한 그가 대대로 물려받은 군사력을 기반으로 전쟁터에서 큰 공을 세웠고 백성들에게 이름을 알려 새 왕조 창업의 기반을 닦을 수 있었다. 또한 정도전을 비롯한 신진사대부의 지지를 받으면서 그들의 추대를 받아 조선의 태조가 될 수 있었다.

◎ 고려말, 조선초의 유물로 보이는 잡상(국립중앙박물관)

🗨 영토 확보를 위한 노력

영토는 그 나라의 백성이 살아가는 터전이므로 국가의 가장 중요한 요소이다. 넓은 땅은 누구나 원하지만 현실적인 한계가 있을 수밖에 없다. 그러나 주어진 여건 속에서 우리 민족은 꾸준히 영토를 넓혀나갔다.

고구려의 멸망으로 만주와 한반도 북부를 상실하였다. 그러나 곧 발해가 세워지고 고구려의 영토를 회복하였다. 한편 통일 직후의 신라는 임진강 이남을 확보하는 데도 힘들었으나, 점차 힘을 키우면서 황해도 일대를 확보하고 평안도 지역으로 진출하면서 영토를 늘려나갔다. 결국 통일 신라는 대동강에서 원산만에 이르는 영토를 확보하였다. 그러나 발해가 멸망하면서 결국 대동강이 우리 영토의 북방 경계선이 되었다.

백두산
갑주
길주
강계
초산
의주
화주(쌍성총관부, 철령위)
동해
개경
고려
황해

◎ 공민왕의 영토수복

왕건은 북진 정책을 표방하면서 서경(평양)을 근거지로 꾸준히 영토를 넓혀 청천강까지 영토를 넓혔다. 고려 초에는 이러한 영토 확장 정책이 유지되었다. 그러나 거란과 여진이 강대해지면서 북진은 한계에 부딪치고, 결국 이들을 막기 위해 천리장성이 압록강에서 도련포까지 축조되었다. 고려는 영토 변화가 심했는데, 일반적으로 천리장성이 고려의 국경선으로 알려져 있다. 몽골과 전쟁 시기에는 북쪽 영토와 탐라를 빼앗기는데, 이는 오늘날 평안도, 함경도 일대, 제주도 지역에 해당한다. 이후 공민왕이 쌍성총관부를 수복하면서 영토를 천리장성의 북방으로 넓혔다.

조선 세종은 압록강 중류에 4군을, 두만강 하류에 6진을 두어 압록강과 두만강을 조선의 영토로 확보하였다.

21 고려의 멸망과 조선 건국

선사 시대		고대					중세	근세	근·현대
구석기	신석기	청동기	철기	원삼국	삼국	남북국	고려	조선	개항 이후~현재

고려 전기		고려 후기			조선
초기 (공신·호족)	중기 (문벌귀족)	무신집권기 (무신)	원 간섭기 (권문세족)	말기 (신진사대부)	조선 초기 (관학파)

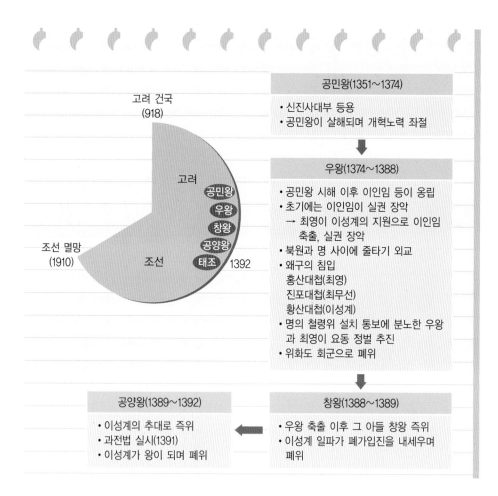

고려 건국
(918)

공민왕(1351~1374)
- 신진사대부 등용
- 공민왕이 살해되며 개혁노력 좌절

우왕(1374~1388)
- 공민왕 시해 이후 이인임 등이 옹립
- 초기에는 이인임이 실권 장악
  → 최영이 이성계의 지원으로 이인임
     축출, 실권 장악
- 북원과 명 사이에 줄타기 외교
- 왜구의 침입
  홍산대첩(최영)
  진포대첩(최무선)
  황산대첩(이성계)
- 명의 철령위 설치 통보에 분노한 우왕
  과 최영이 요동 정벌 추진
- 위화도 회군으로 폐위

고려
공민왕
우왕
창왕
공양왕
태조   1392

조선 멸망
(1910)

조선

공양왕(1389~1392)
- 이성계의 추대로 즉위
- 과전법 실시(1391)
- 이성계가 왕이 되며 폐위

창왕(1388~1389)
- 우왕 축출 이후 그 아들 창왕 즉위
- 이성계 일파가 폐가입진을 내세우며
  폐위

우왕의 즉위와 최영의 집권

공민왕이 시해되고 그의 아들이었던 우왕이 왕위에 올랐다. 우왕은 정식 왕후나 후궁의 소생이 아니었기에 왕위를 계승하는데 어려움을 겪었으나 이인임 일파의 도움으로 왕이 될 수 있었다. 초기에는 우왕의 왕위 계승에 공을 세운 이인임이 권력을 잡았으나 최영과 이성계의 공격을 받아 물러나고 최영이 집권하였다.

● **공민왕**(1351~1374)

● **우왕**(1374~1388)

● **창왕**(1388~1389)

● **공양왕**(1389~1392)

위화도 회군과 고려의 멸망

명과 북원 사이의 줄타기 외교

공민왕과 우왕 재위 기간에 중국 대륙에서는 몽골족이 세운 원이 쇠퇴하여 몽골 고원으로 쫓겨나 북원이라 불리게 되고 중원에는 한족이 건국한 명이 들어서게 된다 (1368). 고려는 명과 공민왕 때부터 외교 관계를 맺어왔는데, 우왕이 친원 정책을 펼치면서 명은 무리한 세공을 요구하고 고려 사신의 입국을 거절하는 등 고려에 고압적인 자세를 보였다. 고려는 북원과 명 사이에서 줄타기 외교를 전개하는데, 때로는 북원에 접근하고 때로는 명과 가까이 지냈다. 대체로 기성 세력인 권문세족은 친원적 성향을 보였고 신진 세력인 신진 사대부는 친명파의 입장이었다.

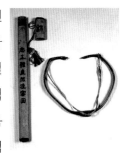

● 한민족의 주무기였던 각궁(문화재청)

철령위 설치와 요동 정벌

여기에 불만을 품은 명은 "철령(鐵嶺)을 따라 이어진 북쪽과 동쪽과 서쪽은 원래 개원로에서 관할하던 군민이 소속해 있던 곳이니, 중국인·여진인·달달인·고려인을 그대로 요동(遼東)에 소속시켜야 된다."고 통보하였다. 이는 한때 원이 강탈했다가 공민왕이 수복한 쌍성총관부 지역에 철령위를 설치하여 명이 통치하겠다는 것이었다.

당연히 고려는 반발하였고 우왕과 최영은 요동 공격을 계획하였다. 고려는 원의 고려 침공시 통로가 되는 요동 지역의 원 세력을 몰아내고 이 지역에 살고 있는 고려인들을 통치하고자 몇 차례 요동을 공격하여 어느 정도 성과를 거둔 적이 있었다. 만일 이

때 고려의 국력이 충실하고 명이 요동 지역에 본격적으로 세력을 뻗치기 전에 요동을 확실히 장악할 수 있었다면 요동을 고려의 영토로 할 수 있었을 것이다. 그러나 당시 피폐해진 고려는 그만한 국력이 없었다.

위화도 회군과 고려의 멸망

요동 정벌에 나선 최영은 직접 군대를 거느리고 출정하려 했으나 우왕의 만류로 서경에 머무르게 되었고, 실제로 병력을 이끈 사람은 이성계와 조민수였다. 압록강에 있는 위화도에서 며칠을 지체하면서 요동 공격 명령이 철회되기를 기다리던 이성계와 조민수는 최영이 계속 공격을 고집하자 군대를 돌려 최영을 공격하고 우왕을 퇴위시켰다 (1388). 이후 이성계에 의해 조민수가 탄핵당하고 권력을 잡은 이성계는 고려의 국정 최고 기관인 도평의사사의 추대를 받아 왕이 되고 조선 왕조를 개창하였다 (1392).

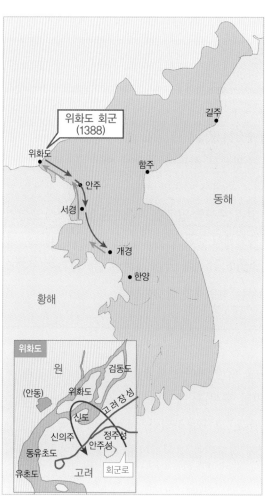

1. 以小逆大 一不可
   작은 나라가 큰 나라를 치는 것은 불가하다.
2. 夏月出兵 二不可
   여름에 군사를 출병하는 것은 불가하다.
3. 擧國遠征 倭乘其虛 三不可
   명과 싸우는 사이에 왜구가 침략할 것이다
4. 時方暑雨 弓弩膠解 大軍疾疫
   지금은 장마철로 활이 약해지고, 병사는 병든다.

🗨 최영

고려 시대의 군인인 최영은 일찍부터 원, 홍건적, 왜구와의 전투에서 공을 세우며 두각을 나타냈다. 우왕 때 이성계의 지원을 받아 당시 권신이었던 이인임을 축출하고 권력을 장악하였다. 이후 최영은 이성계와 함께 권력을 행사하였으나 이성계는 신진 사대부의 지원을 받아 위화도회군이라는 쿠데타를 통해 권력을 잡고 최영을 제거하였다. 이성계가 개경의 권문세족과는 인연이 먼 변방의 무장 출신인데 비해 최영의 집안은 대대로 개경에서 벼슬을 해온 명문 가문이었고 상대적으로 권문세족과도 인연이 깊은 편이었다.

🗨 정몽주와 정도전, 그리고 이방원

정몽주와 정도전의 공통점은 무엇일까? 바로 같은 사람에게 죽었다는 점이다.

정몽주와 정도전은 같은 영남 출신으로 동향(同鄕)에다 이색의 문하에서 함께 동문수학((同門修學)한 사이로, 뜻을 함께 하는 동지이며 친구였다. 그러나 마지막 순간에 뜻을 달리하여 반대편에 서면서 정도전은 개국공신으로 승자가 되었고, 정몽주는 고려 건국에 반대한 역적으로 패자가 되었다. 하지만 조선 왕조에서 이들에 대한 평가는 극적으로 바뀌었으며, 조선이 멸망한 현대에 와서는 두 사람 모두 역사상의 거인으로 높이 평가받고 있다.

정몽주(1337~1392)는 고려의 성리학을 크게 발전시킨 학자이며, 정치가였다. 또한 외교관으로 명과 일본을 오가며 맹활약을 하였고, 심지어 이성계의 부장으로 여진 정벌과 왜구 토벌에 종군하여 명성을 떨치기도 하였다. 정몽주가 위화도 회군은 물론이고 우왕 축출까지 지지했다는 사실은 잘 알려져 있지 않지만, 정몽주는 원래 이성계와 아주 가까운 사이였다.

정도전(1342~1398) 또한 학자이자 정치가로 고려 말에 크게 활약하였다. 정도전은 이인임을 공격하다 실각한 이후 어려운 시기를 보낼 때 이성계를 찾아가 그와 인연을 맺고 이성계를 지지하게 되었다. 위화도 회군과 공양왕 즉위까지 뜻을 같이 하던 정몽주와 정도전은 새 왕조 창건을 둘러싸고 입장이 갈라지며 대립하게 되었다. 결국 정몽주는 이방원에 의해 죽임을 당하고, 정도전은 조선의 개국 공신이 되었다. 하지만 정도전도 제1차 왕자의 난으로 이방원의 손에 죽었다.

🔵 정몽주 초상화(문화재청)

이방원은 왕이 되자 정몽주를 복권시키고 영의정에 추존하였다. 반면 정도전은 조선 후기 고종 때 대원군에 의해 복권될 때까지 역적으로 평가받고 있었다. 이미 새 왕조를 세운 조선은 혁명가보다는 충신이 필요했기 때문에 정도전보다 정몽주의 이름을 더 강조할 필요가 있었던 것이다. 그러나 정도전의 후손은 태종 때 이미 복권되어 벼슬을 했으며, 조선 왕조 내내 양반의 지위를 유지하였다. 또한 조선은 정도전의 정치 이념을 그대로 계승하였다. 이들의 싸움은 개인적인 원한 때문이 아니라 국가의 진로를 둘러싸고 벌어진 투쟁이었기 때문이다.

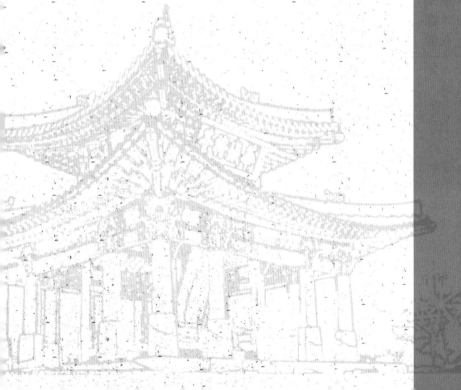

4일차

조선 시대

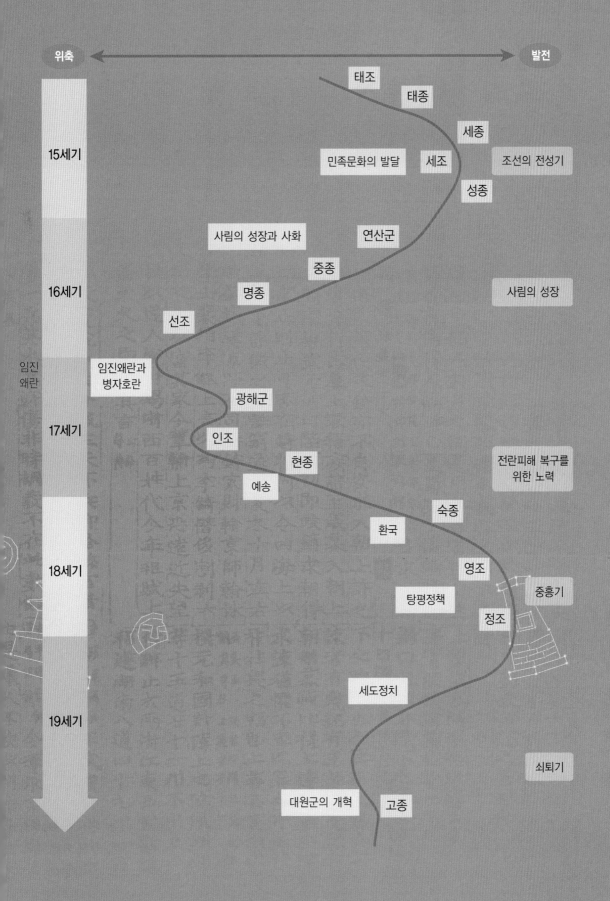

위축 ← → 발전

15세기
16세기
17세기
18세기
19세기

임진
왜란

태조
태종
세종
민족문화의 발달　세조　조선의 전성기
성종
사림의 성장과 사화　연산군
중종
명종　사림의 성장
선조
임진왜란과 병자호란
광해군
인조
현종　전란피해 복구를 위한 노력
예송
숙종
환국
영조　중흥기
탕평정책
정조
세도정치
쇠퇴기
대원군의 개혁　고종

22 조선의 발전

조선 전기		조선 후기			근대(1863이후)
15세기 (초기) 관학파, 훈구파 집권	16세기 (중기) 사화와 사림의 집권	17세기 (전란복구기) 양난과 복구	18세기 (중흥기) 영조와 정조	19세기 (세도정치기) 삼정문란	흥선대원군의 등장과 개항

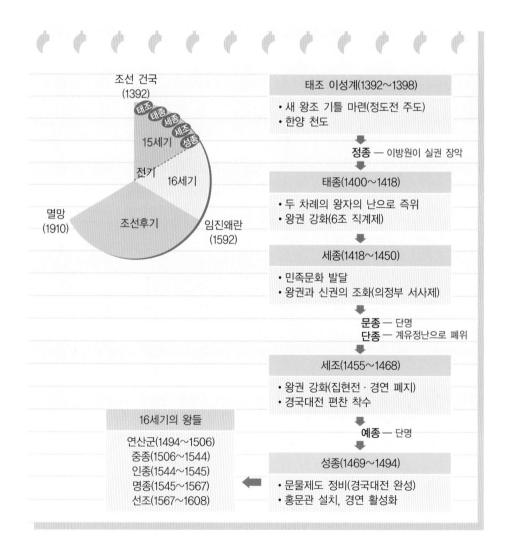

조선 건국
(1392)

태조 태종 세종 세조 성종

15세기

전기 16세기

멸망
(1910)

조선후기

임진왜란
(1592)

태조 이성계(1392~1398)
• 새 왕조 기틀 마련(정도전 주도)
• 한양 천도

정종 — 이방원이 실권 장악

태종(1400~1418)
• 두 차례의 왕자의 난으로 즉위
• 왕권 강화(6조 직계제)

세종(1418~1450)
• 민족문화 발달
• 왕권과 신권의 조화(의정부 서사제)

문종 — 단명
단종 — 계유정난으로 폐위

세조(1455~1468)
• 왕권 강화(집현전·경연 폐지)
• 경국대전 편찬 착수

예종 — 단명

성종(1469~1494)
• 문물제도 정비(경국대전 완성)
• 홍문관 설치, 경연 활성화

16세기의 왕들
연산군(1494~1506)
중종(1506~1544)
인종(1544~1545)
명종(1545~1567)
선조(1567~1608)

조선의 건국과 태조

이성계는 위화도 회군 이후 혁명파 신진 사대부의 추대를 받아 고려의 왕이 되었다. 태조 이성계는 고조선을 계승한다는 의미에서 국호를 조선이라 하고 도읍을 한양으로 옮겼다. 이성계는 원래 왕이 되겠다는 야심이 큰 인물은 아니었으나 신진사대부 세력의 추대를 받아 왕이 되었다. 왕이 된 이후에도 이성계는 정치에 큰 관심을 보이지 않아 정도전을 중심으로 하는 개국 공신들이 정치를 주도하였다. 특히 정도전이 조선 왕조의 기초를 설계한 것이나 다름없었는데, 성리학을 중심으로 조선 왕조의 기본 통치 체제를 기획하였다. 경복궁의 모든 전각의 명칭도 정도전이 붙인 것이다. 기존의 훈고학적 입장에 있던 유학자들은 불교도 함께 신앙하였는데, 신유학인 성리학을 신봉하였던 신진사대부는 고려 말에 부패한 모습을 보였던 불교를 강력하게 비판하였다. 정도전은 '불씨잡변'을 지어 불교를 비판하고 성리학을 조선의 유일한 통치 이념으로 제시하였다.

○ 경복궁 근정전, 국보 제223호(문화재청)

왕자의 난과 태종

세자 책봉 문제

이성계가 왕이 된 이후 누구를 세자로 세우느냐가 문제가 되었다. 이성계에게는 두 명의 왕비에게서 태어난 8명의 아들이 있었다. 원래 적장자 승계라는 원칙에 따르면 장남이 세자가 되어야 한다. 그러나 세자가 되어야 할 장자 이방우가 죽고 없었기 때문에 다른 아들 모두가 후보가 될 수 있었다. 가장 유력했던 후보는 다섯째 아들 이방원이었다. 이방원은 태조의 아들일 뿐 아니라 조선 왕조 개국에도 공을 세워 신하들로부터도 인정을 받고 있었다. 그러나 태조의 선택은 이방원이 아니라 막내 아들 방석이었다. 방석은 방원과는 어머니가 다른 배다른 동생이었다. 정도전도 태조의 선택을 받아들였다.

- 태조(1392~1398)
- 정종(1398~1400)
- 태종(1400~1418)
- 세종(1418~1450)
- 문종(1450~1452)
- 단종(1452~1455)
- 세조(1455~1468)
- 예종(1468~1469)
- 성종(1469~1494)
- 연산군(1494~1506)

왕자의 난과 이방원

여기에 불만을 품은 이방원은 제1차 왕자의 난을 통해 세자와 정도전을 제거하고 실권을 장악하였다. 사랑하는 막내 아들과 총애하던 신하가 죽는 것을 지켜 본 이성계는 왕위에서 물러났다.

막내 아들이 세자가 된 것을 문제 삼아 정변을 일으켰는데 다섯째 아들인 이방원이 바로 왕이 되는 것은 명분이 없었다. 그래서 일단 둘째 아들이었던 정종을 왕위에 앉혔다. 넷째 아들로 방원의 바로 위의 형이었던 방간이 제2차 왕자의 난을 일으켜 방원에게 도전하자 이를 제압하고 정종의 퇴위 이후에 스스로 왕이 되었다. 조선의 제3대 왕인 태종이 즉위하였다.

왕권 강화

태종은 왕자들이 가진 사병을 없애고 군사력을 왕에게 집중시켰다. 6조 직계제를 실시하여 재상권을 약화시키고 왕권을 강화하였으며, 사간원을 독립시켜 대신들을 견제하도록 하였다. 양전 사업을 실시하고 호적을 작성하여 국가의 재정을 튼튼히 하였다. 호패법을 실시한 것도 국가가 백성의 이동을 통제하기 위한 방안이었다.

○ 조선 태조 어진, 국보 제317호(문화재청)

세종

세종은 아버지 태종이 강화한 왕권을 바탕으로 유교 정치를 실현하고 민생을 안정시키려 노력하였다. 집현전을 두어 젊은 학자들이 학문 연구에 매진할 것을 장려하였

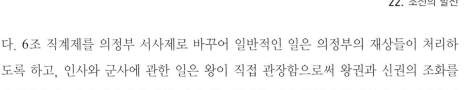
다. 6조 직계제를 의정부 서사제로 바꾸어 일반적인 일은 의정부의 재상들이 처리하도록 하고, 인사와 군사에 관한 일은 왕이 직접 관장함으로써 왕권과 신권의 조화를 추구하였다. 이런 바탕에서 세종 시대에는 찬란한 민족 문화가 꽃피었다. 훈민정음이 창제되고 각종 편찬 작업으로 많은 책들이 출판되었다. 또한 수취 제도에 있어서도 연분9등법과 전분6등법이 도입되는 등의 개혁이 나타났다. 해동의 요순이라 불리는 세종의 업적은 여러 분야에서 나타났다. 특히 과학 기술 분야에서 큰 성과를 거두었다.

세조

세종의 사후 병약한 큰 아들 문종이 즉위하였으나 곧 승하하였다. 문종의 어린 아들인 단종이 즉위하자 왕권은 약해지고 정치의 실권이 황보인, 김종서 등 재상에게 돌아갔다. 여기에 불만을 품은 수양대군은 정변을 일으켜 스스로 왕이 되었다(세조). 이를 계유정난(癸酉靖難)이라 한다. 세조는 다시 왕권을 강화하기 위하여 6조 직계제를 부활하였고, 집현전을 폐지하고 경연을 열지 않았다. 직전법을 실시하여 과전을 현직 관리에게만 지급하였다. 한편 국가의 통치 체제를 확립하기 위하여 그동안 만들어진 여러 법전을 종합하여 경국대전을 편찬하기 시작하였다.

○ 조선 세조가 타던 가마
(문화재청)

성종

조선의 통치 조직은 성종 때 완성된다. 이는 경국대전의 완성으로 나타나는데, 묘호인 성종(成宗)은 문물 제도를 완성한 왕임을 보여준다. 집현전을 대신하여 홍문관을 두고 경연을 다시 부활시켰다. 경연은 단순히 왕에게 유학을 교육하는 자리가 아니라 재상 등 주요 관리들이 함께 모여 정책을 토론하고 심의하는 자리가 되었다.

🗨 육조 직계제와 의정부 서사제

정치는 결국 권력을 누가 행사하는가를 놓고 벌이는 파워게임이라 할 수 있다. 조선 건국 초부터 권력은 왕이 행사해야 된다는 주장과 재상이 중심이 되어 사대부들이 힘을 가져야 한다는 주장이 대립하였다.

현대의 민주주의 이념에 따르면 권력 집중보다 권력의 견제와 균형을 긍정적으로 평가한다. 따라서 왕권 강화보다 왕권을 견제하고 재상을 중심으로 정치를 하자는 입장이 더 바람직하게 느껴진다. 그러나 과거에는 농민들이 각 지역 지배자들의 자의적 수탈에 시달리는 경우가 많았다. 왕권 강화를 통해 국가가 지배자들의 수탈을 억제하는 것은 발전으로 평가할 수 있다.

육조 직계제는 왕이 실무를 담당하는 육조를 직접 관장하면서 권력을 행사하는 체제이다. 이에 대해 의정부 서사제는 정승들이 모여있는 의정부가 왕과 실무 관료들 사이에서 일상적인 일을 처리하는 체제이다. 세종 때 실시한 의정부 서사제는 왕의 업무량을 줄여 세종의 에너지를 한글 창제에 쏟는 것을 가능하게 만들었다.

🗨 집현전(集賢殿)

집현전은 글자 그대로 현명한 인재(賢)를 모은(集) 기구(殿)이다. 고려 때부터 존재하던 기구로 세종 때 확대 개편하여 학자 양성과 학문 연구를 담당하였다. 세종은 집현전 학사들을 특별히 신임하고 아꼈으며 이런 왕의 관심 속에 집현전은 조선의 학문적 기초를 닦는데 크게 공헌하였다. 세종이 죽고 세종의 장손인 단종이 수양대군에 의해 쫓겨나는 계유정난을 당하자 집현전 학사 출신이 대거 참여하는 단종 복위 운동이 일어난다. 이에 세조는 집현전을 폐지하였는데, 세조의 손자인 성종이 홍문관을 설치하여 집현전의 업무를 담당하게 하였다.

🔵 서울 한양도성(문화재청)

🗨 경국대전

고려와 달리 조선은 일찍부터 법전을 만들어 성문법 체제를 갖추었다. 조선에서 기본적으로 적용되는 법은 명나라의 법전인 '대명률'이었고, 이외에도 다수의 법전이 편찬되었다. 건국 초에 정도전이 조선경국전, 경제문감 등을 만들었고, 조준 등이 경제육전을 편찬하여 시행하였다. 이후 많은 법령이 만들어지고 고쳐지면서 통일된 법령의 필요성을 느끼게 되었다. 오늘날은 법을 만드는 기관이 국회로 정해져 있고 기존의 법과 모순된 법이 만들어지면 신법 우선의 원칙에 따라 구법은 무효가 된다. 그러나 전근대 사회에는 체계화된 입법 기관이 없었기 때문에 만들어진 법들이 서로 모순되는 경우가 종종 생기는데 이를 정리하기 위해 법전을 편찬하였다.

세조 때 경국대전의 편찬에 착수하여 먼저 '호전(戶典)'을 완성하였다. 성종 때 최종적으로 경국대전이 완성되면서 조선의 기본 법전이 되었다. 이후 모순된 내용을 정리하고 보완할 필요가 있어 조선 후기 영조 때 속대전을 편찬하였고, 정조 때는 대전통편을 만들었다. 고종 때는 대원군에 의해 대전회통이 편찬되었다. 경국대전, 속대전, 대전통편, 대전회통을 조선의 4대 법전이라고 하는데 모두 경국대전에 기반한 법전들이었다.

성종 때 경국대전의 완성은 조선이 건국이래 추진해 오던 문물 제도의 정비가 완성되었음을 의미하였다.

🗨 적장자 승계 원칙과 태종

조선은 종법을 국가 운영의 기본 원리로 삼았고, 종법은 적장자가 왕위를 계승하는 것을 원칙으로 하고 있었다. 아들이 여럿 있을 때 실력을 위주로 후계자를 뽑으면, 유능한 왕이 계속 나오리라 기대할 수 있다. 그러나 이럴 경우 실력의 우열이 객관적으로 뚜렷이 보이고 경쟁자들이 모두 승복하는 경우가 아니라면, 결국 왕위 계승 문제에서 큰 혼란을 가져올 수 있다.

북방 유목 민족들은 군주가 죽으면 다음 후계자는 하늘이 정한다고 생각했기 때문에, 항상 왕위 계승의 혼란이 있었고 국가가 분열되어 국력이 약화되었다. 반면 중국이나 우리나라는 적장자 승계의 원칙이 있었다. 즉 정실인 왕비 소생의 아들 중에 장남이 다음 왕위를 이어야 한다는 것이다. 따라서 적장자 출신의 왕은 정통성이 확실했고 왕위에 오르는데 신하들의 눈치를 볼 필요가 없었다. 그러나 적장자 출신이 아니라면 왕이 되는 과정에서 무리가 있게 마련이다. 때문에 자신을 지지하는 신하들을 달래고 만족시켜야 했기 때문에 강력한 왕권을 행사하기 어려웠다.

조선이 한양으로 천도하고 경복궁을 건설하는 과정에서 정문을 남쪽으로 하느냐, 동쪽으로 하느냐의 논란이 있었다. 유교 국가는 하늘의 뜻이 인간 세상에 반영된다고 보았는데, 천체 운행의 기준이 되는 북극성이 군주를 상징하는 별이었다. 따라서 제왕은 북쪽에 앉아 남쪽을 바라보고, 신하는 남쪽에서 북쪽을 향하는 것이 원칙이었다.

⬦ 조선 태종 헌릉 신도비. 신도비는 생전의 생애와 업적을 기록한 비석이다. 서울 서초구(문화재청)

따라서 경복궁의 정문을 남쪽으로 정하면 낙산이 좌청룡이 되고, 인왕산이 우백호가 된다. 그런데 풍수지리설에서 좌청룡은 장남을 상징하는데, 낙산이 인왕산에 비하여 산세가 약하기 때문에 적장자의 기운이 약화된다는 문제가 제기되었다. 이런 주장을 하는 사람들은 대신 정문을 동쪽으로 하면 인왕산이 등 뒤의 주산이 되면서 북악산(삼각산)이 좌청룡이 되기에 장남의 힘이 강해진다고 주장하였다. 하지만 정도전은 원칙을 내세우며 남쪽을 정문으로 정하였다.

그래서인지 조선 왕조는 이상할 정도로 적장자 출신의 왕이 적었고, 적장자 출신이 왕이 되면 단명하는 경우가 많았다. 이방원도 적자이기는 하지만 5남으로 장남이 아니면서 왕이 되었고, 그 뒤를 이어서도 태종의 적장자인 양녕대군 대신 3남인 충령대군이 다음 왕이 되었다. 조선에서 적장자 출신의 왕은 문종, 단종, 연산군, 인종, 현종, 숙종 등이다.

조선의 문물 제도

조선 전기		조선 후기			근대(1863이후)
15세기 (초기) 관학파, 훈구파 집권	16세기 (중기) 사화와 사림의 집권	17세기 (전란복구기) 양난과 복구	18세기 (중흥기) 영조와 정조	19세기 (세도정치기) 삼정문란	흥선대원군의 등장과 개항

■ 중앙 정치 제도
- 연혁: 고려 제도를 조선 실정에 맞게 개편
- 기본: 의정부와 6조
- 왕권 보좌: 의금부, 승정원
- 왕권 견제: 사헌부, 사간원, 홍문관
- 기타: 한성부, 춘추관, 성균관

■ 지방 행정 제도
- 일원적(8도)
- 향, 부곡, 소 폐지
- 모든 군현에 지방관 파견(속현 폐지)
- 향리는 세습적 아전으로 격하
- 경재소로 지방의 유향소 통제

조선의 문물제도

■ 관리임용과 교육 제도
- 과거: 문과, 무과(문·무 양반 제도 확립), 잡과, 승과(폐지)
- 음서: 대상 축소, 위상 약화
- 교육: 성균관, 향교, 서원(16세기 이후)

■ 군사 제도
- 중앙군: 5위→5군영
- 지방군: 영진군 체제→진관 체제→ 제승방략 체제→속오군 체제
- 왜란 이후 직업군 중심으로 개편

조선의 통치 제도의 특징

조선은 국왕과 고위 관료(재상), 그리고 하급 관료가 서로 균형을 이루어 국정을 독단적으로 처리하지 않는 것을 이상으로 하였다. 왕의 권한은 왕권, 고위 관료의 권한은 재상권이 되며, 하급 관료는 언론을 통하여 왕과 고관에게 영향력을 행사하였다.

중앙 정치 조직

✎ 조선의 중앙 정치 기구는 최고 기관인 의정부와 행정 실무를 맡은 6조를 중심으로 구성되었다. 의정부에서 재상들이 정책을 심의하고 결정하면서 국정을 전체적으로 총괄하였다. 이렇게 결정된 정책은 6조에서 집행되었다.

✎ 다른 정치 기구는 왕권을 견제하는 역할을 하는 3사와 왕권을 뒷받침하는 역할을 맡은 승정원, 의금부로 나누어 살펴 볼 수 있다.

◉ 과거 시험장(18세기 민화)

✎ 3사는 사헌부, 사간원, 홍문관을 합쳐서 말한다. 사헌부는 관리의 비리를 감찰하였고, 사간원은 정치를 비판하는 간쟁을 행하였다. 사헌부와 사간원을 합쳐 양사라 부르며 원래 언론 기관이라 하면 양사를 뜻하였다. 성종 때 생긴 홍문관은 왕의 자문에 응하고, 정책을 학술적으로 뒷받침하였다. 점차 홍문관도 언론 기능을 행사하면서 홍문관까지 포함해서 3사를 언론기관으로 간주하였다.

✎ 승정원은 왕의 비서 기관으로 도승지와 5명의 승지들이 각각 6조를 담당하였다 의금부는 왕의 명령에 따라 중요한 죄인을 다스리는 특별 사법 기구였다.

✎ 이 외에 서울의 행정과 치안을 담당하는 한성부, 역사서를 편찬하고 보관하는 춘추관, 유학의 최고 교육 기관인 성균관 등이 있었다.

지방 제도

🦢 조선은 고려의 복잡한 행정 구역을 단순화하였다. 5도 양계로 나누어져 있던 행정 구역을 8도로 일원화하였다. 도 아래에는 군과 현을 두었으며 특수 행정 구역이었던 향 · 부곡 · 소를 일반 군현으로 승격시키고 모든 군현에 지방관을 파견하였다.

🦢 8도에는 관찰사를 파견하여 각 군현의 수령을 통솔하였다. 수령은 왕의 대리인으로 지방의 행정권, 사법권, 군사권을 행사하였다. 수령 아래에 향리가 있어 행정 실무를 담당하면서 수령을 보좌하였다. 조선의 향리는 고려와 달리 지위가 격하되어 세습적인 아전에 불과하였다.

○ 경남 함양의 향교(문화재청)

🦢 지방의 양반들은 유향소를 구성하여 수령의 자문에 응하고, 향리를 규찰하며 백성을 교화하는 역할을 하였다. 조선은 유향소가 중앙 집권에 장애가 된다고 보아 수차례 금지하였으나 성공하지 못하였고, 서울에 경재소를 설치하여 유향소와 연락 기능을 담당하면서 감시하는 역할을 하게 하였다. 조선은 양반의 나라이며 양반들은 기본적으로 지방에 사는 재지 사족이다. 향촌의 자치를 인정하면서도 중앙 집권 체제를 강화하기 위한 조치였다.

관리 등용 제도

🦢 관리는 과거, 음서, 추천 등의 방법으로 임용되었다.

🦢 과거는 문과, 무과, 잡과, 승과가 있었다. 승과가 잠시 실시된 적도 있었으나 곧 폐지되었다. 고려와 달리 무과가 정기적으로 실시되면서 문 · 무 양반 제도가 확립되었다. 음서도 남아 있었으나 고려에 비하여 혜택을 볼 수 있는 계층이 축소되었고 고위 관료가 되기 위해서는 과거를 거쳐야 하였다. 또한 천거제도도 있었으나 한계가 있었다. 고관이 되기 위해서는 과거, 특히 그중에서도 문과에 합격해야 했다. 잡과에 합격하면 기술관이 되었다.

문과는 소과와 대과로 나누어져 소과를 거쳐야 대과에 응시할 수 있는 것이 원칙이었다. 대과만 따로 문과로 부르기도 하였다. 무과는 이러한 구분이 없었다. 문과는 소과에서 초시와 복시를 치르고 합격자는 생원과 진사가 되었다. 지방에서 실시하는 초시에는 인구수에 따라 지역별 할당이 있었다. 소과에 합격한 생원과 진사는 성균관에 입학하여 일정 기간 공부를 해야 대과인 문과에 응시할 자격이 주어지는 것이 원칙이었으나 뒤에는 별 제한을 두지 않았다. 대과도 초시와 복시를 거치는데 대과 복시에 합격한 사람은 최종적으로 임금 앞에서 전시를 봐서 석차를 결정하였다. 전시에 수석으로 결정된 사람이 장원이 되었다.

군사 제도

조선은 양인개병제를 실시하여 16세에서 60세까지의 모든 양인 남자는 군역을 지는 것이 원칙이었다. 그러나 실제로 현직 관료와 학생, 향리 등은 군역을 면제받았기 때문에 양반은 대부분 군대에 가지 않았다. 군역을 지는 양인 남자는 현역 군인인 정군과 정군의 비용을 보조하는 보인(봉족)으로 편성되었다. 정군은 서울이나 국경의 요충지에서 근무하였다.

◎ 조선 후기 수군의 해상기동훈련 그림(국립중앙박물관)

조선의 중앙군은 5위로 편성되고, 정군을 중심으로 갑사나 특수병으로 구성되었다. 갑사는 시험을 통해 선발한 직업 군인으로 이들과 농민군인 정군이 군대의 주력이었다.

지방군은 육군과 수군으로 나뉘었다. 건국 초에는 국방상의 요지인 영이나 진에서 근무하였다(영진군 체제). 그러나 세조 이후 진관 체제를 실시하여 거점 중심의 방어 체제를 취하였다. 바닷가에는 수군이 설치되었다. 정규군 외에 일종의 예비군으로 잡색군이 있었다. 잡색군은 서리, 잡학인, 신량역천인, 노비 등이 소속되어 유사시에 대비하게 한 예비군의 일종이었다.

고려와 조선 문물 제도의 비교

중앙 정치 제도

고려는 당의 관제인 3성 6부제를 도입하여 고려의 실정에 맞게 고쳐 시행하였는데 2성 6부제로 운영되는 경우가 많았다. 3성 6부제는 황제 국가의 체제였기 때문에 원 간섭기에 관제가 격하되는 수모도 겪었으며 공민왕 때는 다시 관제를 원래대로 돌리기도 하였다. 또한 고려는 회의 기구인 도병마사가 있었다. 도병마사에는 중서문하성과 중추원의 고관들이 모여 국방 문제를 논의하였다. 이러한 도병마사가 고려 후기에 들어 와 이름을 도평의사사로 바꾸면서 기능이 확대되고 구성원이 늘어나며 국정의 최고 기구가 되었다. 이성계도 도평의사사의 추대로 고려의 왕이 되었다.

조선은 고려와 달리 기본적으로 제후 국가의 체제를 갖추었다. 건국 초에는 고려의 관제를 그대로 이어받아 도평의사사가 국정 최고 기구로 존재하였다. 이방원이 권력을 잡은 후 도평의사사를 폐지하고 의정부를 설치하면서 정무를 논의하도록 하였다. 의정부의 역할은 의정부서사제를 시행하는지, 6조직계제가 실시되는지에 따라 차이가 있다. 한편 중추원을 삼군부로 이름을 바꾸고 중추원이 담당하던 왕명 출납의 임무도 승정원을 설치하여 따로 맡도록 하였다. 고려에서 중서문하성의 중하급 관료인 낭사가 맡던 간쟁의 임무도 사간원을 따로 독립시켜 별도의 기관이 담당하도록 하였다. 태종 때 이런 과정을 거치면서 조선은 고려와 다른 독자적인 제도를 갖출 수 있었다.

◎ 경국대전 권삼(문화재청)

지방 제도

고려는 군사적 특수 행정 구역인 양계와 일반 행정 구역인 5도로 지방이 이원화되어 있었다. 그러나 고려 말 조선 초를 거치면서 점차 일원적인 행정 제도를 갖추게 되는데, 동계 또는 동북면은 함경도로, 북계 또는 서북면은 평안도로 바뀌었다. 또한 양광도가 경기도와 충청도로 나누어지면서 조선은 8도 체제를 갖추었다. 그러나 똑같은 도(道)이지만, 조선은 평안도와 함경도를 다른 지역과 다르게 취급하였다. 그것은 중국이나 여진과 접경하는 국경 지대이기 때문으로, 현지인을 토관(土官)으로 채용하여 회유하였고 여진 인구에 비해 조선인이 적은 편이라 사민 정책(徙民政策)을 통하여 남쪽 지방 사람들을 북방으로 이주시켰다. 평안도와 함경도 지역은 조선 영토로 늦게 편입되었고 유교의 영향력도 약한 편이라 조선 시대 내내 이 지역 주민들은 차별을 받았다. 순조 때 평안

◎ 조선왕조실록 태백산사고본, 국보 제151호(문화재청)

◎ 조선의 지방제도

조선의 중앙 정치 기구

도 지역에 대한 차별을 이유로 일어난 홍경래의 난 (1811)이 유명하다.

🗨 조선의 기본적인 관료 제도

① 조선은 고려보다 관료제를 체계적으로 정비하였다. 무과를 정기적으로 실시하면서 문무 양반 제도를 확립하였다. 관리는 18품 30계로 총 30단계로 구분되었다. 먼저 1품부터 9품까지 9등급으로 관리를 나누고 각 품마다 정과 종이 있어 18단계의 등급이 있었다. 그리고 정1품부터 종6품까지는 각각 상과 하로 2단계로 나누었고, 정7품부터 종9품까지는 따로 등급을 나누지 않았기 때문에 총 30단계의 관료층이 있었다.

② 근무하는 지역에 따라 중앙에서 근무하는 경관직과 지방에서 근무하는 외관직으로 나누었다.

③ 당상관과 당하관의 구분이 있었다. 당상관은 왕과 함께 국정을 논의하고 주요 관서의 책임자가 되었고, 당하관은 그 아래에서 실무를 담당하였다. 당상관은 문관 정3품의 상(上)인 통정대부, 무관 정3품 상 절충장군 이상의 관리이다.

사간원 관리의 친목모임을 그린 조선 초기의 그림(국립중앙박물관)

🗨 의정부와 6조

의정부는 국정의 최고 관부로 재상들의 합의를 통해 국정을 이끌어갔다. 고려 때의 도평의사사를 없애고 설치하였다. 6조는 업무에 따라 행정을 나누어 실무를 담당하였다. 이조는 문관의 인사, 호조는 재정과 토지, 예조는 외교·과거·교육을 담당하였다. 병조는 무관의 인사와 군대를, 형조는 형벌, 공조는 건설을 담당하였다.

🗨 왕권을 견제하는 관청과 왕권을 뒷받침하는 관청

조선은 왕권을 강조하는 시기도 있었고, 재상 중심의 정치를 추구하는 시기도 있었지만, 기본적으로는 왕권과 신권이 조화를 이루는 정치를 추구하였다. 왕권을 견제하는 역할을 한 대표적인 기관이 언론 기관인 3사이다. 3사는 간쟁 등을 통하여 왕의 독단을 견제하고 왕이 임명한 고위 관료들을 감찰하였다.

반면 왕권을 뒷받침하는 대표적인 기관이 승정원과 의금부이다. 고려 시대에는 왕명 출납, 즉 왕의 비서 역할을 담당하는 업무는 중추원의 일부 기능으로 중추원의 중하급 관원인 승선이 담당하였다. 조선 시대에는 승정원이라는 별도의 비서 기관이 설치되고 도승지가 중심이 되어 왕을 보좌하였다. 조선은 아직 사법 기관의 관할이 분명히 구분되지 않았는데, 왕명을 받아 특별한 사건을 조사하고 처벌하는 기구가 의금부였다. 왕의 분노를 사거나, 왕이 특별한 관심을 갖는 범죄를 조사하였다.

24 민족 문화의 발전

조선 전기		조선 후기			근대(1863이후)
15세기 (초기) 관학파, 훈구파 집권	16세기 (중기) 사화와 사림의 집권	17세기 (전란복구기) 양난과 복구	18세기 (중흥기) 영조와 정조	19세기 (세도정치기) 삼정문란	흥선대원군의 등장과 개항

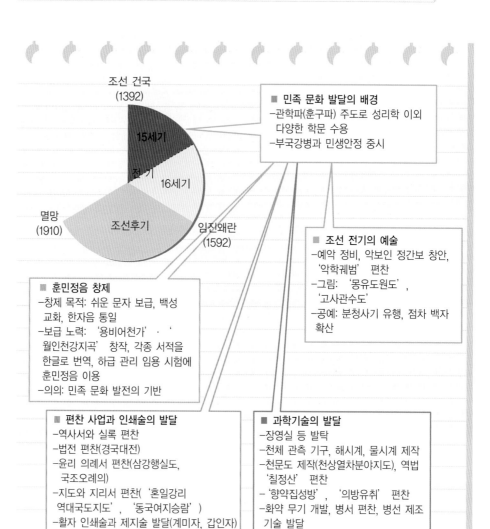

조선 건국
(1392)

15세기

전기

16세기

멸망
(1910)

조선후기

임진왜란
(1592)

■ 민족 문화 발달의 배경
 −관학파(훈구파) 주도로 성리학 이외
  다양한 학문 수용
 −부국강병과 민생안정 중시

■ 조선 전기의 예술
 −예악 정비, 악보인 정간보 창안,
  '악학궤범' 편찬
 −그림: '몽유도원도',
  '고사관수도'
 −공예: 분청사기 유행, 점차 백자
  확산

■ 훈민정음 창제
 −창제 목적: 쉬운 문자 보급, 백성
  교화, 한자음 통일
 −보급 노력: '용비어천가' · '
  월인천강지곡' 창작, 각종 서적을
  한글로 번역, 하급 관리 임용 시험에
  훈민정음 이용
 −의의: 민족 문화 발전의 기반

■ 편찬 사업과 인쇄술의 발달
 −역사서와 실록 편찬
 −법전 편찬(경국대전)
 −윤리 의례서 편찬(삼강행실도,
  국조오례의)
 −지도와 지리서 편찬('혼일강리
  역대국도지도', '동국여지승람')
 −활자 인쇄술과 제지술 발달(계미자, 갑인자)

■ 과학기술의 발달
 −장영실 등 발탁
 −천체 관측 기구, 해시계, 물시계 제작
 −천문도 제작(천상열차분야지도), 역법
  '칠정산' 편찬
 −'향약집성방', '의방유취' 편찬
 −화약 무기 개발, 병서 편찬, 병선 제조
  기술 발달

민족 문화 발전의 배경

15세기는 조선의 전성기로 이 시대는 특히 민족 문화가 발전하고 융성했던 시기이다. 이 시기의 문화적 성과로 오늘날까지 크게 영향을 미치는 것이 바로 한글이다. 15세기 조선 초기를 주도했던 관학파와 훈구파는 부국강병과 민생안정을 중시하면서 필요하면 성리학 이외의 학문도 수용하는 실용적인 태도를 보였다. 이 시기에는 과학 기술이 발전하였고 특히 세종 때 많은 성과가 있었다.

◐ 세종때 발간된 동국정운,
국보 제142호(문화재청)

민족 문화의 발전

훈민정음의 창제

우리 나라는 일찍부터 한자를 써 왔고, 한자의 음과 뜻을 따서 이두나 향찰을 만들어 사용하였다. 그러나 한자는 배우기 어려웠고 이두나 향찰도 한계가 있었다. 피지배층을 도덕적으로 교화하여 양반 중심의 체제를 유지하기 위하여 백성이 쉽게 이해할 수 있는 문자의 창제가 필요하였다. 또한 다양한 한자의 발음을 통일하기 위해서도 우리 문자의 필요성이 제기되었다.

세종은 훈민정음을 창제하여 반포하였다(1446). 조선은 훈민정음을 보급시키기 위해 왕실의 조상을 찬양하는 용비어천가, 부처님의 덕을 기리는 월인천강지곡 등을 지어 한글로 간행하였다. 또한 하급 관리 임용 시험을 훈민정음으로 치르기도 하였다.

과학 기술의 발전

① 우리나라의 전통적 과학 기술을 계승하면서 당시 세계 최고 수준의 과학 수준을 자랑하던 이슬람과 중국의 과학 기술을 수용하여 많은 성과를 거두었다.

② 천문학과 농업에 관련된 각종 기구를 발명, 제작하였다. 천체 관측 기구인 혼천의와 간의를 제작하고, 시간을 측정하기 위해 물시계인 자격루와 해시계인 앙부일구 등을 만들었다. 자격루는 노비 출신의 기술자인 장영실이 제작한 것으로 정밀 기계 장치와 자동 시보 장치를 갖춘 물시계였다. 자격루는 스스로 울리는 누각이란

뜻으로, 자명종의 '자(自)' 도 같은 의미이다.

③ 세계 최초의 강우량 측정 장치인 측우기를 만들었고, 토지 측량 기구인 인지의와 규형을 제작하였다.

④ 태조 때 남아있던 고구려의 천문도를 바탕으로 천상열차분야지도를 돌에 새겼다.

⑤ 새로운 역법인 칠정산을 만들었다. 세종 때에 중국의 수시력과 아라비아의 회회력을 참고하여 칠정산을 만들었는데, 우리 역사상 최초로 서울을 기준으로 천체 운동을 정확하게 계산하였다. 중국의 역법은 중국의 수도를 기준으로 천체를 관측하여 만들어졌기 때문에 우리나라랑 맞지 않는 경우가 있었다. 달력상으로는 일식이 일어나야 되는데 조선에는 일식이 없는 것과 같은 경우가 있을 수 있었다. 따라서 한양을 기준으로 천체를 관측하여 제작하였다.

◎ 앙부일구(문화재청)

⑥ 의학에서 우리 풍토에 알맞은 약재와 치료 방법을 정리하여 '향약집성방'을 편찬하고, '의방유취' 라는 의학 백과 사전을 간행하였다. 향가, 향약 이런 단어에서 향(鄕)은 시골이라는 의미로 우리나라를 중국에 비하여 낮추어 부르는 표현이다. 향약은 우리나라에서 독자적으로 만들어진 처방이라는 뜻으로 고려 후기에는 '향약구급방' 이 편찬된 적이 있었다.

⑦ 고려에서 발명되고 발전하던 금속활자 주조 기술이 더욱 발전하였다. 태종 때 주자소를 설치하여 계미자를 만들었는데 세종 때 더욱 개량하여 갑인자가 만들어졌다. 각각 계미년과 갑인년에 제작한 활자라는 의미이다.

◎ 창경궁 자격루, 국보 제 229호(문화재청)

⑧ 군사 기술에도 발전이 있었다. 화약 무기의 제조와 사용법을 정리한 총통등록과 전쟁사를 정리한 동국병감, 군사 훈련의 지침서인 병장도설 등이 편찬되었다. 고려 말 화약을 만든 최무선이 화통도감을 설치하여 각종 화약 무기를 제작하였는데, 조선도 화통도감을 계승하였다. 최무선의 아들인 최해산이 각종 화약 무기를 제작하였다. 또한 바퀴가 달린 화차에서는 신기전이라는 일종의 로켓을 단 화살 100개를 일시에 발사할 수 있었다. 태종 때에는 고려의 군함 건조 기술을 바탕으로 거북선을 만들었다. 이순신이 거북선을 발명한 것은 아니다. 조선의 군함은 크기가 크고 견고하여 화포를 운용하기에 적합하였다. 작고 날랜 배로 접근하여 백병전을 시도하는 왜구의 배에 대하여 원거리에서 포격을 퍼붓는 것이 조선 수군의 기본전술이었다.

🗨 조선 전기 왕들의 문화적 업적

국왕	주요 업적
태조	① 법전 편찬 　• 정도전이 개인적으로 '조선경국전', '경제문감' 편찬 　• 국가는 조준 등을 시켜 공적으로 '경제육전' 편찬 ② 천문도 편찬: 고구려 천문도를 바탕으로 '천상열차분야지도' 제작 ③ 역사서 편찬: 정도전의 '고려국사'
태종	① 지도: 현존하는 동양에서 가장 오래된 세계 지도 '혼일강리역대국도지도' 제작 ② 금속활자: 주자소를 설치하고 계미자 주조 ③ 거북선 제작
세종	① 천체 관측 기구인 간의, 혼천의 제작 ② 측우기(강우량 측정 기구), 자격루(물시계), 앙부일구(해시계) 제작 ③ 역법인 칠정산 내편과 외편 편찬 ④ 편찬 사업: '삼강행실도', '농사직설', '향약집성방', '의방유취'(발행은 성종 때), '총통등록' 편찬 ⑤ 금속활자인 갑인자 주조, 종이를 만드는 조지서 설치
문종	역사서: '고려사', '고려사절요', '동국병감' 편찬
세조	경국대전 편찬 시작
성종	① 경국대전 완성 ② 편찬 사업: '국조오례의', '동국여지승람', '동국통감', '악학궤범', '동문선' 편찬

🗨 역법과 칠정산(七政算)

역법은 천문을 관측하고 달력을 만드는 방법을 말한다. 고려 말에는 이슬람 역법(회회력)을 바탕으로 만든 원의 수시력을 사용하였으나, 우리나라와는 맞지 않는 점이 있었다.

세종때 만들어진 칠정산에서 일곱(칠)은 해, 달, 화성, 수성, 목성, 금성, 토성의 7개 천체를 말한다. 이들 천체가 운동하는 위치를 계산하는 방법을 서술한 역법서가 칠정산이다. 명칭에 력(曆)을 쓰지 않은 것은 달력은 중국의 황제만이 만들 수 있기 때문에 중국과의 관계를 고려한 것이다. 내편과 외편이 있는데 내편은 원의 수시력과 명의 대통력을 참고하여 최초로 서울을 기준으로 천체 운동을 계산한 것이고, 외편은 아라비아 회회력을 참고로 만든 것이다. 조선 전기의 역법은 칠정산을 기본으로 하였다.

🔵 **천상열차분야지도 각석**
탁본(문화재청)

조선 후기 때 청에서는 더욱 발달된 서양의 천문학을 바탕으로 시헌력이 제작되었는데, 조선은 이를 도입하여 사용하였다. 현재 우리 음력이 시헌력을 바탕으로 한 것이다.

25 사림의 대두와 사화

조선 전기		조선 후기			근대(1863이후)
15세기 (초기) 관학파, 훈구파 집권	16세기 (중기) 사화와 사림의 집권	17세기 (전란복구기) 양난과 복구	18세기 (중흥기) 영조와 정조	19세기 (세도정치기) 삼정문란	홍선대원군의 등장과 개항

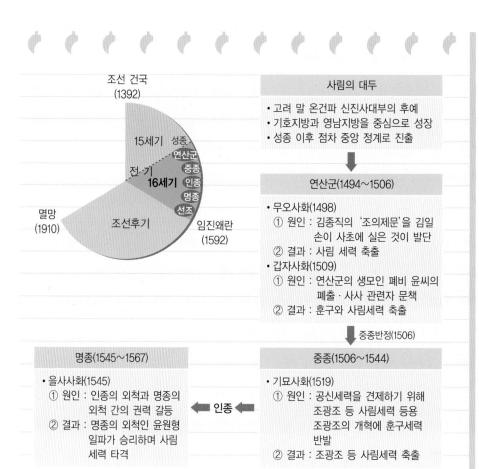

조선 건국
(1392)

15세기 성종
연산군
전기 중종
16세기 인종
명종
선조

멸망
(1910)

조선후기

임진왜란
(1592)

사림의 대두

• 고려 말 온건파 신진사대부의 후예
• 기호지방과 영남지방을 중심으로 성장
• 성종 이후 점차 중앙 정계로 진출

연산군(1494~1506)

• 무오사화(1498)
  ① 원인 : 김종직의 '조의제문'을 김일
    손이 사초에 실은 것이 발단
  ② 결과 : 사림 세력 축출
• 갑자사화(1509)
  ① 원인 : 연산군의 생모인 폐비 윤씨의
    폐출·사사 관련자 문책
  ② 결과 : 훈구와 사림세력 축출

중종반정(1506)

명종(1545~1567)

• 을사사화(1545)
  ① 원인 : 인종의 외척과 명종의
    외척 간의 권력 갈등
  ② 결과 : 명종의 외척인 윤원형
    일파가 승리하며 사림
    세력 타격

인종 ←

중종(1506~1544)

• 기묘사화(1519)
  ① 원인 : 공신세력을 견제하기 위해
    조광조 등 사림세력 등용
    조광조의 개혁에 훈구세력
    반발
  ② 결과 : 조광조 등 사림세력 축출

사림의 정치적 성장

조선 건국에 협력하지 않은 온건파 신진사대부의 후예인 사림들은 지방의 중소 지주로 성리학을 공부하며 정몽주, 길재 등의 학통을 계승하였다. 도덕과 의리를 중시하는 왕도 정치를 이상으로 여기고 향촌 자치를 강조하였다. 이는 15세기에 조선 정치를 주도하던 훈구파들이 부국강병과 중앙집권을 강조하는 것과 대비되었다. 성종이 훈구 세력을 견제하기 위하여 지방 사림을 중용하면서 사림들은 점차 힘을 얻기 시작하였다. 주로 언론기관인 3사를 중심으로 왕과 훈구 세력을 견제하는 역할을 하였는데 이 과정에서 왕과 훈구 세력의 공격으로 사림이 피해를 입는 사태가 벌어지는데 이를 사화라 한다. 사화는 시험에 자주 나오며 특히 전형적인 사화인 기묘사화는 반드시 기억해야 한다.

● **연산군**(1494~1506)

● **중종**(1506~1544)

● **인종**(1544~1545)

● **명종**(1545~1567)

● **선조**(1567~1608)

사화의 발생

무오사화(1498)

성종은 훈구 세력을 견제하기 위하여 사림을 중용하였는데, 언론 기관인 삼사를 중심으로 사림의 세력이 점차 확대되고 있었다. 성종의 아들인 연산군은 왕권을 강화하기 위하여 훈구와 사림을 모두 억누르려 하였다. 이 과정에서 특히 언론 활동을 통해 왕권을 견제하는 사림을 탄압하였다. 성종실록의 편찬을 위하여 사초를 모으는 과정에서 사림의 중심 인물로 사관을 지냈던 김종직의 글인 '조의제문'이 발견되었다. 이를 문제 삼아 김종직의 학통을 계승하고 있던 영남 사림들이 대거 축출되었다.

갑자사화(1504)

연산군의 생모인 윤씨의 폐위 사건을 연산군이 문제 삼으면서 이와 관련된 훈구와 사림들이 제거되었다. 두 차례의 사화 이후 연산군의 폭정이 계속되자 훈구 세력은 연산군을 축출하고 성종의 둘째 아들이자 연산군의 동생인 중종을 왕으로 세우는 중종반정을 일으켰다(1506).

4일차 조선 시대

기묘사화(1519)

반정 공신의 세력이 강화되자 중종은 이를 견제하기 위하여 사림을 다시 중용하는데 중심 인물이 조광조였다. 조광조는 성리학 이념에 입각한 개혁을 엄격히 시행하려다 훈구 세력의 반발을 샀고, 중종이 조광조를 버리면서 결국 많은 사림이 큰 피해를 입었다.

을사사화(1545)

중종의 아들 명종 때 외척 간의 권력 갈등에 사림들이 연루되면서 패배한 쪽과 관련된 많은 사림들이 피해를 입었다.

사림의 집권과 분화

◎ 1750년에 그려진 조광
　조 영정

✍ 훈구파에 의하여 시련을 겪은 사림은 한때 위축되기도 하였으나 선조의 집권 이후 중앙 권력을 장악하였다. 선조는 성리학을 장려하고 사림을 적극 등용하였고, 경연에서 유학자들과 적극적으로 토론을 벌였다.

✍ 선조 때 등장한 사림 정권은 선조 때 두 개의 당파로 분열되는데 동인과 서인이다. 동인과 서인은 서로 견제하며 국정을 운영하였다.

① 서인은 선조 이전에 이미 정계에 진출했던 기성 사림들로 주로 이이나 성혼과 함께 공부했던 사람들이 주축으로 지역적으로는 기호지방(경기, 충청) 출신들이 많았다. 일찍 분열한 동인과 달리 서인은 비교적 오랫동안 단일 세력으로 유지 되었지만, 숙종 때 경신환국을 계기로 남인에 대한 입장차이를 두고 노론과 소론으로 나누어졌다.

② 동인은 서인보다 늦게 정계에 진출한 신진 사림으로 주로 이황이나 조식, 서경덕의 제자들이 많았다. 이황과 조식은 영남, 서경덕은 경기도의 개성 출신이었다. 동인은 다시 서인 영수 정철에 대한 입장 차이로 남인과 북인으로 분열되었다.

💬 관학파와 훈구파

고려 말 역성 혁명에 찬성하며 조선 건국에 협조하였고, 조선 초기 정치를 주도한 세력이 관학파 또는 훈구파이다. 관학파는 이들이 성균관이나 집현전 같은 국가가 설립한 관학 출신이기 때문에 붙여진 호칭이다. 이후 세조의 쿠데타(계유정난)가 있었고 여기에 협조하여 권력을 누린 세력을 훈구파라 한다. 관학파와 훈구파는 조선 초기인 15세기의 집권 세력으로 부국강병과 건국 초의 문물 정비에 공을 세웠다. 그러나 훈구파는 권력을 잡으면서 부정부패를 저지르고 여러 문제를 일으키기도 하였다. 이들은 성리학 외에 다른 사상에 대해서도 관대했고 기술학도 중요시하였다.

💬 사림의 등장과 분화

① 고려 말에 성장한 신진사대부는 이성계와 손잡고 위화도 회군을 통하여 고려의 권력을 장악하 였다. 이후 그들은 역성혁명을 지지하는 혁명파와 역성혁명을 반대하면서 고려 왕조의 유지를 주장한 온건파로 나뉘어졌다. 권력을 잡은 혁명파는 조선 건국 이후 15세기를 주도한 관학파 와 훈구파로 맥이 이어졌다. 반면 개국 공신인 혁명파에게 밀려난 온건파 신진 사대부는 향촌 에서 사림이라 불리면서 지방을 장악하고 세력을 키워나갔다. 사림이 향촌을 장악하는 주요 수단이 유향소, 서원, 향약 등이었다.

② 세력을 키운 사림은 중앙으로 진출하게 되는데 처음으로 본격적으로 등장한 세력은 김종직으 로 대표되는 영남 사림들이었다. 성종은 훈구파를 견제하기 위하여 이들을 등용하였다. 사림은 3사로 대표되는 언론 기관을 장악하고 훈구파에 대항하는 목소리를 냈다. 그러나 연산군의 집 권과 네 차례의 사화를 통하여 큰 시련을 겪었다.

○ 경북 상주의 향청, 유향 소는 조선 후기에 향청으 로 이름을 바꿨다.(문화 재청)

③ 선조 때 사림 정권이 탄생하였다. 그러나 이들은 곧 분열되면서 다양한 붕당이 등장하게 되었 다. 붕(朋)은 친구, 당(黨)은 무리라는 뜻이다. 친한 사람들의 모임이라 생각하면 된다. 동인은 이황, 조식, 서경덕의 학문을 계승한 사람들을 중심으로 다수의 신진 세력들이 참여하였고, 서 인은 기성 사림에 이이와 성혼의 문인들이 가담하여 붕당을 형성하였다.

붕당은 정파적 성격과 학파적 성격을 동시에 갖고 있었다. 이황의 제자들은 동인이 되고 이이 의 제자들은 서인이 되는 것이 일반적이었다. 지역적으로는 동인은 영남을 근거로 하는 영남 학파, 서인은 경기도와 충청도를 기반으로 하는 기호학파가 중심이었다.

💬 유향소와 경재소

지방으로 낙향한 사림은 향촌 자치를 위해서 유향소를 설치하였다. 유향소는 지방 사림이 자신들 의 단결을 유지하고 농민을 지배하기 위한 기구였다. 때문에 중앙 집권을 강조하는 태종이나 세 조 같은 국왕들은 유향소 설치를 금지하였다. 그러나 이름만 바꾸면서 계속 유지되자 중앙 정부 는 유향소를 인정하고 대신 경재소를 통해 유향소를 통제하도록 하였다. 경재소는 지방이 중앙에 파견한 출장소 같은 기구로 중앙과 지방의 연락 업무를 맡았다. 정부는 현직 관료로 하여금 경재소를 통해 자신의 연고 지역의 유향소를 통제하도록 하여, 중앙 집권을 강화하였다. 유향소는 수령을 보좌하고 향리를 감찰하는 역할을 하였다. 조선 후기에는 유향소가 향청으로 바뀌고 경재소가 폐지되면서, 지방의 언론이 중앙으로 전달되는 통로가 막혔다.

💬 이조 전랑직을 둘러 싼 갈등과 동인과 서인의 분당

조선의 통치 제도는 국왕과 고위 관료, 하급 관료들이 서로 견제를 통해 균형을 유지하여 한 세력이 독주하지 못하도록 하는 것이 원칙이었다. 국왕은 왕권, 고위 관료들은 재상권을 행사한다. 그러나 하급 관료들은 별다른 권력을 행사하기 힘든데 이들의 가장 큰 무기가 언론이었다. 따라서 언론을 담당하는 기관(고려의 중서문하성 낭사와 어사대 그리고 조선의 3사)은 왕권과 재상권을 견제하는 중요한 역할을 하였다. 그러나 하급 관원이 왕이나 고관에 의하여 임명되기 때문에 이들이 가진 언론이라는 무기도 한계가 있었다. 따라서 조선은 이조 전랑이라는 관직에게 3사 관원을 비롯한 중하급 관리의 추천권을 주었다. 이조정랑과 좌랑을 함께 이조전랑이라 불렀다. 이조전랑은 그만둔 뒤에 후임자도 추천할 수 있었다. 이조전랑이 3사를 비롯한 요직에 관리를 추천해 주면 추천받은 이들이 뒤에 재상까지 올라가는 것이 관례였기 때문에 이조전랑은 직급에 비해서 막강한 영향력을 가지고 있었다. 이러한 막강한 힘을 가진 이조전랑 자리를 두고 벌어진 다툼이 동인과 서인이 나누어지는 계기가 되었다.

김효원은 신진 세력에게 청렴한 인물로 인정받던 관리였다. 그가 이조정랑으로 추천받자 당시 외척이었던 심의겸이 반대하였다. 명종 때 권신이었던 윤원형 집에 자주 드나들었다는 이유였다. 김효원은 이조정랑이 된 후 이번에는 심의겸의 동생인 심충겸이 이조정랑에 천거되자 그가 척신이라는 이유로 반대하였다. 이 일이 계기가 되어 김효원은 후배 사림 세력의 중심인물이 되었으며 그를 지지하는 이들은 동인이라 불렸다. 심의겸을 중심으로 하는 선배 인사들은 서인이 되었다. 김효원의 집이 서울 동쪽에 있었고 심의겸의 집이 서쪽에 있었기 때문에 붙여진 명칭이다. 집 위치가 달랐으면 명칭도 달라졌을 것이다.

💬 김종직과 조의제문

◯ 김종직이 자신의 가문을 다룬 책인 이존록(국립중앙박물관)

김종직(1431~1492)은 조선 초의 저명한 성리학자로 영남학파의 학맥을 대표하는 인물이다. 김종직이 죽은 후 그가 지은 조의제문(弔義帝文)을 사관인 제자 김일손이 사초(史草: 사관이 기록하는 메모)에 적어 넣은 것이 알려지면서 훈구파의 공격을 받아 무오사화가 일어났다. 조의제문은 항우에게 죽은 초나라의 의제를 애도하는 글로, 세조에게 죽음을 당한 단종을 의제에 비유하여 세조의 찬탈을 비판한 글이다. 이미 죽은 그는 부관참시를 당하였고 그의 제자들과 사림파들이 죽음을 당하였다. 연산군 때의 무오사화와 갑자사화를 거치면서 영남 사림들이 대거 축출당하였다.

💬 조광조

조광조(1482~1519)는 조선 중종 때 사림의 지지를 바탕으로 도학 정치의 실현을 위해 적극적으로 활동했다. 그의 사상의 핵심은 덕(德)과 예(禮)로 다스리는 유학의 이상적 정치인 왕도(王道)를 현실에 구현하려는 것이었다. 그러나 급진적인 개혁을 성급히 추진하려다 실패하였다는 지적을 받기도 한다. 훈구파의 폐해를 극복하려는 그의 정책은 훈구 세력의 반발을 불러일으켰다. 벌레가 '조광조가 왕이 될 것(走肖爲王)'이라는 문구를 파먹은 나뭇잎이 임금에게 바쳐진 사건은 유명하다. 결국 조광조의 인기와 사림파의 급진적 정책에 불안감을 느낀 중종과 훈구파에 의해 기묘사화가 일어나고 조광조는 유배지에서 죽임을 당하였다.

💬 조광조의 개혁

① 왕도 정치를 실현하기 위하여 경연을 강화하고 언론 활동을 활성화하였다.

② 현량과를 실시하여 자신과 뜻을 같이 하는 사람들을 등용하였다.

③ 성리학 이념을 철저하게 구현하기 위해 도교 행사인 초제를 담당하는 관청인 소격서를 폐지하도록 하였다.

④ 향약을 중국에서 도입하여 시행하였다. 향약은 유교 윤리를 반영한 향촌의 자치 규약으로 사림 중심의 향촌 자치를 위한 정책이었다.

⑤ 방납의 폐단을 비판하였다.

⑥ 위훈 삭제를 추진하였다. 위훈은 가짜 공이라는 뜻으로 중종 반정 당시 특별한 공도 없으면서 공신이 되어 특혜를 누리는 훈구 세력을 억제하려 하였다.

💬 동인의 분열: 남인과 북인

선조 때 국정을 주도한 것은 동인이었다. 그러나 동인은 붕당이 형성된 지 얼마 되지 않아 남인과 북인으로 분열되었다. 동인이 분열되는 계기가 된 것은 기축옥사(정여립 역모 사건)와 광해군 세자 책봉 문제였다. 정여립은 원래 서인의 종조(宗祖)라 할 수 있는 이이와 가까운 사이였는데, 이이가 죽자 동인과 함께 어울리면서 동인의 중심 인물로 떠올랐던 인물이었다. 정여립이 역모를 꾸민다는 고발이 들어왔고 이를 조사하는 과정에서 그가 자결하였다. 정여립의 역모 사건은 서인의 영수 정철 주도로 서인이 동인을 공격하는 수단으로 활용되었고 많은 동인들이 피해를 입었다. 이 사건으로 동인이 서인, 특히 정철에 대하여 깊은 원한을 가지게 되었다.

한편 선조에게는 왕비 소생의 적자가 없었다. 선조는 자신이 적장자 출신이 아니라 방계로 왕이 되었기 때문에 더욱 더 적장자 출신의 세자를 세우기를 원하였다. 그러나 선조의 나이가 마흔이 되었음에도 세자를 세우지 않자 신하들은 서자 출신의 왕자들 중에서라도 세자 책봉을 하기를 원하였다. 좌의정이었던 정철은 영의정 이산해 등과 의논하여 함께 세자 책봉을 건의하려 하였으나, 이산해는 약속을 어기고 정철이 세자를 책봉하면서 선조의 총애를 받는 신성군을 죽이려 한다고 모함하였다. 결국 정철은 쫓겨나고 서인은 세력을 잃게 되었다. 동인이 다시 정국을 주도하게 되면서 서인에 대한 처리를 둘러싸고 온건파와 강경파로 나뉘었고, 이는 이황 계열의 남인과 조식, 서경덕 계열의 북인으로 동인이 다시 분화되는 계기가 되었다.

26 조선의 대외 관계

조선 전기		조선 후기			근대(1863이후)
15세기 (초기) 관학파, 훈구파 집권	16세기 (중기) 사화와 사림의 집권	17세기 (전란복구기) 양난과 복구	18세기 (중흥기) 영조와 정조	19세기 (세도정치기) 삼정문란	흥선대원군의 등장과 개항

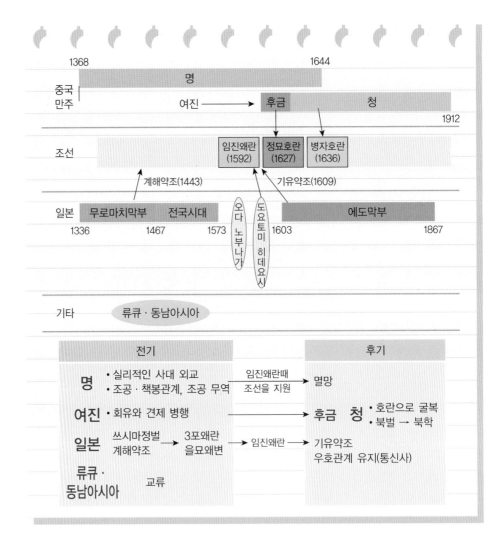

	전기		후기	
명	• 실리적인 사대 외교 • 조공 · 책봉관계, 조공 무역	임진왜란때 조선을 지원	멸망	
여진	• 회유와 견제 병행		후금 청	• 호란으로 굴복 • 북벌 → 북학
일본	쓰시마정벌 계해약조 → 3포왜란 을묘왜변	임진왜란 →	기유약조 우호관계 유지(통신사)	
류큐 · 동남아시아	교류			

조선 대외 관계의 특징

조선의 대외 정책은 사대교린(事大交隣) 정책이라 할 수 있다. 사대는 큰 나라인 중국
을 섬기는 정책이다. 사(事)는 섬긴다는 의미이다. 교린은 대등한 이웃인 여진, 일본
등과 교류를 한다는 뜻이다. 즉, 중국은 섬기면서 경제적 · 문화적 실리를 얻고, 주변
국가들과는 대등한 교류를 통하여 친선을 유지한다는 것이다. 현실적 이유로 조선이
얻을 것이 많은 중국에 대하여는 적극적인 외교에 나섰고, 여진이나 일본 같은 주변
국에 대해서는 소극적으로 대처하였다.

◐ 삼봉 정도전의 문집인 삼
봉집(국립중앙박물관)

명과의 관계

건국 초

위화도 회군으로 고려가 무너지고 조선이 건국된 뒤에 정도전은 요동 정벌을 추진하
면서 군사 훈련을 실시하였다. 명이 이 사실을 알고 조선을 경계하면서 명과 긴장 관
계가 유지되었다.

태종 이후

태종이 정도전을 제거하고 왕이 된 이후 요동 정벌을 포기하게 되자 명과 관계가 개
선되었다. 이후 조선은 명과의 교류를 통해 많은 실리를 얻게 되었다. 국내에서는 정
치적인 안정을 얻었으며, 국제적으로는 강대국 명의 후원으로 안보를 보장받을 수 있
었다. 또한 조선이 접촉할 수 있는 유일한 선진국인 명으로부터 선진 문물을 수입할
수 있었다. 조공 무역을 통해 현실적인 이익도 얻었다. 그러나 이런 실리적 이유에서
시작된 명과의 사대 관계가 점차 이념적으로 진심으로 명을 종주국으로 섬기는 경향
으로 바뀌었다. 특히 임진왜란 이후에는 조선을 구원하여 다시 살리는 재조지은(再造
之恩)을 내려 준 상국으로 받들게 되었다. 명이 멸망(1644)하고 청이 중국 대륙의 주
인이 된 이후에도 조선의 사대부들은 명을 숭상하는 것을 고수하였다.

여진과의 관계

배경

여진은 조선과 마찬가지로 중화가 아닌 오랑캐였지만, 조선은 그들이 조선과 동격이라 생각하지 않았다. 우리는 일찍부터 기자의 교화를 받아 중국과 대등한 예의의 나라가 되었지만 여진은 여전히 야만적인 풍습을 지키는 오랑캐로 간주하였다. 현실적으로도 우리는 여진으로부터 얻을 것이 별로 없었고, 여진이 우리로부터 얻을 것이 더 많은 관계였다. 여진족은 강력한 국가를 이룩하지 못하고 부족 단위로 흩어져 살고 있었기 때문에 명과 조선에 복속되어 조공을 바치고 있었다. 따라서 조선과 여진의 관계는 조선이 우위인 상태에서 전개되었다. 조선은 여진 부족에게 벼슬을 주고 물자를 주었는데, 이는 명이 조선에 대하여 행하는 정책과 마찬가지였다. 이렇게 중국 주변의 국가들이 주위의 더 작은 나라에 대하여 중국과 같은 행동을 하는 것을 작은 중화 사상, 즉 소중화사상(小中華思想)이라 한다. 그러나 여진은 강력한 무력을 갖고 있었기 때문에 함부로 대하기는 또 껄끄러운 존재였다. 조선은 여진을 한편으로는 달래고 다른 한편으로는 위협하면서 점차 영토를 넓혀가는 정책을 취하였다.

◎ 조선 시대에 무기로 사용된 철제 은입사 몽둥이 (국립중앙박물관)

회유 정책

여진족의 귀순을 장려하고, 귀순한 여진족에게는 벼슬, 집, 토지를 주면서 조선인으로 살도록 하였다. 또한 국경 지역에 무역소를 설치하여 여진족이 필요한 생활 물자를 약탈하지 않아도 구할 수 있도록 하였다.

강경 정책

조선 초기부터 여진족을 몰아내고 북방으로 영토를 넓혀갔다. 세종 때 압록강 중류 지역에 4군을, 두만강 하구 지역에 6진을 두어 압록강과 두만강을 조선의 국경선으로 확보하였다. 군사적으로 중요한 요충지에 진과 보 등의 군사 거점을 설치하였다. 북방은 여진족이 많고 조선인은 적었기 때문에 인구가 많은 남쪽 지역의 사람들을 북방으로 이주시켜 조선인 비율을 늘리는 사민정책(徙民政策)을 실시하였다. 또한 현지 주민을 토관(土官)으로 등용하여 그 지역에서 근무하도록 하는 토관제도(土官制度)를 실시하였다.

여진의 성장

조선 전기 여진족은 분열되어 부족 단위로 흩어져 살면서 조선과 명에 복속되어 조공을 바치고 있었다. 그러나 임진왜란 당시 조선과 명이 만주에 관심을 갖지 못하는 상황에서 누르하치가 여진 부족들을 통일하고 후금(1616)을 세우면서 조선과의 관계는 급변하였다. 광해군은 명의 요청으로 강홍립이 이끄는 조선군을 파견하였으나 후금에게 패배하면서 명과 후금 사이에서 외교적 균형을 잡을 필요성을 느끼게 되었다.

- 세종(1418~1450)
- 중종(1506~1544)
- 명종(1545~1567)
- 선조(1567~1608)
- 광해군(1608~1623)

일본과의 관계

배경

고려 말, 조선 초의 혼란기에 일본도 정치적 혼란을 겪고 있었고 이런 상황에서 많은 왜구들이 조선과 중국의 해안을 노략질하며 조선을 괴롭히고 있었다.

쓰시마 정벌

고려와 조선은 왜구의 본거지인 쓰시마에 대한 토벌에 나선다. 고려 창왕 때는 박위가(1389), 조선 세종 때는 이종무가 군대를 이끌고 쓰시마를 정벌하였다(1419).

3포 개항과 계해약조

쓰시마는 산이 대부분이고 농지가 적어 조선의 양곡이 없으면 생존이 불가능했다. 쓰시마의 간절한 요청에 의해 세종은 세 개의 항구를 개항하여 일본인들이 생필품을 구할 수 있도록 허용하였다(1426). 3포는 부산포, 제포(진해), 염포(울산)이다. 또한 3포 개항 이후에 계해약조(1443)를 체결하여 한정된 범위 내의 무역을 공식화하였다. 쓰시마가 해마다 조선에 파견하는 배인 세견선과 조선이 내려주는 쌀과 콩인 세사미두의 양을 제한하였다.

○ 천자총통(국립중앙박물관)

4일차 조선 시대

3포 왜란과 을묘왜변

왜인들은 이러한 조선의 제한 조치에 불만을 품고 난을 일으켰다. 중종 때 3포 왜란(1510)을 일으켰고, 명종 때는 전라도 해안가를 노략질하는 을묘왜변(1555)을 저질렀다. 이런 사건을 겪으면서 조선과 일본의 관계는 점점 멀어져 갔고 교류도 줄어들었다. 3포 왜란이 일어날 무렵에 조선 정부는 변방의 문제를 대비하기 위하여 국방문제에 경험이 많은 전·현직 고관들을 모아서 비변사를 임시로 설치하였다. 을묘왜변 이후 비변사는 독립된 합의 기관으로 발전하였고, 임진왜란을 거치며 국정의 최고 기관이 되었다.

임진왜란과 기유약조

임진왜란이 끝나고 일본에서는 정권 교체가 있었다. 조선 침략의 원흉 도요토미 히데요시가 죽고 도쿠가와 이에야스가 에도 막부를 세웠다(1603). 일본이 국교의 재개를 요청해오자 조선은 일단 승려인 사명당을 파견하여 일본의 상황을 살펴 보았다. 다시 침략할 의도가 없다고 판단하자 조선은 일본과 기유약조(1609)를 체결하여 국교를 다시 열었다. 또한 임진왜란 이후 12차례의 조선 통신사를 파견하여 선진 문물을 전파하고 일본과 활발하게 교류하였다.

⊙ 비변사등록(문화재청)

류큐와 동남아시아와의 관계

🖋 지금은 일본 영토가 된 오키나와는 19세기까지만 해도 유구 왕국(류큐)이라는 독립된 나라였다. 류큐는 일찍부터 한국, 중국, 일본과 독자적으로 교류하였는데 조선에도 여러 번 찾아와 선진 문물을 수용하였다. 조선은 유구에게 불경, 유교 경전, 범종 등을 전해주었다. 그러나 임진왜란 이후 유구가 일본에 복속되면서 조선과의 교류가 어려워지게 되었다.

🖋 시암(태국), 자와(인도네시아) 같은 동남아시아 지역과도 교류가 있었다.

조공 무역

명과 주변국 사이에서 이루어진 조공 무역은 근대 제국주의 국가들의 수탈과는 다른 것이었다. 조공 무역은 중국의 우위를 과시하고 주변 이민족의 침략을 방지하기 위해 이루어졌다. 주변국이 사대의 표시로 물품을 바치면, 중국은 이에 대한 답례로 받은 것보다 많은 물품을 하사하였는데 이를 회사(回賜)라 하였다. 결국 조공은 주변국이 이익을 보는 공무역이었다. 조선은 특히 최소 1년에 3회 이상의 조공을 바치면서 많은 이익을 얻었다. 명은 여기에 부담을 느껴 3년에 1회로 조공 횟수를 줄일 것을 요구하였지만 조선은 완강히 거부하였다. 다른 국가들의 조공횟수가 수년에 1회로 제한되었던 것과 비교하면 조선은 다른 나라와 구분되는 우대를 받은 셈이다. 일본의 조공은 10년에 1회로 제한되어 있었다.

조선 통신사

고려 때 일본에 파견된 외교 사절도 통신사라는 명칭을 사용하였고, 조선 세종 때는 신숙주가 통신사로 일본에 건너 가 기유약조 체결에 참여하기도 하였다.

그러나 일반적으로 대중이 알고 있는 통신사는 임진왜란 이후 조선이 일본에 파견한 12차례의 통신사를 말한다. 당시 일본은 쇄국 정책을 펼치고 있었기 때문에 국가 단위에서 제대로 된 국교를 맺고 있는 국가는 사실상 조선 밖에 없었다. 따라서 에도 막부는 새로운 쇼군의 취임 등 국가적 차원의 중요 행사가 있으면 조선 정부에 통신사의 파견을 요청하였다. 통신사는 막부의 권위를 높이는 수단이기도 하여 일본을 방문한 조선통신사는 막부의 극진한 대접을 받았다. 조선통신사에 대한 접대 비용이 일본의 1년 쌀 수확량의 12%에 달할 정도라서 통신사 일행이 다녀간 뒤에는 재정난에 시달리기도 하였다.

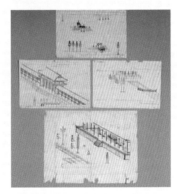

◎ 조선통신사를 그린 그림(국립중앙박물관)

임진왜란 이전에 일본의 막부에서 파견된 외교사절은 일본 국왕사라고 불리면서 한양까지 상경하였다. 그러나 이들의 상경길이 임진왜란 당시 왜군의 진격로로 이용되면서 임진왜란 이후에는 일본의 사절이 한양에 들어오지 못하도록 제한하였다. 한편 당시에도 막부에서 조선통신사를 조공 사절로 왜곡하여 백성들에게 알리는 경우도 있었기 때문에, 아직도 왜곡된 시각을 가진 일본인들이 존재한다.

27 임진왜란

조선 전기		조선 후기			근대(1863이후)
15세기 (초기) 관학파, 훈구파 집권	16세기 (중기) 사화와 사림의 집권	17세기 (전란복구기) 양난과 복구	18세기 (중흥기) 영조와 정조	19세기 (세도정치기) 삼정문란	흥선대원군의 등장과 개항

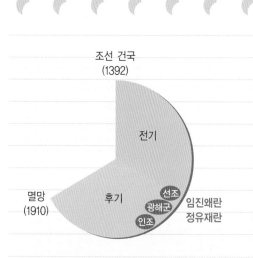

조선 건국
(1392)

전기

후기

멸망
(1910)

 선조
 광해군
 인조

임진왜란
정유재란

초기의 패배(1592)

• 100년의 전국시대를 거치며 군사력을 강화한 일본에 비해 오랜 평화에 익숙해진 조선은 국방에 소홀
• 한성·평양 함락, 선조의 의주 피난

조선의 반격(1592~1593)

• 의병봉기, 수군의 반격, 명군의 지원
• 한산도 해전, 평양 탈환, 행주산성 전투

휴전 협상(1593~1596)

• 명과 일본 사이에 휴전협상 진행
• 훈련도감·속오군 설치

정유재란(1597~1598)

• 휴전협상 결렬 후 일본의 재침
• 직산 전투
• 명량 해전, 노량 해전

종전과 국교재개

• 도요토미 히데요시가 죽고 일본군 철수(1598)
• 에도막부 성립(1603) 이후 조선에 국교재개 요청
• 기유약조(1609)

임진왜란의 배경

일본의 상황

일본은 무로마치 막부 말기 100여 년 동안 여러 영주(다이묘)들이 난립하는 전국 시
대가 지속되었다. 도요토미 히데요시는 전국시대를 통일한 뒤에 남아도는 군사력을
활용하고 지방 영주들의 불만을 밖으로 돌리기 위하여 조선 침략을 시도하였다. 일본
은 조선에 명을 치기 위해 필요한 길을 빌려달라고 요구하였고 조선이 이를 거절하자
침략하였다(1592).

○ 임진왜란 때 순국한 이들
을 모신 부산 안락동의
충렬사(문화재청)

조선의 상황

조선은 일본과 달리 건국 이후 200년의 평화가 지속되고 있었다. 소규모의 국경 충돌
은 있었지만 대규모 전란은 없었기 때문에 국방력이 약화되고 백성들은 평화에 젖어
있었다. 한편 선조때 사림정권이 등장하였는데, 사림은 다시 동인과 서인으로 나누어
당쟁을 벌이면서 국론이 하나로 모이지 못하였다.

전개 과정(1592~1598)

전쟁 발발과 조선의 위기(1592)

200년의 평화에 젖은 조선은 전쟁 초기 국방력의 열세로 왜군에게 계속 밀려났다. 신
립이 충주의 탄금대에서 왜군과 싸웠으나 결국 패배하고 수도 한성이 함락당하였다.
선조는 의주로 피난가는 길에 광해군을 세자로 책봉하여 전쟁을 수행하기 위한 임시
조정(분조)를 이끌도록 하였다. 광해군은 전란중에 분조를 이끌면서 군사들을 격려하
고 백성을 위로하는 활동을 하였다. 광해군의 이러한 활동은 세자의 지위를 강화해
주었다. 왜군은 기세 좋게 진격하여 평양까지 함락시켰고 일부 부대는 함경도까지 점
령하여 마치 조선의 전 국토가 일본의 손에 들어가는 것처럼 보였다.

조선의 반격(1592~1593)

전라좌수사 이순신이 이끄는 수군이 일본 수군을 연달아 격파하고 한산도에서 왜군을 격파하여 남해의 제해권을 장악하였다. 왜군은 본래 수군과 육군이 합동 작전을 펼쳐, 육로를 따라 북상하는 육군을 따라가면서 수군이 바다와 강을 통해 보급을 하기로 계획하였다. 그러나 이순신의 활약으로 일본의 계획은 좌절되고, 조선은 곡창지대인 전라도 지방을 지켜내는데 성공하였다. 전라도 지방은 임진왜란 내내 조선의 후방 기지로 전쟁 수행에 필요한 물자를 조달하였다.

왜군이 한성을 점령하고 평양까지 진격하면서 조선 전체가 왜군의 점령 하에 들어간 것처럼 보였지만 실제 왜군이 장악한 것은 교통로 뿐이고 후방의 많은 지역은 왜군의 지배를 받지 않았다. 전직 관료, 지방 양반, 승려 등이 중심이 되어 각 지역에서 의병이 조직되어 왜군을 공격하면서 왜군은 큰 타격을 입게 되었다.

이런 상황에서 명의 원군이 참전하고 조·명 연합군이 평양을 탈환하였다. 기세가 오른 명군이 성급하게 한성 탈환을 서두르면서 왜군을 공격하다 벽제관에서 패하고 다시 물러갔다. 명군과 연합하여 서울을 탈환하기 위해 행주산성에서 기다리던 권율이 고립되자 한성에 주둔하던 왜군이 권율의 관군을 공격하였으나 백성들과 합심하여 왜군을 물리쳤다.

휴전 협상과 전열 정비(1593~1596)

일본은 명에게 휴전을 제의하였고 명과 왜군 사이에 휴전 협상이 몇 년 간 지속되면서 전쟁이 소강상태에 놓이게 되었다. 이 기간에 조선은 훈련도감을 설치하고 속오법을 실시하여 전열을 정비하였다.

정유재란(1597~1598)

일본의 무리한 요구로 3년간의 휴전 협상이 결렬되자 왜군이 다시 침략하게 되는데 이것이 정유재란이다(1597). 직산에서 조·명 연합군이 왜군의 북상을 저지하고 바다에서는 이순신이 명량해전에서 왜의 수군을 격파하면서 왜군이 다시 후퇴하였다. 도요토미 히데요시가 죽자 왜군은 결국 철수하게 된다.

백제

- **1592.4**
  일본군 부산 상륙
  부산진 전투, 동래성 전투
  탄금대 전투

- **1592.5** 한성 함락

- **1592.7** 한산도 해전

- **1592.10** 1차 진주성 전투

- **1593.1**
  조·명 연합군 평양 탈환
  벽제관 전투

- **1593.2** 행주산성 전투

- **1593.4** 한성 수복

- **1597.1** 정유재란 발발

- **1597.7** 칠천량 패전

- **1597.9** 직산 전투
  명량 해전

- **1598.11** 노량 해전

○ 부산진 순절도(문화재청)

결과와 영향

조선

국토가 황폐해지고 인구가 크게 감소하였다. 토지 대장이나 호적이 불타면서 세금 부과의 근거가 사라졌고 국가는 세금을 제대로 걷지 못하여 국가 재정이 어려워졌다. 많은 문화재가 불타고 약탈당하였고 많은 사람들이 일본에 포로로 잡혀갔다.

○ 징비록(문화재청)

일본

일본은 도요토미 히데요시가 죽고 도쿠가와 이에야스가 권력을 잡고 에도 막부를 세웠다(1603). 일본은 전쟁 중에 포로로 잡아 간 조선의 기술자나 학자를 통해 많은 선진 문화를 습득하였다. 도자기 기술이 크게 발전하였고 조선의 성리학이 전해졌다.

명과 만주족

명은 임진왜란으로 큰 재정적 어려움을 겪게 되었고, 이를 틈타 만주에서 여진이 급속히 성장하여 후금을 세웠다(1616). 이후 후금은 몽골까지 정복하는 국가로 성장하여 나라 이름을 청으로 고치고(1636), 종족의 이름도 여진족에서 만주족으로 바꿨다.

전후 처리와 일본과의 국교 회복

도쿠가와 이에야스가 에도에 막부를 세우면서 정권 교체가 이루어졌다. 에도 막부는 조선 정부에 국교 재개를 요청하였고, 조선은 승려 사명당을 파견하여 일본의 속뜻을 살펴본 후 국교를 다시 열기로 결정하였다. 기유약조가 체결되면서 조선은 일본과 다시 수교하게 되었다. 또한 조선통신사가 파견되면서 정치적·문화적 교류가 활발하게 이루어졌다.

🗨 도요토미 히데요시(1536~1598)

도요토미 히데요시는 이토 히로부미와 함께 한국인이 가장 싫어하는 일본인이지만, 일본에서는 가장 인기 있는 역사 인물 중 하나로 역사드라마에서 자주 등장하고 있다. 도요토미 히데요시는 일본의 나고야 시 부근에서 가난한 농민의 아들로 태어나 밑바닥에서 시작하여 일본 전체를 통일하였다.

도요토미 히데요시가 활동하던 시기는 일본의 전국 시대(戰國時代)로 일본의 중앙 정부인 무로마치 막부(1336~1573)의 위상이 실추하면서 지방의 영주(다이묘)들이 할거하여 전쟁으로 지새우던 시기였다. 여기에 16세기 들어 동아시아에 진출한 포르투갈 상인이 일본에 조총을 전해주면서 전투의 양상이 급격히 변모하였다. 또한 조선에서 개발된 연은분리법이라는 은 제련 기술이 일본에 도입되면서 은 생산량이 급격히 늘어나고 은광을 장악한 다이묘는 풍부한 재원으로 군대를 조총으로 무장시키면서 점차 승자와 패자가 갈리게 되었다.

◎ 도요토미 히데요시(위키피디아)

결국 나고야 지역의 다이묘였던 오다 노부나가가 주도권을 장악하면서 일본 통일을 눈앞에 두었으나, 통일 직전에 부하의 배신으로 죽게 되었다. 오다 노부나가가 죽은 후 그의 부하들 사이에서 또 싸움이 벌어졌고 도요토미 히데요시가 최종 승자가 되어 일본 전체를 통일할 수 있었다. 히데요시는 미천한 신분에서 일본 제일의 권력자로 올라오면서 자신은 태양의 아들이고 원하는 것은 무엇이든 할 수 있다는 망상에 빠졌다. 또한 그에게는 백년의 내전을 통해 단련된 수십만의 대군이 있었고, 억지로 복종시킨 다이묘들의 관심을 외부로 돌릴 필요도 있었다. 결국 임진왜란 당시 약 16만, 정유재란 때 약 14만의 병력을 동원하여 조선을 침략하였으나 결국 참담한 실패로 끝나고 말았다. 임진왜란은 승승장구하던 도요토미 히데요시 일생에서 최대의 흑역사였고, 히데요시가 죽고 일본군도 철수하였다.

모든 일이 뜻대로 되는 줄 알았던 히데요시에게도 마음대로 안되는 것이 있었는데 첫째는 조선 침략이고, 둘째는 후계자 문제였다. 히데요시는 아들이 없어 조카를 후계자로 지명하였는데 임진왜란 중이었던 1593년에 갑자기 아들이 태어나자 결국 후계자로 세웠던 조카를 죽이고 어린 아들을 후계자로 세웠다. 히데요시가 죽을 때 그의 아들인 히데요리는 불과 6살이었다. 결국 히데요시 이후 실권은 히데요시의 부하로 다이묘 중에 가장 큰 세력을 가졌던 도쿠가와 이에야스가 장악하였다. 도쿠가와 이에야스는 반발하는 히데요시의 잔당을 세키가하라 전투에서 격파하고 에도 막부를 세웠고, 히데요시의 본거지였던 오사카를 공격하여 히데요리를 죽이고 후환을 없앴다. 조선 백성의 원수 히데요시는 이렇게 자신의 혈육도 남기지 못하고 역사 속으로 사라졌다. 도쿠가와 이에야스는 자신은 임진왜란 당시 조선에 병력을 보낸 적이 없음을 내세워 조선 정부에 대하여 국교를 재개하자고 요청하였다. 결국 기유약조를 통해 조선과 일본은 다시 국교를 맺게 되었다.

💬 임진왜란 초기의 패배 원인

임진왜란 초기 일본의 승리는 조총이라는 신무기 덕분으로 알려져 있지만 그 외에도 여러 원인이 있었다. 먼저 일본군은 백년 동안의 전국 시대를 통하여 전쟁에 익숙한 병사들인 데 비하여, 조선은 건국 이후 200년간 특별한 전쟁 없이 평화에 젖어 있었기에 전쟁에 대한 대비가 불충분하였다. 또한 직업적인 무사들이 전쟁의 중심인 일본과 달리 조선은 양인개병제로 농민이 곧 군인이었다. 그러나 오랜 평화로 군역이 해이해졌고, 군대에 가는 대신 군포를 내는 군적수포법이 실시되었다. 농민에게 받는 군포는 국방비로 사용되어야 했는데 그러나 군포가 국방력 강화에 제대로 충당되지 못하였고 군인들은 군적에만 올라 있고 실질적으로는 거의 병력이 존재하지 않는 경우도 있었다. 조선이 전쟁에 전혀 대비하지 않은 것은 아니었다. 이순신을 비롯한 유능한 지휘관을 발굴하여 전선에 배치하려 했고 남부 지방의 성을 다시 쌓는 등 나름의 대비도 하였으나, 일본이 종래 노략질의 수준을 훨씬 능가하는 대규모의 침공을 했기 때문에 조선의 대비가 큰 효과를 보지 못하였던 것이다. 그러나 점차 전쟁이 진행되면서 조선도 직업 군인들로 훈련도감을 편성하였고 지방에는 속오군을 두는 등 전력을 강화하였다. 명으로부터 새로운 전술을 도입하고 노획한 조총을 바탕으로 조선도 조총을 갖추면서 점차 전세가 역전되었고 최종 승자가 될 수 있었다.

🔵 부산진 지성, 임진왜란 때 왜군이 부산에 주둔하면서 부산성을 헐고 일본식으로 다시 쌓은 석성이다.(문화재청)

💬 임진왜란 이후 군사 제도의 변화

(1) 조선 전기

조선 전기에는 5위를 중심으로 중앙군이 운영되었다. 지방군은 정군이 지방의 영이나 진에서 근무하는 영진군 체제를 유지하였으나, 몇몇 중요한 지역만 지키다가 외적의 침입으로 영이나 진이 무너지면 내륙을 방위하기 힘든 문제점이 있었다.

이후 세조 때부터 전국을 여러 개의 진관으로 개편하기 시작하여 진관체제를 완성했다. 중요한 지역을 거진(巨鎭)으로 하고 나머지 주변의 여러 진을 그에 속하도록 하면서 서로 유기적으로 협력하여 방위하도록 하였다. 진관 체제는 소규모 침입에 맞서기에는 유용하지만 대규모 침략에 대응하는 데는 어려움이 있었다.

16세기에는 제승방략체제를 실시하였다. 제승방략은 적이 대규모로 침입했을 때 각 지역의 수령들이 소속 군사를 이끌고 지정된 방어지역에 집결하여 중앙에서 파견한 장수의 지휘를 받는 전술이었다. 임진왜란 때 이렇게 집결한 군대가 무너지면 그 후방이 모두 적에게 노출되는 한계가 드러나면서 폐지되었다.

(2) 조선 후기

임진왜란 때 일본군에 대응하기 위하여 훈련도감을 설치하였는데, 훈련도감의 군인들은 직업 군인으로 포수, 살수, 사수로 구성되었다. 이후 호란과 북벌 운동을 거치면서 어영청 · 총융청 · 수어청 · 금위영이 차례로 설치되어 5군영 체제가 갖추어졌다.

지방군은 속오군 체제로 정비되었는데, 양반에서 노비에 이르기까지 모든 신분을 모아 속오군을 편성하였다. 속오군은 평상시에는 생업에 종사하다 적이 침입하면 전투에 동원되었다.

28 광해군과 인조

조선 전기		조선 후기			근대(1863이후)
15세기 (초기) 관학파, 훈구파 집권	16세기 (중기) 사화와 사림의 집권	17세기 (전란복구기) 양난과 복구	18세기 (중흥기) 영조와 정조	19세기 (세도정치기) 삼정문란	흥선대원군의 등장과 개항

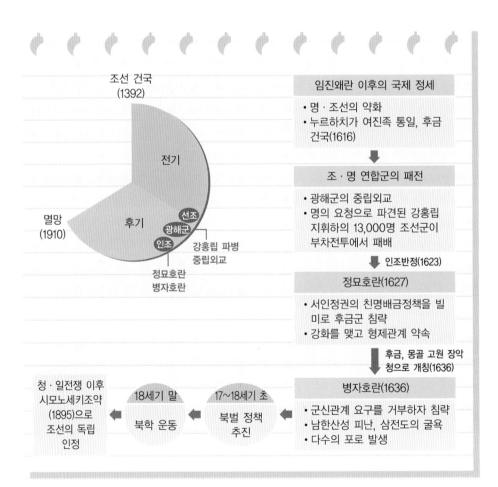

조선 건국
(1392)

전기

멸망
(1910)

후기

선조
광해군
인조

강홍립 파병
중립외교

정묘호란
병자호란

임진왜란 이후의 국제 정세

• 명·조선의 약화
• 누르하치가 여진족 통일, 후금 건국(1616)

조·명 연합군의 패전

• 광해군의 중립외교
• 명의 요청으로 파견된 강홍립 지휘하의 13,000명 조선군이 부차전투에서 패배

인조반정(1623)

정묘호란(1627)

• 서인정권의 친명배금정책을 빌 미로 후금군 침략
• 강화를 맺고 형제관계 약속

후금, 몽골 고원 장악
청으로 개칭(1636)

병자호란(1636)

• 군신관계 요구를 거부하자 침략
• 남한산성 피난, 삼전도의 굴욕
• 다수의 포로 발생

청·일전쟁 이후
시모노세키조약
(1895)으로
조선의 독립
인정

18세기 말
북학 운동

17~18세기 초
북벌 정책
추진

시대적 배경

임진왜란의 결과는 조선 뿐만 아니라 대륙과 만주, 일본 열도에도 영향을 미쳤다. 중국대륙에서는 명이 임진왜란에 개입한 후유증을 겪으면서 혼란에 빠져들고 국력이 약화되었다. 이 틈을 타서 만주에서는 누르하치가 여진족을 통일하고 후금을 세워 명과 대립하였고, 결국 만리장성을 넘어 중국 대륙 전체를 차지하면서 우리가 상대해야 되는 중국 왕조가 한족이 세운 명에서 만주족의 청으로 교체되었다. 이러한 명과 청의 교체기라는 국제 정세에서 조선은 임진왜란의 피해를 복구하는 동시에 명과 청의 전쟁에 휘말려들지 않으려는 노력을 하여야 했다.

광해군의 중립 외교 정책

광해군은 임진왜란의 피해를 복구하기 위한 정책을 실시하였다. 공납의 폐단을 개혁하기 위하여 대동법을 실시하였고, 전쟁으로 막대한 인명피해가 발생하자 의학지식을 집대성 하여 허준에게 동의보감을 편찬하도록 하였다.

중국의 명은 점차 쇠퇴하는 반면, 만주의 여진은 점점 세력이 강성해졌다. 누르하치는 여진족을 통일하고 후금을 건국하였다. 명이 후금을 토벌하기 위하여 조선에 원병을 요청하자, 임진왜란 때 명군의 도움을 받은 조선은 명의 요청을 거부할 수 없었다. 그렇다고 강성해지는 후금과의 관계를 악화시키는 것도 부담스럽기 때문에 광해군은 최대한 두 나라 사이에서 균형을 유지하려 하였다. 광해군은 강홍립이 이끄는 약 13,000명의 군대를 명에 파견하면서 강홍립에게 상황에 따라 유연하게 대처할 것을 명하였다(1619). 조명연합군은 후금군에게 대패하였고, 많은 조선군은 장렬히 싸우다 전사하거나 포로가 되었다. 이후 명은 만주에 대한 통제력을 상실하였고, 조선은 후금의 위협에 전면적으로 노출되었다. 이러한 광해군의 중립적인 외교 정책에 대하여 서인들은 명과의 의리를 저버렸다고 비난하였고, 이것이 인조반정의 원인 중 하나가 되었다.

● 강홍립을 도와 후금군과 싸우다 전사한 요동백(명이 준 관직) 김응하장군 묘비(문화재청)

정묘호란(1627)

인조반정(1623)으로 집권한 서인정권이 친명배금 정책을 내세우자 후금은 3만의 군대를 이끌고 조선을 침략하였다. 인조는 강화도로 피난가고 각지에서 의병이 일어나 관군과 함께 싸웠다. 정봉수가 철산의 용골산성에서, 이립은 의주에서 의병을 일으켜 후금군의 배후를 위협하였다. 결국 황해도까지 침입했던 후금은 조선과 화의를 맺고 돌아갔다. 조선과 후금은 조약을 맺고 형제 관계로 지내며 명과 후금의 전쟁에 조선은 중립을 지키기로 약속하였다. 이후 후금이 몽골을 정복하면서 만주와 몽골에 걸친 제국을 이루게 되자, 후금은 국호를 청으로 고치고 여진족이라는 종족 이름도 만주족으로 고쳐 불렀다. 이제 강력한 제국으로 발전한 청은 조선에 대하여 형제 관계를 고쳐 군신 관계로 바꾸자고 요구하였다. 이러한 청의 요구에 대하여 당시 조선의 집권 세력은 전쟁을 불사하자는 척화파와 현실을 수용하자는 주화파로 나누어 대립하였다.

병자호란(1636)

○ **남한산성(문화재청)**

조선이 청의 요구를 거부하자 청의 황제 태종이 직접 10만의 군대를 이끌고 겨울에 얼어붙은 압록강을 건너 조선을 침략하였다. 인조는 남한산성으로 피신하면서 청에 맞섰다. 그러나 세자가 피난 갔던 강화도가 함락당하고 남한산성에서 식량이 떨어지게 되어 더 이상의 항전이 불가능해졌다. 결국 삼전도에서 치욕적인 강화를 맺었다. 조선은 청과 군신 관계를 맺었고 인조의 아들인 소현 세자와 봉림 대군이 인질로 끌려갔으며, 강경론을 주장하던 삼학사들도 잡혀가 처형당하였다. 서북 지방은 큰 피해를 입고 50만에 달하는 포로들이 청군에 끌려가면서 큰 사회적 문제가 발생하였다. 특히 여진을 오랑캐로 여기면서 조선보다 열등한 존재로 생각했던 조선은 자부심에 큰 상처를 입게 되었다.

💬 주화파와 척화파

주화파는 화해를 주장한다, 척화파는 화해를 배척한다는 의미이다.

① 주화파는 새로 등장한 강국인 후금과의 전쟁은 현실적으로 어렵기 때문에 화해를 도모하여 전쟁을 피하려는 입장이다. 대표적인 인물은 최명길이다.

② 척화파는 명과의 의리를 내세우며 명의 적국인 후금은 곧 우리의 적국이기 때문에 끝까지 싸워야 한다는 주장이다. 대표적인 인물은 김상헌, 그리고 병자호란 이후 끌려가서 처형된 삼학사(홍익한, 윤집, 오달제)이다. 대쪽같은 삼학사는 '한국을 빛낸 100명의 위인들'에도 등장한다. 김상헌의 방계 후손들이 바로 19세기에 세도 정치를 주도한 안동 김씨이다.

💬 임진왜란과 정묘 · 병자호란의 결과

○ 치욕적인 항복을 기록한 송파구 삼전도비(문화재청)

① 배경

임진왜란(1592~1598)이라는 전례 없는 대전란을 겪은 조선 사회는 엄청난 피해를 입었다. 전쟁의 복구가 미처 끝나지도 않은 상황에서 정묘호란(1627)과 병자호란(1636)이 차례로 닥치면서 조선은 나락에 떨어지게 된다.

② 인명 피해

우선 대규모의 인명 손실을 겪었다. 전쟁터에서 직접 싸우다 죽거나 포로가 되어 끌려 간 사람들도 있었지만, 그보다 더 많은 수가 전쟁으로 식량 공급이 제대로 이루어지지 않고 전염병이 자주 유행하면서 사망하게 되었다. 여러 차례의 전란이 조선에 끼친 인구 손실의 규모는 수 백 만명 수준이었다. 광해군 때 동의보감을 편찬한 것도 인명 손실을 줄이려는 노력이었다.

③ 물적 피해

물적인 손실도 엄청났다. 전쟁 비용 등으로 들어간 직접적인 비용 말고도 전란으로 토지와 호적 관련 문서가 다수 소실되어 전쟁이 끝난 뒤에 국가는 심각한 재정난을 겪게 되었다. 또한 문화재의 손실도 엄청났다. 삼국시대부터 내려온 불국사도 이때 2,000여 칸의 건물이 모두 불타버렸다.

④ 조선 사회의 변화

그 외에도 신분제도의 붕괴 등으로 조선 사회는 커다란 변화를 겪게 된다. 고려가 무신정변을 기준으로 전기와 후기로 나누어지는 것처럼, 조선은 임진왜란 또는 병자호란을 포함한 양란을 기준으로 전기와 후기로 구분하는 것이 보통이다.

연산군과 광해군의 공통점

우리는 보통 왕을 부를 때 **왕, *종, *조라는 호칭을 사용한다. 삼국 시대와 남북국 시대, 고려 원 간섭기 이후에는 **왕이라는 호칭을 썼고, 원 간섭 이전의 고려와 조선에서는 *종 또는 *조라 는 호칭을 썼다. 연산군과 광해군은 이런 호칭이 아니라 **군이라는 명칭으로 불려진다는 것이 공통점이다.

사람이 죽은 뒤에 그의 업적을 높이 평가하여 기리기 위해 붙이는 호칭이 시호이다. 시호는 왕이 공적 있는 신하들에게 내려주는 경우도 있고, 전대의 군주가 죽고 나서 후대의 군주가 올리는 경 우도 있다. 즉, 시호는 임금과 신하 모두 받을 수 있다. 이순신은 죽고 나서 '충무(忠武)'라는 시 호를 받았고, 영의정으로 추존받았다. 추존은 사람이 죽고 나서 벼슬을 높여주는 행위이다. 충무 라는 시호는 시호 중에서도 아주 특별한 것으로 국가를 다시 일으켰을 정도의 위대한 인물에게 주는 시호이다. 이순신 외에 충무라는 시호를 받은 대표적인 인물이 제갈량(제갈공명)이다.

이에 비해 묘호는 군주가 죽고 나서 그 영혼을 종묘에 제사지낼 때 사용하는 칭호로 오직 군주만 이 받을 수 있다. 즉 시호는 임금과 신하 모두가 받지만, 묘호는 군주만이 받을 수 있는 것이다.

🔵 광해군 때 편찬된 동의보
감(문화재청)

특히 묘호는 원래 황제에게만 붙이는 것이 원칙이지만, 신라나 고려, 조선은 스스로 묘호를 붙였 기 때문에 중국과 외교 문제가 되는 경우가 많았다. 신라는 무열왕(김춘추)에게 태종의 시호를 붙 였는데, 당이 비난하자 무열왕의 공적을 들어 이를 반박하였다.

그러나 망한 나라의 마지막 왕이라든가 중간에 쫓겨난 왕은 이러한 시호나 묘호가 없는 경우가 많다. 이 경우에는 왕의 이름에다가 +왕을 붙이는 경우가 많은데, 백제의 의자왕이나 고구려의 보장왕이 그런 경우이다. 그러나 조선의 광해군과 연산군은 왕이 되기 전의 신분이었던 군(君)으 로 불렸다. 이들은 또한 폐주(廢主)라 불리기도 하였다. 세조에 의해 쫓겨난 단종도 원래 노산군 으로 불렸으나 숙종 때 단종으로 추존되었다. 따라서 연산군과 광해군만 조선이 멸망할 때까지 군으로 불렸다. 대군은 정실 왕비의 아들, 군은 후궁 소생의 아들에게 주는 작위이다. 다음 왕이 될 왕자는 대군이 아니라, 세자로 따로 책봉되었다. 태종의 큰 아들 양녕대군 같은 경우는 큰 아 들로 세자였다가 세자 자리에서 축출되면서 양녕대군이라는 작위를 받은 것이다. 양녕대군의 '양 (讓)'은 양보의 의미이다.

광해군과 인조반정

조선의 제14대 임금인 선조는 조선 왕조의 역대 왕 중에 처음으로 왕비 소생이 아닌 방계로서 왕 이 된 인물이다. 조선은 건국 이래 적장자(왕비 소생의 적자 중에서 장남)가 왕위를 잇는 경우가 드물었다. 문종, 단종, 연산군, 인종이 조선 전기에 적장자로 왕위에 오른 국왕이다. 그러나 선조 이전에 즉위한 국왕들은 비록 적장자는 아니지만 적자로 왕위에 올랐다. 하지만 선조는 달랐다. 선대 군주였던 명종이 후사 없이 죽자, 명종의 부친이었던 중종의 7남으로 후궁 소생이었던 덕흥 군의 셋째 아들이었던 하성군이 왕위에 올랐다. 즉, 명종이 아들을 남기지 못하고 죽자 명종의 배 다른 형인 덕흥군의 아들, 명종의 조카가 왕이 된 것이다.

적장자도 적자도 아니면서 방계로서 왕이 된 선조는 정통성에 대한 콤플렉스가 심했다. 그렇기 때문에 선조는 더욱 자신의 후계를 적장자로 세우고 싶어했다. 그러나 아무리 기다려도 왕비는 아들을 낳지 못하고 선조의 나이가 마흔이 되었다. 신하들은 후궁 소생의 아들 중에서라도 세자를 세우기를 원했다. 적자가 없는 상황에서 서자 중에 장남은 공빈 김씨 소생이었던 임해군이었는데, 임해군은 성품이 포악하고 신하들과 백성들의 지지를 받지 못했다. 반면 차남으로 임해군과 같은 공빈 김씨 소생이었던 광해군은 인망을 얻고 있었다. 서인 정철은 동인의 동의를 얻어 광해군의 세자 책봉을 추진하였으나 광해군을 세자로 세울 생각이 없었던 선조의 분노를 사서 실각하고 동인이 집권하게 되었다.

이런 상황에서 광해군의 입지가 취약해졌지만 임진왜란이 터지면서 상황이 달라졌다. 임진왜란 이후 선조는 한양을 떠나 의주로 피난가서 명으로의 망명을 타진하는 등 전쟁을 이끌어야 할 군주의 책임을 다하지 못하고 있었다. 왕이 제 역할을 못하는 상황에서 본조 외에 분조(分朝)라는 별도의 조정을 만들어 전쟁을 지도하기로 하면서 왕을 대신할 세자가 필요하였다. 광해군은 한양을 떠나는 피난길에서 세자로 책봉되었다.

광해군은 임진왜란 때 전쟁터를 오가며 백성을 위로하고 군사들을 격려하면서 전쟁을 치렀다. 전쟁 이후 광해군의 정치적 기반은 반석 위에 오른 것처럼 보였다. 그러나 선조는 새로 얻은 인목왕후와의 사이에서 적자인 영창대군을 얻었고, 이는 확고해 보였던 광해군의 입지를 불안하게 만들었다. 광해군의 미래가 불안해졌을 때 선조가 갑자기 승하하였다. 광해군의 반대 세력은 광해군의 즉위를 반대하였지만 영창대군은 너무 어렸고 오랫동안 세자였던 광해군을 거부할 명분이 약했다. 광해군이 조선의 제15대 국왕으로 즉위하였지만 광해군의 입지는 항상 불안하였다. 결국 광해군은 계모지만 법적으로 어머니였던 인목대비를 폐하고 배다른 동생인 영창대군을 죽이는 극단적인 선택을 하게 된다(폐모살제).

○ 광해군이 입었던 옷(문화재청)

자신의 왕위를 지키기 위한 선택이었고 역대 군주 중에서 형제를 죽인 왕들은 여럿 있었다. 그러나 효를 절대적인 가치로 받드는 유교 국가인 조선 사회에서 폐모는 광해군에게 치명적인 약점이 되었다. 광해군은 북인을 지지기반으로 삼고 있었는데, 서인 세력은 쿠데타를 통해 광해군을 몰아내고 인조를 왕으로 추대하였다(인조반정). 인조는 선조의 아들 정원군의 아들 능양군으로 광해군에게는 조카가 되는 인물이다. 반정 세력의 추대에 의해 수동적으로 왕위에 올랐던 중종과 달리 능양군은 스스로 반정에 적극 참여하였다.

반정 세력은 크게 세 가지를 인조반정의 명분으로 제시하였다.

① 재조지은을 입은 명을 배신하고 후금과 화친을 추진하였다.

② 왕위를 지키기 위해 계모 인목대비를 쫓아내고 동생 영창대군을 살해하였다(폐모살제).

③ 무리한 토목 공사로 백성을 괴롭혔다.

과거와 달리 현대에서는 대체로 광해군은 연산군과 달리 폭군이 아니라 나라를 전쟁 위기에서 건지려고 노력한 현실적인 정치가로 긍정적으로 평가하는 시각이 유력하다.

29 예송과 환국

조선 전기		조선 후기			근대(1863이후)
15세기 (초기) 관학파, 훈구파 집권	16세기 (중기) 사화와 사림의 집권	17세기 (전란복구기) 양난과 복구	18세기 (중흥기) 영조와 정조	19세기 (세도정치기) 삼정문란	흥선대원군의 등장과 개항

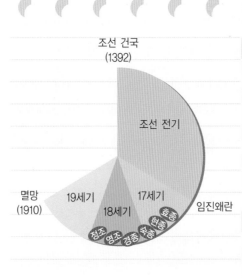

조선 건국
(1392)

조선 전기

멸망
(1910)

19세기 17세기
18세기
정조 영조 경종 숙종 현종 효종
임진왜란

예송(현종)

배경 : • 서인과 남인의 대립
　　　• 신권 강조하는 서인과 왕권 중시하는
　　　　남인의 입장 차이
　　　• 차남인 효종의 정통성 문제로 연결
전개 : 1차 예송(기해예송, 1659) → 서인 승리
　　　2차 예송(갑인예송, 1674) → 남인 승리
결과 : 인조반정 이후 50년 만에 남인 정권
　　　등장

환국(숙종)

배경 : • 서인과 남인의 대립
　　　• 환국을 활용한 숙종의 왕권 강화 정책
　　　• 인현왕후(서인)와 장희빈(남인)을 둘
　　　　러 싼 붕당 간의 대립
전개 : 1차 환국(경신환국, 1680) → 서인 집권
　　　2차 환국(기사환국, 1689) → 남인 집권
　　　3차 환국(갑술환국, 1694) → 서인 최종
　　　승리
결과 : • 갑술환국 이후 남인 몰락
　　　　서인이 정권 독점
　　　• 경신환국 이후 서인이 노론과 소론으
　　　　로 분화(남인에 대한 입장 차이)
　　　　노론과 소론의 대립으로 당쟁 진행

영조

• 숙종의 아들
　(숙빈 최씨 소생)
• 노론의 지지

경종

• 숙종의 장남
　(장희빈의 아들)
• 소론의 지지

서인과 남인의 대립

사림은 선조 때 동인과 서인으로 갈라진 이후 각자 붕당을 이루어 경쟁하면서 정국을 운영하였다. 동인은 정여립 모반 사건과 광해군 세자 책봉 문제를 둘러 싸고 서인에 대한 강경파인 북인과 온건파인 남인으로 나누어지게 된다. 임진왜란 이후 북인이 정권을 잡았으나 인조반정으로 북인은 몰락하고 반정을 주도한 서인이 권력을 장악한다. 서인은 일부 남인을 참여시키면서 정치를 주도하는데 이 시기를 붕당정치기라 하여 붕당정치의 장점이 단점보다 많았던 시기로 본다. 인조, 효종, 현종을 걸치면서 서인이 우세한 가운데 남인이 공존하는 상황이 지속되었으나 현종 때와 숙종 때 예송과 환국을 거치며 서인과 남인의 대립이 치열해졌다.

선조(1567~1608)
광해군(1608~1623)
인조(1623~1649)
효종(1649~1659)
현종(1659~1674)
숙종(1674~1720)

예송논쟁

성격

효종이 죽고 현종이 즉위하자 효종의 계모인 자의대비가 아들인 효종의 죽음에 대하여 상복을 얼마나 입어야 되는지를 둘러 싸고 논쟁이 벌어진다. 서인은 왕가와 사대부의 예법이 똑같다 주장하면서 효종이 차남임을 강조하였고, 남인은 왕가는 특별하게 보아야 하며 효종이 왕통을 이어받았기 때문에 장남과 같이 보아야 한다 주장하였다.

경과

제1차 예송논쟁(기해예송, 1659)에서는 서인이 승리하였다. 그러나 효종의 왕비가 죽자 이번에는 며느리가 죽으면 시어머니인 자의대비가 상복을 얼마나 입어야 되는지를 두고 제2차 예송논쟁(갑인예송, 1674)이 벌어졌고, 여기서 남인이 승리하였다. 남인의 승리 이후 서인이 물러나고 남인이 집권하였다.

환국

환국의 의미

환국은 정국을 전환한다는 의미이고, 곧 정권 교체라는 뜻이다. 숙종 때 세 차례의 환국이 벌어졌고, 이 과정에서 정권이 남인 → 서인 → 남인 → 서인으로 교체되었다. 화살표 세 개가 바로 세 차례의 환국을 뜻한다. 현종이 죽고 아들인 숙종이 즉위하였을 때는 예송에서 승리한 남인이 집권하고 있었는데, 세 차례의 환국을 거쳐 결국 서인이 최종 승자가 되었다.

경신환국(1680)

숙종이 즉위하고 나서 남인을 몰아내면서 서인으로 집권 당파를 교체하였다. 경신환국을 계기로 서인이 남인에 대한 강경파인 노론과 온건파인 소론으로 분열되었다.

○ 숙종이 신하들에게 베푼 경로잔치를 기록한 책(국립중앙박물관)

기사환국(1689)

서인 집안 출신의 인현왕후가 자식을 낳지 못하였다. 그러자 숙종은 장희빈을 왕비로 삼고 장희빈이 낳은 아들(경종)을 세자로 책봉하려 하였는데 서인이 이를 반대하였다. 숙종은 서인을 축출하고 남인을 등용하였다. 남인은 장희빈과 세자인 경종을 지지하면서 서인에 맞섰다.

갑술환국(1694)

폐비 민씨의 복위를 남인이 반대하자 숙종이 다시 남인을 축출하고 서인을 중용하였다. 갑술환국으로 남인은 완전히 몰락하면서 서인에 대한 견제 세력으로서의 힘을 상실하였다. 이후의 정국은 서인에서 나누어진 노론과 소론의 대립으로 진행된다.

숙종의 두 아들 중에 소론은 장남으로 장희빈의 아들인 경종을, 노론은 차남으로 숙빈 최씨의 아들인 연잉군(영조)를 지지하였다.

💬 **조선 후기 통치 체제의 변화**

(1) 배경
임진왜란과 병자호란 이후 조선 사회는 큰 변화를 겪었다. 정치적으로는 왕권이 약화되었다. 당쟁에서 승리한 붕당의 힘이 커지면서 이들이 비변사를 통해 정치를 좌우하였고 왕권은 약화되었다. 조선 후기의 왕들은 자손도 적고 적자 출신이 아닌 왕이 많아 정치적인 발언권도 약한 편이었다.

(2) 정치 제도의 변화
비변사는 원래 16세기 초에 여진과 왜구의 침입에 대비하기 위해 설치된 임시 회의 기구였다. 점차 위상이 강화되더니 임진왜란 이후에는 국정 최구 기구가 되었다. 비변사는 3정승을 비롯한 고위 관원들로 구성되었으며, 전직 고관까지 참여하였다. 비변사는 고유의 업무인 군사 문제뿐만 아니라 외교, 재정, 인사 문제 등까지 총괄하였다. 비변사의 역할이 커지면서 왕권을 제약하는 문제점이 있어 흥선대원군은 비변사를 혁파하였다.

(3) 군사 제도의 변화
임진왜란 이후 중앙군은 5군영으로, 지방군은 속오군 체제로 개편되었다. 5군영은 직업 군인 중심으로 국방력을 강화하면서 필요한 국방비도 크게 늘었다. 국방비에 충당하기 위한 군포의 징수는 농민에게 커다란 부담을 줬다.

(4) 수취 제도의 개편
임진왜란과 병자호란을 겪으면서 어려워진 민생을 안정시키고 국가 재정을 강화하기 위하여 수취 체제를 개편하였다.
① 방납의 폐단을 극복하기 위하여 광해군 때부터 대동법이 실시되었다. 대동법은 양반층의 반대에도 꾸준히 확대 실시되어 100년 만에 전국적으로 실시되었다. 대동법이 실시되며 공인이 등장하였고 상품 화폐 경제가 더욱 발전하였다.
② 토지에 부과하는 전세에서는 인조 때 영정법이 실시되었다. 풍흉에 관계없이 결당 일정액을 내도록 하였는데, 지주의 부담은 줄었지만 소작농과는 별 관련이 없었다.
③ 군역의 문란으로 어려움을 겪던 농민의 부담을 덜어주고자 영조 때 균역법을 실시하였다. 균역법 실시로 부족해진 국방비에 충당하기 위해 지주에게 결작을 징수하고, 양인 상류층에게는 선무군관포를 내도록 하였다. 또한 어장세, 선박세, 염세 등도 국방비로 쓰도록 하였다.

붕당 정치의 변화

(1) 선조 때 사림 정권이 탄생하였는데, 사림은 서인과 동인으로 붕당을 이루어 정치를 운영하였다. 동인은 정여립 모반 사건과 광해군 세자 책봉 문제를 계기로 남인과 북인으로 갈라졌다.

(2) 임진왜란 이후 북인이 정권을 장악하였고 선조 후반부와 광해군 때는 북인 정권이 정치를 주도하였다.

(3) 그러나 북인이 정권을 독점하자 소외된 서인이 인조반정을 일으켜 인조를 왕으로 세우고 권력을 장악하였다. 인조반정 이후 조선 후기는 대체로 서인이 권력을 장악하고 남인이 여기에 도전하는 모습으로 정치가 전개되었다. 서인은 남인 일부를 참여시켜 정치를 운영하였는데 이때는 견제와 균형을 통한 붕당 간의 공존이 유지되었고, 붕당 정치의 장점이 살아 있던 시기였다.

(4) 붕당 정치의 변질

그러나 현종 때 예송, 숙종 때 환국이 일어나면서 서인과 남인은 격렬하게 대립하였고 당쟁에서 이긴 붕당이 권력을 독점하는 추세가 나타났다. 서인이 노론과 소론으로 분화되면서 이들 사이에도 당쟁이 격화되었다. 붕당 정치가 변질되면서 정치 세력 간의 균형이 무너지자 왕권도 불안해졌다. 신하들은 왕을 두려워해야 하는데 권력을 독점한 당파는 왕조차 함부로 할 수 없었다.

(5) 탕평 정치와 왕권 강화

결국 탕평론이 제기되면서 영조와 정조는 탕평을 통해 당쟁을 억제하고 왕권을 강화하려 노력하였다. 이러한 노력은 어느 정도 성과를 거두었고 강화된 왕권을 바탕으로 영조와 정조는 민생 안정을 위한 개혁을 추진할 수 있었다.

(6) 세도 정치

정조가 승하하자 순조가 11살의 나이로 왕위에 올랐다. 왕권은 강화되었는데 왕권을 행사할 왕이 어리고 무능한 상황이 60년 이상 지속되었다. 이 시기에는 왕의 외척인 안동 김씨, 풍양 조씨를 비롯한 한양의 몇몇 가문이 권력을 휘둘렀는데 이를 세도 정치라 한다. 세도 정치기에는 삼정이 문란해졌고 민생이 도탄에 빠졌다.

○ 영조로 즉위하기 전의 연잉군 초상(문화재청)

예송 논쟁의 의의

예송(禮訟)은 예에 관한 논쟁이라는 뜻이다. 예(禮)는 인간이 사회에서 지켜야할 규범으로 인(仁)과 법(法)의 가운데 있는 것이라 할 수 있다. 예는 마음속의 어짊(仁)이 밖으로 표현된 것이다. 그러나 법과 다른 것은 이를 어기더라도 형벌로 제재를 받는 것이 아니라 도덕적인 비난을 받게 된다는 것이다. 조선은 예의 나라라 해도 좋을 정도로 예를 숭상하였다. 특히 17세기는 예학의 시대라 할 정도로 예에 대한 학문이 발달하였다. 그러나 현종 때 일어난 예송은 단순히 예에 대한 입장 차이가 아니라 민감한 정치적 문제였다.

현대인이 보기에는 예송은 단순히 상복을 몇 년 입는지를 놓고 다툰 의미없는 논쟁으로 보여질 수 있다. 특히 일본의 식민사학자들은 조선의 당쟁의 무익함을 강조하기 위하여 예송을 쓸데없는 공리공담으로 비난하였다. 그러나 예송은 단순히 상복을 얼마나 입는지에 대한 문제가 아니라 효종의 정통성을 둘러싼 정치 투쟁이었고, 왕과 신하 사이의 관계를 어떻게 설정할지에 대한 정치철학적인 논쟁이었다.

조선은 종법을 절대적인 원칙으로 받들었는데 종법에 따르면 장남이 집안을 계승하여야 했다. 그러나 효종은 큰 아들이 아니었으며 인조의 장남은 효종의 형님인 소현세자였다. 소현세자는 병자호란 이후 청에 인질로 끌려갔다가 귀국한 직후에 죽었다. 당시 소현세자의 셋째 아들이 아직 살아 있었다. 이런 상황에서 효종이 장남이 아니라는 것을 강조하는 것은 효종의 정통성을 의심하는 것으로 비쳐질 수 있었다. 남인은 이것을 지적하면서 서인과 송시열을 반역으로 몰아 비난하면서 정권을 장악하려 하였다.

원래 남인과 서인은 왕과 신하의 관계를 바라보는 입장이 달랐다. 그리고 이는 남인과 서인의 종조(宗祖)인 이황과 이이의 입장 차이이기도 했다. 남인은 왕가의 예법과 사대부의 예법은 다르다 하여 왕실은 특별한 존재임을 인정하였다. 반면 서인은 천하의 예법은 똑같다하여 왕실과 사대부는 본질적으로 동등한 존재라고 주장하였다. 대체로 남인은 왕권에 긍정적인 입장인 반면 서인은 임금과 신하가 함께 통치할 것을 주장한 것이다. 이러한 이념의 논쟁은 수취 제도나 노비 제도와 같은 정책적인 입장 차이를 가져왔고 각 붕당은 치열하게 논쟁하였다.

🗨 서인의 분열: 노론과 소론

선조 때 이미 남인과 북인으로 분열된 동인과 달리 서인은 오랫동안 단일한 정파로 존재하면서 다수파로 위력을 발휘하였고, 특히 인조 반정 이후에는 조선 후기 정치의 주도 세력이 되었다.

그러나 숙종 때 남인을 몰아낸 경신환국 이후 서인은 노론과 소론으로 나누어졌다. 스승인 송시열을 지지하는 세력은 노론, 송시열의 제자인 윤증을 지지하는 세력은 소론이라 하였다. 송시열과 윤증은 스승과 제자 관계이지만 감정의 골이 깊었다.

노론은 송시열을 지지하는 세력으로 남인에 대한 강경한 입장을 고수하였다. 대의명분을 중시하고 민생 안정을 강조하였다. 노론은 성리학 중심의 사고 방식을 고수하였다.

소론은 송시열에 비판적인 윤증을 지지하면서 남인에 대하여 온건한 입장을 갖고 있었다. 실리를 중시하고 적극적인 북방 개척을 주장하였다. 소론은 양명학 등에 대해서도 포용적인 입장을 보였다. 양명학을 연구하여 강화학파를 형성한 정제두도 소론이었다.

노론과 소론은 숙종 후반부터 경종·영조대에 이르기까지 치열하게 대립하였다. 그러나 영조때 소론의 강경파가 남인 일부와 손잡고 반란을 일으켰는데(이인좌의 난), 이 난이 진압된 이후 소론은 크게 위축되었고 점차 노론이 독주하게 되었다. 노론의 독주는 조선이 멸망할 때까지 지속되었다. 이러한 붕당의 대립은 심지어 국권 피탈 이후 독립운동가들 사이에서도 나타났다.

30 조선의 중흥과 탕평 정책

조선 전기		조선 후기			근대(1863이후)
15세기 (초기) 관학파, 훈구파 집권	16세기 (중기) 사화와 사림의 집권	17세기 (전란복구기) 양난과 복구	18세기 (중흥기) 영조와 정조	19세기 (세도정치기) 삼정문란	흥선대원군의 등장과 개항

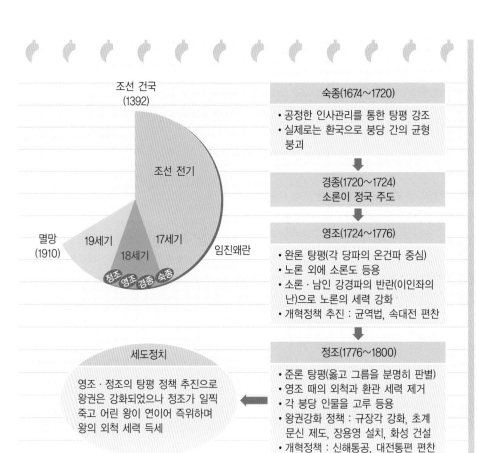

조선 건국
(1392)

조선 전기

멸망
(1910)

19세기　17세기

18세기

정조 영조 경종 숙종

임진왜란

숙종(1674~1720)
- 공정한 인사관리를 통한 탕평 강조
- 실제로는 환국으로 붕당 간의 균형 붕괴

경종(1720~1724)
소론이 정국 주도

영조(1724~1776)
- 완론 탕평(각 당파의 온건파 중심)
- 노론 외에 소론도 등용
- 소론·남인 강경파의 반란(이인좌의 난)으로 노론의 세력 강화
- 개혁정책 추진 : 균역법, 속대전 편찬

정조(1776~1800)
- 준론 탕평(옳고 그름을 분명히 판별)
- 영조 때의 외척과 환관 세력 제거
- 각 붕당 인물을 고루 등용
- 왕권강화 정책 : 규장각 강화, 초계문신 제도, 장용영 설치, 화성 건설
- 개혁정책 : 신해통공, 대전통편 편찬

세도정치

영조·정조의 탕평 정책 추진으로 왕권은 강화되었으나 정조가 일찍 죽고 어린 왕이 연이어 즉위하며 왕의 외척 세력 득세

탕평 정책의 배경

영조의 즉위는 노론의 승리를 보여주었다. 그러나 한 당파의 힘이 지나치게 비대해지면서 왕권조차 무서워하지 않는 상황이 되자 여러 왕들은 각 당파 간의 균형을 회복하여 견제가 이루어지도록 노력하였다. 이것이 탕평 정책인데 탕평의 목적은 왕권 강화에 있었다.

숙종(1674~1720)

경종(1720~1724)

영조(1724~1776)

사도세자

정조(1776~1800)

숙종의 탕평론

숙종은 탕평을 위하여 공정한 인사관리와 군신 간의 의리를 강조하였다. 그러나 결과적으로는 자신이 환국을 주도하면서 결과적으로 한 당파에게 힘을 쏠리게 하는 결과를 가져왔다. 숙종 이후 서인, 특히 노론의 독주가 나타난다.

영조의 탕평 정책

완론 탕평

영조는 붕당을 없앨 것을 주장하며 이에 동의하는 각 당파의 온건파를 중심으로 정치를 운영하였다. 노론과 소론의 온건파들을 탕평파라 하였다. 이러한 영조의 탕평 정책을 완론 탕평이라 한다. '완'은 완만하다는 뜻이다.

🔵 뒤주(국립중앙박물관)

탕평과 왕권 강화

영조 즉위 초기에는 노론이 정국을 주도하였지만 영조는 노론을 견제하기 위하여 소론도 점차 등용하였다. 그러나 본질적으로 노론의 지지를 받아 즉위한 영조와 노론에 반발하여 소론 강경파가 남인 일부와 손잡고 반란을 일으킨다(이인좌의 난). 이들은 경종의 죽음이 영조와 노론 때문이라고 주장하면서 난을 일으켰으나 결국 진압당하였다. 이인좌의 난 이후 영조의 정국 주도가 더욱 강화되면서 탕평 정책이 추진되었다. 어느 정도 왕권이 안정되자 영조는 민생 안정을 위한 정책을 추진하게 된다.

정조의 탕평 정책

사도세자의 죽음과 정조의 즉위

영조의 아들이었던 사도세자는 정신 이상을 일으키면서 다음 왕이 될 자질을 의심받게 되었고, 결국 아버지인 영조에 의해 죽음을 당하게 된다. 사도세자의 죽음에 대하여는 당쟁에 휘말린 탓이라는 주장도 있다. 영조는 자신의 유일한 아들인 사도 세자가 죽자 사도세자의 적장자인 세손 정조를 다음 왕으로 세우려 하였다.

◎ 수원 화성 동북공심돈(문화재청)

탕평 정책(준론 탕평)의 추진과 왕권 강화

영조가 조선 역사에서 가장 오랫동안 재위에 있으면서 영조를 중심으로 탕평파와 외척, 환관 등이 세력을 얻게 되었다. 정조는 즉위하면서 영조 시기에 형성된 탕평파와 외척, 환관 세력을 제거하였다. 또한 노론을 견제하기 위하여 그동안 소외되었던 소론과 남인 계열을 중용하면서 자신을 중심으로 하는 새로운 정치 질서를 적극적으로 형성하려 하였다. 이 시기에는 기존의 붕당들이 다시 사도 세자의 죽음에 대한 입장을 가지고 시파와 벽파로 나누어지기도 하였다. 시파은 사도세자의 죽음에 동정적이었고, 벽파는 영조의 조치를 옹호하였다. 죽음을 당한 아버지 사도 세자의 묘를 화성으로 옮기고 수원 화성을 축조하였다. 정조 역시 안정된 왕권을 바탕으로 민생을 안정시키고 문물을 재정비하려 하였다.

◎ 수원 화성의 정문인 장안문, 화성은 정문이 서울 방향인 북문이라는 점이 특이하다.

◎ 정조가 지은 칠언시(국립중앙박물관)

🗨 영조와 정조의 정책

영조와 정조를 구분하고 업적을 물어보는 문제가 종종 출제되기 때문에 정확하게 정리하여야
한다.

영조의 정책	
탕평 정책	• 완론 탕평: 붕당간의 잘잘못을 일일이 따지지 말고 화합하자는 정책 • 탕평파 중심의 국정 운영: 영조의 주장에 동조하는 세력을 중심으로 국정 운영 • 산림 부정: 산림은 각 당파의 명망있는 선배 학자를 의미하며, 원래는 국가는 산림을 존중하며 이들의 의견을 중시하였다. 그러나 산림이 당쟁의 원인 중 하나라고 생각한 영조는 산림을 부정하고 이들의 의견을 구하지 않았다. • 서원 정리: 붕당의 근거지 역할을 하던 서원 상당수를 정리하였다.
민생 안정책	• 균역법 시행: 군역 부담을 완화하기 위한 조치를 취하였다. • 군영을 정비하고, 가혹한 형벌을 폐지하고 사형수에 대한 삼심제를 시행하였다. • 법전 정비: 경국대전이 시행되면서 현실에 맞지 않게 된 점을 정리하여 속대전을 편찬하였다. • 그동안 제대로 운영되지 않았던 신문고 제도를 부활하였다. • 자주 범람하던 한양의 청계천 바닥을 파내는 준설 공사를 하였다. • 한국학 백과 사전이라 할 수 있는 동국 문헌 비고 편찬하였다.

정조의 정책	
탕평 정책	• 준론 탕평: 각 붕당의 당론이 옳고 그른지 적극적으로 가려서 옳은 붕당의 의견을 채택 • 영조 때 세력을 확대한 척신과 환관 세력 제거 • 그동안 소외되어 온 소론과 남인 중용
민생 안정책	• 종래 왕실 도서관의 기능을 수행하던 규장각의 역할을 확대(서얼을 규장각 검서관으로 등용) • 초계 문신 제도 시행: 당쟁에 물들지 않은 젊고 유능한 관리를 정조가 스승의 입장에서 재교육하였다. • 장용영: 기존의 5군영은 노론이 장악하였기 때문에 새로운 군영을 설치하였다. • 군현 단위의 대규모 향약은 수령이 직접 주관하도록 하여 지방 사림의 영향력을 줄이고 수령의 권한을 강화하였다. • 수원 화성 축조: 화성을 건설하고 정치·경제·군사적 기능을 부여하여 자신의 정치적 이상을 실현하는 도시로 육성하려 노력하였다. 축성 과정에서 정약용이 거중기를 만들어 사용하였다. • 법전인 대전통편과 병법서인 무예도보통지를 편찬하였다. • 신해통공을 실시하여 6의전을 제외한 시전 상인들의 금난전권을 철폐하여 상공업의 발전을 유도하였다.

31 세도 정치

조선 전기		조선 후기			근대(1863이후)
15세기 (초기) 관학파, 훈구파 집권	16세기 (중기) 사화와 사림의 집권	17세기 (전란복구기) 양난과 복구	18세기 (중흥기) 영조와 정조	19세기 (세도정치기) 삼정문란	홍선대원군의 등장과 개항

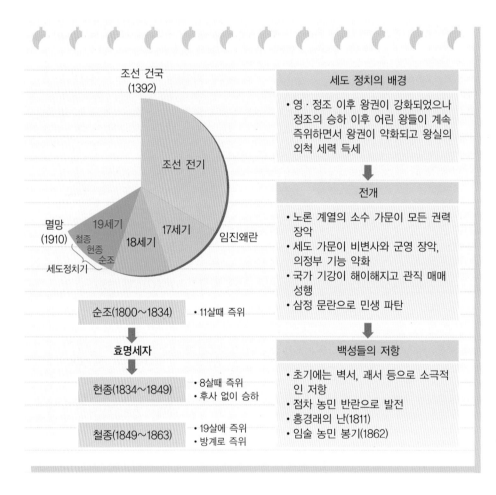

조선 건국
(1392)

조선 전기

조선 후기

멸망
(1910)

19세기

17세기

18세기

임진왜란

철종
헌종
순조

세도정치기

순조(1800~1834)
• 11살때 즉위

효명세자

헌종(1834~1849)
• 8살때 즉위
• 후사 없이 승하

철종(1849~1863)
• 19살에 즉위
• 방계로 즉위

세도 정치의 배경

• 영 · 정조 이후 왕권이 강화되었으나 정조의 승하 이후 어린 왕들이 계속 즉위하면서 왕권이 약화되고 왕실의 외척 세력 득세

전개

• 노론 계열의 소수 가문이 모든 권력 장악
• 세도 가문이 비변사와 군영 장악, 의정부 기능 약화
• 국가 기강이 해이해지고 관직 매매 성행
• 삼정 문란으로 민생 파탄

백성들의 저항

• 초기에는 벽서, 괘서 등으로 소극적인 저항
• 점차 농민 반란으로 발전
• 홍경래의 난(1811)
• 임술 농민 봉기(1862)

세도 정치의 의미와 배경

영조와 정조의 탕평 정책이 어느 정도 성과를 거두면서 왕권이 강화되었다. 그러나 정조의 갑작스런 죽음으로 11살의 어린 임금 순조가 즉위하면서 강력해진 왕권이 제 기능을 발휘할 수 없었다. 순조 이후에도 헌종은 8살, 철종은 19살의 나이에 왕위에 올랐고 어리고 무능한 왕들이 연이어 왕이 되면서 왕권이 약화되었다. 반면에 왕의 측근에 있던 외척 세력이 점차 세력을 얻게 된다. 이렇게 왕실과 혼인을 맺은 몇몇 가 문이 정권을 장악하며 권력을 휘두르는 정치를 세도정치라 한다.

- 정조(1776~1800)
- 순조(1800~1834)
- **효명세자**
- 헌종(1834~1849)
- 철종(1849~1863)

세도 정치의 전개

정조가 죽고 순조가 어린 나이에 즉위하자 영조의 계비(첫 왕비가 죽고 뒤를 이은 다음 왕비)인 정순왕후가 수렴청정을 시행하였다. 그러자 정조 때 정권에서 소외되었던 노론 벽파가 득세하였다. 이들은 정조와 가까웠던 남인을 공격하기 위해 많은 남인이 신앙하던 천주교를 박해하는 신유박해를 일으켰다. 또한 장용영을 혁파하고 정조가 신임하던 다수의 인재들을 축출하였는데, 정약용 형제도 이때 죽거나 유배를 떠났다. 정약용은 18년의 유배 생활동안 자신의 학문을 정리하고 많은 저서를 남기게 되었다.

정순왕후가 물러나자 노론 벽파는 다시 몰락하였다. 이후 순조의 장인인 김조순을 중심으로 하는 안동 김씨(노론 시파)가 권력을 잡게 되면서 세도 정치가 전개되었다. 안동 김씨, 풍양 조씨, 반남 박씨 등의 한양의 몇몇 가문이 모든 권력을 독점하였다.

○ 정약용이 유배생활을 했던 강진의 유적(문화재청)

삼정 문란과 민란의 발생

정치 질서의 파탄

세도 가문이 비변사를 중심으로 권력을 휘두르면서 의정부와 6조 체제는 무력화되었다. 세도 정치기에는 붕당 정치가 파탄나고 세도 가문을 견제할 세력이 소멸되었다. 또한 한양을 근거로 하는 몇몇 가문(경화 사족)이 권력을 독점하면서 지방 사족은 점차 소외되었다.

삼정 문란

세도 정치 시기에는 삼정이 문란해지고 백성의 고통이 커졌다. 전정, 군정, 환정(환곡)의 삼정 중 특히 환곡의 폐해가 심각하였다. 농민들은 이런 정치의 문란에 대하여 벽서 등을 붙여 시정을 호소하기도 하고 민란으로 대응하기도 하였다.

민란의 발생

① 홍경래의 난(1811)

순조 때 평안도에서 홍경래의 난이 일어났고 청천강 이북 지역 대부분을 한 때 점령하였다. 홍경래의 난은 몰락한 양반인 홍경래의 지휘 하에 영세 농민, 중소 상인, 광산 노동자 등이 합세하여 일으킨 봉기였다. 광산 노동자도 참여하였다는 사실을 기억하자. 조선 후기는 북부 지역을 중심으로 다수의 광산이 개발되면서 몰락한 농민들이 광산으로 몰려들던 시기였다. 또한 홍경래의 난은 조선 건국 초부터 지속되던 평안도 지역에 대한 차별에 대한 저항이기도 하였다.

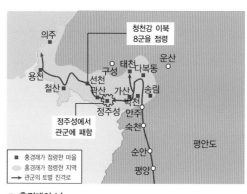

◎ **홍경래의 난**

② 임술농민봉기(1862)

철종 때인 1862년 임술년에 진주를 중심으로 전국적인 농민봉기가 일어난다(임술농민봉기). 농민봉기는 북쪽의 함흥에서 남쪽의 제주까지 전국적으로 확산되었다. 세도 정권은 삼정의 개혁을 약속하여 삼정이정청을 설치하고, 각지에 암행어사를 파견하여 탐관오리를 조사하는 등 농민의 요구에 귀기울이는 척 하였으나 본질적인 문제는 전혀 해결되지 못하였다.

삼정문란과 환곡

삼정문란은 세금을 걷는 세 가지 방법이 모두 문란해졌다는 의미이다. 삼정은 토지에 대한 세금 정책인 전정, 군포를 징수하는 정책인 군정, 농민을 구휼하는 환곡에 대한 정책인 환정을 뜻한다. 특히 세도 정치기에는 환정의 문란이 심하였다. 환곡은 농민 생활의 안정을 위해 농민이 가장 어려운 시기인 봄에 곡식을 빌려주고 1/10 정도의 이자를 붙여 가을에 돌려받는 제도이다. 이런 방식으로 농민을 도와주는 제도는 고구려의 진대법부터 존재하였다. 그러나 지방 수령과 향리가 정해진 이자보다 더 많은 고율의 이자를 받는 고리대로 변질되면서 농민이 큰 어려움을 겪었다. 흥선대원군은 지방 관청이 담당하는 환곡을 폐지하고 마을 자치로 사창제를 실시하도록 하였다.

홍경래의 난(1811)

홍경래의 난은 몰락한 양반인 잔반 출신 홍경래의 지도 아래 영세 농민, 중소 상인, 광산 노동자가 합세하여 봉기한 대규모의 농민 전쟁이다. 이러한 대규모의 농민 전쟁이 일어난 것은 세도 정치기에 국가 기강이 문란해지면서 백성의 삶이 어려워진 원인도 있지만 서북 지방(평안도)에 대한 지역 차별도 중요한 이유였다. 평안도와 함경도는 국경지역으로 영토에 편입된 시기도 비교적 늦었다. 조선 왕조는 건국 이후부터 평안도와 함경도 지역을 차별하였고, 이 지역 출신은 관리가 되기도 힘들고 관리가 되어도 고위직에 올라가는 것은 거의 불가능하였다. 전근대 시대에는 이런 지역적 차별이 종종 있었고, 조선 시대에는 전라도나 경상도 지역이 차별받기도 하였다. 홍경래의 반란군은 가산에서 봉기하여 한때는 청천강 이북 지역을 거의 장악하였으나, 남쪽의 평양으로 진격하던 부대는 관군에게 패배하였다. 결국 정주를 최후의 근거지로 하여 버티던 반란군은 5개월 만에 정부에 평정되었다.

◯ 홍경래의 난 때 싸우다 순절한 가산군수 정저의 기록(육군사관학교)

강화도령의 사랑

철종(1831~1863, 재위 1849~1863)은 사도세자의 서자인 은언군의 손자이다. 은언군이 역모로 몰려 강화도로 유배되었다가 죽음을 당하면서 은언군의 집안은 몰락하였다. 은언군의 아들로 철종의 아버지인 이광은 작위도 받지 못하고 강화에서 살다가 빈농으로 쓸쓸히 죽었다. 철종의 본명은 이원범으로 왕족으로서의 예우를 박탈당하여 평민으로 살았다. 농사를 짓고 나무를 하면서 생활하던 원범은 헌종이 죽고 나서 안동 김씨 세력에 의해 순조의 양자 자격으로 왕위를 이었다. 철종은 19살의 나이로 왕위에 올랐기 때문에 순조, 헌종 보다는 철이 들어 왕이 되었다 그러나 이러한 성장 배경 때문에 왕이 되기 위한 준비를 전혀 갖추지 못하고 왕의 역할을 해야 했다. 이는 당시 정치를 장악했던 세도 정권이 자신들이 다루기 쉬운 무능한 왕을 원했기 때문에 일어난 일이었다. 철종이 강화에 살고 있을 때 양순이라는 평민 처녀와 사랑을 나누었고 혼인하기로 약속까지 하였지만 결국 세도 정권의 반대로 이루어지지 못하였다. 이러한 철종의 이야기는 '임금님의 첫사랑' 이라는 소설과 영화, 드라마로 널리 알려지기도 하였다. 철종도 후사를 남기지 못하고 승하하였는데, 박영효는 철종의 딸과 결혼한 부마였다.

32 조선 후기 상품 화폐 경제의 발전

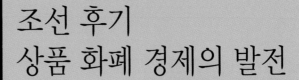

선사 시대		고대					중세	근세	근대 태동기	근대와 현대		
구석기	신석기	청동기	(초기)철기	원삼국	삼국	남북국	고려	조선 초기	조선 후기	개항기	일제	현대

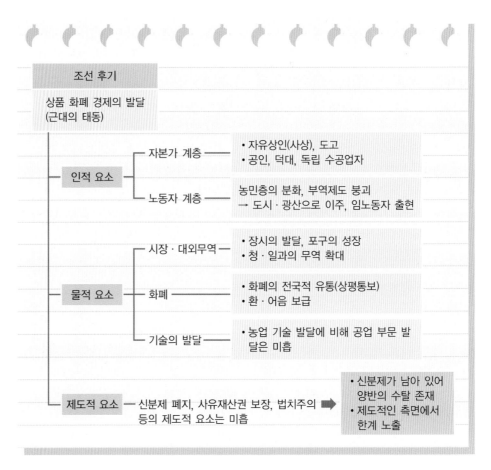

조선 후기

상품 화폐 경제의 발달
(근대의 태동)

인적 요소 ── 자본가 계층 ── • 자유상인(사상), 도고
• 공인, 덕대, 독립 수공업자

노동자 계층 ── 농민층의 분화, 부역제도 붕괴
→ 도시 · 광산으로 이주, 임노동자 출현

물적 요소 ── 시장 · 대외무역 ── • 장시의 발달, 포구의 성장
• 청 · 일과의 무역 확대

화폐 ── • 화폐의 전국적 유통(상평통보)
• 환 · 어음 보급

기술의 발달 ── • 농업 기술 발달에 비해 공업 부문 발달은 미흡

제도적 요소 ── 신분제 폐지, 사유재산권 보장, 법치주의 등의 제도적 요소는 미흡 ➡ • 신분제가 남아 있어 양반의 수탈 존재
• 제도적인 측면에서 한계 노출

상품 화폐 경제 발달의 배경

근대 맹아론

조선 후기는 개항 이후 근대 사회로 변화하기 직전의 시기로, 마지막 전근대 사회이다. 아직 근대 사회로 바뀌지는 않았지만 이미 사회의 각 분야에서 근대의 모습이 나타나기 시작하였다. 이렇게 조선 후기에 이미 근대의 싹이 나타났다는 주장을 근대맹아론이라 한다. 맹아(萌芽)는 싹을 뜻한다.

일본은 한국을 침략하는 과정에서 식민 사관을 강조하면서 조선 역사는 발전하지 못하고 침체되어 있었다는 정체성론을 주장하였다. 그러자 이에 대한 반작용으로 근대맹아론이 대두되어 조선 후기에 독자적인 근대의 싹이 돋아나고 있었음을 주장하였다. 근대맹아론은 경제에서는 자본주의의 싹을 찾으려는 노력으로 나타났다. 조선 후기에 이앙법이 전국적으로 보급되고 다양한 상품 작물이 널리 재배되면서 농업 생산력이 확대되고 상품 화폐 경제가 발달하였다. 농업 생산물이 시장에서 활발하게 거래되면서 수공업, 광업, 상업 등의 분야에서도 큰 변화가 나타났다.

◎ 농가집성(국립중앙박물관)

자본가와 노동자 계층의 등장

자본주의가 나타나려면 자본주의의 주인공인 자본가와 노동자 계층이 등장해야 한다. 조선 후기에는 국가의 허가를 받지 않고 활동하는 사상(私商)을 중심으로 점차 자본이 축적되기 시작하였다. 일부 사상은 독점적인 도매상인인 도고(都庫)로 발전하였다. 대동법 실시 이후에는 공인(貢人)이 등장하였고, 광업에서는 광산 경영의 전문가인 도고가 나타났다. 이들은 초보적인 자본가의 모습을 보여주었다.

농민층이 다양하게 분화되었다. 광작으로 돈을 번 부농은 양반으로 신분 상승을 꾀하기도 하였다. 반면 몰락한 농민들은 땅을 잃고 소작농이 되거나, 경작할 땅 조차 구하지 못하면 남의 토지에서 일하는 임노동자가 되었다. 급여를 받고 남의 집에서 일하는 임노동자들을 흔히 머슴이라 불렀다. 일부 농민은 도시로 가서 상공업에 종사하기도 하고, 광산에 들어가 일하기도 하였다. 이런 과정을 거치면서 자본가와 노동자 계층이 조금씩 등장하였다.

조선 후기에 나타난 이러한 변화를 통하여 개항 이전의 조선 사회에서 근대의 싹을 찾으려는 노력이 근대맹아론이다. 그러나 이러한 변화는 중국이나 일본에서도 이미 나타나 있었으며, 전근대 사회에서 상품 화폐 경제가 발전하고 있다고 그것이 곧 근대화는 아니라는 반론도 제기되고 있다.

상품 화폐 경제의 주역들

자유 상인(사상)의 활동

✍ 전근대 사회는 농업이 산업의 중심이었고, 특히 조선은 농업을 중시하는 농본주의를 내세우면서 상업은 말업이라 하여 억제하였다. 모든 사람은 원칙적으로 농업에 종사하여야 하고, 국가의 허가를 받은 사람들만 예외적으로 세금을 내고 장사를 할 수 있었다. 이렇게 국가의 허가를 받아 장사하는 사람들로 중앙에는 시전 상인, 지방에는 보부상이 있었다. 그러나 점차 국가의 규제 밖에서 상업에 종사하는 사람들이 늘어났는데, 이들을 자유상인 또는 사상이라 불렀다.

✍ 사상은 주로 한양의 종로·이현·칠패 등에서 활동하였다. 이들은 국가의 허가를 받지 않았다 하여 난전(亂廛)이라 불렀다. 시전 상인들은 이들을 단속할 수 있는 금난전권이 있었는데, 상업이 발달하면서 정조 때 신해통공을 통해 육의전을 제외한 시전 상인들의 금난전권을 철폐하자 사상들의 활동은 더욱 활발해졌다. 일부 상인들은 매점매석을 통해 독점적인 이익을 얻는 도매상인은 도고로 활동하였다. 박지원의 한문 소설 '허생전'에 나오는 허생이 대표적이다.

✍ 배를 이용하여 장사를 하는 상인도 있었는데 이들이 선상이다. 선상은 한강을 근거지로 주로 서남 연해안을 오가면서 미곡·소금·어물 등을 거래하였다. 특히 한강을 중심으로 활동하는 경강 상인이 대표적이다. 객주·여각은 포구 같은 상업 중심지에서 활동하였는데 상품의 매매를 중개하고 부수적으로 운송·보관·숙박·금융 등의 영업도 하였다.

지역을 중심으로 활동하는 상인들도 등장하였다. 가장 유명한 것은 개성의 송상이다. 송상은 전국에 송방이라는 지점을 두고 활동하였다. 의주의 만상, 평양의 유상, 동래의 내상도 유명하다.

공인의 등장

현물 대신 쌀로 수취하는 대동법이 실시되면서 국가가 필요한 물품을 공납 대신 다른 방법으로 획득할 필요가 생겼다. 이때 등장한 공인은 관청에서 미리 물품 값으로 공가를 받은 다음 시장에서 필요한 물건을 사들여 국가에 납품하였다. 대동법이 실시되면서 농민들은 대동미로 납부할 쌀을 구하기 위해 수공업 제품을 만들어 시장에 내다 팔았고, 공인은 시장에서 물품을 사들이면서 상품 화폐 경제의 발달이 더욱 촉진되었다.

광산의 발달과 덕대의 활동

조선 전기에는 부역으로 농민을 동원하여 광산을 운영하였으나, 부역제가 무너지면서 농민을 동원하는 일이 어려워졌다. 조선 후기에 광물 수요가 증가하면서 광산 개발이 활달하였는데, 점차 관영 광산보다 민영 광산이 중심이 되었다. 민간인에게 광산 채굴을 허용하고 세금을 받는 정책을 설점수세(設店收稅)라 하였다. 국가의 허가를 받지 않고 몰래 채굴하는 잠채(潛採)도 성행하였다. 조선 후기에는 청과의 무역으로 은의 수요가 늘어나면서 은광이 많이 개발되었고, 금광도 늘어났다.

덕대는 광산 경영의 전문가로, 상인 물주에게 자본을 조달하여 채굴업자와 노동자를 고용하고 광물을 채굴하였다. 이러한 작업은 분업에 토대를 둔 협업으로 이루어졌다.

민영 수공업의 발달

조선 전기에는 부역으로 기술자(장인)를 동원하는 관영 수공업이 발달하였는데, 조선 후기에는 민영 수공업이 중심이 되었다. 민간 수공업자들은 장인세만 부담하면 비교적 자유롭게 활동할 수 있었다. 이들은 규모가 영세하여 상인 자본의 지배를 받았다. 공인이나 상인에게 미리 자금과 원료를 받고 생산한 물건을 넘겨주는 선대제(先貸制)가 성행하였다. 그러나 점차 독자적으로 물건을 생산·판매하는 독립수공업자도 나타났다.

○ 김홍도 풍속화 '길쌈' (국립중앙박물관)

상품 화폐 경제의 무대

장시와 포구의 발달

고려 이전에도 시장은 존재하였으나 크게 발달하지는 못하였다. 농업을 중시한 조선은 상업을 억제하였으나 백성들에 의해 자생적으로 시장(장시)가 등장하는 것을 막을수는 없었다. 장시는 15세기 말 전라도 지방에서 시작되었으며 16세기에 전국적으로확산되었다. 18세기에는 전국에 1,000여 개로 늘어났고 전국적인 유통망을 연결하는상업의 중심지도 나타났다. 장시는 5일마다 열리는게 보통이지만 일부 장시는 매일열리는 상설 시장으로 발달하였고 인근 장시와 연계하여 하나의 지역적 상권을 형성하였다.

◎ 보부상단의 유품(문화재청)

농촌의 장시를 하나의 유통망으로 연결시킨 상인은 보부상(褓負商)이다. 보부상은 봇짐장수와 등짐장수를 말한다. 장날의 차이를 이용하여 일정한 지역권이나 전국적인장시를 무대로 활동하였다. 관청의 허가를 받은 관허 행상으로 보부상단이라는 조합을 결성하였다.

조선은 육로보다 수로 교통이 발달하였다. 육로로 연결되는 장시보다 포구가 크게 발달하였다. 강이나 바닷가에 배가 드나들 수 있는 곳을 포구라 한다. 포구에는 선상들이 다른 지역의 상품을 가져 왔고, 그 상품을 매매할 수 있는 장시가 열렸다. 포구의장시들을 무대로 객주·여각 등이 활동하였다.

대외 무역의 발달

청과 무역이 활발해지면서 국경 지대에서 공식 무역인 개시와 사무역인 후시가 열렸다. 또한 상인들이 사신 왕래에 동행하면서 무역을 하였다. 일본과는 왜관을 중심으로 개시와 후시가 열려 무역을 하였다. 의주의 만상은 청과의 무역을 주도하였고, 동래의 내상은 일본과의 무역에서 활약이 컸다. 개성의 송상은 중간에서 이들을 중계하였다. 조선 후기에는 인삼이 대표적인 수출품이었고 일본으로부터 은을 수입하여 청에 수출하는 등 중계 무역을 통하여 이익을 얻었다.

💬 광작과 농민층의 분화

고려 후기에 중국에서 도입된 이앙법은 수확량을 크게 늘릴 수 있었지만 봄 가뭄에 취약하였다. 이를 해결하기 위하여 정부와 농민들은 저수지를 꾸준히 늘려나갔다. 조선 후기가 되면서 이앙법이 전국적으로 보급되었고 쌀 수확량이 크게 증가하였다.

이앙법이 도입되면서 봄에는 벼를 심고 가을에 벼를 수확한 뒤에는 보리를 심는 이모작이 가능하였다. 보리는 소작료를 내지 않는 경우가 많았기 때문에 농민 입장에서 이모작은 엄청난 도움이 되었다. 또한 이모작은 잡초 제거가 쉬웠기 때문에 노동력이 크게 절감되면서 한 사람이 경작할 수 있는 토지 면적이 약 네 배로 증가하였다. 그렇게 되자 농민들은 경작하는 토지를 늘리려고 하였는데 이런 현상을 광작(廣作)이라 한다. 광작하는 농민은 부농으로서 이미 자신의 소비를 위해 생산하는 것이 아니라 이윤을 추구하기 위한 기업농이었다. 반면 경작할 토지를 구하지 못하는 농민도 나타나게 되는데, 이들은 임노동자로 다른 농민 밑에서 일하거나, 도시로 가서 다른 직업에 종사하였다. 이런 과정을 거치면서 조선 후기에는 점차 노동자 계층이 등장하였다.

💬 근대의 특징과 조선 후기

근대는 다음과 같은 특징을 갖고 있다. 정치적으로 민주주의, 경제적으로 자본주의, 사회적으로 평등 사회, 문화적으로 합리적이고 과학적인 사고가 정착되고 다양한 사상이 용인되는 것이 근대의 특징이다. 전근대 사회에서 근대 사회로 나아가는 것을 근대화, 이런 특징을 가진 국가를 근대 국가라 한다. 조선 후기는 아직 신분제 사회이고 자본주의 체제가 도입되기 전이므로 근대는 아니다. 그러나 이미 근대의 특징이 일부 나타나기 시작했는데, 이를 근대의 싹(맹아)이라 한다. 경제적으로 자본주의 체제는 아니지만 일부 자본주의적 요소가 나타나기 시작하였고, 사회적으로 평등 사회는 아니지만 신분 제도가 점차 무너져 갔고, 문화적으로 서민 문화가 발달하고 성리학 외에 다른 사상에 대한 관심이 차츰 성장하고 있었다. 그러나 정치적으로 아직 민주주의의 가능성이 보이지 않는데, 19세기에는 세도정치로 권력이 소수의 가문에 집중되었다. 또한 양반의 수탈로부터 백성의 재산을 지켜줄 제도적 장치도 미흡하였다.

💬 화폐 유통

조선 후기에는 화폐 사용이 늘어나면서 상평통보가 주조되어 전국적으로 유통되었다. 그러나 지주나 대상인들이 화폐를 유통시키지 않고 감추어두고 고리대 등으로 이용하면서 화폐가 부족해지는 전황 현상이 나타났다. 전황은 돈 가뭄이라는 의미이다. 농민들은 조세나 소작료를 내기 위하여 생산한 곡물을 시장에 팔고 돈을 사야했는데 전황으로 돈값이 올라가면서 농민들이 어려움을 겪었다. 이 때문에 이익은 돈을 없애자는 폐전론을 주장하기도 하였다. 대규모의 거래가 활성화되면서 신용 화폐인 어음과 환도 활발히 유통되었다.

◎ 상평통보(문화재청)

33 조선 사회의 변화

선사 시대		고대					중세	근세	근대 태동기	근대와 현대		
구석기	신석기	청동기	(초기) 철기	원삼국	삼국	남북국	고려	조선 초기	조선 후기	개항기	일제	현대

조선의 사회와 문화

사회
① 신분제 사회(법적으로 양천제, 실제 운영은 반상제)
  + 조선 후기 신분제의 동요
② 신분구조
  양반, 중민, 상민, 천민 → 양반층의 분화, 중간계층의
  신분상승 운동, 농민층의 분화, 노비제의 변동
③ 특징 : 성리학적 의식이 정착되며 부계 위주로 가족제도
  변화. 농민의 의식이 성장하며 농민의 저항 증가

문화
① 성리학 중심의 양반문화 발달
② 성리학의 발달 : 이기론 중심, 서원·향약 발달, 이황·이이의
  활동
③ 성리학의 절대화에 대한 반발 : 윤휴·박세당의 비판,
  양명학(정제두), 실학의 사회개혁론(정약용, 박지원 등)
④ 사회변혁의 움직임 : 예언사상·미륵신앙·서학·동학의 전파
⑤ 문화의 새 기운 : 서민 문화의 발달, 서양 과학기술의 영향

조선의 신분 제도

조선은 엄격한 신분제 사회였지만 고려보다 상대적으로 개인이 능력을 발휘할 기회가 늘어났다. 조선은 법적으로 양인과 천민으로 구분되는 양천제(良賤制)를 실시하였다. 고려 시대의 복잡한 신분제를 정리하여 천인이 아닌 사람은 모두 양인으로 만들어 국가에 대한 권리와 의무를 부과하였다.

그러나 시간이 지나면서 반상제(班常制)가 일반화되었다. 원래 문반과 무관의 관직을 가진 사람을 의미하던 양반이 점차 관리를 배출한 가문을 의미하는 신분 개념으로 바뀌었다. 중인도 독자적인 신분층으로 굳어져 갔다. 양반 중심의 사회가 자리 잡으면서 양반 이외의 계층을 상민(常民)으로 상대화하여 반상제가 점차 일반화되었다. 양반에서 반(班), 상민에서 상(常)을 따서 반상제라 부른다.

양반은 각종 특권을 부여받고 국역에서도 면제되었다. 양반은 생산에 종사하지 않고 학문을 공부하여 관직에 올라가는 것이 인생의 목표였다.

중인은 양반과 상민 사이의 중간 계층이다. 양반이 자신의 특권을 유지하기 위하여 양반이 될 수 있는 길을 엄격히 제한하면서 많은 사람들이 중인으로 취급받았다. 원래 중인은 역관이나 의관 같은 기술관을 뜻하였다. 궁궐에 가장 가까운 청계천 북쪽의 북촌에는 양반들이 살았고, 청계천 부근의 서울 가운데에 기술관들이 모여 살았기에 중인이라는 호칭이 붙었다. 관청의 서리나 지방의 향리도 중인으로 취급되었다. 중인은 직역을 세습하고 같은 신분끼리 혼인하면서 관청 가까이에 살았다. 첩의 자손을 서얼이라고 하는데 양반의 첩에게서 태어난 서얼은 중인과 같은 대우를 받았다. 중인과 서얼을 합쳐 중서(中庶)라 부르기도 하였다. 중인은 전문직에 종사하여 나름 대우를 받고 부를 축적하기도 하였다.

상민은 생산 활동에 종사하였는데 대부분은 농민이었고 상인이나 수공업자도 있었다. 이들은 원칙적으로 과거에 응시할 자격이 있었지만 현실적인 이유로 쉽지 않았다. 사농공상이라 하여 수공업자나 상인은 농민보다 천시되었다. 한편 양인이지만 힘든 일을 담당하여 멸시를 받는 계층이 있었는데 이들을 신량역천(身良役賤)이라 하였다.

천민은 대부분 노비였다. 조선 전기에는 전체 인구 중에 1/3 이상이 노비였던 것으로 추정된다. 조선의 노비는 고려 시대보다는 지위가 개선되었다.

신분제의 변화

◈ 신윤복의 풍속화(문화재청)

임진왜란과 병자호란을 겪으면서 양반 계층의 무능력이 드러나고 양반의 권위가 실추되었다. 산업이 발달하고 상품 화폐 경제가 성장하면서 돈을 번 상민들이 신분 상승을 추구하면서 조선의 신분제에 큰 변화가 생기게 된다. 또한 정부가 재정난을 겪으면서 이를 타개하기 위해 납속첩과 공명첩을 발급하자 이를 이용하여 관직을 얻고 양반이 되는 사람들이 늘어났다. 일부 상민들은 양반의 족보를 매입하거나 위조하여 양반 행세를 하기도 하였다.

양반층 내에서도 계층 분화가 일어났다. 당쟁에서 승리하여 특권을 누리는 문벌 가문은 권반(權班)으로서 위세를 유지하였지만, 중앙 정부의 관직을 얻지 못한 시골 양반들은 향반(鄕班)으로 지역 사회에서 겨우 영향력을 유지하였다. 몰락한 양반은 잔반(殘班)이 되었는데 이들의 처지는 일반 농민이나 다를 바 없었다.

중인 계층의 신분 상승 운동도 활발히 전개되었다. 임진왜란 이후 서얼에 대한 차별이 조금씩 완화되었는데 서얼들은 자신들도 청요직에 진출할 수 있게 해달라는 통청 운동(通淸運動)을 전개하였고, 영조와 정조 때는 어느 정도 성과를 거두었다. 정조 때 규장각 검서관으로 중용된 박제가, 유득공, 이덕무 등이 서얼 출신이다. 서얼의 신분 상승 운동에 자극을 받은 중인들도 집단 상소를 통해 신분 상승을 꾀하였으나 이들의 요구는 받아들여지지 않았다. 중인들은 자신의 전문 지식을 활용하여 부를 축적하고 함께 모여 시를 짓는 시사(詩社)를 만들어 활동하기도 하였다.

✍ 농민이 광작 등을 통해 부를 축적하여 벼슬을 사서 양반이 되는 경우도 늘어났다. 이러한 신흥 양반들을 신향이라 하였는데, 이들은 전통적인 양반인 구향의 향촌 주도권에 도전하였다. 부농이 된 농민은 소수인 반면 다수의 농민들의 삶은 어려워졌다. 자기 땅을 잃고 소작농으로 전락하거나 소작지도 구하지 못하고 농촌 임노동자가 되거나, 농촌을 떠나 도시나 광산으로 유입되는 농민이 늘어나면서 농민층이 분화되었다.

○ 도산서원 전교당 내부(문화재청)

✍ 노비의 도망과 해방으로 조선 후기에는 노비제가 급속하게 무너져 갔다. 정부에서도 노비를 줄이기 위해 노비종모법을 실시하여 어머니가 양인인 경우에는 양인이 되도록 하였다. 또한 순조 원년(1801)에 공노비 66,000여 명을 해방시켜 양인으로 만들었는데, 인도적인 이유에서가 아니라 노비를 유지하는 것이 비효율적이어서 차라리 양인으로 만들어 세금을 걷는 것이 합리적이었기 때문이다.

서원과 향약

✍ 훈구파에게 밀리던 사림이 결국 최종 승자가 되었고 선조 이후 조선의 역사는 사림에 의해 이루어졌다. 사림이 최종 승자가 될 수 있었던 첫째 이유는 수적 우위이다. 한양의 몇몇 가문에 불과하던 훈구파와 달리 사림은 지방 향촌 사회에 기반을 두고 있었고 지방의 중소 지주들은 대부분 사림에 가까웠다. 사림 정권이 탄생한 이후 훈구파는 사림에게 흡수된다. 둘째 이유는 사림이 자신의 기반인 향촌을 확실하게 장악하였기 때문이다. 사림은 서원과 향약을 중심으로 향촌에 성리학적 윤리를 확산시키고 세력을 키워갔다.

✍ 서원은 훌륭한 유학자를 제사 지내고 성리학을 공부하는 사립 교육 기관이었다. 관립 교육 기관인 향교는 고려 때도 있었지만 서원은 16세기에 처음 세워졌다. 중종

때 풍기 군수 주세붕이 성리학을 도입한 안향을 기리기 위해 세운 백운동 서원이 최초였다. 백운동 서원은 이황의 건의에 의해 왕으로부터 편액(현판), 토지, 노비 등을 하사받아 사액 서원이 되었고 소수 서원으로 이름을 바꾸었다. 사림이 성장하며 서원은 크게 늘어났다. 그러나 서원은 당쟁의 온상이 되었고, 면세 특권을 이용하여 국가의 재정을 악화시키는 문제점도 있었다. 영조와 흥선대원군 때 서원을 대대적으로 정리하였다.

○ 여씨향약을 한글로 풀이 한 언해(국립중앙박물관)

✎ 향약은 전통적인 향촌 사회의 공동 조직에 유교적 이념을 결합시킨 자치 조직이다. 향약은 중종 때 조광조에 의해 도입되었다. 지방 양반들이 모여 일반 백성에게 성리학적 윤리를 확산시키면서 자신들의 영향력을 강화하는데 이용되었다.

서민 문화의 발달

조선 후기는 상공업이 발달하면서 농업 생산력이 증대되면서 서민 문화가 발달하였다. 서당 교육이 보급되고 서민의 지위가 높아진 것도 중요한 역할을 하였다. 문학과 공연 예술, 미술·공예 등에서 새로운 경향이 나타났고 서민이 문화의 주인공으로 떠올랐다. 서민 문화는 솔직하고 노골적이며, 형식에 구애받지 않는 것이 특징이다.

✎ 문학에서는 한글 소설과 사설 시조가 발달하였다.

✎ 공연 예술에서는 판소리와 탈놀이가 유행하였다.

✎ 진경 산수화·풍속화·민화가 널리 그려졌고, 서양화의 영향을 받은 그림도 나타났다.

✎ 백자가 널리 보급되었고 특히 청화 백자가 유행하였다. 서민들은 옹기를 많이 사용하였다.

서얼

첩의 자손을 서얼이라 한다. 어머니가 양인일 때는 서자(庶子), 천민일 때는 얼자(孼子)라 불렀다. 첩은 경제력이 있어야 얻을 수 있었기 때문에 아버지가 양반인 경우가 많았고, 양반의 첩에게서 태어난 서얼은 중인과 비슷한 대우를 받았다. 고려 이전까지는 서얼에 대한 차별이 거의 없었고, 조선 초기에도 서얼 출신으로 출세한 사람이 존재하였다. 그러나 태종 때 서얼을 차별하기 시작했고 경국대전에도 법제화되면서 여러 차별을 받았다. 문과에 응시할 수 없어 주로 무과나 잡과에 응시했고, 자신들끼리 혼인하며 별도의 계층을 이루었다. 이러한 서얼 차별은 양반이 자신의 기득권을 유지하기 위해 지배층의 숫자를 제한하기 위해 이루어졌다. 또한 성리학은 정통을 철저히 따지기 때문에 누가 본처이고 누가 첩인지 철저히 구분하려 한 것도 서얼 차별에 영향을 주었다.

○ 17세기 조선의 백자 달항아리(국립중앙박물관)

향전

신향과 구향의 향촌 주도권 다툼을 향전이라 하였는데, 신향이 관권의 도움을 받아 향회를 장악하는 경우가 점차 늘어났다. 양반층이 다양하게 분화되면서 예전처럼 단결하여 자신들의 이익을 확보할 수 없는 상황이 되면서 점차 향촌에서 관권의 힘이 강해졌다. 본래 지방 사족들이 수령을 보좌하고 아전을 감시해야 하는데 이런 역할을 수행할 수 없었다. 따라서 수령과 아전이 농민을 수탈할 때도 지방의 양반들은 이를 견제할 수가 없었고, 세도 정치기에 수령과 아전의 농민 수탈이 극심해지는 결과를 초래하였다.

신량역천

신량역천은 신분은 양인인데, 하는 일(役)이 천하다는 의미이다. 수군, 조례(관청 잡역), 나장(형벌 업무), 일수(지방 잡역), 봉수군, 역졸, 조졸(조운 업무) 등 일곱 가지 힘든 일에 종사하여 칠반천역(七般賤役)이라 하였다.

납속책과 공명첩

납속책(納粟策)은 국가가 재정난을 타개하거나 빈민 구제 기금을 마련하기 위하여 일정한 곡식이나 돈을 받고 특권을 주는 정책을 말한다. 곡식을 받고 벼슬을 주는 임명장이 납속첩이다. 공명첩은 임명장에 이름을 비워두고 필요할 때 기입해서 발행하는 증서이다. 납속책은 조선 전기에도 가끔 실시되었으나 임진왜란 때 부족한 전쟁 비용을 마련하기 위하여 대규모로 시행되었다. 전쟁이 끝난 뒤에도 현종과 숙종 때 잦은 기근 때문에 널리 발행되었다. 이러한 납속책은 조선의 신분제가 무너지는 데 큰 역할을 하였다.

34 실학의 발전과 국학 연구

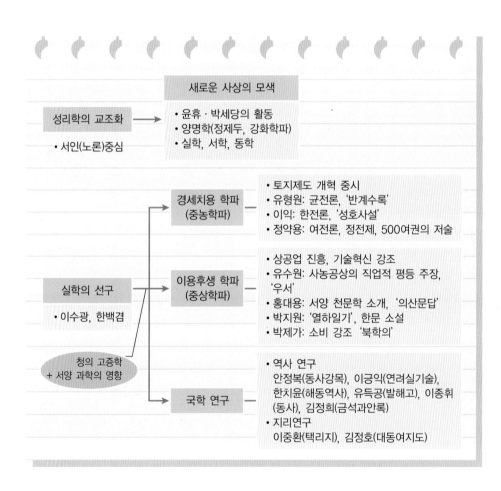

조선 전기		조선 후기			근대(1863이후)
15세기 (초기) 관학파, 훈구파 집권	16세기 (중기) 사화와 사림의 집권	17세기 (전란복구기) 양난과 복구	18세기 (중흥기) 영조와 정조	19세기 (세도정치기) 삼정문란	흥선대원군의 등장과 개항

새로운 사상의 모색

성리학의 교조화 ➡ • 윤휴 · 박세당의 활동
• 양명학(정제두, 강화학파)
• 서인(노론)중심 • 실학, 서학, 동학

경세치용 학파
(중농학파)
• 토지제도 개혁 중시
• 유형원: 균전론, '반계수록'
• 이익: 한전론, '성호사설'
• 정약용: 여전론, 정전제, 500여권의 저술

실학의 선구

• 이수광, 한백겸

이용후생 학파
(중상학파)
• 상공업 진흥, 기술혁신 강조
• 유수원: 사농공상의 직업적 평등 주장, '우서'
• 홍대용: 서양 천문학 소개, '의산문답'
• 박지원: '열하일기', 한문 소설
• 박제가: 소비 강조 '북학의'

청의 고증학
+ 서양 과학의 영향

국학 연구
• 역사 연구
안정복(동사강목), 이긍익(연려실기술),
한치윤(해동역사), 유득공(발해고), 이종휘
(동사), 김정희(금석과안록)
• 지리연구
이중환(택리지), 김정호(대동여지도)

실학의 선구자

새로운 문화 운동이 이수광, 한백겸 등에 의하여 제기되었다. 한백겸은 '동국지리지'를 저술하여 역사 지리를 치밀하게 고증하였다. 이수광은 '지봉유설'을 저술하여 문화 인식의 폭을 확대하였다. 이러한 새로운 흐름은 농업 중심의 개혁론, 상공업 중심의 개혁론, 국학 연구 등을 중심으로 확산되었다. 또한 이 시기에 청에서 전해진 고증학과 서양 과학의 영향을 받기도 하였다. 실학은 18세기에 가장 활발하게 전개되었으며 실학자들은 비판적이며 실증적인 논리로 사회 개혁론을 제시하였다.

경세치용 학파(중농학파)

특징
당쟁에서 패배하여 권력에서 물러난 남인을 중심으로 새로운 학문적 흐름이 나타났다. 몰락한 남인은 자신들이 농민과 비슷한 처지였기 때문에 농민 생활의 안정을 중시하였다. 농민 생활이 어려운 가장 큰 이유는 농민이 땅을 갖지 못했기 때문이라 파악하고 토지 제도의 개혁을 가장 중시하였다. 경세치용 학파의 토지 개혁 주장에는 모두 '밭 전(田)'이 들어간다.

유형원
🖋️ 17세기 후반에 활동한 유형원은 '반계수록'을 저술하였다.

🖋️ 토지 개혁론으로는 균전론을 주장하였다. 관리, 선비, 농민 등 신분에 따라 토지를 차등 있게 재분배하고 조세와 병역도 조정하자고 주장하였다. 신분 제도 자체를 부정하는 것은 아니고 기존의 토지 소유 관계를 신분에 따라 다시 재조정하자 주장한 것이다.

🖋️ 또한 양반 문벌 제도, 과거 제도, 노비 제도의 모순을 비판하였다.

이익

✍️ 18세기 전반에 활약한 이익은 유형원의 실학 사상을 계승하여 발전시켰고 많은 제자를 길러 내 성호 학파를 형성하였다. '성호사설'을 저술하였다.

✍️ 한전론을 주장하여 자영농 육성을 도모하였다. 한전론은 한 가정의 생활을 유지하는 데 필요한 최소한의 토지를 영업전으로 정한 다음, 영업전은 법으로 매매를 금지하고 나머지 토지만 매매를 허용하자고 주장하는 것이다.

✍️ 나라를 좀먹는 여섯 가지 폐단을 지적하였다. 노비 제도, 과거 제도, 양반 문벌 제도, 사치와 미신, 승려, 게으름이 그것으로 세 가지는 유형원의 주장과 겹친다.

◎ 성호사설유선(안정복이 스승인 이익의 성호사설을 정리한 책), (국립중앙박물관)

✍️ 폐전론을 주장하였다. 상품 화폐 경제가 발전하면서 그 부작용이 나타나자 이익은 돈을 없애버리자는 폐전론을 주장하였다.

✍️ 중국과 다른 우리 역사의 독자적인 정통론을 주장하였다. 정통은 단군 조선에서 기자 조선으로 이어지고, 위만은 찬탈자이므로 정통성이 없고 삼한이 정통이라 주장하였다. 또한 삼국은 모두 동등하므로 정통이 없고 통일 신라부터 정통이 다시 시작된다 보았다. 이러한 이익의 역사관을 바탕으로 제자 안정복이 동사강목을 저술하였다.

정약용

✍️ 실학을 집대성하였다. 정약용은 중농학파의 맥을 이은 인물이지만 과학 기술과 상공업 발달에도 관심을 가지고 중상학파의 인물들과도 교류하여 실학을 집대성하였다.

✍️ 정약용은 각종 제도의 개선 등 다방면에 관심을 가지고 500여 권의 저술을 남겼다. 특히 정조가 죽고 강진에서 오랜 유배 생활을 하면서 많은 학문적 성과를 이루었

다. 대표적인 저술로 지방 행정 개혁을 주장한 목민심서, 중앙 행정 개혁을 제시한 경세유표, 형벌 제도의 개혁을 제시한 흠흠신서 등이 있다.

✎ 토지 제도의 개혁론으로 여전론을 처음에 내세웠다가 후에 정전제를 현실에 맞게 실시할 것을 주장하였다. 여전론은 주민들이 토지를 공유하여 마을 공동 농장을 만들자는 주장이다. 또한, 보다 현실적으로 정전제를 다시 주장하였다. 정전제는 전국의 토지를 국유화하여 국가가 농민에게 토지를 나누어주는 제도이다. 정전을 편성하고 1/9를 공전으로 만들어 조세에 충당하고 나머지는 농민에게 분배하여 경작하도록 하자 주장하였다.

◐ 정약용의 대한강역고(국립중앙박물관)

이용후생 학파(중상학파)

특징

18세기에 상공업의 진흥과 기술의 혁신을 주장하는 실학자들이 나타났는데 이들은 청나라의 문물을 적극적으로 수용하여 부국강병과 이용후생에 힘쓰자고 주장하였기 때문에 이들을 이용후생학파, 또는 북학파라 하였다. 또한 중상학파라 하기도 한다. 북학은 북쪽, 즉 청나라의 문물을 배우고 수용하자는 입장으로 청을 정벌하자는 북벌론과 대비된다.

이들은 서울의 노론 집안 출신이 중심으로 자신들이 집권 세력으로 많은 토지를 가지고 있었기 때문에 토지 개혁보다는 기술 발전과 상업적 농업의 장려 등을 통하여 생산을 늘리자고 주장하는 사람들이었다. 이들 중 일부는 토지 개혁을 주장하기도 하였다.

유수원

✎ 유수원은 다른 사람과 달리 소론 계열의 인물이다.

✎ 18세기 전반에 활동하였으며, '우서'를 저술하였다.

📖 상공업 진흥과 기술 혁신을 강조하면서, 사농공상의 직업적 평등과 전문화를 주장하였다. 즉 선비, 농민, 수공업자, 상인은 평등하며 다만 다른 일에 종사할 뿐이라는 것이다. 유수원은 토지 제도 개혁보다 농업의 상업적 경영과 기술 혁신을 통한 생산력 향상을 강조하였다. 이러한 경향은 18세기 후반에 활동한 홍대용, 박지원, 박제가 같은 실학자들에게도 나타난다.

홍대용

📖 청에 왕래하며 얻은 경험을 토대로 기술 혁신, 문벌 제도 철폐, 성리학 극복이 부국강병의 근본이라 강조하였다.

📖 서양 천문학의 지전설과 무한우주론을 주장하며 중국 중심의 세계관을 비판하였다.

박지원

○ 박지원이 쓴 **열하일기**(위키피디아)

📖 청에 다녀와 열하일기를 저술하였다.

📖 상공업 진흥을 강조하고 수레와 선박의 이용, 화폐 유통의 필요성을 강조하였다.

📖 양반 문벌 제도의 비생산성을 비판하며 사회 비판적인 한문 소설을 많이 저술하였다. 허생전, 양반전, 호질 등이 대표적이다.

📖 중상학파이지만 농업에도 관심을 기울여 영농 방법의 혁신과 상업적 농업의 장려를 주장하였다. 토지 제도에서는 한전론을 주장하여 토지 소유를 제한하자 주장하였다.

📖 박지원의 손자가 고종 때 통상개국론자로 개항을 주장한 박규수이다.

박제가

 박지원의 제자이다. 유득공, 이덕무 등과 함께 서얼 출신으로 규장각 검서관에 임용되어 활동하기도 하였다.

 청을 다녀온 뒤에 '북학의'를 저술하여 청의 문물을 적극적으로 수용할 것을 주장하였다. 북학사상이라는 용어가 북학의에서 왔다.

 중상학파답게 상공업의 발달과 청과의 통상 확대 그리고 수레와 선박을 이용할 것을 강조하였다.

 생산과 소비와의 관계를 우물물에 비유하면서 생산을 자극하기 위해서는 절약보다 소비를 권장해야 한다고 주장하였다. 종래의 성리학적 사고방식은 절약을 강조하였는데, 소비를 강조한 것은 당시로는 대단히 창의적인 주장이었다.

국학 연구

배경

조선이 천하의 문명국이라 믿고 존중하던 명이 멸망하고 야만족으로 멸시하던 청이 중국의 주인이 되었다. 충격에 빠진 조선 선비들은 원조 중화가 망했기 때문에 이제 세상에 중화는 조선 밖에 남지 않았다는 '조선 중화 사상'을 갖게 되었다. 그러면서 조선에 대한 관심이 높아졌고 이런 배경에서 우리 것을 연구하는 국학 연구가 발전하였다. 국학은 국(國)에 대한 학문이라는 의미로 우리 민족의 전통과 현실에 대한 관심을 가지고 우리의 역사, 지리, 국어 등을 연구하게 되었다.

역사 연구

 이익은 실증적이며 비판적인 역사 서술과 중국 중심의 역사관에서 벗어나 우리 역사를 체계화할 것을 주장하였다. 이익은 위만은 찬탈자이므로 정통이 아니고 삼한이 정통이라 주장하는 등 우리 역사의 독자적인 정통론을 체계화하였다.

📖 안정복은 이익의 제자로 '동사강목'을 저술하여 스승인 이익의 역사 의식을 계승하였다. '동사강목'은 고조선에서 고려 말까지의 역사를 다루고 있다.

📖 이긍익은 '연려실기술'에서 자신이 살고 있는 조선 시대의 정치와 문화를 정리하였다. 사건을 최대한 배제하고 객관적으로 서술하였다.

📖 한치윤은 500여 종의 중국 및 일본 역사를 참고하여 '해동역사'를 편찬하고 민족사 인식의 폭을 확대하였다.

📖 유득공은 '발해고'에서 통일신라시대가 아니라 남북국시대라고 불러야 한다 주장하였다. 발해사를 편찬하지 않은 고려를 비판하였다.

📖 이종휘는 '동사'에서 고구려 역사를 연구하였다. 유득공과 이종휘의 연구는 고대사 연구의 시야를 한반도에서 벗어나 만주 지역까지 확대시켰다.

📖 김정희는 '금석과안록'을 지어 북한산비가 진흥왕 순수비임을 밝혔다. 이는 실증적 연구를 통해 얻은 성과였다.

지리 연구

이중환은 '택리지'를 저술하여 각 지역의 자연 환경과 물산, 풍속, 인심 등을 다루면서 어느 지역이 살기 좋은 곳인지를 평가하였다.

중국에서 서양식 지도가 전해지면서 정밀하고 과학적인 지도가 많이 제작되었다. 특히 김정호의 '대동여지도'는 산맥, 하천, 포구, 도로망을 정밀하게 표시하였고 거리를 알 수 있게 10리마다 눈금이 표시되었다. 또한 휴대하기 편리하고 쉽게 보급할 수 있도록 목판으로 인쇄되었다.

◯ 대동여지도(문화재청)

💬 백과사전류의 편찬

조선 후기에 실학이 발달하고 문화 인식의 폭이 확대되면서 백과사전 종류의 책들이 많이 편찬되었다.

이런 종류의 책의 효시라 할 수 있는 이수광의 '지봉유설'을 시작으로 이익의 '성호사설', 이덕무의 '청장관전서', 서유구의 '임원경제지', 이규경의 '오주연문장전산고' 등이 나왔다. 특히 영조와 정조 때에는 우리나라의 역대 문물을 정리하여 '동국문헌비고'를 편찬하였는데, 이 책은 한국학 백과 사전으로 지금도 중요한 역할을 하고 있다. 당시는 중국과 일본 뿐 아니라, 유럽에서도 백과사전류의 책을 편찬하는 것이 세계적인 유행이었다.

💬 실학의 재조명

실학(實學)은 원래 공리공담에 치중하는 헛된 학문이라는 의미의 허학(虛學)과 반대되는 의미로 실제로 쓸모 있는 참된 학문이라는 의미이다. 이런 의미에서 실학은 어느 나라 어느 시대에도 존재할 수 있다. 하지만 한국에서는 조선 후기에 나타난 하나의 학문적 경향으로, 성리학의 한계를 극복하기 위해 노력하면서 경세치용·이용후생·실사구시의 태도를 강조하는 학문이라는 의미로 사용하고 있다.

실학이 특히 주목받게 된 것은 근대에 들어와서이다. 밀려오는 외세의 물결 속에서 근대적 개혁을 추진할 필요성이 대두되는 개항기에 정약용과 박지원이 주목받기 시작했다. 1902년에 황성신문은 "실로 우리 대한제국의 정치학 가운데 제일 신서(新書)가 목민심서이다."라는 글을 실어 정약용을 높이 평가하기도 하였다.

1930년대에 정인보, 안재홍 등이 정약용 서거 99주년을 기념하여 정약용의 저서를 모은 '여유당전서'를 간행하면서 조선학운동을 제창하였다. 조선학운동은 '조선에 고유한 것, 조선 문화의 특색, 조선의 전통을 천명하여 학문적으로 체계화하는 것'이라 하였는데, 이들의 활동을 통해 '실학'이 역사 용어로 자리잡았다. 조선 후기에 이미 자생적으로 근대화의 가능성이 성장하고 있었음을 주목하는 근대맹아론의 입장에서도 실학은 중시되었다.

해방 이후에는 조선 후기의 내재적 발전의 가능성에 주목하면서 특히 실학을 강조하였고 많은 연구가 이루어졌다. 현재도 실학에 대한 관심은 여전하다. 특히 정약용과 박지원은 가장 인기있는 실학자이다. 그러나 실학도 결국은 성리학을 극복하지 못하였고, 실학이 제기한 개혁론도 현실적이지 못하다는 비판도 있다.

◎ 조선 후기에는 우리의 산천을 직접 보고 그리는 진경산수화가 유행하였다. 정선의 인왕제색도, 국보 제216호(문화재청)

35 유학의 발전

선사 시대		고대					중세	근세	근대 태동기	근대와 현대		
구석기	신석기	청동기	(초기) 철기	원삼국	삼국	남북국	고려	조선 초기	조선 후기	개항기	일제	현대

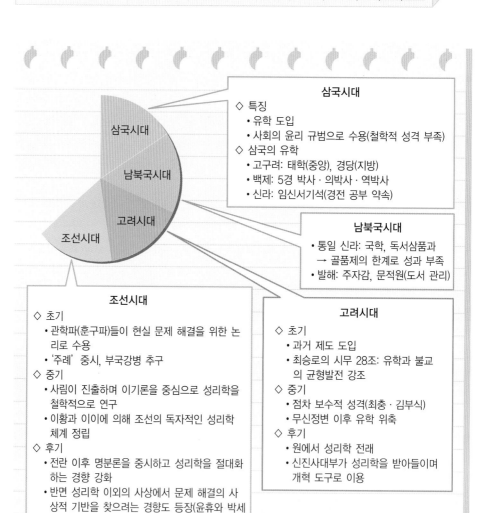

삼국시대

◇ 특징
  • 유학 도입
  • 사회의 윤리 규범으로 수용(철학적 성격 부족)
◇ 삼국의 유학
  • 고구려: 태학(중앙), 경당(지방)
  • 백제: 5경 박사 · 의박사 · 역박사
  • 신라: 임신서기석(경전 공부 약속)

남북국시대

  • 통일 신라: 국학, 독서삼품과
    → 골품제의 한계로 성과 부족
  • 발해: 주자감, 문적원(도서 관리)

조선시대

◇ 초기
  • 관학파(훈구파)들이 현실 문제 해결을 위한 논리로 수용
  • '주례' 중시, 부국강병 추구
◇ 중기
  • 사림이 진출하며 이기론을 중심으로 성리학을 철학적으로 연구
  • 이황과 이이에 의해 조선의 독자적인 성리학 체계 정립
◇ 후기
  • 전란 이후 명분론을 중시하고 성리학을 절대화하는 경향 강화
  • 반면 성리학 이외의 사상에서 문제 해결의 사상적 기반을 찾으려는 경향도 등장(윤휴와 박세당, 양명학 수용, 실학 등장)

고려시대

◇ 초기
  • 과거 제도 도입
  • 최승로의 시무 28조: 유학과 불교의 균형발전 강조
◇ 중기
  • 점차 보수적 성격(최충 · 김부식)
  • 무신정변 이후 유학 위축
◇ 후기
  • 원에서 성리학 전래
  • 신진사대부가 성리학을 받아들이며 개혁 도구로 이용

고대의 유학

고대 유학의 특징

중국에서 한자가 전래되면서 유학도 함께 들어왔다. 초기의 유학은 충과 효를 강조하는 사회 윤리 규범으로서 받아들여졌고, 철학의 성격은 부족했다. 사회 윤리 규범으로서의 유학은 불교와 큰 충돌 없이 공존하였다.

○ 임신서기석(국립중앙박물관)

삼국의 유학

삼국은 교육 기관을 세워 유학을 가르쳤다. 삼국 시대의 유학은 학문적으로 깊이 있게 연구된 것이 아니라 충(忠), 효(孝), 신(信) 등의 도덕 규범을 장려하는 정도였다.

✎ 고구려는 수도에 태학을 세워 유교 경전과 역사서를 가르쳤고, 지방에는 경당을 세워 청소년들에게 한학과 무술을 가르쳤다.

✎ 백제는 5경 박사와 의박사, 역박사 등을 두어 유교 경전과 기술학 등을 가르쳤다.

✎ 신라는 특별한 교육기관이 있었던 것은 아니지만 임신서기석을 보면 신라에서도 청소년이 유교 경전을 공부했던 사실을 알 수 있다.

통일 신라와 발해의 유학

✎ 통일 신라는 신문왕 때 국학이라는 유학 교육 기관을 설립하였다. 경덕왕 때는 국학을 태학이라 고치고 박사와 조교를 두어 유교 경전을 가르쳤다.
원성왕 때는 유교 경전의 이해 수준을 시험하여 관리로 채용하는 독서삼품과를 두었다. 그러나 골품 제도의 한계 때문에 큰 성과를 거두지는 못하였다.

✎ 발해는 주자감을 설립하여 귀족 자제에게 유교 경전을 가르쳤다. 또한 문적원을 두어 책과 문서 등을 관리하였다.

고려의 유학

🖋️ 고려 시대에는 유교와 불교가 함께 발전하였다. 이러한 고려의 특징은 최승로의 시무 28조를 보면 알 수 있다. 최승로는 유교는 치국(治國)의 도, 불교는 수신(修身)의 도라 하여 함께 발전시킬 것을 강조하였다.

고려 초기의 유학

◎ 삼국사기(문화재청)

🖋️ 태조 때 신라 6두품 계열의 유학자들이 활동하였다.

🖋️ 광종 때 과거 제도를 처음으로 실시하여 유학을 공부한 사람을 관료로 뽑았다.

🖋️ 성종 때는 최승로의 시무 28조를 받아들여 유교 정치 사상이 확립되었다. 고려 초기의 유학은 자주적이고 주체적인 특성을 띠었다.

고려 중기의 유학

고려가 안정되면서 유학도 점차 보수적인 성격을 가지게 되었다. 이 시대를 대표하는 인물이 최충과 김부식이다.

🖋️ 최충은 문종 때 활동한 인물로 해동공자라는 칭송을 들으며 고려의 유학을 한 단계 높였다. 관직에서 물러 난 후에 9재 학당이라는 사립 학교를 세워 유학 교육에 힘썼는데, 이후 고관들이 사립 학교를 세우는 유행이 나타나면서 많은 사립 학교들이 생겼다. 그러나 관립 교육을 위축시키는 부작용도 생겼다.

🖋️ 인종 때 활동한 김부식은 보수적이고 현실적인 인물로 고구려 계승을 주장한 묘청의 서경 천도 운동을 진압하고 신라를 중심으로 하는 '삼국사기'를 편찬하였다.

🖋️ 무신 정변이 일어나 문벌 귀족이 몰락하면서 고려의 유학도 한동안 위축되었다.

고려 후기의 유학

고려 후기에는 성리학이 전래되어 사상계 뿐 아니라 정치, 경제, 문화의 각 분야에 큰 영향을 주었다. 성리학은 경전에 쓰여진 글자의 해석에 주력하던 종래의 훈고학과 달리 인간의 심성과 우주의 원리 문제를 철학적으로 탐구하여 신유학이라 불리었다.

✍ 고려에 성리학을 처음 소개한 인물은 충렬왕 때 안향이었다. 안향은 사후에 우리나라 최초의 서원인 백운동 서원에 배향되었다.

✍ 이제현은 충선왕이 원에 세운 만권당에서 원의 학자들과 교류하면서 성리학에 대한 이해를 깊이하였다. 이제현은 귀국한 후에 이색 등에게 영향을 주었고, 이색은 정몽주, 권근, 정도전 등을 가르치면서 성리학이 더욱 확산되었다.

✍ 성리학을 수용한 사람들은 대부분 신진사대부로 이들은 현실 문제를 개혁하기 위한 실천의 도구로 성리학을 수용하였다. 또한 불교의 폐단을 비판하면서 유교적 생활 관습을 시행하고자 하였다.

○ 안향의 초상, 국보 111호(문화재청)

조선의 유학

조선 초기의 성리학

조선 초기를 주도한 관학파들은 성리학을 현실 문제 해결을 위한 개혁의 사상으로 이해하였다. 부국강병과 민생안정에 도움이 된다면 성리학 외에 한·당의 유학, 불교, 도교, 풍수지리 등의 다른 사상에 대해서도 비교적 관대한 태도를 취하였다.

조선 중기의 성리학

점차 중앙 정치계로 진출한 사림파들은 성리학을 강조하면서 다른 사상에 대하여 배타적 태도를 보이기 시작하였다. 이들은 형벌보다 교화를 앞세우는 왕도 정치를 강조하고 성리학적 이념을 실천하여 사회 문제를 해결하려 하였다. 성리학이 조선에 도입된 지 100년 이상 지났으나 아직 성리학에 대한 이해가 완벽하지 못하였는데, 이황과 이이가 등장하면서 조선은 성리학을 완벽하게 이해하고 독자적인 발전을 이룩하였다.

16세기 후반에는 이황과 기대승 사이에서 인간의 본성을 둘러싸고 사단칠성논쟁이 벌어지기도 하였다.

성리학의 교조적 성향과 새로운 사상의 모색

○ 송시열 초상(문화재청)

양란 이후 조선 사회가 급격히 변화하였는데, 종래의 성리학은 이러한 사회 변화를 해결하는 데 한계를 드러냈다. 당시 조선의 지배층은 주자의 해석을 절대시하면서 성리학을 그들이 이해하는 모습 그대로 고수하려고 하였다. 이런 상황에서 성리학 외에 다른 사상에 관심을 갖는 사람들이 늘어났다.

윤휴와 박세당은 주자가 등장하기 이전에 나온 경전과 유교 외에 다른 제자백가를 연구하면서 유교 경전에 대하여 주자와 다른 새로운 해석을 시도하였다. 이에 송시열을 중심으로 하는 서인(노론)이 이들을 유학을 어지럽히는 사문난전이라 비판하면서 윤휴와 박세당은 죽음을 당하였다.

중종 때 명에서 양명학이 전래되었다. 양명학은 실천을 강조하였고, 배우고 익혀서 원리를 이해하는 것보다 자연스러운 마음의 원리를 따를 것을 강조하였다. 처음에는 많은 유학자드리 관심을 가졌지만 이황이 불교의 선종과 다를 바 없다고 비판하면서 이단으로 간주되었고, 정권에서 소외된 소론 계열이나 종친들이 연구하는 학문으로 인식되었다. 18세기에는 정제두를 중심으로 강화학파가 형성되었다.

성리학은 철학적 성격을 강하게 가지고 있었다. 18세기에는 이이 학파를 계승한 노론 내부에서 인간과 사물의 본성을 둘러싸고 호락논쟁이 전개되었다. 충청도의 호론은 청을 배척할 것을 주장하였고, 한양의 낙론은 청의 문물을 수용할 것을 역설하였다.

🗨 유학의 역사

① 초기 유학(원시 유학)

유학은 춘추 전국 시대에 등장한 제자백가 중 하나로서 공자 이전부터 내려오는 사상과 문화를 공자가 정리하고 집대성하였다. 이후 공자를 따르는 학자들이 이를 계승하여 체계적으로 발전시키면서 유학이 성립되었다. 유학은 학문적인 측면, 유교는 종교적인 측면을 강조한 용어이다. 이 시기의 유학을 대표하는 인물이 공자, 맹자, 순자 등이다.

② 분서갱유와 유학의 위기

진시황이 중국을 통일한 뒤에 사상을 통제하기 위하여 유학의 경전들을 불태우고 유학자를 생매장하는 사상 탄압을 자행하는데 이를 분서갱유라 한다. 분서갱유 이후 유학은 전해 내려오던 경전을 상실하고 큰 어려움에 처한다.

◉ 성리학을 완성한 남송의 주희(위키피디아)

③ 훈고학의 성립

분서갱유로 많은 문헌이 없어졌기 때문에 진 이후의 유학은 사라진 경전을 복원하고 경전의 내용에 주석을 달아 경전이 가진 원래의 뜻을 밝히려는 방향으로 발전하였다. 이러한 경향의 유학을 훈고학이라 하는데, 한과 당에서 발전했기 때문에 한당유학이라고도 한다.

본래 공자 이래의 유학은 굉장히 현실적인 학문이었다. 사람이 죽고 난 뒤에 어디로 가는지, 우주의 본질은 무엇인지에 대하여는 설명을 하지 않았는데, 이러한 현실성은 공자의 특징이기도 했다. 그러나 인간은 이런 형이상학적인 의문을 갖기 마련이고, 훈고학 시절의 유학은 여기에 대하여 제대로 대답하지 못하였기 때문에 불교나 도교가 이를 대신하였다. 이 시기의 유학은 불교에 대하여 배타적이지 않았고 공존하는 경향이 있었다.

④ 성리학의 등장

송 대에 이민족의 침입으로 중국이 큰 어려움을 겪고 중국인의 자존심이 상처를 입게 되었다. 이런 상황에서 외래 종교인 불교를 비판하는 지식인들이 늘어났고 또한 불교가 크게 발전하면서 사회적인 폐단도 늘어나는 상황이 되었다. 이때 일부 유학자들은 과거의 유학 경전을 철학적인 측면에서 재해석하여 새로운 시대에 맞는 새로운 비전을 제시하려 하였다. 정호, 정주, 주돈이 같은 초기 성리학자들이 이러한 연구를 하였는데, 이를 집대성하여 학문 체계로 완성한 사람이 바로 남송의 주희, 즉 주자이다.

성리학은 불교와 도교의 형이상학적 측면에 영향을 받아 우주의 본리와 세계의 본질에 대한 나름의 견해를 제시하였다. 성리학은 이기론으로 세상을 설명하였는데, 세상에 존재하는 모든 사물은 그 존재하는 이치를 규정하는 이(理)와 물질적 근원인 기(氣)에 의해서 성립하고 존재한다는 것이다. 이러한 성리학의 이념이 사회에서 실현된 것이 명분론(名分論)으로, 명분론은 이름에 맞게(名分) 살아갈 것을 요구하였다. 즉 임금은 임금답게, 신하는 신하답게 자신의 본분을 지키면서 살아야 한다 주장하였다. 또한 성리학은 화이론을 강조하면서 중화와 오랑캐를 철저히 구분하였다. 이런 입장에서 대의명분과 정통을 강조하였다. 성리학의 이러한 입장은 체제 유지에 유리한 논리를 제공하였기 때문에 중국의 왕조는 성리학을 관학으로 채택하였는데, 양명학이 유행한 명, 고증학이 발전한 청 대에도 국가의 관학은 성리학이었다.

⑤ 양명학의 발전
명 대에 산업이 발전하면서 전통적인 사회 구조가 변화하기 시작하였는데, 성리학은 이러한 변화에 제대로 대처하지 못하였다. 성리학은 본질적으로 사대부와 지주를 위한 학문이었는데, 새로 성장하는 상인과 부농을 만족시킬 새로운 학문이 필요하였다. 명의 왕수인은 하늘의 이치는 경전이나 사물에 있는 것이 아니라 사람의 마음에 있다고 하는 심즉리설(心卽理說)과 지식은 실천을 통하여 완성된다는 지행합일설(知行合一說)을 주장하였다.

◎ 최치원이 글을 짓고 그의 사촌이 글씨를 쓴 낭혜화상 탑비, 국보 제8호(문화재청)

⑥ 고증학의 발전
청 대에는 경전을 실증적으로 연구하면서 학문의 영역을 음운학·철학·역사학·지리학 등으로 넓혀가는 고증학이 발달하였다. 고증학은 객관적인 사실 연구를 강조하였다. 고증학의 발전은 만주족이 세운 청이 중국 대륙을 차지하면서 청에 비판적인 사상을 철저하게 단속하였기 때문에 현실 정치를 비판하기 어려운 당시 상황과도 관련이 있었다.

⑦ 공양학의 발전
청 말에는 고증학이 가지는 이러한 한계를 비판하고 주관적인 가치 판단을 강조하면서 현실 개혁을 주장하는 공양학이 발전하였다.

💬 유학의 발달과 한국 유학의 변화
① 우리나라에 유학이 처음 들어온 것이 언제인지는 정확하게 알 수 없다. 그러나 철기 시대 유적지인 창원 다호리 유적에서 붓이 나온 것으로 볼 때, 한자와 유학은 아주 이른 시기부터 전래되었을 것이다. 삼국 시대와 고려 전기의 유학은 훈고학적인 유학으로 경전의 뜻을 찾는 것이 주된 관심사였고, 인간이 해야 할 도리를 강조하는 사회 윤리로서의 성격이 강하였다. 이때의 유학은 불교와 충돌하지 않고 공존하였다. 통일 신라의 최치원, 고려의 최승로는 전부 불교를 인정하였고, 유교와 불교가 함께 발전할 수 있다고 보았다.
② 고려 후기 충렬왕 때 안향이 원에서 성리학을 들여왔고, 신진사대부가 사회 개혁의 이념으로 성리학을 수용하면서 변화가 나타났다. 성리학자들은 불교를 비판하였고 성리학으로 불교를 대신하려 하였다. 정도전의 '불씨잡변'이 이런 경향을 잘 보여준다.
③ 조선 전기에 명을 통해 양명학이 들어왔다. 처음에는 양명학에 관심을 보이는 유학자들이 많

이 있었으나 이황이 양명학을 '유학의 탈을 쓴 불교'라 비판하면서 양명학 연구는 위축되었다. 조선 후기에는 정권에서 소외된 소론, 종친들이 양명학을 주로 연구하였고, 18세기에 정제두는 제자들과 함께 강화로 이주하여 강화학파를 이루었다. 강화학파는 실학자들과 교류하면서 다양한 분야를 연구하였는데, 일제강점기의 독립 운동가들 중에 강화학파의 맥을 이은 사람도 많이 있었다.

④ 조선 후기 실학 연구는 청의 고증학의 영향을 받았다. 고증학의 실증적 연구 학풍은 실학의 연구 방법에 영향을 주었고, 김정희가 북한산 순수비를 해독하는 과정에서도 청의 고증학자와 교류하면서 도움을 받았다.

⑤ 개항 이후 국권 회복을 위해 추진된 애국계몽운동은 청 말의 공양학의 영향을 받았다. 공양학자인 량치차오의 책은 당시 조선에 널리 소개되었다.

○ 성학집요, 이이가 군주의 학문과 도학의 주요 내용을 유교경전에서 뽑아 엮은 책(국립중앙박물관)

💬 이황과 이이

① 성리학은 인간의 심성과 우주의 원리를 철학적으로 탐구하는 신유학이다. 고려 말에 신진사대부들은 성리학을 수용하면서 사회 개혁의 논리로 활용하였다. 그러나 조선 초까지는 아직 성리학의 철학적 측면에 대한 이해가 부족한 편이었다. 16세기 이후 사림들은 성리학을 깊이 있게 연구하면서 주자의 성리학을 완벽하게 이해하고 조선의 독자적인 성리학으로 발전시켰다. 조선 성리학은 이기론을 중심으로 발달하였는데, 이기론을 세상을 본질적인 이(理)와 현상적인 기(氣)로 나누어 이와 기의 관계로 세상을 설명하는 이론이다. 특히 이황과 이이는 인간의 심성을 깊이 연구하여 조선 성리학의 수준을 크게 끌어올렸다.

② 이황(1501~1570)은 연산군 때 태어나 여러 번의 사화를 겪었고, 을사사화 때는 그의 형이 연루되어 죽음을 당하는 것을 목격하였다. 이런 상황에서 이황은 벼슬을 버리고 고향에 은둔하여 도산 서당을 짓고 많은 제자들을 가르쳤다. 자신에게 주어진 벼슬을 사양하거나 물러난 것이 20여 회에 이를 정도로 현실 정치에 참여하기 보다는 학문에 전념하였다. 이황은 근본적이며 이상주의적인 성향이 강하였다. 그는 '성학십도'에서 왕이 스스로 인격을 수양하고 학문을 공부해야 한다고 주장하였다. 성학은 성리학을 의미하며, 성리학의 핵심을 10장의 그림으로 정리한 것이 '성학십도'이다. 기본적으로 왕의 권위를 인정한 이황의 입장은 그의 학맥을 계승한 남인에게 이어졌다.

○ 퇴계 이황 선생이 쓴 경간당 시첩(국립중앙박물관)

③ 이이(1536~1584)는 이황보다 한 세대 뒤의 인물로 사림이 정권을 잡았을 때 활동한 인물이다. 과거에 9번이나 수석으로 합격하여 구도장원공이라는 별명을 갖고 있었던 이이는 현실적으로 개혁적인 성격을 가졌다. '동호문답'에서 공납의 폐단을 비판하며 수미법의 실시를 주장하였고, '성학집요'에서는 현명한 신하가 왕을 도와 왕의 기질을 변화시켜야 한다고 주장하였다. 왕의 주도권을 인정한 이황에 비해 신하의 역할을 강조하는 이이의 입장은 그의 학맥을 이은 서인(노론)에게 전해졌다. 서인과 남인이 예송 논쟁에서 충돌한 것은 이러한 이이와 이황의 태도와도 관련이 있다.

36 불교의 발전

선사 시대				고대			중세	근세	근대 태동기	근대와 현대		
구석기	신석기	청동기	(초기) 철기	원삼국	삼국	남북국	고려	조선 초기	조선 후기	개항기	일제	현대

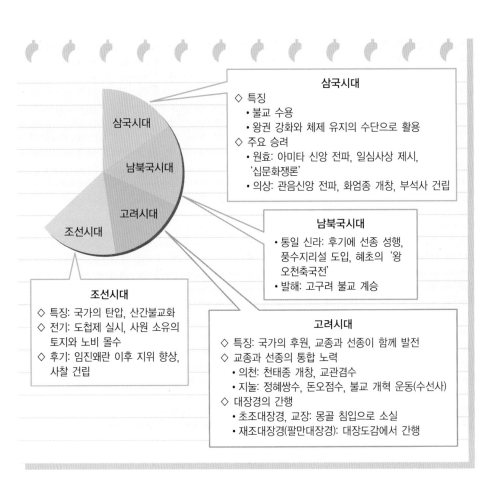

삼국시대
◇ 특징
　• 불교 수용
　• 왕권 강화와 체제 유지의 수단으로 활용
◇ 주요 승려
　• 원효: 아미타 신앙 전파, 일심사상 제시, '십문화쟁론'
　• 의상: 관음신앙 전파, 화엄종 개창, 부석사 건립

남북국시대
• 통일 신라: 후기에 선종 성행, 풍수지리설 도입, 혜초의 '왕 오천축국전'
• 발해: 고구려 불교 계승

고려시대
◇ 특징: 국가의 후원, 교종과 선종이 함께 발전
◇ 교종과 선종의 통합 노력
　• 의천: 천태종 개창, 교관겸수
　• 지눌: 정혜쌍수, 돈오점수, 불교 개혁 운동(수선사)
◇ 대장경의 간행
　• 초조대장경, 교장: 몽골 침입으로 소실
　• 재조대장경(팔만대장경): 대장도감에서 간행

조선시대
◇ 특징: 국가의 탄압, 산간불교화
◇ 전기: 도첩제 실시, 사원 소유의 토지와 노비 몰수
◇ 후기: 임진왜란 이후 지위 향상, 사찰 건립

삼국시대
남북국시대
고려시대
조선시대

고대의 불교

고대 불교의 특징

인간이 문화를 발전시키면서 자연스럽게 종교가 등장하였다. 불교나 유교 같은 외래 종교가 도입되기 전에 우리 민족이 전통적으로 믿던 종교는 샤머니즘, 토테미즘 같은 토속 신앙이었다. 이런 토속 신앙은 개인적 신앙으로는 별 문제가 없었으나 국가 전체를 통합하기는 힘들었다.

불교나 유교가 도입되면서 국가 체제를 뒷받침하고 국민 정신을 통합하는 역할을 담당하였다. 성리학이 등장하기 이전의 유교는 우주의 원리와 인간의 본성을 설명하는 데 한계가 있어 불교와 공존하고 있었다. 따라서 삼국 시대와 고려 시대에는 불교가 국가적 차원에서 중요한 역할을 하였다. 인과응보와 업설이라는 불교의 교리는 왕권을 뒷받침하고 체제를 유지하는 데 훌륭한 이념을 제공하였다.

○ 예산 수덕사 대웅전, 수덕사는 백제 시대에 세워졌는데 원효가 다시 고쳐 지었다고 전한다. 국보 제49호(문화재청)

불교의 도입

🐟 고구려는 소수림왕 때 중국 화북 지역에 세워진 전진을 통해 불교를 수용하였다 (372).

🐟 백제는 침류왕 때 중국 남조의 동진을 통하여 수용하였다(384). 6세기 성왕 때는 노리사치계를 통해 일본에 불교를 전해주었다.

🐟 신라는 5세기 눌지왕 때 고구려를 통해 불교를 수용하였으나 전통 신앙과 귀족의 반발로 100여 년 동안 공인되지 못하다 16세기 법흥왕 때 이차돈의 순교를 계기로 공인되었다. 법흥왕 이후 여섯 명의 왕이 불교식 왕명을 사용하였으며(법흥왕, 진흥왕, 진지왕, 진평왕, 선덕여왕, 진덕여왕), 화랑을 미륵의 화신으로 보기도 하였다.

주요 승려의 활동

① 원효(617~686)

원효와 의상은 삼국 통일을 전후해서 활동한 신라의 승려이다. 원효와 의상이 당에 유학을 떠났다가 무덤 속에 들어가 해골물을 마신 뒤에 의상은 원래 뜻대로 유학을 떠났는데, 원효는 모든 것은 마음 먹기 달렸다는 깨달음을 얻고 신라에 돌아왔다는 설화는 유명하다. 그러나 이 설화가 진실인지는 확실치 않다. 의상이 김씨도 진골 출신인데 비해 원효는 설씨로 6두품 출신이었다.

원효는 신라에서 활동하였지만 많은 불교 서적을 읽고 '대승기신론소', '금강삼매경론' 등을 비롯한 방대한 저술을 남겼다. 그는 당시 불교 종파 간의 대립을 해결하기 위하여 모든 것은 한 마음에서 나온다는 일심 사상을 제시하였고, '십문화쟁론'을 지어 여러 종파의 사상적 대립을 완화하였다.

불교 대중화에도 앞장서 아미타부처의 이름만 간절하게 외우면 극락에 갈 수 있다는 아미타 신앙을 전파하였다. 원효는 화엄 사상도 깊이 연구하였다.

● 부산 범어사의 의상대사 영정(문화재청)

② 의상(625~702)

의상은 '화엄일승법계도'를 저술하여 화엄 사상을 정립하였다. 그는 신라에 화엄종을 개창하고 부석사를 비롯한 여러 사원을 건립하였다. 화엄종은 화엄경을 기본 경전으로 삼는 종파인데, 화엄경은 모든 존재는 상호 의존적인 관계에 있으면서 서로 조화를 이루고 있다는 것을 강조하여 통일 직후 신라 사회를 통합하는데 크게 기여하였다. 화엄종은 신라나 고려에서 왕실 중심으로 발전하였다. 의상은 현세에 살아서 중생의 고통을 덜어준다는 관세음보살을 신앙하는 관음 신앙을 널리 전파하였다.

③ 혜초(704~787)

혜초는 인도와 중앙아시아 일대를 여행하고 와서 '왕오천축국전'을 남겼다.

통일 신라와 발해의 불교

✎ 통일 신라에서는 통일을 전후한 시기에 선종이 전래되었다. 초기에는 크게 주목받지 못하였으나 하대에 크게 유행하게 되었다. 또한 선종 승려들은 중국에서 유행한 풍수지리설을 들여왔다.

✎ 발해는 고구려 불교를 계승하였고, 왕실과 귀족을 중심으로 유행하였다. 문왕은

스스로를 불교적 성왕으로 일컬었다.

고려의 불교

고려 불교의 특징

고려를 건국한 왕건은 독실한 불교 신자로 훈요십조에서 불교를 숭상할 것을 강조하였다. 고려 초기에는 왕실과 귀족의 후원을 받는 화엄종과 법상종이 성행하였다. 선종 또한 계속 발전하고 있었다.

의천(1055~1101)

문종의 넷째 아들인 의천은 일찍이 출가하여 승려로 있다 송에 다녀왔다. 귀국한 뒤에 화엄종을 중심으로 교종을 통합하고 다시 선종까지 끌어들이려 하였다. 이를 위해 천태종을 창시하였다.

◎ 순천 선암사의 대각국사 의천 초상(문화재청)

이론의 연마와 실천을 아울러 강조하는 교관겸수를 제창하였다. 교는 교종의 수행 방법, 관은 선종의 수행 방법을 말하며 이를 겸해서 수행한다는 의미이다. 교종의 수행 방법이 앞에 나온 것을 보면 교종 중심의 통합임을 알 수 있다. 선종은 여기에 불만을 가졌으나 일단 따를 수 밖에 없었다. 그러나 불교의 폐단을 적극적으로 시정하려는 대책은 따르지 않았고, 의천이 죽고 교단은 다시 분열하였다.

지눌(1158~1210)

지눌은 우선 집권기에 선종을 중심으로 교종을 포용하며 선교 일치 사상을 완성하였다. 지눌은 정혜쌍수를 제창하여 선과 교학을 나란히 수행하자고 주장하였다. 정은 선종의 수행 방법, 혜는 교종의 수행 방법을 의미하므로 의천과 반대로 선종을 중심으로 교종을 통합하려는 주장임을 알 수 있다.

◎ 대구 동화사의 보조국사 지눌 초상(문화재청)

지눌이 함께 주장한 돈오점수는 내가 곧 부처라는 진리는 단번에 깨달아야 하지만 인간의 한계 때문에 깨달은 뒤에도 수행을 꾸준히 하여야 한다는 주장이다.

지눌은 세속적 이익에 집착하는 타락한 불교계를 비판하였다. 지눌은 승려 본연의 자

4일차 조선 시대

세로 돌아가 독경과 선 수행, 노동에 힘쓰자는 개혁 운동인 수선사 결사를 제창하였다. 수선사 결사는 전라남도 순천 송광사에 중심을 두었고 개혁적인 승려와 지방민의 호응을 얻었다. 지눌 이후 조계종이 크게 흥성하였다.

주요 승려들의 활동

✍ 혜심은 유불일치설을 주장하며 심성의 도야를 강조하여 장차 성리학을 수용할 수 있는 사상적 토대를 마련하였다.

◎ 합천 해인사 대장경판,
국보 제32호(문화재청)

✍ 요세는 전라남도 강진 만덕사에서 백련 결사를 제창하였다. 자신의 행동을 진정으로 참회할 것을 주장하였다.

✍ 고려 말의 혼란기에 보우는 불교 개혁을 강조하며 교단을 통합, 정리하려 하였으나 큰 성과를 거두지 못하였다.

대장경의 간행

대장경은 불교에 관련된 서적을 모두 모아 체계적으로 정리하여 집대성한 것으로 경·율·논의 삼장으로 구성되었다. 경은 부처가 말한 근본 교리, 율은 교단에서 지켜야 할 계율, 논은 경과 율에 대한 승려와 학자의 의견이나 해석을 말한다. 대장경을 간행한다는 것은 불교 교리에 대한 정확한 이해가 있어야 가능하기 때문에 그 나라의 높은 문화적 수준을 보여준다.

① 초조 대장경

현종 때 거란의 침입을 받은 고려는 부처의 힘을 빌어 거란을 물리치고자 대장경을 간행하였다. 70여 년 동안에 걸쳐 목판에 새겨 간행한 초조 대장경은 몽골 침입 때 불타버렸지만, 인쇄본 일부가 남아 고려 인쇄술의 정수를 보여주고 있다.

② 교장

의천은 고려 뿐 아니라 송, 거란, 일본 등에서 대장경에 대한 주석서를 모아 교장을

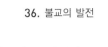

편찬하였다. 이를 위하여 목록인 신편제종교장총록을 만들고, 교장도감을 설치하여 간행하였다. 그러나 몽고 침입 때에 교장도 불타버리고 일부 인쇄본만 남아 있다. 교장은 경·율·논이 아니라 이에 대한 주석서를 모은 것이기 때문에 대장경으로 분류하지 않는다.

③ 재조대장경(팔만대장경=고려대장경)

몽골 침입으로 초조대장경과 교장이 모두 불타버렸다. 고종 때 초조대장경을 대신하여 대장경을 다시 만들었다. 대장도감을 설치하여 만든 재조대장경은 8만 장이 넘는 목판이므로 팔만대장경이라고도 부른다. 팔만대장경은 방대한 내용을 담았으면서도 잘못된 글자나 빠진 글자가 거의 없는 것으로 유명하다.

◑ 서울 원각사지 십층석탑, 고려 말에 세워진 경천사지 십층석탑의 영향을 받은 조선 초기의 석탑이다. 국보 제3호(문화재청)

조선의 불교

조선 불교의 특징

성리학을 국가 이념으로 채택한 조선에서는 불교가 크게 위축되었다. 사원 소유의 토지와 노비를 몰수하고, 승려 허가제인 도첩제를 통하여 승려가 되는 출가를 제한하였다. 그러나 건국 초에는 국왕 자신이 불교 신자인 경우가 많아 왕실에서 불교를 신봉하고 불교 관련 서적을 편찬하기도 하였다.

성종 이후 점차 성리학이 정착하였고, 사림은 불교에 배타적 태도를 취하였다. 불교는 점차 산으로 들어 가 산간 불교가 되었다. 이제 국가적 이념으로서의 불교는 쇠퇴하고 개인적 신앙으로서 살아남게 되었다.

임진왜란 당시의 승병 활동

임진왜란이 터지면서 서산대사와 사명대사 등이 이끄는 승병들이 크게 활동하였다. 조·명 연합군이 평양성을 탈환할 때도 승병이 중요한 역할을 하였다. 전쟁 이후 불교의 위상이 다소 높아지면서 조선 후기에 여러 사찰들이 세워졌다.

🗨 불교의 역사

① 원시 불교
브라만교의 형식화와 카스트제도에 반발하며 석가모니가 불교를 창시하였다. 석가모니 생전의 불교를 원시불교 또는 근본불교라 한다.

② 부파 불교
석가모니가 입적한 후에 부처의 말씀을 정리하고 해석하는 과정에서 다양한 학설과 교단이 등장하게 된다. 이렇게 다양한 교단이 등장하던 시기의 불교를 부파 불교라 한다. 보수적인 종파는 출가를 전제로 하여 계율을 엄격하게 지키면서 수행하였고, 자신의 해탈을 목적으로 삼았다. 이들을 상좌부(上座部)라 한다. 반면 이를 비판하면서 개인의 해탈보다 중생의 구제를 강조하고 출가한 승려 못지않게 생업에 종사하면서 수행하는 재가자들을 중시하는 이들을 대중부(大衆部)라 하며 이들의 대립을 근본분열이라 한다. 대중부는 스스로를 대승(大乘)이라 칭하고, 이에 반해 기존의 부파불교를 소승(小乘)이라 낮추어 불렀다. 상좌부 불교를 소승 불교라 칭하는 것은 비하적인 표현이므로 상좌부 불교 또는 남방 불교라 하여야 한다.

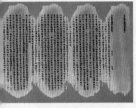

◉ 신라백지묵서대방광불화
엄경, 신라 경덕왕 때인
755년에 완성되었다. 국
보 제196호(문화재청)

③ 대승 불교
대중부를 토대로 새로운 불교 운동이 활발하게 전개되면서 모든 중생들의 성불 가능성을 인정하여 대중의 구제를 지향하는 대승 불교가 성립하였다. 이 무렵 대승 불교의 경전도 속속 등장하였는데 대승 불교 경전의 상당수는 대승 불교의 입장에서 다른 교단의 불교를 비판하는 내용이었고, 기존의 석가모니 제자들의 잘못을 꾸짖는 내용이 담겨져 있었다. 즉, 대승 불교 경전은 석가모니 사후에 성립된 것으로 경전 속에서 석가의 모습은 후대에 창작된 경우가 대부분이다. 이런 이유로 최근에는 남방 불교의 영향을 받아 기존의 대승 불교 경전을 다시 점검해보자는 움직임도 일어나고 있다. 또한 깨달음을 얻기 위해 열심히 수행하면서 중생을 구제하려 노력하는 '보살'의 개념이 등장하였다. 대승불교는 '반야경', '화엄경' 등의 경전이 성립되면서 민중 불교로 발전하였다. 특히 해탈을 하지 않아도 아미타부처의 도움을 받아 극락에 갈 수 있다는 정토신앙이 등장하였다.

대승 불교가 성립되면서 다양한 부처가 등장하게 된다. 원래 부처는 깨달음을 얻은 사람을 일컫는 말로 신이 아니며 부처가 꼭 한 사람일 이유도 없다. 우리가 알고 있는 역사적인 존재로서 부처가 석가모니뿐이기 때문에 석가모니를 현세불이라 하는 것이다. 그렇다면 논리적으로 석가모니 외에 다른 부처도 존재할 수 있는데, 대승불교 경전에는 다양한 부처가 등장하고 있다. 비로자나불은 진리 자체를 상징하는 부처이며, 서방정토 극락을 관장하는 아미타불도 유명하다. 또한 부처가 아니라 부처가 되기 위해 수행하는 보살도 있는데, 중생이 겪는 현세의 고통을 구해주는 관세음보살이 대표적인 보살이다. 또 아프면 약사여래를 찾는다. 사람들이 흔히 외우는 '나무아미타불 관세음보살'은 살아서는 관세음보살의 도움을 받아 고통을 덜고, 죽어서는 아미타불을 의지하여 극락으로 가고 싶다는 염원을 담은 염불이다. '나무아미타불 관세음보살' 하면 생전과 사후가 모두 패키지로 해결되는 셈이다. 미륵불은 미래의 부처이다. 아직은 부처가 되지 않은 보살이기 때문에 미륵보살로 불리기도 한다. 미륵 신앙은 삼국 시대부터 유행하였다. 신라에서는 화랑을 미륵의 화신이라 하였으며, 태봉의 궁예는 스스로 미륵임을 자처하였다. 이후에도 현세에 만족하지 못하는 민중들이 미륵이 다스리는 새로운 세상이 빨리 오기를 갈망하면서 세상이 어지러울 때마다 미륵 신앙이 널리 퍼져나갔다.

④ 교종과 선종

서역을 거쳐 중국에 들어와서 한국과 일본으로 전파된 불교는 또 한번의 변화를 겪게 된다. 불교의 최종 목표는 해탈하여 부처가 되는 것이다. 문제는 해탈을 이룰 수 있는 방법이다. 우리보다 먼저 해탈하여 부처가 된 선배가 석가모니이다. 석가모니는 부처가 된 이후 혼자 깨달음을 즐기지 않고 제자를 두고 교단을 이루어 자신의 가르침을 전했고, 제자들이 석가모니의 가르침을 기록해 놓은 것이 경전이다. 경(經)은 성인의 가르침이란 뜻이다. 이러한 부처의 가르침이 담겨진 경전 공부를 통해서 해탈을 이룰 수 있다고 보았던 기존의 종파들을 교종이라 한다. 이에 비해 선종은 중국에서 생겨난 불교이다. 선종은 문자와 언어로 쓰여진 경전을 중시하는 기존의 종파와 달리 참선과 수행 같은 직관적인 개인의 종교 체험을 중요시하였다. 인간의 사고는 언어에 기반하고 있지만 언어로 모든 것을 설명할 수는 없고 언어로 타인의 사고를 완벽하게 이해하는 것은 불가능하다. 이런 언어의 한계를 지적하며 스스로 수행할 것을 강조한 것이다. 선종은 인간에게 원래부터 부처가 될 수 있는 본성, 즉 불성이 있다고 강조하면서 수행을 통해 본래 자신의 내면에 있는 불성을 깨달아 부처가 될 것을 강조하였다. 선종 입장에서는 수행을 통해 부처로 변해가는 것이 아니라 본래 자신이 부처였음을 깨달아 가는 과정이 수행인 것이다. 선종이 성립되면서 기존의 종파들은 한꺼번에 교종이라 불리게 되었다.

한국에서 선종은 신라 중대에 전해졌으나 영향력이 크지 않다가, 신라 사회가 혼란스러워지고 각 지역의 호족들이 할거하던 하대에 크게 번성하였다. 통일 신라 때 5교 9산이라는 종단이 성립되는데 5교는 교종, 9산은 선종 종단이다. 교종과 선종 안에는 다시 여러 개의 종파가 있다. 교종과 선종의 대립은 고려와 조선 초까지 이어졌고 의천과 지눌은 이들의 통합을 위해 노력하였다. 그러나 조선 시대에 불교 탄압으로 각 종단이 통폐합되면서 명맥을 제대로 유지할 수 없게 되었다.

⑤ 한국불교의 특징

한국불교는 여러 종파를 모두 포용하는 통불교의 성격을 가지고 있다. 이는 특히 다양한 학설 대립을 통합하여 크게 10문으로 나누어 설명하는 원효의 '십문화쟁론'에서 잘 드러나고 있다.

37 토지 제도

선사 시대		고대					중세	근세	근대 태동기	근대와 현대		
구석기	신석기	청동기	(초기)철기	원삼국	삼국	남북국	고려	조선 초기	조선 후기	개항기	일제	현대

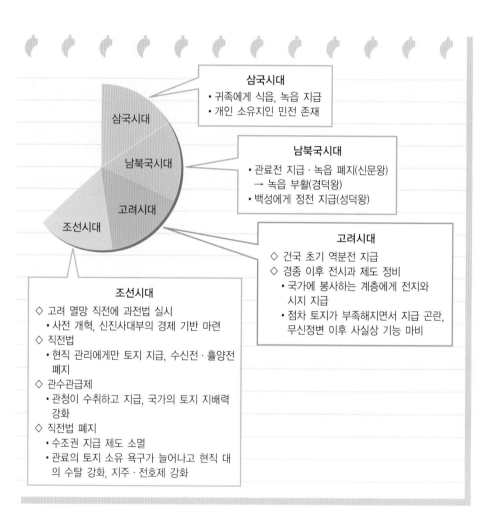

삼국시대
- 귀족에게 식읍, 녹읍 지급
- 개인 소유지인 민전 존재

남북국시대
- 관료전 지급 · 녹읍 폐지(신문왕)
  → 녹읍 부활(경덕왕)
- 백성에게 정전 지급(성덕왕)

고려시대
- ◇ 건국 초기 역분전 지급
- ◇ 경종 이후 전시과 제도 정비
  - 국가에 봉사하는 계층에게 전지와 시지 지급
  - 점차 토지가 부족해지면서 지급 곤란, 무신정변 이후 사실상 기능 마비

조선시대
- ◇ 고려 멸망 직전에 과전법 실시
  - 사전 개혁, 신진사대부의 경제 기반 마련
- ◇ 직전법
  - 현직 관리에게만 토지 지급, 수신전 · 휼양전 폐지
- ◇ 관수관급제
  - 관청이 수취하고 지급, 국가의 토지 지배력 강화
- ◇ 직전법 폐지
  - 수조권 지급 제도 소멸
  - 관료의 토지 소유 욕구가 늘어나고 현직 대의 수탈 강화, 지주 · 전호제 강화

배경

산업 혁명이 일어나기 전인 전근대사회에서는 가장 중요한 부의 원천이 토지와 사람이었다. 국가가 토지를 관리하는 제도가 토지 제도이다. 국가를 운영하기 위하여 토지와 사람을 중심으로 세금을 걷어 들이는 제도가 수취 제도이다. 전근대 사회는 토지 제도와 수취 제도를 어떻게 운영하는지가 국가의 운명을 결정하였다.

여기서 기억해야 할 중요한 개념은 소유권과 수조권을 구분하는 것이다. 소유권은 물건에 대한 완벽한 지배권을 의미한다. 하지만 국가가 귀족이나 관리에게 지급하는 것은 대부분 수조권인데, 수조권은 세금(租)을 걷을 수 있는(收) 권리를 의미한다. 세금은 원래 국가가 걷어야 하고, 국가가 걷은 세금 중 일부를 관리에게 급료로 지급해주는 것이 현대의 상식이다. 그러나 전근대에는 국가의 행정력이 미약하였고 또한 귀족의 권리를 보장해주기 위하여 세금을 걷는 권리를 귀족이나 관료 같은 특권층에게 위임하는 경우가 종종 있었다.

삼국 시대의 토지 제도

고대의 농민들은 자기 소유의 토지를 경작하거나 다른 사람의 토지를 빌려 경작하였다. 모든 토지는 국가(왕)의 소유라는 왕토 사상이 이념적으로 존재하였으나 실제로는 개인이 토지를 소유하는 민전이 많이 있었다. 고대 국가가 형성되는 과정에서 지방의 족장 세력이 중앙의 귀족으로 편제되었고, 국가는 이들이 원래 가지고 있던 토지의 소유권을 인정해주거나 이들에게 새로운 토지를 지급하기도 하였다. 농민들도 토지를 보유하는 경우가 많았다. 과거에는 토지는 많고 사람이 적어서 토지의 생산성보다 사람의 생산성이 더 높았다. 개간되지 않은 땅은 널려 있지만 이를 경작할 농민은 부족하였다. 따라서 삼국 시대의 전쟁은 토지를 정복하는 것 못지 않게 포로를 획득하는 것을 중요시하였다.

귀족은 관직에서 일하면서 녹읍을 받았고 전쟁터에서 세운 군공의 댓가로 식읍을 지급받기도 하였다. 이때 귀족들이 국가로부터 지급받은 녹읍이나 식읍은 수조권을 행사할 뿐 아니라 토지를 경작하는 농민의 노동력을 징발할 수 있는 권리도 포함되어 있었다. 귀족이 농민을 직접적으로 지배할 수 있는 막강한 권리가 녹읍과 식읍에 포함되어 있었다.

통일 신라의 토지 제도

통일 전쟁을 수행하는 과정에서 경제력과 군사력이 왕에게 집중되며 왕권이 강화되었다. 문무왕 때 삼국 통일이 완수되었고, 문무왕의 아들인 신문왕 때 왕권 강화를 위한 다양한 정책이 추진되었다. 신문왕은 관료전을 지급하고 기존의 녹읍은 폐지하였다. 관료전은 녹읍과 달리 수조권만 행사할 수 있었기 때문에 귀족의 농민에 대한 지배력을 크게 약화시킬 수 있었다.

성덕왕 때는 농민들에게 정전(丁田)을 지급하였는데, 정전 지급에 대해서는 다양한 견해가 있다. 농민이 원래 가지고 있던 민전의 소유권을 국가가 확인해주었다고 보기도 하고, 토지 없는 가난한 백성에게 국가가 국유지를 빌려주었다고 보기도 한다. 그러나 중대가 채 끝나기도 전인 혜공왕 때 진골 귀족의 반발로 녹읍이 부활하였다. 이는 중대 말기에 이미 왕권이 약화되고 있음을 보여준다.

◎ 속리산 법주사 석등, 석등을 세운 시기는 통일신라 성덕왕 19년(720)으로 추정된다. 국보 제5호 (문화재청)

고려의 토지 제도

고려는 건국 초에 공신들에게 역분전(役分田)을 지급하였다. 전쟁에서 공을 세운 공신들에게 지급하는 보상 수단이었다.

통일이 완성되고 광종 때 백관의 공복이 제정되는 등 관료 제도가 정비되었다. 광종의 아들 경종 때 전시과 제도가 완성되었다. 전시과 제도는 문무 관리와 군인 등 국가에 봉사하는 계층에게 18등급으로 나누어 전지와 시지를 지급하는 제도였다. 전지는 곡물을 경작하는 토지, 시지는 황무지로 땔감을 얻을 수 있는 곳을 말한다. 그러나 점차 귀족들이 토지를 독점하여 세습하게 되면서 국가가 관리들에게 나누어줄 수 있는 토지가 줄어들었고 전시과 제도는 제대로 운영되지 못하였다. 이런 현상은 무신 정변 이후 더욱 심화되면서 고려 말에는 국가 재정이 파탄날 지경에 이르렀다. 고려 멸망 직전에 권문세족이 보유한 토지는 산과 내로 경계를 삼을 정도였다.

관리에게 지급해줄 토지가 부족해지자 수도에 가까운 경기 지역의 땅을 녹과전(祿科田)으로 지급하기도 하였다.

조선의 토지 제도

배경

무신정변이 일어난 중요한 원인 중에 하나가 군인에게 지급되어야 할 군인전이 제대로 지급되지 않은 것이다. 고려 멸망의 원인 또한 전시과 제도가 붕괴되면서 신진 관리 등에게 지급되어야 할 토지가 제대로 지급되지 않은 탓이 크다. 월급이 제대로 지급되지 않는 데 고용주에게 충성을 다할 사람은 없을 것이다.

과전법의 실시(1391)

고려 멸망(1392) 이전에 이미 조선의 토지 제도인 과전법이 실시되었다. 위화도 회군 (1388)으로 권력을 잡은 이성계와 신진 사대부가 권문세족의 경제적 기반을 허물고 자신들의 경제 기반을 강화하기 위하여 토지 제도에 대한 개혁을 단행하였다. 수조권이 국가에 있는 토지를 공전(公田), 관리에게 있는 토지를 사전(私田)이라 하는데 과거의 사전 관련 문서를 걷어 들여 소각하였는데, 며칠 동안 불에 탈 정도였다 한다.

과전법은 고려의 전시과와 달리 경기 지방의 토지로 한정하여 지급하였다. 수도에서 먼 지역의 토지를 지급하면 국가의 감시가 소홀해지고 이를 틈타 관리가 규정 이상의 세금을 수취하면서 횡포를 부릴 수 있기 때문이었다. 또한 시지는 더 이상 지급하지 않았다. 현직 관리와 전직 관리에게 토지를 지급하였고 죽은 관료의 부인에게는 수신전을, 고아가 된 자식에게는 휼양전을 지급하였다.

● 태조가 개국공신에게 토지와 노비를 내려주는 문서이다.(국립중앙박물관)

직전법의 실시(1466)

고려와 마찬가지로 조선도 공신전 등으로 많은 토지가 세습되어 돌려받지 못하게 되자, 지급해 줄 토지가 부족해졌다. 세조 때 직전법이 실시되면서 현직 관리에게만 지급하도록 하였다. 지급되는 토지도 줄어들었고, 수신전과 휼양전도 폐지되었다. 현직 관리를 직관, 전직 관리를 산관이라고 하는데, 직전이라는 단어는 직관인 현직 관리에게만 지급하는 토지라는 의미를 갖고 있다. 고려 말 어지러웠던 토지 제도가 과전법에 의해 정비되었는데, 직전법이 실시되면서 양반 관료의 토지 지배력은 약화되었고 반대로 국가의 토지 지배력이 강화되었다.

관수관급제의 실시(1470)

수조권자가 법에 규정되어 있는 이상의 조세를 걷는 경우가 많았다. 이 문제를 해결하기 위하여 성종 때 관수관급제를 실시하였다. 관청에서 걷고(收), 관청에서 나누어 준다는(給) 의미로, 지방 관청이 생산량을 조사하여 거두고 관리에게 나누어 주었다. 관수관급제가 실시되면서 양반 관료들의 수조권은 형식화되고 국가의 토지 지배력은 더욱 강화되었다.

직전법의 폐지

16세기 중엽에 직전법이 폐지되면서 이제 지주가 아닌 양반 관료가 수조권을 통해 농민을 지배하는 방식은 공식적으로 사라졌다. 그러나 양반 관료들은 이에 순응하면서 청빈한 생활을 하기보다는 국가로부터 받는 수조권 대신 자기 소유의 토지를 늘리는 방식을 택하게 된다. 양반 관료들은 농민들의 땅을 사들이거나 개간, 간척 등을 통해서 점차 자기 소유지를 늘려나갔다. 또한 그런 과정에서 관리의 수탈이 심해지고 농민의 삶은 어려워져갔다. 수조권 대신 소유권을 통한 농민 지배 방식이 일반화되면서 양반 지주와 그들의 땅을 경작하는 소작농(전호)이 중심이 되는 지주 전호제가 확대되어 갔다.

💬 고려 전시과 제도의 변천

광종 때 공복 제도가 마련된 이후 광종의 아들인 경종 때 관등의 고하와 인품을 동시에 고려하여 전현직 관리에게 토지를 지급하였다. 공복을 자색·단색·비색·녹색의 네 가지 색깔로 나누었는데 색깔에 따라 토지를 다른 방식으로 나누어 지급하였다. 관품 뿐 아니라 인품도 고려한 것은 여러 세력이 타협하여 정국의 안정을 모색하던 고려 건국 초기의 특수한 상황을 반영한 것으로 보인다. 여기서 인품은 인격보다는 호족으로서 세력의 크기 등을 고려한다는 의미이다.

목종 때 시행된 개정 전시과는 인품이라는 주관적 요소를 제거하고 관품만을 고려하여 전현직 관리에게 토지를 지급하였다.

문종 때 시행된 경정 전시과는 지급할 토지가 부족해지면서 현직 관리에게만 토지를 지급하고, 지급해주는 토지의 면적도 줄였다. 무신은 문신에 비해 차별 대우를 받았는데 무신에 대한 처우가 경전 전시과에서 개선되었다. 이는 거란과의 전쟁에서 공을 세운 무신에 대한 보상이었다. 그러나 전시과는 점차 제 기능을 발휘하지 못하였고, 무신 집권기에는 사실상 전시과가 붕괴되면서 권문세족은 대농장을 보유하였다.

전시과 제도가 붕괴되면서 새로 임용된 관리에게 토지를 지급할 수 없게 되자 개경 주변의 경기 지역에 녹과전을 마련하여 관료들에게 어느 정도의 토지를 지급하였다. 녹과전은 과전법이 시행되기 전까지 무너진 전시과를 대신하였다.

◯ 김홍도의 풍속화 논갈이 (문화재청)

💬 지주−전호제의 확대

조선 전기까지 양반관료가 농민을 지배하는 방식은 국가가 지급한 토지에 대한 수조권을 행사하면서 그 땅을 경작하는 농민을 지배하는 것이 보통이었다. 수조권자를 전주(田主)라 하고 그 땅을 경작하는 농민을 전객(佃客)이라 하였는데, 양반관료의 수조권이 농민의 소유권보다 강력하였다. 양반관료도 자기 소유의 땅이 있고, 농민들도 자기 땅이 있는 경우가 많았지만 소유권 보다는 수조권이 더 중요한 경우가 많았다.

수조권을 지급받아 국가를 대신하여 세금을 걷는 관리는 법에 정해진 만큼만 수취하는 것이 원칙이었다. 세금을 수취하기 위하여 수확량을 조사하는 것을 답험(踏驗)이라 하는데, 이전에는 수조권자가 답험을 하는 것이 원칙이었다. 그러나 관리들이 수조권을 남용하여 과다하게 수취하는 일이 빈번하였다. 결국 성종 1년에(1470) 관수관급제를 실시하여 국가가 수조권자를 대신하여 농민으로부터 세금을 거두어 관리에게 지급하였다. 관수관급제가 실시되면서 관리가 수조권을 이용하여 농민을 지배하는 것이 사실상 불가능해지면서 국가의 토지 지배력이 높아졌다.

16세기에 직전법마저 폐지되었다. 이제 관리에게 수조권을 나누어주어 국가를 대신하여 조세를 걷도록 하는 제도 자체가 사라졌고 관리들은 오로지 국가가 현물로 지급해주는 녹봉만을 지급받았다. 국가의 토지 지배력은 더욱 높아졌다.

38 수취 제도의 변화

선사 시대		고대					중세	근세	근대 태동기	근대와 현대		
구석기	신석기	청동기	(초기) 철기	원삼국	삼국	남북국	고려	조선 초기	조선 후기	개항기	일제	현대

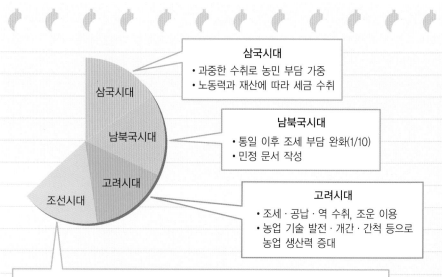

삼국시대
- 과중한 수취로 농민 부담 가중
- 노동력과 재산에 따라 세금 수취

남북국시대
- 통일 이후 조세 부담 완화(1/10)
- 민정 문서 작성

고려시대
- 조세·공납·역 수취, 조운 이용
- 농업 기술 발전·개간·간척 등으로 농업 생산력 증대

조선시대
◇ 초기: 수취 제도 정비
- 전세: 과전법(1/10 수취) → 연분 9등법·전분 6등법 실시(4~20두)
- 공납: 가호별로 토산물 할당, 농민만 부담
- 역: 군역과 요역
◇ 중기: 수취 제도의 문란
- 전세: 최하 등급(4~6두)으로 수취하는 것이 관례
- 공납: 방납의 폐단
- 역: 군역제가 문란해지면서 군적수포법 실시(군포 납부로 군복무 대신), 요역 문란
◇ 후기
- 전세: 영정법 실시(징수액 고정)
- 공납: 대동법 실시(양반의 반대로 100년간 점진적 실시)
- 역: 군역 부담이 가중되자 균역법 실시

전근대 수취 제도의 특징

🕊️ 국가는 백성이 내는 세금에 의해서 운영된다. 현대 국가 뿐 아니라 과거의 전근대 사회의 국가도 마찬가지였다. 세금을 제대로 걷고 효율적으로 쓰는 것이 국가 운영의 기본이다. 현대 국가는 세금을 모두 돈으로 걷는다. 유일한 예외라고 할 수 있는 것이 징병제 국가의 병역 정도이다. 그래서 병역은 '피로 내는 세금' 이라는 별명을 갖고 있다. 그러나 상품화폐 경제가 크게 발달하지 못했던 조선은 곡물, 특산물, 노동력 등 다양한 방법으로 수취하였다.

🕊️ 산업 혁명 이전의 전근대 국가에서 가장 중요한 부의 원천은 토지와 사람이며 국가의 세금 수취도 토지와 사람에게 집중되었다.

① 조세(전세)는 토지에 부과하는 세금으로 수확에 비례하여 토지에서 생산된 곡식의 일부를 수취하였다. 전세(田稅)는 토지에 부과하는 세금이기 때문에 당연히 토지의 주인인 지주가 부담해야 되지만 지주가 경제적 약자인 소작인에게 전세를 떠넘기는 일도 종종 발생하였다.

② 공납(공물)은 지방의 특산물을 현물로 국가에 납부하는 것이다. 현대 국가는 돈으로 세금을 걷어 필요한 물품을 국가가 직접 구입하여 사용하지만, 전근대의 국가는 필요한 물품이 있으면 백성들이 현물로 바치도록 하였다. 이러한 공납의 부담이 조세보다 더 무거운 경우가 많았다.

③ 국역은 국가가 필요한 노동력을 백성으로부터 징발하는 것이다. 국역에는 군대에 복무하는 군역과 노동자로 성, 도로, 궁궐 건설 등에 동원되는 요역이 있었다.

④ 위의 주요한 세금에 속하지 않는 잡다한 세금이 있는데, 이를 잡세라 한다.

🕊️ 토지와 사람에게 세금이 집중되었기 때문에, 국가가 토지를 파악하기 위해서 토지대장(양안)을 작성하였고, 사람을 조사하여 호적을 만들었다. 농업 생산성이 낮았을 때는 사람에게 매기는 인두세의 비중이 컸는데, 농업 기술이 발달하고 토지의 가치가 올라가면서 점차 토지에 대한 세금 비중이 높아졌다.

4일차 조선 시대

삼국과 통일 신라의 수취 제도

📖 삼국 시대의 수취 제도에 대해서는 자세한 자료가 남아 있지 않아 정확하게 알기는 힘들다. 호를 재산 정도에 따라 상·중·하로 구분하여 곡물과 포를 징수하였다. 공물은 지역 특산물을 징수하였다. 국역에는 15세 이상의 남자들을 동원하였다.

📖 삼국 통일 이후에는 상대적으로 수취가 완화되었다. 생산량의 1/10을 조세로 수취하였고, 군역과 요역에 16~60세의 남자들을 동원하였다. 신라는 효율적인 수취를 위해 민정문서를 작성하였다.

고려의 수취 제도

🔵 고려 말 화령부 호적 관련 문서, 국보 제131호 (국립중앙박물관)

📖 토지는 비옥도에 따라 상·중·하의 3등급으로 구분하여 조세를 부과하였다.

📖 공납을 가호별로(집집마다) 부과하여 징수하였다. 여기에서 재산의 차이는 따로 고려하지 않았다. 그러나 당시는 전부 가난했기 때문에 크게 문제가 되지 않았다. 공납은 매년 정기적으로 걷는 상공과 수시로 걷는 별공으로 나누어졌다.

📖 16~60세의 남자들에게 군역과 요역을 부과하였다.

조선의 수취 제도

조세(전세)

① 과전법

과전법에 따라 수확량의 1/10을 조세로 걷도록 하였다. 매년 풍흉에 따라 수확량을 조사하여 납부액을 결정하였다. 이때 1결의 최대 생산량은 300두로 하여 아무리 풍년이 들어도 30두 이상은 걷지 않도록 하였다. 생산량을 조사하는 과정을 답험이라고 하는데, 답험에 의해 세금도 결정이 되므로 답험을 누가 어떤 방식으로 하는지가 중요한 문제가 되었다.

② 공법(貢法)

세종은 토지는 비옥도에 따라 면적을 달리하여 6등급으로 나누고(전분 6등), 1결에 대한 수취액은 한해의 수확이 풍년인지 흉년인지에 따라 9등급으로 나누는 법(연분 9등)을 시행하였는데 이를 공법이라 하였다. 최상 등급인 상상년에는 1결당 20두, 최하 등급인 하하년에는 1결당 4두를 납부하도록 하였다.

공납

지역의 토산물을 조사하여 중앙 관청에서 각 군현에 거두어야 할 품목과 수량을 할당하면, 군현은 가호별로 배당하여 징수하였다. 이 과정에서 양반은 공납을 내지 않았고, 농민들이 공납을 부담하였다. 토산물의 생산량이 점차 줄어들거나 생산지가 변화하여도 종래의 기준대로 납부해야 했기에 납부 기준에 맞는 물품이 없으면 다른 지역에서 구입해서 중앙 관청에 납부해야 했다. 따라서 전세보다 공납의 부담이 훨씬 컸다. 이런 문제로 조광조나 이이, 유성룡 등은 공납 제도의 개혁을 주장하였다.

역

16~60세 남자들에게 군역과 요역이 부과되었다. 군역에는 일정 기간 군대에 교대로 가서 근무하는 정군과, 정군이 근무하는 데 드는 비용을 보조하는 보인이 있었다. 양반, 향리, 서리 등은 관청에서 일하기 때문에 군역에 복무하지 않았다. 요역은 가호의 남자 수와 토지를 기준으로 사람들을 동원하였다. 1년 중에 동원할 수 있는 날도 정해져 있으나 실제로는 잘 지켜지지 않았다.

잡세

조세, 공납, 역의 주요 세금 외에도 염전, 광산, 산림, 어장, 상인, 수공업자 등이 내는 잡다한 세금이 있었다.

조선 중기(16세기) 수취 제도의 문란

배경

조선이 건국되고 100여 년이 지나 16세기가 되면서 수취 제도가 문란해졌다. 지주 전호제가 확대되면서 지주는 많은 땅을 소유하였지만 자기 땅 없이 소작을 하는 농민들이 늘어났고 지주와 소작인이 수확량을 반반씩 나누는 병작반수제가 일반화되었다. 원래 조선은 병작반수를 금지하였지만 점차 국가의 금지 조치에도 불구하고 병작반수가 일반화되었다. 또한 공납과 군역 등이 문란해지고 농민의 삶이 어려워지면서 임꺽정과 같은 도적들이 활동하기도 하였다.

조세(전세)

공법도 결국 사람이 운영하기 때문에 객관적 기준으로 수취량을 정하는 것이 어려웠다. 풍흉에 따라 4~20두를 거두게 되어 있지만 16세기에는 최하의 등급인 4~6두 정도만 징수하는게 관례가 되었다. 이런 상황은 땅을 많이 가진 지주들에게 유리하였다. 지주들은 대부분 지배 계급인 양반으로 이들이 국가 정책을 결정하였다.

공납

◎ 대동법 실시에 앞장 선 김육을 기리는 비석(문화재청)

16세기에는 방납의 폐단이 심각하였다. 방납은 중앙 관청의 서리가 정상적인 공납을 막고 자신이 공물을 대신 낸 다음 그 대가를 많이 챙기는 현상이다. 방납이 늘어날수록 농민의 부담이 크게 증가하였고, 도망치는 농민들이 늘어났다. 이러한 문제를 개선하기 위하여 어떤 지역에서는 공물을 현물 대신 쌀로 거두는 지방관도 나타났고, 이이와 유성룡 등은 공물을 대신하여 쌀을 거두는 수미법의 실시를 주장하였다.

역

농민들이 요역 동원을 기피하자 군인들을 농민 대신 토목 공사에 동원하는 현상이 나타났다(군역의 요역화). 군역의 부담은 더 커졌고, 농민들이 군역을 피하려는 현상이 더욱 확대되었다. 군역을 피하기 위하여 대립이나 방군수포와 같은 불법이 성행하였다. 국가는 이를 단속하였지만 한계가 있었고, 결국 군적 수포법을 실시하여 양성화하였다. 농민들은 군대에 안가는 대신 1년에 포를 2필씩 납부하는 것으로 군역을 대신할 수 있었다.

조선 후기 수취 체제의 개편

배경

16세기 이후 수취 제도가 점차 문란해지는데, 임진왜란과 병자호란 이후 사회질서가 어지러워지면서 수취 체제는 더욱 흔들리고 민생은 어려워졌다. 국가는 수취 체제를 개편하여 농촌 사회를 안정시키고 재정 기반을 확대하려 하였다. 이것이 전세 제도, 공납 제도, 군역 제도의 개편으로 나타나게 되었다.

조세(전세): 영정법의 실시

풍흉에 따라 전세를 다르게 걷는 연분9등법은 이미 16세기가 되면 거의 유명무실해진 상황이었다. 그런 연분 9등법을 폐지하고 풍흉에 관계없이 무조건 1결당 4두씩 전세를 고정하는 영정법이 인조 때에 실시되었다(1635). 겉으로는 전세가 감소하였지만 실질적으로 이미 16세기부터 최하 등급으로 전세를 걷는 것이 관례였기 때문에 큰 의미는 없었다.

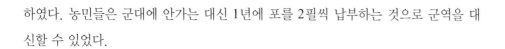

○ 대동법시행기념비(문화재청)

공납: 대동법의 실시

가호별로 현물을 내던 공납을 대신하여 토지를 기준으로 쌀 또는 포나 동전을 내는 대동법이 실시되었다. 대동법은 우리 역사상 가장 오래 걸린 개혁으로 광해군 때인 1608년에 경기도에서 시작된 대동법이 1708년 숙종 때에 와서야 전국으로 확대 실시되었다.

이렇게 대동법 실시에 오랜 시간이 걸린 이유는 양반 지주의 반발 때문이다. 지배 계층은 결국 양반 지주들이기 때문에 기득권층이 반대한 개혁을 100년에 걸쳐 추진하여 결국 완성한 셈이다. 과거의 공납은 가호별로 공물을 걷었고 양반은 공물을 내지 않아 그 부담까지 농민이 졌다. 그러나 대동법은 토지를 기준으로 쌀을 거두었기 때문에 토지를 많이 가질수록 부담이 컸다. 농민의 부담이 줄고 지주의 부담이 늘어난 것이다. 쌀을 구하기 힘든 지역은 포목이나 잡곡, 돈으로 내도록 하였다. 그러나 대동법에 의해 폐지된 공납은 정기적인 상공만 해당되었고, 부정기적인 공납인 별공과 지방관이 따로 선물로 바치는 진상은 여전히 남아 있었다. 대동법의 실시는 공인의 등장과 상품 화폐 경제가 발전하는 계기가 되었다.

역: 균역법의 실시

조선 후기에 5군영이 차례대로 세워지면서 직업 군인이 군대의 중심이 되는 모병제가 확대되었다. 군포를 내는 것으로 군역을 대신하는 사람을 수포군이라 하였는데, 한 사람에게 군포가 이중 삼중으로 전가되는 경우가 많았다. 양란 이후 신분제가 무너지면서 양반이 늘어나고 상민이 줄어들었는데, 군포는 군대에 가는 대신 내는 것이므로 본래 양반은 군포를 내지 않고 상민이 군포를 냈다. 결국 양반 수 증가에 따라 군역을 면제 받는 사람이 늘면서 그 부족분은 농민에게 전가되었다.

이런 문제점을 해결하기 위하여 영조 때 균역법이 실시되었다. 균역은 역을 균등히 한다는 의미이다. 1년에 2필 징수하던 군포를 1필만 징수하도록 하여 농민의 부담을 절반으로 줄였다. 국방비에 충당해야 할 군포 수입이 줄자 부족분을 보충하기 위한 다양한 정책들이 등장하였다.

✍ 먼저 결작이라 하여 지주에게 1결당 2두를 내도록 하였다.

✍ 농촌 부유층에게 선무군관포를 징수하였다. 원래 양반이 아닌데 양반 행세를 하면서 군포를 내지 않던 지방의 부유한 집안 자제들에게 선무군관이라는 명예직을 주는 대신 선무군관포를 1필씩 징수하였다. 군포가 1필로 감소하였기 때문에 선무군관포 1필은 실질적으로 군포를 내는 것과 마찬가지였다.

✍ 잡세를 국방비로 돌렸다. 어장세 · 선박세 같은 잡세가 예전에는 왕실이나 관청 수입으로 들어갔는데, 이를 균역청으로 넘겨 감소된 국방비를 충당하였다.

이러한 정책들은 한 마디로 농민의 부담을 줄여주고, 부족분을 지주 · 농촌 부유층 ·

○ 대동법 담당 관청인 선혜청의 일을 기록한 선혜청 홀기, 선혜청은 1894년에 폐지되었다.(육군사관학교)

왕실 등이 부담하도록 하였다. 현대적 표현으로 '노블리스 오블리제'라 할 수 있다.

국역 수취 체제 개편의 결과

이런 노력에도 농민들의 부담이 크게 줄지는 않았다. 지주가 부담해야 될 세금을 소작농에게 돌리거나 비용을 농민에게 전가하는 경우가 많았기 때문이다. 그러나 이러한 수취 체제의 개편에 의해 양란 이후 위기에 처한 조선 왕조는 수명을 더 연장할 수 있었다.

제도상 가난한 농민의 부담이 지주에게 넘어갔다는 것은 명분상으로 큰 의미를 가진다. 조선후기의 수취제도 개편으로 그전에는 가호별(공납)로 또는 개인별(군포)로 거두던 세금이, 점차 토지를 기준으로 부과하는 전세(대동세, 결작)로 바뀌어 갔다.

◎ 1904년에 탁지부에서 밀린 결전(균역법에 따른 재정 부족을 메우기 위해 논밭에 부가하여 징수하는 세금)을 독촉하는 문서(국립중앙박물관)

◎ 김홍도의 '대장간'(국립중앙박물관)　◎ 김홍도의 '무동'(국립중앙박물관)　◎ 김홍도의 '씨름'(국립중앙박물관)　◎ 신윤복의 풍속화(문화재청)

◎ 김홍도의 '부벽루 연회도'(국립중앙박물관)

💬 민정 문서

신라가 조세와 국역을 수취하기 위하여 조사하여 작성한 문서이다. 현재 남아 있는 민정 문서는 일본에서 발견되었고, 8세기 중엽 서원경(청주) 부근 촌락의 상황을 보여주고 있다. 민정 문서는 촌주가 매년 변동 사항을 조사하여 3년마다 작성하였다. 인구와 생산 자원을 철저하게 조사하였다. 호는 사람의 수에 따라 9등급으로 구분하였다. 사람이 많으면 부유한 호가 되었다. 인구는 남녀별로 나누고, 각각 연령별로 6등급으로 구분하였다. 3년 동안의 사망·이동 등 변동 사항을 기록하였다. 노비는 거의 없고 농민이 대부분인 것을 볼 때 생산 활동은 주로 농민의 손으로 이루어졌다는 것을 알 수 있다. 생산 자원은 토지 뿐 아니라 소와 말, 뽕나무·잣나무·호두나무까지 철저히 조사하여 기록하였다. 고려나 조선이 토지와 사람을 양안과 호적에 따로 기록한 데 비하여 민정 문서는 토지와 사람을 함께 기록하고 있다.

💬 1두(말)

우리나라의 전통적인 도량형 단위로 부피를 나타낸다. 현재의 1말(18리터)의 1/3 정도였다.

💬 전분6등급과 연분9등급

토지를 비옥도에 따라 가장 좋은 땅은 1등전, 가장 나쁜 땅은 6등전으로 정하였다. 비옥도에 따라 생산량이 차이가 나기 때문에 같은 면적에서 같은 세금을 걷으면 불공평하였다. 따라서 등급에 따라 토지 면적 자체를 조정하여 1등전은 6등전 면적의 1/4 정도였다. 토지의 등급은 수십 년 마다 한번 씩 시행되는 양전 사업에서 결정되었다.

수십 년 마다 정해지는 전분과 달리 연분은 매년 달리 결정되었다. 풍년과 흉년에 따라 9등급으로 나누었다. 1등급은 상상년으로 20두, 2등급은 상중년으로 18두, 3등급은 상하년으로 16두 … 9등급은 하하년으로 4두 이런 식으로 정해져 1결당 최고 20두에서 최하 4두 사이에서 징수하였다.

💬 대립(代立)과 방군수포(放軍收布)

대립은 자신이 군대에 가는 대신 다른 사람에게 돈을 주고 군역을 대신하게 하는 것이다. 방군수포는 국가의 관청이나 군대가 불법행위를 하는 것으로 군역에 복무해야 할 사람에게 포를 받고(수포) 군역을 면제해주는(방군) 행위이다. 모두 불법적인 행위로 국가는 이를 단속하였으나 한계가 있었다. 결국 국가 차원에서 군대에 가는 대신 군포를 받는 군적수포법을 실시하였다.

💬 균역법

조선은 양인개병제(良人皆兵制)가 원칙으로 16세에서 60세까지의 양인 남자는 군적에 올라 일정 기간 군대에서 근무해야 했다. 그러나 양반, 서리, 수공업자, 상인 등은 이미 국역을 맡고 있다 하여 군역에서 빠지거나 세금을 내는 걸로 군역을 대신하였다. 결국 군대에 가는 것은 실제로 농민들이었는데, 이를 농병일치제(農兵一致制)라 한다. 점차 농민들도 군대에 가는 대신 군포를 내는 것으로 군역을 대신하게 되었는데 군포는 1년에 2필을 납부하였다. 군대에 가는 대신 내는 포라 하여 군포라 하였다.

그러나 조선 후기에는 군포의 부담이 상당히 과중하였다. 임진왜란 이후 국방이 강화되면서 국방 비가 늘어나서 군포를 많이 징수해야 했는데, 전쟁 이후 신분제가 무너지면서 양반의 숫자는 늘고 상민과 노비의 숫자는 줄어들었다. 따라서 줄어든 농민이 늘어난 군포를 부담해야 했으므로 농민의 부담은 클 수밖에 없었다. 군포는 장정 한 사람이 1년에 2필을 납부해야 하는데, 면포 1필은 쌀로 하면 6두에 해당되었다. 전세는 영정법 실시 이후 1결당 4두를 거두었는데 1결을 소유한 농가가 많지 않았다. 결국 한 농가에 장정이 셋 있으면 4~5결을 가진 부농만큼 군포를 부담해야 했던 것이다. 군포의 부담은 전세보다 훨씬 컸다. 게다가 원래 한 사람이 1년에 군포를 한번 부담해야 되는 데, 여러 군영에 이중 삼중으로 군포를 내야 되는 경우가 많았다. 또한 도망간 이웃이나 친척의 군포를 부담하고, 16세 미만이나 60세 이상은 군포를 내지 않아도 되는데 군적에 빠지지 않아서 군포를 내야 되는 경우까지 생기면서 군포의 부담은 몇 배가 되었다.

이 모든 문제는 결국 군포를 농민만 부담하고 사회 경제적으로 강자인 양반은 부담하지 않는 데서 생기는 모순이었다. 이를 해결하기 위하여 양반에게도 군포를 거두자는 주장, 토지를 기준으로 수취하자는 주장 등이 나왔으나 양반들의 반발로 실현되지 못하였다. 양반은 군포를 안내는 것을 특권으로 생각하였기 때문에 군포를 내는 것에 강한 거부감을 보였다.

결국 영조 때 균역법이 실시되었는데, 이러한 현실을 감안하여 양반에게는 여전히 군포를 받지 않았지만, 농민의 군포 부담은 1년에 1필로 절반으로 줄여주었다. 결국 부족분을 어떻게 충당하는지가 문제였는데, 다음과 같은 방법을 사용하였다.

① 지주에게 1결당 2두의 세금을 더 내도록 하였다. 이를 결작(結作)이라 하였는데 결국 군포의 일부가 전세로 바뀐 셈이었다.

② 양반 행세를 하면서 군포를 내지 않던 농촌의 상류층들에게 선무군관이라는 명예직을 주고 선무군관포를 1인당 1필씩 내도록 하였다.

③ 왕실 수입으로 들어가던 어장세, 염세, 선세 등을 국방비로 돌렸다. 왕실부터 모범을 보여주는 셈이었다.

그러나 여전히 농민의 부담은 과중하였고, 양반이 군포를 내지 않는다는 근본적인 문제는 흥선대원군이 호포법을 실시하고 나서야 해결되었다.

🗨 대동법(大同法)의 실시와 공인(貢人)의 등장

대동법이 실시되어 현물 납부가 없어지고 쌀 등으로 대신 받게 되었다. 그러나 국가는 다양한 물품이 필요했기 때문에 이를 조달하기 위하여 공인이라는 상인을 고용하였다. 공인은 국가로부터 구매 대금인 공가(貢價)를 받아서 시장에서 물품을 구해와 국가에 납품하였다. 이런 공인의 활동으로 시장이 활성화되었고, 농민들도 토산물을 시장에 팔아 대동세로 낼 쌀을 구하려 하였기 때문에 상품 화폐 경제가 더욱 활성화되었다.

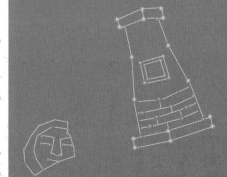

둘일차
개항기

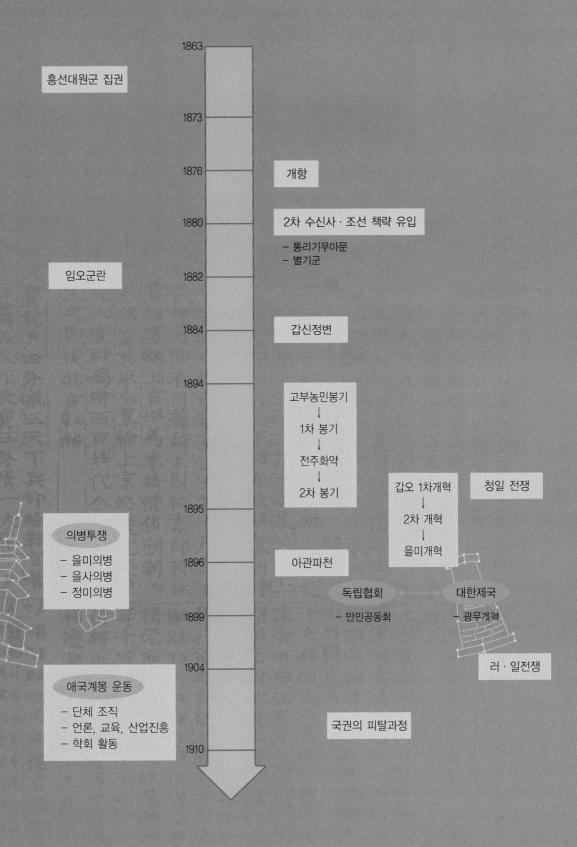

흥선대원군 집권

개항

2차 수신사 · 조선 책략 유입
– 통리기무아문
– 별기군

임오군란

갑신정변

고부농민봉기
↓
1차 봉기
↓
전주화약
↓
2차 봉기

갑오 1차개혁
↓
2차 개혁
↓
을미개혁

청일 전쟁

의병투쟁
– 을미의병
– 을사의병
– 정미의병

아관파천

독립협회
– 만민공동회

대한제국
– 광무개혁

러 · 일전쟁

애국계몽 운동
– 단체 조직
– 언론, 교육, 산업진흥
– 학회 활동

국권의 피탈과정

1863
1873
1876
1880
1882
1884
1894
1895
1896
1899
1904
1910

39 흥선대원군의 시대

선사 시대				고대				중세	근세	근대 태동기	근대와 현대		
구석기	신석기	청동기	(초기) 철기	원삼국	삼국	남북국		고려	조선 초기	조선 후기	개항 기	일제	현대

근대(개항기)	근대(일제강점기)	현대(해방 이후)
• 흥선대원군 • 개항과 개화 정책 추진과 반발 • 국권피탈	• 무단통치기 • 문화통치기 • 민족말살통치기	• 해방 공간 • 6 · 25전쟁 • 민주주의의 시련과 발전

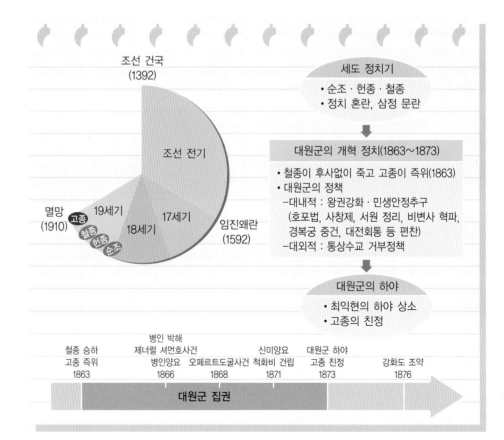

조선 건국
(1392)

세도 정치기
• 순조 · 헌종 · 철종
• 정치 혼란, 삼정 문란

대원군의 개혁 정치(1863~1873)
• 철종이 후사없이 죽고 고종이 즉위(1863)
• 대원군의 정책
 −대내적 : 왕권강화 · 민생안정추구
 (호포법, 사창제, 서원 정리, 비변사 혁파,
 경복궁 중건, 대전회통 등 편찬)
 −대외적 : 통상수교 거부정책

조선 전기

멸망
(1910) 고종
철종   19세기
헌종   18세기   17세기
순조

임진왜란
(1592)

대원군의 하야
• 최익현의 하야 상소
• 고종의 친정

	병인 박해			신미양요	대원군 하야	
철종 승하	제너럴 셔먼호사건					
고종 즉위	병인양요	오페르트도굴사건	척화비 건립	고종 친정		강화도 조약
1863	1866	1868	1871	1873		1876

대원군 집권

흥선 대원군의 집권(1863)

철종이 젊은 나이로 후사를 남기지 않고 승하하자, 다음 왕위를 누가 계승하는 지가 문제가 되었다. 당시는 안동 김씨의 세도 정치가 펼쳐지고 있는 시대였지만 다음 왕위 결정권은 왕실의 최고 어른이었던 조대비에게 있었다. 조대비는 순조의 세자인 효명세자의 빈으로 아들 헌종이 즉위하고 대비가 되었던 인물이었다. 조대비는 안동 김씨의 세도를 견제하고 친정인 풍양 조씨를 후원해줄 인물로 흥선군을 선택하면서 열 두 살이 된 그의 둘째 아들을 왕위에 앉히는데 그가 고종이다.

당시 조선은 세도 정치가 이어지면서 정치 기강이 문란해지고 부정 부패가 만연하였다. 특히 삼정의 문란이 극심하였다. 전세(전정), 군포(군정), 환곡(환정) 이 세 분야의 문란을 삼정문란이라 한다. 조선은 개혁이 필요하였다.

정조(1776~1800)

순조(1800~1834)

효명세자

헌종(1834~1849)

철종(1849~1863)

고종(1863~1907)

순종(1907~1910)

흥선대원군의 개혁 정치

왕권 강화 정책

흥선대원군은 내부적으로 우선 왕권을 강화하고 민생을 안정시키려 하였다. 이를 위해 세도 정치를 펼쳤던 안동 김씨를 몰아내고 당파, 지역에 구애받지 않고 인재를 등용하였다. 또한 세도 정치의 핵심 기구였던 비변사를 격하하고 뒤에 아예 폐지하였다. '대전회통', '육전조례' 등의 법전을 편찬하고 통치 체제를 재정비하였다.

경복궁 경회루, 국보 제 **224호(문화재청)**

임진왜란 때 불타 버려져있던 경복궁 중건에 착수하였다. 경복궁 중건에 가장 큰 어려움은 재정이었다. 원납전이라는 강제 기부금을 거둬들이고, 기존 상평 통보 100배의 가치를 갖는 고액 화폐인 당백전을 남발하였다. 또한 양반 가문이 수 백년 동안 기른 묘지림을 벌목하고 농민을 강제로 공사에 동원하였다. 경복궁은 8년의 공사 끝에 완공되었지만 흥선대원군은 많은 적을 만들었다.

민생 안정 정책

삼정 문란을 바로 잡기 위해 먼저 전정에서는 양전 사업을 실시하여 토지 장부에서 누락된 땅을 찾아 세금을 거두었다. 군정에서는 농민에게만 부과되던 군포를 양반에게도 부과하는 호포제를 실시하여 세금을 부담하는 계층을 늘렸다. 세도 정치기에 가장 폐단이 심했던 것은 환곡인데 국가가 운영하던 환곡 대신 주민들이 마을 단위에 스스로 사창을 설치하여 운영하도록 하여 관리가 착복하는 문제를 해결하였다.

지방 양반의 근거지로 면세 혜택을 누리며 농민을 수탈하던 서원을 47개만 남기고 모두 철폐하였다. 그러나 양반들은 이에 강력하게 반발하였다.

외세의 침략과 양요

① 병인박해와 병인양요

흥선대원군이 처음부터 천주교에 적대적인 것은 아니었고 오히려 남인에 우호적이던 대원군은 천주교에 관대한 편이었다. 그러나 프랑스 선교사의 알선으로 프랑스 세력을 끌어들여 러시아를 막아보려던 대원군의 시도가 실패로 끝나면서 대원군이 서양 세력을 가까이한다는 의심을 받는 상황이 되었다. 대원군은 자신이 천주교가 무관함을 입증하기 위해 당시 집권 세력의 여론을 따라 천주교에 대한 대대적인 박해에 나서 프랑스 선교사 9명과 8천여 명의 조선인 신자를 처형하였는데 이것이 병인박해이다(1866). 이후 병인박해를 구실로 프랑스 함대가 통상을 요구하면서 강화도에 침입하고 서울을 넘보는데 이를 병인양요라 한다(1866). 병인양요에서 프랑스 함대는 강화성을 점령하고 약탈을 자행하였으나 한성근의 부대가 문수산성에서, 양헌수의 부대가 정족산성에서 프랑스군을 격퇴하였다. 프랑스군은 철수하면서 강화도에 있던 외규장각 건물을 불태우고 의궤를 비롯한 각종 문화유산과 재물을 약탈해 갔는데, 이후 그 반환 문제가 한국과 프랑스의 외교 문제가 되었다 최근에 반환되었다.

◆ 강화도 광성보 포대(문화재청)

② 오페르트 도굴 사건

한편 통상을 요구하다 거절당한 독일인 오페르트는 대원군의 아버지이며 고종의 할아버지인 남연군의 묘를 도굴하려다 발각되어 도망갔는데(1868), 이후 조선에서는 서양인에 대한 혐오감이 고조되었다.

③ 제너럴 셔먼호 사건과 신미양요

병인양요 직전에 미국의 무장 상선인 제너럴 셔먼호가 대동강을 거슬러 올라와 평양에서 통상을 요구하였다. 평안도 관찰사였던 박규수가 이러한 요구를 거절하자 관리를 감금하고 평양을 향하여 대포와 총을 발사하는 만행을 저질러 인명 피해가 발생하였다. 대동강의 수위가 내려가서 제너럴 셔먼호가 강 바닥에 좌초하자 성난 평양 주민과 관군들이 화공으로 제너럴 셔먼호를 불태워 격침하였다.

이후 미국은 이 사건을 빌미로 통상을 요구하면서 로저스 제독이 이끄는 해군 군함과 해병대를 파견하였다. 미군은 강화해협으로 들어와 초지진과 덕진진을 점령하고 광성보를 공격하였다. 광성보에서 어재연이 이끄는 조선군이 미군에게 격렬하게 저항하여 결국 미군이 퇴각하도록 하였다. 이를 신미양요라 한다(1871).

대원군은 프랑스와 미국의 침략을 물리친 후 각지에 척화비를 세워 서양과 수교를 거부한다는 뜻을 온 나라에 보여주었다(1871).

◐ 부산 가덕도 척화비(문화재청)

흥선대원군의 하야와 민씨 정권의 등장(1873)

흥선대원군이 외세의 통상 수교 요구를 거부하면서 기세를 올리고 있을 때 궁궐 안에는 큰 변화가 일어나고 있었다. 아들 고종이 무럭무럭 자라고 있었던 것이다. 12살의 나이에 왕이 된 고종은 즉위 당시 미혼이었다. 외척 세력에 의해 왕권이 약화되고 세도 정치가 전개되는 것을 본 대원군은 외척을 누르기 위하여 부모가 일찍 죽고 가까운 친척도 별로 없었던 여흥 민씨 집안의 어린 여성을 며느리로 맞이한다. 그가 바로 명성황후 민씨이다.

◐ 양요를 대비하여 만든 면제 갑옷, 면을 수십 겹 겹쳐 만들었다. 총알을 막는데는 효과가 있었으나 좀 더웠다.(문화재청)

고종은 성장하면서 아버지인 흥선대원군이 권력을 휘두르고 자신은 결정권 없이 명목상의 국왕으로 남아있는 상황이 못마땅하였다. 이런 상황에서 최익현이 대원군의 하야와 고종의 친정을 주장하는 상소를 올렸고 대원군의 분노에도 불구하고 고종은 최익현을 공조 참판으로 승진시켜 그의 뜻을 보여주었다. 결국 10년 권력을 누리던 대원군은 물러나고 고종의 외척인 민씨 세력이 정권을 주도하였다. 민씨 정권은 대원군의 개혁에 불만을 품은 세력들을 포용하고 일본에 대하여 유화책을 펼쳤다. 이제 개항의 순간이 다가온 것이다.

🗨 흥선대원군(1820~1898)

대원군(大院君)은 왕의 부친에게 주는 칭호이다. 일반적인 경우에는 왕의 부친은 곧 왕이기 때문에 대원군의 호칭이 붙을 일이 없다. 그러나 선대 왕이 후사를 남기지 못하고 승하하게 되면 방계 왕족이 왕위를 계승하는 경우가 생긴다. 그 경우 왕위를 잇는 왕족은 과거 왕의 양자로 들어가는 형식을 취하는데, 그렇다고 왕의 친아버지를 무시할 수는 없기에 이를 대우하기 위해 주는 칭호가 대원군이다. 조선 역사에는 네 명의 대원군이 있었다.

① 선조의 아버지 덕흥대원군

② 인조의 아버지 정원대원군. 정원대원군은 나중에 원종으로 추존되었다.

③ 철종의 아버지 전계대원군

④ 고종의 아버지 흥선대원군 이하응이다. 흥선대원군은 대한제국이 수립된 이후에는 대원왕으로 추존되었다.

그러나 이들 중에 살아서 대원군이 된 사람은 흥선대원군 뿐이고, 흥선대원군은 근대의 격동기에 이름을 남겼기 때문에 오늘날 대원군이라면 대개 흥선대원군을 떠올린다.

흥선대원군은 남연군의 아들이다. 남연군은 사도세자의 서자인 은언군의 아들이므로 흥선대원군은 사도세자의 증손자가 되는 셈이다. 그러나 혈연상으로 은언군은 아들을 남기지 못했고 남연군은 그의 양자이다. 남연군은 인조의 3남인 인평대군의 후손이다. 인조의 장남인 소현세자가 왕이 되지 못하고 일찍 죽으면서 그의 후손은 왕위 계승에서 밀려났고, 차남인 효종은 왕이 되었지만 남자 후손이 끊어지게 되었다. 하지만 주목받지 못한 3남 인평대군은 많은 자손을 남기게 되는데 흥선대원군도 고종도, 대한제국의 마지막 황제인 순종도 인평대군의 후손이다.

흔히 흥선군이라면 안동 김씨 세도 정치 하에서 목숨을 부지하기 위해 뜻을 숨기고 시정잡배들과 어울리면서 상갓집의 개라고 조롱받았다고 알려져 있다. 그러나 이것은 과장된 이야기며 김동인의 소설 '운현궁의 봄'의 영향을 받아 퍼진 이야기라 한다. 흥선군은 유력한 종친으로 비록 명예직이지만 계속 관직을 받았고 나름 영향력을 갖고 있었다. 철종이 후사를 남겨놓지 못하고 승하하게 되자 흥선군은 조대비에게 접근하였다. 조대비는 순조의 아들인 효명세자의 빈으로 효명세자가 왕이 되지 못하고 죽은 뒤에 그의 아들인 헌종이 즉위하자, 대비가 되었던 인물이었다. 효명세자는 헌종 즉위 이후 익종으로 추존되었다. 그러나 헌종이 후사 없이 죽자 철종이 순조의 양자로 왕위에 오르는 바람에 익종 계통은 왕통에서 멀어지게 되었다. 그러나 흥선군의 둘째 아들인 고종이 왕이 되면서 익종의 양자가 되어 조대비를 흡족하게 만들었다. 아들 고종이 열두 살의 나이에 왕이 되자 대원군은 섭정으로 10년간 조선의 정치를 좌우하게 된다.

🗨 명성황후 민씨(1851~1895)

명성황후 민씨는 고종의 왕비로 흥선대원군의 며느리가 된다. 일찍 아버지가 죽고 일가친척이 별

⊙ 흥선대원군(위키피디아)

로 없었는데, 여흥 민씨는 대단한 세력이 있는 것은 아니지만 당대의 명문 가문이었다. 특히 흥선 대원군은 어머니도, 부인도, 며느리도 모두 여흥 민씨였다. 왕비로 간택되고 한동안은 시아버지인 대원군과 사이가 나쁘지 않았다. 그러나 고종이 친정을 하면서 외척인 여흥 민씨의 세력이 커졌고 대원군과 정치적으로 대립하면서 명성황후와 흥선대원군의 관계는 점차 악화되었다. 대원군과 명성황후의 대립은 유명한데 이것이 일본에 의한 왜곡이라든가, 야사일 뿐이라는 주장도 있다. 고종의 친정 이후 고종과 명성 황후는 민씨 일족들을 끌어들여 요직에 앉혔고 이들은 부정부패를 일삼으면서 민생을 도탄에 빠뜨리고 조정을 혼란하게 만들었다. 을미사변으로 일본에 의해 시해당하였기에 명성황후를 동정하고 그를 재평가하려는 주장도 있지만, 부정적인 평가 또한 많다.

💬 민씨 척족 정권의 주요 인물

민겸호(1838~1882)

민겸호는 대원군의 부인인 여흥부대부인 민씨의 남동생이다. 명성황후가 왕비가 된 이후 왕비의 친정 아버지 민치록의 양자로 들어가 왕비의 오빠가 되었다. 시어머니와 며느리 모두에게 남매가 된 셈이다. 민씨 정권의 핵심으로 요직을 역임하면서 임오군란 당시는 선혜청 당상 겸 병조판서를 지냈다. 임오군란 당시 구식 군인들이 급료에 모래가 섞인 것을 항의하면서 소동을 일으키자 민겸호는 주동자를 처형하려 하였다. 이에 성난 구식 군인들에 의해 군란이 일어나면서 군인들에게 살해당하였다.

민영익(1860~1914)

민영익의 어린 시절은 불우하였다. 민영익의 7대조는 숙종 때 노론 계열의 중신인 민유중인데, 민유중의 딸이 바로 인현왕후이다. 인현왕후의 후손이 되는 셈이다. 그러나 민영익의 선대에는 몰락하여 끼니를 걱정해야 할 형편이 되었다. 그러다 민씨 집안의 명성황후가 왕비가 되면서 갑자기 권력의 핵심으로 떠오르게 되었다. 명성황후의 아버지 민치록은 아들이 없어 대원군의 처남인 민승호가 양자로 들어왔는데, 민승호가 갑자기 죽으면서 민영익은 그의 양자가 되었다. 명성황후의 친정 아버지 제사를 지내는 유일한 혈육이 된 것이다. 명성황후는 민영익을 끔찍이 아꼈으며 촌수로는 조카이지만 동생처럼 가까이 대하였다.

민영익은 개화 정책을 추진하면서 별기군의 실질적인 책임자로 활동하였다. 또한 보빙사로 미국에 파견되면서 서양 문물을 견학하고 돌아왔고 육영공원을 세울 것을 주장하였다. 그러나 갑신정변 당시 민씨 정권의 핵심인물로 지목되어 급진개화파에게 살해당할 뻔 하였다. 알렌의 도움으로 간신히 살아난 민영익은 이후로도 민씨 정부의 중심으로 활동하였다. 하지만 친일파로 변모하면서 영화를 누린 다른 민씨들과 달리 반일적인 태도를 보였고 을사조약 이후에는 중국으로 망명하여 술로 소일하다 세상을 떠났다. 불우한 유년 시절과 세상을 주무르던 청년 시절, 그리고 쓸쓸한 죽음까지, 참으로 극적인 일생을 산 인물이었다.

◎ 민영익(위키피디아)

40 조선, 개항하다

선사 시대		고대					중세	근세	근대 태동기	근대와 현대		
구석기	신석기	청동기	(초기) 철기	원삼국	삼국	남북국	고려	조선 초기	조선 후기	개항 기	일제	현대

흥선대원군 집권	개항	제2차 수신사	임오 군란	갑신 정변	동학농민 운동 갑오개혁 청일전쟁	을미 개혁	아관 파천	대한 제국	러일 전쟁	을사 조약	국권 피탈
1863	1876	1880	1882	1884	1894	1895	1896	1897	1904	1905	1910

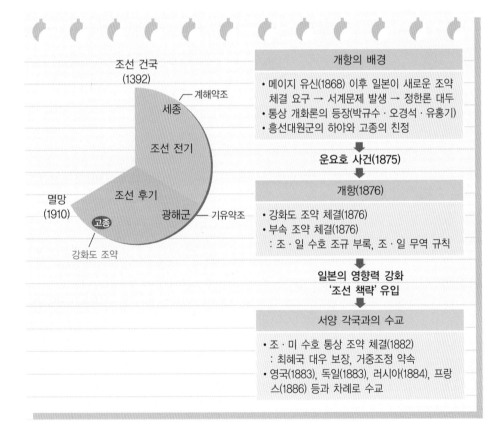

조선 건국 (1392)

계해약조

세종

조선 전기

조선 후기

멸망 (1910)

고종

광해군 ── 기유약조

강화도 조약

개항의 배경

- 메이지 유신(1868) 이후 일본이 새로운 조약 체결 요구 → 서계문제 발생 → 정한론 대두
- 통상 개화론의 등장(박규수 · 오경석 · 유홍기)
- 흥선대원군의 하야와 고종의 친정

운요호 사건(1875)

개항(1876)

- 강화도 조약 체결(1876)
- 부속 조약 체결(1876)
  : 조 · 일 수호 조규 부록, 조 · 일 무역 규칙

일본의 영향력 강화 '조선 책략' 유입

서양 각국과의 수교

- 조 · 미 수호 통상 조약 체결(1882)
  : 최혜국 대우 보장, 거중조정 약속
- 영국(1883), 독일(1883), 러시아(1884), 프랑스(1886) 등과 차례로 수교

강화도 조약 체결의 배경

서계 문제와 정한론

대원군이 집권하던 시기에 일본은 메이지 유신(1868)을 거치며 새로운 정부가 등장하였다. 임진왜란 이후 조선과 일본의 관계는 광해군 때 체결한 기유약조(1609)가 기본 구조를 형성하였다.

하지만 새로 등장한 메이지 신정부는 일본에 새로운 정부가 들어섰으니 조선과 일본의 관계를 새로 정립하자고 요청하며 조선에 외교 문서(서계)를 보낸다. 하지만 일본 정부가 보낸 서계는 종래 사용하던 관례에서 벗어난 오만방자한 내용으로 가득차 있었다. 대원군이 기존 외교 관례를 벗어난 서계의 접수를 거부하면서 조선과 일본 사이에 외교 문제가 발생하였다(서계 문제).

○ 운요호(위키피디아)

일본은 적반하장으로 조선의 무례를 운운하며 조선을 침략하자는 논의를 하게 된다(정한론). 이는 메이지 유신으로 새로운 정부가 등장하며 바뀐 체제에 불만을 가진 세력들의 관심을 외부에 돌리자는 의도가 있었다. 임진왜란 직전에 도요토미 히데요시가 일본 통일을 하고 전쟁 외에는 할 줄 아는 게 없는 일본의 다이묘와 사무라이들의 관심을 돌리기 위해 전쟁을 일으킨 경우와 비슷하다. 당장 침략을 하자는 강경파와 아직은 국내 문제에 힘을 쏟고 내정이 안정되면 조선을 침략하자는 온건파로 나뉘어졌으나 기본적으로 메이지 유신의 주요 인물들은 대부분 정한론자였다. 조선과 일본의 악연이 다시 시작되었다.

민씨 정권과 운요호 사건(1875)

이런 상황에서 일본 군함 운요호가 강화도 부근에 접근하여 조선군을 자극하고 포격을 주고 받은 사건이 발생하였다. 조선의 영해를 침입하여 사건을 도발한 일본은 오히려 적반하장으로 군함에 병력을 가득 싣고 부산에 들어온 후에 남해안과 서해안을 거쳐 북상하면서 조선을 위협하였다.

대원군 하야 이후 등장한 민씨 정권은 대원군의 통상 수교 거부 정책 대신 일본에 대하여 온건한 입장을 취하였다. 또한 대원군 시기에 이미 박규수를 비롯한 초기 개화파가 성장하고 있었기 때문에 이들의 개국 주장 또한 민씨 정부의 결정에 중요한 역할을 하였다. 결국 강화도에서 조선과 일본은 조약을 맺게 되는데, 이는 조선이 외국과 체결한 최초의 근대적 조약이다. 이전에도 조선은 일본과 여러 번 조약을 체결하였으나 근대적 형식의 조약은 강화도 조약이 최초이다.

강화도 조약(1876)

◎ 강화도 조약을 묘사한 그림(위키피디아)

강화도 조약의 정식 명칭은 조·일 수호 조규, 또는 병자 수호 조규이다. 1876년은 병자년으로 병자호란이 일어난지 240년이 된 해이다. 강화도 조약은 본질적으로 불평등 조약으로 일본이 조선을 침략하기 위한 기반을 마련하였다. 조약 제1조는 조선이 일본과 동등한 자주국이라 규정하였지만 그 속셈은 조선이 자주국임을 강조하여 청이 주장하는 종주권을 부인하고 조선 침략에서 청을 배제하려는 데 있었다. 조약의 불평등성은 해안측량권과 치외법권에서 잘 나타나 있다. 이후 부속 조약인 조·일 수호 조규 부록과 조·일 무역 규칙에서 강화도 조약에서 다루지 못한 내용을 추가로 규정하였다.

강화도 조약과 부속 조약의 주요 내용

강화도 조약 (조·일 수호 조규)	• 조선이 일본과 대등한 자주국임을 명시하여 청의 종주권을 부정하였다. • 3개의 항구를 개항하였다. • 부산·원산·인천이 개항하였다. • 불평등 조항: 치외법권, 해안측량권
조·일수호조규 부록	• 일본 외교관의 여행 자유를 허용하였다. • 일본인 거주 지역을 개항장에서 10리 이내로 제한하였다. • 개항장에서 일본 화폐 유통을 허용하였다.
조·일 무역 규칙	• 일본의 수출입 상품에 대하여 관세를 받지 못하도록 하였다. • 최혜국 대우에 대한 규정은 없었다. • 양곡의 유출에 대하여도 아무런 제한 규정이 없었다.

서양 각국과의 수교

청의 알선과 서양과의 수교

일본과의 조약을 시작으로 서양 여러 나라와도 차례대로 국교를 맺게 되었다. 강화도 조약을 맺고 나서 조선과 일본의 교류가 확대되고 조선에 대한 일본의 영향력이 커졌다. 그러자 병자호란 이후 조선의 종주국으로 자부해 온 청은 일본을 견제하고 국제 사회에서 조선이 청의 영향력 하에 있음을 보여주기 위하여 미국을 비롯한 서양 각국과의 수교를 알선하였다.

미국과의 수교(1882)

최초로 수호 통상 조약을 체결한 서양 국가는 미국이다. 제2차 수신사로 일본에 다녀 왔던 김홍집은 일본에 주재하는 청국 외교관과 대화한 내용을 담은 '조선책략'을 국내에 가져왔다. 조선책략은 조선 정부의 수교 결정에 영향을 미쳤다. 미국을 시작으로 영국, 독일 등의 다른 서양 국가들과도 차례로 수교하였다.

러시아, 프랑스와의 수교

러시아, 프랑스는 다른 국가와는 구별되는 수교과정을 밟았다. 미국을 비롯한 서양 국가들은 청의 알선에 의하여 수교하였다. 그러나 청은 러시아를 견제하고 있었기 때문에 러시아와의 수교는 알선하지 않았다. 청은 바다를 통해 접근하는 다른 서양 국가와 달리 러시아와는 직접 육지로 국경을 마주하고 있었고, 러시아에 여러 번 영토를 빼앗긴 적이 있었기 때문에 러시아에 대한 경계심이 컸다. 결국 러시아는 청의 알선 없이 조선과 단독으로 수교하게 된다. 조선 입장에서 임오군란 이후 청의 간섭이 강화되면서, 이를 견제할 필요성을 느끼고 있던 시기였다. 러시아 외교관 베베르가 조선에 파견되었고, 조선과 러시아는 수교하였다(1884).

프랑스도 천주교 포교권 문제로 수교가 늦어지다 강화도 조약이 체결되고 10년이 지나서야 수교하였다(1886). 프랑스와의 수교 이후 천주교 포교가 인정되었고, 미국에서 들어 온 개신교의 포교도 가능해졌다.

○ 우리나라 최초의 등대인 인천 팔미도등대(문화재청)

💬 개항

개항은 특정한 항구에 외국인들의 왕래를 허용한다는 의미이다. 강화도 조약 이후 부산·원산·인천을 시작으로, 목포·진남포·군산·마산 등이 차례로 개항하면서 외국인의 출입을 허용하였다. 당시는 항공 교통이 발달하기 전이므로 일본이나 서양과의 교류는 대부분 항구를 통해 이루어졌다. 공항(空港)도 하늘의 항구라는 의미이다.

개항이 이루어진 항구에는 외국인의 출입과 거주, 상행위가 허용되는 장소가 설치되었는데 이를 개항장이라 한다. 개항장에는 외국인이 출입하고 서양의 근대 문명이 조선에 먼저 선보였다. 서양식이나 일본식 건물이 들어섰고 외국의 물건도 쉽게 구할 수 있었다. 동아시아 각국의 철도도 수도와 개항장을 연결하는 노선이 가장 먼저 건설되었다. 개항장에 보이는 화려한 근대 문명 뒤에는 제국주의 국가들의 침략이 뒤따랐다. 외세는 개항장을 중심으로 세력을 확장하였고, 외국 상인들은 개항장을 거점으로 내륙으로 진출하였다. 외국 군함들도 개항장을 들락거렸다.

이미 조선 후기에 개항의 필요성을 주장하는 학자들이 등장했지만 개항 자체는 강요에 의해 이루어졌다. 청은 영국, 일본은 미국, 조선은 같은 아시아 국가인 일본에 의해 개항을 강요받았다.

1876년 2월, 강화 연무당에서 조선의 신헌과 일본의 구로다 사이에 12조로 된 조·일수호조규를 체결하였다. 이해가 병자년이어서 병자수호조규라고도 하는데 이것이 강화도 조약이다. 원래 왜관이 있던 부산 외에 2개의 항구를 추가로 개항하게 하였는데, 이후 인천과 원산으로 정해졌다. 부산, 인천, 원산은 외국인들이 드나드는 개항장이 되었는데, 이를 본 원산 지역 상인들이 자제들에게 새로운 학문을 가르치기 위하여 설립한 우리나라 최초의 근대 학교가 원산학사(1876)이다.

💬 조·일 무역규칙(1876)과 조·일 통상장정(1883)

1876년에 제정된 조·일 무역규칙은 1883년에 이를 대신하는 조·일 통상장정이 체결되면서 이에 흡수되었다. 조·일 무역 규칙에 없던 세 가지 조항이 조·일 통상 장정에 포함되었다. 3X가 3O로 바뀌었다 생각하면 된다.

① 무관세 조항이 일부나마 관세를 받을 수 있도록 바뀌었다.

② 최혜국 대우 조항이 신설되었다. 미국이 최초로 최혜국 대우를 받았고 이후에 체결한 다른 나라들도 차례대로 최혜국 대우를 인정받았는데 일본은 그 전에 조약을 체결했기 때문에 해당사항이 없었다. 이에 조약을 개정하여 일본도 최혜국 대우를 얻어냈다.

③ 방곡령에 대한 근거 규정이 생겼다. 전에는 일본 상인이 양곡을 아무리 많이 일본으로 가져가도 아무런 제한을 할 수가 없어, 양곡이 대량으로 유출되면서 곡식 가격이 크게 올라 가난한 사람들의 삶이 어려워졌다. 방곡령은 흉년이 들었을 때 흉년이 든 지역의 곡식을 다른 지역으로 반출하지 못하도록 지방관이 내리는 명령이다. 조선 시대에 존재로 제도인데, 조·일 무역규칙에 규정되지 못했기 때문에 적용할 수 없었는데, 조·일 통상장정에는 방곡령이 명시적으

로 규정되었다. 그러나 1개월 전에 통보해야 한다는 제한 규정이 있었는데, 이것이 뒤에 방곡령 사건(1889~1890)에서 문제가 되었다.

🗨 미국과의 수교

조선책략을 계기로 미국에 대한 관심이 높아지면서 청의 주선으로 서양 국가 중에서는 최초로 미국과 수교하였다.

1882년 5월, 조선정부는 청나라 이홍장의 주선으로 제물포에서 조선 측 전권대신 신헌과 미국 측 전권공사 슈펠트 간에 전문 14관(款)으로 이루어진 조미수호통상조약을 체결하였다.

14개의 조문으로 구성된 조약의 주요 내용은

① 제3국이 한쪽 정부에 부당하게 또는 억압적으로 행동할 때에는 다른 한쪽 정부는 원만한 타결을 위해 주선을 한다(제1조),

② 양 체결국은 각각 외교 대표를 상호 교환하여 양국의 수도에 주재시킨다(제2조),

③ 치외법권은 잠정적으로 한다(제4조),

④ 수출입 상품에 대한 관세부과권은 조선정부에 속한다(제5조),

⑤ 조선은 미국에게 최혜국대우를 부여한다(제14조) 등이었다.

❖ 보빙사 일행(1883), (위키피디아)

특히 제1조의 거중조정 조항과 제14조의 최혜국대우가 중요하였다. 거중조정은 어느 한 나라가 어려움에 처하면 다른 나라가 문제가 잘 해결되도록 주선한다는 내용으로, 조선은 이 조항을 통해 미국과 특별한 관계를 맺었다고 생각하였으나 미국은 단순한 립서비스 정도로 간주하였다. 이후 조선이 어려움을 겪을 때마다 미국에 지원을 요청하고 특사를 파견한 것은 이 조항 때문이다. 그러나 미국에서 친일적인 시어도어 루즈벨트가 대통령이 되면서 미국은 가쓰라·태프트 밀약을 통해 일본의 조선 지배를 인정하였는데, 밀약이었기 때문에 조선인 이 사실을 알지 못하였다. 을사조약 이후 고종이 헐버트를 특사로 미국 대통령에게 파견하였으나 당연히 성과를 거두지 못하였다. 최혜국대우는 조선과 미국이 조약을 맺은 후에 조선이 제3국과 조약을 맺어 그 나라에게 미국보다 더 좋은 혜택을 부여하는 경우에는 그 혜택이 특별한 절차 없이 자동적으로 미국에게도 부여된다는 내용이다. 조약 체결 당시에는 조선인으로 영어를 할 줄 아는 사람이 없었고, 미국도 조선어를 할 줄 아는 사람이 없었다. 결국 조선인 역관과 중국인 역관이 이중으로 통역하여 조약이 체결되는데, 정부는 통역관을 양성할 필요성을 느껴 1883년에 동문학을 설립하였다.

조약이 체결되면서 1883년 4월에 조선 주재 미국 공사 푸트가 부임하자, 조선도 미국에 상주하는 외교관을 파견해야 하는데 아직 형편이 안되었기 때문에 6월에 민영익을 대표로 하여 보빙사가 미국에 파견되었다. 보빙사는 서양에 파견된 최초의 외교 사절이었다. 민영익은 미국 사정을 돌아보고 귀국하여 고종에게 근대 학교를 설립하자고 건의하였고 1886년에 육영공원이 설립되었다. 보빙사 일행으로 같이 갔던 유길준은 귀국하지 않고 남아서 미국 대학에 입학한 최초의 한국인 학생이 되었다. 이후 영국, 독일 등의 유럽 국가와의 조약은 대부분 조미 수호 통상 조약의 내용을 따랐다.

41 개화 정책을 둘러 싼 혼란

근대(개항기)	근대(일제강점기)	현대(해방 이후)
• 흥선대원군 • 개항과 개화 정책 추진과 반발 • 국권피탈	• 무단통치기 • 문화통치기 • 민족말살통치기	• 해방 공간 • 6 · 25전쟁 • 민주주의의 시련과 발전

흥선대원군 집권	개항	제2차 수신사	임오 군란	갑신 정변	동학농민 운동 갑오개혁 청일전쟁	을미 개혁	아관 파천	대한 제국	러일 전쟁	을사 조약	국권 피탈
1863	1876	1880	1882	1884	1894	1895	1896	1897	1904	1905	1910

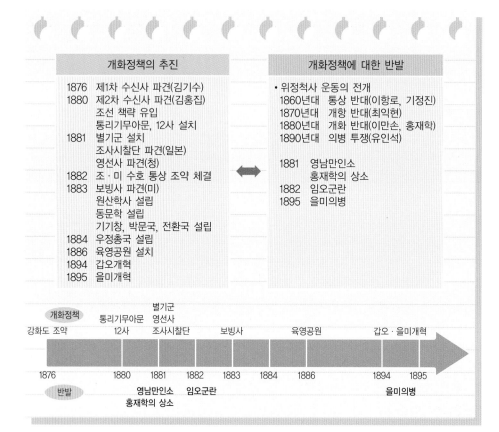

개화정책의 추진	개화정책에 대한 반발
1876 제1차 수신사 파견(김기수) 1880 제2차 수신사 파견(김홍집) 　　　 조선 책략 유입 　　　 통리기무아문, 12사 설치 1881 별기군 설치 　　　 조사시찰단 파견(일본) 　　　 영선사 파견(청) 1882 조 · 미 수호 통상 조약 체결 1883 보빙사 파견(미) 　　　 원산학사 설립 　　　 동문학 설립 　　　 기기창, 박문국, 전환국 설립 1884 우정총국 설립 1886 육영공원 설치 1894 갑오개혁 1895 을미개혁	• 위정척사 운동의 전개 　1860년대　통상 반대(이항로, 기정진) 　1870년대　개항 반대(최익현) 　1880년대　개화 반대(이만손, 홍재학) 　1890년대　의병 투쟁(유인석) 　1881　영남만인소 　　　　홍재학의 상소 　1882　임오군란 　1895　을미의병

개화정책　　　　　　　　　별기군

강화도 조약　　통리기무아문　영선사

　　　　　　　12사　　조사시찰단　　보빙사　　　　육영공원　　　　갑오 · 을미개혁

1876　　　　1880　1881　　1882　　1883　1884　　1886　　　　1894　1895

반발　　　　　　영남만인소　　임오군란　　　　　　　　　　을미의병
　　　　　　　　홍재학의 상소

배경

개항 직후의 상황

개항이 되었다고 바로 개화 정책이 추진되고 조선 사회가 크게 변화한 것은 아니었다. 대부분의 양반과 농민은 일본에 의해 강요된 개항을 불안한 마음으로 지켜보았고 정부 또한 개화 정책 추진에 대한 확고한 의지를 가지고 있는 것도 아니었다. 그런 상황에서 정부는 일본을 통하여 근대 문물에 대한 새로운 정보를 얻기 위하여 일본에 외교 사절을 파견하였다.

제2차 수신사 김홍집의 파견과 조선책략(1880)

원래 조선은 일본에 통신사를 보냈었는데 개항 이후 이름을 수신사로 고쳐 파견하였다. 제1차 수신사(1876)는 강화도 조약 체결 직후 일본의 요청에 의해 김기수가 파견되어 일본의 상황을 살펴보고 돌아왔다. 이후 일본과 해결해야 할 현안이 쌓이면서 정부는 김홍집을 제2차 수신사로 일본에 파견하였다.

일본에 간 김홍집은 일본의 사정을 살펴보면서 당시 일본에 주재하는 청나라 공사관을 찾아가서 청의 외교관과 조선을 둘러 싼 국제 정세에 대하여 대화를 나누었다. 한자문화권에 속해 있던 동아시아의 지식인들은 서로 상대방의 언어를 몰라도 한자를 사용하여 필담을 통해 대화가 가능하였다. 김홍집이 귀국할 때 청의 외교관이던 황쭌셴이 그동안 나누었던 대화를 정리하여 '사의조선책략'이라는 책자로 만들어서 김홍집에게 건네주었고 김홍집은 귀국 이후 고종에게 이 책을 바쳤다. 조선책략은 조선의 최대 위협이 러시아라고 주장하였다.

✚ 별기군 복장(전쟁기념관)

개화 정책의 추진

조선책략을 긍정적으로 받아들인 고종은 개화 정책 추진에 대한 의지를 굳혔다. 먼저 개화 정책을 전담하는 기구인 통리기무아문을 설치하였고, 그 아래에 12사를 두어 업무를 분담하도록 하였다(1880). 또한 기존의 중앙군이었던 5군영을 축소하여 무위영, 장어영의 2군영으로 줄이고 무위영 소속으로 별기군이라는 신식 군대를 설치하였다(1881).

한편 조선 정부는 보수파의 반발을 피해 비밀리에 일본에 조사 시찰단(신사유람단)을 파견하였다(1881). 조사 시찰단은 약 4개월 동안 학교 · 공장 등 근대 시설과 법률, 조세 등 근대 제도를 살피고 돌아와 정부의 개화 정책을 뒷받침하였다. 청에는 김윤식을 영선사로 삼아 유학생과 기술자를 파견하였다(1881). 이들은 톈진에서 무기 제조 기술을 배우고 돌아와 기기창 설립에 기여하였다(1883). 미국과 수교한 이후에는 보빙사를 파견하였다(1883).

개화 정책에 대한 반발

◉ 조사시찰단 일행으로 일본에 다녀 온 박정양(위키피디아)

✍ 전통적으로 우리 민족이 혐오하던 일본과 수교를 하고 일본의 도움을 받아 개혁을 추진한다고 하자 민중의 반발이 격화되었다. 특히 보수적인 양반 유생층은 위정척사사상을 내세우며 개화 정책을 배격하였다.

✍ 영남 지역의 유생 1만 명이 올린 영남만인소는 조선책략을 비판하며 미국과 수교해야 한다는 논리를 반박하였다. 강원도 유생인 홍재학은 고종의 잘못을 조목조목 지적하는 상소를 올렸다가 처형당하기도 하였다. 이러한 위정척사 운동은 특히 1881년에 활발하게 전개되었는데, 이를 신사척사운동(辛巳斥邪運動)이라 한다. 이해가 신사년(辛巳年)이었기 때문에 붙여진 명칭으로 이 해에 일본에 파견된 사절단을 조사시찰단 또는 신사유람단이라고 부르는 이유와 같다.

💬 수신사(修信使)

본래 조선이 일본에 파견한 외교 사절은 통신사로 불리었고, 통신사라는 명칭은 고려 시대부터 사용되었다. 강화도 조약 체결 이후 조·일 두 나라가 동등한 입장에서 사신을 교환한다는 뜻에서 수신사로 이름을 바꾸어 일본에 파견하였다.

① 제1차 수신사

1876년 2월, 강화도 조약 체결 직후 일본의 요청에 따라 김기수를 정사로 한 첫 수신사를 일본에 보냈다. 수신사 일행 75명은 일본 기선을 타고 일본에 가서 새로 지은 그들의 관아·군관학교·병영·병기창·학교·조선소 등 근대 시설들을 시찰하고 돌아왔다.

② 제2차 수신사

1880년에는 김홍집 일행이 수신사로 일본에 파견되었다. 수신사들은 귀국하여 일본의 제도를 본떠서 조선의 제도를 개혁할 것을 주장하였다. 김홍집이 귀국 길에 조선 책략을 가져 온 것으로 유명하다.

💬 수신사와 조사시찰단(朝士視察團)

○ 유길준(위키피디아)

수신사와 조사시찰단을 구분하지 못하는 경우가 많다. 수신사는 국가의 공식적인 업무 협의 차원에서 파견된 외교 사절로 문물을 시찰하는 임무를 겸하였다. 원래 국가 간의 공식적인 사무는 상대국에 주재하는 대사관이나 공사관을 통해 처리해야 하는데, 조선은 아직 일본에 공사관을 두지 못하였으므로 수신사를 파견한 것이다. 조사시찰단은 조선 정부가 전적으로 문물 시찰을 목적으로 파견하였다.

대사와 공사는 외국에 파견하는 외교관으로 대사가 공사보다 상위 계급이다. 개항 직후에 조선과 수교한 국가들은 대부분 공사를 파견하였다. 현대에는 대사와 공사의 구분이 거의 없어졌고 대부분의 국가들은 대사관을 둔다. 영사는 자국민의 보호를 위해 파견되는 외교관이다. 을사조약 이후 각국의 공사관은 철수하였지만, 영사관은 유지되었다.

💬 조선 책략

제2차 수신사로 일본에 간 김홍집은 일본 주재 청국 외교관들과 조선의 장래를 둘러싸고 많은 대화를 나누었다. 그 결과물이 김홍집이 귀국할 때 가지고 온 '조선책략'이다. 당시 조선의 종주국으로 행세하던 청은 서양의 침략에 시달리고 있었는데, 상대적으로 국경이 접해 있고 많은 영토를 빼앗긴 러시아를 가장 경계하였다. 반면 뒤늦게 태평양에 진출하였기 때문에 중국이 분할되어 서양의 식민지가 되는 것을 반대하면서, 중국의 독립을 유지하고 각 나라가 중국에 대하여 균등한 기회를 갖자고 주장하는 미국에 대해서는 신뢰를 보내는 편이었다. 조선책략은 조선의 가장 큰 위협은 러시아라고 주장하면서 러시아를 막기 위해서는 중국과 친하게 지내고(친중국), 일본과 연결하고(결일본), 미국과 연합하여야 한다고(연미국) 주장하였다.

이러한 조선 책략의 주장은 당시 고종과 민씨 정권에 영향을 주어 온건 개화파의 입장에서 점진적으로 개혁을 추진하게 되었다. 개화와 관련된 사무를 담당할 관청으로 통리기무아문을 두고 그 아래에 업무를 나누어 12사를 설치하였다(1880). 또한 구식 군대인 5군영을 2군영으로 축소하여 무위영과 장어영을 두고 신식 군대인 별기군을 조직(1881)하여 무위영에 소속시켰는데, 이러한 개혁은 임오군란으로 중단되었다. 조선 책략은 개항 직후 조선 정부가 개화 정책을 추진하는 데 일정한 영향을 주었다.

별기군(別技軍)

조선 정부가 근대 문물을 도입하기로 결정하면서 근대식 군대를 창설하기로 하였다. 그러나 조선에는 서양식 군사 훈련을 받은 사람이 없었기 때문에 일본군 소위였던 호리모토를 교관으로 초빙하였다. 명칭은 특별한 기술을 익히는 부대로 하여 별기군이라 하고 무위영 산하에 두었다. 호리모토는 일본식 구령을 붙이면서 이들을 훈련시켰는데, 이를 못마땅히 여긴 사람들은 '왜별기'라 부르기도 하였다. 별기군은 대부분 양반자제로 구성되었고 구식 군대보다 급료 등에서 월등한 우대를 받았다. 이런 차별대우가 임오군란의 하나의 원인이 되었다.

○ 김홍집(위키피디아)

김홍집(1842~1896)

개항기를 이끌어 간 정치인으로 온건 개화파로 분류된다. 1880년에 제2차 수신사로 일본을 방문하고 돌아와 개화의 필요성을 주장하였다. 이 때 조선책략을 갖고 들어온 것으로 유명하다. 1894년에 동학농민운동이 일어나자 청군이 이를 진압하기 위하여 조선에 들어왔고 일본군도 조선에 상륙하면서 청일 전쟁이 발발하였다. 전쟁 직전에 일본은 조선 내정을 장악하기 위하여 경복궁을 점령하고 기존의 민씨 정권을 무너뜨리고 새로운 친일 내각을 수립하였는데, 김홍집이 총리대신이 되었다. 이를 제1차 김홍집 내각이라 하며 제1차 갑오개혁을 추진하였다.

청일 전쟁에서 일본이 우세해지자 일본의 후원을 받은 박영효가 귀국하여 김홍집 내각에 참여하면서 제2차 김홍집 내각이 조직되었다. 김홍집·박영효 연립 내각은 제2차 갑오개혁을 추진하였다. 청일 전쟁은 일본의 승리로 끝났지만 삼국 간섭으로 조선에서 러시아 세력이 강화되고 일본의 세력이 약화되면서 김홍집은 물러나게 되었다.

그러나 일본은 자기 세력을 만회하기 위해 명성황후를 시해하는 을미사변을 일으켰고, 그 무렵 김홍집은 다시 총리대신이 되었다. 김홍집은 총리대신으로 을미개혁을 주도하였으나 아관파천으로 김홍집 내각은 무너지고 친러 내각이 수립되면서 왜대신으로 지목되어 광화문 앞에서 군중들에게 살해되었다. 개화기의 관료이며 개화파의 핵심 인사로 조선의 근대화를 위해 노력했으나 친일 내각의 수장을 지내면서 친일적이었다는 비판을 받기도 하는 인물이다. 대한민국의 부통령을 지낸 이시영은 그의 사위였다.

🗨 영선사(領選使)

1881년, 신식무기의 제조 및 사용방법을 배우기 위해 김윤식을 영선사로 삼아 유학생 69명을 인솔하도록 하여 청나라로 파견하였다. 그들은 텐진기기창(天津機器廠)에서 무기를 제조하는 기술을 배우다가, 임오군란 이후 귀국하였다. 김윤식은 임오군란 직후 민씨 정권의 지시를 받아 청군의 파병을 요청하고 청의 해군 군함을 타고 귀국하였다. 근대적 지식이 부족하고 자금이 모자라 한계가 있었지만 귀국한 영선사 일행들은 최초의 신식무기 제조창인 기기창 설치(1883)에 주도적 역할을 하였다.

🗨 위정척사운동

위정척사운동은 개항을 전후한 시기에 등장한 사상적 흐름으로 올바른 것을 지키고 사악한 것을 배척하자는 보수파들의 정치적 주장이다. 여기서 지켜야 할 올바른 것은 성리학적 전통 질서이며 배척해야 할 사악한 것은 당시에 유입되던 서양 문물이다. 즉, 당시 사회의 기득권층으로 신분질서 하에서 여러가지 특권을 누리던 양반층이 전통 질서를 유지하면서 변화를 거부하고자 하는 주장이다. 위정척사운동은 이러한 성격 때문에 스스로 변화를 추구하는 것이 아니라 변화의 흐름이 불어오면 이를 거부하는 방향으로 추진되었다.

◯ **최익현 초상(문화재청)**

① 1860년대에는 통상 반대 운동의 모습으로 나타났다. 당시 프랑스, 미국을 비롯한 서양 국가들이 조선에 통상을 요구하였는데 이를 강력히 반대하면서 흥선대원군의 통상수교 거부정책을 지지하였다. 병인양요 당시 흥선대원군의 척화유시에 적극 호응하는 상소를 올렸던 이항로, 기정진 같은 인물들이 이 시기의 대표적인 위정척사파이다. 특히 이항로는 최익현, 유인석의 스승이다.

② 1870년대에는 개항 반대 운동을 추진하면서 강화도 조약에 반대하였다. 최익현은 도끼를 가지고 궁궐 앞에 엎드려 척화를 주장하는 '지부복궐척화상소'를 올렸다. 여기서 일본과 수교를 반대하는 다섯 가지 이유를 들었는데 이를 5불가소라 한다. 이중 가장 유명한 것은 왜양일체론이다. 당시 정부는 일본과는 오래전부터 교류해 왔으므로 강화도 조약을 체결해 개항한다 해도 새로울 것은 없다 하면서 백성을 달랬는데, 최익현은 '왜인이 아니라 이미 양적이 되었다' 주장하면서 이를 비판하였다.

③ 1880년대에는 개화 반대 운동을 전개하면서 당시 추진되던 개화 정책을 반대하였다. '조선책략'이 유입되고 미국과의 수교가 추진되자 이황의 직계 후손인 이만손을 중심으로 영남 유생들의 '영남만인소'가 올라왔고, 강원도 유생 홍재학도 고종의 개화 정책을 강력하게 비판하였다.

④ 1890년대 이후에는 의병 투쟁으로 이어졌다. 유인석 등의 의병장이 일어나서 일본군과 개화 관료들을 공격하였다. 의병 투쟁에는 동학 농민 운동의 잔여 세력도 적극 참여하였고 점차 전국적인 의병 전쟁으로 발전하였다.

42 임오군란과 갑신정변

흥선대원군 집권	개항	제2차 수신사	임오 군란	갑신 정변	동학농민 운동 갑오개혁 청일전쟁	을미 개혁	아관 파천	대한 제국	러일 전쟁	을사 조약	국권 피탈
1863	1876	1880	1882	1884	1894	1895	1896	1897	1904	1905	1910

임오군란(1882)

◇ 배경
- 곡물 값 폭등으로 백성의 생활고 가중
- 구식 군인에 대한 차별 대우

◇ 전개
① 밀린 급료 지급 과정에서 불만이 폭발한 구식군인 봉기
② 민씨 정부의 고관과 별기군의 일본인 교관 살해, 일본 공사관 습격
③ 흥선대원군의 재집권
④ 청군 개입으로 군란 진압

◇ 결과
① 개화 정책 약화
② 일본과 제물포 조약 체결(일본군 주둔허용)
③ 청의 내정 간섭 본격화
  - 청군 주둔
  - 내정 고문 마젠창, 외교 고문 묄렌도르프 파견
  - 조·청 상민 수륙 무역 장정 강요
④ 조선은 청을 견제하기 위해 러시아에 접근

갑신정변(1884)

◇ 배경
① 내부적 배경
  - 임오군란 이후 개화파 분열 심화
  - 청의 간섭에 급진개화파의 불만 고조
② 외부적 배경
  - 일본의 지원 약속
  - 청·프 전쟁으로 청군 일부 철수

◇ 전개
① 우정총국 설립 축하연을 기회로 급진개화 파가 정변
② 민씨 일족 등 고위 관료 살해하고 개화당 정부 수립
③ 14개조 정강 발표
④ 청군 진압으로 실패

◇ 결과
① 청의 내정 간섭 더욱 심화, 개화 정책 약화
② 일본과 한성 조약 체결
③ 청과 일본은 전쟁 방지를 위해 톈진 조약 을 맺고 양군 철수
④ 열강의 대립이 강화되며 조선중립화론 제 기, 거문도 사건 발생

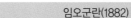

개항	임오군란	갑신정변	갑오개혁
1876	1882	1884	1894

임오군란(1882)

배경

개화 정책이 추진되면서 세금 부담이 늘어나고 일본에 대한 곡물 수출이 늘면서 쌀값이 올라 백성의 생활이 어려워졌다. 기존의 구식 군인들은 별기군 소속의 신식 군인보다 대우가 열악하고 차별을 받았다. 게다가 급료가 무려 13개월이나 밀리면서 구식 군인들의 불만은 극에 달하였다.

경과

민씨 정권은 밀린 급료의 일부를 지급하기로 하였으나 지급된 쌀에 모래와 썩은 쌀이 섞여있는 것을 본 구식 군인들의 불만이 폭발하였다. 정부가 자신의 잘못을 인정하지 않고 오히려 불만을 표시한 군인들을 처벌하려 하자, 군란이 일어났다. 그들은 급료 지급을 담당하던 선혜청의 책임자인 민겸호를 때려죽이고 궁궐에 난입하여 왕비를 잡으려 하였다. 왕비는 홍계훈의 도움으로 간신히 빠져나갔지만 민씨 정권은 무너지고 구식 군인들이 옹립한 대원군이 다시 정권을 잡았다. 별기군 교관이었던 호리모토가 군중들에게 맞아죽고 일본 공사관이 습격 당하였다.

⊙ **묄렌도르프(위키피디아)**

홍선대원군은 통리기무아문과 별기군을 폐지하고 기존의 개화 정책을 폐기하였다. 또한 왕비의 행방을 찾지 못하자 왕비가 죽었다고 선언하고 장례를 치르기도 하였다. 그러나 민씨 정권은 청에 영선사로 가 있던 김윤식을 통해 청의 개입을 요청하였고, 청군을 가득 실은 청의 군함이 남양에 상륙하면서 청군의 개입으로 임오군란은 진압 당하였다. 홍선대원군은 청에 강제로 끌려 가 2년이 넘도록 톈진에 억류되었다.

결과

✎ 명목상의 종주국이었던 청은 임오군란 이후 조선에 대한 간섭을 강화하면서 조선을 실질적으로 지배하려 하였다.

(1) 조선을 간섭하기 위하여 외교 고문으로 독일인 묄렌도르프, 내정 고문으로 청국인 마젠창을 파견하였다. 이 때 함께 들어 온 위안스카이는 오랫동안 조선에 머무르

며 내정에 간섭하였다.

(2) 청군이 서울에 주둔하였다. 청군은 갑신정변 이후 톈진 조약에 의해 철수할 때까지 조선에 주둔하면서 청이 조선 내정을 간섭하는 배경이 되었다.

(3) 청의 강요로 조·청 상민 수륙 무역 장정이 체결되었다(1882). 조·청 상민 수륙 무역 장정에는 청의 여러 가지 특권이 규정되어 있었고, 청 상인이 개항장을 벗어나 내륙에서 장사할 수 있는 권리가 인정되었다. 청 상인의 특권은 최혜국대우에 의하여 다른 나라 상인들에게도 적용되면서 상권 침탈이 가속화되는 계기가 되었다.

❍ 우정총국(문화재청)

　✎ 일본은 임오군란 이후 제물포 조약(1882)을 강요하여 배상금을 지급받았고, 공사관 경비 명목으로 일본군 주둔을 허용받았다. 이 결과 주둔한 일본군이 갑신정변 당시 급진개화파를 도와 청군과 충돌하였다. 이후 톈진 조약으로 청군과 함께 조선에서 철수하였다.

　✎ 민씨 정권은 정권을 유지하기 위하여 청에 의존하게 되었다. 그러나 청의 간섭이 심해지자 한편으로 청을 견제하기 위하여 러시아에 접근하기도 하였다. 그 결과 청의 알선 없이도 조선과 러시아는 단독으로 수교하였다(1884).

갑신정변(1884)

배경

임오군란 이후 청의 내정 간섭이 심해지고 민씨 정권의 개화 추진 속도가 늦어지면서 급진개화파가 여기에 불만을 품게 되었다. 또한 일본에 가까웠던 급진개화파가 민씨 정권의 견제를 받으면서 요직에서 계속 밀려났다. 특히 김옥균이 일본에서 차관 도입을 시도하였으나 실패하면서 급진개화파의 입지는 더욱 약화되었고, 이들은 여기서 더 밀리면 재기가 불가능하다는 위기 의식을 갖게 되었다. 일본 공사는 김옥균을 면담하여 일본이 급진개화파를 강력하게 지원해줄 것이라는 인상을 심어주었다.

경과

📖 근대적 우편 업무를 시행하기 위해 우정총국을 두었는데 개설 축하행사가 열리는 낙성식 날, 급진개화파가 거사를 일으켰다. 사전에 서재필이 양성하던 사관 생도를 비롯한 병력을 동원해놓고, 낙성식날 밤에 주변 민가에 불을 지른 후 놀라 뛰어 나온 민씨 정권 측의 고관들을 차례대로 살해하였다.

📖 다음날 권력을 장악한 급진개화파는 14개조 정책을 발표하였다.

📖 그러나 3일째 되던 날 청군이 군대를 이끌고 쳐들어오면서 일본군이 청군에 밀려 도망가고, 일부 인사는 일본군을 따라 일본으로 망명하고 일부는 살해당하면서 갑신정변은 결국 삼일천하로 끝났다.

ⓞ 김옥균(위키피디아)

결과

📖 청의 간섭을 배제하려던 급진개화파의 의도와 달리 갑신정변 이후 청의 간섭은 오히려 더 심해졌다.

📖 청과 일본이 무력 충돌을 일으키자 아직까지는 청에 비해 군사력이 약했던 일본은 청에게 양군의 동시 철수를 제안하여 톈진 조약(1885)을 맺고 일단 조선에서 둘 다 철수하였다.

📖 청과 일본의 무력 충돌에 위기를 느낀 사람들은 조선의 중립화를 제안하기도 하였다. 독일 외교관 부들러의 중립화 제안과 유길준의 중립화론이 등장하였다(1885).

📖 청과 일본이 조선을 둘러 싸고 대립하는 가운데 조선이 러시아에 접근하면서 러시아의 영향력이 점차 확대되었다. 갑신정변과 같은 해에 조선은 청의 알선 없이 러시아와 수교하였다. 같은 해이지만 조·러 수호통상조약의 체결(1884.7)이 갑신정변(1884.12)보다 빠르다. 여기에 러시아의 남하를 막으려는 영국이 조선의 거문도를 불법 점령하는 거문도 사건(1885~1887)이 벌어졌다.

💬 제물포 조약(1882)과 조청 상민 수륙 무역 장정(1882)

① 제물포 조약과 조청상민수륙무역장정은 임오군란 이후에 체결되었다(1882).

② 제물포 조약은 임오군란 당시 몇몇 일본인들이 죽고 재산피해를 입자 일본의 요구로 체결되었다. 책임자의 처벌과 일본측 손해에 대한 배상, 그리고 공사관 경비라는 명목으로 일본군 약간을 서울에 주둔시키도록 허용하였다.

③ 조청상민수륙무역장정은 임오군란 이후 서울에 군대를 주둔시킨 청이 일방적으로 조선에 강요한 조약이다. 조선과 청의 불평등한 관계, 청 상인의 내륙 통상 허용 등이 규정되어 있다. 청 상인이 내륙에 와서 통상하는 것이 허용되면서 다른 나라도 최혜국 대우를 내세워 내륙 통상이 허용되었다. 결국 조선 상인들의 상권 침탈에 계기가 된 조약이다.

💬 한성 조약(1885)과 톈진 조약(1885)

① 한성 조약과 톈진 조약은 갑신정변 이후에 체결되었다(1885).

② 한성 조약은 갑신정변의 책임이 있는 일본이 도리어 조선에 배상을 강요를 요구하면서 체결되었다. 갑신정변 당시 불타버린 일본 공사관 신축 비용 부담, 배상금 지불 등이 규정되었다.

③ 톈진 조약은 일본과 청 사이에 체결된 조약이다. 갑신정변 때 일본군과 청군이 창덕궁에서 전투를 벌였다. 그래도 놔두면 청일 간의 전쟁으로 이어질 수 있는 상황이었다. 일본의 이토 히로부미는 청의 톈진에 가서 북양대신 이홍장을 만나 협상을 벌였다. 당시 청은 프랑스와 전쟁 중인 상태로 일본과 전쟁을 원하지 않았다. 결국 전투에서 승리한 청군과 패배한 일본군이 모두 조선에서 철수하기로 하였고, 뒤에 조선에 병력을 보낼 때는 사전에 상대국에게 서면으로 통보하도록 하였다. 이후 동학농민운동 당시 조선 정부의 요청을 받아 출병한 청이 일본에게 사전에 통보하자 일본은 교민 보호를 내세우며 같이 조선에 군대를 파병하였고, 결국 청일 전쟁으로 이어졌다.

◎ 청의 북양대신 이홍장(위키피디아)

💬 개화파의 성장과 분화

흥선대원군이 집권하고 있을 때에도 이미 개항을 주장하는 인물들이 늘어나고 있었다. 이들의 제자들이 점차 성장하여 본격적으로 개화파를 형성하였으며 각자의 정치적 입장에 따라 온건파와 급진파로 나뉘었다.

초기 개화파(통상개화론자)

① 박규수, 오경석, 유홍기 등이 대표적이다.

② 박규수는 청 문물을 적극 수용할 것을 주장한 북학파 실학자 박지원의 손자로 할아버지의 영향을 받았다. 박규수는 1861년에 연행사로 청에 가서 영·프 연합군에 쩔쩔 매는 청을 목격하

면서 세계 정세에 눈을 뜨게 되었다. 또한 1862년 임술농민봉기 당시 안핵사로 민심을 수습하는 일을 맡으면서 국내의 현실을 파악할 수 있었다. 1866년 제너럴 셔먼 호 사건 당시는 평안 감사로 사태를 지휘하였으며, 천주교 박해에 대해 반대하였다. 권력의 핵심에 있었던 박규수는 중인인 오경석, 유홍기 등과 뜻을 같이 하여 어울렸고 그의 사랑방을 출입하는 젊은이들에게 개화사상을 심어주면서 개화파 형성에 중요한 역할을 하였다.

③ 오경석은 중국어 역관으로 베이징을 자주 드나들며 해국도지, 영환지략과 같이 국제 정세를 소개한 책을 들여 와 친구인 한의사 유홍기와 함께 읽고 토론하며 개화의 의지를 키웠다. 이들은 중인 출신으로 정치적 활동에 한계가 있어 양반인 박규수와 함께 어울리며 젊은이들을 교육하였다. 유홍기는 양반가문 출신의 젊은 개화파들에게 큰 영향을 주어 백의정승이라 불리었다.

초기 개화파들은 강화도 조약 당시에도 활약하였으나, 개화 과정에서 가장 큰 역할은 개화파를 제자로 키워낸 것이었다.

개화파의 분화

박규수, 오경석, 유홍기의 문하에서 성장한 개화파들은 점차 온건파와 급진파로 나누어졌다. 특히 임오군란 이후 청의 간섭을 받게 된 상황에서 민씨 정권은 더욱 보수화되고 개화 추진은 늦어지자 급진개화파는 점차 초조해졌다. 김옥균, 박영효, 서광범, 홍영식, 서재필 등이 중심이 된 급진 개화파는 청으로부터 독립을 추구하고 일본의 메이지 유신을 모델로 적극적인 개혁을 주장하였다.

반면 김홍집, 어윤중, 김윤식 등이 중심이 된 온건 개화파는 민씨 일족과 타협하면서 서양의 근대 문명을 점진적으로 수용하자는 입장이었다. 온건파는 청의 양무운동을 모델로 삼고 청과의 사대 관계도 인정하였다. 온건파가 서양의 과학 기술만을 받아들여야 한다고 주장한데 비하여 급진파는 과학 기술 뿐만 아니라 사상과 제도까지도 적극적으로 도입해야 한다 역설하였다. 급진개화파는 스스로를 개화당, 독립당으로 부르고 민씨 정권과 온건 개화파를 사대당, 수구당으로 부르면서 비판하였다. 급진개화파는 일본당, 온건개화파는 청당으로 불리기도 하였다.

● 박영효(위키피디아)

개화파의 발전

갑신정변의 실패 이후 대부분의 급진개화파가 죽거나 일본으로 망명하였다. 온건개화파는 민씨 정권에 협력하면서 조금씩 개화 정책을 추진하였다. 갑오개혁이 일어나자 김홍집 등의 온건개화파 뿐 아니라 박영효, 유길준 같은 급진개화파 출신들도 개혁에 참여하였다. 갑오개혁은 온건파와 급진파 모두 참여하여 조선의 모든 개화파가 추진한 개혁이었다.

갑오개혁 이후에 이러한 개화 자강 개열의 민족 운동은 독립 협회 활동으로 이어졌다. 독립 협회 해산 이후에는 1900년대의 애국 계몽 운동으로 맥이 이어졌고, 일제 시대에는 실력 양성 운동 계열의 민족 운동이 개화파의 정신을 계승하였다고 할 수 있다.

43 갑신년과 갑오년 사이

흥선대원군 집권	개항	제2차 수신사	임오 군란	갑신 정변	동학농민 운동 갑오개혁 청일전쟁	을미 개혁	아관 파천	대한 제국	러일 전쟁	을사 조약	국권 피탈
1863	1876	1880	1882	1884	1894	1895	1896	1897	1904	1905	1910

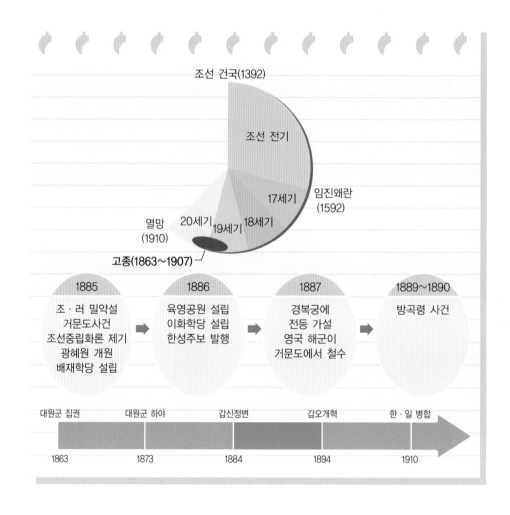

조선 건국(1392)

조선 전기

17세기   임진왜란
(1592)

멸망   20세기 18세기
(1910)   19세기

고종(1863~1907)

1885	1886	1887	1889~1890
조·러 밀약설 거문도사건 조선중립화론 제기 광혜원 개원 배재학당 설립	육영공원 설립 이화학당 설립 한성주보 발행	경복궁에 전등 가설 영국 해군이 거문도에서 철수	방곡령 사건

대원군 집권	대원군 하야	갑신정변	갑오개혁	한·일 병합
1863	1873	1884	1894	1910

갑신정변과 갑오개혁 사이의 10년

시대적 상황

갑신정변이 실패하였다. 갑신정변의 실패는 단순히 급진적 개혁 시도가 실패로 끝난 데에 그치지 않았다. 갑신정변 이전에 조선에는 일본과 서양 사정에 능통하고 개혁에 대한 뚜렷한 의지를 가지고 있던 집단이 있었다. 그들은 일본을 모델 삼아 조선을 근대적 국가로 개조하려는 열망에 가득차 있었다. 그들을 급진개화파라 부른다. 그러나, 갑신정변이 실패로 돌아간 뒤에 급진개화파 세력은 일본으로 망명하였거나 하늘나라로 떠나면서 조선에서 거의 사라지게 되었다.

개혁을 강력히 추진해야 할 사람들이 사라지면서 이후 조선의 근대적 개혁은 큰 어려움에 부딪치게 된다. 급진개화파가 꿈꾸던 개혁이 이루어지는 것은 10년 뒤인 갑오개혁 때였다. 그러나 정치적 개혁이 늦어지던 10년 동안에도 경제적, 문화적으로 꾸준히 변화가 일어났다.

주요 사건

이 시기에 일어난 중요한 사건으로 일단 몇 가지를 기억해두어야 한다. 갑신정변 다음 해인 1885년에 있었던 조선중립화에 대한 논의와 거문도 사건, 1889년과 1890년에 걸쳐 일어난 방곡령 사건 등이다.

(1) 거문도 사건(1885~1887)

갑신정변 당시 청과 일본이 직접 군사적으로 대결하였다. 당시 청과 일본 뿐 아니라 여러 강대국들의 조선에 대한 관심이 높아졌고, 서로 이해관계가 충돌하고 있었다. 갑신정변에서 일본의 의도를 좌절시킨 청은 조선에 대하여 더욱 강력한 내정 간섭을 자행하였다. 이에 조선 정부는 청을 견제하기 위하여 점차 러시아에 접근하게 된다. 또한 조선과 러시아는 청을 견제하기 위하여 밀약을 추진하였다. 여기에 긴장한 영국은 러시아를 견제하기 위하여 조선의 거문도를 불법으로 점령하는 사건을 일으켰는데, 이것이 거문도 사건이다. 20세기는 미국과 소련이 전 지구에서 대결을 벌였는데, 19세기는 영국과 러시아에서 세계 곳곳에서 충돌하였다. 러시아의 남하를 막으려는

5일차 개항기

영국은 러시아의 태평양 함대가 태평양으로 나오는 출구에 해당되는 거문도를 점령하여 이를 견제한 것이다. 조선은 자기 영토가 점령당했음에도 무력으로 영국을 몰아낼 힘이 없었다. 결국 청의 중재와 러시아의 양보로 영국 해군은 1887년에 거문도를 떠나게 된다.

(2) 조선중립화론(1885)

이런 상황을 배경으로 조선 중립화론이 대두된다. 조선 중립화론을 주장한 것은 독일의 외교관이었던 부들러와 급진개화파였던 유길준이었다.

① 부들러의 중립화론

● 조선을 노리는 러시아, 청, 일본을 풍자하는 그림(위키피디아)

독일은 다른 나라에 비해 상대적으로 조선에 대한 이해 관계가 적은 편이었다. 그러나 오랫동안 분열되었던 독일은 1871년에 통일된 이후 통일을 유지하기 위하여 유럽의 현상 유지 정책을 펼치고 있었다. 만일 청과 일본 사이에서 전쟁이 벌어지고 유럽 국가들이 각각 청과 일본의 편을 들게 되면 아시아 국가의 전쟁이 유럽 국가들 사이의 전쟁으로 번질 우려가 있었다. 부들러는 청과 일본의 전쟁을 막기 위해 조선이 중립을 선언하여야 한다고 주장하였다.

② 유길준의 중립화론

유길준은 일본, 미국에서 유학하고 유럽을 거쳐 귀국하면서 앞으로 조선은 영국, 미국, 일본 등과 손을 잡고 이들과 같은 방향으로 발전해야 한다고 믿었다. 반면 러시아는 후진적인 전제 국가이므로 조선이 가까이할 나라가 못된다 생각하였다. 유길준의 입장에서 현재 조선이 청을 견제하기 위해 러시아에 접근하는 것은 위험천만한 일이었다. 이런 상황에서 러시아를 막기 위해 조선은 중립을 선언해서 러시아의 요구를 거절해야 한다 주장했다.

중립을 선언하면 러시아에게만 특별한 혜택을 주는 것이 어려워지니 자연스럽게 러시아의 요구를 거부할 수 있기 때문이었다. 그러나 러시아가 조선의 중립 선언을 무시하고 침략해 올 우려가 있기에 청을 중심으로 여러 강대국들이 조선의 중립을 보장해야 한다 주장하였다.

(3) 광혜원 개원(1885)

갑신정변 당시 민씨 정권의 중심인물인 민영익이 칼에 찔려 사경을 헤매고 있었다. 당시 우리 한의학은 이를 치료할 수 있는 외과 기술이 없었다. 이때 미국인 의사로 미국 공사관에서 일하고 있던 알렌이 민영익을 치료하게 된다. 민영익이 살아나면서 왕비와 민영익은 알렌에게 감사의 표시로 서양식 병원을 열 수 있도록 해주었는데 이것이 광혜원이다. 광혜원 개원이 1885년인데, 갑신정변 바로 다음해임을 알 수 있다. 광혜원은 얼마 후 이름을 제중원으로 바꾸었고 관립 병원으로 서양 의술을 교육하고 환자를 치료하였다. 이후 미국인 사업가 세브란스로부터 기부금을 받아 민립 병원인 세브란스 병원으로 바뀌게 되었다. 해방 이후 세브란스 의과대학이 연희대학교와 합쳐 연세대학교가 되었다.

◉ 알렌(위키피디아)

(4) 방곡령 사건(1889, 1890)

방곡령은 개항 이전에도 존재하였던 것으로, 흉년이 되어 특정한 지역에서 곡식이 부족해지면 지방관이 방곡령을 내려 그 지역의 곡식이 다른 곳으로 유출되지 못하도록 하는 조치를 내릴 수 있었다. 그러나 강화도 조약 이후 체결한 조·일 무역 규칙(1876)은 일본인이 조선에서 곡식을 대량으로 사서 유출해 가는 데 아무런 제한 조치가 없었다. 당시 일본은 인구가 폭증하면서 식량이 부족한 상황이었다. 쌀 값도 조선보다 비쌌기 때문에 많은 양곡이 일본으로 유출되었다. 쌀을 많이 가진 지주 입장에서야 일본 상인들이 쌀을 많이 사가는 것이 좋았겠지만, 쌀을 사먹어야 하는 빈농이나 도시의 빈민들은 쌀값이 오르면서 큰 고통을 겪게 되었다.

◉ 알렌이 사용하던 검안경
(문화재청)

결국 1883년에 개정된 조·일 통상 장정에서 방곡령이 규정되었다. 방곡령은 지방관이 내리는데, 일본 상인들에게 실시 1개월 전에 사전에 통지하도록 되어 있었다. 이후 여러 차례 방곡령이 내려졌으나 큰 문제가 없었는데, 1889년과 1890년에 함경도와 황해도에서 벌어진 방곡령이 문제가 되었다. 당시 함경도와 황해도 관찰사가 사전에 통보를 하였지만 일본은 통보 과정을 문제 삼아 절차가 지켜지지 않았다고 주장하였고, 배상을 요구하였다. 결국 지루한 협상 끝에 조선 정부가 배상을 하면서 방곡령 선포는 실패로 끝나게 되었다.

💬 조 · 러 밀약설(1885~1886)과 거문도 사건

임오군란과 갑신정변을 거치면서 청의 내정 간섭이 강화되고 있었다. 청은 조선의 외교 활동에 영향력을 행사하기 위하여 독일인 묄렌도르프를 외교 고문으로 파견하였다. 묄렌도르프는 독일의 외교관 출신으로 청의 관리로 일하고 있었는데, 청의 외교를 장악하고 있던 북양대신 이홍장의 추천으로 조선에서 활동하게 되었다. 그러나 묄렌도르프는 오히려 청을 견제하기 위하여 러시아에 접근하여 조선과 러시아의 수교를 주선하였다. 러시아는 조 · 러 수호 통상 조약(1884)이 체결된 이후 조선에 대한 영향력을 점차 확대하였다.

청의 영향력이 확대되고, 청과 일본 사이에 전쟁 위기가 감돌자 불안을 느낀 조선 정부는 러시아에 더욱 접근하였다. 이 무렵 조정의 일부 친러파와 묄렌도르프는 러시아 정부에 보호를 요청하는 비밀 교섭을 시작하였다. 조선에 대한 보호를 조건으로 러시아는 조선에 영흥만이나 동해안의 다른 항구를 조차할 것을 약속받았다. 이 사실이 폭로되자 국제적으로 큰 물의를 빚게 되었고 묄렌도르프는 해임되었다.

당시 아프가니스탄을 중심으로 전세계에서 러시아와 대립하고 있던 영국은 이러한 국제 정세 속에서 러시아 함대가 남하할 경우 길목에 해당되는 남해안의 거문도를 점령하였다(거문도 사건). 청과 러시아, 일본은 여기에 항의하였고 결국 러시아로부터 조선의 영토를 조차하지 않겠다는 약속을 받고나서야 영국 해군이 철수하였다.

💬 보빙사(1883)의 파견과 민영익 · 유길준의 활동

조 · 미 수호 통상 조약이 체결된 이후 미국에서 푸트가 조선 주재 공사로 파견되자 조선도 답례를 위하여 사절을 파견하였다. 민영익을 전권대신으로 홍영식, 서광범, 유길준 등이 수행하면서 미국에 도착하여 미국 대통령을 만났다. 미국에 40여 일 동안 체류하면서 박람회, 병원, 신문사, 공장, 사관학교 등을 시찰하였고, 미국 정치와 농업 기술에 대한 지식도 획득하였다. 보빙사 일행이 받아들인 신문물은 신식우편제도 도입, 육영공원 설치, 농업 기술 발전에 큰 영향을 끼쳤다.

한편 다른 인물들은 모두 귀국하였으나 유길준은 미국에 남아 유학하였다. 조선인 최초의 미국 대학생이 된 유길준은 갑신정변 이후 재정난으로 귀국하였고, 귀국 이후 연금된 상태에서 조선중립론을 저술하였다. 유길준은 또한 자신의 외국 방문 경험을 담은 기행문 '서유견문'을 저술하였는데, 여기서 국한문 혼용체를 사용하여 국한문 혼용체의 발전에 큰 영향을 끼쳤다.

💬 육영공원(1886~1894)과 연무공원(1888~1894)

① 육영공원은 우리나라 최초의 관립학교이다.

② 1883년, 최초의 외국어 학습 기관인 동문학이 설립되어 영어와 일본어 통역관을 양성하였으나, 육영공원이 설립되면서 외국어 교육을 강화하자 동문학은 문을 닫고 육영공원이 이러한

역할을 대신하게 되었다.

③ 육영공원은 보빙사 일행으로 미국과 유럽을 돌아보고 온 민영익 등의 건의로 세워졌다. 서양인 교사를 초빙하기로 하고 학교 설립을 추진하였으나 갑신정변(1884)이 일어나 육영공원의 개교가 지연되었다. 이후 3명의 서양인 교사 헐버트, 길모어, 번커가 도착하고 개교하였다.

④ 육영공원은 문무 현직관료 중에서 선발된 학생을 수용하는 좌원(左院)과 양반 자제에서 선발된 학생을 수용하는 우원(右院)의 두 반으로 되어 있었고 학생 정원은 35명이었다. 주로 영어를 가르쳤고 각국의 언어·역사·정치 등도 공부하도록 하였다. 1894년에 정부의 재정난으로 문을 닫는데, 대신 영어학교를 신설해 영어 교육만을 담당하도록 하였다.

⑤ 연무공원이 설치되어 근대식 장교 교육을 담당하였다. 연무공원은 미국인 교관이 군사 교육을 실시하였다. 재정난과 열강의 간섭 등으로 큰 성과를 거두지 못하고 있던 연무공원은 1894년에 모든 군사 교육 기관이 군무아문에 흡수되면서 없어졌다. 연무공원의 수석 교관이었던 다이(Dye)는 을미사변 당시에 시위대 교관으로 조선군 시위대를 지휘하여 싸우다 부상을 당하기도 하였다.

💬 헐버트(1863~1949)

① 헐버트는 미국인으로 한국의 독립 운동을 적극 지원하였다. 고종 황제의 최측근으로 자문 역할을 하며 미국 등 서방 국가들과의 외교 창구 역할을 하였다.

② 헐버트는 미국에서 대학을 마치고 조선 정부의 초청으로 조선에 들어와 육영공원에서 학생들을 가르쳤다. 그는 한국어에 매우 능통하였으며, 한글을 열심히 공부하여 한글로 책을 저술할 정도의 실력을 갖추었다. 또한 교사를 양성하기 위하여 세운 한성사범학교의 교장을 지냈다.

③ 그는 일제의 조선 침략을 목격하고 조선의 자주 독립을 위한 노력에 큰 관심을 갖게 되면서 이를 적극적으로 지원하였다. 1905년, 을사조약 체결의 부당성을 호소하는 고종 황제의 친서를 받아 미국 대통령 시어도어 루즈벨트에게 전달하려 하였으나 거부당하였고, 헐버트는 미국 언론에 미국이 조미 수호 통상 조약을 배신하였다고 규탄하였다.

○ 한국의 은인 헐버트 박사
(위키피디아)

④ 1907년, 고종이 헤이그 만국 평화 회의에 특사를 파견하는 것을 지원하였고 특사들보다 헤이그에 먼저 도착하여 적극적으로 활동하였다. 이로 인해 헐버트는 제4의 특사로 불린다.

⑤ 결국 일본에 의해 추방되어 미국으로 돌아간 헐버트는 미국에서도 한국의 독립 운동을 지원하는 활동을 전개하였다. 그는 미국이 친일 정책을 쓰고 조선을 버렸기 때문에 태평양 전쟁이 일어났다고 주장하였다.

⑥ 1949년, 헐버트는 대한민국 정부의 초청을 받아 한국을 떠난 지 42년 만에 다시 한국을 방문하였으나 노령의 나이에 오랜 여행을 한 후유증으로 방한 1주일 만에 병사하였다. 외국인 최초의 사회장으로 장례식이 치러졌고 "웨스터민스터 사원보다 한국 땅에 묻히기를 원한다."는 그의 유언에 따라 서울의 양화진 외국인 묘지에 묻혔다. 대한민국 정부는 1950년 3월에 외국인 최초로 건국공로훈장 태극장(독립장)을 추서하였다. 대한매일신보를 발행했던 베델과 함께 조선을 위해 노력한 대표적인 서양인으로 유명하다. 베델도 역시 양화진에 묻혀있다.

격동의 갑오년, 을미년

흥선대원군 집권	개항	제2차 수신사	임오 군란	갑신 정변	동학농민 운동 갑오개혁 청일전쟁	을미 개혁	아관 파천	대한 제국	러일 전쟁	을사 조약	국권 피탈
1863	1876	1880	1882	1884	1894	1895	1896	1897	1904	1905	1910

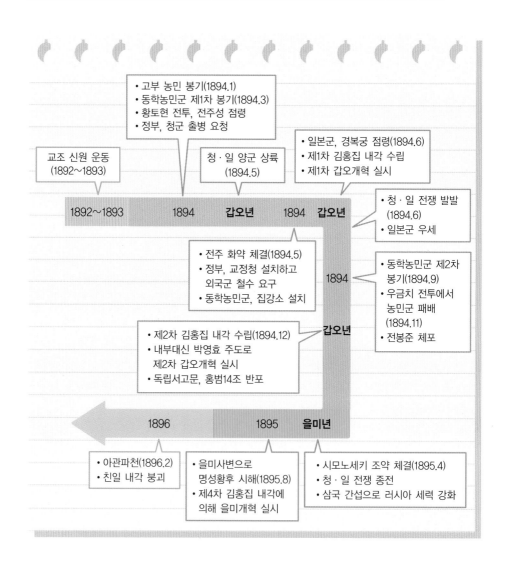

• 고부 농민 봉기(1894.1)
• 동학농민군 제1차 봉기(1894.3)
• 황토현 전투, 전주성 점령
• 정부, 청군 출병 요청

교조 신원 운동
(1892~1893)

청 · 일 양군 상륙
(1894.5)

• 일본군, 경복궁 점령(1894.6)
• 제1차 김홍집 내각 수립
• 제1차 갑오개혁 실시

| 1892~1893 | 1894 | **갑오년** | 1894 | **갑오년** |

• 청 · 일 전쟁 발발
  (1894.6)
• 일본군 우세

• 전주 화약 체결(1894.5)
• 정부, 교정청 설치하고
  외국군 철수 요구
• 동학농민군, 집강소 설치

1894

• 동학농민군 제2차
  봉기(1894.9)
• 우금치 전투에서
  농민군 패배
  (1894.11)
• 전봉준 체포

• 제2차 김홍집 내각 수립(1894.12)
• 내부대신 박영효 주도로
  제2차 갑오개혁 실시
• 독립서고문, 홍범14조 반포

갑오년

| 1896 | 1895 | **을미년** |

• 아관파천(1896.2)
• 친일 내각 붕괴

• 을미사변으로
  명성황후 시해(1895.8)
• 제4차 김홍집 내각에
  의해 을미개혁 실시

• 시모노세키 조약 체결(1895.4)
• 청 · 일 전쟁 종전
• 삼국 간섭으로 러시아 세력 강화

갑오년(동학농민운동, 갑오개혁, 청일전쟁)

동학의 등장과 교조 신원 운동

경주의 몰락 양반 출신인 최제우가 동학을 창시하였다(1860). 동학은 사람이 곧 하늘이라는 인내천 사상을 바탕으로 만민 평등을 주장하였는데, 이를 위험시한 당시 정부에 의해 최제우는 처형당하고 동학은 불법 종교로 탄압받았다.

그러나 제2대 교주인 최시형의 활약으로 동학은 삼남 지방(경상도, 전라도, 충청도)을 중심으로 널리 확산되면서 교세가 날로 커졌다. 최시형은 최제우의 생전의 언행을 모아 경전인 '동경대전'을 편찬하고 가사집인 '용담유사'를 만들어 포교에 임하였다. 또한 각 지역의 동학 조직들은 포접제라는 지방 조직을 통해 연결되어 있었다.

교세가 커진 동학은 순교한 교조 최제우의 원한을 풀고 종교의 명예를 회복하자는 교조신원운동을 전개하였다. 삼례집회(1892)와 서울집회(1893)가 차례로 열렸고, 특히 보은집회(1893) 때는 종교적 주장 뿐 아니라 정치적인 주장이 전면에 부각되면서 교조 신원 운동의 성격이 점차 정치적 민족 운동으로 변화하였다.

고부 농민 봉기(1894.1)

전라도 고부군에서 군수 조병갑의 폭정에 저항하면서 민란이 일어났다. 이때 주모자를 알 수 없도록 명단을 둥근 사발 주위에 적은 사발통문이 돌았다. 후임 군수 박원명은 관대한 처분을 약속하며 농민들을 달랬으나 민란 진압을 위해 안핵사로 파견된 이용태가 민란 주모자를 탄압하면서 대규모 봉기가 발발하였다.

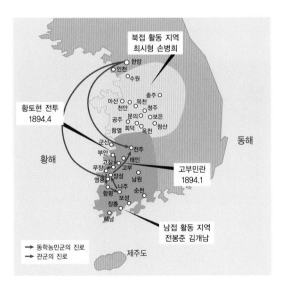

◎ 제1차 봉기

제1차 봉기와 전주 화약(1894.3~1894.5)

전라도 지역의 동학농민군은 백산에서 4대 강령을 발표하고 황토현 전투에서 정부군을 격파하였다. 기세가 오른 동학농민군을 전라도 지역의 관군만으로 감당할 수 없게 되자 정부는 서울에서 중앙군을 파견하였으나 그들도 농민군을 진압할 수 없었다. 농민군은 전라도의 중심지인 전주까지 점령하면서 전라도 거의 전 지역이 동학농민군의 손에 들어갔다. 왕실의 발상지이며 전라도 감영 소재지인 전주마저 농민군이 장악하자 정부는 청에 군대 출병을 요청하였다. 청은 임오군란 이후 조선에 대한 간섭을 강화하였으나 갑신정변 이후 일본과 톈진 조약을 체결하면서 군대를 철수시킨 상황이었다.

조선에 대한 영향력 확대를 노리는 청은 조선 정부의 요청을 받아들였고 청군은 아산만에 상륙하여 동학농민군을 진압하려 하였다. 상황을 주시하고 있던 일본은 청이 조선에 출병하겠다고 일본에 통보하자 일본인 보호를 구실로 내세우며 군대를 인천에 상륙시켰다. 청군은 아산만에 일본군은 인천에 상륙하여 일촉즉발의 상황이 되자 놀란 정부와 동학농민군은 전주 화약을 맺고 위기를 마무리지으려 하였다. 전주 화약 이후 정부는 서울에서 교정청을 설치하여 동학농민군과 맺은 폐정개혁 약속을 지키면서 개혁을 시도하였다. 전라도 지역의 동학 농민군은 각 지역에 집강소를 설치하고 전주에는 총본부인 대도소를 설치하여 고향에서 폐정개혁을 추진하였다.

갑오왜란과 제1차 갑오개혁(1894.6)

일본은 인천에 상륙한 군대를 앞세워 조선 정부에 내정개혁을 강요하였다. 당시 민씨 정권은 일본의 요구를 거부하고 교정청을 내세워 자주적인 개혁을 추진하였다. 그러나 일본군은 경복궁을 불법적으로 점령하고 조선군을 무장해제시키면서 민씨 정권을 무너뜨렸다. 이후 친일 내각이 세워지는데 영의정이 김홍집이기 때문에 제1차 김홍집 내각이라 부른다. 제1차 김홍집 내각은 군국기무처를 세워 개혁을 추진하는데 이를 제1차 갑오개혁이라 한다. 대원군은 섭정이 되었다.

청일 전쟁(1894.6~1895.4)

조선의 내정을 장악한 일본이 청군에 선전포고도 하지 않고 기습 공격을 가하여 청일

○ 사발통문(위키피디아)

전쟁이 발발하였다. 풍도 해전과 성환 전투에서 청군을 물리친 일본군은 후퇴하는 청군을 따라 평양까지 진격하고 평양 전투에서 승리한다. 육지에서 평양 전투, 바다에서 압록 해전에서 승리한 일본군은 청군을 조선에서 쫓아내고 조선 전역을 장악하였다. 이제 전쟁은 랴오둥 반도와 산둥 반도 등 중국 본토로 옮겨 갔고, 결국 일본군이 승리하게 되면서 시모노세키 조약이 체결되었다.

○ 제2차 봉기

제2차 봉기(1894.9)와 우금치 전투(1894.11)

일본이 조선을 장악해가는 모습을 지켜보던 동학농민군은 다시 한번 봉기하게 된다. 전라도 지역의 남접이 단독으로 봉기했던 제1차 봉기와 달리, 제2차 봉기는 충청도 지역의 북접을 비롯한 전국의 동학교도들이 일제히 봉기하여 전국적인 농민 전쟁의 모습을 띠었다. 반면 농민운동에 반대하는 양반지주들은 의용부대인 민보군을 조직하여 동학농민군을 공격하였다.

○ 청일 전쟁 당시 청군 전함 정원, 독일에서 건조된 7,000톤급의 최신전함이다.(위키피디아)

남접과 북접이 논산에서 합류하여 서울을 향해 진격하던 중 공주 우금치 고개에서 관군과 일본군의 연합군과 싸우게 되었다. 우금치 전투에서 동학 농민군은 4일 내내 용감하게 싸웠지만 결국 관군과 일본군이 보유한 근대적 화기에 압도적으로 밀리면서 패배하였다. 일본군은 동학 농민군을 쫓아 전라도 지역으로 들어 와 각 지역의 동학 농민군을 소탕하고 전라도 여러 지역을 초토화시켰다. 갑오년 한해를 내내 뜨겁게 달구었던 농민들의 항쟁이 결국 실패로 돌아갔다.

박영효의 귀국과 김홍집·박영효 연립 내각(1894.12)

일본은 조선의 내정을 장악하였고, 청일 전쟁에서도 승기를 잡았다. 거기에 동학농민운동 마저 진압하는데 성공하자 일본은 조선에 대한 간섭을 강화하였다. 갑신정변 이후 일본에 망명해서 10년간 일본에서 활동하고 있던 박영효를 귀국시켜 김홍집 내각에 참여하도록 하여 박영효가 개혁을 주도하게 하였다. 이렇게 다시 조직된 내각은 여전히 총리대신은 김홍집이지만 내부대신 박영효가 개혁을 주도하였다. 이를 제2차 김홍집 내각, 혹은 김홍집·박영효 연립 내각이라 한다. 내각은 제2차 갑오개혁을 추진하였다.

을미년(청일전쟁의 종전, 을미사변, 을미개혁)

배경

갑오년(1894)은 역사적인 한해로 동학농민운동, 갑오개혁, 청일전쟁이라는 대사건이 한꺼번에 일어났다. 다음해인 을미년(1895)은 갑오년에 터진 사건들이 정리되는 한 해였다.

시모노세키 조약과 삼국 간섭(1895.4)

◎ 청일 전쟁을 묘사한 그림
(출처 국사편찬위원회,
소장 박건호)

청일 전쟁은 일본의 승리로 끝나고, 시모노세키에서 청과 일본 사이에 조약이 체결된다. 시모노세키 조약에서 일본은 청으로부터 랴오둥 반도와 타이완을 할양받고 막대한 배상금을 받게 되어 엄청난 이익을 얻었다. 또한 청이 조선에 간섭하지 않을 것을 약속하면서 일본은 조선 침략의 걸림돌을 제거하였다. 그러나 일본의 기쁨도 잠깐이었고 며칠 뒤 러시아는 불·독을 거느리고 일본에 위협을 가하였다. 일본이 랴오둥 반도를 차지하는 것은 동양 평화에 위협이 된다 하여 청에 돌려주도록 강요하였다. 일본은 영국·미국 등의 지원을 요청하였으나 결국 국제적 고립을 실감하고 랴오둥 반도를 청에 돌려주게 된다. 일본은 힘의 한계를 뼈저리게 느꼈고, 결국 후일에 영·일 동맹을 체결하여(1902) 영국의 지원을 얻고 10년 뒤에 러·일 전쟁(1904~1905)으로 러시아에 복수를 하게 된다.

을미사변(1895.8)과 을미개혁(1895.11)

갑오년에 시작된 갑오개혁은 2차 개혁으로 이어지며 을미년까지 계속되었다. 그러나 박영효의 주도 하에 추진되던 2차 개혁은 삼국 간섭으로 일본의 세력이 위축되고 박영효가 일본으로 망명하면서 중단되었다. 박영효가 망명한 이후 친러·친미적 성향의 제3차 김홍집 내각이 구성되었다.

청일 전쟁에서 승리하고도 러시아의 간섭 때문에 조선을 독점할 기회를 잃은 일본은 열세를 만회하기 위하여 친러파의 핵심인 명성황후를 시해하는 만행을 저지르는데 이것이 을미사변이다. 일본은 을미사변 이후 자신들의 책임을 부인하고 조선인들끼리 벌인 싸움으로 진상을 호도하려 하였다. 하지만 서양 외교관들이 진상을 알고 있었기 때문에 결국 인정할 수밖에 없었다. 그러나 을미사변을 저지른 일본인 범죄자들 중에 제대로 처벌받은 사람은 없었다.

을미사변 이후 제4차 김홍집이 수립되면서 을미개혁이 추진되었다. 이를 제3차 개혁이라고도 한다. 또한 갑오개혁과 을미개혁을 모두 합쳐 갑오경장이라 부르기도 한다. 을미개혁에서는 태양력을 채택하였고, 연호를 양력을 세운다는 의미의 건양으로 고쳤다. 가장 유명한 것은 단발령의 실시이다. 을미사변과 단발령은 엄청난 저항을 가져와 최초의 의병인 을미의병이 일어나는 배경이 되었다. 1895년까지는 음력을 썼는데, 1896년 1월 1일부터는 양력을 사용하기 시작하였다.

을미의병

왕비 시해와 단발령에 대한 저항으로 의병이 일어나게 된다. 전해인 갑오년(1894)에 일어났다 실패한 동학농민운동의 잔여 세력이 의병에 가담하였다. 친일 관리를 처단하고 개화 정책을 추진하는 관청을 습격하는 등의 활동을 하였다. 그러나 아관파천(1896.2) 이후 고종이 단발령을 취소하면서 의병을 해산하도록 하는 권고 조직을 내리자, 왕의 신하임을 자부하는 다수의 의병장은 부대를 해산하였다.

🍀 동학농민운동

⬆ 녹두장군 전봉준(위키피디아)

⬆ 고부농민봉기의 배경이 되었던 만석보가 있던 자리 (문화재청)

배경	• 일본의 경제 침탈이 진행되면서 농촌 경제가 파탄되었다. • 미곡이 대량으로 유출되면서 쌀값이 폭등하고 빈농과 빈민의 생활이 어려워졌다.
교조 신원 운동	• 동학의 교세가 크게 확장되었다. • 경주의 몰락 양반인 최제우가 동학 창시, 조정의 탄압으로 최제우는 처형당하였다. • 교주 최제우는 죽었지만 제2대 교주인 최시형의 활동으로 동학의 교세는 더욱 확장되었다. 동학은 경전인 동경대전, 포교가사집인 용담유사를 편찬하였고, 포접제를 통하여 지방의 교도들을 조직화하였다. • 교조신원운동 전개 • 삼례에서 집회가 열렸고(1892), 동학의 지도자들이 서울에 올라가 경복궁 앞에 엎드려 상소를 올렸다(1893). 상황이 뜻대로 전개되지 않자 보은에서 열린 집회에서 탐관오리의 처벌과 외세 축출을 요구하는 정치적 구호가 대두되면서 점차 교조신원운동의 성격이 종교 운동에서 정치 운동으로 바뀌어갔다.
고부 민란	• 1894년 1월, 고부 군수 조병갑의 착취에 반발한 농민들이 사발통문을 돌리고 민란을 일으켰다. • 새 군수로 온 박원명이 폐정 개혁을 약속하자 농민들은 해산하였다.
제1차 봉기	• 민란 수습을 위해 안핵사 이용태가 부임하면서 농민들을 탄압하였다. • 반발한 농민들이 대규모 봉기를 일으키면서 본격적인 농민 전쟁이 일어났다. • 전봉준, 김개남, 손화중 등이 주도하여 전라도 무장에서 봉기하였다. • 고부의 백산에서 집결하여 창의소를 설치하고 4대 강령을 발표하였다. • 황토현 전투와 황룡촌 전투를 승리로 이끌면서 전라도 감영이 있는 전주성을 점령하였다. 서울에서 파견된 경군도 농민군을 진압하지 못하였다.
전주 화약 무렵	• 농민군을 진압하는 데 실패한 조선 정부가 청군의 파병을 요청하였다. • 청군이 아산만에 상륙하자, 일본군도 전쟁을 준비하며 인천에 상륙하였다. • 뜻밖의 상황 전개에 당황한 정부와 동학농민군은 전주 화약을 체결하였다. • 동학농민군은 집강소를 설치하고 폐정개혁안을 실천하였다. • 정부는 교정청을 설치하여 자주적인 개혁을 추진하였다. • 일본이 내정 개혁을 요구하며 조선 내정에 개입을 시도하자, 정부는 이를 거부하였다. • 일본군이 경복궁을 점령하여 기존 민씨 정권이 무너지고 친일 내각이 수립되었다. • 청일 전쟁이 발발하면서 평양 전투에서 일본군이 승리하고 전쟁이 일본의 우세로 진행되었다.
제2차 봉기	• 청일 전쟁이 일본의 우세로 기울면서 내정 간섭이 강화되자 상황을 지켜보던 동학농민군이 다시 봉기하였다. • 전라도의 남접군과 충청도의 북접군이 논산에서 집결하여 서울로 진격하였다. • 공주 우금치 전투에서 관군과 일본군에게 패배하였고 전봉준 등의 지도자가 체포되어 처형당하면서 농민운동은 실패로 끝났다.

🗨 갑오개혁

	제1차 갑오개혁
배경	• 동학농민운동이 일어났지만 정부군은 농민군을 진압할 수 없었다. • 조선 정부는 청에 동학농민운동 진압을 위해 청군 파병을 요청하였다. • 동학농민운동을 진압하기 위하여 청군이 아산만에 상륙하였다. • 청군은 톈진 조약에 따라 일본에 군대 파병을 사전에 통보하였다. • 일본은 이미 파병 준비를 끝내놓고 일본인 보호를 내세우며 인천에 상륙하였다. • 일본은 군대를 앞세우고 조선 정부에 내정 개혁을 강요하였다. • 조선 정부가 이를 거부하고 교정청을 통하여 자주적 개혁을 시도하였다. • 일본군이 한밤중에 경복궁을 침입하여 민씨 정권을 무너뜨리고 새 내각을 세웠다. • 제1차 김홍집 내각이 수립되어 흥선대원군을 섭정으로 하고 군국기무처를 설치하였다. • 친일 내각을 수립하는 데 성공한 일본은 청을 공격하여 청일 전쟁이 일어났다.
내용	• 제1차 김홍집 내각, 군국기무처 설치, 대원군 섭정 • '개국' 연호 사용, 종래의 청 연호를 폐지 • 정부를 의정부와 궁내부로 분리하여 왕실 사무를 국정에서 분리 • 6조를 8아문으로 개편 • 재정 일원화(8아문 중 탁지아문이 재정 총괄) • 과거제 폐지, 조세 금납화, 도량형 통일, 신분제 폐지, 고문제와 연좌제 폐지, 조혼 금지, 과부 재가 허용, 경찰 기구인 경무청 설치 • 은본위 화폐 제도 채택(은을 화폐 가치의 기준으로 삼음, 화폐 정리 사업 때 금본위제로 개편)
평가	일본의 강요로 시작되었지만 초기에는 일본이 전쟁 중이라 적극적으로 간섭하지 않았다.

◉ 군국기무처 회의장면(위키피디아)

	제2차 갑오개혁
배경	• 제2차 김홍집 내각(김홍집 · 박영효 연립 내각) 군국기무처 폐지, 대원군 하야, 독립서고문 · 홍범14조, 교육입국조서 반포 • 청일 전쟁이 일본의 우세로 기울자 보다 적극적인 간섭 시도 • 갑신정변으로 일본에 망명해 있던 박영효가 귀국하여 내부 대신으로 개혁 주도
내용	• 8도를 23부로 개편 • 의정부와 8아문을 내각과 7부로 개편(탁지아문 → 탁지부) • 재판소가 설치되면서 근대적 재판 제도 도입 • 교육 입국 조서 발표, 한성 사범학교와 외국어 학교의 관제 발표 • 훈련대와 시위대 설치(시위대는 국왕 호위 부대)
전개	• 일본의 간섭 강화 • 청일 전쟁이 일본의 승리로 마무리되며 시모노세키 조약 체결 • 조약에서 청이 일본에 대하여 랴오둥 반도와 타이완 할양, 배상금 지불 • 삼국 간섭으로 일본에게 랴오둥 반도 반환 요구(러시아 주도, 불(프) · 독을 데려 옴) • 일본이 랴오둥 반도를 청에 반환, 러시아는 랴오둥 반도 남단의 뤼순과 다롄을 청으로부터 조차, 조선에 대한 러시아의 세력이 강화 • 박영효가 실각하고 일본에 다시 망명하며 제2차 개혁 중단

을미개혁(3차 개혁)	
배경	• 제4차 김홍집 내각이 추진 • 삼국간섭 이후 러시아의 세력이 강해지면서 김홍집이 일단 사퇴 • 박영효가 일본으로 망명한 이후 김홍집이 다시 복귀하여 친러 · 친미적 성격의 제3차 김홍집 내각을 구성 • 일본이 세력 회복을 위해 명성왕후를 시해하는 을미사변을 일으키며 친일 내각 수립(제4차 김홍집 내각)하고 을미개혁 추진
내용	• 연호 '건양' 사용(세울 건, 볕 양으로 양력 사용을 의미) • 단발령, 태양력 사용, 소학교 설치, 종두법 실시(천연두 예방 접종법), 갑신정변으로 중단되었던 근대적 우편 제도 실시(우체사 설치) • 군제 개혁: 서울에 친위대, 지방에 진위대 설치
전개	• 을미사변과 단발령에 저항하는 항일 의병 운동 전개(을미의병) • 일본과 친일 세력이 국정을 장악하며 국왕인 고종의 권위가 실추 • 고종이 일본의 세력에서 벗어나기 위하여 러시아와 협의하여 러시아 공사관으로 탈출(아관파천) • 아관파천(1896.2~1897.2) 기간 동안 러시아가 많은 이권을 획득하자 다른 열강도 최혜국 대우를 내세우며 이권을 요구하여 이권 침탈이 본격화 • 아관파천 이후 고종은 단발령을 철회하고 의병 해산 권고 조칙 선포

💬 청 · 일 전쟁과 러 · 일 전쟁

일본은 메이지 유신 이후 제국주의 국가로 변신하여 대외 팽창을 하는 과정에서 여러 차례의 전쟁을 치렀다. 청 · 일 전쟁과 러 · 일 전쟁도 그 중 하나로 이 전쟁에서 승리한 일본은 청과 러시아를 차례로 물리치고 조선을 독점하였고, 마침내 조선을 식민지화하였다.

💬 청 · 일 전쟁(1894~1895)

◎ 청일전쟁 당시 일본 육군
(위키피디아)

① 배경

청은 전통적으로 조선의 종주국으로 행세하였다. 강화도 조약 이후 일본의 영향력이 강해지면서 청과 일본은 조선을 둘러싸고 경쟁하게 되었다. 임오군란 이후 청군이 서울에 주둔하면서 청의 영향력은 더욱 강화되었고, 급진개화파가 일본의 후원을 받아 추진한 갑신정변이 실패하면서 일본은 더욱 열세에 놓이게 되었다. 갑신정변 당시 청군과 일본군이 무력으로 충돌하여 전쟁 일보 직전까지 갔다. 그러나 청과 일본은 아직 전쟁을 할 상황이 아니었기에 톈진 조약(1885)을 맺어 청군과 일본군이 모두 조선에서 철수하였다. 이후 10년간 일본군은 전쟁 준비에 몰두하여 청과의 결전을 준비하였으나 청은 자국이 일본한테 질 거라고는 전혀 생각하지 않고 다소 방심하고 있었다.

② 전개

1894년 초, 조선에서 동학농민운동이 일어나면서 조선 정부가 청군의 파병을 요청하였다. 청군이 조선에 들어오자 일본군도 교민 보호를 내세우며 조선에 군대를 파견하였다. 청군은 아산만에 상륙하였는데, 전라도 지역을 장악한 동학농민군을 공격하기 위해 적절한 위치였다. 그러나 일본군은 조선을 장악하고 청군을 공격하기 위해 서울에 인접한 인천에 상륙하였다.

1894년 5월, 청군과 일본군이 상륙하면서 뜻하지 않은 방향으로 상황이 전개되자 당황한 정부군과 동학농민군은 전주 화약을 맺어 내전을 중단하였다. 조선 정부는 청과 일본에 철수를 요청하면서 자주적으로 내정 개혁을 추진하겠다고 선언하였다. 그러나 순순히 조선의 요청을 받아들인 청과 달리 일본은 철수를 거부하였다.

1894년 6월, 경복궁을 점령하여 조선 정부를 무너뜨린 일본군은 친일 내각을 세운 다음, 청군을 선전포고도 하기 전에 기습 공격하면서 전쟁이 시작되었다. 평양 전투 이후 전쟁은 일본의 확고한 우세로 진행되었다.

③ 결과

1895년 4월, 시모노세키에서 조약이 체결되며 전쟁이 끝났다. 청은 조선이 자주 독립국임을 인정하였다. 또한 일본에 랴오둥 반도와 타이완을 할양하고 막대한 배상금을 지불하기로 하였다. 조선에 대한 일본의 우세가 확실해지는 것처럼 보였다. 그러나 며칠 후 러시아가 프랑스, 독일과 함께 삼국 간섭에 나서면서 조선을 두고 다시 러시아와 일본이 격돌하게 되었다. 일본은 랴오둥 반도를 다시 반환하여야 했고, 러시아는 일본이 반환한 랴오둥 반도에 있는 뤼순과 다롄을 청으로부터 조차하였다. 일본은 러시아에 분노하면서 복수를 다짐하였다.

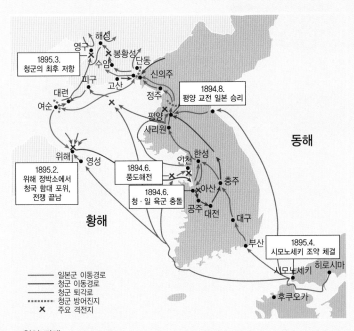

◐ 청일 전쟁

45 독립협회와 대한제국

흥선대원군 집권	개항	제2차 수신사	임오 군란	갑신 정변	동학농민 운동 갑오개혁 청일전쟁	을미 개혁	아관 파천	대한 제국	러일 전쟁	을사 조약	국권 피탈
1863	1876	1880	1882	1884	1894	1895	1896	1897	1904	1905	1910

독립협회(1896~1898)	대한제국(1897~1910)
1896.4 독립신문 창간 1896.7 독립협회 창립 1898.3 만민공동회 개최 1898.10 관민공동회 개최 1898.11 독립협회 해산 독립협회의 활동 • 자주 국권 · 자유 민권 · 자강 개혁 추구 • 만민공동회 개최 • 의회 설립 운동(중추원 개편) • 초기에는 정부와 협조적이었으나 점차 대립 ↓ 정부 대신이 참여한 관민공동회에서 헌의 6조 결의 ↓ 고종이 헌의 6조를 수락하고 중추원 관제 반포 ↓ 보수파의 공격으로 독립협회와 만민공동회 해산	1896.2 아관파천 1897.2 고종 환궁 1897.8 광무 연호 제정 1897.10 대한제국 선포 1899 대한국 국제 반포 1907 고종 퇴위 1910 대한제국 멸망 광무 개혁 추진 • 러시아와 일본의 세력 균형 위에서 자주적 개혁 시도 • 황제가 중심이 되는 점진적 개혁 추구(구본신참) • 정치적으로 황제권 강화 • 경제적으로 상공업 진흥 정책 추진(식산흥업) ↓ 독립협회와 대립하다 독립협회 · 만민 공동회를 해산시킨 이후 대한국 국제 반포(1899)

아관파천
독립신문 창간
독립협회 설립

고종 환궁
'광무' 연호 제정
대한제국 선포

만민공동회 개최
관민공동회 개최
중추원 관제 발표
독립협회 해산
만민공동회 해산

대한국 국제 반포

| 1896 | 1897 | 1898 | 1899 |

아관파천과 독립협회 설립

아관파천(1896.2~1897.2)

을미사변 이후 일본군이 경복궁을 점령하면서 고종은 사실상 일본군의 포로나 다를 바 없는 신세였다. 고종은 러시아와 사전 협의를 하고 새벽에 왕세자와 함께 궁궐을 탈출하여 러시아 공사관으로 피신하게 되는데 이것이 아관파천이다(1896). 고종은 1896년 2월부터 1897년 2월까지 정확히 1년 동안 러시아 공사관에 머무르게 되었다. 이때 러시아는 고종으로부터 많은 이권을 얻어내게 되고 다른 나라들도 최혜국대우를 내세워 이권을 요구하게 되면서 이권 침탈이 본격화되는 계기가 되었다.

○ 1900년 경의 러시아 공사관(위키피디아)

독립협회 설립(1896.7)

아관파천은 왕이 남의 나라 영토에 피신 간 것이나 마찬가지였기 때문에 국가적인 수치였다. 고종의 환궁을 요구하는 여론이 높아지고 상소문이 빗발쳤다. 아관파천 시기에 미국에 있던 서재필이 귀국하여 한국 최초의 민간 신문인 독립신문을 창간하였다(1896.4). 또한 청으로부터 독립을 기념하자는 여론에 따라 영은문 자리에 독립문을 세우고, 모화관을 헐고 독립관을 짓게 되었다. 독립문과 독립관의 건립은 국민의 모금에 따라 진행되었는데 이를 담당하기 위하여 만들어진 것이 독립협회이다. 독립문 건립에는 고종도 거액을 기부하였다.

독립협회는 미국에서 귀국한 서재필이 고문이 되고 당시 개화 지식인과 진보적인 정부 관료들이 중심이 되어 조직되었다. 독립협회는 외국의 이권침탈을 반대하고 백성의 권리를 보장할 것을 주장하였다.

○ 고종과 순종(위키피디아)

대한제국의 선포(1897)와 광무개혁

고종의 환궁과 대한제국 선포

생명의 위협을 느껴 러시아 공사관으로 피한 고종은 점차 환궁을 바라는 여론이 높아지고, 러시아와 일본 사이에 세력 균형이 이루어지면서 신변이 안전해지자 환궁을 결심하였다. 그러나 본래 조선의 정궁인 경복궁으로 돌아오지 않고 러시아와 미국 공사관 바로 옆에 있는 경운궁으로 환궁하게 된다(1897.2). 경운궁은 이후 대한제국이 성립되고 멸망할 때까지 황제가 머무르던 대한제국의 정궁이 되었다. 고종의 강제 퇴위(1907) 이후에는 경운궁을 고쳐 덕수궁이라 불렀는데 오늘날까지 덕수궁이란 이름을 쓰고 있다.

경운궁으로 환궁한 고종은 분위기 쇄신을 위해 연호를 고쳐 '광무'라 하였고(1897.8), 곧이어 황제 즉위식을 올리고 국호를 대한제국으로 바꿨다(1897.10). 대한제국 선포는 조선이 인근에 있는 대청제국, 대러시아제국, 대일본제국과 동등한 자주 국가임을 보여주기 위한 행사였다. 고종을 광무황제라 칭하기도 하는데 연호를 따서 부르는 것이다. 순종도 연호를 따서 융희황제라 한다.

◎ 대한제국의 국기

광무개혁

고종은 황제권을 강화하고 황실이 중심이 되는 개혁을 추진하였는데 이를 광무개혁이라 한다.

독립협회의 활동(1896~1898)

◎ 독립문(문화재청)

독립협회는 처음에는 대한제국과 상당히 우호적인 관계를 유지하였다. 그러나 점차 급진적인 요구를 하기 시작하였다. 1898년에 들어 와 독립협회는 종로에서 우리 역사상 최초의 민중 집회인 만민공동회를 개최하면서 민중들에게 적극적으로 다가서서 계몽하고 설득하는 활동을 하였다.

독립협회는 서구식 의회를 설립할 것을 주장하면서 먼저 정부 자문 기구였던 중추원을 개편하여 서양의 의회와 비슷한 기능을 하도록 하자고 역설하였다. 중추원은 황제가 임명하는 관선 의원과 독립협회 회원들이 선출하는 민선 의원으로 구성할 것을 주장하였다. 그러나 민중에게 직접 투표권을 주는 것에 대하여는 소극적이었다. 독립협회의 이러한 주장을 고종도 일단 받아들였다.

고종은 독립협회에 우호적인 박정양을 중심으로 하는 박정양 진보 내각을 구성하였다. 박정양을 비롯한 내각 각료들이 만민공동회에 참석하여 관리와 민중이 함께 하는 관민공동회가 개최되었다. 관민공동회는 황제에게 건의할 '헌의 6조'를 채택하여 고종에게 제출하였는데 왕이 이를 재가하면서 개혁을 약속하였다. 또한 독립협회의 주장대로 중추원 관제가 반포되면서 의회 설립이 눈 앞에 온 것처럼 보였다. 그러나 며칠 사이에 상황이 완전히 달라진다.

보수파들은 독립협회가 왕정을 폐지하고 공화정을 세우려 한다 공격하였는데, 실제 당시 이런 소문이 돌기도 하였다. 위기 의식을 느낀 고종이 독립협회 지도자들을 체포하면서 정국이 완전히 얼어붙게 되었다. 독립협회 회원들이 여기에 강력히 항의하면서 곳곳에서 시위를 하자 보수파들은 황국협회를 조직하고 보부상들을 끌어들여 독립협회를 탄압하였다. 결국 고종은 군대를 동원하여 독립협회와 만민공동회를 해산하면서 독립협회의 활동은 성공하지 못하고 끝났다.

서재필(1864~1951)

서재필(위키피디아)

서재필은 명문가 출신으로 급진개화파에 참여하였다. 일본의 육군 학교에 유학하여 근대 군사 교육을 받은 후 귀국하여 장래 장교가 될 사관생도를 교육시켰다. 갑신정변 때 자신이 양성한 사관생도를 이끌고 반대파들을 공격하였다. 갑신정변이 실패한 이후 일본을 거쳐 미국으로 피신하였다. 정변 이후 가족이 역모죄에 연루되어 모두 희생되었다. 미국에서 일하면서 공부하여 의과 대학을 나와 의사가 되었고, 미국 여성이랑 결혼하였다. 한국사람으로 처음 미국 시민권자가 되었고, 서양 의사 자격증을 얻은 이가 서재필이다.

갑오개혁이 실시되면서 사면을 받아 국내에 귀국하여 활동하였다. 그러나 서재필은 이미 미국 시민권자가 되어 필립 제이슨이라는 미국 이름을 가지고 있었다. 1896년 4월에 정부의 지원을 받아 '독립신문'을 창간하였다. 이때 독립신문의 한글 교정을 맡았던 인물이 주시경이다. 이상재, 윤치호, 이승만 등과 함께 독립협회를 결성하여 활동하였으나 서재필은 외국인 신분이었으므로 전면에서 활동하지 않고 지원하였다. 점차 정부와 외세의 압력을 받게 되면서 다시 미국으로 돌아갔다(1898.5). 일제강점기에는 미국에서 독립 운동을 지원하였고, 80세가 넘도록 장수하여 해방 이후에는 미군정청 고문을 지내다 사망하였다. 개항기의 혼란기와 일제의 강점, 그리고 해방에 6·25전쟁까지 지켜본 근대사의 산 증인이다.

🗨 독립협회의 활동

① 의의

독립협회는 자주 국권·자강 개혁·자유 민권을 주장하며 근대적인 국민 국가를 건설하려 노력하였다. 이를 위해 연설회, 토론회를 개최하였고 만민공동회를 열어 민중을 계몽하였다.

② 자주 국권 운동

ⓐ 러시아 공사관에 있던 고종의 환궁을 요구하였다.

ⓑ 러시아의 이권 침탈을 저지하려 노력하였다. 러시아 군사 교관단과 재정 고문의 철수를 요구하였고, 한·러 은행의 폐쇄를 요구하였다. 또한 러시아가 부산 앞바다의 절영도 조차를 요구하는 것에 반대하였다.

③ 자유 민권 운동

ⓐ 언론·출판·집회·결사의 자유를 확보하려 노력하였다.

ⓑ 법률과 재판 없이는 신체의 자유와 재산권을 침해해서는 안된다 주장하였다.

🔹 독립신문(국립중앙박물관)

④ 자강 개혁 운동

ⓐ 정부 대신의 부정부패를 규탄하였다. 이러한 주장은 고종에게 받아들여져 박정양 내각 수립에 영향을 주었다.

ⓑ 독립협회와 만민공동회의 지원으로 성립된 박정양 내각은 독립협회와 우호적 관계를 유지하기 위해 관민공동회에 참가하였다. 관민공동회에서 헌의 6조가 결의되었고 고종의 재가를 얻었다.

ⓒ 의회 설립 운동을 전개하였다. 전직 고관들의 자문 기구였던 중추원을 서양 의회처럼 개편하자고 주장하였는데, 황제가 임명하는 관선의원 25인과 민선의원 25인으로 구성하되 민선의원은 독립협회 회원들이 선출해야 한다고 주장하였다. 고종이 이를 수락하여 중추원 관제가 발표되었다. 그러나 독립협회가 해산당하면서 결국 실패하였다.

⑤ 한계

갑신정변과 갑오개혁이 개화파 양반관료들을 중심으로 하는 위로부터의 개혁이었다면, 독립협회는 민중을 계몽하여 아래로부터의 개혁을 추구하였다. 그러나 민중을 계몽의 대상으로 여겼을 뿐이었고, 의회 설치에서도 엘리트 중심의 상원을 설치할 것을 주장하였다. 오히려 보부상들이 대거 참여했던 황국협회가 하원 설치를 주장하였다. 또한 독립협회의 독립은 청으로부터 독립을 의미하고, 러시아에 대하여도 강한 반감을 보였다. 그러나 일본이나 영국, 미국 같은 해양 세력에 대해서는 우호적이었다.

🗨 광무개혁(1896~1904)

① 의의

광무개혁은 아관파천 이후 고종과 집권층이 중심이 되어 추진된 개혁으로 보수적인 성격을 갖고 있었다. 고종이 대한제국을 선포한 이후 본격적으로 추진되었기 때문에 고종 황제의 연호인 광무(光武)를 붙여 광무개혁이라 한다.

② 특징

광무개혁 이전에 있었던 갑신정변이나 갑오·을미개혁은 고종의 뜻과 상관없이 개화파 관료들에 의해 추진되었고, 왕권을 제한하려 노력하였다. 아관파천 이후 러시아와 일본의 세력이 어느 정도 균형을 이루면서 외세의 간섭이 줄어들게 되자 고종과 정부는 개혁을 추진하였다. 기본적인 방향은 갑오·을미개혁에서 추진한 근대적 개혁의 내용과 일치하였다. 그러나 광무개혁에서 황제는 개혁의 대상이 아니라 개혁의 주체였고, 정치적인 개편은 개혁을 주도하는 황제권을 강화하는 데 중점이 두었다. 1899년에 발표한 '대한국 국제'는 전제 황권이 무한함을 강조하면서 광무개혁의 방향을 확실히 보여주었다.

🔵 황궁우(문화재청)

③ 내용

■ 정치·군사

왕실 재정을 담당하는 궁내부와 내장원을 확대하였다.

또한 원수부를 설치하여 황제와 군대 사이에서 신하의 개입을 줄이고 황제가 군대를 직접 지휘하도록 하였다. 병력을 늘리고, 서울의 친위대·시위대, 지방의 진위대를 증강하였다.

■ 경제

재정을 확보하고 근대적 토지 소유권을 보장하기 위하여 양전 사업을 추진하려고 양지아문과 지계아문을 설치하였다. 양전을 하면서 소유권 증명 문서인 지계(地契)를 발급하여 근대적 토지 소유권 제도를 확립하려 시도하였다. 그러나 러·일 전쟁 이후 양전 사업이 더 이상 진행되지 못하면서 지계 발급도 중단되었다.

정부 스스로 제조 공장을 세우거나 민간 회사의 설립을 지원하였다. 전화를 가설하고 전차와 철도를 부설하는 등 근대 시설물을 적극적으로 도입하였다. 전차 개통과 경인선 개통이 모두 1899년이다.

🔵 지계아문에서 발급한 토지문서(국립중앙박물관)

■ 교육

기술교육과 실업교육을 강조하며 의학교·상공학교 등을 설립하고 해외 유학생을 파견하였다.

46 국권 피탈 과정

선사 시대		고대					중세	근세	근대 태동기	근대와 현대		
구석기	신석기	청동기	(초기) 철기	원삼국	삼국	남북국	고려	조선 초기	조선 후기	개항 기	일제	현대

흥선대원군 집권	개항	제2차 수신사	임오 군란	갑신 정변	동학농민 운동 갑오개혁 청일전쟁	을미 개혁	아관 파천	대한 제국	러일 전쟁	을사 조약	국권 피탈
1863	1876	1880	1882	1884	1894	1895	1896	1897	1904	1905	1910

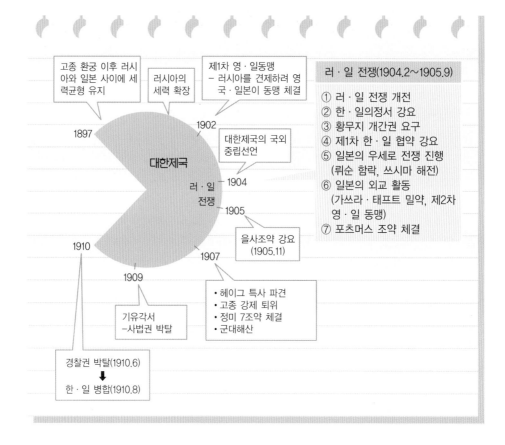

고종 환궁 이후 러시아와 일본 사이에 세력균형 유지

러시아의 세력 확장

제1차 영·일동맹
– 러시아를 견제하려 영국·일본이 동맹 체결

대한제국의 국외 중립선언

1897

1902

1904

1905

1907

1909

1910

대한제국

러·일 전쟁

을사조약 강요
(1905.11)

• 헤이그 특사 파견
• 고종 강제 퇴위
• 정미 7조약 체결
• 군대해산

기유각서
–사법권 박탈

경찰권 박탈(1910.6)
↓
한·일 병합(1910.8)

러·일 전쟁(1904.2~1905.9)

① 러·일 전쟁 개전
② 한·일의정서 강요
③ 황무지 개간권 요구
④ 제1차 한·일 협약 강요
⑤ 일본의 우세로 전쟁 진행
　 (뤼순 함락, 쓰시마 해전)
⑥ 일본의 외교 활동
　 (가쓰라·태프트 밀약, 제2차
　 영·일 동맹)
⑦ 포츠머스 조약 체결

러일 전쟁(1904~1905)의 발발

아관파천과 대한제국 선포 이후 불안한 세력 균형이 유지되던 러시아와 일본이 다시 크게 대립하게 되었다. 영국과 일본은 제1차 영일 동맹(1902)을 맺고 함께 러시아를 견제하기로 하였고 미국도 이를 지원하였다. 러시아는 의화단 사건 이후 중국의 혼란을 틈타 만주를 점령하고 철수를 거부하여 영국과 미국, 일본이 강력하게 반발하였

◐ 러일전쟁 당시 러시아 태평양 함대 기함(위키피디아)

다. 1904년 2월, 일본 해군이 당시 러시아 태평양 함대가 머무르고 있던 랴오둥 반도의 여순 항구를 기습 공격하면서 러일 전쟁이 발발하였다. 러일 전쟁은 초기에는 일본의 우세로 진행되었고, 러시아는 점차 전략적으로 후퇴를 하면서 유럽에서 증원 병력과 군수 물자가 도착하면 일거에 반격하여 일본군을 격멸할 계획을 세웠다. 그러나 상황은 러시아의 계획대로 진행되지 않았다.

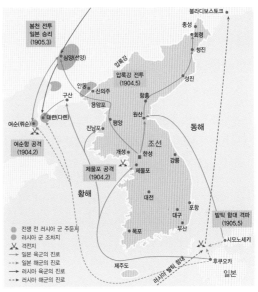

◎ 러일 전쟁

한·일 의정서(1904.2)

1904년 1월에 대한제국은 러일 전쟁이 발발할 기미를 보이자 국외 중립을 선언하였다. 그러나 전쟁이 발발하면서 일본은 대한제국에게 자신을 편들어 지원할 것을 강요하였고 한일 의정서가 체결되었다(1904.2). 한일 의정서는 전쟁 수행에서 일본이 필요한 군용지를 대한제국이 제공하도록 명시하였다.

제1차 한일 협약(1904.8)

일본이 점차 전쟁에서 우세해지자 대한제국에 새로운 조약을 강요하였다. 그 결과 체결된 제1차 한일 협약은 일본이 대한제국에게 외교 고문과 재정 고문을 파견하도록 규정하였다. 이를 고문 정치라 한다.

이때 외교 고문으로 오랫동안 일본을 위해 일해 온 미국인 스티븐스가 파견되었는데, 스티븐스는 을사조약 체결을 돕는 등 일본을 위해 일하다 샌프란시스코에서 전명운과 장인환에 의해 사살당하였다(1908). 재정 고문으로는 일본인 메가타가 왔는데, 그는 화폐 정리 사업(1905)을 통해 대한 제국을 일본에 경제적으로 예속시키는 작업을 하였다. 화폐 정리 사업은 러·일 전쟁 중에 추진되었다.

◎ 포츠머스 조약을 맺는 러시아와 일본 대표(위키피디아)

러일 전쟁의 진행과 일본의 외교전

러일 전쟁은 여순 요새가 함락되고 쓰시마 해전에서도 일본 해군이 러시아 발트해 함대를 격파하면서 급격히 일본의 우세로 기울었다. 일본은 자신을 지원해 준 미국, 영국과 관계를 더욱 강화하면서 조선에 대한 지배를 인정받았다. 미국과는 가쓰라·태프트 밀약을 맺고 미국은 필리핀을 일본은 조선을 지배할 것을 서로 양해하였다(1905.7). 영국과는 제2차 영일 동맹을 맺어 동맹 기한을 다시 연장하면서 영국으로부터 조선 지배를 인정받았다(1905.8).

한편 미국 대통령이었던 시어도어 루즈벨트의 중재로 포츠머스에서 러시아와 일본이 강화 조약을 맺으면서 러일 전쟁이 끝났다(1905.9). 러시아는 일본의 조선 지배를 인정하고 북위 50도 선 이남의 사할린 섬을 일본에게 할양하였다. 또한 만주를 남북으로 나누어 남만주는 일본, 북만주는 러시아의 영향력 하에 두기로 약속하고 랴오둥 반도의 뤼순과 다롄의 조차권을 일본에게 넘겨주었다. 일본은 뤼순과 다롄에 관동 도독부를 설치하고 관동군을 조직하였다.

을사 조약의 체결(1905.11)

러일 전쟁이 일본의 뜻대로 마무리되자 이토 히로부미는 궁궐에 들어와 황제를 협박하면서 을사 조약 체결을 강요하였다. 고종이 이를 반대하면서 자리를 박차고 나가자 남아 있는 조정 대신들을 협박하여 5대신의 동의를 얻게 되는데 이들이 을사5적이다.

을사 조약은 고종이 승인하고 도장을 찍지 않은 불법 조약으로 실제 무효였으나 일본은 조약 체결이 합법적이라고 주장하였다. 을사조약의 결과 대한제국은 외교권을 상실하고 대한제국의 외교권을 대신 행사할 통감이 일본으로부터 파견되어 서울에 통감부를 설치하도록 하였다. 초대 통감으로 온 자가 이토 히로부미이다. 통감은 본래 외교만 담당해야 하지만 이후 점차 다른 일에도 간여하게 된다. 을사조약은 일본의 강제에 의해 체결된 조약으로 을사늑약이라고도 불린다. 을사조약의 체결에 대한 저항이 전 국민적으로 전개되었다.

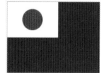

○ **통감기(위키피디아)**

헤이그 특사 파견과 정미 조약의 체결(1907)

1907년에 만국 평화 회의가 네덜란드 헤이그에서 개최되었다. 러시아 황제로부터 비밀리에 초청장을 받은 고종은 이상설, 이준, 이위종을 특사로 파견하였고, 헐버트가 이들을 도왔다. 그러나 일본의 방해와 강대국의 비협조로 회의에 참석하지 못하였다. 회의 참석이 거부되자 이준은 울분으로 헤이그에서 순국하였고, 이상설과 이위종도 국내로 돌아오지 못하였다.

○ **통감부 청사(위키피디아)**

헤이그 특사 파견이 실패로 끝나고 이토 히로부미의 위협으로 고종이 강제 퇴위당하였다. 고종 퇴위 후에 총리대신 이완용과 이토 히로부미가 조약을 체결하였는데, 이것이 한일 신협약(정미 7조약)이다. 한일 신협약은 통감이 추천하는 일본인을 대한제국 정부의 관리로 채용하도록 하였다. 이 조약으로 들어온 일본인 관리들이 주로 차관으로 활동하였기에 '차관 정치'라 한다. 자문 역할을 하였던 고문 정치 시기에 비하여 일본인이 직접 대한제국 정부의 관리로 활동하게 되면서 일본의 간섭은 더욱 강화되었다.

신협약을 체결하면서 이완용과 이토 히로부미는 비밀리에 따로 각서를 체결하는데, 여기서 군대 해산을 결정하였다. 이렇게 해산된 군인들은 대거 의병에 가담하면서 의병 전쟁이 더욱 격화되었다(정미의병).

기유각서와 경찰권 박탈

📖 1909년에 기유각서가 체결되면서 일본은 대한제국의 사법권과 감옥사무를 강탈하였다.

📖 1910년에 경찰권도 강탈하였다.

한일 병합

친일 매국 단체인 일진회가 한일 합방을 청원한다는 성명서를 발표하였다. 합방은 조선과 일본 두 나라가 대등하게 한 나라가 된다는 의미로 일본의 강압에 의한 병합임을 은폐하려는 미사여구였다.

1910년 8월 한일 병합 조약이 체결되면서 대한제국은 일본에 병합당하였다. 병합조약은 8월 22일에 조인되었다가 8월 29일에 공포되었다. 1910년이 경술년이었기에 경술년에 나라가 치욕을 당했다하여 경술국치라 한다.

한일병합은 불법으로 체결된 조약으로 무효이다. 대한민국 정부와 일본은 1965년 한일기본조약에서 대한제국과 일본제국 사이에 체결된 모든 조약이 무효임을 확인하였다. 그러나 우리 정부는 조약들이 처음부터 무효임을 주장한데 반하여, 일본은 대한민국 정부가 수립되었기 때문에 1965년에 조약을 체결할 무렵에는 이미 무효가 되었음을 주장하였다. 따라서 일본은 지금도 을사 조약과 한일병합 조약의 체결 자체는 유효라 주장하고 있다.

🔘 일진회가 일본 황태자 다이쇼의 조선 방문 때 남대문 앞에 세운 대형 아치(1907), (위키피디아)

🗨 러·일 전쟁(1904~1905)

① 배경

삼국 간섭 이후 세력이 약화된 일본은 을미사변을 일으켜 친일 내각을 세웠고 다시 조선에서 우위를 차지하는 듯 보였다. 그러나 아관파천으로 고종이 러시아 공사관으로 피신하면서 러시아의 세력이 더욱 강화되었다. 이후 일본과 러시아가 어느 정도 세력 균형을 이루게 되고 대한제국에 대한 간섭이 다소 줄어들면서 고종은 자주적으로 광무개혁을 추진할 수 있었다. 그러나 러시아는 만주를 점령하고 조선으로 남하하려 하였고, 영국과 미국은 일본을 후원하여 러시아에 대항하려 하였다. 영국은 제1차 영·일 동맹을 맺어 일본을 지원하기로 약속하였다. 일본은 러시아와의 전쟁을 준비하였다.

② 전개

1904년 2월, 일본 연합 함대가 러시아 태평양 함대가 있는 뤼순 항구를 기습 공격하면서 전쟁이 시작되었다. 일본은 막대한 피해를 입으면서도 뤼순 요새를 함락시키고 펑톈 전투에서 러시아를 밀어붙였다. 러시아는 일본보다 훨씬 강력한 국력을 갖고 있었지만 러시아의 중심지는 유럽이었고, 동아시아는 러시아 본토에서 너무 멀었다. 러시아는 일본 해군에게 궤멸당한 태평양 함대 대신 발트 함대를 지구를 반 바퀴 돌아 동해로 파견하였다. 그러나 동해 해전에서 러시아 해군은 일본 해군에게 전멸하였다. 아직 러시아는 싸울 힘이 남아 있으나 본토에서 혁명의 기운이 감돌면서 전쟁에 전념할 수 없는 상황이 되었다. 일본은 더 싸우고 싶었지만 능력이 없었다. 일본은 전세가 유리해지자, 미국·영국과 차례로 외교 교섭을 하여 조선에 대한 지배권을 인정받았다.

🔵 제물포 해전 당시 러시아 군함인 바략함과 카레이츠함(위키피디아)

③ 결과

미국이 러시아와 일본을 미국의 군항인 포츠머스에 불러 평화 조약 체결을 중재하였다. 포츠머스 조약에서 러시아는 패전을 인정하는 것을 거부하여 일본은 청·일 전쟁 때와 달리 배상금을 받아낼 수 없었다. 그러나 사할린 남부를 획득하였고, 러시아가 조차하고 있던 랴오둥 반도의 뤼순과 다롄을 차지할 수 있었다. 일본은 뤼순과 다롄 지역에 관동총독부를 설치하고 관동군을 창설하였다. 일본은 한반도와 만주 남부를 차지하고 중국에 세력을 뻗치게 되었지만 이제 영국과 미국이 일본을 경계하기 시작하였다. 태평양 전쟁의 씨앗은 이미 이때 뿌려졌다.

🗨 을사조약에 대한 저항

① 고종의 무효 선언과 외교적 노력(여러 나라에 친서 전달, 미국에 헐버트 파견, 헤이그 특사 파견)

② 조약 체결 반대 상소와 순국 자결(민영환·조병세의 자결)

③ 항일 언론 활동(황성 신문에 실린 장지연의 시일야 방성대곡)

④ 을사 5적 암살단의 활동, 이재명의 의거(이완용 암살 기도), 을사의병, 안중근의 의거

🔵 헤이그 특사(왼쪽부터 이준, 이상설, 이위종), (위키피디아)

47 애국계몽운동과 의병투쟁

흥선대원군 집권	개항	제2차 수신사	임오 군란	갑신 정변	동학농민 운동 갑오개혁 청일전쟁	을미 개혁	아관 파천	대한 제국	러일 전쟁	을사 조약	국권 피탈
1863	1876	1880	1882	1884	1894	1895	1896	1897	1904	1905	1910

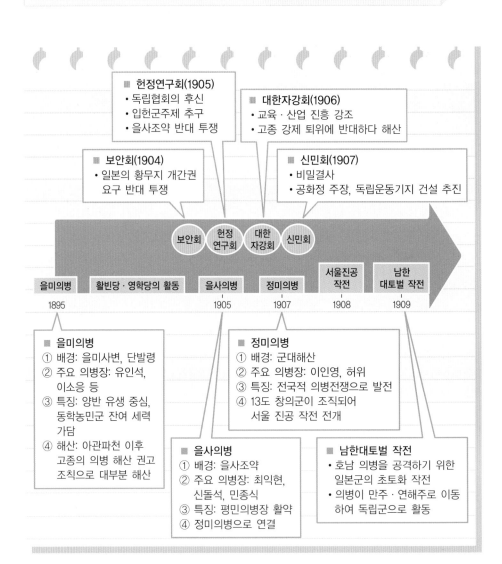

■ 헌정연구회(1905)
- 독립협회의 후신
- 입헌군주제 추구
- 을사조약 반대 투쟁

■ 대한자강회(1906)
- 교육 · 산업 진흥 강조
- 고종 강제 퇴위에 반대하다 해산

■ 보안회(1904)
- 일본의 황무지 개간권 요구 반대 투쟁

■ 신민회(1907)
- 비밀결사
- 공화정 주장, 독립운동기지 건설 추진

보안회　헌정 연구회　대한 자강회　신민회

을미의병	활빈당 · 영학당의 활동	을사의병	정미의병	서울진공 작전	남한 대토벌 작전
1895		1905	1907	1908	1909

■ 을미의병
① 배경: 을미사변, 단발령
② 주요 의병장: 유인석, 이소응 등
③ 특징: 양반 유생 중심, 동학농민군 잔여 세력 가담
④ 해산: 아관파천 이후 고종의 의병 해산 권고 조칙으로 대부분 해산

■ 정미의병
① 배경: 군대해산
② 주요 의병장: 이인영, 허위
③ 특징: 전국적 의병전쟁으로 발전
④ 13도 창의군이 조직되어 서울 진공 작전 전개

■ 을사의병
① 배경: 을사조약
② 주요 의병장: 최익현, 신돌석, 민종식
③ 특징: 평민의병장 활약
④ 정미의병으로 연결

■ 남한대토벌 작전
- 호남 의병을 공격하기 위한 일본군의 초토화 작전
- 의병이 만주 · 연해주로 이동하여 독립군으로 활동

배경

일본의 침략이 가속화되는 시기에 **빼앗긴** 국권을 되찾으려는 민족 운동이 활발히 벌어졌다. 애국계몽운동과 의병투쟁, 그리고 개인적인 의거 활동 등이 전개되었다.

애국계몽운동

애국계몽운동의 의미

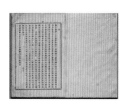

애국계몽운동은

① 시대적으로는 을사조약을 전후한 시기부터 한일병합까지 시기에 전개되었으며,

② 목적은 국권 회복을 위하여 실력을 키우기 위한 활동으로,

③ 실력을 키우기 위한 구체적인 방법은 교육(학교 설립), 언론 활동(신문사 운영), 산업 진흥(회사 설립) 등이다.

⊙ 산술신서(이상설이 편찬한 수학교과서)(국립중앙박물관)

애국계몽운동과 사회진화론

사회진화론은 백인들이 세계를 침략하고 지배해 가는 제국주의 시대에 백인들의 침략을 정당화하는 논리로 작용하였다. 사회진화론은 조선에도 도입되었는데, 백인이 아닌 동양인들은 사회진화론을 살아남기 위해서는 강해져야 한다는 자강의 논리로 이해하였다. 조선의 개화 지식인들은 이런 논리에서 조선이 살아남기 위해서는 서양과 일본을 본받아야 한다 보았다. 강해지기 위하여 백성들을 깨우칠 목적으로 신문사를 만들어 언론 활동도 하고 학교도 세웠다. 경제적 힘을 기르기 위해 회사도 설립하고 단체를 만들어 뜻이 맞는 사람들끼리 활동하기도 하였다. 이러한 활동을 애국계몽운동이라 한다. 이 시기를 공부하기 위해서 신경 써야 할 데는 두 가지이다. 먼저 이 시기에 신문사 설립, 학교 설립, 역사나 국어 연구 등이 대부분 이런 맥락에서 애국계몽운동의 하나로 추진되었다는 사실이다. 두 번째는 이 때 활동한 여러 단체들을 정리해 둬야 한다.

주요 애국계몽운동 단체

애국계몽운동은 단체를 중심으로 이루어졌다.

① 보안회(1904)

② 헌정연구회(1905)

③ 대한자강회(1906)

④ 대한협회(1907)

⑤ 신민회(1907) 등의 단체가 있었다.

⑥ 교육 분야에서 학회 활동이 활발하게 이루어졌다.

⑦ 그 외 국채보상운동, 국학 연구 등도 애국계몽운동과 맥을 같이 하였다.

○ 군대 해산 당시 남대문 전투를 그린 그림. 태극기가 선명하다.(위키피디아)

일제의 탄압

일본은 애국계몽운동과 같은 국권 회복 운동을 탄압하기 위하여 일본군의 무력을 동원하는 것과 함께 여러 악법을 만들었다. ① 보안법(1907), ② 신문지법(1907), ③ 사립학교령(1908), ④ 출판법(1909) 등이 그것이다.

의병투쟁

의병투쟁의 의의와 배경

① 의병 투쟁은 일본의 침략에 직접적으로 저항하는 무력투쟁이다.

② 우리 민족은 항상 국가가 위기에 처하면 사회지도층과 일반 백성이 함께 의병을 일으켜 국난 극복을 위해 노력하는 전통이 있었다. 이 시기의 의병 운동은 상층 계급에서는 위정 척사 운동의 흐름을 이어받았고, 피지배 계급에서는 동학 농민 운동의 잔여 세력이 합류하였다.

의병투쟁의 전개 과정

① 을미의병(1895)

을미사변으로 왕비가 시해되고 단발령이 발표되자 양반 유생들을 중심으로 의병 운동이 전개되어 지방 관청이나 친일 관리를 공격하였다. 아관파천 이후 단발령이 철회되고 국왕이 의병의 해산을 명하자 대부분의 의병들은 해산하였다. 일부 민중들은 의병 해산 이후에 활빈당이나 영학당을 조직하여 반봉건, 반외세 투쟁을 벌이기도 하였다.

② 을사의병(1905)

을사조약에 반대하는 의병 운동이 전개되었다. 여전히 양반유생 출신의 의병장이 다수였지만 신돌석과 같은 평민 의병장도 등장하였다. 을사의병은 을사조약 체결 이후인 1906년(병오년)에도 다수의 의병이 봉기하였기 때문에 병오의병도 을사의병과 같은 의미로 쓰인다.

⚫ 한국의 의병들(위키피디아)

③ 정미의병(1907)

을사의병의 활동은 정미의병으로 이어졌다. 1907년에 헤이그 특사 파견으로 고종이 강제 퇴위 당하고 군대가 해산되었다. 해산된 군인들이 신식 무기를 갖고 의병 운동에 대거 참여하면서 의병의 전투력이 높아지고 의병 활동은 전국적인 의병 전쟁으로 발전하였다. 전력이 강화된 전국의 의병들은 경기도 양주에 집결하여 13도 창의군을 조직하고 서울로 진격하는 서울진공작전을 추진하였다(1908). 전력의 한계로 결국 실패하였지만 1908년은 의병 운동의 절정기였다.

④ 남한대토벌 작전(1909)과 의병의 국외 이동

일본은 의병 운동을 진압하기 위하여 대대적인 토벌 작전을 준비하였다. 일본의 탄압으로 의병 운동이 차츰 위축되던 시기에 가장 활발한 의병 투쟁이 벌어지던 지역은 전라도였다. 일본은 해군까지 동원하여 호남 지역을 고립시키고 의병 진압을 위한 초토화 작전을 벌였고, 이 과정에서 전라도 지역은 엄청난 피해를 입게 되었다. 이제 국내의 의병 투쟁은 극도로 어려워졌고 살아남은 의병들은 간도와 연해주로 대거 이동하였다. 홍범도와 이범윤 등이 지휘하는 국외 의병들은 국내 진공 작전을 추진하였다. 이 시기에 안중근도 국외에서 의병장으로 활동하였다.

⑤ 독립군으로 변화

국외 의병들은 한일 병합 이후 독립군으로 바뀌었다. 대표적인 의병장 출신의 독립군이 홍범도이다. 국내에서는 북부 지역을 중심으로 소규모 의병 투쟁이 이어졌으나 1915년에 최후의 의병장인 채응언이 체포되면서 국내 의병 운동은 막을 내리게 되고, 해외 독립군 투쟁이 이를 대신하게 되었다.

○ 안중근 의사(위키피디아)

개별적인 의거 투쟁

① 배경

단체를 만들어 조직적인 활동을 벌이지는 않더라도 일본의 침략에 저항하면서 개별적인 의거 투쟁을 벌이는 이들이 많이 있었다.

② 주요 활동

■ 나철 · 오기호의 을사5적 암살단 조직

나철과 오기호 등이 을사조약에 앞장 선 5명의 조선인 대신 (을사5적)을 처단하기 위해 암살단을 조직하였으나 실패하였다. 이들은 민족의 시조 단군을 섬기는 민족 종교인 단군교를 창시하였고(1909), 이후 대종교로 개칭하였다(1910).

■ 전명운, 장인환의 스티븐스 사살(1908)

러일전쟁 중에 체결된 제1차 한일 협약(1904년)에 따라 일본이 대한제국에 추천한 외교 고문이 미국인 스티븐스였다. 스티븐스는 오래 전부터 일본에 고용되어 일본을 위해 일하던 미국인이었고, 이후 을사조약 체결을 비롯하여 일본의 대한제국 침략에 적극적으로 앞장섰다. 스티븐스가 미국 샌프란시스코에 도착하자 전명운과 장인환이 스티븐스를 저격하였고 사살하는 데 성공하였다.

■ 안중근의 이토 히로부미 사살(1909)

황해도의 양반 집안에서 태어난 안중근은 어릴 때 아버지가 조직한 의용군의 선봉으로 동학농민군과 싸우기도 하였다. 학교를 세워 민중 계몽에 나서기도 하였으나 한계를 느끼고 국외로 망명하여 연해주 일대에서 의병을 조직하여 활동하였다. 1909년 10월 26일, 조선 침략에 앞장서던 일본 정치계의 거물로 초대 통감을 지낸 이토 히로부미가 러시아와 협상을 위해 만주 하얼빈에 도착했을 때 그를 처단하여 세계의 주목을 받았다.

■ 이재명의 이완용 처단 시도(1909)

이재명은 명동 성당 앞에서 을사5적인 이완용을 습격하여 중상을 입혔으나 죽이지는 못하였다.

사회진화론

19세기와 20세기 전반 세계에 큰 영향을 미친 사상이 사회진화론이다. 19세기에 영국의 과학자 다윈이 진화론을 발표하였는데, 진화론은 과학 뿐 아니라 사회 사상에도 큰 영향을 끼치게 된다. 사회진화론은 진화론을 인간 세상에 적용시킨 것이다. 다윈은 모든 생물은 환경에 적응하면서 생존에 유리한 방향으로 진화되었다고 주장하였다. 이 과정에서 생존에 유리한 존재는 살아남고 불리한 존재는 도태된다는 우승열패, 적자생존이라는 개념이 등장하였다. 사회진화론은 이런 사고를 인간 사회에 도입하여 인간도 역시 우수한 인간과 집단은 살아남아 발전하고 열등한 인간과 집단은 도태되고 우수한 인간들에게 지배당한다 주장하였다. 19세기에 유럽에 큰 영향을 끼쳤던 사회진화론은 동아시아에서도 많은 사람들에게 세상을 보는 세계관으로 받아들여졌다. 이런 사고

○ 애국창가 악보집(문화재청)

는 개화 사상가들에게도 영향을 미쳐 우리도 힘을 길러 살아남아야 한다는 생각을 갖게 만들었다. 사회진화론은 실력양성운동에 큰 영향을 끼쳤지만 제국주의의 침략을 제대로 비판하지 못하는 한계를 가져오기도 하였다. 일본과 같은 강국이 조선을 침략하는 것은 자연의 법칙이므로, 일본이 나쁜 것이 아니라 조선이 약한 것이 잘못이라는 생각이었다. 일제 강점기에 독립 운동을 추진하는 과정에서 준비론이나 참정론, 자치론 등에 영향을 주기도 하였다. 우리 스스로 힘을 길러 강해지면 좋지만 그렇게 되지 못하여도 우리 잘못이지 침략한 일본의 잘못은 아니라는 사고는 자강이 실패한 이후에는 강한 일본의 일원이 되자는 삐뚤어진 방향으로 나타나기도 하였다.

보안회(1904)

일본은 러일 전쟁이 한창 진행되던 1904년에 일본인 나가모리에게 한반도의 황무지 개간권을 주도록 요구하였다. 황무지의 기준이 애매하여 엄청나게 많은 토지가 일본이 주장하는 황무지에 해당되었다. 이때 양반 유생과 관료가 주축이 되어 보안회가 설립되었고 적극적인 황무지 개간권 반대 운동에 나섰다. 보안회의 활동은 성공하여 대한제국 정부는 일본의 요구를 거부한다고 발표하였다.

헌정연구회(1905)

일진회에 비판적인 이들이 헌정연구회를 조직하였는데, 헌정연구회는 주로 독립협회 출신 인사들로 구성되었으며 헌정 즉 입헌 정치를 연구하여 입헌 군주제 수립을 목표로 활동하였다. 그러나 지도부가 을사조약을 반대하다 체포되면서 활동이 중단되었다.

대한자강회(1906)

헌정연구회 출신들이 중심이 되어 조직된 대한자강회는 교육과 산업 진흥을 강조하며 국권 회복을 위해 노력하였다. 전국에 지회를 설치하고 월보를 간행하는 등의 대중적인 활동을 전개하였으

나, 고종 강제 퇴위에 반대하는 시위를 주도하다 통감부의 탄압을 받아 해산당하였다.

💬 대한협회(1907)

대한자강회 계열과 천도교 간부들이 대한 협회를 설립하였다. 한때 활발한 활동을 전개하였으나 일제의 탄압을 받으면서 점차 친일화되었다.

💬 신민회(1907)

① 신민회의 등장과 사상

통감부의 탄압이 심해지자 안창호, 양기탁 등은 비밀 결사 조직인 신민회를 조직하였다. 지역적으로는 평안도 출신, 종교적으로는 기독교계 인사들이 많았으며 대한매일신보와 관련되어 있는 인물들도 다수였다. 신민회는 이 시기에 등장한 애국계몽운동 단체 중 가장 중요한 단체이다. 교육 진흥, 산업 진흥, 계몽 등을 주장한 것은 다른 단체와 마찬가지지만 신민회는 공화정을 세우고 근대 국민 국가를 건설할 것을 주장하였다.

◎ 구 서북학회 회관(문화재청)

② 신민회의 활동

• 교육 분야에서 평양에 대성 학교, 평안북도 정주에 오산 학교를 수립하였다.
• 산업 분야에서는 태극 서관과 자기 회사를 설립하여 민족 산업을 육성하려 하였다.
• 언론 분야에서는 양기탁이 주필로 있는 대한매일신보를 활용하여 민족의식을 고취시켰다.
• 특히, 다른 단체와 달리 무력에 의한 국권 회복을 계획하고 장기적인 독립 운동을 준비하였다. 만주에 삼원보와 같은 독립 운동 기지를 건설하고 신흥 무관 학교를 세워 독립군을 양성하였다. 한일 병합 이후 105인 사건(1911)으로 국내의 신민회 조직은 와해되었지만, 신민회 인사들은 이후에도 활발한 활동을 전개하였다.

💬 학회 활동

일본의 탄압으로 정치 활동이 한계에 부딪치자 애국계몽운동 단체들은 교육 활동에 힘썼다. 기호 학회, 서북학회, 호남학회, 교남학회 등을 설립하여 교육을 통해 실력 양성을 꾀하였다. 이 학회들은 월보를 발행하였고, 사립 학교를 설립하였다. 그 결과 1907년에서 1909년에 이르는 시기에 무려 2,000여 개의 사립학교가 세워졌다. 그러자 통감부는 사립학교령(1908)을 공포하여 사립 학교를 탄압하였다. 이 시기에 통감부는 사립학교령 외에도 신문지법(1907)과 보안법(1907)을 제정하여 국권 회복 운동을 탄압하였다.

◎ 오산학교 설립자 이승훈 (위키피디아)

💬 일진회(1904)

일본군 통역 출신의 송병준, 동학 내의 친일파 이용구를 중심으로 친일파들이 일진회를 결성하였다. 일진회는 일본의 비호를 받으며 노골적인 친일 활동을 전개하였다. 을사조약 체결을 지지하였고 한일 병합을 촉구하는 성명서를 발표하기까지 하였다. 기관지로 국민신보를 발행하였다. 한일 병합 이후에는 총독부가 모든 한국인의 결사 조직을 해산시키면서 일진회도 해산되었다.

🗨 보안법(1907), 신문지법(1907), 사립학교령(1908), 출판법(1909)

을사조약 이후 일본의 국권 침탈에 대한 저항이 강력하게 전개하자 일본이 이를 탄압하기 위해 만든 악법이다. 대한제국의 법령이지만 실제로는 일본이 만들었다. 보안법은 집회와 결사, 언론의 자유를 탄압하기 위하여 만들었다.

🗨 의병 운동의 전개

◉ 최익현 선생 묘(문화재청)

을미의병 (1895)	① 배경: 을미사변과 단발령 ② 주요 의병장: 유인석, 이소응, 허위, 노응규 등 ③ 참여 세력: 양반 유생들이 의병장으로 활동하면서 일반 농민과 동학 농민군의 잔여 세력이 가담 ④ 활동: 개화 정책을 추진하는 지방 관청이나 친일 관리 처단, 일본군 수비대 공격 ⑤ 결과: 아관파천 이후 단발령이 철회되고 고종의 해산 권고 조칙이 내려지면서 대부분의 의병들이 해산
활빈당 활동 (1900~1904)	① 배경: 의병 해산 이후 농민을 중심으로 다양한 민중이 참여하는 반봉건, 반침략 운동이 전개되면서 활빈당이나 영학당이라는 이름을 쓰는 단체가 활동 ② 대한사민논설: 활빈당이 발표한 주장으로 균전론에 입각한 토지 개혁을 주장 ③ 결과: 을사의병으로 연결
을사의병 (1905)	① 배경: 을사조약 ② 주요 의병장: 민종식, 최익현, 임병찬, 신돌석(최초의 평민 의병장) ③ 참여 세력: 양반 유생 출신 의병장이 다수지만 점차 평민 출신 의병장 등장 ④ 활동: 민종식이 홍주성을 공격하여 한때 점령, 최익현이 태인에서 봉기, 신돌석이 태백산을 중심으로 활약 ⑤ 결과: 다수의 의병은 을사조약 다음 해인 1906년에 봉기하여 병오의병으로도 불림, 정미의병으로 연결
정미의병 (1907)	① 배경: 고종의 강제 퇴위와 군대해산 ② 주요 의병장: 이인영, 허위 ③ 참여 세력: 해산 군인들이 대거 참여하며 전국적 의병전쟁으로 확대 ④ 활동: 의병 연합군인 13도 창의군이 결성되어 서울 진공 작전 실시(1908) 　• 총대장 이인영, 군사장 허위: 작전 직전에 이인영이 부친상으로 귀향 　• 서울에 주재하는 각국 영사관에 의병을 국제법상의 합법적인 교전 단체로 인정해 달라고 요청 　• 동대문 밖 30리 전투에서 패배하고 부대 간의 연계가 부족하여 실패 ⑤ 결과: 서울 진공 작전의 실패에도 전국적으로 활발히 의병 전쟁 전개, 일본이 의병을 대대적으로 탄압하고 특히 호남 의병에 대한 대대적 토벌작전인 남한대토벌작전 실시(1909)로 의병의 국내 활동이 큰 타격을 받음, 남은 의병들은 간도와 연해주 지역으로 이동하여 활동

🍃 최익현(1833~1906)

최익현은 조선 말기와 대한제국 시기에 활동했던 애국지사이며 의병장으로 호는 면암(勉菴)이다. 그는 이항로의 문인으로 노론 내 위정척사파의 중심인물이었다.

① 1873년, 흥선대원군의 서원 철폐에 반대하면서 고종의 친정과 대원군의 하야를 요구하는 상소를 올려 대원군이 물러나는 계기를 만들었다. 대원군을 따르는 대신들은 최익현의 처벌을 요구하였지만 고종이 이를 거부하고 오히려 승진을 시키면서 왕의 본심이 어디에 있는지를 보여주었다.

② 1876년, 민씨 정권이 강화도 조약을 체결하려 하자 이에 반대하면서 '지부복궐척화상소'를 올렸다. 여기서 개항을 하면 안되는 5가지 이유를 들어 5불가소론을 제기하였고, 특히 일본과 서양의 본질이 동일하다는 왜양일체론을 주장하였다.

③ 1906년, 전해에 을사조약이 체결되자 74세의 고령에도 불구하고 제자 임병찬 등과 함께 의병을 일으켜 전라북도 태인에서 궐기하였다. 그러나 뜻을 이루지 못하고 순창에서 패하여 쓰시마로 유배되었다가 현지에서 순국하였다. 제자 임병찬은 쓰시마에서 돌아온 뒤에 고종의 밀명을 받아 1910년대에 독립의군부를 조직하여 활동하다 일본에 체포되어 순국하였다.

🍃 대한제국의 영토 문제

① 또한 전근대 국가는 국경선이 확실하지 않은 경우가 많았다. 그러나 근대 국가로 발전하는 과정에서 국경선을 명확하게 해야 할 필요가 나타났고 주변국과 영토 문제가 발생하였다.

② 잘 알려지지 않았지만 두만강 하구에 녹둔도라는 섬이 있는데, 이순신 장군이 활동했던 곳으로 유명한 지역이다. 19세기에 강에 퇴적물이 쌓이면서 두만강 북안과 연결되었는데, 러시아가 연해주를 차지하면서 녹둔도 지역까지 차지해버렸다.

③ 간도는 조선과 청 사이의 접경 지역으로 숙종 때 국경선을 명확하게 하려고 백두산정계비를 세웠다. 19세기 말에 간도 지역으로 다수의 조선인 주민이 이주하여 개간하였고, 이후 조선과 청 사이에 간도 귀속 문제를 둘러싸고 분쟁이 발생하였다. 조선은 간도를 함경도로 편입하고 이범윤을 간도관리사로 파견하여 간도를 영토로 편입하려 노력하였다. 을사조약 이후 일본은 간도를 한국 영토로 간주하여 통감부 간도파출소를 설치하였다. 그러나 일본은 대한제국의 외교권을 대신 행사하여 청과 간도협약(1909)을 체결하였다. 일본은 청에게 간도 영유권을 인정해주는 대신, 남만주의 철도부설권을 획득하였다. 을사조약을 근거로 대한제국의 외교권을 대신 행사한 간도협약은 당연히 무효이지만, 해방 이후 북한은 중국과 조중변계조약(1962)을 체결하여 국경선을 확정한 상태이다.

④ 울릉도와 독도는 신라 시대부터 우리 영토로 편입되었고, 숙종 때 동래 어민 안용복의 활약으로 일본도 그 사실을 인정한 바 있다. 대한제국은 황제 칙령으로 울도군을 설치하고 독도를 편입시켜 영토 인식을 명확히 밝혔다. 그러나 일본은 독도를 러일 전쟁 중에 불법으로 점령하였고, 1905년 2월 22일 시마네현 고시로 자국 영토로 편입하였다. 해방 이후 독도의용수비대가 독도를 지키다가, 지금은 경찰이 지키고 있다.

🗨 신돌석(1878~1908)

신돌석은 대한제국의 의병장으로 평민 출신 의병장으로 유명하다. 경상북도 영해 출신으로 '태백산 호랑이'로 이름을 날렸다. 신돌석은 을미의병 당시에도 거병하였으나 을사의병 이후의 활동으로 유명하다. 그는 경상북도와 강원도 경계 지역에서 활발한 유격전을 벌여 많은 성과를 거두고 일본군에게 큰 타격을 주었다. 신돌석은 평민 출신 의병장으로는 처음 봉기하여 민중의 강력한 지지를 받으며 많은 전과를 거두었다.

서울진공작전 당시에도 경상도 의병을 대표하여 참여하였으나 부대가 편성되면서 신돌석, 홍범도 같은 평민 출신 의병장은 배제되었다. 당시 13도연합 의병부대의 각도 의병대장은 양반유생 출신의 의병대장으로만 편성되었다. 양반 의병장이 갖고 있는 이러한 봉건적인 관념은 당시 항일 투쟁에 지장을 주었고 폭넓은 민중의 지지를 받는 데 한계로 작용했다. 다시 고향에 돌아와서 활동하던 신돌석은 부하의 배신으로 죽음을 당하고 말았다.

🗨 13도 창의군과 서울진공작전(1908)

1907년 8월, 정미 7조약으로 군대가 해산되자 해산 군인들이 다수 의병에 가담하면서 의병의 전력이 크게 강화되었고 의병 투쟁은 전국적인 의병 전쟁으로 발전하였다. 관동의병장으로 추대된 이인영은 서울주재 각국 영사관으로 몰래 사람을 보내 일본의 불의를 성토하고, 의병은 순수한 애국 단체이니 열강은 이를 국제법상의 전쟁 단체로 인정해 적극 도와줄 것을 바란다는 관동창의대장 이름의 격문을 전달하였다.

🔹 의병장이자 독립군인 홍범도 장군, 만주에서 활동하던 홍범도는 자유시 참변 이후 소련에서 활동하게 되었다. 1937년 스탈린에 의해 중앙아시아로 강제 이주되어 거기서 생을 마쳤다.(위키피디아)

1907년 12월, 이인영은 전국의 의병에게 격문을 보내 경기도 양주에서 집결하도록 하여 13도 창의군을 결성하였다. 부대의 편성을 보면, 총대장 이인영, 군사장 허위, 관동의병대장 민긍호, 호서 의병대장 이강년, 교남의병대장 박정빈, 경기 · 황해 · 진동 의병대장 권중희, 관서의병대장 방인관, 관북의병대장 정봉준, 호남의병대장 문태수 등이었다. 이들은 모두 양반유생 출신으로 평민출신의 신돌석 · 홍범도 · 김수민 등은 참여하지 못하였다. 총병력은 1만여 명에 이르렀으며, 이 가운데는 해산된 군인 3,000명도 포함되어 있었다.

1908년 1월, 서울로 진격하면서 경기 일대에서 의병활동이 활발히 전개되고 선발대가 동대문 밖 30리 지점까지 이르렀다. 그러나 일본군의 저항을 뚫지 못했고 총대장 이인영이 부친상을 당하자 통수권을 군사장 허위에게 맡기고 귀향하면서 결국 서울 진공의 뜻을 이룰 수 없었다. 이후 13도 창의군은 해산하고 자기 고향으로 돌아가 독자적인 의병 운동을 전개하였다. 13도 창의군은 위정척사계열 의병장이 가진 한계를 보여준 단적인 예로 평가되고 있다.

서울 진공작전이 실패한 이후에도 의병투쟁은 활발하게 전개되었다. 그러나 일본의 강력한 탄압으로 국내에서의 의병투쟁은 점차 어려워져 갔다.

48 개항기의 경제

근대(개항기)	근대(일제강점기)	현대(해방 이후)
• 흥선대원군 • 개항과 개화 정책 추진과 반발 • 국권피탈	• 무단통치기 • 문화통치기 • 민족말살통치기	• 해방 공간 • 6 · 25전쟁 • 민주주의의 시련과 발전

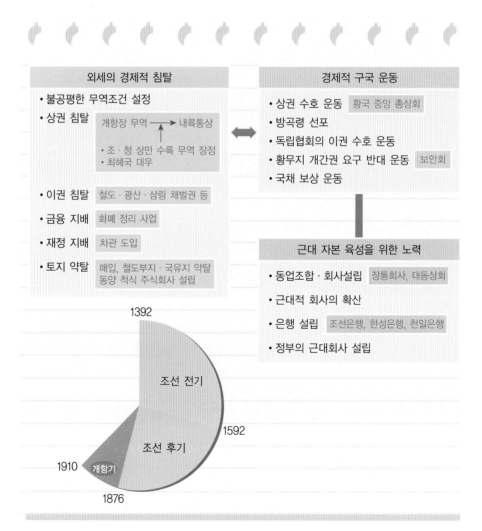

외세의 경제적 침탈

• 불공평한 무역조건 설정
• 상권 침탈

　　개항장 무역 → 내륙통상

　　• 조 · 청 상민 수륙 무역 장정
　　• 최혜국 대우

• 이권 침탈　철도 · 광산 · 삼림 채벌권 등
• 금융 지배　화폐 정리 사업
• 재정 지배　차관 도입
• 토지 약탈　매입, 철도부지 · 국유지 약탈
　　　　　　 동양 척식 주식회사 설립

경제적 구국 운동

• 상권 수호 운동　황국 중앙 총상회
• 방곡령 선포
• 독립협회의 이권 수호 운동
• 황무지 개간권 요구 반대 운동　보안회
• 국채 보상 운동

근대 자본 육성을 위한 노력

• 동업조합 · 회사설립　장통회사, 대동상회
• 근대적 회사의 확산
• 은행 설립　조선은행, 한성은행, 천일은행
• 정부의 근대회사 설립

1392

조선 전기

1592

조선 후기

1910

개항기

1876

열강의 경제적 침탈

배경

외세의 침략은 항상 경제적인 수탈을 동반하기 마련이다. 특히 19세기 말에 조선이 접촉하게 된 외세는 자본주의 체제를 갖고 있는 국가들로 식민지와 후진 지역에 대한 경제적 침투에 몰두하고 있었다.

약탈적 무역

무역이 대등하게 서로 필요한 것을 교환하는 것이라면 무역에 대하여 수탈이니, 침탈이니 하는 표현을 붙이기 힘들 것이다. 그러나 처음부터 서양 열강은 자신들의 우세한 무력과 지식을 이용하여 자신에게 유리한 규칙을 설정하였다. 일본과 청도 이를 본받았고, 서양의 공산품이 조선의 생필품과 유리한 조건으로 교환되어 조선에 들어왔다. 조선의 쌀, 콩, 소가죽 등은 싼 값으로, 서양과 일본의 공산품은 상대적으로 비싼 값을 인정받으면서 거래되었다.

상권 침탈

개항 초기에는 외국 상인들이 조선의 내륙에 들어가지 못하고 개항장에서만 활동할 수 있었다. 조선 상인들은 외국 상인과 조선인들 사이에서 중계 역할을 하면서 돈을 벌 수 있었다. 그러나 임오군란 이후 청의 상인이 내륙에 침투하기 시작하였고, 다른 나라 상인들도 조선 내지에서 장사를 하면서 조선 상인들의 상권이 급속히 침탈당하였다. 특히 청과 일본의 상인들이 조선 시장을 둘러싸고 치열한 경쟁을 벌였다. 조선 상인들은 정부에 대하여 외국 상인들의 상권 침탈을 막아줄 것을 요구하고, 시장에서 상점 문을 닫는 철시 투쟁을 벌이는 등의 여러 방법으로 상권 침탈을 막기 위해 노력하였다.

이권 침탈

본격적인 이권 침탈은 아관 파천 이후 행하여졌다. 러시아가 자기 공사관에 피신하고 있던 고종에게 여러 이권을 얻어내자 다른 국가들도 최혜국 대우를 내세워 많은 이권

5일차 개항기

을 빼앗아 갔다.

🖋 특히 철도가 침략에 중요한 도구가 되어 열강들은 철도부설권을 얻기 위하여 많은 관심을 기울였다. 미국은 경인선, 프랑스는 경의선, 일본은 경부선 부설권을 얻어냈다. 그러나 경인선 부설권은 미국이 일본에게 매각하였고, 경의선 부설권도 일본이 넘겨받아 러·일 전쟁 중에 군용 철도로 건설하였다. 결국 우리나라의 철도는 일본에 의하여 부설된 것이다.

🖋 미국이 운산 금광 채굴권을 따낸 것을 시작으로 러시아, 영국, 독일, 일본 등도 광산 채굴권을 얻어갔다.

🖋 삼림 채벌권은 러시아가 독점하다 러일 전쟁 이후 일본이 차지하였다. 그 외에 연해 어업권 등도 일본이 획득하였다.

◎ 대한제국 시기의 주화(원주시립박물관)

일본의 금융 지배와 토지 약탈

🖋 제1차 한·일 협약(1904)에 의해 대한 제국에 재정 고문으로 온 일본인 메가타는 화폐 정리 사업(1904)을 추진하였다. 이로 인해 시중에 도는 화폐가 급감하면서 금융 공황이 일어났고 한국 상인과 은행이 큰 타격을 입었다.

🖋 일본인들은 점차 조선의 토지를 사들였는데, 특히 러일 전쟁 후에 철도 부지와 군용지 확보를 내세우며 국유지와 역둔토 등을 약탈하였다. 또한 대한제국 정부와 합작으로 동양 척식 주식 회사를 세워(1908) 한국에 대한 본격적인 토지 약탈에 나섰다.

경제적 구국 운동

상권 수호 노력

임오군란 이후 외국 상인의 내지 통상이 허용되면서 조선 상인들의 입지가 점차 약화되었다. 조선 상인들은 점차 근대적인 상회사를 설립하여 외국 자본과 경쟁하였는데 이 때 설립된 대표적인 회사가 대동 상회와 장통 회사이다. 특히 한양의 시전 상인들로 구성된 황국 중앙 총상회는 독립협회와 손잡고 상권 수호 운동을 벌였고, 독립협회가 탄압받으면서 같이 해산당하였다(1898).

방곡령 실시

개항 이후 체결한 조일 무역 규칙(1876)에는 양곡의 유출에 대한 아무런 제한 규정이 없었다. 쌀, 콩 같은 양곡이 대량으로 일본으로 유출되면서 쌀값이 올라가는 등 여러 문제점이 발생하자 새로 만들어진 조일 통상 장정(1883)에는 필요할 때 지방관이 방곡령을 내릴 수 있도록 규정하였다. 방곡령을 내릴 때는 지방관이 일본 상인들에게 1개월 전에 통보해야 했다. 1889년과 1890년에 함경도와 황해도 지역에 흉년이 들자 관찰사가 방곡령을 내렸는데, 일본은 방곡령이 절차 위반이라 트집을 잡으면서 배상을 요구하였다. 결국 방곡령은 실패로 돌아가고 조선 정부는 배상금을 지불해야 했다.

ⓒ 국채보상운동 기념공원 (대구)

국채 보상 운동

일본은 러일 전쟁 무렵부터 열강의 지원으로 조선에 대한 독점적 지위를 확보하였다. 일제는 조선에 대한 지배를 확고히 다지기 위하여 화폐 정리 사업 등 여러 가지 사업을 하였다. 하지만 그 비용을 대한제국이 일본에서 차관을 도입하도록 하여 충당하였다.

이런 상황에서 1907년에 대구에서 서상돈 등의 주도로 국채를 갚아 국권을 수호하자는 국채보상운동이 시작되었다. 대한자강회를 비롯한 애국 계몽 운동 단체와 대한매일신보, 황성신문, 제국신문 등의 신문이 적극 호응하였다. 특히 대한매일신보가 국채보상운동에 적극적으로 참여하였다. 운동 과정에서 민중과 여성들이 자신이 지닌 귀중품을 내어 놓는 등 적극적으로 호응하였다. 그러나 이를 반일 운동으로 간주한 통감부는 운동을 주도하던 대한매일신보의 양기탁에게 기금을 횡령했다는 누명을 씌우고 체포하는 등 이를 탄압하였다. 결국 통감부의 탄압으로 국채보상운동은 성공을 거두지 못하였다.

근대 자본 육성을 위한 노력

✍️ 열강의 경제 침략은 결국 조선인에게 낯선 자본주의 경제 체제의 침투였다. 조선인들도 열강의 경제 침탈에 대항하기 위해서는 자본을 축적하고 근대적인 회사를 설립해야 할 필요성을 느끼게 되었다.

✍️ 1880년대부터 객주 등의 상인들이 대동 상회, 장통 회사 같은 상회사나 동업조합을 만들어 외국의 대규모 자본에 대항하였다.

구 동양척식주식회사 부산 지점(문화재청)

✍️ 일본과 청 상인이 외국산 면직물을 들여오자 이에 맞서 외국 기계를 도입하여 종로 직조사와 같은 직조 공장을 만들었고, 다른 제조업 공장들도 점차 설립되었다.

✍️ 일본 금융 자본의 침투에 맞서 조선은행, 한성은행, 천일은행 등을 설립하였다. 조선의 은행들은 관료나 상인들이 투자하여 설립되었는데, 화폐정리사업(1905)으로 많은 은행들이 문을 닫거나 일본 자본에 종속되었다.

✍️ 정부도 잠상공사나 농상회사 같은 근대 회사를 설립하여 근대 자본 육성을 위해 노력하였다.

◎ 1897년에 작성된 소작계약서, 광무원년이라는 글씨가 선명하다.(출처 국사편찬위원회, 소장 박건호)

외세의 침략과 철도 부설

한국 뿐 아니라 서양과 일본의 침략을 받은 아시아와 아프리카의 국가들에게 철도는 양면성을 가지고 있었다. 철도는 근대화의 상징으로 시간과 공간을 단축해주는 근대화의 상징이면서 또한 제국주의의 침략 수단이기도 하였다. 한국의 철도는 대부분 일본에 의하여 부설되었고, 서양과 일본이 한국의 이권을 침탈하던 시기에 철도 부설권도 여러 나라가 나눠 가졌다. 서울과 인천을 연결하는 경인선은 미국, 서울과 부산을 잇는 경부선은 일본, 서울과 신의주를 연결하는 경의선은 프랑스가 부설권을 획득하였다.

그러나 경인선은 일본이 부설권을 미국으로부터 구입하여 부설하였고(1899), 경의선도 프랑스가 부설을 포기하자 일본이 완공하였으므로 경부선까지 모두 일본이 부설한 셈이었다. 일본은 러일전쟁(1904~1905) 시기에 군용 철도로 사용하기 위하여 부설을 서둘러 경부선과 경의선을 각각 1905년과 1906년에 완공하였다. 일본이 이렇게 철도 건설에 집착한 것은 한국의 철도를 중국 철도와 연결시켜 대륙 침략의 발판으로 활용하기 위해서였다.

⊙ 구 서울역사(문화재청)

일본은 경부선과 경의선을 부설하여 부산에서 신의주까지 연결하였고, 신의주와 압록강 건너 단둥 사이에 압록강 철교를 건설하였다. 일본은 만주 지역의 철도 부설권도 획득하여 만주의 철도도 건설하면서 부산에서 만주까지 일본 제국주의가 침투할 수 있는 교통로를 확보하였다. 서울역과 만주의 봉천역(현재 심양역)은 일본의 도쿄역과 비슷한 모습으로 디자인 되어 있는 데 일본의 대륙 침략을 향한 야심을 보여주는 것일지도 모른다.

경제적 구국 운동

- 사람이 사는 데는 결국 먹고 사는 일이 제일이다. 외세의 경제 침탈에 맞서 경제적으로 국권을 지키려는 움직임도 활발해졌다. 이러한 경제적 민족 운동은 국가와 민족이 위기에 처할 때마다 시대를 초월하여 전개되었다. 특히 가난한 서민들이 적극적으로 참여하였다.
- 국채보상운동(1907)
- 물산장려운동(1920년대)
  일본 자본의 침투에 위기를 느낀 조선인 자본가들이 중심이 되어 조선인은 조선 물건을 쓰자는 물산장려운동이 평양에서 시작되어 전국적으로 추진되었다.
- 금모으기 운동(1990년대 후반)
  1997년에 시작된 외환 위기로 외화가 부족해지며 국제 통화 기금(IMF)의 경제 통제를 받자 국제적으로 통화로 인정되는 금을 모아 국가의 위기를 벗어나자는 금모으기 운동이 벌어졌다. 많은 시민들이 참여하여 그들이 가지고 있는 얼마 되지 않은 금을 내놓았는데, 이는 당시 외국 은행가들에게 큰 충격을 주었다. 약 350만 명이 참여한 이 운동으로 약 227톤의 금이 모였다. 1998년 1분기의 금 수출액이 22억 달러였는데, 이는 같은 시기 수출액의 6.8%였다.

49 개항기의 사회 변화

근대(개항기)	근대(일제강점기)	현대(해방 이후)
• 흥선대원군 • 개항과 개화 정책 추진과 반발 • 국권피탈	• 무단통치기 • 문화통치기 • 민족말살통치기	• 해방 공간 • 6 · 25전쟁 • 민주주의의 시련과 발전

근대교육의 발전

시작
-원산학사
-동문학
-육영공원
-개신교계 사립학교

➡

발전
-갑오개혁:교육입국 조서 발표, 관립학교 설립
-광무개혁:상공업 장려, 기술학교 설립

➡

위기
-을사조약 이후 관립교육 위축
-민족교육을 위해 사립학교 대거 설립 ↔ 일본의 탄압(사립학교령)

➡

사립학교, 개량서당, 야학 등을 통한 민족교육
일제의 탄압 : 조선교육령을 통한 교육 통제와 황국 신민화 교육

언론기관

한성순보
한성주보

➡

독립신문
제국신문
황성신문

➡

대한매일신보
만세보
국민신보(일진회 기관지)

➡

1910년대(민간 조선어 신문 발행 금지)
1920 조선일보, 동아일보 등 창간
1940 조선일보, 동아일보 폐간

근대문물

근대 기구 설치 (기기창, 전환국, 박문국, 우정총국)
전등 설치(경복궁)

➡

전화 가설 (경운궁)

➡

천도교 개창, 대종교 창시
유교구신론 · 불교유신론 발표
신소설('혈의 누', '금수회의록', '자유종')
신체시('해에게서 소년에게')
원각사 설립

➡

영화 '아리랑' (1926)

1880년대	1890년대	1900년대	일제 강점기

배경

개항 이후 서양 문물이 전래되면서 큰 변화가 일어났다. 평등 의식이 확산되면서 신분제 폐지를 요구하는 움직임이 확산되었고 결국 갑오개혁 이후 신분 제도가 폐지되었다. 또한 여성에 대한 인식이 높아지면서 여성 교육도 점차 확대되었다.

근대 교육 제도의 도입

근대 교육의 시작

📖 개항 이후 근대 학문을 가르치는 학교들이 설립되기 시작하였다.

📖 원산학사(1883)는 최초의 근대 학교로 원산에서 설립되었다. 개항장이 된 원산항의 상인들이 주도하여 설립된 사립학교로 근대 학문과 무술을 교육하였다.

📖 동문학(1883)은 영어와 일본어 통역관 양성을 위하여 정부에서 설립하였다. 조·미 수호통상조약이 체결되었지만 조약 체결 당시 조선인으로 영어를 할 줄 아는 사람이 거의 없었다. 동문학을 세워 중국인 교관을 초빙하여 영어를 배운 것이 우리나라 영어 교육의 시작이었다.

📖 육영공원(1886)은 최초의 근대 공립 학교로 헐버트 등의 외국인을 교사로 초빙하였다. 주로 양반 자제들에게 근대 학문을 가르쳤다.

📖 외국인 선교사들도 사립학교를 세워 근대교육을 소개하였다.

근대 교육의 발전

📖 갑오개혁 이후 근대 교육이 더욱 발전하였다. 학무아문이 설치되었는데, 이는 교육만을 전담하는 부서였다. 특히 제2차 갑오개혁에서 근대 교육의 필요성을 강조

한 '교육입국조서'가 반포되었고, 왕의 명령에 따라 많은 학교들이 세워지게 되면서 한성 사범학교와 여러 외국어 학교가 설립되었다. 한성소학교와 한성중학교도 차례대로 세워지게 되었다.

✎ 광무개혁은 '식산흥업'을 내세우면서 상공업을 장려하였고, 이를 위해 각 분야에서 필요한 인재를 양성하기 위하여 실업 교육을 강조하였다. 기술을 가르치는 각종 학교가 설립되었고 해외에 파견되는 유학생의 수도 더욱 늘어났다.

근대 교육의 위기

을사조약 이후 일제의 간섭이 강화되면서 관립 교육이 위축되었다. 그러자 애국계몽운동의 하나로 민족 의식을 고취하기 위한 사립학교 설립이 급증하였다. 일제는 사립학교령(1908)을 제정하여 민족 교육을 억압하였다.

◎ 조선 최초의 신문인 한성 순보(문화재청)

언론 기관의 발달

독립 신문 이전의 신문

우리나라 신문의 역사는 독립신문 이전과 이후로 나뉜다 할 정도로 독립신문의 위상이 중요하다. '신문의 날'도 독립신문 창간 기념일로 하고 있다.

① 한성순보(1883~1884)

우리나라 최초의 신문으로 박문국에서 간행되었고, 관보의 성격을 가지고 있었다. 한문으로 기사를 썼으며 외국 사정을 소개하고 개화 사상을 전파하였다. 갑신정변 이후 성난 군중들이 박문국을 불태우면서 인쇄 시설이 파괴되어 더 이상 발행할 수 없게 되어 폐간되었다.

② 한성주보(1886~1888)

한성순보 이후 다시 신문의 필요성을 느낀 정부가 발행하였다. 국한문 혼용으로 발행되었고 최초로 상업 광고를 실었다.

독립신문(1896~1899)

우리 역사상 최초의 민간 신문이다. 민간신문이지만 정부의 재정 지원을 받아 창간되었다. 미국인이 된 서재필이 신문을 발행하였다. 독립협회 기관지의 성격을 가지고 있었으며 순한글로 신문을 발행하고 마지막 면에는 영어 기사를 실었다. 독립협회 해산 이후에도 발행되다가 재정난으로 폐간되었다. 시험 준비를 위해서는 독립신문 발행 연도를 외우는 것이 좋다.

⊙ 대한매일신보 사장 베델
(위키피디아)

독립신문 이후의 신문

독립신문이 발행되면서 다양한 민간 신문들이 발행되었다. 제국신문과 황성신문이라는 신문 이름이 정해지려면 나라가 '제국'이어야 하고, 수도는 '황성'이어야 한다. 따라서 대한제국 수립(1897) 이후라는 것을 알 수 있다.

① 제국신문(1898~1910)

이종일이 순 한글로 발행하였다. 서민과 부녀자가 주 독자층이었다.

② 황성신문(1898~1910)

남궁억 등이 발행였고 유생층이 주된 독자로 국한문 혼용으로 제작하였다. 을사조약을 비판한 장지연의 항일 논설 '시일야방성대곡'을 실었다가 정간을 당하기도 하였다.

⊙ 대한매일신보(문화재청)

③ 대한매일신보(1904~1910)

러일전쟁(1904~1905)을 취재하기 위해 종군기자로 한국에 온 영국인 베델과 신민회의 중심 인물인 양기탁이 함께 발행하였다. 러일전쟁 발발 연도를 생각하면 대한매일신보 창간이 1904년이라는 것을 이해할 수 있을 것이다. 일본의 동맹국인 영국인 베델의 소유였기 때문에 탄압을 적게 받았고 가장 강경한 항일 논조를 고수하였다.

④ 기타

종교계에서 창간한 만세보(천도교), 경향신문(천주교) 등이 있었고, 친일단체 일진회가 국민신보를 발행하였다.

국사와 국어 연구

국사 연구

○ 주시경의 국어문법 원고
(문화재청)

📖 을사조약 이후 일제로부터 국권을 회복하기 위한 애국계몽운동이 활발히 전개되면서, 하나의 방법으로 우리 문화를 연구하는 흐름이 나타났다. 당시의 국사 연구는 엄밀하게 과거의 사실을 연구하여 학문적 진리를 탐구하는 것이 아니라 국권 회복운동의 하나로 국민의 애국심을 불러일으키는 것이 목적이었다. 영웅전과 각국의 흥망사를 통하여 민족 의식을 고취하려 하였다. '을지문덕전', '강감찬전' 등의 영웅전과 '월남망국사', '미국독립사', '이태리 건국 3걸전' 같은 책들이 소개되었다.

📖 신채호는 대한매일신보에 연재한 '독사신론'(1908)에서 민족주의 역사학의 연구방향을 제시하였다. 신채호는 전통적인 왕조 중심의 역사 서술을 비판하고 민족을 주체로 하여 역사를 서술해야 한다 주장하였다.

📖 최남선, 박은식 등에 의하여 조선광문회(1910)가 만들어져 민족의 고전을 정리하고 간행하였다.

국어 연구

📖 이 시기에는 국한문 혼용체와 국문체 문장이 보급되기 시작하였다. 특히 유길준이 귀국하여 미국과 유럽을 돌아 본 경험을 서술한 '서유견문'은 국한문 혼용체 보급에 기여하였다.

📖 국한문 혼용의 교과서와 신문이 발행되었다. 또한 순한글로 쓰여진 독립신문, 제국신문 같은 신문도 등장하였다.

📖 주시경의 활약이 특히 돋보였는데 한글이라는 이름을 지은 것도 그이다. 국문연구소(1907)가 주시경, 지석영 등이 중심이 되어 학부 소속으로 설립되었다. 주시경의 '국어문법', 유길준의 '대한문전' 같은 문법 연구서가 간행되었다.

근대 과학 문물의 도입

근대적인 신문물을 도입하기 위한 기관들이 설립되었다. 무기 제조 공장인 기기창이 설치되었다 (1883). 톈진에서 무기 제조 기술을 배우고 귀국한 영선사 출신들이 기기창 창설에서 주요한 역할을 하였다.

근대적인 인쇄 시설인 박문국이 설치되었다(1883). 박문국은 최초의 신문인 한성순보를 인쇄하였다. 박문국은 갑신정변이 실패한 이후 성난 군중들의 습격을 받아 파괴되었다가 다시 설치되었다. 민간 인쇄소인 광인사도 설립되었다.

화폐를 찍어내는 전환국이 설치되었다(1883). 전환국은 백동화를 비롯하여 조선과 대한제국의 화폐를 발행하였으나 일본의 강요로 화폐 정리 사업이 실시되면서 폐지되었다.

우편업무를 위해 우정총국이 설립되었다(1884). 그러나 우정국 낙성식 때 갑신정변이 일어나면서 근대적인 우편 사무가 중단되었다. 이후 1895년에 우체사가 설치되어 우편 업무가 다시 재개되었고, 만국 우편 연합에도 가입하였다.

전기와 전신, 전화 등의 근대 과학 문물도 소개되었다. 1885년에 서울과 인천 사이를 시작으로 전신 시설이 설치되었고 전보 총국이 설립되어 전보를 취급하였다. 전신을 통해 청, 일본과 연결되었다. 전화는 1896년에 경운궁에 처음 가설된 후, 점차 전화 회선이 늘어났고 시외 전화도 개통되었다.

1887년에는 경복궁에 전등이 설치되었다. 미국인 콜브란과 계약을 맺어 1898년에 한성 전기 회사를 세웠고, 1899년에는 서대문−청량리 구간에 전차가 개통되었다. 1899년은 경인선이 개통된 해이기도 하다.

◎ 한용운 선생이 거주하던 심우장(문화재청)

종교계의 변화

■ 프랑스와 수교하면서 천주교 포교가 합법화되었다. 또한 선교사들을 통하여 개신교가 들어오면서 서양 종교가 활발히 전파되었다. 개신교와 천주교는 학교와 병원을 세우고, 고아원과 양로원을 운영하면서 조선인의 생활에 깊숙이 파고들었다.

■ 새로운 민족 종교가 등장하였다.

① 동학의 3대 교주였던 손병희는 동학 내의 친일파를 축출하고 동학의 정통을 계승하여 천도교를 개창하였다. 천도교도 학교를 운영하고 '만세보'를 발행하였다.

② 을사5적 암살단을 조직하였던 나철·오기호는 민족의 시조 단군을 섬기는 단군교를 창시하였고(1909), 뒤에 대종교로 개칭하였다(1910). 대종교는 한일 병합 이후 본사를 북간도로 옮겨 독립 운동을 전개하였다.

■ 기존의 유교와 불교 내에서는 개혁 운동이 전개되었다.

① 박은식은 '유교 구신론'을 내세워 기존의 낡은 유교를 비판하고 민중을 중심으로 실천을

중시하는 새로운 유교를 세울 것을 강조하였다. 박은식은 민족주의의 입장에서 역사를 연구하고 독립 운동에 적극 참여하여 임시정부 제2대 대통령을 지냈다.

② 한용운은 '조선 불교 유신론'을 주장하며 불교 쇄신을 주장하였다. 한용운은 3·1 운동 당시 불교 대표로 민족 대표 33인에 참여하였고, 1920년대에는 조선 불교 유신회를 조직하여 불교 개혁을 주장하면서 동시에 항일 운동을 전개하였다.

🗨 문예의 새 경향

■ 문학에서 봉건 사상을 비판하고 문명 개화를 강조하는 새로운 소설과 시가 등장하였다.

① 신소설이 등장하여 '혈의 누'(이인직), '금수회의록'(안국선), '자유종'(이해조) 등이 출판되었다. 금수회의록은 외세와 이에 빌붙은 세력을 강력하게 비판하여 판매가 금지되었다.

② 신체시로 최남선이 잡지 '소년'지에 '해에게서 소년에게'를 실었다. 고정된 운율을 탈피하였다. 4·4조나 7·5조의 창가 형식을 깨고 자유시의 형태로 지어졌다.

③ '천로역정', '걸리버 여행기', '이솝 우화' 같은 서양의 다양한 작품들이 번역되었다.

■ 창가가 유행하였는데, 전통적인 4·4조나 7·5조의 가사에 서양식 곡을 붙여 불려졌다.

■ 연극에서는 최초의 서양식 극장인 원각사(1908)가 설립되었는데, 신소설을 각색한 '은세계', '치악산' 등의 창극 형식의 신연극이 공연되기도 하였다. 원각사는 1910년대에 불타서 없어졌지만, 최초의 극장인 원각사를 계승한다는 의미로 현대에 들어 정동 극장이 세워졌다.

◈ 최남선이 간행한 잡지 소년 창간호(위키피디아)

◈ 명동성당(문화재청)
한국 천주교의 본산인 명동성당이다. 고딕 양식 건물로 1898년에 완공되었다.

◈ 덕수궁 석조전, 1900년(광무 4)에 착공되어 1910년 (융희 4)에 완공되었다. 영국인이 내부설계를 하였고, 열주식 르네상스 양식 건물이다. (문화재청)

💬 의식주 생활의 변화

서양 문물이 들어오면서 서양식 양복을 입는 사람이 늘어났다. 을미개혁 때 내려진 단발령은 아관파천으로 취소되었지만 단발을 하는 사람들이 조금씩 증가하였다. 갑오개혁 이후 관리와 군대의 복장도 서양식으로 바뀌었다.

개항장이나 한성의 외국인 거류지에는 서양식이나 일본식 건물들이 들어서기 시작하였다. 가정에서는 석유를 연료로 하는 남포등을 사용하기 시작하였다. 석유가 수입되면서 남포등과 성냥이 함께 사용되었다.

식생활에서도 서양이나 중국, 일본 음식이 들어오면서 한국인의 식생활이 다양해졌다. 커피 등이 유행하였고, 임오군란 이후 조선에 들어 온 중국인 노동자들을 통해 중국 음식이 소개되어 한국식으로 정착하면서 짜장면 등의 음식이 등장하였다. 커피와 케이크 등이 기호품으로 인기를 끌었다. 고종도 커피를 즐겨마셨다.

새로 등장한 서양 상품에는 양복, 양말, 양동이 같은 서양을 뜻하는 '양(洋)' 자가 붙었다.

(문화재청)

◎ 대한매일신보 사장 베델의 유품인 영국기 (문화재청)

◎ 짜장면의 발상지로 알려진 인천의 공화춘, 본래 다른 이름을 갖고 있었으나 1912년 중화민국 수립을 기념하여 공화춘으로 개칭하였다.(문화재청)

◎ 인천 일본제일은행 지점(문화재청)

일제강점기

일제의 통치 정책

독립을 위한 투쟁

1910

무단 통치
- 정치 : 헌병 경찰 통치
- 경제 : 토지 조사 사업
  산업침탈(회사령)

국내	비밀결사 활동
국외	독립 운동 기지 건설

1919 ── 3 · 1운동

문화 통치
- 정치 : 민족 분열 통치
  치안유지법
- 경제 : 회사령 폐지
  산미 증식 계획

치안유지법

6 · 10만세운동

광주학생운동

국내	실력 양성 운동 노동 · 농민 운동 신간회 조직
국외	외교 활동 무장 독립 투쟁 의열 투쟁

1931 ── 만주사변

민족 말살 통치
- 정치 : 민족 말살 통치
- 경제 : 병참 기지화 정책
  인적 · 물적 자원 수탈
  남면 북양 정책
  농촌 진흥 운동

국가총동원법

국내	노동 · 농민운동 브나로드 운동 조선어학회 활동
국외	의열 투쟁 무장 독립 투쟁 민족혁명당 조직

50 일제의 통치 정책

선사 시대		고대					중세	근세	근대 태동기	근대와 현대	
구석기	신석기	청동기	(초기) 철기	원삼국	삼국	남북국	고려	조선 초기	조선 후기	개항기	일제	현대

근대(개항기)	근대(일제강점기)	현대(해방 이후)
• 흥선대원군 • 개항과 개화 정책 추진과 반발 • 국권피탈	• 무단통치기 • 문화통치기 • 민족말살통치기	• 해방 공간 • 6 · 25전쟁 • 민주주의의 시련과 발전

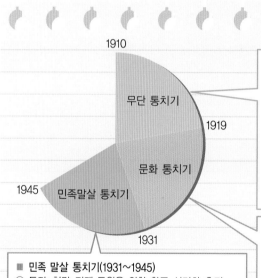

■ 무단 통치기(1910~1919)
① 특징: 폭력과 공포
② 정치적 통치 정책
 • 조선인의 정치적 자유 박탈
 • 헌병 경찰제 실시, 중추원 설치
 • 관리와 교원의 제복과 칼 착용
③ 경제 정책
 • 토지 조사 사업
 • 산업 침탈: 회사령, 어업령, 광업령, 산림령, 전매 사업 실시

■ 문화 통치기(1919~1931)
① 특징: 친일파 육성을 통한 민족 분열 통치
② 정치적 통치 정책
 • 보통 경찰제 실시, 문관 총독 허용
 • 치안유지법 제정, 고등경찰 설치
 • 조선어 신문 발행 허용
 • 보통 학교 증설(1면1교주의)
③ 경제 정책
 • 산미 증식 계획
 • 회사령 폐지, 관세 철폐

■ 민족 말살 통치기(1931~1945)
① 특징: 침략 전쟁 동원을 위한 황국 신민화 추진
② 정치적 통치 정책
 • 황국 신민화 추진, 동화 정책 강화
③ 경제 정책
 • 농촌 진흥 운동, 남면 북양 정책
 • 병참기지화 정책(군수 공장 건설)
 • 인적 · 물적 자원 수탈(징용 · 징병, 공출 · 배급제)
 • 국가 총동원법 제정

무단 통치기(1910년대)

배경

일본은 한일 병합 이후 무력을 앞세워 조선인에게 공포심을 심어주고 강제로 복종하도록 만들기 위하여 무단 통치를 실시하였다.

정치적 통치 방침

① 일본은 조선을 통치하기 위하여 조선총독부를 설치하고 총독을 파견하였다. 총독은 일본 국왕에게 직속되어 내각의 통제를 받지 않았다. 현역 육해군 대장 중에서만 임명되도록 하여 문관은 총독에 임명될 수 없었다. 총독의 자문기구로 중추원을 설치하였으나 3·1 운동 이전에 한번도 정식 회의가 소집된 적이 없었다.

② 군대의 경찰인 헌병이 민간 경찰을 지휘하고 경찰 업무를 하는 헌병경찰통치를 실시하였다. 이는 조선을 전쟁 중에 점령한 적의 영토처럼 다룬 것으로 일본의 조선 지배의 본질이 군사적 점령임을 보여주는 것이다. 조선인의 언론·출판·집회·결사의 자유를 박탈하고 조선인들의 단체를 해산시키고 신문을 폐간하였다. 조선 태형령을 제정하여 조선인에 한하여 태형을 실시하였고 관리와 교원에게 제복과 칼을 착용하도록 하였다.

경제적 수탈 정책

① 식민 통치에 필요한 자금을 조달하고 일본인이 조선의 토지를 쉽게 매입하도록 토지 조사 사업을 실시하였다(1910~1918). 토지 소유자로 하여금 기한 내에 총독부에 신고하도록 하고 신고하지 않은 토지는 몰수하였다. 국유지나 소유권이 불분명한 많은 토지가 총독부 소유가 되었다. 총독부는 이렇게 확보한 토지를 동양척식주식회사나 일본인들에게 불하하여 일본인의 토지 소유를 늘렸다. 또한 지주의 소유권만을 인정하고 소작농이 관습적으로 갖고 있던 경작권을 부정하여 많은 농민이 기한부 소작농으로 전락하였다.

② 회사령을 제정(1910)하여 민족 자본의 성장을 억제하고 산림령·어업령·광업령 등을 발표하여 조선의 자원을 일본인에게 유리하게 조정하였다.

● **1908**
동양척식주식회사 설립

● **1910**
한일병합
회사령 공포
임시토지조사국 설치

● **1911** 105인 사건

● **1912** 조선태형령 공포

● **1919** 3·1 운동

● **1920** 회사령 폐지

● **1925** 치안유지법 제정

● **1931** 만주사변

● **1937** 중일전쟁

● **1941** 태평양전쟁

● 조선 총독부, 일제는 경복궁 앞의 여러 건물을 허물고 식민통치의 상징인 조선총독부 청사를 1926년에 완공하였다. (위키피디아)

문화 통치기(1920년대)

배경

3·1 운동으로 기존의 무단 통치는 실패로 판명되었다. 또한 제1차 세계 대전이 끝나고 세계적으로 민주주의가 확산되면서, 일본에서도 다이쇼 데모크라시라고 불리는 민주주의의 초보적인 모습이 나타나고 있었다. 3·1 운동 이후 새로 부임한 총독 사이토는 역대 조선 총독 중에서 유일한 해군 대장 출신으로 새로운 통치 정책을 제시하였다. 조선인에게 보다 많은 자유를 주겠다고 하면서 이를 문화통치라 이름 붙였지만 본질은 민족분열통치였다. 실제로 이 시기에 참정론·자치론을 주장하는 타협적 민족주의자가 등장하였다.

○ 조선박람회 팜플랫, 조선 총독부는 1929년 9월 12일부터 10월 31일까지 경복궁에서 식민지 통치의 정당성과 업적을 알리기 위한 조선박람회를 개최하였다.(출처 국사편찬위원회, 소장 박건호)

정치적 통치 방침

① 총독 임용 규정을 고쳐 문관 총독도 임명이 가능하도록 하였으나 해방 때까지 문관 출신 총독은 한명도 없었다.

② 헌병경찰제를 폐지하고 보통경찰제를 실시하였으나 경찰 예산·경찰 인원은 대폭 늘렸다.

③ 치안유지법을 제정하고(1925), 고등경찰제를 실시하였다.

④ 조선일보·동아일보 등의 민간 신문 발행을 허용하였으나 수시로 검열·압수를 통해 통제하였다.

⑤ 도 평의회, 부·면 협의회를 설치하여 부분적인 지방 자치를 허용하였으나 실제로는 일본인이나 친일파로 구성된 자문 기구에 불과하였다.

⑥ 조선인의 교육 기회를 확대하겠다고 선언하였지만 실제로는 초등 교육 기관과 하급 기술 교육 기관을 약간 늘린 데 불과했다.

경제적 수탈 정책

① 일본의 쌀 부족을 해결하기 위하여 산미증식계획을 추진하였다(1920~1934). 쌀 생산은 다소 늘어났으나 증산량보다 훨씬 많은 양의 쌀이 일본으로 유출되면서 조선인들은 만주에서 수입한 잡곡으로 연명해야 했다. 일부 식민지근대화론자들은

이를 '수출'이라 표현하며, 조선인의 자유의사에 따라 이루어졌다고 설명한다. 산
미증식계획은 수리 조합 중심으로 추진되었다.

② 회사령을 폐지(1920)하여 회사 설립을 허가제에서 신고제로 바꾸어 일본 기업의
조선 진출을 도왔다. 관세도 폐지하여 일본 상품의 조선 진출이 용이하도록 하였다.

민족말살통치기(1930~40년대)

배경

세계 대공황(1929) 이후 일본은 군국주의로 치달으며 대륙 침략을 가속화하였다. 중
국 대륙과 가까운 조선은 침략의 전진 기지가 되면서 군수 공업이 발달하였고 조선인
에 대한 수탈도 강화되었다.

◎ 조선총독부 시정기념우표
(출처 국사편찬위원회,
소장 박건호)

정치적 통치 방침

① 조선인을 일본의 전쟁 수행에 동원하기 위하여 조선인의 민족 의식을 말살하고 일
본인으로 동화시킬 필요가 있었다. 이를 위해 민족말살통치가 실시되었다. 일제의
민족말살정책은 중 · 일 전쟁(1937) 이후 더욱 강압적으로 추진되었다.

② 내지(일본)와 조선이 하나라는 내선일체를 내세우면서 황국 신민화 정책을 강화하
였다. 황국 신민의 서사 · 궁성 요배 · 신사 참배도 강요하였다. 조선어 사용을 금
지하고 이름도 일본식으로 바꾸는 창씨개명을 요구하였다. 또한 한글을 사용하는
신문과 잡지를 폐간시켰다.

경제적 수탈 정책

① 조선을 침략 전쟁의 병참 기지로 만들고, 조선의 인적 · 물적 자원을 수탈하기 위
한 다양한 정책이 실시되었다.

② 남면북양 정책은 경제 공황 이후 일본이 공업 원료를 확보하기 위하여 식민지인
한반도 남부에 면화 재배를, 북부에는 양의 사육을 강요한 정책이다.

③ 농촌진흥운동은 농촌이 황폐해지고 농민의 불만이 고조되자 이를 무마하기 위하

여 총독부가 추진한 정책이다. 농촌의 빈곤을 농민 탓으로 돌리면서 소작인의 권익을 일부 보호하는 정책을 제시하였다.

④ 중·일 전쟁이 일어나자 국가 총동원령(1938)을 내려 인적·물적 자원을 가혹하게 수탈하였다. 지원병제(1938)를 실시하였고 태평양 전쟁으로 전선이 확대되자 학도지원병제(1943)를 통하여 학생들을 동원하였다. 마침내 징병제(1944)를 실시하여 지원이라는 가면마저 벗어던지고 20만 명이 넘는 청년들을 전쟁터로 끌고 갔다. 징용령(1939)을 통해 노동자도 동원하였고, 여성도 정신대로 징발하였으며 일부는 종군 위안부로 끌고 갔다.

⑤ 중·일 전쟁 이후에는 공출제를 실시하여 식량과 금속 제품을 약탈해갔고 식량 배급제를 실시하였다. 공출제는 상품을 총독부가 정한 가격에 강제로 팔도록 하는 정책을 말한다.

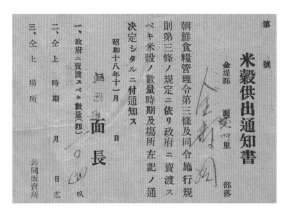

◉ 1943년 12월의 미곡공출통지서, 전북 김제 봉남면(출처 국사편찬위원회, 소장 박건호)

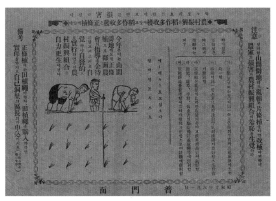

◉ 농촌진흥을 강조하는 전단(출처 국사편찬위원회, 소장 박건호)

한·걸·음·더

💬 조선의 공업화에 대한 일본의 정책

① 1910년대

일본은 조선의 민족 자본 성장을 억제하기 위하여 회사령을 제정하였다. 조선을 일본의 식량 생산 기지로 만들어 쌀 생산에 전념하도록 하는 것이 기본 정책이었다.

② 1920년대

제1차 세계 대전으로 유럽이 불바다가 되면서 전쟁 피해를 입지 않은 일본은 수출이 크게 늘어났고 자본주의의 황금기를 맞이하였다. 그러나 전쟁이 끝난 이후에는 남아도는 일본 자본의 투자 장소를 찾는 것이 문제가 되었는데, 일본 자본의 조선 진출을 돕기 위해 회사령을 폐지하고 회사 설립을 신고제로 전환하였다. 이후 미쓰비시를 비롯한 일본 재벌이 조선에 본격적으로 진출하기 시작하였고, 수도권 지역을 중심으로 식료품 가공업이나 방직 공업 같은 경공업 공장들이 세워졌다. 부분적으로 북부 지역에 비료, 정유 공장 같은 중화학 공업 시설도 건설되었다. 조선인 회사도 조금씩 늘어났지만 일본 회사의 규모가 압도적이었다.

③ 1930~1940년대

세계 경제 대공황으로 경제 위기에 빠진 일본은 대륙 침략을 가속화하였다. 일본은 중국에서 가까운 조선을 대륙 침략의 병참 기지로 삼으려고 함경도 등 북부 지역에 대규모 군수 공장을 건설하였다. 북부 지역은 중국에 가깝고 지하 자원이 풍부했으며 수력 발전 시설이 많아 전기 생산에 유리하였다. 1940년대에는 노동자의 수가 100만 명이 넘었는데 절반 이상이 중화학 공업 분야에서 일하였다. 조선인 노동자들은 차별 받으면서 저임금과 장시간 노동에 시달렸다.

💬 치안유지법(1925)

치안유지법은 조선 총독부가 아니라 일본 정부가 제정한 일본의 법률이다. 일제 시대 조선에 적용되는 기본 법률은 일본의 헌법과 법률이 아니라 조선 총독이 제정한 제령(制令)이었다. 조선 총독이 특정한 일본 법률을 조선에 적용시킨다고 선언하면 적용이 되고 이런 조치가 없으면 조선에 적용되지 않았다.

치안유지법은 일본에서 사회주의자를 탄압하기 위하여 만든 법으로 조선 총독에 의해 조선에 적용되었다. 치안유지법은 일본 천황의 통치와 사유 재산 제도를 인정하지 않는 사회주의자를 엄격하게 처벌하도록 하였는데, 조선의 독립운동가들도 천황의 통치를 부정하였기 때문에 사회주의자가 아니라도 적용 대상이 되는 경우가 많았다.

51 1910년대의 민족 운동

1910년대	3 · 1 운동	1920년대	민주 사변	1930~1940년대	
무단통지	(1919)	문화통치	(1931)	민족말살통치	중 · 일 전쟁 이후 민족말살통치 강화

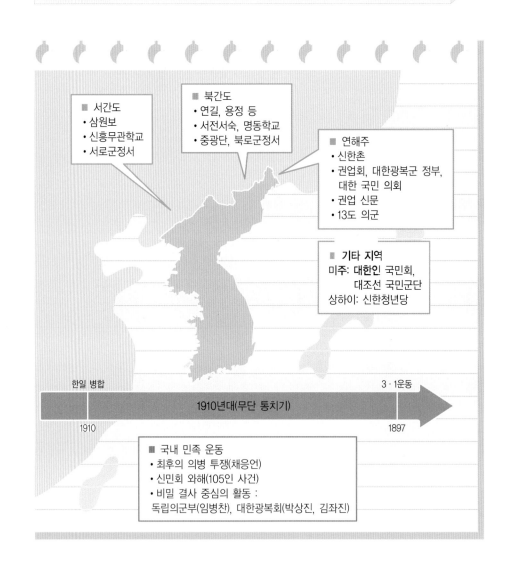

■ 서간도
• 삼원보
• 신흥무관학교
• 서로군정서

■ 북간도
• 연길, 용정 등
• 서전서숙, 명동학교
• 중광단, 북로군정서

■ 연해주
• 신한촌
• 권업회, 대한광복군 정부, 대한 국민 의회
• 권업 신문
• 13도 의군

■ 기타 지역
미주: 대한인 국민회, 대조선 국민군단
상하이: 신한청년당

한일 병합

1910년대(무단 통치기)

3 · 1운동

1910   1897

■ 국내 민족 운동
• 최후의 의병 투쟁(채응언)
• 신민회 와해(105인 사건)
• 비밀 결사 중심의 활동 :
독립의군부(임병찬), 대한광복회(박상진, 김좌진)

국내 항일 투쟁

의병 투쟁의 전개

남한대토벌 작전 이후 국내 의병 활동은 극도로 위축되었지만 북부 지역을 중심으로 일부 의병이 여전히 활동하고 있었다. 그러나 1915년 최후의 의병장인 채응언이 결국 체포되고 처형당하면서 을미의병 이후 20년 간의 의병 전쟁은 막을 내린다.

신민회 활동과 105인 사건

1907년에 결성된 신민회는 비밀 결사로 국권 회복을 위해 노력하였다. 그러나 일본은 신민회의 존재를 눈치채고 이를 탄압하기 위하여 '105인 사건'을 일으켰다 (1911). 안중근의 사촌 동생인 안명근이 독립 운동 자금 모집을 위해 국내에 들어 와 활동하다 체포된 '안명근 사건(안악사건)'을 확대 조작하여 조선 총독 데라우치에 대한 암살 음모가 있었다고 날조하였다. 이후 많은 신민회 관련 인사들을 체포하여 재판에 회부하는데 이것이 '105인 사건'이다. 105인 사건 이후 국내의 신민회 조직이 거의 와해되었다.

비밀 결사의 활동

① 배경

1910년대는 무단 통치기로 일본은 조선인의 정치적 권리를 철저히 억압하였기 때문에 조선인은 공식적인 정치 활동이 거의 불가능하였다. 자연스럽게 이 시기의 민족 운동은 비밀 결사의 형태를 취할 수 밖에 없었다.

② 독립의군부

최익현의 제자로 의병장 출신이었던 임병찬은 고종의 밀지를 받고 각 지역의 유생들을 모아 독립의군부를 조직하였다(1912). 독립의군부는 고종을 복위시키고 대한제국을 부활시키려는 복벽주의를 표방하였다. 전국적인 의병 봉기를 준비하면서 조선 총독부와 일본 정부에 국권 반환 요구서를 보내려 하였다.

③ 대한광복회

박상진, 채기중, 김좌진 등은 대구에서 대한광복회를 조직하였다(1915). 대한광복회는 애국계몽운동 세력과 의병운동 세력이 함께 조직한 비밀결사였다. 대한광복회는 군대식 조직으로 군자금을 모아 만주에 무관 학교를 설립하려 하였고 친일파를 처단하는 활동을 하였다. 이들은 국권을 되찾은 이후에는 공화정체를 수집하는 것을 목표로 하였다. 일제의 탄압으로 조직이 무너진 이후 박상진 · 채기중 등은 처형당하고 김좌진 등은 만주로 망명하여 독립 운동을 계속하였다.

④ 이 밖에 평양 숭의 여학교의 여교사나 여학생들이 중심이 된 송죽회 등이 항일 투쟁을 전개하였다.

국외 지역의 독립 운동 기지 건설 노력

배경

일제강점기를 공부할 때 가장 어려운 부분이 독립운동이다. 한일 병합 이전부터 이미 신민회를 중심으로 많은 애국 지사들은 만주와 연해주 지역에 독립 운동 기지를 건설하여 장기적인 독립 운동을 준비하려 하였다.

◎ 대한광복회 총사령 박상진(위키피디아)

독립 운동 기지 건설을 위하여 먼저 한인들을 이주시켜 한인 마을을 건설하고, 한인들을 한 데 묶어 독립 운동 단체를 조직하였다. 또한 후손들에게 민족 의식을 불어넣으려 학교를 설립하여 민족 교육을 실시하였다. 이렇게 길러진 역량을 바탕으로 독립군을 조직하여 일제에 항거하였다.

1910년대 국외 독립 운동의 핵심은 이러한 독립 운동 기지를 건설하려 한 노력이다. 먼저 서간도, 북간도, 연해주의 위치를 정확하게 파악하고 여기서 독립 운동 기지 건설을 위한 어떠한 활동이 있었는지 정리하여야 한다. 또한 미주나 상하이 같은 다른 지역의 독립 운동 노력도 살펴본다.

해외 각 지역의 독립을 향한 노력

	한국인 거주지의 형성	독립 운동 단체	민족 학교	독립군
서간도	삼원보	경학사, 부민단, 한족회	신흥 무관 학교	서로군정서
북간도	북간도 대부분 (연길, 용정 등)	중광단	서전서숙, 명동학교	북로군정서
연해주	신한촌	성명회, 권업회, 대한광복군 정부, 전러 한족회 중앙총회, 대한 국민 의회	한민학교	13도 의군
하와이와 미주	하와이 농업 이민으로 형성	대한인 국민회	숭무학교(멕시코)	대조선 국민군단
상하이		동제사, 신한청년단		

서간도 지역

📖 서간도 지역에 건설된 한인촌으로 가장 유명한 독립운동기지는 삼원보이다.

📖 경학사, 부민단, 한족회 등의 단체가 있었다.

📖 신흥무관학교가 유명하다. 신흥강습소, 신흥중학교라고 불리기도 하였다. 신흥무관학교에서 독립 운동의 주역이 될 인물들이 대거 배출되었다. 의열단을 조직한 김원봉이 신흥무관학교 출신이며, 지청천은 신흥무관학교의 교관을 지냈다.

📖 서로군정서는 신흥무관학교 출신들이 중심이 되어 조직되었다.

북간도 지역

📖 북간도 지역은 오늘날 연변 조선족 자치주가 있는 지역으로 이 지역에서 거주하는 주민들은 대부분 조선인들이었다. 특히 용정, 연길 등이 유명하다.

○ 독립운동가 김동삼의 초상화, 신흥무관학교 설립을 주도하고 서로군정서 참모장을 지내는 등 독립을 위해 평생을 헌신하였다.(전쟁기념관)

✍ 한일 병합 이후 탄압받던 대종교도들은 북간도로 대거 이주하였다. 대종교도들은 중광단을 조직하였다(1911). 중광단은 3 · 1 운동 이후 독립군 부대인 북로군정서로 개편되었다.

○ 북간도 명동 출신의 민족 시인 윤동주, 명동학교 설립자인 김약연이 그의 외숙부이다.(위키피디아)

✍ 서전서숙, 명동학교가 설립되었다. 서전서숙은 이상설, 이동녕 등이 중심이 되어 설립되었으나 이상설이 헤이그에 특사로 파견되었다 돌아오지 못하고 연해주로 망명하면서 문을 닫았다. 명동학교는 서전서숙 졸업생인 김약연이 세웠으며 윤동주가 나온 학교로 유명하다.

✍ 중광단이 개편된 북로군정서가 유명하다. 북로군정서는 대부분의 대원들이 대종교도였고, 김좌진이 사령관으로 활동하였다. 홍범도가 이끄는 대한독립군도 봉오동, 청산리 전투의 주인공으로 유명하다.

연해주 지역

✍ 연해주에는 신한촌이 다수 건설되었다. 특히 블라디보스토크의 신한촌이 유명하다.

✍ 성명회, 권업회, 대한광복군 정부, 전러 한족회 중앙총회, 대한국민의회 등의 단체가 있었다.

✍ 권업회가 주도하여 블라디보스토크에 한민학교를 설립하였다.

✍ 연해주 지역 의병들의 연합 조직인 13도 의군(1910)이 한말 의병장 출신인 유인석의 주도로 조직되었다.

미주 지역

① 교민 사회의 형성

미주 지역은 대한제국 시기의 하와이 농업 이민(1903)에 의해 교민 사회가 형성되기 시작하였다. 하와이에 농업 이민을 떠났던 사람들은 하와이에 남아 정착하기도 하고 일부는 미국 본토로 이주하였다. 일부 사람들은 멕시코와 쿠바로 이주하여 현지에서 선인장의 일종인 용설란(애니깽) 농장에서 일하기도 하였다. 하와이에 정착한 한국인들은 대부분 미혼 남성이었기 때문에 이들이 자리를 잡고 나서 결혼하기 위해 조선 여성들을 하와이로 초청하였는데, 대부분의 여성들이 신랑감의 사진 한 장만 들고 태평양을 건너가 자신보다 훨씬 나이 많은 남성들과 결혼하여 살게 되었다. 이를 사진 결혼이라 한다. 하와이를 비롯하여 미주 지역에 정착한 한인들은 독립 공채(애국 공채)를 매입하는 등의 방법으로 독립 운동의 중요한 자금원이 되었다.

◎ 파리에서 **활동한 무렵의** 김규식(위키피디아)

② 미주 지역의 대표적인 지도자로 박용만, 안창호, 이승만 등이 있었고, 이들을 중심으로 다양한 교민 단체가 있었다. 여러 단체를 통합하여 국민회(1909)가 조직되었고, 이를 확대 개편하여 대한인 국민회(1910)가 설립되었다. 대한인 국민회는 기관지로 신한민보를 발행하였다. 대한인 국민회는 미국 본토 뿐 아니라 하와이, 멕시코, 시베리아, 만주 지방 총회까지 설치하여 해외 지역의 한인들을 대표하는 기관으로 성장하였다.

상하이 지역

✎ 동제사(1912)가 신규식, 박은식, 조소앙 등에 의해 조직되었다.

✎ 대동단결선언(1917)이 상하이에서 발표되었다. 대동단결선언은 국민 주권을 선언하고 공화제 임시 정부를 수립할 것과 민족대회의를 소집하자고 주장하였다.

✎ 신한 청년당이 조직되었고(1918), 파리 강화회의에 김규식을 민족 대표로 파견하였다(1919). 3·1 운동 이후 신한청년당 주도로 대한민국 임시정부가 수립되었고 임시정부가 파리에 파견된 김규식을 전권 대사로 추인하여 파리 위원부를 설치하였다.

✎ 각 지역의 임시정부가 통합된 뒤에 등장한 대한민국 임시정부는 상하이에 정부를 두고 외교 활동과 군사 활동을 함께 추진하였다.

💬 이회영과 신흥 무관 학교

우당 이회영(1867~1932)

■ 이회영의 가문

이회영과 그의 형제들은 노블레스 오블리주의 전형으로 유명하다. 이회영은 그의 투쟁 경력에 비하면 그동안 널리 알려지지 않았었는데, 근래에는 많은 사람들이 그의 이름을 알게 되었다. 이회영이 유명해진 가장 큰 이유는 그가 엄청난 부와 명예를 다 버리고 독립 운동에 뛰어들었다는 사실이다. 누구에게나 재산과 명예는 소중하지만, 이회영이 조상으로부터 물려받은 부귀는 특별한 것이었다. 이회영은 '오성과 한음'으로 유명한 오성 이항복의 11대 후손이다. 그의 집안은 소론 계열의 명가로 대대로 엄청난 부와 권세를 누려왔다. 그의 집안에서 9명의 영의정과 1명의 좌의정이 나왔고, 이항복부터 8대에 걸쳐 판서가 배출되었다. 가업이 정승·판서였던 가문인 셈이다. 이회영 대에는 남양주에서 명동의 자기 집까지 남의 땅을 밟지 않고 걸어올 수 있었다고 한다.

◉ 이회영(위키피디아)

■ 이회영과 형제들의 활동

이회영의 아버지 이유승은 고종 때 이조판서를 지냈는데 그에게는 6명의 아들이 있었다. 첫째 건영, 둘째 석영, 셋째 철영, 넷째 회영, 다섯째 시영, 여섯째 호영이었다. 넷째였던 이회영은 일찍 개화 사상을 갖게 되어 독립협회에 참여하였고 을사조약이 체결된 뒤에는 동생 이시영과 함께 반대 운동을 하기도 하였다. 이시영은 당시 과거에 합격하고 외부(外部) 교섭국장을 맡고 있었다. 또한 북만주에 서전서숙을 세우는데 참여하였고, 신민회가 조직되자 회원으로 활동하였다. 이들 6형제는 나라가 망한 뒤에 자신들의 전재산을 정리하고 만주로 가서 독립 운동을 하기로 결정하였는데 이를 주도한 인물이 이회영이었다. 당시 이들은 명동과 남양주 일대에 엄청난 토지를 갖고 있었는데 급히 정리하느라 제 값을 받지도 못했는데, 이렇게 마련한 현금이 40만원이었다. 소 13,000 마리 값으로 현재의 화폐로 환산하면 600억 정도로, 부동산으로 환산하면 1조가 넘을 것이라 한다. 이들 형제는 만주에 망명하여 신흥무관학교를 세우고 10년간 2,000여 명의 독립군을 양성하였다. 이회영은 신흥무관학교가 문을 닫은 이후에는 임시정부에서 활동하였고 임시정부를 탈퇴한 이후에는 무정부주의자로 활동하면서 일제에 맞서 무장 투쟁을 전개하였다. 이들 6형제는 만주와 중국 본토를 오고가며 수많은 항일 투쟁에 참여하였다. 독립 운동에 전재산을 바치고 나서 이회영의 가족들은 하루에 한 끼 먹기도 벅찼고, 옷이 없어 밖에 외출도 못할 정도였다 한다.

◉ 이시영, 이회영의 동생이며 대한민국 초대부통령(위키피디아)

■ 처절한 희생

이회영의 6형제 가운데 시영만 제외하고 5형제는 모두 중국에서 죽었다. 이시영은 6형제 중에 유일하게 살아서 해방을 보았고, 대한민국 초대 부통령을 지냈다. 이들 6형제의 자식들도 대부분 아버지의 뒤를 따라 독립 운동에 뛰어 들었다. 결국 이회영은 자금과 무기를 마련하기 위해 다롄으로 갔다가 배신자의 밀고에 의해 일본 경찰에 체포되어 고문 끝에 순국하였다.

신흥무관학교(1911~1920)

신민회는 만주 지역에 독립군을 양성하는 무관학교 건립을 추진하였는데, 1911년에 이회영·이동녕 등이 중심이 되어 서간도 삼원보에 설립한 독립군 양성 기관이 신흥무관학교이다. 교육을 위해 넓은 땅을 마련할 필요가 있었는데 이회영의 형인 이석영이 자신의 전답을 팔아 자금을 충당하였다. 처음에는 신흥강습소로 시작하여, 신흥중학교, 신흥무관학교로 이름을 바꾸어 가면서 2,000명이 넘는 독립군을 양성하였다. 교육 과정에 있어서는 군사 교육을 가장 중요시했지만 민족의식을 키우기 위하여 국어·국사 등을 강조하였다. 3·1 운동 이후에는 일본 육사 출신인 지청천이 일본군을 탈출하여 학교의 교관으로 참여하였다.

이렇게 양성된 독립군은 봉오동 전투와 청산리 전투에서 홍범도·김좌진 부대에 참여하여 일본군과 전투를 벌였다. 청산리 전투 이후 일본군의 탄압이 심해지면서 학교를 유지할 수 없게 되자 지청천은 생도들을 이끌고 대한독립군단 결성에 참여하였다. 이후 학교는 폐교되었지만 신흥무관학교에서 양성된 독립군은 이후 해방이 올 때까지 만주와 중국 본토 각지에서 조국의 독립을 위해 싸웠다.

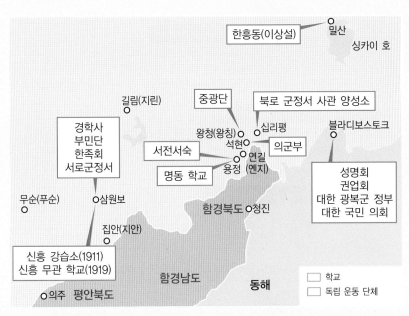

✪ 간도와 연해주의 독립운동기지

52 3·1 운동과 임시정부 수립

대동단결 선언	제1차 세계대전 종전	파리강화 회의	대한독립 선언	2·8 독립선언	3·1 운동	다수의 임시정부 수립	통합 대한민국 임시정부 수립
1917	1918				1919		

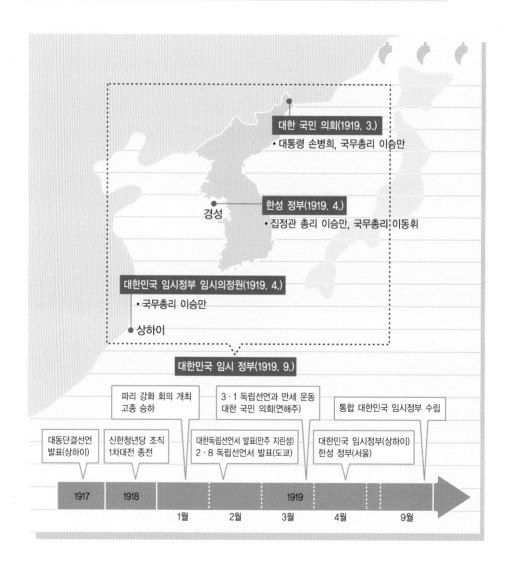

대한 국민 의회(1919. 3.)
• 대통령 손병희, 국무총리 이승만

한성 정부(1919. 4.)
• 집정관 총리 이승만, 국무총리 이동휘

경성

대한민국 임시정부 임시의정원(1919. 4.)
• 국무총리 이승만
• 상하이

대한민국 임시 정부(1919. 9.)

파리 강화 회의 개최
고종 승하

3·1 독립선언과 만세 운동
대한 국민 의회(연해주)

통합 대한민국 임시정부 수립

대동단결선언
발표(상하이)

신한청년당 조직
1차대전 종전

대한독립선언서 발표(만주 지린성)
2·8 독립선언서 발표(도쿄)

대한민국 임시정부(상하이)
한성 정부(서울)

1917	1918			1919		
		1월	2월	3월	4월	9월

3 · 1 운동

배경

해외 지역에 있던 독립 운동가를 중심으로 활발한 독립 운동이 전개되었다. 만주 지린 성에서는 민족 지도자 39인이 독립 전쟁을 촉구하는 대한 독립 선언서를 발표하였다(1919). 일본 도쿄에서도 유학생들이 모여 조선 청년 독립단을 조직하여 한국의 독립을 선언하는 2 · 8 독립 선언을 발표하였다(1919). 그러던 중 국내에서 고종이 갑자기 승하하고 고종의 죽음이 독살이라는 소문이 널리 퍼지면서 항일 감정이 격화되었다. 그러자 천도교, 기독교, 불교의 종교계 지도자들과 학생들이 비밀리에 대대적인 만세 시위를 계획하였다.

◉ 유관순 의사 영정(문화재청)

전개

1919년 3월 1일 서울 태화관과 탑골 공원에서 독립 선언서가 낭독되었고 대규모 시위가 전국적으로 확산되었다. 만세 시위는 모든 계층이 참여하는 민족 운동으로 발전하였고, 농촌 지역으로 확산되면서 농민들도 적극적으로 시위에 참여하였다. 초기에 비폭력 투쟁으로 전개되던 시위가 폭력 투쟁으로 발전하기도 하였다. 국외에서도 만세 시위가 확산되면서 간도, 연해주, 미주 지역에서도 대규모 시위가 이어졌다. 일제는 헌병 경찰, 군대 등을 동원하여 무력으로 만세 시위를 진압하였다. 이 과정에서 대대적인 학살이 자행되었는데 대표적인 사건이 화성의 제암리 사건이다. 이화학당의 여학생이었던 유관순을 비롯한 많은 독립운동가와 민중들이 일제에 의해 죽음을 당하였다.

◉ 구 서대문 형무소, 일본인이 설계한 근대적 감옥이다.(문화재청)

영향

3 · 1 운동은 독립을 이루지는 못했지만 우리 역사에서 최대 규모의 민족 운동으로 모든 계층이 참여하였다는 점에서 큰 의미를 지닌다. 이후 일본은 무단 통치 대신 문화 통치로 통치 방식을 바꾸게 된다. 또한 3 · 1 운동은 독립 운동을 활성화시키는 계기가 되어 만주와 연해주에서 무장 독립군 활동이 활발하게 일어났다. 그리고 독립 운동을 이끌 통일된 지도부를 만들어야 될 필요성이 제기되면서 대한민국 임시 정부

가 수립되었다. 또한 아시아 각국의 민족 운동에 큰 영향을 주었다.

대한민국 임시 정부 수립

배경

3 · 1 운동 이후 임시 정부가 각지에서 수립되었다. 가장 중요한 임시정부가 다음 세 정부였는데, 이 세 정부는 합치면서 통합된 임시정부를 수립하게 되었다.

🖎 연해주에서는 전러 한족회 중앙 총회가 중심이 되어 대한 국민 의회가 수립되었다(1919.3).

🖎 상하이에서 독립운동가들이 임시 의정원을 조직하고 대한민국 임시정부를 수립하였다(1919.4).

🖎 국내에서는 13도 대표들이 모여 한성 정부를 조직하였다(1919.4).

◎ **임시정부 국무원 기념사진**(위키피디아)

통합된 대한민국 임시정부의 수립

각 정부는 통합의 필요성에 따라 통합 논의를 전개하여 한성 정부를 정통으로 새로운 정부를 조직하고 연해주와 상하이의 정부는 해산하기로 하였다. 그러나 실질적으로는 상하이의 세력들이 중심이 되어 연해주 세력 일부와 함께 통합을 이루었다. 논의 과정에서 무장 투쟁을 강조하는 세력은 간도나 연해주에 정부를 둘 것을 주장하였고, 외교 활동을 강조하는 세력은 상하이에 정부를 둘 것을 주장하면서 서로 다투기도 하였다. 최종적으로 상하이에 정부를 두되 무장 투쟁도 함께 병행하기로 합의를 보고 1919년 9월에 임시 대통령 이승만, 국무총리 이동휘를 중심으로 대한민국 임시 정부가 수립되었다.

임시정부의 조직

대한민국 임시정부는 우리 역사상 최초로 성립된 민주 공화제 정부였다. 신민회 이래 많은 애국지사들이 꿈꾸었던 공화제가 실시되었다. 입법 기관으로 임시 의정권, 사법 기관으로 법원, 행정 기관으로 국무원이 있어 삼권 분립의 근대적 입헌 정부의 형태를 갖추었다.

🎈 임시 정부 내의 독립 운동 노선

① 외교론

이승만 등이 주장한 독립 운동 방법론이다. 현실적으로 우리 민족의 힘으로 독립을 이루는 것이 어렵다는 전제 하에 미국을 비롯한 강대국의 도움을 받아 독립을 달성하려 하였다. 파리강화회의에 민족 대표로 김규식을 파견하고 파리위원부를 설치하는 활동, 이승만이 미국에 구미위원부를 두어 미국 정부를 상대로 외교를 전개했던 활동 등이 이에 속한다.

② 준비론

안창호 등이 주장한 노선으로 사회진화론과 실력양성론을 바탕으로 하였다. 우리 민족은 당장은 독립을 이룰 역량이 부족하기 때문에 교육과 산업으로 실력을 길러 훗날의 독립을 준비해야 한다고 주장하였다. 이광수 등이 주장한 자치론, 참정론 등은 이러한 준비론이 변질된 형태이다.

③ 무장 투쟁론

신채호, 이동휘 등이 주장하였다. 우리 민족 스스로의 힘으로 독립을 쟁취할 것을 강조하였으며 간도와 연해주 등지에서 독립 전쟁을 전개하여 일본을 몰아내자고 주장하였다. 신채호는 무정부주의 사상을 바탕으로 민중의 직접 폭력 혁명을 역설하였다. 독립군의 투쟁은 물론이고 의열단이나 한인애국단 등의 의열 투쟁도 이러한 노선의 연장선 상에 있다.

🎈 임시 정부의 위상

제헌 헌법부터 현행 헌법까지 우리 대한민국은 대한민국 임시정부의 법통을 계승한다고 선언하고 있다. 그러나 법통을 계승한다는 것은 정치적인 표현이다. 대한민국 임시정부를 많은 독립 운동 단체의 하나로 보는지, 아니면 모든 독립 운동 단체를 대표하는 정부로 보는지는 각자의 정치적 입장에 따라 다양한 견해가 존재한다.

⊙ 외교총장 김규식
(위키피디아)

🎈 대한민국 헌법 전문[제정 1948.7.17]

유구한 역사와 전통에 빛나는 우리들 대한국민은 기미 삼일운동으로 대한민국을 건립하여 세계에 선포한 위대한 독립정신을 계승하여 이제 민주독립국가를 재건함에 있어서 정의 인도와 동포애로써 민족의 단결을 공고히 하며 모든 사회적 폐습을 타파하고 민주주의제제도를 수립하여 정치, 경제, 사회, 문화의 모든 영역에 있어서 각인의 기회를 균등히 하고 능력을 최고도로 발휘케 하며 각인의 책임과 의무를 완수케 하여 안으로는 국민생활의 균등한 향상을 기하고 밖으로는 항구적인 국제평화의 유지에 노력하여 우리들과 우리들의 자손의 안전과 자유와 행복을 영원히 확보할 것을 결의하고 우리들의 정당 또 자유로히 선거된 대표로서 구성된 국회에서 단기 4281년 7월 12일 이 헌법을 제정한다.

53 대한민국 임시 정부의 활동

3·1 운동	다수의 임시정부 수립	대한민국 임시정부 수립과 제1차 개헌	국민 대표 회의	이승만 탄핵과 제2차 개헌	제3차 개헌	정부 이동	제4차 개헌	제5차 개헌
1919			1923	1925	1927	1932	1940	1944

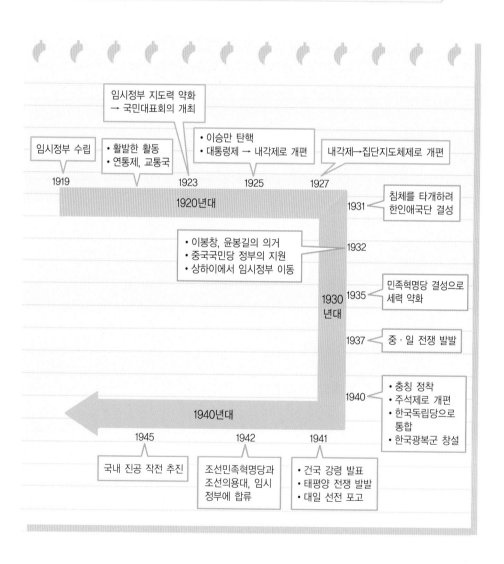

임시정부 수립
1919

• 활발한 활동
• 연통제, 교통국

임시정부 지도력 약화
→ 국민대표회의 개최
1923

• 이승만 탄핵
• 대통령제 → 내각제로 개편
1925

내각제→집단지도체제로 개편
1927

1920년대

1931 침체를 타개하려 한인애국단 결성

• 이봉창, 윤봉길의 의거
• 중국국민당 정부의 지원
• 상하이에서 임시정부 이동
1932

1935 민족혁명당 결성으로 세력 약화

1930년대

1937 중·일 전쟁 발발

1940
• 충칭 정착
• 주석제로 개편
• 한국독립당으로 통합
• 한국광복군 창설

1940년대

1945 국내 진공 작전 추진

1942 조선민족혁명당과 조선의용대, 임시정부에 합류

1941
• 건국 강령 발표
• 태평양 전쟁 발발
• 대일 선전 포고

임시정부의 활동

배경

수립 직후의 임시 정부는 각 지역에서 다양한 사상을 가진 독립운동가들이 합류하여 활발한 활동을 전개하였다. 그러나 기대하였던 독립이 금방 이루어지지 않자 많은 사람들이 실망하였고, 임시정부를 이탈하거나 기존의 외교 중심의 독립 운동노선을 비판하는 사람들이 늘어나면서 임시정부의 위기가 닥쳐왔다. 끝까지 임시정부를 수호하는 사람이 있는 반면 다른 방향을 모색하는 사람들도 생겨나기 시작하였다.

임시 정부의 주요 활동

① 연통제와 교통국의 조직

임시 정부는 국내와 연결하고 독립 운동 자금을 모으기 위하여 연통제와 교통국을 조직하였다.

○ 임시정부 기관지 독립신문(문화재청)

② 재정 활동

국외 동포들에게 독립 공채를 발행하여 독립 운동 자금을 모금하였다.

③ 문화 분야

독립신문을 발행하였고, 사료 편찬소를 두어 한 · 일 관계 사료집을 간행하였다.

④ 외교 활동

김규식을 전권 대사로 하여 파리 위원부를 설치하고 파리 강화 회의에 독립 청원서를 제출하였다. 미국에는 구미 위원부를 두고 이승만을 중심으로 미국 정부를 상대로 외교 활동을 벌였다.

⑤ 무장 투쟁

임시 정부는 외교 활동 외에 무장 투쟁도 함께 병행하기로 하였는데, 서간도에 광복군 사령부와 광복군 총영을 두었다. 또한 만주 지역에서 활동하던 독립군 단체를 임시 정부 산하에 서로군정서, 북로군정서로 개편하였다. 만주에서 삼부가 성립되던 무렵에는 육군 주만 참의부를 임시정부 직속으로 두기도 하였다.

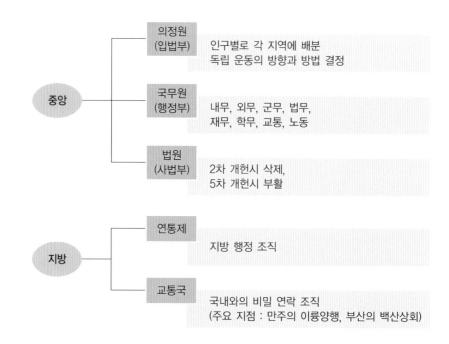

중앙	의정원 (입법부)	인구별로 각 지역에 배분 독립 운동의 방향과 방법 결정
	국무원 (행정부)	내무, 외무, 군무, 법무, 재무, 학무, 교통, 노동
	법원 (사법부)	2차 개헌시 삭제, 5차 개헌시 부활
지방	연통제	지방 행정 조직
	교통국	국내와의 비밀 연락 조직 (주요 지점 : 만주의 이륭양행, 부산의 백산상회)

임시 정부의 위기와 분열

국민대표회의(1923)

○ 국민대표회의 의장을 지낸 안창호(위키피디아)

3·1 운동 직후에 전 민족의 독립에 대한 열망이 높아지면서 모든 계층이 독립 운동에 적극 참여하였다. 그러나 금방이라도 독립이 될 줄 알았으나 시간이 흘러도 독립은 요원하였고 실망한 사람들은 조금씩 변절하기 시작하였다. 대한민국 임시정부도 초기에는 활발한 활동으로 민족에게 희망을 주었으나 일제의 탄압으로 연통제와 교통국이 거의 붕괴되었고 외교 활동도 큰 성과를 거두지 못하였다. 이에 기존의 외교 노선 중심의 임시 정부 활동에 비판적이었던 사람들이 임시 정부의 변화를 요구하였다.

1923년, 여러 독립 운동가들이 상하이에서 국민대표회의를 개최하였다. 그러나 국민

대표회의는 임시 정부를 해체하고 새로운 정부를 만들자는 창조파와 임시 정부의 법통을 유지하고 부분적인 개혁을 원하는 개조파가 격렬하게 대립하면서 성과를 거두지 못하였다. 그러자 현상 유지를 주장하던 내무 총장 김구는 국민대표회의를 해산하였다.

이승만 탄핵과 임시 정부의 개편(1925)

① 1923년, 국민대표회의의 결렬 이후 임시 정부는 큰 어려움에 빠지게 되었다. 임시 정부 초대 대통령 이승만은 독선적인 정부 운영과 대통령이 되기 전에 미국 대통령에게 한국을 국제 연맹이 위임 통치하게 해달라고 했던 청원 문제로 많은 비판을 받고 있었다.

② 1925년, 임시 의정원은 대통령 이승만을 탄핵하고 박은식을 대통령으로 추대하였다. 이후 헌법을 개정하여 대통령 제도를 없애고 국무총리를 국무령으로 개칭하여 국무령 중심의 내각제를 실시하였다(제2차 개헌). 2년 간 내각제를 실시하였으나 국무령이 계속 교체되는 혼란 속에서 다시 체제를 개편한다.

③ 1927년, 임시 정부는 국무 위원 중심의 집단 지도 체제를 구성하였다(제3차 개헌). 국무령은 형식적으로 국무 회의를 주재할 뿐이고 국무 위원들이 대등한 입장에서 국정을 결정하도록 하였다. 그러나 집단 지도 체제는 강력한 지도력을 발휘하지 못하고 오랫동안 임시 정부는 어려움을 겪었다.

◎ 이상룡 선생, 임시정부 초대 국무령을 지냈다.(위키피디아)

새로운 방향의 모색

한인애국단(1931)

1920년대 중반 이후 대한민국 임시정부의 활동은 여러 어려움을 겪으며 크게 위축되었다. 게다가 1931년 만보산 사건이 일어나면서 중국인의 한국인에 대한 감정이 악화되었고 중국 내에서 활동하기가 더욱 어려워졌다. 이런 상황에서 임시 정부 국무령이었던 김구는 한인 애국단을 조직(1931)하고 의열 투쟁을 통하여 임시 정부에 활기를 불러 일으키려 하였다.

1932년 1월, 이봉창은 도쿄에서 일본 국왕이 타고 가는 마차 행렬에 수류탄을 던졌다. 비록 성공하지는 못하였지만 일제에 큰 충격을 주었다.

1932년 4월, 윤봉길은 상하이 홍커우 공원에서 일본 국왕의 생일과 상하이 사변의 승전을 축하하던 기념식장에 폭탄을 던져 일본군 장성과 고관에 큰 피해를 입혔다. 윤봉길의 의거에 대하여 당시 중국의 지도자였던 장제스는 '중국의 100만 대군도 해내지 못한 일을 한국의 한 청년이 해냈다.'고 높이 평가하였고, 만보산 사건 이후 격화되었던 중국인의 반한 감정은 많이 누그러졌다.

윤봉길의 의거는 많은 변화를 가져왔다. 대한민국 임시정부는 중국 국민당의 지원을 받게되었다. 임시정부는 중국 국민당 정부가 운영하는 군관학교에 한국인 청년들을 파견하여 훈련을 받을 수 있도록 해주겠다는 약속을 받았다. 그러나 의거 이후 일제의 탄압을 피하여 오랜 근거지였던 상하이를 떠나 이동하게 되는 계기가 되기도 하였다.

민족혁명당의 등장과 임시정부의 위기(1935)

● 윤봉길 의사의 선서문(국립중앙박물관)

중국 내의 우파와 좌파인 중국 국민당과 중국 공산당이 제국주의 세력을 몰아내고 군벌 세력을 타도하기 위하여 제1차 국·공 합작을 통하여 손을 잡았다(1924~1927). 이후 한국의 독립 운동가들 사이에서 이념을 초월하여 모든 세력이 하나로 통합하자는 민족 유일당 운동이 일어났다. 그 결과 민족 혁명당이 조직되었다(1935). 민족 혁명당에는 좌파와 우파가 함께 참여하였는데 김원봉의 의열단, 조소앙의 한국 독립당, 만주에서 온 지청천의 조선 혁명당 등이 참여하였다. 하지만 김구를 중심으로 하는 임시 정부 고수파들은 여기에 참여하지 않았고 한국 국민당을 조직하여 임시 정부를 지켰다. 이때 임시 정부 대다수의 요인들이 민족 혁명당에 참여하면서 임시 정부는 존립의 위기를 맞았다. 그러나 점차 좌경화된 의열단이 민족혁명당을 주도하자 우파들이 이에 반발하여 탈당하면서 민족혁명당도 힘을 잃게 되었다.

탈당한 우파들이 다시 임시 정부에 집결하면서 임시 정부는 세력을 일부 회복하였다. 임시 정부에는 크게 김구의 한국 국민당, 지청천의 조선 혁명당, 조소앙의 한국 독립당이 참여하였다. 이후 임시 정부는 중국 국민당 정부의 요청으로 조선 민족 혁명당과 제휴하여 '전국연합진선협회'를 조직하였으나 큰 성과를 거두지는 못하였다.

임시 정부의 재기

충칭 정착과 임시 정부 활동

① 1940년, 임시 정부를 구성하는 한국 국민당, 조선 혁명당, 한국 독립당이 통합하여 한국 독립당을 결성하였다. 이후 한국 독립당은 곧 임시 정부를 의미하게 되었다.

또한 충칭에서 한국 광복군을 조직하였다. 한국 광복군은 초기에는 중국 군사 위원회의 간섭을 받았으나 1944년부터는 임시 정부가 한국 광복군에 대한 독자적인 지휘권을 행사하였다.

충칭에 자리 잡은 임시 정부는 주석이 중심이 되는 단일 지도 체제를 마련하고 김구를 중심으로 하는 지도 체제를 구성하였다(제4차 개헌).

◎ 한국광복군 서명문 태극기(문화재청)

② 1941년, 임시 정부는 건국 강령을 발표하여 나라를 되찾은 뒤에 어떠한 정치 체제를 만들 것인지에 대한 방침을 발표하였다. 임시 정부는 삼균주의의 원칙을 내세워 해방 이후 대기업을 국유화하고 토지를 개혁하겠다고 선언하는 등 사회주의적 요소를 대폭 수용하였다.

태평양 전쟁이 발발하자 임시 정부는 일본과 독일에 선전포고를 하고 연합군의 일원으로 전쟁에 참여하고자 하였다. 1941년 한해에 일어난 일이지만, 건국강령 발표 → 태평양 전쟁 발발 → 선전포고의 순서는 기억하여야 한다.

③ 1942년, 임시 정부는 조선 민족 혁명당과 손잡고 함께 활동하기로 하였다. 조선 민족 혁명당이 임시 정부에 합류하여 임시 정부는 우파의 한국독립당과 좌파의 조선 민족 혁명당이 공존하였다. 조선 민족 혁명당이 조직한 조선의용대도 화북으로 이동하지 않고 남아 있는 대원들은 한국 광복군에 합류하였다. 김원봉이 이끄는 조선의용대 일부가 합류하여 한국 광복군도 좌우 합작의 성격을 가지게 되었고, 총사령관은 지청천, 부사령관 김원봉으로 지도부도 좌우 합작으로 결성하였다.

④ 1944년, 임시 정부는 한국 독립당과 조선 민족 혁명당의 권력 분점을 공식화하기 위하여 헌법을 개정하였다(제5차 개헌). 주석뿐 아니라 부주석에게도 강력한 권한을 주어 주석과 부주석이 협력하여 정부를 이끌어가는 주석·부주석 지도 체제를 마련하였고, 주석에 한국 독립당의 김구, 부주석에 조선 민족 혁명당의 김규식이

취임하였다.

한국 광복군의 활동

1941년, 태평양 전쟁이 일어나자 임시 정부는 대일 선전 포고를 하고 연합군과 함께 일본과 싸웠다.

1943년, 일본이 인도와 미얀마를 침략하자 그 지역을 식민 지배하던 영국이 광복군의 협력을 요청하였다. 임시 정부는 영국군의 요청에 따라 인도 · 미얀마 전선에 공작대를 파견하였다.

1945년, 해방 직전에 한국 광복군은 미국의 정보 기관인 전략정보처(OSS)와 협력하여 국내 정진군을 편성하고 국내에 침투 활동을 전개하기로 하였다. 선발대가 이미 훈련을 끝내고 국내 진공을 기다리고 있는 상황에서 전쟁이 끝나면서 결국 국내 침투 작전은 성사되지 못하였다.

해방 이후, 한국광복군은 일본군에 끌려 나왔던 한국청년들을 광복군에 편입시키면서 규모를 확장하려 하였다. 그러나 미군정은 임시정부를 인정하지 않았고, 광복군에 대해서도 무장해제를 요구하였다. 결국 비무장상태로 귀국한 광복군은 1946년 6월에 해체되었고, 일부는 대한민국 국군에 참여하였다. 광복군 사령관이었던 지청천은 귀국하여 제헌국회의원으로 당선되었다.

◎ 임시정부의 이동

중국 본토의 다른 독립 운동 단체와의 관계

조선 민족 혁명당
민족유일당을 표방하면서 좌우 합작으로 결성된 민족 혁명당(1935)은 결국 좌우의 대립을 극복하지 못하고 분열되었다. 민족 혁명당은 이후 명칭을 조선 민족 혁명당으로 개칭하고 독립 운동을 지속해 나갔는데 조선 민족 혁명당을 중심으로 좌익 계열의 인사들이 모여 조선 민족 전선 연맹이 결성되었다(1937).

조선 의용대
1938년, 조선 민족 전선 연맹은 중국 국민당 정부의 지원을 받아 군사 조직인 조선 의용대를 결성하였다. 조선 의용대는 정보 수집, 포로 심문, 선전 활동 등의 역할을 맡아 중국군을 지원하였다. 그러나 이런 소극적인 활동에 불만을 품은 조선 의용대 대원 다수는 보다 적극적인 항일 투쟁을 위하여 전쟁의 중심지인 화북 지역으로 이동하였다.

조선 독립 동맹과 조선 의용군
화북으로 이동한 이들은 그전부터 화북에 있던 조선인과 함께 조선 의용대 화북 지대를 만들고(1941) 중국 공산당 군대와 함께 호가장 전투, 반소탕전 등에서 일본군과 싸웠다. 태평양 전쟁이 터지고 충칭에 있던 조선의용대 본대가 한국광복군에 합류하면서 없어지자, 화북에서 활동하던 조선의용대 화북지대는 조선의용군으로 개편되었다(1942). 또한 정치조직으로 조선독립동맹이 결성되어 주석으로 김두봉이 추대되었다.

조선의용군은 중국 공산당 군대와 손잡고 활발한 항일 투쟁을 벌였고, 일제가 항복한 뒤에는 중국 공산당 편에서 중국 국민당과 싸우는 국·공 내전에 참여하였다. 중국이 공산화된 이후에는 북한에 들어와 북한 인민군에 편입되었다. 조선 독립 동맹과 조선 의용군에서 활동한 사람들을 연안파라고 불렀다. 김두봉, 김무정 등의 연안파는 북한 정권 수립에 참여하였으나 6.25전쟁을 거치면서 결국 김일성에게 숙청당하였다.

🗨 연통제과 교통국

연통제는 국내의 도·군·면에 설치된 비밀 행정 조직으로 정부 명령 전달, 군자금 조달, 정보 보고 등의 임무를 맡았다. 교통국은 통신 기관으로 정보의 수집과 분석, 연락 업무를 담당하였다. 교통국의 거점으로 유명한 곳이 만주 단동의 이륭양행과 부산의 백산 상회이다. 이륭양행은 아일랜드인 쇼의 회사로, 쇼는 한국의 독립운동을 위하여 자기 회사를 이용하도록 허용하였다.

🗨 만보산 사건(1931.7)

지린성 만보산 지역에서 일어난 한국과 중국 농민 사이의 유혈 충돌이다. 물을 서로 차지하기 위해 벌어진 충돌에서 일본 경찰이 조선 농민의 편을 들어 중국 농민에게 발포한 이 사건은 일제의 조작에 의하여 당시 국내에 잘못 전달되었다. 격분한 한국인들이 국내에 있던 중국인들을 공격하여 큰 인명피해가 발생하였고, 이는 중국 내에서의 반한 감정을 불러 일으켰다.

🗨 임시정부의 헌법 개정 과정

① 제1차 개헌(1919)

본래 상하이에서 조직된 임시정부에는 대통령 직책이 없었으나 이승만의 주장으로 통합 임시정부는 대통령제를 채택하고 이승만이 초대 대통령이 되었다.

🔵 만보산 사건 이후 파괴된 평양의 화교거리(위키피디아)

② 제2차 개헌(1925)

이승만 탄핵 이후 제2대 대통령에 취임한 박은식은 대통령제 헌법을 고쳐 국무령을 중심으로 하는 내각제로 바꾼 뒤에 사임하였다.

③ 제3차 개헌(1927)

2년간 7명의 국무령이 계속 교체되었다. 결국 임시정부는 국무위원들을 중심으로 하는 집단 지도 체제로 개편되었다. 이후 1940년까지 집단 지도 체제가 유지되었다.

④ 제4차 개헌(1940)

강력한 대일 투쟁의 필요성을 느낀 임시정부는 단일 지도 체제로 개편되었다. 임시정부는 국무위원제를 주석제로 개편한 뒤 한국독립당의 김구를 주석으로 추대하였다. 1942년에 조선민족혁명당이 임시정부에 합류하게 되면서 김규식이 부주석, 김원봉이 군무부장 겸 한국 광복군 부사령관을 맡게 되었다.

⑤ 제5차 개헌(1944)

임시정부는 주석과 부주석이 함께 의논하여 국정을 운영하는 주석·부주석제를 채택하였다. 한국 독립당과 조선 민족 혁명당의 권력 분점을 위하여 실시된 개헌이었다.

💬 김구(1876~1949)

① 김구는 황해도 출신으로 몰락한 양반의 후예였다. 김구와 함께 자주 언급되는 이승만도 황해도 출신으로 같은 고향이었다.

김구는 젊을 때 동학에 입문하여 동학농민운동 당시 농민군으로 활동하였다. 동학농민운동이 실패한 뒤에는 관군의 추적을 피해 떠돌다 안중근의 아버지인 안태훈의 집에서 숨어 지냈다. 안태훈은 황해도의 양반으로 동학농민운동 당시 의용군을 조직하여 농민군과 싸웠던 인물로 이때 김구와 친분을 갖게 되었다. 그의 아들 안중근도 아버지가 조직한 부대 내에서 활약하면서 농민군과 싸운 적이 있었다. 안중근 집안과의 인연은 훗날에도 이어져 안중근의 조카딸이 김구의 큰 며느리가 되었으니 참으로 묘한 인연이다.

○ 김구 주석(위키피디아)

② 김구는 이후에도 을사조약 반대 운동을 벌이기도 하고 신민회에 참여하기도 하는 등 여러 가지 활동을 하다 3·1 운동 이후 중국에 망명하여 임시정부에 참여하였다. 임시정부에서 다양한 직책을 맡으며 활동하였는데, 이 시기에 임시정부는 임대료도 내지 못하고 잡일을 돕는 직원들에게 월급도 제대로 주지 못하는 어려움을 겪었다.

③ 임시정부의 어려움을 타개하기 위하여 김구는 한인애국단을 조직하여 의열 활동을 전개하였다. 1932년에 벌어진 이봉창·윤봉길의 의거 이후 임시정부는 활기를 되찾았고 자금도 조금씩 들어오게 되었다. 또한 윤봉길의 의거에 감동을 받은 장제스 총통에 의해 중국 국민당 정부의 지원을 받게 되었다. 이때 장제스에게 요청하여 중국 군관학교에 조선인 청년들을 입교시켜 훈련받도록 하였다.

1935년에 그동안 꾸준히 추진되어 오던 민족유일당 운동의 결과로 민족혁명당이 조직되자 임시정부 인사 다수가 민족혁명당에 합류하면서 임시정부에 큰 위기가 닥쳤으나 김구는 임시정부를 고수하였다. 민족혁명당 내에서 주도권 다툼이 벌어지면서 김원봉이 이끌던 의열단 계열과 대립하던 우파 인사들이 다시 돌아오면서 임시정부는 어느정도 위상을 유지할 수 있었다. 1940년에 김구는 임시정부의 주석이 되었다. 우리가 흔히 김구를 부를 때 주석이라는 호칭을 붙이는 데 임시정부의 주석이었기 때문에 붙여지는 호칭이다.

④ 해방 이후 귀국하였지만 임시정부는 정부로 인정받지 못하였다. 김구는 임시정부 세력을 이끌며 신탁통치 반대운동을 주도하였고, 이승만·한민당과 함께 우익 진영을 이루었다. 김구는 원래 이승만과 가까웠고 사석에서 형님이라 부를 정도였지만 해방 이후 다른 길을 걸으면서 점차 멀어졌다. 남북 협상이 실패하자 칩거하면서 재야에서 통일 운동을 벌이다 육군 소위 안두희에 의해 암살되었다. 김구의 암살 배후는 끝내 명확히 밝혀지지 않았다.

⑤ 2007년에 새로 고액권 화폐를 발행하기로 하면서 김구가 10만원권 화폐의 도안 인물로 선정되었으나, 발행이 늦어지고 있다.

54 1920년대의 민족 운동

1910년대	3·1 운동	1920년대	민주 사변	1930~1940년대	
무단통지	(1919)	문화통치	(1931)	민족말살통치	중·일 전쟁 이후 민족말살통치 강화

■ 국외의 항일 투쟁

	봉오동 청산리	3부의 성립 · 참의부 · 정의부 · 신민부	3부 통합 운동 · 국민부 · 혁신의회

무장투쟁 ▬▬▬▬▬▶

의열단

의열투쟁 ▬▬▬▬▬▶

3·1운동   만주사변

1920년대(문화 통치기) ▶

1919   1931

■ 국내의 항일 투쟁

6·10 만세운동 (1923) — 신간회 (1927) — 광주학생운동 (1929)

실력 양성운동

물산장려 운동   문자보급 운동

민립대학 설립운동   브나로드 운동

노동·농민운동

암태도 소작쟁의   원산 총파업

국내의 항일 운동

우익 계열의 민족 운동

① 배경: 실력 양성 운동의 전개

3·1 운동 이후 일부 지식인들은 즉각적인 독립이 현실적으로 불가능하다 생각하면서 실력을 길러 독립을 준비하자는 실력 양성 운동을 전개하였다. 이러한 실력 양성 운동은 한일 병합 이전의 애국 계몽 운동의 맥을 잇는 것이기도 하였다. 실력 양성 운동은 물산 장려 운동 같은 경제적 실력 양성 운동과 민립 대학 설립 운동이나 문맹 퇴치 운동 같은 문화 운동이 큰 흐름을 이루었다.

ⓞ 조선물산장려회보(출처 국사편찬위원회, 소장 박 건호)

② 물산 장려 운동

제1차 세계 대전 이후 일본 자본주의가 크게 성장하자 자본의 투자처로 식민지인 조선이 떠올랐다. 1920년에 회사령이 폐지되면서 일본 자본의 진출이 더 용이해지고 1920년대 들어 점차 조선과 일본 사이에서 관세가 철폐되면서 값싸고 품질 좋은 일본 상품들이 조선에 수입되었다. 이에 위기의식을 느낀 조선인 자본가들이 조선 물산 장려회를 조직하여 토산품 애용 운동에 나섰다. '내 살림 내 것으로'라는 구호를 내걸고 전개된 물산 장려 운동은 평양을 중심으로 전국으로 확산되었다. 한때 민중의 폭넓은 지지를 얻으면서 확산되었지만 조선 기업이 생산하는 상품의 가격이 올라가는 경우가 많아지면서 가난한 노동자와 농민이 점차 외면하였다. 사회주의자들은 중산층의 이기적인 운동이라 비난하였다.

③ 민립 대학 설립 운동

일제는 조선인에게 고등 교육을 시킬 생각이 애당초 없었고, 통치의 편의를 위하여 초등 교육 기관에서 일본어를 가르치고 하급 기술 교육 기관에서 간단한 기술 교육만 실시하였다. 우리 손으로 대학을 세우기 위해 이상재 등이 중심이 된 조선 교육회가 주동이 되어 서울에서 조선 민립 대학 기성 준비회가 조직되었다(1922). 이후 '한민족 1천만이 한 사람이 1원씩'이라는 구호를 내걸고 모금 운동을 전개하여 전국적으로 많은 호응을 얻었고 해외에서도 모금 운동이 잇따랐다. 그러나 수 년 간에 걸친 가

묾과 홍수로 모금 활동이 힘들어졌고 사회주의 진영은 부르조아 계층을 위한 운동이라 비판하였다. 일제는 이를 감시하고 탄압하였으며 한편으로 조선인을 회유하기 위하여 경성 제국 대학을 설립하였다(1924).

④ 문맹 퇴치 운동

1920년대 후반부터 언론 기관이 중심이 되어 농촌 계몽 운동의 일환으로 한글을 보급하려는 운동이 일어났다. 조선일보는 1929년부터 여름 방학에 귀향하는 학생들과 함께 문자 보급 운동을 추진하면서 한글 교재를 널리 보급하였다. 동아일보는 1931년부터 학생 계몽대를 조직하여 브나로드 운동을 전개하여 마을마다 야학을 개설하고 한글 교육과 구습 제거 등의 활동을 하였다. 그러나 총독부는 운동이 확산되자 이를 중지시켰다(1935).

◎ 브나로드 운동(위키피디아)

각종 사회 운동의 전개

3·1 운동 이후 국내에 사회주의 사상이 널리 소개되고 사회주의 사상을 받아들이는 사람들이 늘어났다. 사회주의는 평등을 강조하였기 때문에 사회적으로 어려운 처지에 있는 사람들에게 큰 영향을 주었다. 노동·농민 운동을 중심으로 다양한 분야에서 사회 운동이 전개되었는데, 사회주의 사상의 확산이 중요한 역할을 하였다.

6·10 만세 운동(1926)

배경

일본의 조선인에 대한 차별 대우와 경제적 수탈, 식민지 교육으로 조선인의 불만이 높아지는 상황에서 대한제국의 마지막 황제 순종이 승하하자, 순종의 장례식(인산일)에 또 한 번의 만세 운동이 추진되었다.

전개

사회주의자들과 천도교 일부 세력이 연합하여 만세 운동을 준비하였으나 일제에게 사전에 발각되면서 실제 만세 운동은 학생들이 주도하게 되었다.

1926년 6월 10일 순종의 장례식날 서울에서 조선 학생 과학 연구회를 중심으로 학생들이 장례 행렬을 따라 만세 운동을 전개하였다. 그러나 미리 준비한 일본의 탄압으로 전국적으로 확산시키는 데는 실패하였다. 일본은 참여한 학생들을 치안유지법을 적용하여 탄압하였다.

의의

6·10 만세 운동을 계기로 좌익과 우익 세력들이 손을 잡는 분위기가 형성되면서 신간회(1927~1931)가 성립하는 토대가 만들어졌다.

광주 학생 항일 운동(1929)

배경

학생들 사이에 사회주의 사상이 확산되었고 3·1 운동과 6·10 만세 운동을 거치며 학생들의 민족 운동 역량이 점차 확대되었다. 학생들은 학교에서 독서회 등을 조직하여 민족의식을 키웠고 각 학교의 독서회는 서로 연결되어 있었다. 광주에는 성진회라는 학생 조직이 있었다.

○ 광주학생독립운동 진원지인 나주 역사(문화재청)

전개

나주에서 광주로 통학하는 기차에서 조선인 학생과 일본인 학생들의 충돌이 일어났다. 일본 경찰은 조선인 학생들을 차별하였고, 일본인 신문은 이 사건을 왜곡하였다. 분노한 광주 고등 보통 학교 학생들이 11월 3일에 거리로 나서 투쟁을 벌였는데 해방 이후 이 날을 기념하여 학생의 날로 삼았다. 광주에서 일어난 항일 운동은 전국적인 학생 운동으로 확대되면서 각 지역에서 동맹 휴학, 시위 등이 잇따라 일어났다. 광주 학생운동은 3·1운동 이후 최대 규모의 민족운동이었다.

신간회는 학생 운동을 지원하면서 전국적으로 확산시키기 위해 민중 대회를 개최하려고 시도하였다. 일본이 이를 알아차리고 신간회 지도부를 대거 검거하면서 이러한 시도는 실패하였다. 이후 검거된 지도부 대신 새로운 지도부가 구성되었는데 여기에 기회주의적인 세력이 진출하면서 갈등이 일어났다. 지방의 지회와 사회주의 세력이 중심이 되어 신간회는 시대적 사명을 다했기 때문에 이제는 해소되어야 한다는 주장(해소론)이 제기되었고, 민족주의 세력은 이에 반발하였다.

국외의 항일 운동

배경

3·1 운동 이후 각 지역의 독립군은 더욱 활발한 활동을 벌였고 압록강과 두만강을 넘어 국내 진공 작전을 벌이는 경우도 자주 있었다.

봉오동 전투(1920)

⊙ 청산리 전투 직후 기념사진(위키피디아)

홍범도가 이끄는 대한 독립군은 국내로 여러 차례 진공하여 일본군에게 타격을 주었다. 이에 일본군은 1개 대대의 병력을 동원하여 두만강을 건너 독립군의 근거지인 봉오동을 습격하였다. 홍범도의 대한 독립군, 최진동의 군무도독부군, 안무의 국민회군 등이 연합하여 봉오동에서 일본군을 공격하여 큰 전과를 올렸다.

일본군은 독립군을 대대적으로 토벌하기 위하여 중국 영토인 만주에 대규모 병력을 파견하려 하였다. 이를 위해서는 중국 정부의 동의를 얻어야하는데 그 명분을 얻기 위하여 훈춘 사건을 조작하였다. 일본군이 중국 마적들을 매수해서 훈춘의 일본 영사관을 습격하도록 하여 만주 출병의 명분을 얻으려 한 것이 훈춘 사건이다.

청산리 전투(1920)

일본군이 독립군을 공격해오자 홍범도의 대한 독립군, 김좌진의 북로 군정서를 비롯한 여러 독립군 부대는 백두산의 산림 지대로 이동하였고, 일본군은 많은 병력을 동원하여 이를 추격하였다. 독립군 부대들은 청산리 부근에서 일본군과 전투를 벌였는데 청산리 전투는 한 군데에서만 벌어진 것이 아니라 백운평, 완루구, 어랑촌, 고동하 등지에서 벌어진 전투들을 모아 함께 청산리 전투라 부른다. 여기서 대승을 거두었다.

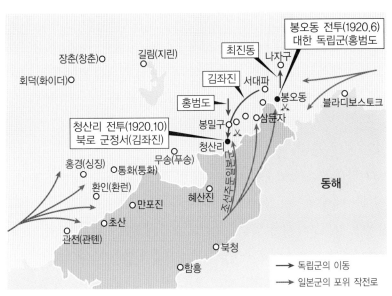

◎ '봉오동 전투와 청산리 전투'

간도 참변(1920)

청산리 전투를 전후한 시기에 일본군은 독립군의 기반을 무너뜨리기 위하여 간도에 살고 있는 한인들의 마을을 습격하고 동포들을 학살하는 만행을 저지르는데 이것이 간도 참변이다.

대한독립군단의 조직(1920)

청산리 전투 이후 만주 지역의 각 독립군 부대는 일본군의 공격을 피해 일단 후퇴하여 러시아와 만주의 국경 지대인 밀산부 한흥동에 집결하였다. 이곳에서 여러 독립군 부대가 연합하여 서일을 총재로 하는 대한독립군단을 조직하였다.

자유시 참변(1921)

대한독립군단은 약소 민족의 해방 운동을 지원하겠다는 러시아 붉은 군대의 약속을 믿고 러시아로 이동하였다. 당시 러시아는 사회주의 혁명이 일어나면서 공산혁명을 지지하는 혁명군(붉은 군대)과 혁명을 반대하는 반혁명군으로 나누어져 내전이 전개되고 있었다. 이 과정에서 일부는 다시 만주로 돌아오기도 하였고 일부는 헤이룽 강

북쪽에 위치한 자유시로 이동하였다. 이때 독립군 내부에서 주도권 다툼이 벌어졌고, 원래 약속과 달리 러시아 붉은 군대로부터 무장 해제를 요구받았다. 대한독립군단이 이를 거부하자 붉은 군대의 공격을 받아 수백 명의 독립군이 희생을 당하였다. 자유시 참변 이후 일부 독립군은 붉은 군대에 편입되고 일부는 다시 만주로 귀환하였다.

3부의 성립(1920년대 중반)

자유시 참변으로 시련을 겪은 독립군이 점차 재정비되기 시작하였다. 남만주에서는 임시 정부를 지지하는 세력이 임시 정부의 승인을 받아 대한민국 임시정부 육군 주만 참의부를 조직하였다. 참의부와 다른 입장을 취하고 있던 세력은 정의부를 만들었다. 북만주에서는 자유시 참변 이후 돌아온 독립군을 중심으로 신민부가 조직되었다.

참의부, 정의부, 신민부의 3부는 동포들이 내는 세금으로 운영되는 자치 정부의 성격을 갖고 있으면서 독립군을 함께 운영하여, 군정 기관과 민정 기관의 성격을 동시에 갖추고 있었다.

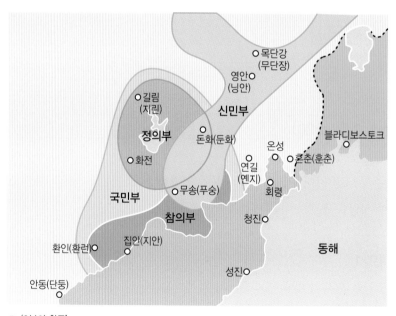

○ '3부의 활동'

미쓰야 협정(1925)

3부가 성립되고 독립군의 활동이 다시 활발해지자 일제는 만주 지역을 장악하고 있던 군벌 세력과 미쓰야 협정을 맺었다. 미쓰야 협정은 독립군 토벌의 책임을 만주 군벌에게 넘기고 대신 조선 총독부는 잡아 온 독립군에 대하여 대가를 지불하도록 규정하였다. 독립군을 잡게 되면 돈벌이가 되기 때문에 만주 군벌의 군대와 경찰은 독립군을 잡는데 혈안이 되었다. 이에 독립군은 물론이고 독립군과 상관없는 조선 농민들까지 큰 피해를 입게 되었다.

3부 통합 운동의 전개(1920년대 후반)

만주에서 미쓰야 협정이 체결되면서 독립군 활동이 위축된 가운데, 중국 본토에서는 이념을 초월하여 독립 운동 단체를 통합하려는 민족 유일당 운동이 전개되었다. 베이징에서 한국 독립 유일당 북경 촉성회가 조직되었고, 이러한 움직임은 만주와 국내로 확산되었다. 국내에서는 신간회가 성립하는 계기가 되었고, 만주에서는 3부 통합의 움직임이 일어났다. 3부 통합운동이 부분적으로 성공하면서 남만주에서는 국민부, 북만주에는 혁신의회가 조직되었다.

3부 통합의 원칙에는 모두 찬성하였지만 방법에서 차이가 나타났다. 기존의 3부를 인정하고 단체의 통합을 주장한 사람들은 국민부들, 기존의 단체를 해산하고 새로운 조직을 만들자고 주장한 사람들은 혁신의회를 결성하였다.

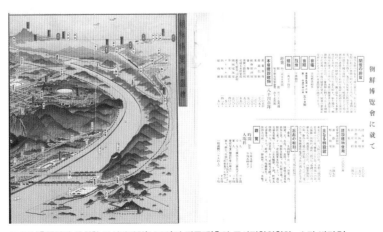

◉ 조선총독부가 주최한 조선박람회(1929)의 팜플렛(출처 국사편찬위원회, 소장 박건호)

🗨 일제 강점기 만주의 상황

① 1912년, 청이 멸망하고 중화민국이 건국되었지만 정치적 혼란은 계속되었다. 혁명 운동을 꾸준히 추진하면서 신해혁명을 일으키고 중화민국을 세우는 데 앞장선 세력은 쑨원을 중심으로 하는 혁명파였다. 그러나 혁명파는 군사력이 약했기 때문에 청의 군대를 장악하고 있었던 위안스카이와 타협하여 중화민국을 세우게 됐고 결국 중화민국의 초대 대총통은 위안스카이가 차지하였다.

② 쑨원 세력은 베이징에서 쫓겨나 남쪽의 광저우에서 세력을 키웠다. 소련의 지원을 받고 제1차 국공 합작을 통해 공산당과 연합한 쑨원의 중국 국민당은 힘을 키워 북벌을 추진하였다. 쑨원은 북벌을 보지 못하고 죽었지만, 장제스가 쑨원을 대신해 북벌을 단행하여 베이징을 점령하고 중국 국민당이 통치하는 새로운 중국을 건설하였다. 국민당 정부의 수도는 강남 지역의 난징이었다. 그러나 이 과정에서 공산당을 버리면서 국민당과 공산당의 합작은 깨어졌고, 장제스가 이끄는 국민당 정부의 통제력은 대도시와 강남 지역에만 미쳤고 지방 곳곳에는 군벌들이 여전히 할거하고 있었다. 특히 만주 지역은 중국 국민당의 통치력이 미치지 못하는 곳으로 무법천지나 마찬가지였다. 만주를 장악하고 있는 군벌은 장쭤린과 그의 아들 장쉐량이었고, 일본이 야금야금 영향력을 넓혀가면서 만주를 노리고 있었다. 랴오둥 반도에 있는 뤼순과 다롄에는 일본의 관동군이 주둔하고 있었고, 만주에는 일본이 부설한 철도가 깔려 있어 침략의 발판 역할을 하였다. 만주에서 활동하는 독립군은 이러한 상황을 이용하여 독립 운동 기지를 건설해 독립군을 양성하고 국내로 진공해 일본군과 전투를 벌일 수 있었다. 일본은 청산리 전투 때처럼 만주에 병력을 파견하여 독립군을 공격하기도 하였으나 중국 땅인 만주에서 활동하는 독립군을 단속하는 데는 한계가 있을 수밖에 없었다. 미쓰야 협정은 조선 총독부 경무총감 미쓰야가 만주 군벌과 체결한 협정으로 이런 상황 때문에 조선 독립군에 대한 단속을 만주 군벌에게 맡기고 대신 돈을 지불한다는 내용이다.

③ 그러나 일본의 영향력이 점점 강화되더니 관동군은 급기야 만주사변(1931)을 일으켜 장쉐량의 군벌 군대를 쫓아버리고 만주 전체를 장악하였다. 이듬해에는 일본의 괴뢰국인 만주국을 수립(1932)하고 청나라 마지막 황제였던 푸이를 황제로 옹립하였다. 일본이 만주를 완전히 장악하면서 만주에 건설해놓은 독립 운동 기지가 제 역할을 하기 힘들어졌다. 관동군과 일본의 괴뢰군인 만주군도 점점 증강되었고, 독립군의 활동은 한계에 부딪치게 되었다. 독립군은 용감히 싸우다 산화하기도 하였고, 또한 중국 관내로 이동하여 투쟁을 이어가는 이들도 있었다. 만주사변 이후 1945년에 일본이 패망하고 연합군에 항복할 때까지 만주는 일본의 지배를 받았고 만주에 주둔하는 관동군과 만주군은 날로 증강되었다.

◎ 일본 관동군 사령부, 每日新聞社 「昭和史 別卷 1－日本植民地史」(위키피디아)

🗨 독립군이 맞서 싸워야 했던 일본군

① 독립군의 주적은 당연히 일본군이었다. 당시 만주에 주둔하던 일본군을 관동군(關東軍)이라 불렀다. 관동은 만리장성의 동쪽 끝인 산해관의 동쪽이라는 의미이다. 즉 만주 지역을 의미하는데 만리장성 남쪽의 중국 본토를 관내(關內)라 부르기도 한다. 일본은 러·일 전쟁 이후 러시아가 조차하고 있던 랴오둥 반도의 뤼순과 다롄을 러시아로부터 넘겨받았다. 랴오둥 반도는 원래 청·일 전쟁에서 승리한 일본이 할양받은 지역이었으나 러시아 주도의 삼국 간섭으로 청에 반환하였는데, 오히려 러시아가 청으로부터 뤼순과 다롄을 조차하여 러시아 태평양 함대의 기지로 삼았다. 러·일 전쟁에서 승리한 이후 일본은 자신들이 차지한 뤼순·다롄에 관동주를 설치하고 관동도독부를 두었다. 관동주와 남만주 철도의 경비를 위해 창설한 부대가 관동군이다. 관동군은 만주 사변(1931) 이후에는 만주 전체를 점령하면서 중국 침략의 선봉 역할을 하였다. 만주국(1932~1945)을 세워 만주를 중국으로부터 분리시키고 청의 마지막 황제 푸이를 만주국 황제로 세워 형식적인 독립국가로 만들었는데, 실질적으로 만주를 통치하는 것은 관동군이었다. 다른 일본군과 마찬가지로 관동군도 많은 전쟁 범죄를 저질렀는데 가장 유명한 것이 731부대의 생체 실험이다. 관동군의 병력은 날로 증강되어 1933년에는 10만 명 수준이던 병력이 1941년에 태평양 전쟁이 시작될 무렵에는 70만 명에 달했다. 한때 일본 내의 최강의 부대라 불렸으나 태평양 전쟁이 일본에게 불리해지면서 정예 병력들은 대부분 남방 전선으로 이동하였고, 전쟁이 끝나기 직전인 1945년 8월에 소련이 일본에 선전포고를 하고 만주를 침공하면서 관동군은 궤멸되었다. 관동군 출신의 일본군 포로들은 시베리아로 끌려가 10년 이상의 포로 생활을 하고 1950년대나 되어야 일본에 돌아올 수 있었다.

② 조선에 주둔하던 일본군을 조선군이라 불렀는데, 조선군도 수시로 국경을 넘어 독립군을 공격하였다. 독립군은 이들과도 맞서 싸웠다. 또한 만주를 통치하면서 일본에 협조하고 있던 만주 군벌의 군대와도 싸워야 하는 이중의 어려움을 겪었다.

🗨 독립군 내의 분열

독립 운동을 벌이던 인물들 내에서도 이념에 따라 지역에 따라, 심지어 과거의 붕당에 따라 파벌이 나뉘고 분열하였다. 이를 우리의 민족성과 결부해 비판하는 사람들도 있지만, 통일된 중앙 정부나 단일한 독립 운동 조직이 없는 상태에서 이러한 분열은 어쩌면 당연한 것이고 어떤 나라에서나 존재하는 현실이었다. 임시정부가 이러한 역할을 해야 했으나 임시정부의 위상은 점차 위축되었고 임시정부를 정부로 인정하지 않는 독립 운동가들이 늘어났다. 또한 민족 유일당 운동이 추진되었지만 성공하지 못하였다. 만주의 독립군들은 만주에 사는 교민들을 자신들의 영향력 하에 두기 위해 서로 경쟁하다가 충돌이 벌어지기도 하였다. 일부 조선인들은 일본의 밀정으로 활동하였기 때문에 조선인들끼리 싸움이 벌어지는 경우도 있었다. 독립 국가를 갖고 있다는 것은 대외적으로는 독립과 자주를 의미하지만 대내적으로는 하나의 주권 아래 단결하고 있다는 의미이다. 이런 민족의 분열도 또한 나라를 빼앗긴 비극 중 하나였다.

55 일제 강점기의 사회 운동

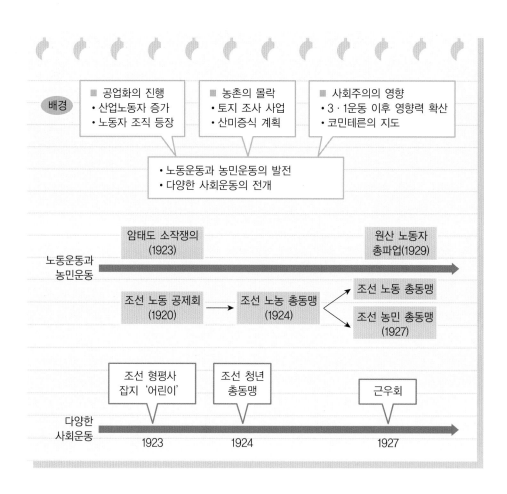

1910년대	3 · 1 운동 (1919)	1920년대	민주 사변 (1931)	1930~1940년대	
무단통지		문화통치		민족말살통치	중 · 일 전쟁 이후 민족말살통치 강화

배경

- ■ 공업화의 진행
  - 산업노동자 증가
  - 노동자 조직 등장
- ■ 농촌의 몰락
  - 토지 조사 사업
  - 산미증식 계획
- ■ 사회주의의 영향
  - 3 · 1운동 이후 영향력 확산
  - 코민테른의 지도

- 노동운동과 농민운동의 발전
- 다양한 사회운동의 전개

노동운동과 농민운동

암태도 소작쟁의 (1923)

원산 노동자 총파업(1929)

조선 노동 공제회 (1920) → 조선 노농 총동맹 (1924)

조선 노동 총동맹

조선 농민 총동맹 (1927)

다양한 사회운동

조선 형평사 잡지 '어린이'

조선 청년 총동맹

근우회

1923　　　1924　　　1927

일제 강점기의 사회 운동

사회주의의 확산과 노동 운동, 농민 운동의 전개

일제의 강점에 저항하는 민족 운동에 새로운 사상적 흐름이 등장하였다. 3 · 1 운동
이 좌절된 이후 독립운동가들은 새로운 활로를 모색하였고, 점차 사회주의의 영향력
이 확산되었다. 공업화가 진행되면서 산업 노동자들이 늘어났고 사회주의의 영향 하
에 노동 운동이 확산되었다. 또한 일제의 정책으로 농촌이 몰락하면서 농민 운동도
활성화되었다.

◎ 일제강점기의 부역명령서
(출처 국사편찬위원회,
소장 박건호)

다양한 사회 운동의 전개

한편, 평등을 강조하는 사회주의의 영향을 받아 사회적으로 약자의 위치에 있던 많은
사람들이 다양한 사회 운동을 전개하였다.

노동 운동의 전개

노동 운동 발전의 배경

일본은 초기에는 조선의 공업화를 억제하면서 조선을 일본의 식량 생산 기지로 묶어
두려 하였다. 그러나 제1차 세계 대전 이후 일본 자본이 조선에 진출하고 조선인 자
본도 점차 축적되면서 공장이 늘어나고 노동자들도 증가하였다. 노동자들은 어려운
여건에서 민족적 차별까지 받으면서 일하였다. 이런 상황에서 사회주의 사상이 보급
되면서 점차 노동 운동이 활성화되었다.

노동 운동의 변화

① 1920년대의 노동 운동은 합법적인 경제 투쟁이 중심이었고 해고 반대, 임금 인상
   등이 중요한 요구 사항이었다.

② 1930년대의 노동 운동은 비합법적이고 혁명적인 정치 투쟁이 중심이 되면서 일제
   타도, 노동 해방 등의 구호가 등장하였다.

③ 일제 강점기 최대의 노동 운동 사건은 원산 노동자 총파업(1929)이다. 원산의 영
국계 정유회사에서 일본인 감독관이 조선인 노동자를 구타한 사건에서 시작된 원
산 총파업은 조선 전체의 관심사가 되었고 외국 노동자들의 지원도 있었으나 결국
일제의 탄압으로 실패하였다. 총파업은 한 회사의 파업이 아니라 여러 회사가 한
꺼번에 파업하였다는 의미이다.

농민 운동

농민 운동 발전의 배경

토지조사 사업과 산미 증식 계획 등의 일제의 정책으로 농민들의 생활은 점점 어려워
졌다. 사회주의의 영향을 받아 농민 운동이 더욱 격화되었다.

농민 운동의 변화

● 소작료 납입통지서(출처
국사편찬위원회, 소장 박
건호)

① 1920년대의 농민 운동은 주로 경제 투쟁으로 소작료 인하나 소작권 이동 반대 등
을 요구하였다.
② 1930년대의 농민 운동은 사회주의의 영향을 더욱 강하게 받아 정치 투쟁의 양상
을 띠게 되었다.
③ 대표적인 농민 운동은 암태도 소작 쟁의(1923)이다. 목포 앞 바다의 섬인 암태도
에서 지주 문재철의 과도한 소작료 징수에 맞서 소작민 수백 명이 몇 개월에 걸쳐
소작료 인하 투쟁을 벌였고 마침내 성공하였다.

농민 운동과 노동 운동 단체

초기에는 농민 운동과 노동 운동 단체가 분화되지 않아 조선노동공제회(1920), 조선
노농 총동맹(1924)이 조직되었을 때는 농민 운동과 노동 운동이 함께 전개되었다. 점
차 농민 운동과 노동 운동이 발전하면서 조선 농민 총동맹(1927)과 조선 노동 총동맹
(1927)으로 분화되었다.

다양한 사회 운동의 전개

청년 · 학생 운동

청년이나 학생들은 젊음을 가지고 있지만, 사회에서는 기득권을 가진 중장년에 비하여 상대적 약자이다. 사회주의 사상을 처음에 적극적으로 받아들인 것은 새로운 사상에 거부감이 없었던 청년들이었다. 1920년대 청년 운동은 사회주의 진영에서 추진하는 청년 운동과 민족주의 진영의 청년 운동으로 나누어져 있었는데, 이런 다양한 청년 운동 단체가 통합되어 조선 청년 총동맹이 조직되었다(1924). 청년들과 학생들은 6 · 10 만세 운동과 광주 학생 운동을 조직적으로 추진하면서 스스로의 힘을 과시하였다. 3 · 1 운동, 6 · 10 만세 운동, 광주 학생 운동이 일어났을 때 선봉에서 앞장 선 것은 바로 청년과 학생들이었다.

◎ 방정환(위키피디아)

여성 운동

일본은 관습으로 내려오던 여성 차별과 가부장제를 가족법에 명시하여 여성을 법적으로 차별하였다. 결혼한 여성은 남편의 동의가 있어야만 일자리를 가질 수 있었고, 여성 노동자들의 평균 임금은 남성 노동자의 절반 정도였다. 조선인 노동자들이 일본인 노동자보다 임금에서 큰 차별을 받았는데, 여성들은 남성에 비해 또 차별을 받는 이중적 차별 대우였다. 민족주의 진영과 사회주의 진영으로 나누어져 있던 여성 운동 단체들은 민족 단결의 분위기가 무르익던 1927년에 근우회를 결성하여 역량을 하나로 모았다. 근우회를 신간회의 자매 단체라 부르기도 한다. 근우회는 여성과 아동의 권리 향상을 위하여 노력하였다.

소년 운동

전통 사회는 '장유유서'를 중시하여 연장자를 깍듯이 모시는 전통이 있는 반면, 상대적으로 젊은이나 어린이에 대해서는 배려가 부족한 편이었다. 천도교 교주 손병희의 사위인 방정환은 아이들을 인격체로 존중하자는 의미에서 '어린이'라는 단어를 처음 만들어 사용하였다. 1921년에 방정환을 중심으로 천도교 소년회가 조직되면서 소년 운동이 본격적으로 추진되었다. 방정환이 만든 잡지가 '어린이(1923)'인데, 최남선이 1908년에 발행한 잡지 '소년'과 비교된다. 최남선이 '소년'지를 창간할 당시는 어린이라는 단어 자체가 없었으므로 잡지 이름으로 당연히 '어린이'를 쓸 수 없다는 것을 생각하면 쉽게 구분할 수 있다. 천도교 소년회는 어린이날을 제정하고 잡지인 '어린이'를 창간하였다. 그러나 일본은 이를 반일 운동으로 간주하여 탄압하였다.

형평 운동

◉ 형평운동의 포스터

갑오개혁으로 신분제가 폐지되면서 백정에 대한 차별도 공식적으로는 폐지된 것처럼 보였다. 그러나 백정은 여전히 사회적 편견과 차별 대우에 시달렸다. 일본은 호적에 백정을 따로 표시하는 등의 방법으로 백정에 대한 차별을 계속 조장하였다. 일본 국 내에서도 '부락민'이라는 백정과 비슷한 집단이 존재하였다. 일본은 백정에 대한 차 별을 존속시켜 조선인들의 단결을 방해하면서 자신들의 지배를 계속 유지하려 하였 다. 백정들은 자녀들을 학교에 입학 시키는 것도 어려웠는데, 이런 차별이 계기가 되 어 경상남도 진주에서 조선 형평사가 조직되었다(1923). 국채 보상 운동은 대구, 물 산 장려 운동은 평양, 형평 운동은 진주가 중심지라는 것을 확실히 기억해야 한다. 조 선의 형평 운동은 일본 부락민의 해방 운동인 수평 운동에 영향을 받았고 일본의 수 평 운동 조직인 '수평사'와 협력하기도 하였다. 조선 형평사는 노동 운동이나 농민 쟁의에 참여하는 등 다른 분야의 단체들과 함께 활동하기도 하였는데, 형평 운동이 단순한 백정들의 신분 해방 운동이 아닌 민족 해방 운동의 성격도 가지게 된 것이다. 그러나 이런 상황에서 본부를 서울로 옮겨 더욱 적극적인 계급 투쟁으로 발전시키자 는 주장(북파)과 본부를 진주에 그대로 두고 원래 취지대로 백정의 신분 해방 운동에 중점을 두자는 주장(남파)이 대립하였다. 이런 분열 속에서 일제의 탄압이 강화되면 서 형평 운동은 점차 힘을 잃어갔다.

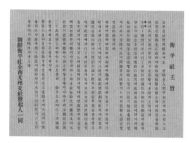

◉ 형평사의 주장을 담은 선전문(출처 국사편찬위원회, 소장 박건호)

🗨 좌익 계열의 민족 운동과 우익 계열의 민족 운동

① 배경

일제 강점기에 독립 운동을 전개한 세력은 다양하지만 크게 다음과 같이 분류할 수 있다. 먼저 우익은 민족주의 진영으로 불리었다. 원래 이민족의 지배를 몰아내고 민족의 자주 독립을 추구하는 세력은 모두 민족주의 세력이다. 그러나 3·1 운동 이후 국내에 사회주의 세력이 확대되면서 좌익, 즉 사회주의 진영이 등장하고 사회주의 사상을 받아들이지 않은 기존의 진영은 민족주의 진영, 우익이라 불리게 되었다. 또한 무정부주의의 입장에서 독립 운동을 벌이던 독립운동가도 다수 있었다. 이회영·신채호가 대표적인 무정부주의자다. 무정부주의자는 좌익으로 볼 수 있지만 사회주의자는 아니며, 오히려 사회주의자와 무정부주의자는 관계가 좋지 않았다.

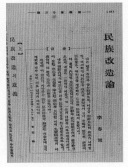

◎ 잡지 '개벽'에 실린 이광수의 '민족개조론'(위키피디아)

② 민족주의 진영

■ 민족주의 진영의 분열

독립협회와 애국계몽운동의 흐름을 이어받은 민족주의 진영은 성향이 굉장히 다양했는데, 특히 문화통치기에 일제가 민족 분열을 노리며 친일파를 육성하면서 크게 분열하였다. 이광수가 일본이 허락하는 범위 안에서 정치 운동을 벌일 것을 주장하면서 자치론, 참정론을 주장하는 사람들이 늘어났다. 이들은 기회주의자라고 비난을 받았다. 한편 절대 독립을 주장하는 세력은 비타협적 민족주의자로 불리면서 사회주의 진영과의 협동을 추진하였다.

■ 주요 활동

1920년대 전반에는 실력양성운동의 하나로 물산 장려 운동과 민립대학 설립 운동이 추진되었다. 이러한 활동이 일제의 탄압으로 위축되자, 1920년대 후반부터 1930년대 전반까지는 조선일보가 주도하는 문자보급운동과 동아일보가 주도하는 브나로드 운동이 전개되었다. 이광수의 '흙'과 심훈의 '상록수'는 브나로드 운동을 묘사한 작품이었다.

③ 사회주의 진영

■ 사회주의 진영의 위기

급속도로 세력이 확산되던 사회주의 세력은 일제가 치안유지법(1925)을 제정하고 본격적인 탄압에 나서자 큰 위기의식을 느끼게 되었다. 사회주의자들은 민족주의자와 손을 잡는 방법을 모색했는데, 조선청년총동맹(1924)이나 조선민흥회(1926) 같은 단체들은 모두 소규모로 좌우합작을 실현하였다. 결국 좌우가 손잡고 신간회를 조직하였다(1927).

■ 주요 활동

사회주의자들이 추진한 민족 운동은 노동 운동·농민 운동 중심이었다. 조선이 공업화되면서 노동자들의 숫자도 늘어났고 점차 노동 운동·농민 운동이 활성화되었다.

56 민족 유일당 운동과 신간회

1910년대	3·1 운동 (1919)	1920년대	민주 사변 (1931)	1930~1940년대	
무단통치		문화통치		민족말살통치	중·일 전쟁 이후 민족말살통치 강화

신간회 성립의 배경

(1) 국제적 배경
  ① 중국의 제1차 국·공 합작(1924)
  ② 코민테른(국제 공산당)의 지시
(2) 국내적 배경
  ① 기회주의 세력의 등장으로 민족주의 진영 분열
  ② 치안유지법 제정으로 사회주의 탄압 강화
  ③ 좌익 진영이 정우회 선언으로 좌우 합작 촉구
  ④ 조선민흥회 등의 소규모 좌우 합작 조직 등장
  ⑤ 6·10 만세 운동 이후 좌우의 협조 분위기 고조

1910
무단통치기
1919
문화통치기
신간회 1927
민족말살 통치기
1945
1931

신간회(1927~1931)

근우회(1927~1931)

• 신간회의 자매단체
• 여성과 아동의 권리보호

신간회 해소의 배경

(1) 국제적 배경
  ① 중국의 국·공 합작 결렬(1927)
  ② 코민테른의 방침 변화
(2) 국내적 배경
  ① 일본의 탄압
  ② 노동·농민 운동이 발전하는 데 신간회가 제대로 대처를 못함
  ③ 광주 학생 운동 이후 활동적인 지도부가 검거되고 새로운 지도부에 기회주의 세력 진출
  ④ 사회주의 진영이 해소론 제기, 민족주의 진영은 반대

신간회 성립의 배경

의의

3 · 1 운동 이전까지는 국내에서 사회주의가 거의 영향력을 갖지 못했다. 그러나 3 · 1 운동이 성공하지 못하자 실망한 많은 사람들이 새로운 사상에 관심을 갖게 되면서 독립 운동 진영은 기존의 민족주의 진영과 새로운 사회주의 진영으로 분열되었다. 이런 상황에서 모든 조선인들이 단결하여 민족 운동을 추진할 필요성이 제기되었고, 좌익과 우익이 손잡고 함께 만든 단체들이 등장하기 시작하였다. 최종적으로 일제 강점기 최대의 민족 운동 단체인 신간회가 출범하였다. 또한 여성 단체들도 좌우가 손을 잡고 근우회를 조직하였다.

◎ 신간회 창립(위키피디아)

국제적 배경

📖 중국에서 제1차 국 · 공 합작(1924~1927)이 이루어지면서 중국의 우익 세력인 국민당과 좌익 세력인 공산당이 군벌과 제국주의 세력을 타도하기 위하여 손을 잡았다. 이는 한국의 독립 운동가에게 많은 영향을 주어 단일 독립 운동 조직인 민족 유일당을 건설하려는 움직임이 활발해졌다. 중국에서는 민족유일당 촉성회가 각지에서 조직되었다. 이러한 중국 내의 좌우 합작의 영향을 받아 만주에서는 3부를 통합하려는 움직임이 일어나면서 국민부와 혁신의회가 성립되었다. 조선에서는 좌 · 우익이 연합하여 민족 협동 전선인 신간회를 조직하였다.

📖 소련 모스크바에는 국제 공산당 조직인 코민테른이 있었는데, 당시 국제 공산주의 운동은 코민테른의 지시를 받는 것이 원칙이었다. 코민테른은 중국의 국 · 공 합작을 높이 평가하면서 조선의 사회주의자들도 민족주의자들과 손을 잡고 일본 제국주의에 대항할 것을 지시하였다.

국내 상황

📖 6 · 10 만세 운동 당시 사회주의 계열의 단체와 천도교, 학생들이 힘을 합쳐 함께 거사를 준비하였다. 비록 일제에 발각되었지만 이후 민족주의 진영과 사회주의 진

영이 가까워지는 계기가 되었다.

📖 한창 세력이 커지던 사회주의 진영은 일제의 치안유지법(1925)으로 탄압을 받으면서 어려움을 타개하기 위하여 민족주의 진영과의 연대를 추진하였다. 사회주의자들의 합법 단체인 정우회는 타협적 민족주의 진영을 제외한 민족주의자들과의 연대를 주장하는 정우회 선언(1926)을 발표하였다.

📖 일제의 민족분열통치가 실시되면서 민족주의 진영 내부에서 분열이 일어났다. 참정론, 자치론을 주장하는 타협적 민족주의자(기회주의자)들이 등장하였고, 비타협적 민족주의자들은 이를 비판하며 사회주의자와의 연대에 관심을 갖게 되었다.

📖 서울청년회 계열의 좌익과 조선물산장려회 계열의 우익이 손을 잡고 제한된 규모의 협동 전선인 조선민흥회를 조직하기도 하였다(1926).

신간회의 성립과 활동

● 신간회 창립을 보도하는 동아일보 기사(위키피디아)

신간회는 언론계와 종교계 등 다양한 계층의 사람들이 모여 창립하였다(1927). 신간회는 대중의 강력한 지지를 받으면서 해외에까지 지부를 두고 회원 수가 수 만 명에 이르렀다. 신간회는 지방의 지회를 중심으로 활동하며 강연회 등을 개최하여 민족 의식을 고취시켰다. 또한 소작 쟁의나 노동 쟁의를 지원하고 계몽 운동도 뒷받침하는 등 활발한 활동을 벌였다. 광주 학생 운동(1929) 당시는 조사단을 파견하여 지원하기도 하였다. 그러나 광주 학생 항일 운동을 전국적으로 확산시키기 위하여 대규모 민중 대회를 개최하려다 일제의 탄압으로 활동적인 지도부들이 검거되면서 어려움을 겪었다. 새로 구성된 지도부가 일제와 타협적인 모습을 보이자 지방 지회를 중심으로 사회주의자들이 신간회 해소론을 적극 주장하였다. 또한 당시 활발하게 전개되던 노동운동과 농민운동에 신간회가 제대로 호응하지 못하는 점을 비판하였다. 이에 민족주의 진영은 단결론을 내세우며 신간회 해소에 반대하였다. 그러나 결국 신간회가 해체되면서 민족 협동 전선이 무너졌다(1931).

💬 **중국의 제1차 국·공 합작(1924~1927)**

신해혁명을 주도한 쑨원의 중국국민당 세력은 위안스카이에게 쫓겨나 광둥에서 명맥을 유지하고 있었다. 이때 러시아 혁명이 일어났고 세계 최초의 공산주의 국가인 소련이 등장하였다. 러시아 내전 와중에 같이 휩쓸려 공산 국가가 된 몽골을 제외하고는 소련은 사방이 모두 적대적인 자본주의 국가들로 포위되어 있었다. 소련의 지도자 레닌은 인접국인 중국에 자신들에게 우호적인 정부를 세우기 위하여 중국 국민당을 지원하였고, 대신 중국 국민당은 아직 결성된지 3년 밖에 되지 않았고 세력이 미약한 중국 공산당을 도와주기로 약속하였다. 제1차 국·공 합작(1924~1927)은 이러한 상황에서 성립하였다. 결국 소련의 지원을 받아 힘을 키운 중국 국민당은 쑨원이 죽은 후 후계자인 장제스의 지휘 아래 국민혁명을 추진하여 중국 전체를 장악하고 국민당 정부를 세웠다. 그러나 북벌 중에 장제스가 공산당을 공격하고 탄압하여 국·공 합작은 깨어지고, 국민당과 공산당 사이의 내전에 들어가게 된다.

◎ 쑨원(위키피디아)

💬 **민족유일당 운동**

중국의 국·공 합작을 지켜 본 조선의 독립 운동가들 사이에서 이념을 초월하여 하나의 조직으로 뭉치자는 민족유일당 운동이 전개되었다.

◎ 장제스(위키피디아)

■ 중국 관내

1926년에 베이징에서 한국독립유일당 북경촉성회가 조직되었고, 이후 상하이·광둥 등 중국 각지에서 지역 촉성회가 조직되면서 민족유일당 운동이 추진되었다. 하지만 좌익과 우익 사이의 대립으로 큰 성과를 거두지 못하고 있었다.

1935년에 난징에서 한국독립당·신한독립당·조선혁명당·미주대한인독립당·의열단의 5당이 모여 민족혁명당을 결성하여 결실을 거두었다. 그러나 김구는 임시정부의 법통을 강조하며 참여하지 않았고, 민족혁명당 내에서 좌우 대립이 격화되고 민족주의 세력이 대거 탈퇴하면서 민족유일당 운동은 다시 벽에 부딪치게 되었다.

■ 만주

만주에서는 참의부·정의부·신민부의 3부가 모여 하나의 조직을 결성하려는 3부 통합 운동이 벌어졌다.

■ 조선

조선에서는 좌우합작의 민족 협동 전선을 조직하자는 여론이 높아지면서 신간회가 결성되었다. 여성 조직도 민족주의와 사회주의 진영이 손을 잡고 근우회를 결성하였다. 그러나 신간회가 조직되자마자 국제 정세가 바뀌었다. 중국에서 제1차 국·공 합작이 결렬되었고, 이를 지켜본 코민테른이 입장을 바꾸어 좌우합작보다 계급투쟁을 강조할 것을 지시하였다. 국내에서도 좌우의 입장차가 커지면서 결국 신간회는 해소되었다.

57 의열 투쟁의 전개

1910년대	3 · 1 운동	1920년대	민주 사변	1930~1940년대	
무단통치	(1919)	문화통치	(1931)	민족말살통치	중 · 일 전쟁 이후 민족말살통치 강화

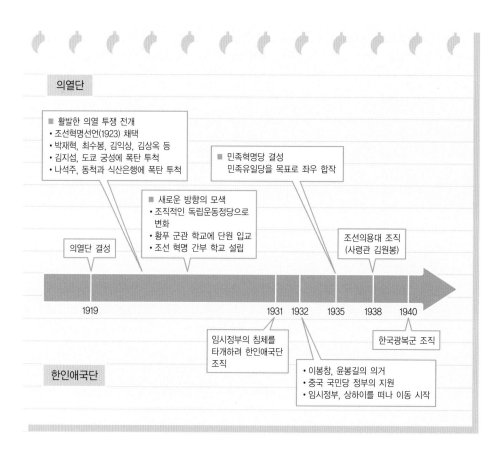

의열단

■ 활발한 의열 투쟁 전개
• 조선혁명선언(1923) 채택
• 박재혁, 최수봉, 김익상, 김상옥 등
• 김지섭, 도쿄 궁성에 폭탄 투척
• 나석주, 동척과 식산은행에 폭탄 투척

■ 민족혁명당 결성
  민족유일당을 목표로 좌우 합작

■ 새로운 방향의 모색
• 조직적인 독립운동정당으로 변화
• 황푸 군관 학교에 단원 입교
• 조선 혁명 간부 학교 설립

의열단 결성

조선의용대 조직
(사령관 김원봉)

1919   1931 1932 1935   1938 1940

임시정부의 침체를
타개하려 한인애국단
조직

한국광복군 조직

• 이봉창, 윤봉길의 의거
• 중국 국민당 정부의 지원
• 임시정부, 상하이를 떠나 이동 시작

한인애국단

의열단

의열단의 조직(1919)

3 · 1 운동 이후 소극적인 항일 투쟁에 불만을 품은 청년들이 중심이 되어 만주 지린 성에서 의열단을 조직하였다. 의열단의 중심 인물인 김원봉, 윤세주 등은 대부분 신흥 무관학교 출신이었다. 의열단은 일제의 고관과 친일파를 처단하고 일제의 수탈 기구를 파괴하는 활동을 전개하였다. 의열단은 정의를 맹렬히 행한다는 의미이다.

의열단의 활동

○ 나석주 의사(위키피디아)

✎ 처음에 만주에서 조직된 의열단은 본부를 중국 본토로 옮기면서 일제에 대한 강력한 폭력 투쟁을 전개하였다. 김원봉의 요청으로 신채호가 쓴 '조선 혁명 선언'(1923)은 민중의 직접 폭력 혁명을 통한 독립을 추구하는 의열단의 기본 정신을 보여준다. 초창기에는 무정부주의의 영향을 받았다.

✎ 박재혁의 부산 경찰서 투탄 의거(1920), 김익상의 조선 총독부 투탄 의거(1921), 김상옥의 종로 경찰서 투탄 의거(1923), 김지섭의 일본 황궁 투탄 의거(1924), 나석주의 동양척식주식회사와 식산은행 투탄 의거(1926) 등이 유명하다.

의열단의 변화

의열단은 당시 사상계의 영향을 받아 점차 사회주의에 관심을 보이게 되었다. 또한 의열단은 1920년대 후반부터 개별적인 폭력 투쟁의 한계를 실감하고 새로운 방향을 모색하면서 좀 더 조직적인 독립 운동 단체로 변화한다. 중국 정부의 도움으로 단원들을 황푸 군관 학교에 입학시켜 군사 훈련을 받도록 하였고, 조선 혁명 간부 학교를 설립하여(1932) 단원들에게 자체적으로 군사 교육을 실시하였다. 그리고 민족 유일당 운동에 적극 참여하여 좌 · 우의 여러 독립 운동 조직을 모아 민족 혁명당을 조직하였다(1935).

6일차 일제강점기

한인 애국단

한인애국단의 조직(1931)

대한민국 임시 정부의 활동이 점점 위축되자 김구는 한인 애국단을 조직하고 의열 투쟁을 전개하여 임시정부에 활기를 불어넣으려 하였다(1931).

한인애국단의 활동

🖋 이봉창은 도쿄에서 일본 국왕이 타고가는 마차 행렬에 폭탄을 던졌다. 비록 국왕(천황)을 죽이지는 못했지만 일제에 큰 충격을 주었다(1932).

🖋 윤봉길은 상하이 홍커우 공원에서 열린 일본 국왕의 생일 및 상하이 사변 승리를 축하하는 기념식장에서 폭탄을 던져 일본의 중국 침략 파견군 고위 장성을 처단하였다(1932).

🖋 이봉창·윤봉길의 의거는 조선인의 독립의지를 보여주었고, 중국 국민당 정부가 임시정부를 지원하는 계기를 만들었다. 그러나 일본이 임시정부를 강력히 탄압하게 되면서 임시정부는 1919년부터 있었던 상하이를 떠나 이동 하게 되었다(1932).

◐ **윤봉길 의사 유품(국립중앙박물관)**

◐ **이봉창의사 선언문(국립중앙박물관)**

개별적인 의열 투쟁

강우규는 3·1 운동 직후 새로부임한 총독 사이토에게 폭탄을 던졌으며(1919), 조명하는 타이완에서 천황의 장인인 일본 육군 대장을 죽였다(1928).

1921. 9. 김익상 조선 총독부 폭탄 투척
1923. 1. 김상옥 종로 경찰서 폭파
1926.12. 나석주 식산 은행, 동양 척식 주식 회사에 폭탄 투척

1920. 12. 최수봉 밀양 경찰서 폭탄 투척

서울
밀양
부산
도쿄
상하이

1924. 1. 김지섭 이중교 폭탄 투척

1920. 9. 박재혁 부산 경찰서 폭탄 투척

1922. 3. 김익상, 이종암, 오성륜 일본 육군 대장 다나까 저격

◐ **의열단의 활동**

💬 김원봉(1898~1958)

김원봉은 경남 밀양 출신으로 신흥무관학교를 다니다 만주에서 의열단을 조직하고 단장이 되었다. 당시 일제가 김원봉에게 내건 현상금이 100만원이었는데, 요즘 돈으로 300억에 달한다고 한다. 초창기 의열단의 활동은 무정부주의의 영향을 받았다. 무정부주의는 인간의 자유를 억압하는 국가나 권력 기구를 거부했으며 무정부주의자들은 이러한 억압 기구를 타도하기 위해 폭력 투쟁을 전개하였다. 의열단도 그 영향을 받아 일제의 지배 기구를 타도하기 위하여 투쟁하였다.

그러나 김원봉은 개별적인 폭력 투쟁만으로는 조국을 해방시킬 수 없으며 민중을 무장시켜 항일 군대를 조직해야겠다고 생각하였다. 김원봉은 그를 따르는 단원들과 함께 중국의 황푸 군관 학교에 입교하여 군사 훈련을 받았다. 졸업 후에는 난징에 조선 혁명 간부 학교를 설립하여 청년들에게 군사 훈련을 실시하였다. 그는 점차 사회주의에 가까운 행보를 보였지만 확고한 공산주의자는 아니었고 독립을 위하여 모든 조선인이 단결해야 한다는 생각을 갖고 있었다. 그런 신념에서 그는 민족유일당 운동을 꾸준히 추진하였고, 결국 1935년에 의열단을 중심으로 좌우의 5개 정당이 연합하여 민족혁명당을 결성하였다. 그러나 임시정부가 참여하지 않았고, 좌우 대립이 다시 격화되면서 조소앙, 지청천 등의 우파 진영이 탈당하고 민족혁명당의 세력이 위축되었다.

🔵 조선의용대 사령관 약산
김원봉(위키피디아)

김원봉은 민족혁명당을 조선민족혁명당으로 개칭하고 다른 활동가들을 끌어들여 조선민족전선연맹을 조직하였다. 또한 중국 국민당의 지원을 받아 양쯔 강 중류 지역인 우한에서 조선의용대를 창설하고 사령관이 되었다. 그러나 조선의용대는 중국 국민당 군대의 보조적 역할을 하였고 일본군과 직접적으로 전투를 벌이기도 힘들었다. 또한 김원봉은 철저한 사회주의자라기보다 민족의 단결을 강조하였고 중국 국민당과 임시정부와도 관계를 유지하였는데, 이에 불만을 품고 보다 사회주의 이념에 충실하려는 인사들과 갈등이 일어나기도 하였다. 결국 조선의용대 대원 상당수가 일본군과 치열한 전투가 벌어지고 있었던 화북 지역으로 이동하였다. 당시 화북의 옌안 지역에는 중국 공산당과 함께 활동하던 조선인들이 있었는데, 화북으로 이동한 대원들은 그들과 손잡고 조선의용대 화북지대를 결성하였다.

1941년에 태평양 전쟁이 터지면서 일본이 미국과 전쟁을 시작하자 많은 독립 운동가들은 해방의 날이 멀지 않았음을 깨달았다. 김원봉은 조선민족혁명당과 조선의용대를 이끌고 임시정부에 합류하였다. 김원봉은 임시정부 군무부장과 광복군 부사령관 등을 지내면서 귀국할 때도 임시정부 인사로 들어와 좌우합작을 추진하였다. 그러나 임시정부가 좌우합작을 거부하자 좌파 진영에 합류하였다. 이후 김원봉은 친일 경찰에 의해 폭동 주동자로 몰려 체포 · 고문을 당하게 되고 남한의 상황에 절망을 느끼게 되었다. 결국 김원봉은 남북협상 대표로 평양을 방문한 뒤 돌아오지 않고 북한에 남게 된다. 김원봉은 북한에서 국가검열상 등의 고위직을 역임하였지만 6 · 25 전쟁에는 반대한 것으로 알려져있다. 결국 김일성에 의해 숙청당해 쓸쓸히 세상을 떠났고 그의 최후도 정확하게 알려져 있지 않다. 남한에 남은 그의 가족들도 6 · 25때 대부분 처형당하였다.

58 1930년대 이후의 민족 운동

3·1 운동	다수의 임시정부 수립	대한민국 임시정부 수립과 제1차 개헌	국민 대표 회의	이승만 탄핵과 제2차 개헌	제3차 개헌	정부 이동	제4차 개헌	제5차 개헌
	1919		1923	1925	1927	1932	1940	1944

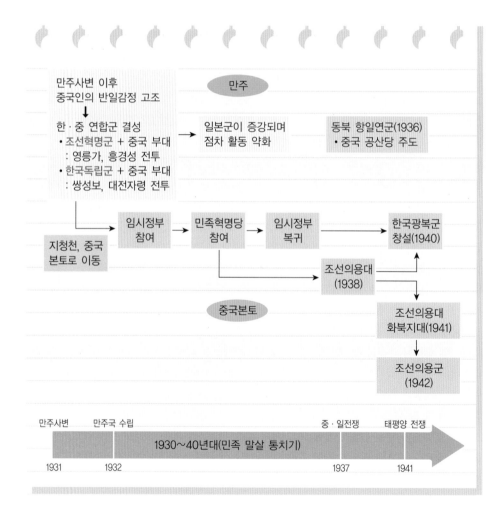

만주사변 이후 중국인의 반일감정 고조
↓
한·중 연합군 결성
• 조선혁명군 + 중국 부대 : 영릉가, 흥경성 전투
• 한국독립군 + 중국 부대 : 쌍성보, 대전자령 전투

만주

일본군이 증강되며 점차 활동 약화

동북 항일연군(1936)
• 중국 공산당 주도

지청천, 중국 본토로 이동

임시정부 참여 → 민족혁명당 참여 → 임시정부 복귀 → 한국광복군 창설(1940)

조선의용대 (1938)

중국본토

조선의용대 화북지대(1941)
↓
조선의용군 (1942)

만주사변	만주국 수립			중·일전쟁	태평양 전쟁
		1930~40년대(민족 말살 통치기)			
1931	1932			1937	1941

1930년대의 만주

배경

① 1920년대 후반에 혁신 의회는 한국 독립당과 한국 독립군을 조직하여 북만주를 중심으로 활동하였다. 국민부는 조선 혁명당과 조선 혁명군을 조직하여 남만주 일대에서 활동하였다.

② 이런 상황에서 일본은 만주 사변(1931)을 일으켜 만주를 점령하고, 일본의 꼭두각시 국가(괴뢰국)인 만주국을 세워(1932) 만주를 실질적으로 지배하였다. 이런 분위기에서 중국인들의 반일 감정이 높아졌고, 일제에 저항하는 중국인 군사 조직들이 등장하여 일본군과 충돌하였다. 중국인 군사 조직들은 만주에서 활동하고 있던 한국의 독립군과 한·중 연합군을 조직하여 일본군과 일본의 괴뢰 군대인 만주군에 함께 맞서 싸웠다.

◐ **조선혁명군 사령관 양세봉**(위키피디아)

조선 혁명군과 한국 독립군의 활동

① 남만주의 조선 혁명군은 사령관 양세봉의 지휘하에 중국 의용군과 연합하여 일본군과 싸웠다. 영릉가 전투(1932)와 홍경성 전투(1933)에서는 일본군을 물리치고 승리를 거두었다. 그러나 일본군의 병력이 점점 증강되면서 활동은 어려워졌고 양세봉 장군은 적에게 살해당하였다. 이런 어려움 속에서 조선 혁명군은 용감하게 싸웠지만 차츰 열세에 몰리면서 점차 쇠퇴하였다.

② 북만주의 한국독립군은 지청천의 지휘 아래 중국 호로군과 연합하여 투쟁하였다. 쌍성보 전투(1932), 대전자령 전투(1933), 사도하자 전투(1933)에서 일본군과 싸웠으나 점차 만주에서의 투쟁이 어려워지자 지청천은 임시 정부의 요청을 받아 부하들과 함께 중국 관내로 이동하였다(1933).

동북항일연군과 조국광복회

만주에서 중국 공산당의 주도로 일제에 저항하는 여러 민족의 공동 전선인 동북항일연군이 편성되었다(1936). 또한 만주에서 활동하던 조선인과 국내의 조선인이 연합하여 조국광복회라는 조직을 결성하기도 하였다(1936).

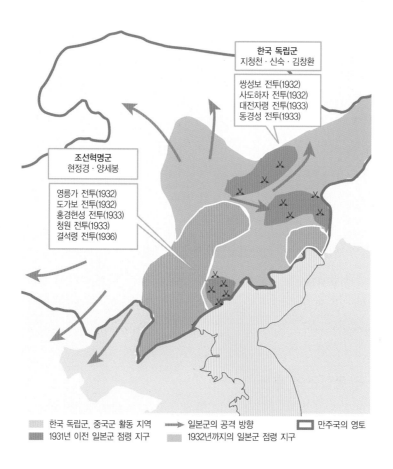

한국 독립군
지청천 · 신숙 · 김창환

쌍성보 전투(1932)
사도하자 전투(1932)
대전자령 전투(1933)
동경성 전투(1933)

조선혁명군
현정경 · 양세봉

영릉가 전투(1932)
도가보 전투(1932)
흥경현성 전투(1933)
청원 전투(1933)
결석령 전투(1936)

한국 독립군, 중국군 활동 지역 　➡ 일본군의 공격 방향 　▭ 만주국의 영토
1931년 이전 일본군 점령 지구 　1932년까지의 일본군 점령 지구

1930년대 이후의 중국 관내

위기의 임시 정부

만리 장성 남쪽의 중국 본토에는 오래전부터 독립 운동가들이 활동해 왔다. 크게 나누어 보면 민족주의 계열과 사회주의 계열의 독립 운동가들이 있었다. 민족주의 계열의 독립운동 조직으로는 임시정부가 있었다. 3 · 1 운동 이후 수립된 대한민국 임시정부는 초창기에는 대부분의 독립 운동가들이 참여하여 임시정부다운 위상을 가졌으나 점차 활동이 위축되면서 김구를 비롯한 일부 민족주의 계열의 독립 운동가들에 의해 조직을 유지하고 있었다.

민족 유일당 운동과 민족 혁명당

한편, 의열단이 주도하여 민족혁명당이 조직되었다(1935). 중국 국민당과 공산당이 연합하는 제1차 국공합작(1924~1927)이 성립된 이후 조선의 독립 운동가들 사이에서도 좌우 합작의 민족 유일당을 조직하자는 운동이 벌어졌다. 민족 유일당 운동은 만주에 영향을 미쳐 참의부, 정의부, 신민부를 통합하자는 3부 통합 운동으로 이어졌고, 조선에서는 민족 협동 전선으로 신간회가 조직되었다(1927). 그러나 중국 관내에서는 큰 성과가 없었는데, 의열단이 주도하여 좌우의 5개 조직이 모여 민족 혁명당을 조직하였다. 민족 혁명당은 민족 유일당을 표방하였고, 임시정부의 무기력에 실망한 민족주의 진영에서도 다수 참여하였다. 임시정부는 큰 위기를 맞이하였다.

민족혁명당의 분열과 임시 정부의 재기

그러나 민족혁명당 내부에서 의열단과 김원봉이 주도권을 장악하자 불만을 가진 민족주의 진영이 이탈하였다. 1935년에는 조소앙이, 1937년에는 지청천이 탈당하였다. 조소앙, 지청천이 중심이 된 이탈 세력은 임시정부로 다시 돌아갔고 이후 임시정부는 민족주의 진영을 중심으로 다시 어느 정도 세력을 회복하였다. 민족주의 진영이 대거 이탈하자 김원봉을 중심으로 한 사회주의 진영이 중심이 된 민족혁명당은 이름을 조선민족혁명당으로 개칭하였다(1937). 대체로 우익 계열은 한국, 좌익 계열은 조선이라는 국호를 선호하는 경향이 있었다. 우파들은 임시정부에, 좌파들은 조선민족혁명당에 모여 있었기 때문에 임시정부와 조선민족혁명당이 손을 잡으면 중국 관내에서 좌우 합작이 이루어질 수 있었으나 뚜렷한 성과를 거두지는 못하였다.

● 조선의용대 성립 기념사진(위키피디아)

조선의용대 창설(1938)

한편, 조선민족혁명당을 중심으로 좌익 진영이 모여들면서 조선 민족 전선 연맹이 조직되었다(1937). 조선 민족 전선 연맹은 중일 전쟁 발발 이후 중국 국민당 정부의 지원을 받아 조선의용대를 창설하였다. 조선의용대는 중국 관내에서 조직된 최초의 조선인 무장 부대로서 중국 국민당 군대를 지원하면서 정보 수집, 포로 심문 등의 활동을 하였다. 그러나 이러한 소극적인 활동에 불만을 품는 사람들이 늘어나면서, 일부가 화북 지역으로 이동하여 조선의용대 화북지대를 결성하였다(1941).

한국광복군 창설(1940)

중일 전쟁 발발 이후 임시정부는 일본군의 공격을 피해 계속 이동을 하다 쓰촨 지방의 충칭에 정착하면서 안정을 찾았다. 임시정부는 중국 국민당 정부의 지원을 받아 직할 부대로 한국광복군을 창설하였다. 사령관 지청천을 비롯한 다수가 만주에서 이동해 온 한국독립군 출신이었다. 이제 중국 관내에는 조선의용대와 한국광복군의 두 군사조직이 존재하였다. 1941년에는 조선의용대의 일부가 화북 지역으로 이동하여 조선의용대 화북지대를 결성하면서 세 개의 군사조직이 존재하였다.

조선민족혁명당의 임시정부 합류(1942)

1941년 12월에 태평양 전쟁이 발발하면서 일본군의 패배가 예견되자 임시정부와 조선민족혁명당은 연합의 필요성을 느끼게 되었다. 원래 임시정부의 우파 세력은 한국국민당(김구), 한국독립당(조소앙), 조선혁명당(지청천)으로 나누어져 있었는데, 1940년에 합당하여 한국독립당이 되었다. 따라서 임시정부 안에는 우파들의 한국독립당 만이 존재하였는데, 1942년에 조선민족혁명당이 합류하면서 임시정부에는 두 개의 정당이 존재하게 되었다. 한국독립당이 여당, 조선민족혁명당이 야당 역할을 하였다. 한편 조선의용대는 한국광복군에 흡수되면서 조선의용대 사령관이었던 김원봉은 한국광복군 부사령관이 되었다. 그러자 화북에 있던 조선의용대 화북지대는 부대를 조선의용군으로 개편하였다.

🔵 조선독립동맹의 주석 김두봉, 주시경의 제자로 한글학자 출신이다.(위키피디아)

조선독립동맹과 조선의용군(1942)

국권 피탈 이후 많은 조선인이 독립 운동을 위해 중국에 건너갔고 일부는 독립운동을 위해 사회주의 사상을 받아들였다. 다시 그중 일부는 중국 공산당과 함께 활동하고 있었는데, 당시 중국 공산당은 중국 국민당의 공격을 피해 화북의 옌안 지역에 자리 잡고 있었다. 옌안에는 중국공산당과 함께 활동하던 조선인들이 있었다. 이무렵 양쯔강 유역에서 조선의용대가 중국 국민당 군대의 지원 부대로 활동하고 있었다. 활동에 한계가 있던 조선의용대의 상황에 불만을 가진 대원 다수가 화북 지역으로 이동하여 옌안에 합류하였다. 이들은 옌안에 있던 사람들과 함께 화북조선청년연합회라는 정치 조직을 결성하고 군사 조직으로 조선의용대 화북지대를 조직하였다(1941). 이후 조선민족혁명당과 조선의용대가 임시정부와 한국광복군에 합류하게 되자, 조직을 개편하였다. 정치조직으로는 조선독립동맹, 군사조직으로는 조선의용군이 결성되었다 (1942). 조선독립동맹의 지도자는 주시경의 제자였던 한글학자 출신의 김두봉이 추대되었고, 조선의용군은 김무정이 사령관이 되었다.

◯ 광복군 정복(국립중앙박물관)

임시정부와 조선독립동맹

충칭의 임시정부와 옌안의 조선독립동맹은 서로 연대하기로 합의하였다. 그러나 곧 해방이 되면서 별다른 성과 없이 각자 자신의 길을 가게 되었다. 임시정부와 한국광복군은 해방 이후 곧 서울로 귀국하였다. 그러나 조선독립동맹의 주요 인물들은 해방 이후 북한에 들어가 북한 정권의 구성원이 되었고, 조선의용군의 일부도 6·25 발발 전에 북한의 인민군에 편입되었다. 조선 독립 동맹과 조선 의용군 출신의 독립 운동가들은 북한 정권에서 연안(옌안)파로 불리었다. 초창기 북한 정권의 주요 세력이었으나 김일성의 독재권력이 강화되면서 점차 숙청당하고 살아남은 사람들은 중국으로 망명하였다.

◯ 중일전쟁 이후 조선인들의 전쟁 참여를 독려하는 조선총독부 문서(출처 국사편찬위원회, 소장 박건호)

◯ 카이로 회담에 참석한 미국, 영국, 중국의 정상들, 카이로회담의 결과 발표된 카이로선언(1943)에서 한국의 독립이 최초로 약속되었다. 이는 포츠담선언 (1945)에서 재확인되었다.(위키피디아)

◯ 황국 신민의 서사(출처 국사편찬위원회, 소장 박건호)

💬 조선의용대와 조선의용군

1937년, 중·일 전쟁이 일어나자 임시정부와 노선을 달리하는 독립 운동가들은 민족혁명당을 계승한 조선민족혁명당을 중심으로 조선민족전선연맹을 결성하였다.

1938년, 조선민족전선연맹은 중국 국민당 정부의 지원을 받아 군사 조직인 조선의용대를 결성하였다. 조선의용대는 정보 수집, 포로 심문 등을 통해 중국 국민당 군대를 지원하였다. 그러나 일본군과 직접 전선에서 총을 들고 싸우기를 원했던 대원 일부는 일본군과 전투가 벌어지는 최전선이었던 화북 지역으로 이동하였다. 화북 지역에는 이미 현지에서 활동하던 독립 운동가들이 있었으며 이들은 주로 중국 공산당의 근거지인 옌안에서 활동하고 있었다.

1941년, 화북으로 이동한 조선의용대 일부는 현지의 독립운동가와 함께 화북 조선청년연합회를 결성하고 군사 조직으로는 조선의용대 화북지대를 만들어 중국 공산군과 함께 일본군에 맞서 싸웠다. 특히 호가장 전투, 반소탕전 등이 조선의용대 화북지대의 전투로 유명하다.

1942년, 태평양 전쟁 이후 조선민족혁명당이 임시 정부에 합류하고 조선의용대가 한국광복군에 통합되자 조선의용대 화북지대는 조선의용군으로 개편되었다. 화북 조선청년연합회는 사회주의자들이 주도하여 조선 독립 동맹으로 발전하였다. 조선의용군은 중국 공산당 군대인 팔로군과 함께 항일 투쟁을 벌였다. 또한 충칭에 있는 대한민국 임시정부와 통합을 논의하였으나 일제의 항복으로 성과를 거두지 못하였다.

◎ 한국광복군 청년공작대
(위키피디아)

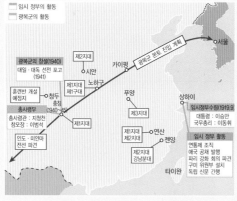

◎ 한국광복군의 활동

💬 한국광복군의 활동

① 대한민국 임시정부는 정부 수립 당시부터 외교 노선과 무장 투쟁 노선을 함께 병행하기로 하면서 군대를 창설하려 노력하였다. 상하이에 육군 무관 학교를 설립하여 자체적으로 군 간부를 양성하는 한편 만주 지역의 독립군을 임시 정부 산하로 편입하려 하였다. 그 결과 만주에

서 활동하던 북로군정서, 서로군정서, 참의부 등이 임시 정부 산하의 군대임을 표방하였으나 직접적으로 임시 정부가 지휘하는 것은 현실적으로 어려웠다.

② 윤봉길의 의거를 계기로 중국 정부의 지원을 받게 되면서 임시 정부는 중국 국민당 정부가 운영하는 뤄양 군관학교에 한인특별반을 설치하고 중국 중앙 육군 군관학교에도 한국 청년들을 입교시켜 군사 인재를 양성하려 노력하였다. 특히 중·일 전쟁 발발 이후 군대 창설의 의지는 강해졌으나 일본군이 중국 곳곳을 점령하고 임시 정부가 계속 피난 다니는 상황에서 실행이 어려웠다.

③ 1940년 9월 17일, 중국의 임시 수도인 충칭에 정착하면서 지청천을 총사령관으로 하여 한국 광복군을 창설하였다. 중국 국민당 정부는 한국광복군 창설을 허용하는 대신 '한국광복군 행동준승 9개 조항'을 조건으로 내걸면서 한국광복군을 중국군의 통제하에 두도록 하였다. 임시 정부는 분개하면서 이를 폐기하려 노력하였다.

해방후의 어느 광복군(위키피디아)

광복군은 이전부터 활동하던 한인 군사 조직을 흡수하는 한편, 중국 각지에 살던 한국인들이나 일본군에 끌려갔다 탈출한 한국 청년들을 대상으로 대원을 모집하고 훈련소를 운영하였다.

④ 1941년, 태평양 전쟁이 발발하자 임시정부는 일본에 선전포고를 하고 연합군의 일원으로 참전할 것을 선언하였다.

⑤ 1942년, 조선민족혁명당이 임시정부에 참여하자 조선의용대도 한국광복군에 합류하여 병력이 증강되었다.

⑥ 1943년, 영국군의 요청으로 인도·미얀마 전선에 한국광복군 공작대를 파견하였다. 일본어에 능통하였던 광복군 대원들은 포로 심문, 암호문 번역과 선전전단 작성, 회유방송 등의 심리전 활동을 활발히 전개하였다

⑦ 1944년, 행동 준승이 폐기되면서 임시정부가 광복군의 통수권을 행사하게 되었다.

⑧ 1945년, 광복군은 미국 전략정보처(OSS)의 지원을 받아 정예 대원들을 선발하여 특수 훈련을 받게 하였고, 1945년 8월에는 3개월 과정의 훈련을 마친 제1기생들이 배출되었다. 이들은 잠수함을 타고 침투하여 국내에서 파괴 공작을 벌이도록 계획되었다. 그러나 국내진공작전은 실행 직전에 일본의 항복으로 취소되었고, 김구는 이를 크게 아쉬워하였다.

⑨ 해방 이후 한국광복군은 국내에 들어와 1946년 6월에 해산되었고, 일부 대원들은 국군에 참여하였다. 광복군의 한계를 지적하는 이들도 있으나 광복군은 임시정부의 군대로 주어진 여건 속에서 조국의 해방을 위해 노력하였다. 현재 국군의 날은 6·25 전쟁 당시 국군이 38도선을 돌파한 10월 1일로 정해져 있는데, 광복군 창설일을 국군의 날로 다시 정해야 한다는 주장이 있다.

59 민족 문화 수호 운동

1910년대	3·1 운동 (1919)	1920년대	민주 사변 (1931)	1930~1940년대	
무단통치		문화통치		민족말살통치	중·일 전쟁 이후 민족말살통치 강화

국사연구

근대 계몽 사학
-위인전, 외국 흥망사 간행
-신채호의 '독사신론' : 민족주의 역사학의 방향 제시

→ **민족주의 사학**
-박은식
근현대사 중시, '혼' 강조, '한국통사'·'한국독립운동지혈사' 저술
-신채호
고대사 중시, '낭가사상' 강조, '조선혁명선언'·'조선상고사'·'조선사연구초' 저술

→ **민족주의 사학 (1930년대)**
-정인보, 안재홍, 문일평
-정약용 연구를 중심으로 조선학 운동 전개

→ 다수인사들이 6.25 전쟁 때 납북

해방 이후
-분단과 전쟁을 거치며 실증 사학이 주류 형성

사회 경제 사학
-유물 사관의 입장에서 한국사 연구, 백남운
-한국사도 세계사적인 보편 법칙에 따라 발전해왔음을 강조
-민족주의 사학의 정신주의와 식민사관의 정체성론 모두 비판 분단 이후 월북

실증 사학
-이병도, 손진태, 진단학회 조직, '진단학보' 발간
-문헌 고증을 통해 객관적 사실을 정확히 증명하려 노력

국어연구

-국문연구소 설립
-유길준의 '대한문전', 주시경의 '국어문법' 출간

→ **조선어연구회 (1921)**
- 가갸날 제정, 기관지 '한글' 창간

→ **조선어학회(1931)**
-문맹 퇴치 운동 지원
-한글 맞춤법 통일안, 표준어·외래어 표기법 제정
-'우리말 큰사전' 편찬 시도 → 조선어학회 사건으로 중단, 조선어학회 해산

→ **한글학회**
-해방 이후 사전 완간

1900년대	일제강점기			해방이후
	1910년대	1920년대	1930년대~40년대	

일제의 문화 정책

일본은 한국인을 일본인으로 동화시키기 위하여 우민화·황국신민화 정책을 실시하였다. 우민화(愚民化)는 어리석은 백성으로 만든다는 의미이다. 이에 맞서 우리의 문화적 정체성을 지키기 위한 연구가 활발하게 진행되었다.

국사 연구

배경

일본은 고대부터 우리의 역사를 왜곡하면서 스스로의 우월성을 조작하려 하였다. 일제는 한일 병합 이전부터 이미 한국사에 대한 조직적인 왜곡을 행하였는데, 특히 한국인은 일본인보다 열등하다면서 한국사의 정체성, 타율성, 당파성을 강조하였다. 이러한 일본의 역사 왜곡을 식민사관이라 한다. 이에 맞서는 한국인의 역사 연구는 크게 세 방향에서 이루어졌는데 민족주의 사학, 사회 경제 사학, 실증 사학이 그것이다.

민족주의 사학

① 특징

　민족주의 사학은 민족의 우수성을 주장하면서 한국인의 위대한 정신을 강조하였다. 학문적인 진리를 엄밀하게 밝히는 것이 아니라 독립 운동의 방법으로 역사를 연구하다 보니 관념적이고 객관성이 부족하다는 한계가 있었다.

② 초기의 민족주의 사학자는 박은식과 신채호가 있다.

　박은식은 근현대사를 중심으로 연구하였고, 민족 정신으로 '혼'을 강조하였다. '한국통사'와 '한국독립운동지혈사'를 저술하여 일제의 침략과 독립 운동의 역사를 서술하였다. 박은식은 양명학자로 유교 개혁 운동을 벌였고, 임시정부의 제2대 대통령을 지내기도 하였다.

　신채호는 고대사를 주로 연구하였고, 민족 고유의 사상으로 '낭가 사상'을 강조하였다. 한일 병합 이전인 1908년에 '독사신론'을 대한매일신보에 연재하여 근대 민

● 백남운의 조선봉건사회경
제사(위키피디아)

족주의 역사학의 연구 방향을 제시하기도 하였다. 신채호는 '조선상고사'와 '조선
사연구초'를 저술하였는데, 역사를 아(我)와 비아(非我)의 투쟁이라 보았고, 묘청
의 난을 자주 사상의 표현으로 높이 평가하였다. 신채호는 점차 무정부주의에 관
심을 갖게 되었고, 민중의 직접적인 폭력 투쟁을 통한 독립을 추구하였다. 또한 의
열단의 강령이라 할 수 있는 '조선혁명선언(1923)'을 저술하였다. 박은식이 쓴 글
은 한국, 신채호가 쓴 글은 조선이라는 국호를 사용하였음을 알 수 있다.

③ 이후 정인보, 안재홍, 문일평 등의 민족주의 역사학자들이 박은식과 신채호의 뒤
를 이었다. 이들은 정약용 연구를 시작으로 실학에 대하여 많은 관심을 가졌으며
조선학 운동을 제창하였다. 또한 정인보는 '얼', 문일평은 '조선심'을 강조하였다.

사회 경제 사학

① 특징

사회 경제 사학은 사회주의자들의 역사관으로 마르크스가 주장한 역사 발전론에
입각하여 우리 역사를 연구하였다. 마르크스는 역사는 원시 공산제-고대 노예
제-중세 봉건제-근대 자본주의를 거쳐 미래 공산주의 사회로 발전한다고 주장하
였다.

당시 일본의 식민사학자들은 정체성론을 내세워 일본이 정상적인 발전단계를 거
쳐 근대로 발전한 데 비하여, 조선의 발전단계는 고대를 벗어나지 못하였다 주장
하였다. 일제의 식민 사관이 우리 민족이 다른 민족보다 특별히 열등하다고 주장
한데 비하여, 민족주의 사학은 우리 민족이 다른 민족보다 특별히 우수하다고 주
장하였다. 그러나 사회 경제 사학은 우리 민족이 다른 민족보다 열등하지도 우수
하지도 않고, 남들과 똑같은 세계사의 보편적인 역사 발전 단계를 밟아왔다 주장
하였다.

② 식민사관에 맞서 백남운은 '조선사회경제사'와 '조선봉건사회경제사'를 저술하
여 우리 역사에도 봉건제 단계가 있었다고 주장하였다.

③ 사회 경제 사학은 일제의 정체성론을 비판하면서 민족주의 사학에 대하여도 관념
적이라 비판하였다. 이는 사회주의 이념에 따른 비판이었다.

실증 사학

① 특징

실증 사학은 개별적 사실을 어떤 관념이나 법칙성을 배제하고 있는 그대로 객관적으로 연구할 것을 주장하였다. 이는 근대 역사학의 아버지로 불리는 19세기 독일의 역사가 랑케의 주장으로 이러한 연구 방법론을 한국인 학자들이 일본에서 공부해 와 하나의 학문적 흐름으로 정립하였다.

② 이병도, 손진태 등은 진단학회(1934)를 조직하고 '진단학보'를 발행하였다. 이들은 학문을 객관적으로 연구할 것을 강조하였는데 일제를 비판하는 데는 소극적이라는 한계를 가지고 있었다.

◐ 조선말 큰사전 원고(문화재청)

해방 이후의 상황

해방 이후 민족주의 사학자와 사회 경제 사학자들이 북한으로 납북되거나 자진해서 월북한 상황에서 실증 사학이 우리 역사학계의 주류를 이루게 되었다.

국어 연구

배경

한일 병합 이전 국어 연구의 기틀을 확립한 인물은 주시경이다. 주시경이 사망한 이후 그의 제자들이 한글을 계속하여 연구하였다.

주요단체의 활동

✎ 3 · 1 운동 이후 조직된 '조선어연구회(1921)'는 한글날의 전신인 '가갸날'을 제정하고, '한글' 잡지를 발행하기 시작하였다.

✎ 조선어연구회를 확대 개편한 '조선어학회(1931)'는 한글맞춤법 통일안과 표준어, 외래어의 표기법을 제정하였다. 신문사들이 주도하는 문맹 퇴치 운동에 참여하면서 한글 학습 교재를 제작하기도 하였다. 조선어학회는 우리말 큰 사전 편찬 사업을

6일차 일제강점기

시작하였으나 조선어학회 사건(1942)으로 일제의 탄압을 받아 해체되었다.

◎ 김소월 시집 '진달래 꽃'
(문화재청)

✎ 우리 말 큰 사전은 해방 이후인 1957년에 조선어학회의 후신인 한글학회에 의해 완성되었다.

문학과 예술

◎ 영화 '아리랑'을 만들고 주연을 맡았던 나운규(위키피디아)

문학

1910년대까지 계몽적 성격에 머무르던 문학은 1920년대 이후 다양한 문예 사조가 등장하였다. '창조', '폐허' 등의 동인지를 중심으로 활동하던 문인들은 낭만주의적인 경향과 사회 현실을 사실대로 묘사하는 사실주의적인 경향을 함께 보여주었다. 1920년대 중반에는 사회주의의 영향을 받은 신경향파 문학이 등장하고, 카프(KAPF, 조선 프롤레타리아 예술가 동맹)가 조직되면서 프로 문학이 대두하였다. 김소월·한용운 등은 우리 민족 고유의 정서를 바탕으로 하는 시를 지었고, 심훈·윤동주·이육사 등은 민족 의식을 담아 일제의 통치에 저항하는 작품을 발표하였다. 반면 일제의 탄압이 심해지자 친일 문학을 발표하는 문인들도 늘어났다.

연극과 영화

판소리, 가면극 등의 전통 공연 예술이 위축되면서 일본의 영향을 받은 신파극이 유행하였다. 한편, 서구의 근대적인 연극이 도입되면서 토월회, 극예술 연구회 등이 결성되어 활동하였다.

부산에서 우리나라 최초의 영화 제작사인 조선 키네마 주식회사가 설립되었다. 나운규는 민족적 정서를 담은 영화 '아리랑'을 발표하였는데(1926), 우리 영화 발전에 큰 흔적을 남긴 작품이었다. 미국의 영화도 도입되었고 변사가 대사를 읽어주던 무성 영화 대신 소리가 나는 유성 영화가 제작되었다. 중일 전쟁 이후에는 일본이 문화·예술에 대한 통제를 더욱 강화하면서 친일적 성향의 예술 활동이 증가했다.

한·걸·음·더

💬 박은식(1859~1925)

① 박은식는 황해도 출신으로 어릴 때 한학을 공부하고 향시에 합격하여 작은 벼슬을 지내기도 하였다. 이 무렵 박은식은 학문이 깊어지면서 성리학자로 이름을 날리게 되었다. 그러나 계몽사상을 받아들이면서 독립협회에서 활동하였고, 황성신문 주필을 지냈다. 대한매일신보에도 글을 썼으며, 대한자강회와 신민회에 가입하여 활동하기도 하였다.

② 박은식은 '유교구신론'을 발표하여 양명학의 입장에서 성리학의 문제점을 지적하고 유교의 개혁을 주장하였다. 한·일 병합 이후에는 중국으로 망명하여 독립 운동을 전개하였다. 상하이에서 '한국통사(韓國痛史)'를 완성해 중국 출판사에서 1915년에 간행하였다. 한국통사는 대원군이 집권한 이후인 1864년부터 1911년까지의 근대사를 일제의 침략사를 중심으로 서술하였다. 한국통사는 국내에 유입되어 한국인들에게 독립 의지를 심어주었다. 당황한 일본은 조선반도사 편찬위원회(조선사 편수회로 개칭)를 조직하였고, 식민사관을 집대성한 '조선사'를 발행하였다. 조선사는 편찬 요지에서 책을 만들게 된 동기가 한국통사가 주는 해독을 없애기 위해서라고 밝히고 있다. 이를 보면 한국통사가 얼마나 큰 영향을 주었는지 알 수 있다. 1920년에는 '한국독립운동지혈사'를 간행하여, 1884년 갑신정변부터 1920년대까지 항일 투쟁의 역사를 서술하였다.

◎ 단재 신채호 선생(위키피디아)

③ 임시정부에서 활동하다 이승만 탄핵 이후에는 제2대 대통령으로 추대되었는데, 대통령제 헌법을 국무령 중심의 내각제로 개편한 뒤에 사퇴하였다. 사퇴한 그 해에 병으로 사망하였다.

💬 신채호(1880~1936)

신채호도 박은식처럼 어릴 때 한학을 공부하여 성균관에 입학하기도 하였다. 그러나 일찍부터 애국계몽운동에 뜻을 두고 황성신문과 대한매일신보에서 기자와 주필로 활동하며 언론을 통한 항일 투쟁에 나섰다. 신채호는 대한매일신보에 '독사신론'(1908)을 발표하여 민족을 중심으로 역사를 서술할 것을 주장하면서 앞으로 발전할 민족주의 역사학의 방향을 제시하였다. 신민회에 참여하여 활동하던 그는 국권피탈을 전후하여 중국에 가서 활동하였다.

◎ 임시정부 제2대 대통령 박은식 선생(위키피디아)

임시정부가 조직되자 임시정부에 참여하였으나 이승만이 대통령이 되자 그가 미국 대통령에게 국제 연맹 위임 통치를 청원한 사실을 비판하면서 강력하게 반발하였다. 1923년에 김원봉의 부탁을 받아 의열단을 위하여 '조선혁명선언'을 저술하였고, 국민대표회의에서 임시정부를 대신해 새로운 조직을 만들자는 창조파를 이끌며 활동하였다.

신채호는 초창기에는 역사의 주체를 영웅으로 보는 사관을 가지고 민족을 구원할 영웅을 기다리며 다수의 위인전을 저술하기도 하였다. 그러나 조선혁명선언을 발표할 무렵부터 점차 무정부주의적인 입장을 보이며 민중 중심의 역사관으로 바뀌어갔다. 신채호가 역사를 보는 시각은 '조선사연구초', '조선상고사' 등에 뚜렷이 나타나있다. 신라의 삼국 통일을 비판하고 묘청의 서경 천도 운동을 높이 평가하는 등의 주장은 오늘날 현대인의 역사관에도 큰 영향을 미쳤다.

무정부주의자로 활발히 활동하던 신채호는 활동 자금을 마련하기 위해 타이완으로 가던 중 일제에게 체포되어 8년간 갇혀 있다가 뤼순 감옥에서 순국하였다.

💬 해외 동포 사회의 형성

(1) 만주

19세기 후반부터 농민들은 기근과 수탈을 피해 만주로 이주하였다. 특히 두만강 건너 북간도가 조선인들이 가장 많이 이주한 지역이었다. 농민들은 대부분 평안도와 함경도 출신으로 황무지를 개간하여 벼농사를 짓고 마을을 이루면서 한인 사회를 형성하였다. 국권피탈을 전후하여 많은 독립운동가들이 건너가 독립운동기지를 건설하였다.

일제는 독립군의 기반인 만주의 한인들을 핍박하였으며 간도 참변·미쓰야 협정 등으로 수많은 동포들이 피해를 입었다. 또한 일제는 만주 사변 이후 만주 개척을 위하여 많은 조선인들을 이주시키면서 만주 지역의 한인 인구가 크게 늘어났다.

🔵 일제강점기의 술 광고, 건강에 도움이 된다고 주장하고 있다.(출처 국사편찬위원회, 소장 박건호)

일본의 패망 이후 국민당과 공산당의 내전이 벌어졌을 때 많은 한인들이 조선의용군에 입대하여 공산당을 지원하였고, 그 결과 중화 인민 공화국이 수립된 이후에는 중국 공민의 자격을 인정받고 옌볜 조선족 자치주를 건설할 수 있었다

(2) 연해주

19세기 후반부터 연해주 지역에 대한 농민들의 이주가 시작되었고 황무지를 개간하고 한인촌을 만들었다. 국권 피탈 무렵에 많은 독립 운동가들이 이주하여 활발한 독립 운동이 전개되기도 하였다. 연해주 지역의 주민들은 러시아에서 카레이스키(고려인)라 불렸는데, 러시아 혁명 이후에는 소련인이 되었다.

일본의 만주 침략이 계속되면서 소련과 일본의 긴장이 고조되자 소련의 지도자 스탈린은 한국인을 일본의 간첩으로 간주하면서 20만 명의 연해주 거주 한인들을 중앙아시아로 강제이주시켰다(1937). 중앙아시아로 강제 이주당한 한인들은 다시 황무지를 일구어 중앙아시아에 한인 사회를 건설하였다. 그러나 소련 붕괴 이후 중앙아시아의 여러 나라들이 독립하면서 현지인들의 민족의식이 고조되자 중앙아시아의 고려인들이 다시 어려움을 겪고 있다.

(3) 미주

미주 이민은 1903년 하와이 농장에서 일하기 위한 노동 이민으로 시작되었다. 이들은 점차 더 나은 생활 터전을 찾아 미국, 멕시코, 쿠바 등지로 이주하였다. 미주지역으로 이주한 조선인들은 대부분 남성이었고, 이들은 '사진결혼'을 통하여 조선에서 결혼상대를 구하기도 하였다. 한편 독립 운동을 위해 미주로 건너간 이승만, 안창호, 박용만 등이 한인 사회의 지도자로 활동하였다.

미주 지역의 한인들은 대한인국민회와 임시정부의 구미위원부 등을 중심으로 독립 운동을 전개하였으며, 특히 독립 공채 매입 등을 통해 독립 운동 자금을 적극적으로 지원하였다. 해방 이후에는 미주 이민의 새로운 세대가 태평양을 건너가서 미국에 정착하였다.

(4) 일본

19세기말부터 일본으로 유학을 떠난 한인들을 중심으로 일본에도 한인 사회가 형성되었다. 제1차 세계 대전 이후 일본 자본주의가 발전하자 많은 한인들이 노동자로 일본에 이주하였다. 1923년 관동 대지진 당시에는 일본인들이 한인에 대한 유언비어를 퍼뜨리고 수천 명의 한인들을 학살하기도 하였다. 1930년대 이후에는 징용 등으로 일본에 끌려가는 한인들이 크게 늘어났는데, 일본에 살던 한인 중 일부는 해방 이후에도 일본에 남아 현재의 재일동포 사회를 이루고 있다.

◑ 베를린 올림픽 우승자 손기정이 선물받은 고대 그리스 청동투구(문화재청)

🗨 식민지 수탈론과 식민지 근대화론

① 식민지 수탈론

해방 이후 일제강점기의 역사를 연구하는 학자들은 일제 시대를 수탈의 시대로 규정하였다. 또한 일본의 식민 지배가 없었어도 우리 민족은 자주적으로 근대의 길로 갈 수 있었음을 강조하기 위하여 조선 후기 사회에서 근대의 싹을 찾으려 노력하였다(내재적 발전론).

② 식민지 근대화론

일부 경제학자들은 일제강점기에 일본에 의해 근대적인 법과 제도가 도입되었으며, 도로, 철도, 공장 같은 근대적인 시설이 설치되었음을 강조하면서 일제강점기에 일본에 의해서 근대 문명이 이식되었다고 주장한다. 식민지 근대화론자들은 다수의 조선인들은 일본에 저항하지 않았고 일본에 세금을 내면서 묵묵히 자신의 삶을 살았다고 강조하면서, 일제 시대는 일제 강점기가 아니라 조선이 일본의 통치에 협력한 시기로 보고 있다. 특히 일제시대에 인구가 크게 증가하였고 1인당 국민소득도 늘어났다고 강조한다.

◑ 일제강점기에 자전거 선수로 유명했던 엄복동 자전거(문화재청)

③ 식민지 근대화론을 둘러 싼 논란

식민지 근대화론의 주장에 대하여 일제 강점기에 설치된 생산 시설은 일본의 식민 통치와 전쟁 수행을 위한 것이었으며, 그나마 해방과 6 · 25 전쟁으로 대부분 파괴되었다는 반론이 제기되고 있다. 일제가 산업 시설을 건설한 것은 대부분 한반도 북부인데, 실제 성공적인 근대화가 완성된 것은 한반도 남부라는 것이다. 또한 조선 내의 일본인과 조선인의 소득수준이 크게 차이났다는 것을 강조한다.

이에 대해 식민지 근대화론자들은 중요한 것은 일제가 남긴 근대적인 법과 제도, 시장 경제 같은 제도적 유산과 일제 시대를 통해 형성된 유학생 같은 인적 자본이라고 주장하고 있다.

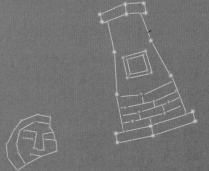

9일차
현대

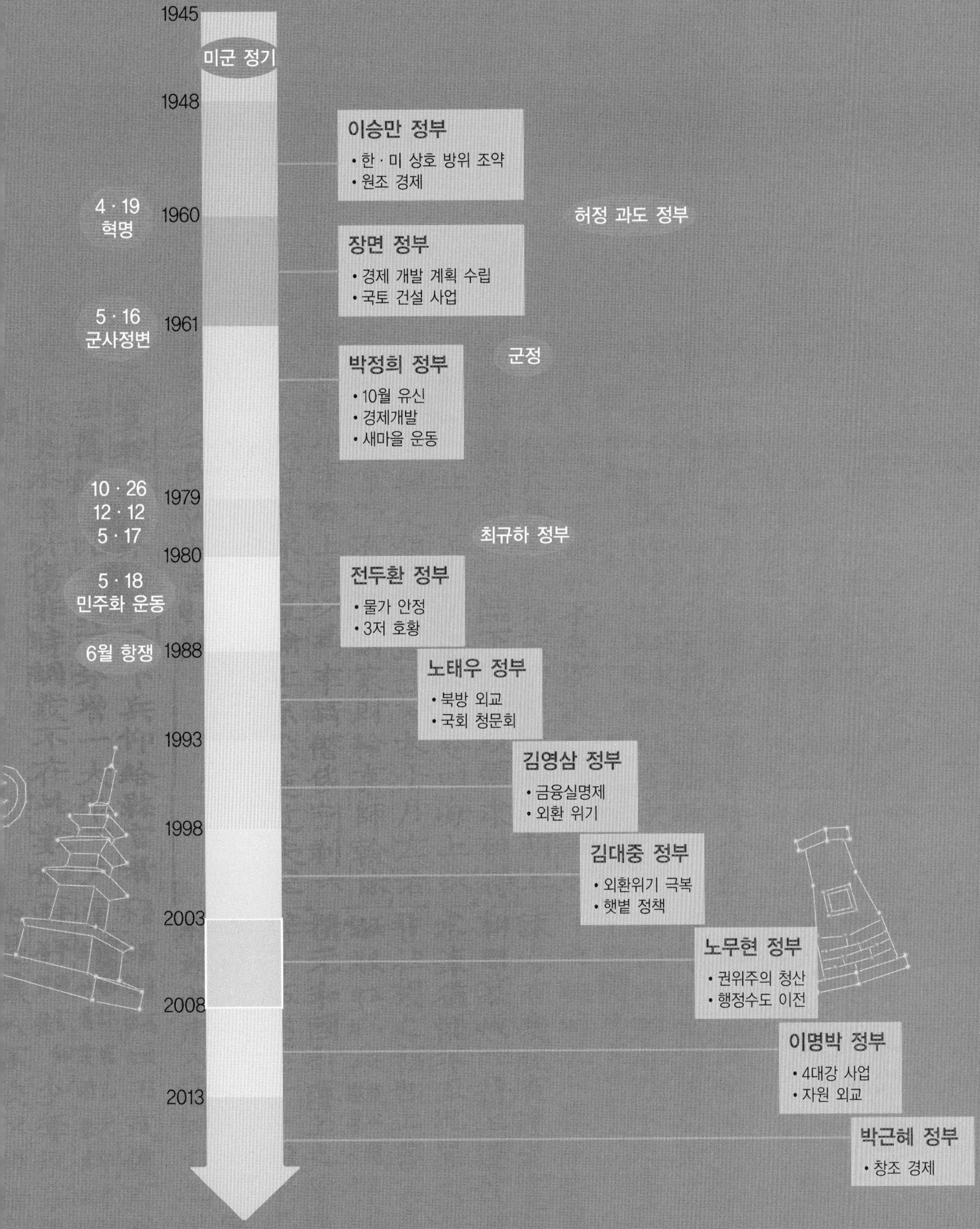

1945

미군 정기

1948

이승만 정부
• 한 · 미 상호 방위 조약
• 원조 경제

4 · 19
혁명   1960   허정 과도 정부

장면 정부
• 경제 개발 계획 수립
• 국토 건설 사업

5 · 16
군사정변   1961

박정희 정부   군정
• 10월 유신
• 경제개발
• 새마을 운동

10 · 26
12 · 12   1979
5 · 17
1980   최규하 정부

5 · 18
민주화 운동

전두환 정부
• 물가 안정
• 3저 호황

6월 항쟁   1988

노태우 정부
• 북방 외교
• 국회 청문회

1993

김영삼 정부
• 금융실명제
• 외환 위기

1998

김대중 정부
• 외환위기 극복
• 햇볕 정책

2003

노무현 정부
• 권위주의 청산
• 행정수도 이전

2008

이명박 정부
• 4대강 사업
• 자원 외교

2013

박근혜 정부
• 창조 경제

60 해방과 분단

선사 시대				고대			중세	근세	근대 태동기	근대와 현대		
구석기	신석기	청동기	(초기) 철기	원삼국	삼국	남북국	고려	조선 전기	조선 후기	개항기	일제	현대

근대(개항기)	근대(일제강점기)	현대(해방 이후)
• 흥선대원군 • 개항과 개화 정책 추진과 반발 • 국권피탈	• 무단통치기 • 문화통치기 • 민족말살통치기	• 해방 공간 • 6 · 25전쟁 • 민주주의의 시련과 발전

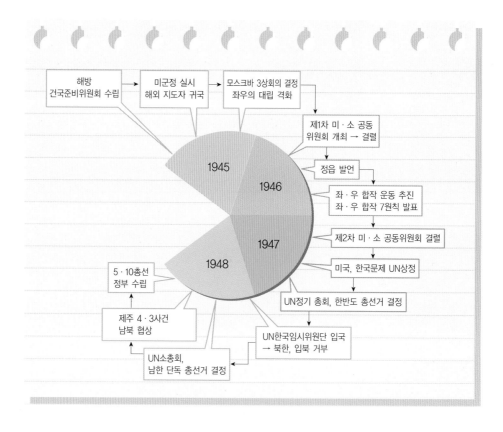

해방
건국준비위원회 수립 → 미군정 실시
해외 지도자 귀국 → 모스크바 3상회의 결정
좌우의 대립 격화

제1차 미 · 소 공동
위원회 개최 → 결렬

정읍 발언

좌 · 우 합작 운동 추진
좌 · 우 합작 7원칙 발표

제2차 미 · 소 공동위원회 결렬

미국, 한국문제 UN상정

UN정기 총회, 한반도 총선거 결정

UN한국임시위원단 입국
→ 북한, 입북 거부

1945

1946

1947

1948

5 · 10총선
정부 수립

제주 4 · 3사건
남북 협상

UN소총회,
남한 단독 총선거 결정

건국 준비 위원회와 인민 공화국

건국 준비 위원회의 성립

일본의 패전이 확실해지자 조선총독부는 일본인의 생명 보호를 조건으로 여운형에게 행정권과 치안권을 넘겨주기로 하였다. 중도 좌파인 여운형은 중도 우파인 안재홍 등과 함께 조선 건국 준비 위원회를 조직하였다. 조선 건국 준비 위원회(약칭 건준)는 전국에 지부를 조직하고 치안과 행정을 주도하였다. 이 과정에서 조선 공산당 중심의 좌익 세력이 점차 주도권을 장악하자 일부 우익 세력이 이탈하기도 하였다. 그러나 조선총독부는 약속을 지키지 않았고 서울에 들어 올 미군에게 행정권을 넘기기로 하였다.

○ 광복의 기쁨을 만끽하는 한국인들(출처 국사편찬위원회, 소장 미국 국립문서기록관리청)

남북한에 외국 군대가 주둔하고 서울에 미군이 들어온다는 소식이 알려지자 조선 건국 준비 위원회는 미군과의 협상에서 유리한 고지를 차지하고자 조선 인민 공화국의 수립을 선언하고, 중앙 조직을 정부 형태로 바꾸고 지방의 지부도 인민 위원회로 개편하였다. 인민 공화국의 선포는 독자적인 정부 수립을 의미하는 것이었으나, 남한을 점령한 미군은 군정을 선포하고 조선인의 정부를 인정하지 않았다. 조선 인민 공화국 뿐 아니라 충칭에서 귀국한 임시 정부마저도 인정하지 않았다.

○ 내려지는 일장기(출처 국사편찬위원회, 소장 미국 국립문서기록관리청)

한국 민주당의 결성, 이승만 · 김구의 귀국

해방 이후 좌익 세력의 활동이 활발해지자 우익들도 움직이기 시작하였다. 호남의 대지주인 김성수, 송진우를 중심으로 한국 민주당이 결성되어 임시 정부 지지를 선언하였다. 한국 민주당은 지주 출신들을 중심으로 미국 유학파들이 다수 참여하고 있었고 영어에 능통한 사람들이 많아 미 군정과 긴밀한 관계를 맺을 수 있었다. 한국 민주당은 실질적으로 미 군정기에 여당 역할을 하였다.

이승만은 미국에서 귀국하여 지지자들을 중심으로 독립 촉성 중앙 협의회를 이끌었다. 김구도 충칭에서 임시 정부 요인들과 함께 귀국하였으나 미 군정이 임시 정부를 인정하지 않아 임시 정부 주석의 공적인 자격이 아닌 개인 자격으로 귀국하였다.

모스크바 3상 회의와 미·소 공동위원회 개최

모스크바 3상 회의 결정

◎ 귀국하는 일본군 병사의 몸수색을 하는 미군(출처 국사편찬위원회, 소장 미국 국립문서기록관리청)

✍ 제2차 세계 대전의 승전국은 많았지만 실질적으로 승전을 이끈 나라는 미국, 영국, 소련의 세 나라였다. 1945년 12월, 미국, 영국, 소련의 외무부 장관은 모스크바에 모여 제2차 세계 대전의 전후 처리 문제를 논의하였다.

✍ 이 회의에서 한국 문제에 대한 중대한 결정이 내려졌다. 결정 내용은 크게 세 가지로 완전한 독립 이전에 조선을 통치할 임시 정부의 수립, 임시 정부의 뒤에서 미·영·중·소 4개국이 최대 5년간의 신탁 통치를 실시할 것, 이러한 합의를 실현하기 위하여 현실적으로 한국을 점령하고 있는 미국과 소련이 미·소 공동위원회를 개최할 것 등이 결정되었다.

신탁 통치 결정을 둘러 싼 좌우 대립

◎ 임정요인들의 귀국(위키피디아)

✍ 이러한 결과가 공식 발표도 되기 전에 국내에 왜곡되어 알려지면서 임시 정부 수립이 아니라 신탁 통치 문제가 핵심 쟁점으로 떠올랐다. 각 정파들은 서로 다양한 반응을 보였다. 김구, 이승만, 한민당의 우익 세력은 신탁 통치를 반대하며 반탁 운동을 벌였다.

✍ 조선 공산당 등 좌익 세력도 처음에는 신탁 통치에 반대하였다. 그러나 현실적으로 강대국의 협조 없이 독립이 불가능하다고 보고 회의 결정을 지지하기로 입장을 전환하였다.

✍ 중도파들은 대체로 임시 정부 수립은 받아들이되 신탁 통치 문제는 추후에 논의하자는 유보적 입장을 보였다. 중도파들의 이러한 입장은 뒤에 좌우합작운동으로 이어지게 된다.

미 · 소 공동위원회의 결렬과 좌 · 우 합작 운동

북조선 임시 인민위원회 수립

1946년 2월, 북한에서는 사실상 임시 정부와 마찬가지인 북조선 임시 인민위원회가
수립되었다.

◎ 미소공위가 열린 덕수궁
앞에서 개최된 신탁통치
반대 집회(위키피디아)

제1차 미 · 소 공동위원회 개최

1946년 3월, 미국과 소련은 모스크바 3상 회의의 결정 사항을 실행하기 위하여 제1
차 미 · 소 공동 위원회를 덕수궁 석조전에서 개최하였다. 그러나 미국과 소련은 임시
정부 수립을 위해 조선인과 협의해야 했는데 그 협의 대상을 놓고 치열한 대립을 벌
였다. 소련은 모스크바 3상 회의의 결정을 반대하는 세력은 참여시켜서는 안된다고
주장한 반면, 미국은 언론 자유를 내세우며 모든 조선인들을 협의 대상으로 해야 한
다 주장하였다. 결국 제1차 미 · 소 공동 위원회는 결렬되었다.

정읍 발언

1946년 6월, 이승만은 전라북도 정읍에서 북한에서 이미 북조선 임시 인민위원회가
수립된 것을 지적하면서 남한도 단독 정부를 세울 것을 주장하였다.

◎ 미소공위를 지지하는 좌
익들(위키피디아)

좌우 합작 운동의 전개

 1946년 7월, 미 · 소 공동위원회의 결렬과 단독 정부 수립 주장에 위기를 느낀
김규식, 여운형 등의 중도파들은 좌우 합작 위원회를 설치하여 통일 정부 수립 운동
을 전개하였다.

 미군정은 신탁 통치를 반대하는 우익 대신 김규식을 중심으로 하는 중도 세력을
지원하여 신탁 통치를 실현하려 하였기에 좌우 합작 운동을 지지하였다.

 1946년 10월, 좌우익은 당시 친일파 청산과 토지 개혁 문제를 놓고 대립하고 있
었는데 좌우 합작 위원회는 이를 절충하여 좌우 합작 7원칙을 발표하였다. 좌우 합작

7원칙은 친일파 문제를 처리할 조례를 뒤에 조직될 위원회가 제정하고, 토지 개혁은 농민에게는 무상으로 토지를 분배하되, 지주에게는 원칙적으로 보상을 하도록 하여 좌우익의 요구를 절충하였다.

◐ 부산항으로 귀국하는 한국인들(출처 국사편찬위원회, 소장 미국 국립문서기록관리청)

✍ 그러나 좌우 합작 운동에는 정작 좌익의 조선 공산당과 우익의 김구, 이승만, 한국민주당 등이 참여하지 않아 실효성이 없었고, 좌우 합작 7원칙에 대하여도 좌우익의 의견이 엇갈렸다. 또한 냉전이 점점 심화되면서 미 군정은 소련과의 협조를 통해 한반도 전체에 신탁 통치를 실시한다는 기존 입장을 대신하여 남한에 단독 정부를 세우는 방향으로 방침을 전환하면서 좌우 합작 위원회에 대한 관심이 줄어들었고, 합작 운동은 벽에 부딪쳤다.

남조선 과도 입법 의원과 남조선 과도 정부

미 군정은 좌우 합작 위원회를 발전시킨 입법 기구인 남조선 과도 입법 의원(의장 김규식)을 출범시켰고, 이후 남조선 과도 정부(민정 장관 안재홍)를 조직하면서 한국인들에 대한 행정권 이양을 준비하였다.

◐ 좌우합작위원회 해단식 (위키피디아)

국제 연합의 한반도 문제 결정

미국의 한국 문제, 유엔 이관

1947년 5월에 개최된 제2차 미 · 소 공동위원회가 결렬되자 미국은 소련과 협상을 통해 한반도 문제를 해결하려는 정책을 포기하고 한국 문제를 국제 연합에 이관하게 된다. 국제 연합은 제2차 세계 대전이 끝난 이후 미국 주도로 성립된 새로운 국제 기구로, 당시 미국의 절대적인 영향력 하에 있었다.

국제 연합의 결의

✍ 1947년 11월에 국제 연합 정기 총회는 소련이 불참한 가운데 인구 비례에 의한 남북한 총선거를 통해 한국에 정부를 수립하기로 결의하고, 이를 감독하기 위하여 유

엔 한국 임시 위원단을 조직하여 서울에 파견하였다. 북한과 소련은 이에 강력하게 반발하였다.

🕊️ 1948년 1월에 입국한 유엔 한국 임시 위원단은 좌우익 지도자들의 의견을 듣고 북한에도 찾아갈 예정이었으나 북한과 소련의 반발로 입북이 무산되었다.

🕊️ 1948년 2월에 개최된 국제 연합 임시 총회는 선거가 가능한 지역만이라도 총선거를 실시하기로 결정하였다. 결국 남한 단독 총선거 실시가 확정되었고, 날짜는 1948년 5월 10일로 결정되었다(5 · 10 총선).

○ 38도선을 넘어가는 김구 일행(위키피디아)

남북 협상과 제주 4 · 3 사건

남북 협상

🕊️ 남한 단독 총선거 실시 소식이 알려지자 각 정파는 다양한 반응을 보였다. 이승만과 한국 민주당은 남한 단독 총선거를 환영하고 이에 대비하였다.

🕊️ 당시 좌익은 조선 공산당이 다른 좌파 세력과 연합하여 이름을 남조선 노동당으로 바꾸었는데, 남조선 노동당을 중심으로 모인 좌익 세력은 단독 선거를 반대하였다. 좌익은 무력을 동원하여 단독 선거를 힘으로 막으려 하였다. 이 과정에서 제주 4 · 3 사건이 일어났다.

🕊️ 우익의 김구는 조국의 분단을 막고자 중도파의 김규식과 손잡고 북한과 협상을 통해 통일 정부 수립을 추진하였다.

🕊️ 1948년 4월, 평양에서 김구, 김규식, 김일성, 김두봉이 중심이 되어 남북 지도자 회담이 열렸다. 단독 정부 수립 반대, 미군과 소련군의 철수를 요구하는 결의문이 채택되었으나 결국 남북에 다른 정부가 들어서면서 남북 협상은 성공하지 못하였다.

💬 여운형(1886~1947)과 건국 준비 위원회

여운형은 경기도 양평 출신으로 젊을 때는 국채 보상 운동에 참여하기도 하였다. 스포츠에도 관심을 가져 조선 최초의 야구팀인 YMCA 야구단의 주장으로 활동한 것으로 보인다. 중국으로 건너 가 독립운동을 하던 여운형은 신한 청년당 창당을 주도하였고 김규식을 파리 강화 회의에 민족 대표로 파견하였다. 대한민국 임시 정부 수립에 참여하고 임시 의정원 의원 등을 지냈다. 사회주의에도 관심을 가져 모스크바로 가서 레닌과 트로츠키를 만나기도 하였다. 중국의 국민당과 공산당 인사들과도 폭넓게 교류하면서 중국 혁명에도 참여하였다. 결국 1929년에 상하이에서 일본 경찰에 체포되어 국내에 압송된 다음 감옥에서 4년간 복역하였다. 여운형이 체포되어 압송된 사실은 당시 신문에 크게 보도되었고 그는 유명 인사가 되었다. 출옥 이후에는 조선중앙일보사의 사장으로 활동하기도 하였으나 베를린 올림픽 마라톤 우승자 손기정의 가슴에 있던 일장기를 말소한 사건이 터지면서 조선중앙일보는 문을 닫게 되었다. 이후 일본의 패망이 가까워진 1944년에 비밀결사인 조선건국동맹을 조직하였다.

▶ 여운형 안창호 조만식(위 키피디아)

1945년 8월 15일 오전, 여운형은 조선 총독부로부터 일본인의 무사 귀환을 보장해주는 조건으로 치안권과 행정권을 넘겨받아 조선 건국 준비 위원회를 결성하였다. 조선 건국 준비 위원회는 전국에 145개의 지부를 조직하고 치안과 행정을 담당하였다. 처음에는 위원장 여운형 외에 부위원장으로 중도 우파였던 안재홍이 취임하는 등 좌우 합작의 성격을 갖고 있었으나, 점차 조선 공산당 등 좌익이 위원회를 장악하자 상당수의 우익은 탈퇴하였다. 미군이 9월에 한반도에 들어와서 남한 지역을 점령한다는 소식이 알려지자 건국 준비 위원회는 미군과의 협상을 유리하게 이끌기 위해서 정부 형태로 개편하고 조선 인민 공화국의 수립을 선포하였다. 또한 건국 준비 위원회의 지방 지부는 사회주의 정부 형태인 인민 위원회로 개편하였다. 그러나 미군은 들어와서 군정을 선포하고 군정 외에 다른 정부를 인정하지 않아 인민 공화국의 선포는 실패로 끝났다. 이후 조선 인민당, 근로인민당 등을 조직하여 정치 활동을 하였다. 김규식, 안재홍 등과 함께 좌우 합작 운동을 주도하면서 통일 정부 수립을 위해 노력하였으나 성과를 거두지 못하고 1947년 혜화동 로터리에서 우익에 의해 암살당하였다. 독립과 통일 정부 수립을 위한 여운형의 노력은 대단하였지만 사회주의 세력과의 관계 때문에 냉전 시대에는 그의 활동이 제대로 주목받지 못하였다. 2005년과 2008년 노무현 정부 때에 와서야 그의 독립 운동에 대하여 건국 훈장이 추서되었다.

💬 한국 민주당

1945년 9월, 해방 직후 송진우, 김성수 등이 중심이 되어 한국 민주당이 창당되었다. 보수적인 지주 계층이 중심이 되었고, 조선 인민 공화국을 반대하고 충칭에서 귀국하는 임시 정부를 우리 정부로 인정하였다. 초기에는 진보적인 강령들도 있었지만 좌우 대립을 겪으면서 점차 보수적인 색채를 뚜렷이 하였다. 자산가 출신이 많아 일제 강점기에 이미 미국, 영국 등에 유학하여 서구식 사고 방식을 갖고 영어에 능통한 사람들이 많았다. 미 군정에 적극 협력하면서 군정청 요직에 앉은 사람들이 많아 군정 시대에 여당 역할을 하였다. 초기에는 임시 정부를 지지하였지만, 이후 이승만의 남한 단독 정부 수립 주장에 찬성하여 대한민국 정부 수립에 중요한 추진 세력이 되었다. 공산주의에 철저히 부정적이었기 때문에 남북대화나 좌우합작에도 비판적이었다. 또한 지주층의 이익을 대변하여 토지 개혁에 있어서도 유상매입, 유상분배를 고수하였다.

1948년 5·10 총선으로 제헌 국회가 구성되자 제헌 의원 200명 중에서 이승만이 이끄는 '대한 독립촉성국민회'가 55명으로 제1당, 한국 민주당이 29명으로 제2당이 되었다. 그러나 무소속 의원 중에 한국 민주당에 우호적인 사람들이 많았기 때문에 실질적으로 한국 민주당이 국회 활동을 주도하였다. 한국 민주당은 원래 내각책임제를 실시할 생각으로 내각제 헌법에 대한 초안까지 만들어둔 상태였다. 그러나 이승만의 반대로 대통령 중심제로 헌법이 바뀌면서 이승만과 대립이 심화되었고, 초대 내각에도 한국 민주당 세력이 배제되면서 본격적인 야당의 길을 걷게 되었다. 이후 다른 세력과 손잡고 민주 국민당으로 개편하였다. 사사오입 개헌(1954)이 이루어지자 민주 국민당과 다른 야당 세력이 손잡고 통일 야당인 민주당(1955)을 조직하였다. 민주당 내에 민주 국민당 계열이 구파, 그 외 신진 세력이 신파를 형성하였다. 민주당은 4·19 이후 집권 정당이 되었다. 한국 민주당에서 시작되는 정치 세력은 이후 여러 이름으로 당명을 계속 바꾸었지만 오늘날까지 그 맥이 이어지는 한국의 중요한 정치 세력이 되었다. 이런 역사 때문에 민주당의 맥을 이어온 정치세력은 민주당이라는 당명에 큰 애착을 보여주고 있다.

○ 김성수(위키피디아)

💬 김성수(1891~1955)

김성수는 호남의 대지주 출신으로 고향의 강 이름을 따서 지은 '인촌'이라는 호가 유명하다. 그 재력으로 경성방직 주식회사와 동아일보사를 운영하였다. 또한 보성전문학교를 인수하여 교장을 지냈다. 현재 영등포에 있는 복합 쇼핑몰 타임스퀘어가 옛날 경성방직 공장 자리에 지어졌고, 현재도 경성방직에서 운영하고 있다. 보성전문학교는 해방 이후 고려대가 되었으므로 김성수와 그 집안의 영향력을 짐작할 수 있다.

해방 이후에는 한국 민주당 설립을 주도하였고, 미 군정청의 고문을 지내면서 대표적인 우익 진영의 정치인으로 활동하였다. 한국 민주당을 이끌며 신탁 통치 반대 운동에 앞장섰다. 6·25 전쟁 당시 부통령 이시영이 이승만을 비판하며 사퇴하자 제2대 부통령을 지내기도 하였다. 그러나 일제 강점기 말기에 학도병 모집에 적극 협조하는 등 친일 행각을 한 것이 알려지면서 비판을 받고 있다.

💬 모스크바 3상 회의(1945.12)와 신탁 통치 결정

제2차 대전을 승리로 이끈 연합군은 수십 개 국가로 구성되었지만 가장 핵심적인 역할을 한 강대국은 미국, 영국, 소련이었다. 전쟁 이후 복잡한 국제 질서를 정리하고 서로 간의 이해 관계를 조정하기 위해 세 나라는 계속 협상을 하였고, 1945년 12월에는 소련의 모스크바에서 외무부 장관들이 모여 회의를 했는데 이를 모스크바 3상 회의라 한다. 3상 회의에서 한반도 문제에 대한 결정이 내려지는 데 중요 내용은 다음과 같다. ① 조선이 완전 독립하기 전까지 임시로 조선을 통치할 조선인들의 임시 정부 수립, ② 미국 · 영국 · 중국 · 소련 4개국에 의한 최고 5년간의 신탁 통치 실시, ③ 3상 회의 결정을 실행하기 위해 한반도를 점령하고 있는 미군과 소련군이 미 · 소 공동위원회를 개최할 것 등이다. 이러한 결정 내용은 초기에 동아일보에 의해 잘못 보도 되어 3상 회의 결정의 핵심이 신탁 통치이며, 또한 미국이 주장한 신탁 통치가 마치 소련에 의해 주장된 것처럼 알려졌다. 신탁 통치는 본래 제1차 세계 대전 이후 패전한 독일, 오스만 튀르크 등의 해외 영토를 미국, 영국, 프랑스, 일본 등의 승전국이 맡아서 통치하던 방식이었다. 35년간의 일본 식민 통치를 겪은 한국인들에게 신탁 통치는 이민족에 의한 또 다른 식민 통치로 인식되었다. 냉정히 평가해보면 이해될 수도 있는 신탁 통치의 목적이 민족 감정과 결부되어 받아들여지면서 신탁 통치 반대의 여론이 강해졌다.

김구, 이승만, 한국 민주당 등의 우익 세력은 즉각적으로 신탁 통치 반대 운동을 전개하였다. 조선 공산당을 비롯한 좌익 세력도 처음에는 신탁 통치에 비판적 입장이었으나, 이후 모스크바 3상 회의 결정의 본질은 신탁 통치가 아니라 임시 정부 수립에 있다고 보아 3상 회의의 결정을 수용하겠다고 입장을 바꾸었다. 이러한 입장 차이는 극심한 좌 · 우 대립으로 이어졌다.

해방 직후 경기중학교의 영어 시간, 교사는 미군 중위(출처 국사편찬위원회, 소장 미국 국립문서 기록관리청)

💬 좌우 합작 운동(1946)

좌우 합작 운동은 글자 그대로 좌우가 손잡고 통일 정부를 수립하자는 운동이었다. 당시는 모스크바 3상 회의 결정 이후 신탁 통치를 둘러싸고 극심한 좌우 대립이 벌어지는 상황이었다. 1946년 3월에 서울에서 열린 제1차 미소 공동 위원회가 결렬되고, 6월에는 이승만이 전라북도 정읍에서 단독 정부 수립을 촉구하는 정읍 발언을 하였다. 이런 상황에서 중도파들을 중심으로 1946년 7월 좌우 합작 위원회가 결성되어 좌우익 사이의 견해 차이를 좁히기 위하여 노력하였다. 좌우 합작 운동은 미 군정의 지원을 받았다. 당시 미 군정은 이승만과 김구에게 실망하고 중도파를 내세워 새로운 정치 질서를 만들고자 하였다. 당시 좌우 간의 대립이 가장 극심했던 부분은 친일파 청산과 토지 개혁 문제였다. 좌익은 친일파를 즉각 처벌할 것을 주장하였고, 우익은 친일파 민족 반역자를 처벌하되 임시정부 수립 이후 즉시 특별법정을 구성하여 처리할 것을 주장하였다. 토지 개혁에 있어서는 좌익은 북한에서 시행한 토지 개혁처럼 무상 몰수, 무상 분배를 주장하였다. 반면 우익은 지주의 재산권을 존중하여 유상 매입, 유상 분배를 주장하였다.

좌우 합작 위원회는 논의 끝에 1946년 10월에 좌우 합작 7원칙을 발표하였다. 좌우 합작 7원칙은 미소 공동 위원회의 속개를 요청하고 모스크바 3상 회의 결정 내용에 따라 조선에 임시 정부를 수립할 것을 주장하였다. 친일파 처벌은 좌우 합작 위원회가 뒤에 구성될 입법 기구에 제안하여 입법 기구가 결정하도록 하므로써, 민감한 문제를 뒤로 미루었다. 토지 개혁은 좌익 주장대로 무상 몰수, 무상 분배를 하면 농민이 유리하고, 우익 주장대로 유상 매입, 유상 분배하면 지주가 유리해지는 문제가 있어 좌우 대립이 극심하였다. 좌우 합작 7원칙은 이를 절충하여 농민에게는 무상으로 분배하되, 지주에게는 상황에 따라 몰수를 할 수도 있지만 돈을 주고 매입하는 방법으로 보상도 받을 수 있도록 하여 농민과 지주 모두를 만족시키려 하였다. 다만 그런 경우 국가가 그 차액을 부담해야 하는 문제가 있었다.

좌우 합작 7원칙은 결국 좌우 모두에게 환영받지 못하였다. 중심 인물이던 여운형이 1947년 7월에 암살당하고, 좌우 합작 위원회도 해체되면서 좌우 합작 운동은 실패로 돌아갔다.

🗨 유엔의 한국 문제 개입과 단독 총선거 결정

① 두 차례의 미·소 공동 위원회가 결렬되자 미국은 한국 문제를 국제 연합(UN)에 상정하였다. 국제 연합은 1945년에 미국 주도 하에 결성된 신생 국제 기구로 미국의 강한 영향력 하에 있었다. 소련은 한국 문제를 국제 연합에서 다루는 것을 반대하면서 미·소 양군이 한반도에서 동시에 철수한 뒤에 조선인 스스로 결정하게 하자고 주장하였다.

② 1947년 11월 소련이 불참한 국제 연합 총회에서 한국 문제를 논의한 끝에, 신탁 통치를 거치지 않고 유엔 감시하에 남북한 총선거를 실시하여 독립된 한국 정부를 수립하자는 미국의 제안이 채택되었다. 이에 따라 호주·캐나다·중국·엘살바도르·프랑스·인도·필리핀·시리아 등 8개국 대표로 구성된 유엔 한국 임시 위원단(UN Temporary Commission on Korea, UNTCOK)이 1948년 1월 한국에 도착했다. 그러나 소련이 위원단의 38선 이북 지역 입북을 거부함으로써 유엔 총회가 결의한 전 한반도 선거는 무산되었다. 위원단은 선거를 남한지역에서만 실시할 것인가에 대해 심의하는 과정에서 의견이 4대 4로 엇갈려 결론을 내지 못하고 유엔 총회에 보고서를 제출하였다.

③ 1948년 2월 유엔 소총회는 격론 끝에 공산진영이 불참한 가운데 선거 실시가 가능한 지역에서라도 단독 총선거를 실시할 것을 결의하였다. 이 과정에서 캐나다와 호주는 끝까지 단독 선거를 반대하였다. 결국 유엔 한국 임시 위원단은 1948년 5월에 남한 지역에서 단독 총선거를 실시하기로 결정하는데, 이것이 5·10 총선이다.

◐ 북한이 전기공급을 차단한 이후 전력을 공급을 위해 인천항에 정착한 발전선(출처 국사편찬위원회, 소장 미국 국립문서기록관리청)

🗨 남북 협상

남북 분단의 위기가 점차 고조되어 가던 1948년 2월에 김구와 김규식은 북한과의 협상을 통하여 통일된 정부를 수립하고자, 북한의 김일성과 김두봉에 대하여 남북한 정치 지도자 회담(남북 협상)을 제안하였다. 북한은 여기에 대하여 한 달 동안 아무런 대답이 없다가 국제 연합 소총회가 남한 단독 총선거 실시를 결정한 후에야 평양에서 남북 여러 정당 사회 단체 대표자 연석회의를 개최하자고 다시 제안해 왔다.

김구와 김규식이 이를 수락하여 평양으로 가면서 1948년 4월 평양에서 남북 협상이 열렸다. 여러 단체 대표가 모여 가진 전조선 정당 사회단체 대표자 연석회의와 그 뒤를 이어 중요한 정치 지도자들이 참여하여 열린 남북조선 제정당 사회단체 지도자 협의회 등의 일련의 정치 회담들을 통틀어 남북 협상이라 한다. 처음에는 수 백명의 대표들이 참여한 연석 회의가 열렸고 후반에는 김구, 김규식, 김일성, 김두봉 등이 중심이 되는 지도자 협의회가 열렸는데, 당시 언론은 이를 4김 회담이라 불렀다. 협의회에서는 외국 군대의 즉시 철수, 외국 군대 철수 후 내전 발생 부인, 조선 정치 회의 구성 후 총선거를 통한 통일 정부 수립, 남한 단독 선거 반대 등을 공동 성명으로 발표하였다. 김구와 김규식은 민족의 분열을 막고 통일 국가를 수립하기 위해 노력하였으나 회의는 북한의 시나리오대로 진행되었다.

김구와 김규식은 서울로 돌아온 뒤에 남한 단독 총선거를 반대하면서 통일 정부 수립 운동을 펼쳤다. 남북 양쪽이 추진하는 단독 정부 수립을 모두 비판하면서 분단이 동족상잔의 비극을 가져올거라 경고하였다. 김구와 김규식은 현실적으로 실현 가능성이 거의 없다는 것을 인식하면서도 최선을 다해서 남북 분단을 막기 위해 노력하였으나 결국 성공을 거두지 못하였다.

🔵 총선거 참여를 독려하기 위해 전단을 살포하는 비행기(출처 국사편찬위원회 소장 미국 국립문서기록관리청)

💬 제주 4 · 3 사건

국제 연합이 한반도에서 선거가 가능한 지역, 즉 남한에서 단독으로 총선거를 실시하기로 결정하면서 좌익을 중심으로 곳곳에서 단독 선거 반대 투쟁이 벌어졌다.

광복 이후 다른 지역과 마찬가지로 제주도에서도 좌우익이 대립하며 혼란한 상황이 지속되었는데, 미 군정 치하인 1947년에 제주도에서 3 · 1 절 기념 대회가 열렸다. 행사 이후 시가행진을 하던 군중과 경찰 사이에 충돌이 벌어졌고, 경찰이 군중을 향하여 발포하면서 6명의 주민들이 죽었다. 이에 제주도민들이 반발하자 경찰은 오히려 주민들을 탄압하였다.

그런 상황에서 남한 단독 총선거 실시가 결정되자 남조선 노동당(남로당) 제주도당은 단독 선거 반대를 주장하며 무장 봉기하였다. 미 군정과 그 뒤를 이어 수립된 대한민국 정부는 군대와 경찰을 앞세워 이들을 진압하였다. 북한 지역에서 내려 온 서북청년단 같은 극우 단체도 여기에 합세하였다. 이 과정에서 토벌부대와 좌익 세력의 충돌로 수만 명의 제주도민들이 희생당하였다. 김대중 정부 시절인 2000년에 제주 4 · 3 사건 진상 규명을 위한 특별법이 제정되었고 정부 차원의 진상 조사가 이루어져 2003년에 정부가 제주도민에게 공식 사과하였다. 지금도 제주도에는 한 마을에서 같은 날 제사를 지내는 경우가 많다.

💬 5 · 10 총선과 제헌국회

① 국제연합 소총회의 결의에 의하여 1948년 5월 10일에 38도선 남쪽의 전 지역에서 총선거가 실시되었다. 21세 이상의 모든 국민에게 투표권이 부여된 우리 역사상 최초의 보통 선거였다. 총선거는 국회의원을 선출하는 선거인데, 이렇게 선출된 국회의원으로 구성된 국회가 우리 역사상 첫 번째 국회이다. 다른 국회는 헌법에 의해 치러진 총선거로 구성되었는데, 첫 국회는 헌법을 만드는 것이 임무였기 때문에 다른 국회와 달리 제헌국회라 부른다. 단독 정부 수립을 반대하고 남북 협상을 벌였던 김구와 김규식은 선거 불참을 선언하였고, 남로당을 중심으로 하는 좌익 세력은 선거 반대 투쟁을 벌였다. 결국 제헌국회는 제주도 2석을 제외하고 198명으로 개원하였다. 이런 반대 활동에도 불구하고 투표율은 역대 최고인 95.5%를 기록하였다. 국회의원 당선자 중 무소속이 85석으로 가장 많았고, 이승만 계열이 58석, 한국민주당은 29석이었으나 무소속 중에는 한국민주당과 우호적인 인물들이 많았다. 무소속이 많이 당선된 이유는 당시 아직 정당 정치가 정착되지 않아 유권자들이 인물 위주로 투표하였기 때문이었다.

② 5월 31일에 제1차 회의가 열려 의장 이승만, 부의장 신익희를 선출하였다. 이승만은 초대 대

통령이기 전에 초대 국회의장이었다. 6월 초에 국회 헌법 기초위원회에 헌법 초안이 제출되었는데, 처음에는 여러 정파들이 동의한 의원내각제를 기초로 하고 있었다. 그런데 이승만이 대통령제로 바꿔야 한다고 주장하였고 결국 그의 주장이 관철되어 대통령제 헌법을 제정하였다. 7월 17일에 헌법을 공포하였는데, 이를 기념한 날이 제헌절이다. 7월 20일에는 국회의원들이 대통령과 부통령을 선출하였다. 제헌헌법은 정·부통령을 국회의원의 간선으로 뽑도록 하였는데, 이는 내각제가 대통령제가 바뀌면서 내각제적 요소와 대통령제적 요소가 섞여 있었기 때문에 등장하는 규정이었다. 또한 특별한 입후보 절차 없이 국회의원들이 임의의 사람을 적어 투표하도록 되어 있었다. 선거 결과 대통령은 이승만이 180표를 얻어 당선되었고, 김구가 13표를 얻어 2위를 하였다. 물론 김구는 출마의사를 밝히지도 않았다. 심지어 서재필도 1표가 나왔는데 미국 국적이었기 때문에 무효로 처리되었다. 부통령 선거는 이회영의 동생으로 독립운동가였던 이시영이 2차 투표 끝에 당선되었는데, 여기서도 김구가 65표를 얻어 2위를 하였고 북한의 조만식도 10표를 얻어서 3위가 되었다. 이승만은 국무총리로 이범석을 지명하였고 내각을 구성하였다. 여기서 한국민주당은 푸대접을 받는데 헌법 제정 과정과 정부 구성에서의 갈등 등을 계기로 점차 이승만과 한국민주당은 갈라서게 되었다.

③ 1948년 8월 15일, 대한민국 정부의 수립이 국내외에 선포되었고 미국의 군정은 끝났다. 대한민국은 헌법 전문에 대한민국 임시정부의 법통을 계승하였음을 명시하여 오랜 독립 투쟁의 결과 독립을 쟁취하였음을 분명히 하였다.

◎ 신탁통치 반대를 주장하는 전단(출처 국사편찬위원회, 소장 박건호)

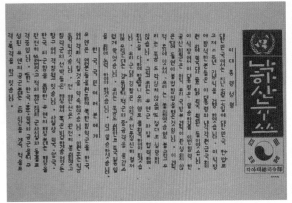

◎ 한국전쟁 당시 미 극동군 사령부가 발표한 낙하산 뉴우스 (출처 국사편찬위원회, 소장 박건호)

61 대한민국 정부의 수립

미 군정기	이승만 정부	과도기	장면 정부	박정희 정부			과도기	전두환	민주화 이후의 정부
미 군정	제1공	허정	제2공	군정	제3공	제4공	최규하	제5공	노태우 · 김영삼 · 김대중 · 노무현 · 이명박 · 박근혜

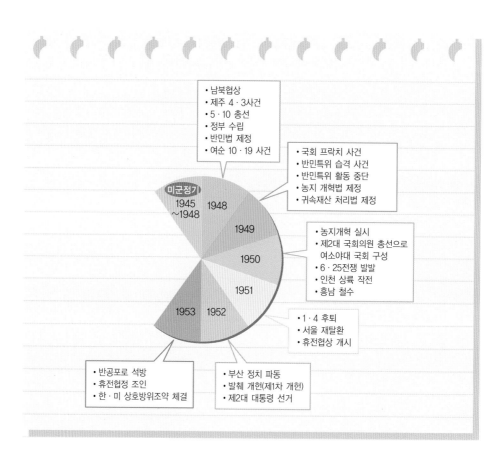

1948
- 남북협상
- 제주 4 · 3사건
- 5 · 10 총선
- 정부 수립
- 반민법 제정
- 여순 10 · 19 사건

1949
- 국회 프락치 사건
- 반민특위 습격 사건
- 반민특위 활동 중단
- 농지 개혁법 제정
- 귀속재산 처리법 제정

1950
- 농지개혁 실시
- 제2대 국회의원 총선으로 여소야대 국회 구성
- 6 · 25전쟁 발발
- 인천 상륙 작전
- 흥남 철수

1951
- 1 · 4 후퇴
- 서울 재탈환
- 휴전협상 개시

1952
- 부산 정치 파동
- 발췌 개헌(제1차 개헌)
- 제2대 대통령 선거

1953
- 반공포로 석방
- 휴전협정 조인
- 한 · 미 상호방위조약 체결

미군정기 1945~1948

5 · 10 총선

유엔에서 남한만의 단독 선거가 결정되자 좌익 세력을 중심으로 곳곳에서 남한 단독 선거 반대 투쟁이 일어났다. 제주도에서는 남조선 노동당과 일부 주민이 단독 정부 수립 반대와 미군 철수를 요구하여 무장 봉기를 일으켰다(제주 4 · 3 사건). 총선 당시 한반도 전체 의석을 300석으로 결정하여 북한 몫인 100석은 공석으로 남겨두고 200석의 국회 의원 총선거를 실시하였다. 제주도에서는 3개의 선거구가 있었는데 4 · 3 사건으로 2개의 선거구에서 선거를 치르지 못하였다. 2개의 선거구는 사건이 어느 정도 마무리된 1년 뒤에 선거가 치러지고 의석이 채워졌다. 사건 진압 과정에서 쌍방의 유혈 충돌과 군경의 무리한 진압으로 수만 명의 제주 도민이 희생당하였다.

◎ 정부 수립 기념 행사(위 키피디아)

정부 수립

✎ 1948년 5월 10일 남한 지역에서 총선거가 실시되어 제주도 2곳을 제외한 198 곳에서 국회 의원이 선출되어 제헌 국회를 구성하였다. 5 · 10 총선거는 21세 이상 모든 남녀에게 투표권을 부여하여 치러진 우리 역사상 최초의 민주적 선거였다. 좌익은 물론이고 김구와 김규식을 비롯한 남북 협상파가 불참하면서 이승만을 지지하는 세력과 무소속, 한국민주당이 대거 당선되었다. 제헌 국회는 헌법을 제정하기 위하여 구성되었기 때문에 붙여진 명칭이었다. 제헌 국회는 이승만을 초대 국회의장으로 선출하고, 헌법을 만들기 위해 여러 차례의 회의를 개최하였다.

✎ 1948년 7월 17일에 대통령 중심제와 삼권 분립을 기초로 하는 헌법을 공포하였다. 본래 한국 민주당은 내각제 헌법을 추진하였으나 이승만의 반대로 대통령제 헌법으로 바뀌었다. 그러나 여전히 내각제적 요소가 남아 있어 대통령은 국회에서 선출되도록 하였다. 선거 결과 대통령에 이승만, 부통령에 이시영이 선출되었고 이승만은 국무총리로 이범석을 지명하고 각 부 장관들을 임명하여 정부를 구성하였다. 정부 구성 이후 미군정과 협의를 통해 해방되고 3년만인 1948년 8월 15일에 정부 수립을 선

포하였다.

정부 수립 이후의 상황

◎ **1948년 5월 31일 국회 개원(출처 국사편찬위원회 소장 미국 국립문서기록관리청)**

정부 수립 후에도 제주 4·3 사건이 완전히 진압되지 않자 이승만 정부는 여수에 주둔하는 군대를 파견하려 하였다. 이에 군대 내의 좌익 세력이 반발하여 반란을 일으켜 장교들과 우익에 동조하는 병사들을 학살한 후 여수와 순천 지역을 장악하였다(여수·순천 10·19 사건). 군대와 경찰에 의하여 사건이 진압되었지만 이 과정에서 다시 많은 주민들이 희생을 당하고 반란군의 잔여 세력은 근처의 지리산으로 도주하여 빨치산이라 불리는 좌익 게릴라가 되었다. 여수·순천 사건은 국가보안법이 만들어지고, 군대 내 좌익에 대한 숙청 작업이 이루어지는 계기가 되었다. 정부 수립 이후 국제 연합 총회는 대한민국 정부를 선거가 실시된 지역의 유일한 합법 정부로 승인하였다.

친일파 청산의 실패와 농지 개혁

◎ **반민특위 재판 광경(위키피디아)**

반민 특위 활동(1948~1949)

일제 강점기에 일제에 협력한 친일파를 처벌하기 위하여 정부 수립 이후 제헌 국회는 반민족 행위 처벌법을 제정하고, 반민족 행위 특별 조사 위원회(반민특위)를 구성하여 친일파 청산에 나섰다. 그러나 이승만 정부의 비협조와 친일파 출신이 많았던 경찰의 탄압으로 성과를 거두지 못하였다.

농지 개혁(1950)

대부분의 농민이 토지를 갖지 못하고 소작인으로 빈곤에 허덕이는 상황을 개선하기 위하여 정부 수립 이후 농지 개혁을 실시하였다. 농지 개혁은 3정보를 기준으로 그 이상을 가진 지주의 농지를 유상으로 매입하고, 농민들에게 유상으로 분배하였다.

🗨 반민 특위 활동

광복 직후부터 일제에 협력한 친일파를 처벌하자는 여론이 거셌으나 미 군정이 일제 시대의 지배 기구를 그대로 유지하면서 친일파 청산이 이루어지지 않았다. 정부 수립 이후 제헌 국회는 여론에 따라 반민족 행위 처벌법을 제정하였고, 반민족 행위 특별 조사 위원회(반민특위)를 설치하였다(1948). 반민 특위는 일제 강점기에 친일 행위를 저질렀던 사람들을 체포하여 조사하였다. 그러나 정권의 지지 기반을 기존의 친일 관료와 경찰에 두고 있었던 이승만 정부는 반민 특위 활동에 비협조적이었다. 반민 특위에 적극 참여하던 국회의원 일부가 공산당과 접촉했다는 이유로 구속되는 국회 프락치 사건이 일어났고, 독립 운동가를 탄압한 혐의로 고위급 경찰이 체포되자 일부 경찰이 반민특위 사건을 습격하기도 하였고, 이승만 정부는 이러한 경찰의 행위를 옹호하였다. 결국 원래 2년으로 예정되었던 반민특위 활동은 1년 만에 중단되고 조사받던 대부분의 사람들이 풀려나면서 친일파 청산에 실패하였다.

⊙ 한국농부들의 일상(출처 국사편찬위원회 소장 미 국 국립문서기록관리청)

🗨 농지 개혁

일제 강점기에 지주제가 강화되며 많은 농민이 몰락하였다. 이미 일제 시대에 독립 운동을 하던 대부분의 세력들은 해방 이후 토지 개혁 실시를 약속하였다. 1946년 북한에서 토지 개혁이 실시되면서 많은 농민들이 남한도 토지 개혁을 실시할 것을 요구하였고, 미 군정도 이를 검토하였으나 지주층의 반발과 한국 민주당의 소극적인 태도로 실시되지 못하였다.

이승만 정부가 수립되자 본격적인 농지 개혁이 실시되어 1949년 6월에 농지개혁법이 제정되고 1950년 3월에 개정되어 실시되었다. 1가구의 농지 소유 상한을 3정보로 하여 그 이상의 토지는 국가가 유상으로 매입하였고 소작농에게 유상으로 나누어주는 농지 개혁이 실시되었다. 농지 개혁 실시 이전에 이미 미 군정이 보유하던 농지를 소작농에게 불하하였고, 농지 개혁 실시를 예상한 지주들이 농지를 미리 팔아버리면서 농지 개혁 대상이 되는 토지가 줄어들고 자작농이 늘어나기도 하였다. 농지 개혁으로 지주제가 공식적으로 폐지되고 농민 위주의 토지 소유가 이루어지면서 경자유전의 원칙이 확립되었다.

🗨 귀속 재산 처리

일제 강점기에 일본인들은 조선에 막대한 토지와 재산을 보유하고 있었다. 미 군정은 일본인 소유의 재산을 몰수하고 이들이 일본으로 귀환할 때 갖고 갈 수 있는 금액을 제한하였다. 몰수한 재산들은 귀속 재산 또는 적산(적의 재산)이라 불렸는데, 미 군정은 특히 농지를 관리하기 위해 신한공사를 설립하여 경작 농민에게 소작료를 받다가 점차 소작농들에게 불하하였다.

귀속 재산은 대부분 이승만 정부에게 이양되었고 이승만 정부는 귀속 재산 처리법(1949)을 제정하여 이를 연고자들에게 싼 값으로 불하해주었는데, 이 과정에서 특혜 시비가 많이 일어났다. 또한 귀속 재산을 바탕으로 부를 축적한 자본가들이 나타났다.

62 북한의 변화

소련군 점령	김일성 집권	김정일 집권	김정은 집권
1945~1948	1948~1994	1994~2011	2011~

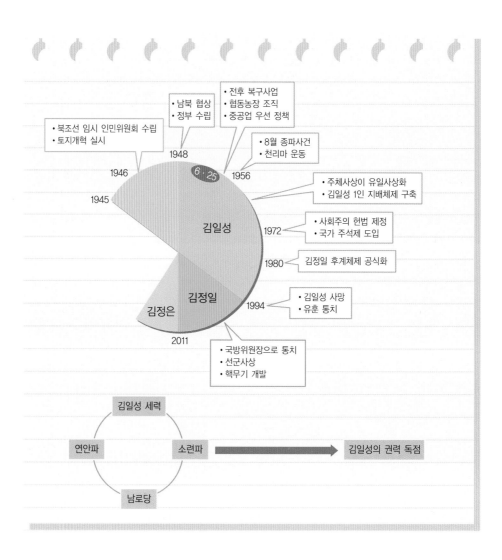

• 북조선 임시 인민위원회 수립
• 토지개혁 실시

1946

1945

• 남북 협상
• 정부 수립

1948

• 전후 복구사업
• 협동농장 조직
• 중공업 우선 정책

• 8월 종파사건
• 천리마 운동

1956

6·25

김일성

• 주체사상이 유일사상화
• 김일성 1인 지배체제 구축

• 사회주의 헌법 제정
• 국가 주석제 도입

1972

김정일 후계체제 공식화

1980

김정일

• 김일성 사망
• 유훈 통치

1994

김정은

2011

• 국방위원장으로 통치
• 선군사상
• 핵무기 개발

김일성 세력

연안파   소련파 ──────▶ 김일성의 권력 독점

남로당

소련군의 점령과 북조선 임시 인민위원회

배경

북한은 평양을 중심으로 기독교 세력이 강한 지역으로 남한에 비해 상대적으로 우익 세력이 더 우세한 편이었다. 해방 직후 평양에서 민족주의자 조만식이 주도하여 평안 남도 건국 준비위원회가 조직되었고, 각 지역에는 인민위원회가 자생적으로 등장하였다. 북한을 점령한 소련군은 각 지역에서 수립된 인민위원회를 일단 인정하고 행정 권을 이양하여 뒤에서 간접적으로 통치하였다. 남한을 점령한 미군과 북한을 점령한 소련군은 서로 다른 통치 방식을 선택하였다. 미군과 소련군이 한국에 들어올 당시 많은 지역에서는 조선인의 자치 기구인 인민 위원회가 조직되었다. 미군은 조선인의 자치 조직을 인정하지 않고 미 군정에 의한 직접 통치를 선택하였다. 그러나 오랫동 안 조선의 공산주의 운동을 지도하면서 조선의 상황을 잘 알고 있었던 소련은 훨씬 교묘한 통치 방법을 선택하였다. 일단 기존의 인민 위원회를 인정하고 소련은 이를 후원하는 방식으로 간접적인 통치를 실시하였다. 뒤에서 좌익 세력을 지원하고 우익 세력을 견제하면서 점차 인민 위원회의 주도권을 좌익이 장악하도록 조종하였다. 인 민 위원회는 처음에는 좌우 합작의 성격을 갖고 있었으나 점차 소련의 후원을 등에 업은 좌익 세력이 인민 위원회를 장악하였다. 1945년 12월 모스크바 3상 회의 결정 이 알려지자 소련군은 신탁 통치를 반대하는 우익 진영의 지도자 조만식을 연금시켰 다. 이런 영향으로 남한에 비해 상대적으로 북한은 신탁 통치 문제를 둘러 싼 대립이 표면적으로 크게 나타나지 않았다.

강물 위에 그어진 38도 선(출처 국사편찬위원회 소장 미국 국립문서기록 관리청)

북조선 임시 인민위원회의 성립과 민주 개혁의 실시

✍ 1946년 2월, 북한 지역의 좌익 세력이 연합하여 북조선 임시 인민 위원회를 조 직하였다. 북조선 임시 인민 위원회는 사실상의 정부였다. 위원장은 소련에서 귀국한 김일성, 부위원장은 중국에서 들어 온 연안파의 김두봉이 맡았다.

✍ 1946년 3월, 북조선 임시 인민 위원회 주도로 북한에서 민주 개혁이 실시되었다. 8시간 노동을 규정한 노동법과 남녀 평등법을 만들고, 중요 산업 국유화 법을 제정하

였으나 가장 중요한 개혁은 토지 개혁이었다. 북한 전역에서 토지 소유 상한선을 5정 보로 정하고 그 이상의 토지는 무상으로 몰수하고 농민에게 무상으로 분배하는 토지 개혁이 실시되었다. 일본인 소유지와 친일파의 토지도 몰수하였다. 토지 개혁이 실시 되면서 많은 농민들이 토지를 소유하게 되어 김일성 정권의 지지 기반이 확고해졌다.

정부 수립을 위한 움직임

배경

1947년에 북조선 임시 인민위원회가 북조선 인민위원회로 바뀌면서 임시라는 단어 가 삭제되고, 헌법의 초안이 작성되었다. 1948년 2월에는 북한 인민군이 창설되어 공식적인 군대를 가지게 되었다.

● 한국전쟁 이전에 38선을 넘는 북한 주민(출처 국 사편찬위원회 소장 미국 국립문서기록관리청)

남북협상과 명분의 축적

유엔에서 남한 단독 총선거 실시가 결정되자 북한은 김구, 김규식의 제안을 받아들여 1948년 4월에 평양에서 남북 협상을 개최하면서 끝까지 통일을 위해 노력하였다는 명분을 축적하였다. 그러나 실질적으로는 남북 협상 기간에도 단독 정부 수립을 준비 하였다. 남북 협상 이후 서울에 돌아와 있던 김구와 김규식에게 다시 한번 평양에 와 달라 요청하였지만 북한 단독 정부 수립을 예상한 김구와 김규식은 이를 거부하였다.

북한 지역의 총선거 실시

5 · 10 총선으로 남한에서 대한민국 정부가 수립되자 북한도 8월 25일에 최고인민회 의 대의원 선거를 실시하였다. 남북의 인구 비례에 따라 이북 지역의 대의원 212명이 선출되었고, 남한 지역을 대표하는 대의원 360명도 선출하였다. 현실적으로 남한에 서 선거가 불가능하였음에도 북한은 남한 지역에서 비밀 선거를 통하여 대의원을 선 출하였다고 주장하였다. 남북한은 서로 한반도 전체를 대표하는 정부로 정통성 경쟁 을 하였다. 남한에서는 국회의원 300명을 예정하고 북한 지역 대표 100명은 선출하 지 않고 남한의 200명만 선출하였는데, 북한은 한 술 더 떠서 남한에서 선거를 실시

했다고 주장한 것이다.

조선 민주주의 인민공화국 선포

1948년 9월에 국회에 해당하는 최고 인민 회의가 개최되어 헌법을 제정하고, 김일성이 수상으로 선출되었고 부수상에는 홍명희, 김책, 박헌영이 선출되었다. 정식 국호를 조선민주주의 인민공화국으로 정하고 북한 정부의 수립을 선포하였다(1948.9.9). 수도는 서울로 하고 평양을 임시 수도로 선언하였고, 국기와 국가도 독자적으로 따로 만들었다.

● 북한 정권 초대 내각(위키피디아)

김일성 정권의 기본 정책

김일성 정권은 민주 기지론을 내세워 북한 지역에서 먼저 혁명을 완수하고 그 동력으로 남한을 해방시키겠다고 선언하면서 사회주의 통일 정부 수립을 추진하였다. 이는 곧 전쟁 준비를 의미하는 것이었다. 조선 인민군을 강화하는 동시에 중국 공산화가 완성되자 중국 혁명에 참여하였던 조선 의용군 출신의 조선인들을 대거 인민군에 편입시켰다. 또한 김일성과 박헌영은 소련과 중국을 설득하여 군사 지원을 받았고, 이를 바탕으로 전쟁을 준비하였다. 북부 지방은 일제 강점기에 추진된 병참기지화 정책으로 공업시설이 많이 남아 있어 남한보다 공업화와 전쟁준비에 유리하였다.

✿ 소련군 점령하의 북한, 김일성과 스탈린의 초상화를 들고 행진중이지만 아직 태극기를 사용하고 있다.(출처 국사편찬위원회 소장 미국 국립문서기록관리청)

💬 북한 정권에 참여한 정치 세력

해방 이후 대부분의 정치 세력은 조선의 수도인 서울로 귀국하였다. 그러나 사회주의 계열의 정치 세력은 소련군이 점령하고 있는 평양으로 들어 와 공산주의 정권에 참여하였다. 그러나 김일성 직계 세력을 제외한 세력들은 6 · 25 전쟁을 전후하여 대부분 숙청당하였다.

💠 북한의 행정구역(위키피디아)

① 김일성은 1930년대부터 만주에서 항일 빨치산 활동을 하다 만주의 상황이 악화되자 소련으로 이동하였다. 이때 김일성을 따르던 세력들이 만주파이고 이들과 연계되어 국내에서 활동하던 세력이 갑산파이다. 갑산파는 1960년대에 숙청되면서 만주파가 모든 권력을 독점하였다.

② 연안파는 중국 연안(옌안)에서 중국 공산당과 함께 활동하던 조선 독립 동맹과 조선 의용군 출신들을 말한다. 김두봉과 김무정이 대표적인 인물이다.

③ 소련파는 선대에 연해주로 이주하여 오랫동안 소련에서 살았던 고려인 2세들이다. 이들은 소련군을 따라 북한에 들어 와 주로 당의 조직 분야에서 활동하였다. 허가이가 유명하다.

④ 남로당 계열은 박헌영을 중심으로 조선에서 성장하고 활동한 토착 공산주의 세력이다. 해방 이후 조선 공산당을 재건하였으나 미 군정과 이승만 정부의 탄압으로 월북하였다. 북한의 조선 노동당은 남조선 노동당과 북조선 노동당이 합당하여 성립되었다.

💬 북한의 역사

① 개요

북한의 역사를 간단히 말하면 김일성이 권력을 독점하고 김정일과 김정은이 권력을 세습하는 과정이라 할 수 있다.

② 1940~1950년대

💠 폭격당하는 북한지역(출처 국사편찬위원회 소장 미국 국립문서기록관리청)

㉠ 북한 정권은 만주에서 항일 빨치산 활동을 하던 김일성의 직계 세력, 연안파, 소련파, 남로당 계열 등이 연합하여 수립되었다. 그러나 6 · 25 전쟁과 전후 복구 과정을 거치면서 김일성 직계 세력 이외의 다른 계열은 숙청되면서 김일성의 유일 지도 체제가 확립되었다. 중 · 소 분쟁이 일어나면서 북한은 중국과 소련의 영향력에서 벗어나려는 독자 노선을 추구하였다. 이 과정에서 중국 공산당과 연결된 연안파, 소련에서 귀국한 소련파가 차례로 제거되었다. 주체사상이 형성되어 김일성 체제를 사상적으로 뒷받침하였다.

㉡ 경제적으로 전쟁 피해를 복구하면서 적극적으로 사회주의 경제 건설에 나섰다. 농업을 집단화하고 군수 공업 중심으로 경제를 개발하였다. 대중의 노동력을 동원하기 위하여 천리마 운동이 추진되었다.

③ **1960년대**

㉠ 주체사상이 유일사상으로 체계화되어 북한의 통치 이념으로 확립되었다. 주체사상은 김일성의 항일 유격대 활동을 혁명 전통으로 삼은 김일성 중심의 유일사상 체계였는데, 이 과정에서 김일성에 대한 개인숭배가 강화되었다. 또한 모든 항일 투쟁은 김일성 위주로 서술되었다.

㉡ 1960년대까지는 효율적인 노동력 동원과 남한에 비해 풍부한 지하자원 등으로 북한 경제가 남한보다 앞서 있었다. 그러나 남한의 경제 개발이 본격적으로 추진되면서 남북한의 격차가 급속도로 줄어들었다.

④ **1970년대**

㉠ 1972년에 '사회주의 헌법'이 제정되어 국가 주석제를 신설하고 김일성이 주석이 되어 모든 권력을 장악하였다. 또한 헌법에 주체사상을 북한의 통치 이념으로 명시하였다.

㉡ 점차 북한 경제의 한계가 드러나기 시작하였다. 지나친 자립 경제 추구로 외국과의 교류에 한계가 있었다. 또한 중앙 집권적인 계획 경제의 비효율성도 나타났다. 군사력 증강을 강조하면서 중공업에 치중하다보니 경공업, 농업 등이 낙후되기 시작하였다.

⑤ **1980년대**

㉠ 김정일의 후계 체제가 공식화되었다.

㉡ 북한은 경제 위기를 극복하기 위해 외국 자본을 유치하려고 합영법을 공포하였고(1984), 나진 · 선봉 지역에 경제특구를 설치하였다(1991). 그러나 별 성과는 없었다.

⑥ **1990년대**

㉠ 1993년에 김정일이 군대를 장악하고 국방 위원장으로 취임하였다. 1994년에 김일성이 사망하였는데, 김정일은 김일성의 주석 지위를 계승하지 않고 김일성의 생전 지시를 내세워 3년 간 유훈 통치를 실시하였다. 1998년에는 '김일성 헌법'을 제정하여 주석직을 폐지하고 국방 위원장의 권한을 강화한 뒤에 국방위원장의 자격으로 북한을 통치하였다. 김정일은 군의 선도적 역할을 강조하는 선군 사상을 내세웠다. 또한 핵무기 개발에 매달리면서 2006년 이후 핵실험을 실시하였다.

㉡ 북한은 1990년대 내내 에너지 부족과 식량 부족에 시달리면서 이른바 '고난의 행군'을 겪었다. 북한 경제는 크게 후퇴하고 수많은 주민들이 기아에 시달렸다.

⑦ **2000년대 이후**

㉠ 2011년에 김정일이 사망하면서 아들 김정은이 권력을 세습하였다.

㉡ 김대중 정부 시기부터 남한과의 경제 교류가 활성화되어 금강산 관광, 개성 공단 건설 등이 추진되었다. 또한 2002년에 시장 경제를 부분적으로 도입하는 7 · 1 경제 관리 개선 조치를 발표하였다. 그러나 여전히 폐쇄적이고 경직된 북한의 특수성과 대외적인 고립 때문에 북한 경제는 어려움을 겪고 있다.

63 6 · 25 전쟁의 전개

미 군정기	이승만 정부	과도기	장면 정부	박정희 정부			과도기	전두환	민주화 이후의 정부
미 군정	제1공	허정	제2공	군정	제3공	제4공	최규하	제5공	노태우 · 김영삼 · 김대중 · 노무현 · 이명박 · 박근혜

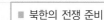

■ 북한의 전쟁 준비
–소련 · 중국의 지원
–조선의용군, 북한인민군에 편입
■ 애치슨 선언

■ 전쟁 발발과 낙동강 전선
–1950.6.25 북한의 기습 남침
–1950.6.26 유엔군 참전 결정
–1950.6.28 서울 함락
–1950.7월말 낙동강 전선으로 후퇴

■ 유엔군의 반격과 북진
–1950.9.15 인천 상륙 작전
–1950.9.28 서울 수복
–1950.10.1 38도선 돌파, 북진

■ 중국군의 개입과 후퇴
–1950.10.25 중국군 개입
–1950.12 흥남 철수
–1951.1.4. 서울 재함락(1 · 4 후퇴)

■ 전선 교착과 휴전 협상
–1951.3 서울 재탈환
–1951.6 소련, 휴전 협상 제안
–1951.7 휴전 협상 개시
–1953.6 반공포로 석방
–1953.7.27. 휴전협정 체결

■ 한 · 미 동맹과 제네바 회담
–1953.10 한 · 미 상호 방위 조약 체결
–1954.7 제네바 정치 회담 → 결렬

전쟁 전야

남북한이 대립하는 상황에서 38도선 부근에서 잦은 무력 충돌이 있었다. 또한 북한은 남한의 좌익 게릴라를 지원하면서 남한의 혼란을 부추겼다. 소련군이 일부 군사 고문단을 남겨놓고 철수하자 미국도 남한에 주둔하던 미군을 철수시켰다. 1950년 1월에 국무장관이었던 애치슨은 미국의 태평양 방위선에서 한국과 타이완을 제외한다고 선언하였다. 북한 수상 김일성과 부수상 박헌영은 무력으로 남한을 점령하여 통일을 완성하겠다고 소련과 중국을 설득하여 지원을 얻어내는 데 성공하였다. 국공 내전에 참전했던 조선의용군 다수가 압록강을 건너 북한인민군에 편입되었다.

◎ 한국전쟁 직전 38도선을 시찰하는 미국 국무장관 덜레스(출처 국사편찬위원회 소장 미국 국립문서기록관리청)

전쟁의 전개 과정

전쟁의 시작

1950년 6월 25일 일요일 새벽, 북한이 선전포고 없이 기습 남침을 개시하면서 전쟁이 시작되었다. 우수한 소련제 무기로 무장하였고, 풍부한 실전 경험을 가진 조선의용군 출신이 다수를 차지하고 있었던 북한 인민군은 3일 만에 서울을 함락하고 남쪽으로 진격하였다. 파죽지세로 내려오던 북한 인민군에 맞서 유엔군과 국군은 낙동강 전선을 마지막 보루로 삼고 저항하였다.

◎ 파괴된 북한탱크를 시찰하는 맥아더(출처 국사편찬위원회 소장 미국 국립문서기록관리청)

유엔군의 참전

전쟁 다음날 국제 연합은 안전보장이사회를 소집하여 북한을 침략자로 규정하고 한국에 국제연합군을 파견할 것을 결의하였다. 국제연합군 사령관에는 일본점령군 사령관이었던 미국의 맥아더가 임명되었다. 미국이 주축이 되어 16개국이 참여한 유엔군은 국군을 지원하고 낙동강 방어선을 지키면서 반격의 기회를 엿보았다. 또한 전투 병력을 파견하지 않은 많은 나라들도 비전투 병력을 보내고 물자를 지원하였다. 후퇴 중에 이승만 정부는 국군의 작전 지휘권을 유엔군 사령관에게 이양하였다.

인천상륙작전과 북진

1950년 9월 15일, 유엔군과 국군은 인천 상륙 작전을 감행하여 북한군의 후방을 차단하고 서울을 수복하였다(9.28). 순식간에 전세가 역전되면서 국군과 유엔군은 10월 1일에 38도선을 돌파하여 평양을 탈환하고 압록강 유역까지 진출하였다. 국군의 날은 이날을 기념하여 정해졌다.

⬤ 낙동강을 건너 진격하는 유엔군(출처 국사편찬위원회 소장 미국 국립문서기록관리청)

중국군의 참전과 1·4 후퇴

그러나 중국이 북한을 돕기 위하여 대규모 병력을 파견하였다. 중국군의 공격으로 국군과 유엔군은 남쪽으로 밀려가면서 서울을 다시 빼앗기게 되었다. 철수 과정에서 1950년 12월에 함경남도 흥남 항구에 집결한 유엔군은 피난민 십여 만 명을 배에 태우고 함께 철수하였다(흥남 철수). 서울을 두 번째로 빼앗긴 날이 1951년 1월 4일이라 1·4 후퇴라 한다.

⬤ 압록강물을 담는 장면(국립중앙박물관)

유엔군의 반격과 전선 고착

맥아더는 중국 국민당 군대를 투입하고 만주를 원자폭탄으로 폭격할 것을 주장하였다. 전쟁이 세계 대전으로 확산될지 모른다는 부담을 느낀 트루먼 대통령은 맥아더를 해임하였다. 후임 사령관 리지웨이의 지휘하에 국군과 유엔군은 다시 반격을 가하여 서울을 되찾고 현재의 휴전선 부근까지 진격하였다. 이후 전선은 제자리에서 고착되면서 전쟁은 치열한 고지 쟁탈전의 양상을 띠었다.

휴전 협상과 전쟁 종식

1951년 6월, 소련의 제안으로 유엔군과 공산군은 휴전 협상에 들어가게 된다. 휴전 협상은 1951년 7월부터 1953년 7월까지 2년간 지루하게 전개되었는데, 전쟁이 끝난 이후 군사분계선 설정문제와 포로 송환 문제를 둘러 싸고 치열한 논쟁을 벌였다. 그러나 전쟁이 치열해지면서 많은 희생자가 발생하고 전쟁 당사국들이 더 이상의 희생을 감당하기가 힘들어지자, 협상은 급진전 되면서 1953년 7월 27일에 휴전 협정이 조인되었다. 한국 정부는 휴전 협정을 반대하면서 포로 수용소에 있던 반공 포로들을 석방하기도 하였다. 또한 휴전 협정 체결 과정에도 참여하지 않았다.

💬 반공포로 석방

(1) 배경

전쟁에는 포로가 생기기 마련이다. 원래 포로에 관한 국제 협약에서는 전쟁 포로를 전쟁이 끝난 이후에 고국에 돌려보내도록 하고 있다. 그러나 휴전 회담에서는 포로 송환 문제가 가장 중요한 쟁점이 되었는데, 공산군은 전원 송환을 요구한 반면 유엔군은 포로 의사에 따른 자유 송환을 주장하였다. 유엔군이 이런 주장을 한 이유는 6·25 전쟁이 가지는 특수한 사정 때문이었다. 6·25 전쟁은 내전이자 사상전으로서 북한군의 포로 중에 공산주의 이념을 거부하면서 북한으로 돌아가는 것을 거부하는 사람들이 많이 있었다. 또한 북한은 전쟁 초기에 점령한 남한 지역의 젊은 이들을 의용군이라는 이름으로 다수 입대시켰기 때문에 북한군 포로 중에서 남한 출신자들이 많이 있었다. 게다가 중국군 포로 중에서도 본토로 가기를 거부하고 중국 국민당 정부가 다스리는 타이완으로 가기를 원하는 사람들이 있어 문제가 복잡하였다.

⚙ 강제송환을 반대하는 반공포로(출처 국사편찬위원회 소장 미국 국립문서기록관리청)

(2) 과정

공산군 측과 오랫동안 포로 송환 문제를 논의하던 미국은 본국 송환을 거부하는 포로는 중립국 관리위원회에 넘겨 포로를 설득하고 여기서도 송환을 거부하면 유엔에서 결정하도록 하는 안을 제시하였다. 이승만은 여기에 강력하게 반발하였다. 특히 한·미 상호 방위 조약을 체결하기로 약속은 하였지만 미온적인 입장을 보이고 있었던 미국에 대하여 강경한 태도를 보일 필요성을 느끼게 되었다.

원래 모든 포로는 거제도 포로수용소에 있었지만 반공 포로와 친공 포로의 잦은 충돌로 인명 피해가 발생하자 반공 포로는 육지로 따로 옮겨 수용하고 있었다. 포로수용소의 경비 병력은 소수의 책임자만 미군이고 대부분의 경비병은 한국군이었다. 당시 한국군은 미군의 지휘 통제를 받고 있었는데, 한국 정부가 한국군에게 반공 포로 석방을 지시하자 당연히 한국군은 정부의 명령을 따랐다. 결국 1953년 6월 18일부터 이틀동안 이승만 대통령이 추진하여 온 반공포로의 석방이 단행되었다. 반공포로들은 한국군 경비병의 묵인과 협조 하에 포로수용소에서 탈출하였다. 반공포로 35,698명 가운데 27,388명이 탈출하였다. 심야의 탈주극으로 진행된 포로 석방 과정에서 56명의 포로들이 탈출하다 사망하기도 하였다.

⚙ 포로송환행사를 준비하는 북한군 병사(출처 국사편찬위원회 소장 미국 국립문서기록관리청)

(3) 결과

반공포로의 석방은 전세계에 큰 충격을 주었다. 미국은 한국이 마음만 먹으면 언제든지 휴전 회담을 깨버릴 수 있다는 것을 깨달았다. 격분한 미국의 아이젠하워 대통령은 이승만의 제거 계획을 세우기도 하였다. 공산군도 이를 맹렬히 비난하였지만 양측은 더 이상 싸울 마음이 없었다.

결국 1953년 7월 27일 예정대로 휴전협정이 조인되었다. 미국은 이승만을 비난하면서도 한국과 한·미 상호 방위 조약을 1953년 10월에 체결하였고 한국군에 대한 작전 통제권을 계속 미국이 갖기로 하였다.

◎ 한국전쟁 무렵 미국이 작 성한 선전물(출처 국사편 찬위원회 소장 미국 국립 문서기록관리청)

💬 휴전선

휴전 협정이 체결되면서 쌍방의 군대는 일단 남북으로 2km씩 후퇴하면서 서로 간에는 폭 4km 의 완충 지대가 만들어졌다. 이러한 완충지대에는 원칙적으로 쌍방이 군대를 투입할 수 없기 때 문에 비무장지대(Demilitarized Zone)라 부른다. 그러나 원래 군대를 주둔시킬 수 없지만 실제 로는 남북 모두 비무장지대 여러 곳에 초소를 세우고 '경찰'이라 이름 붙인 군인들을 투입하고 있다. 휴전선의 길이가 155마일, 약 250km이므로 비무장지대의 면적은 약 990 ㎢로 서울시 면 적의 약 1.5배, 남한 면적의 1% 정도이다. 그러나 휴전협정 체결 이후 북한이 북방한계선을 밀고 내려오자 우리도 남방한계선을 밀어 올려서 지금은 면적이 많이 줄어들었다 한다. 비무장지대는 수십년 동안 인간의 손길이 닿지 않아 야생의 자연이 보존되어 있는 곳으로 유명하다. 또한 많은 사람들이 군대 생활을 보낸 곳이기도 하다.

💬 전쟁의 영향

① 남북한의 집권 세력은 전쟁 이후 자신의 권력 기반을 더욱 강화하였다. 이승만 정부는 반공을 내세워 정치적 반대 세력을 억압하고 정치적 비판을 봉쇄하였다. 북한의 김일성은 전쟁이 실 패한 책임을 물어 박헌영 등의 정적을 처형하고 자신의 권력을 강화하였다.

② 전쟁으로 인한 남북한의 피해는 엄청났다. 약 500여만 명이 죽거나 다쳤으며 전쟁으로 가족 과 헤어진 이산가족도 1,000만 명에 달했다. 거리에는 전쟁고아와 미망인이 넘쳐났으며 간신 히 살아남은 사람도 큰 고통을 겪었다. 남북한의 산업 시설이 모두 잿더미가 되었고 식량도 부족하였다. 또한 전쟁이 한반도 전역을 오르내리면서 진행되었기 때문에 전방과 후방 할 것 없이 한반도 전체가 전쟁터가 되었고 많은 민간인 희생자가 났다. 남한에서는 전쟁 중에 후퇴 하는 과정에서 보도연맹 사건, 국민방위군 사건 등이 발생하였다. 또한 지리산 무장 게릴라를 토벌하는 과정에서도 민간인 학살 사건이 벌어졌다. 국민의 생명을 보호해야 할 국가에 의해 국민이 희생당한 사건은 전쟁이 끝난 뒤에도 큰 상흔을 남겼다. 내전은 국가 간의 전쟁보다 더 무섭다. 국가 내의 주권은 하나 밖에 없기 때문에 타협할 수 없으며, 적당히 전쟁을 그칠 수 없고 상대방이 소멸될 때까지 싸워야 한다. 이 과정에서 상대방에 대한 살상 행위가 자주 벌어졌고 결국 서로에 대한 적개심으로 이어졌다. 이는 국토의 분단뿐 아니라 감정의 분단, 정 서의 분단까지 가져왔다.

💬 독도와 평화선(이승만 라인)

① 독도는 울릉도의 부속 도서로 신라 지증왕 때 울릉도와 함께 우리 영토에 편입되었다. 조선 초에는 관리하기 힘든 섬들을 무인도로 비워두는 공도 정책에 따라 사람이 살지 않도록 하는

조치를 취하기도 하였다. 일본 어민이 이 틈을 타서 울릉도와 독도 주변에서 자주 출몰하고 어로 행위를 하자 숙종 때 안용복이 일본에 건너가서 일본 정부로부터 우리 영토임을 확인받아 오기도 하였다. 대한제국 성립 이후에는 황제의 칙령(대한제국 칙령 제41호)으로 울도군을 설치하고 독도가 울릉도에 소속된 우리 영토임을 분명히 하였다. 그러나 일본은 러·일 전쟁 중에 독도를 무단으로 점령하였고, 1905년 2월에는 시마네 현 고시로 독도를 자기 영토로 편입하였다고 주장하였다. 1905년 11월 을사조약으로 외교권을 박탈당했고, 1910년에는 주권을 빼앗겼기 때문에 여기에 제대로 된 항의를 할 수 없었다.

🔵 이승만 라인에 반대하는 일본인들의 집회(위키피디아, 일본 毎日新聞社)

② 그러나 해방 이후 우리 정부는 독도가 우리 영토임을 분명히 하였고 울릉도 주민들이 독도 의용 수비대를 만들어 경찰의 지원을 받아 독도 경비에 나섰다. 이에 일본은 순시선을 독도 주변에 자주 파견하는 등 독도에 대한 영토 주장을 포기하지 않았다.

③ 이에 맞서 우리 정부는 1952년에 '인접 해양에 대한 주권에 관한 선언'을 발표하여 우리 해안선에서 50~100해리 정도의 수역을 우리 관할로 선언하였다. 그리고 이러한 선을 설정한 주목적이 한·일 간의 평화를 유지하기 위한 것이라 하여 '평화선'이라 이름 붙였는데, 미국, 중국, 일본 등은 이를 '이승만 라인'이라 불렀다.

④ 일본은 패망 이후 1951년까지 미 군정의 지배 하에 있었는데 군정 사령관이었던 맥아더는 일본 어선들이 조업할 수 있는 구역을 제한하였다. 그러나 연합국과 일본 사이에 샌프란시스코 강화 조약이 체결되면서 일본이 주권을 회복하게 되었는데, 이후 일본 어선이 한국 연안까지 다가와서 어로를 하게 되면 한국은 당할 수 밖에 없는 상황이었다. 당시는 영해가 3해리에 불과했고 배타적 경제 수역(EEZ)에 대한 개념이 아직 없는 상황이었다. 일본 어선은 한국 어선보다 장비가 월등했기 때문에 한국 연안에서 같이 고기를 잡는다면 일본 어선이 한국 어선을 압도할 상황이었다.

이를 예방하기 위해서 한국 정부는 평화선을 선포하였는데, 평화선은 현재 한국의 배타적 경제 수역과 거의 비슷하다. 평화선을 넘어 온 일본 선박은 가차 없이 나포하였는데, 1965년 한일 국교 정상화로 평화선이 새로운 한일어업협정으로 대체되기 전까지 한국 해경은 328척의 일본 선박과 3,929명의 선원을 나포하였다. 이 과정에서 44명의 사상자가 발생하였으며 나포한 선박은 해양경비대의 경비정으로 사용하기도 하였다. 결국 일본은 평화선을 넘어갈 수가 없었는데, 독도는 당연히 평화선 안쪽에 있었다. 결과적으로 평화선의 선포로 독도를 한국이 지킬 수 있었다.

⑤ 일본은 우리가 독도를 불법 지배하고 있다고 주장하면서, 독도 문제를 국제 사법 재판소에 제소하여 해결하려고 시도하고 있다. 독도 침탈 100주년이 되는 2005년에는 시마네 현이 '다케시마의 날'을 제정하였고, 일본 정부도 2008년부터 교과서에 독도가 일본 영토임을 명시하도록 하였다.

64 이승만 정부

미 군정기	이승만 정부	과도기	장면 정부	박정희 정부		과도기	전두환	민주화 이후의 정부
미 군정	제1공	허정	제2공	군정	제3공	제4공	최규하	제5공	노태우 · 김영삼 · 김대중 · 노무현 · 이명박 · 박근혜

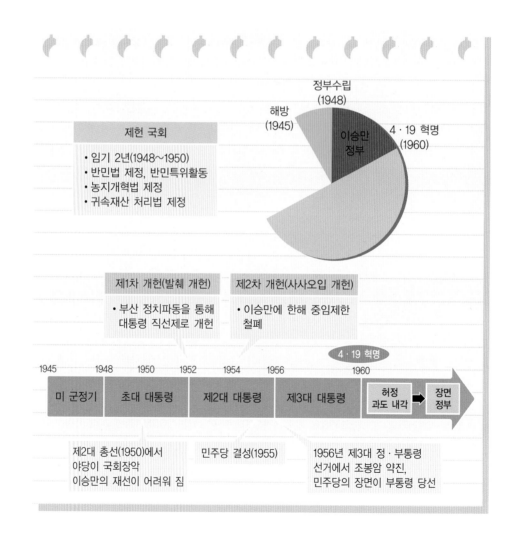

제헌 국회

- 임기 2년(1948~1950)
- 반민법 제정, 반민특위활동
- 농지개혁법 제정
- 귀속재산 처리법 제정

해방
(1945)

정부수립
(1948)

이승만
정부

4 · 19 혁명
(1960)

제1차 개헌(발췌 개헌)

- 부산 정치파동을 통해
  대통령 직선제로 개헌

제2차 개헌(사사오입 개헌)

- 이승만에 한해 중임제한
  철폐

4 · 19 혁명

1945	1948	1950	1952	1954	1956	1960		
미 군정기	초대 대통령		제2대 대통령		제3대 대통령		허정 과도 내각	장면 정부

제2대 총선(1950)에서
야당이 국회장악
이승만의 재선이 어려워 짐

민주당 결성(1955)

1956년 제3대 정 · 부통령
선거에서 조봉암 약진,
민주당의 장면이 부통령 당선

이승만 정부의 성립

이승만은 1948년 정부 수립 이후 초대 대통령에 취임하면서부터 1960년 4·19 혁명 이후 하야할 때까지 12년 간 대통령직에 있었다. 대통령 임기가 4년이었기 때문에 제 1대(1948~1952), 제2대(1952~1956), 제3대 대통령(1956~1960)을 지낸 것이다. 그리고 제4대 대통령선거에 출마해서 당선되었는데 그것이 3·15 부정 선거였고, 4·19 혁명에 의해 부정선거가 무효가 되면서 제4대 대통령 당선도 무효가 되었다. 제4대 대통령은 내각제 개헌 이후 선출된 윤보선이다.

○ 정부수립식을 보기 위해 중앙청 앞에 모여든 군중들(출처 국사편찬위원회 소장 미국 국립문서기록관리청)

초대 대통령 이승만과 발췌 개헌(1952)

✎ 역사상 최초로 실시된 총선거인 5·10 총선(1948)에서 남북 협상파들이 대거 불참하면서 우익인 이승만 세력과 한국민주당이 다수를 차지하였다. 이승만은 제헌 헌법에 의해 국회의원들의 간선으로 초대 대통령에 선출되었다. 그러나 6·25 직전 에 실시된 제2대 국회의원 선거(1950)에서 이승만을 지지하지 않는 후보들이 대거 당선되었다. 따라서 국회의원이 대통령을 선출하는 제헌 헌법에서는 이승만이 재선 에 성공할 가능성이 희박했다. 이때 6·25 전쟁이 발발하면서 국가적 위기 속에 권력 이 대통령에게 집중되었고, 이승만은 이를 활용하여 집권 연장에 나섰다. 이승만은 여당인 자유당을 창당하여 지지 세력을 규합하고 직선제 개헌을 추진하였다. 국회 간 선보다는 직선제가 재선에 유리하다고 판단했기 때문이다.

✎ 이승만 정부는 일부 국회의원을 간첩으로 몰아 구속하고 폭력배들을 동원하여 공포 분위기를 조성하면서 기립 투표를 통해 직선제 개헌안을 통과시켰다(1952). 이 를 발췌 개헌이라 한다. 6·25 전쟁 때는 부산이 임시 수도였고 대통령과 국회도 부 산에 있었다. 당시의 사건들이 부산에서 벌어졌기 때문에 이를 '부산 정치 파동'이라 고 한다.

7일차 현대

제2대 대통령 이승만과 사사오입 개헌(1954)

○ 이승만이 대통령 당선 전에 살던 이화장(문화재청)

헌법은 대통령의 중임을 1회에 한해 인정하였기 때문에 제2대 대통령 이승만의 임기가 1956년에 끝나면 더 이상의 중임이 불가능하였다. 1954년에 제3대 국회가 구성되자 자유당은 기존의 '3선 금지' 조항을 이승만에게는 적용시키지 않는 개헌안을 추진하였다. 당시 자유당이 국회 의석의 3분의 2 이상을 사실상 장악하였기 때문에 무난히 통과가 예상되었다. 제헌 국회는 국회의원 정수를 남한 200, 북한 100으로 예정하고 200명의 국회의원을 선출하였다. 제3대 국회는 정원이 조금 늘어 203명이었다. 따라서 국회의원 3분의 2 이상은 136명이었다. 개헌을 위해서는 136표를 얻어야 하는데 135표만 나오면서 1표 차이로 부결되고 말았다. 하지만 이틀 후 국회 의장은 사람은 0.333…으로 나눌 수 없기에 반올림(사사오입)을 적용해야 한다고 하면서 통과되었다고 번복하였다. 분열되어 사사오입 개헌을 막지 못한 야당 세력은 이후 민주당이라는 단일 야당을 조직하였다(1955).

○ 임시수도 부산의 정부청사 (문화재청)

1956년, 이승만은 제3대 대통령 선거에 출마하였고 야당인 민주당 후보 신익희가 갑자기 사망하는 바람에 무난히 당선되었다. 그러나 진보적인 성향의 조봉암 후보가 예상외의 득표를 하였고, 부통령은 민주당의 장면이 자유당의 이기붕을 누르고 당선되었다.

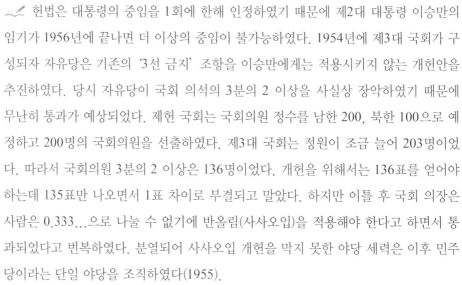

◎ 첫국회의 개회사를 하는 이승만(출처 국사편찬위원회 소장 미국 국립문서기록관리청)

부산 정치 파동과 발췌 개헌(1952)

6 · 25 전쟁이 터지면서 대통령과 정부는 부산으로 피난하였고, 전쟁 기간 동안 대한민국의 수도는 부산이 되었다. 부산이 임시 수도이던 시절에 이승만 정부는 권력을 연장하기 위하여 폭력적인 수단을 동원하여 우리 역사상 최초의 개헌인 발췌개헌을 하였는데, 이를 둘러 싼 일련의 과정들을 부산 정치 파동이라 한다. 정부는 대통령 직선제로 개헌하자는 개헌안을 국회에 제출하였으나 야당이 다수인 국회는 이를 부결시키고 오히려 내각제 개헌안을 제출하였다. 그런 상황에서 1952년에는 제2대 대통령 선거가 치러질 예정이었다. 이승만 정부는 1952년에 비상 계엄령을 선포하고 개헌에 반대하는 야당 의원들을 땃벌레니 백골단이니 하는 폭력 조직을 사주하여 협박하고, 헌병과 경찰을 동원하여 야당을 압박하였다. 결국 이승만의 의도대로 대통령 직선제 개헌안(발췌 개헌안)이 통과되었고 제2대 대통령 선거는 직선제로 실시되면서 이승만이 재선에 성공하였다. 필요한 부분을 여러 곳에서 따서 합치는 것을 발췌라 한다. 발췌 개헌안은 국회에서 제출한 내각제 개헌안과 정부가 제출한 대통령 직선제 개헌안 중 일부를 따서(발췌하여) 만들어졌다. 국회 개헌안에서는 내각제는 받아들이지도 않으면서 뜬금없이 양원제를 도입하였다. 그러나 양원제는 헌법에 규정만 되어 있었고 실제로 구성되지는 않았다. 상원에 해당하는 참의원 선거가 치러진 것은 4 · 19 혁명 이후 치러진 총선에서였다.

⊙ 3.15 부정선거의 부통령 당선자 이기붕(위키피디아)

사사오입 개헌(1954)과 제3대 대통령 선거(1956)

재선에 성공한 이승만은 여기서 만족할 수 없었고, 다시 개헌을 통한 장기 집권을 추진하였다. 헌법은 대통령이 1차에 한해서만 중임할 수 있도록 하였고, 이미 연임중인 이승만은 1956년이 되면 임기가 끝나고 더 이상은 집권할 수 없는 상황이었다. 1954년에 실시된 제3대 국회의원 총선에서 자유당은 부정 선거를 통해 국회 의석의 3분의 2 가까이를 얻었고, 이후 무소속 의원들에 대한 협박과 회유를 통해 개헌에 찬성하도록 공작하였다. 자신감을 얻은 자유당은 개헌을 추진하였다. 1954년에 자유당은 중임 제한의 규정을 헌법 개정 당시의 대통령, 즉 이승만에게만 적용하지 않는다는 내용의 개헌안을 제출하였다. 당연히 통과될 줄 알았지만 1표 차이로 부결되었다. 당시 국회 재적 인원이 203명이었기 때문에 3분의 2는 135.333... 명이 되어 136명 이상이 찬성해야 했는데 찬성표가 135표 밖에 나오지 않았던 것이다.

그러나 이틀 후 자유당은 0.333..은 자연수가 아니므로 사사오입(반올림)을 하여야 한다 주장하여 개헌 통과를 선언하였다. 비록 억지로 개헌은 하였으나 자유당 내에서도 반발하는 사람들이 늘어났고, 자유당에 맞서기 위해 분열되어 있던 야당이 통합하여 1955년에 민주당이 탄생하였다. 또한 혁신세력들은 진보당을 조직하기로 하고 조봉암을 대통령 후보로 내세웠다. 1956년에 치러진 제3대 대통령 선거는 민주당 대통령 후보였던 신익희가 선거 유세 중에 갑자기 사망하면서 이승만이 쉽게 승리를 거두었다. 그러나 이미 사망한 신익희를 찍은 추모표가 많이 나왔고 무소속 후보인 조봉암이 예상보다 많은 득표를 하여 이승만 정부에게 큰 충격을 주었다. 게다가 부통령 선거에서는 자유당 후보 이기붕이 낙선하고 민주당 후보 장면이 당선되었다. 대통령이 사망하면 부통령에게 정권이 넘어가는 데 이승만은 이미 고령이었고 야당 부통령은 자유당 정권에게 악몽이었다. 대통령을 한두 번 하고 말 것도 아니고 계속하여야 하는데 강력한 반대 세력은 자유당에게 부담이었다. 결국 간첩죄와 국가 보안법 위반 등을 이유로 내걸면서 조봉암을 사형시켰고, 진보당은 평화 통일론을 주장하는 것이 북한의 주장과 똑같다 하여 강제 해산시켰다. 이후 이승만 정부는 신국가보안법을 제정하여 사회 통제를 강화하고, 야당에 우호적이었던 경향신문을 폐간시켰다.

◉ 이승만 대통령과 영부인 프란체스카 여사, 오스트리아 여성이지만 많은 사람들이 오스트레일리아 여성으로 착각하여 호주댁이라 불렸다.(위키피디아)

💬 이승만(1875~1965)

① 이승만은 황해도 평산 출신으로 같은 황해도 출신인 김구보다 한 살 손위이다.

② 이승만은 몰락한 양반 가문의 후손으로 어릴 때는 다른 젊은이들처럼 과거를 준비하였으나 갑오개혁으로 과거 제도가 폐지되자 배재학당에 입학하여 신식 학문을 공부하였다.

③ 독립협회와 만민공동회에서 활동을 하면서 이름을 조금씩 알리기 시작하였다. 이승만은 서재필이나 서양 선교사들과 밀접한 관계를 맺으면서 활발하게 활동하였다. 그러나 독립협회가 불법화되면서 체포되어 감옥에 갇히게 되었다. 1904년에 민영환의 주선으로 풀려나 미국으로 건너가 당시 미국 대통령이었던 시어도어 루즈벨트를 만나 고종의 밀서를 전달하고 조선을 도와줄 것을 요청하였다. 그러나 그때는 미국이 일본과 가쓰라 · 태프트 밀약을 맺은 직후로 당연히 이승만의 활동은 실패하였다. 이승만은 훗날 미국과 일본의 밀약을 알고 큰 충격을 받았으며 미국이 한국을 팔아넘겼다고 생각하고 미국의 한반도 정책을 불신하게 되었다.

④ 밀사로서 활동이 실패하자 이승만은 미국에 남아 공부를 하기로 하였고, 조지 워싱턴 대학교 · 하버드 대학교 · 프린스턴 대학교에서 차례로 학사 · 석사 · 박사 학위를 취득하였다. 당시 박사가 거의 없었던 한국에서 이승만은 박사의 대명사가 되었고, 대통령이 된 이후에도 사람들은 이승만 대통령보다는 이승만 박사라고 즐겨 불렀다.

⑤ 이후 미국을 중심으로 외교 활동을 전개하였다. 그는 안창호 · 박용만 등과 함께 미주 지역을 대표하는 독립 운동가로 활동하였는데, 항상 자기 중심적으로 활동하였다는 평가가 많다.

⑥ 제1차 세계 대전이 끝난 이후 전후 문제를 논의하기 위하여 파리강화회의가 열렸다. 이승만은 대한인 국민회를 대표해 파리로 가서 회의에 참석하려 하였으나, 미국 정부가 비자를 내주는 것을 거부하면서 출국이 좌절되었다. 이때 그는 당시 미국 대통령이던 윌슨에게 편지를 보내 한국에 대한 국제 연맹 위임 통치를 제안하였다. 이승만의 국제 연맹 위임 통치 제안은 그가 임시 정부의 대통령이 된 이후 반대 세력으로부터 엄청난 비난을 받게 되었다.

⑦ 3 · 1 운동 이후 각지에서 임시정부가 수립되었을 때, 그는 여러 임시정부로부터 주요 지도자로 추대되었다. 연해주의 대한 국민 의회는 이승만을 국무총리로, 상하이의 대한민국 임시정부도 국무총리로, 서울의 한성 정부는 집정관 총재로 그를 추대하였다. 이렇게 여러 임시정부가 이승만을 지도자로 추대한 이유는 그의 명성과 외교 활동에 대한 기대감 때문이었다. 이승만은 독립협회 활동부터 이름이 알려졌는데 해외에서 박사학위를 취득했고 시어도어 루즈벨트

대통령과 면담을 한 적도 있었기 때문에 당시 명성이 높았다. 또한 파리강화회의에서 민족자결주의를 제창했던 당시의 미국 대통령 윌슨이 이승만이 프린스턴 대학에서 공부하던 시절에 친분이 있었던 교수였기 때문에 여기에 대한 기대도 있었다. 여러 임시정부가 상하이 중심으로 통합이 되면서 이승만은 초대 대통령으로 추대되었다. 원래 상하이에서 신한청년당이 중심이 되어 조직된 대한민국 임시정부는 이승만을 국무총리로 추대하였다. 그러나 이승만은 미국에서 외교 활동을 위해서는 대통령(President)라는 직함이 필요하다고 주장하였고, 실제로 한성 정부가 집정관 총재로 추대하였기 때문에 명분도 있었다. 세 임시정부가 통합될 당시 실제로 이를 주도한 것은 상하이의 대한민국 임시정부였지만, 명분상으로는 국내에서 13도 대표에 의해 조직된 한성정부를 정통으로 하기로 했기 때문이었다.

제헌국회 선거방송(출처 국사편찬위원회 소장 미국 국립문서기록관리청)

⑧ 이승만은 통합된 대한민국 임시정부가 조직되면서 대통령이 되었다. 그러나 주로 미주에서 활동하였고 행동도 독선적이었으므로 상하이에 있던 인사들과도 충돌이 잦았다. 외교 활동이 별성과를 거두지 못하자 비판의 목소리는 더욱 높아졌다. 특히 신채호가 이승만의 위임통치 청원을 비판하면서 "이완용은 있는 나라를 팔아먹었지만, 이승만은 아직 찾지도 않은 나라를 팔아먹었다."고 말한 것은 유명하다. 결국 1925년에 이승만이 탄핵당하면서 대통령직에서 축출되었다. 그러나 1930년대에는 다시 임시정부와 관계를 회복하면서 임시정부 구미위원부에서 활동하였다.

⑨ 해방 이후 귀국하여 미국과 한국민주당의 지지를 받고 대한민국의 초대 대통령이 되었다. 원래 한국민주당은 내각제 헌법을 만들 생각이었으나 이승만의 주장에 의해 대통령제로 방향을 바꾸었고, 이런 역사적 이유 때문에 현재도 우리 헌법에 내각제적 요소가 남아있다.

⑩ 건국 대통령으로서의 업적

평생 독립운동가로 살아왔음에도 대한민국 초대 대통령 이승만은 6 · 25 전쟁 당시의 무능과 독재 등으로 많은 비판을 받았고 지금도 그리 높은 평가를 받지는 못하고 있다. 그러나 12년의 임기 동안 대한민국의 장래를 결정하는 여러 정책이 추진되었다.

㉠ 토지개혁을 실시하였다. 독립 이후에도 토지개혁을 실시하지 못한 제3세계의 여러 국가들의 사례를 비추어보면 토지개혁을 실시한다는 것은 용이한 일이 아니다. 토지개혁을 통해 농민들은 점차 극단적인 빈곤에서 벗어나 자식들에게 제대로 된 교육을 시킬 수 있었고 이렇게 형성된 인적 자본은 한국의 도약에 결정적으로 작용하였다.

㉡ 전쟁과 경제적 어려움 속에서도 우수 학생들을 외국에 유학시키고 인재를 양성하였다.

㉢ 한국 전쟁을 치르면서 미국과 관계를 강화하고 한미동맹의 초석을 놓았다. 한미동맹이 없었다면 현재의 대한민국은 전혀 다른 모습이었을 것이다. 한국이 미국과 동맹을 맺고 자본주의 진영의 일원이 된 것은 그뒤 대한민국의 역사에 결정적인 영향을 미쳤다.

㉣ 독도를 한국 영토로 편입하였다. 이승만은 정치적 목적으로 친일파를 옹호하였지만 외교적으로는 철저히 반일 노선을 고수하였다. 정부 수립 이후 일본과 국교 정상화를 위한 회담을 벌일 때는 식민 지배에 대한 배상으로 대마도를 요구하기도 하였다. 바다에 평화선(이승만 라인)을 설정하여 어장을 보호하고, 독도의용수비대가 지키던 독도에 경찰을 파견하였다.

65   4 · 19 혁명과 장면 정부

미 군정기	이승만 정부	과도기	장면 정부	박정희 정부			과도기	전두환	민주화 이후의 정부
미 군정	제1공	허정	제2공	군정	제3공	제4공	최규하	제5공	노태우 · 김영삼 · 김대중 · 노무현 · 이명박 · 박근혜

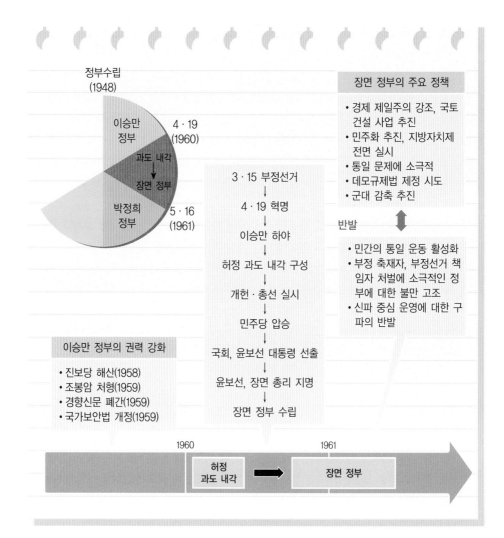

정부수립
(1948)

이승만
정부   4 · 19
(1960)

과도 내각

장면 정부

박정희
정부   5 · 16
(1961)

장면 정부의 주요 정책

- 경제 제일주의 강조, 국토 건설 사업 추진
- 민주화 추진, 지방자치제 전면 실시
- 통일 문제에 소극적
- 데모규제법 제정 시도
- 군대 감축 추진

반발

- 민간의 통일 운동 활성화
- 부정 축재자, 부정선거 책임자 처벌에 소극적인 정부에 대한 불만 고조
- 신파 중심 운영에 대한 구파의 반발

3 · 15 부정선거
↓
4 · 19 혁명
↓
이승만 하야
↓
허정 과도 내각 구성
↓
개헌 · 총선 실시
↓
민주당 압승
↓
국회, 윤보선 대통령 선출
↓
윤보선, 장면 총리 지명
↓
장면 정부 수립

이승만 정부의 권력 강화

- 진보당 해산(1958)
- 조봉암 처형(1959)
- 경향신문 폐간(1959)
- 국가보안법 개정(1959)

1960   1961

허정
과도 내각 → 장면 정부

4 · 19 혁명의 배경

✎ 1956년에 실시된 제3대 정·부통령 선거에서 이승만 정부는 예상하지 못했던 민심의 반발에 부딪쳐서 고전하였고, 부통령직은 민주당의 장면에게 넘어갔다. 대통령은 이승만이었으나 이미 고령이었고 대통령에게 무슨 일이 생길 경우에는 야당 출신인 부통령 장면에게 권력을 넘어갈 상황이었다. 자유당 정부는 1960년에 치러질 제4대 정·부통령 선거에서는 확실하게 승리하겠다고 다짐하였다.

✎ 선거 직전인 1958년과 1959년에 이승만 정부는 권력을 강화하면서 대대적인 부정 선거를 준비하였다. 먼저 진보당을 해산시켰다. 진보당은 평화 통일을 강령으로 채택하였는데, 당시 이승만 정부는 무력에 의한 북진 통일을 주장하고 있었다. 이런 상황에서 평화 통일 주장은 북한의 주장과 같다고 진보당을 매도하면서 해산시켰다. 또한 진보당 당수였던 조봉암을 간첩으로 몰아 처형하였다. 그리고 국가보안법을 강화하고 야당을 지지하는 경향 신문을 폐간시키면서 대대적인 부정 선거를 준비하였다. 당시 경향 신문은 천주교에서 발행하는 신문으로 천주교 신자이자 야당 부통령인 장면을 지지하고 있었다.

✎ 한편 제2차 세계 대전 이후 호황을 누리던 미국 경제가 점차 어려워지며 한국에 대한 원조가 감소하였고 한국 경제도 큰 어려움을 겪으면서 국민들의 불만이 커지고 있었다. 이러한 경제적 어려움도 4 · 19 혁명의 하나의 원인이 되었다.

4 · 19 혁명의 전개

3 · 15 부정 선거

1960년 제4대 정·부통령 선거과정에서 민주당 대통령 후보 조병옥이 사망하였다. 1956년 제3대 정·부통령 선거에서 대통령 후보 신익희가 사망한 데 이어 또다시 민주당은 대통령 후보 없이 대통령 선거를 치르게 되었다. 이승만의 당선이 확실해지자 문제는 부통령직이었다. 대통령 중심제 하에서 부통령은 실권이 없었지만 고령인 이승만에게 무슨 문제가 생기면 부통령이 대통령 자리를 계승하도록 되어 있어 자유당은 부통령 자리를 절대 놓칠 수가 없었다. 이승만 정부는 자유당 부통령 후보 이기붕을 당선시키기 위하여 선거에서 엄청난 부정을 저지르게 되는데, 이것이 바로 3 · 15 부정선거이다.

◉ 4.19 혁명(위키피디아)

3 · 15 마산 의거와 김주열

3월 15일, 선거 당일부터 부정 선거를 규탄하는 시위가 일어났다. 특히 마산 지역의 시위가 격렬하였는데, 경찰은 군중들에게 총을 쏴서 이를 진압하였고 이 과정에서 많은 희생자가 발생하였다. 잠시 주춤한 것처럼 보였던 시위는 경찰의 총격으로 사망한 학생 김주열의 시신이 4월 11일 마산 앞바다에서 발견되면서 더욱 격렬해졌고 전국으로 확산되었다. 당시는 신학기가 4월부터 시작되었으며, 4월에 개학을 하면서 많은 학생들이 시위에 참여하였다.

◉ 독립운동가로 잡지 '사상
계'를 발행하여 이승만
정권을 비판하였던 장준
하 선생(위키피디아)

4 · 18 고려대생 습격 사건

4월 18일 월요일, 서울에서 고려대생이 시위를 마치고 학교로 돌아오던 도중에 임화수, 유지광 등이 이끄는 정치 깡패들의 습격을 받아 학생들이 폭행을 당하였다. 이 소식이 알려지면서 시민들은 더욱 격분하였다.

4 · 19 혁명과 이승만의 하야

4월 19일 화요일, 서울에서만 10만 이상의 학생과 시민이 참여하여 대대적인 시위가 일어났다. 이승만 정부는 계엄을 선포하고 강경하게 대응하였고, 경찰이 군중에게 발포하면서 서울에서만 100명 이상의 사망자가 발생하였다. 4 · 19 혁명 당시 민중을 향해 총을 쏜 것은 경찰이며, 군인은 출동한 이후에도 시민들을 향해 발포하지 않았다.

경찰의 발포에도 불구하고 시위는 계속 되었고 4월 25일에는 대학 교수단이 '학생의 피에 보답하라.'는 구호를 내세우고 이승만의 퇴진을 요구하였다. 결국 이승만은 4월 26일에 대통령 자리에서 물러났다.

4 · 19 혁명의 의의

4 · 19 혁명은 부패한 독재 정권을 학생과 시민의 힘으로 물리친 민주 혁명으로 한국의 민주주의가 크게 진전하는 계기를 마련해주었다. 한국은 중국이나 일본도 경험해보지 못한 시민 혁명이라는 소중한 경험을 하게 되었다.

◉ 과도정부 수반 허정(위키
피디아)

허정 과도 내각과 개헌

대통령은 망명을 떠나고 부통령은 사퇴한 상태에서 외무부 장관 허정이 수반이 되어 허정 과도 정부가 구성되었다. 과도 정부는 내각 책임제와 양원제를 골자로 하는 개헌을 실시하였다. 새 헌법은 국민의 기본권을 철저히 보장하였고 행정부의 권력을 견제하기 위하여 사법부의 독립을 강화하였다. 새로운 헌법에 의해 실시된 국회의원 총선에서 민주당이 압승을 하였고, 자유당은 해산하였다. 새로 구성된 국회는 민주당이 압도적 다수를 차지하였고, 구파보다는 신파가 두각을 나타내기 시작하였다. 국회는 민주당 구파였던 윤보선을 대통령에 선출하였다. 윤보선은 신파였던 장면을 총리로 지명하고 국회가 이에 동의하여 장면 정부가 성립되었다.

장면 정부의 수립과 주요 정책

장면 정부의 의의
장면 정부는 우리 역사상 최초이며 현재까지 유일한 내각제 정부로 민주적 절차에 의해 선출된 정부였다.

장면 정부의 정책
① 장면 정부는 독재 정권 이후에 들어 선 민주 정부로 국민의 자유와 언론 자유를 확대하는 정책을 실시하였다.

② 지방 자치제를 전면적으로 시행하였다. 또한 경제 제일주의를 내세우면서 경제 개발 5개년 계획을 수립하였다. 국토 건설 사업을 추진하여 도로와 교량 등을 건설하였다.

③ 3·15 부정선거의 주모자와 시위군중을 살상한 책임자를 처벌하기 위하여 제4차 개헌이 이루어졌다. 개정 헌법의 부칙에 이를 위해 소급입법을 할 수 있는 근거를 규정하였다.

장면 정부의 한계

◎ 윤보선 대통령과 장면 총리(위키피디아)

① 그러나 이 시기는 억눌려져있던 국민의 욕구가 터져 나오면서 사회 혼란이 잠시 가중되기도 하였다. 노동 운동이 활발해지고 교원 노조 설립 운동이 전개되었다. 혁신계 인사들과 학생들을 중심으로 하는 민간 통일 운동이 활발해지면서 남북 학생 회담이 추진되었다.

② 통일 문제와 부정 선거 책임자·부정 축재자 처벌에 소극적으로 대처하여 국민들의 불만을 사기도 하였다. 장면 정부는 데모 규제법을 제정하여 이러한 시위를 억누르려 하여 시민들의 불만을 샀다.

③ 또한 장면을 중심으로 하는 신파와 윤보선을 중심으로 하는 구파의 대립이 점점 심해지면서 구파가 탈당하여 신민당을 창당하면서 민주당 정권의 안정성이 위협을 받았다.

경제 개발에 필요한 자금을 마련하려 ㅤㅤ다.

◎ 충남 아산의 윤보선 대통령 생가, 조선후기에 지어진 99칸 대저택으로 중요민속문화재로 지정되어 있다.(문화재청)

민주당 구파와 신파

1955년, 전해에 있었던 사사오입개헌을 막지 못한 야당 세력이 단결의 필요성을 느끼면서 통합 야당인 민주당을 조직하였다. 이때 민주당을 조직하는데 중심이 되었던 세력은 한국민주당의 후신인 민국당 세력이었는데, 이들이 구파가 되었다. 또한 민주당 창당 과정에서 새로 참여한 세력들을 민주당 신파라 불렀다. 신파는 일제 강점기에 고등고시에 합격하여 총독부 관료를 지낸 인물들이 많이 있었다. 구파와 신파는 한 지붕 두 가족으로 사사건건 충돌하였다. 야당 시절에 구파는 대통령 후보인 신익희·조병옥을, 신파는 부통령 후보인 장면을 배출하였다. 4·19 혁명 이후 총선에서 압승을 거두어 권력을 장악한 민주당은 다시 구파와 신파의 갈등에 휩싸였다. 대통령에 선출된 구파의 윤보선이 1차로 지명한 구파의 김도연이 국회의 인준을 얻지 못하자, 2차로 지명된 장면이 인준을 얻어 내각을 구성하였다. 이 과정에서 구파가 협조를 거부하였고 신파 위주로 내각이 이루어지자 구파 일부가 탈당하여 신민당을 결성하였다. 장면 정부는 9개월 남짓한 집권 기간 동안 총 네 차례 개각을 해야 할 정도로 정치적으로 불안정하였다.

○ 국토건설사업교육 종강식
(1961.2), (위키피디아)

국토 건설 사업

장면 정부가 남아도는 실업자를 활용하여 사회 간접 자본도 늘리고 국토를 효과적으로 개발하기 위하여 추진하였다. 또한 국내 경기도 활성화시키려 하였는데 이러한 국토 건설 사업은 군사 정변 이후 군정도 이를 이어받아 계속 추진하였다.

교원노조 설립 운동

이승만 정부 하에서 독재 정권의 하수인 역할을 강요당했던 교사들이 정치적 중립 보장과 학원의 민주화를 요구하면서 교원노조를 설립하려는 운동을 시작하였다. 그러나 정부가 이를 강경하게 탄압하였기 때문에 끝내 노조로서 설립신고필증을 교부받지 못하여 법적인 지위를 획득하지 못하다가, 5·16 군사정변 이후 군정의 탄압으로 교원노조 설립 운동은 결국 실패하였다. 교원들이 노동조합을 설립하려는 노력은 6월 항쟁 이후 전교조의 설립으로 다시 시작되었다.

민간의 통일 운동

장면 정부도 이승만 정부만큼이나 보수적인 정부로 통일 문제를 논의하는데 소극적이었다. 이런 상황에서 과거의 혁신계 인사들과 학생들을 중심으로 민간이 주도하는 통일 운동이 활발하게 벌어졌다. 이들은 남북협상론·중립화통일론 등을 주장하면서 정부를 압박하였고, 학생들은 남북 학생 회담을 북한에 제안하면서 "가자 북으로, 오라 남으로"라는 구호를 외치기도 하였다. 그러나 군사 정변 이후 군정의 강력한 탄압으로 민간의 통일 운동은 중단되었다. 6월 항쟁 이후 성립된 노태우 정부에서도 학생들이 같은 구호를 외치며 남북 학생 회담을 주장하였다.

66 박정희 정부

미 군정기	이승만 정부	과도기	장면 정부	박정희 정부			과도기	전두환	민주화 이후의 정부
미 군정	제1공	허정	제2공	군정	제3공	제4공	최규하	제5공	노태우 · 김영삼 · 김대중 · 노무현 · 이명박 · 박근혜

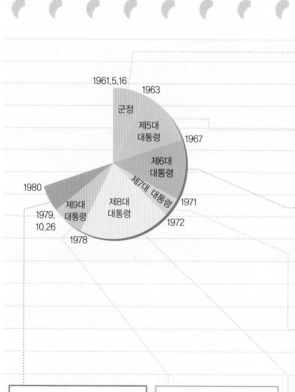

■ 군정 기간(1961~1963)
• 5 · 16 군사정변을 통해 권력 장악
• 국가 재건 최고 회의 구성
• 경제 개발 5개년 계획 시작
• 공화당 조직, 정권 창출 준비

■ 제5대 대통령(1963~1967)
• 박정희, 윤보선을 누르고 당선
• 베트남 파병, 한 · 일 협정 체결
• 서독에 광부 · 간호사 파견
• 경공업 중심의 성장 추진

■ 제6대 대통령(1967~1971)
• 박정희, 윤보선을 누르고 재선
• 북한과 긴장 고조: 1 · 21 사태, 푸에블로 호 나포 사건, 울진 · 삼척 사태
• 삼선개헌
• 전태일 분신
• 새마을 운동 시작, 경부고속국도 완공

■ 제7대 대통령(1971~1972)
• 박정희, 김대중을 누르고 삼선
• 10월 유신으로 국회 해산, 유신헌법 통과

• 10 · 26 사태로 박정희 사망
• 국무총리 최규하가 통일주체국민회의에서 대통령으로 선출
• 12 · 12 사태로 신군부 세력이 부상

■ 제9대 대통령(1978~1979)
• YH 무역 사건
• 야당 총재 김영삼 국회 제명
• 부마 민주 항쟁

■ 제8대 대통령(1972~1978)
• 박정희, 통일주체국민회의에서 당선
• 긴급조치로 정권에 대한 저항 억압
• 수출 주도형 중화학 공업화 추진

5 · 16 군사 정변(1961)

1961년 5월 16일 박정희를 중심으로 하는 일부 정치 군인들이 장면 정부의 무능력과 사회 혼란을 명분으로 내걸고 군사 쿠데타를 일으켰다(5 · 16 군사 정변). 한국에서 쿠데타가 성공하려면 두 가지 조건이 필요하다. 서울을 장악한 쿠데타 군대는 어차피 소수일 수 밖에 없고, 전방에는 수십만 대군이 휴전선을 지키고 있다. 이런 상황에서 전방에 있는 야전군이 쿠데타를 지지해야 정권을 차지할 수 있다. 또한 한국에 절대적인 영향력을 가지는 미국의 지지 내지 묵인을 얻어야 한다.

○ 5.16 군사쿠데타 당시의 박정희(위키피디아)

당시 군대는 6 · 25 전쟁을 거치면서 미국의 지원을 받아 근대화되었으며 당시 사회에서 상당히 앞서가던 집단이었다. 또한 전쟁 이후 급속도로 군대가 팽창하면서 막강한 무력을 갖춘 군대는 언제든지 권력을 장악하러 나설 가능성이 있었다. 5 · 16 이전부터 이미 군대가 쿠데타를 일으킨다는 소문이 널리 퍼졌고, 주모자로 박정희가 주목받고 있었다. 그러나 장면 정부는 쿠데타를 막는 데 실패하였다.

군정 실시(1961~1963)

혁명 공약과 국가 재건 최고 회의

쿠데타 세력은 방송국을 점령하고 반공을 국시로 내건 '혁명 공약'을 발표하였다. 계엄령을 선포하고 모든 정당과 사회 단체를 해산하였으며, 군인이 통치하는 군정을 실시하고 '국가 재건 최고 회의'를 설치하여 국정의 최고 기관으로 삼았다.

주요 정책

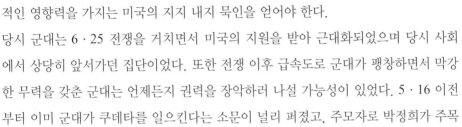

군정은 사회 정화를 내세워 불량배를 소탕하고 부정 축재자를 처벌하였다. 이승만 정부 시기에 자유당의 앞잡이로 활동했던 이정재 등의 정치깡패를 체포하여 단죄하였다.

또한 농어촌 고리채 정리 등을 통해 민심을 얻으려 하였다.

✎ 군사 정부는 권력을 강화하기 위하여 중앙 정보부를 조직하여 정치인과 주요 인사들을 감시하고 언론을 통제하였다.

✎ 모든 정당을 해산시키고 민간 정치인들의 정치활동을 금지시키면서 자신들은 비밀리에 민주 공화당을 창당하고 불법으로 정치 자금을 조성하여 집권을 준비하였다.

✎ 내각제 헌법을 폐지하고 다시 대통령 중심제 헌법을 만들고(1962) 대통령을 직선으로 선출하도록 규정하였다.

◎ 5.16 이후 정치깡패였던 이정재를 체포하여 시내에서 조리돌림을 하고 있다.(위키피디아)

민정 이양과 박정희의 대통령 당선(1963)

혁명 공약에서 쿠데타 세력은 혁명 과업이 완수되면 참신하고 양심적인 정치인에게 권력을 이양하고 자신들은 본연의 임무, 즉 군대로 다시 돌아가겠다고 약속하였다. 그러나 군사 정부는 약속과 달리 군정을 4년간 연장한다 발표하였다. 군정 연장 선언은 많은 반대에 부딪혔고, 결국 군정 당국은 이를 철회하고 민정 이양을 약속하면서 대신 박정희가 대통령에 출마하겠다고 선언하였다.

1963년에 치러진 제5대 대통령 선거에서 박정희는 야당의 윤보선 후보를 15만 표의 근소한 표차로 이기고 대통령에 당선되었다. 선거에서 윤보선은 박정희가 해방 이후 남로당에서 활동했던 사실을 강조하며 박정희의 사상을 문제삼는 '사상논쟁'을 제기하였다. 박정희는 이를 반박하기 위해 더욱 반공을 강조하였다. 개표 결과 박정희는 전라도, 경상도, 제주도 지방에서, 윤보선은 그외 중부 지방에서 더 많은 표를 얻었다. 남부지방에서 과거 좌익활동을 했던 사람들이 다수 박정희를 지지하였다. 1971년 제7대 대통령 선거에서 투표가 동서로 갈린 것과 달리, 1963년에는 투표가 남북으로 나누어졌다.

경제 개발 추진과 한 · 일 협정, 베트남 파병

경제 개발의 추진

민주 국가에서 권력의 정당성은 국민의 지지에서 나온다. 아침 일찍 일어나 군대를 이끌고 권력을 잡은 박정희 정부는 부족한 정치적 정당성을 확보하기 위하여 경제 개발에 매달렸다. 이를 위해 필요한 자금을 확보하기 위하여 일본과 국교 정상화를 추진하였다. 또한 미국이 주도하는 베트남 전쟁에 참전하여 경제적 이익을 거두었다. 그리고 경제 성장이 계속되면서 노동력이 부족한 서독에 광부와 간호사를 파견하고 서독으로부터 차관을 얻었다. 서독에 진출한 광부와 간호사들은 독일에 계속 남기도 하고, 미국 등의 제3국으로 이주하기도 하였다.

● 1965년 미국 백악관을 방문한 박정희 부부(출처 국사편찬위원회, 소장 미국 국립문서기록관리청)

한 · 일 협정의 체결과 국교 정상화(1965)

미국은 공산주의 국가에 대항하여 한국, 미국, 일본의 3각 안보 체제를 강화시키려 하였는데 미국의 동맹국인 한국과 일본 간에 국교가 없어서 많은 어려움이 있었다. 미국은 한국과 일본의 국교 정상화를 강력히 요구하였다. 정부 수립 직후부터 이승만 정부와 장면 정부는 일본과의 국교 회복을 추진하였으나 일본이 사과와 배상을 거부하면서 성사되지 못하고 있었다. 경제 개발을 위한 자금이 필요했던 박정희는 군정 기간에 이미 김종필을 일본에 보내 일본과 교섭을 추진하였다. 많은 학생과 시민들은 일본의 반성과 배상 없는 국교 정상화는 굴욕이라 주장하면서 한 · 일 회담에 반대하였다. 특히 1964년에 대학가를 중심으로 대대적인 반대 시위가 확산되자 정부는 휴교령과 계엄령을 선포하여 시위를 억눌렀다(6 · 3 시위). 결국 다음 해에 한 · 일 협정은 체결되었다(1965). 그러나 일본으로부터 제대로 된 사과와 배상을 받지 못하고 배상금 대신 경제 협력 자금의 명목으로 경제 개발에 필요한 자금을 일부 조달할 수 있었다. 일본은 지금도 징용 피해자에 대한 임금 지불 문제 등은 한 · 일 협정에 의하여 이미 해결되었다고 주장한다.

베트남 전쟁 참전(1964~1973)

1960년대는 미국이 본격적으로 베트남 전쟁에 개입하면서 한국에 주둔하던 미군 상당수가 베트남으로 파견되고 있었다. 미국은 한국군의 파병을 요청하였고 정부는 6 · 25 전쟁 당시 우리를 도와준 미국에 보답하고 자유 민주주의를 수호한다는 명분을 내세워 파병을 결정하였다. 처음에 비전투부대가 파견되었고(1964), 다음해에 전투부대가 파견되어 1973년까지 국군이 베트남에서 활동하였다. 베트남 파병의 대가로 미국으로부터 국군의 전력 증강에 필요한 원조를 제공받아 국군을 현대화할 수 있었다. 또한 파병 군인들의 송금, 한국 기업의 베트남 진출 등으로 경제적 수익을 얻을 수 있었는데 이를 베트남 특수라 한다. 그러나 30만 명 이상의 국군이 베트남에 파병되면서 5,000 명이 넘는 군인들이 죽거나 실종되는 등의 많은 희생자를 냈다.

◉ 미국 해군정보수집함 푸에블로 호(위키피디아)

삼선 개헌(1969)

삼선 개헌의 배경

1967년 당시는 베트남 전쟁의 영향 등으로 경기가 좋았는데 이를 베트남 특수라 한다. 그해에 있었던 제6대 대통령 선거에서 박정희는 베트남 특수의 후광을 등에 업고 야당 윤보선 후보에게 비교적 손쉬운 승리를 거두었다. 당시 헌법은 대통령의 중임을 재선까지만 허용하고 있었기 때문에 1971년까지가 박정희의 마지막 임기가 될 예정이었다. 공화당 내에서도 김종필 등이 차기를 꿈꾸고 있었다. 그러나 박정희는 청와대를 나올 생각이 없었다.

1968년 한 해 동안 남북 관계에서 무력 충돌이 잇따라 일어났다. 당시 베트남 전쟁에서 공산 국가인 북베트남이 우세해지고 미국이 고전하면서 북한은 자신감을 갖게 되었고, 남한은 위기감을 느끼게 되었다. 박정희가 제6대 대통령에 취임하자마자 북한은 무장 게릴라를 보내 청와대 습격을 시도하였다(1 · 21 사태). 그 직후 원산 앞바다에서 활동하던 미 해군 정보수집함 푸에블로호를 나포하는 사건이 벌어졌고 그 과정에 미 해군 한명이 사망하였다. 또한 가을에는 동해안의 울진 · 삼척 지역에 1백 명이 넘는 무장 게릴라가 침투하면서 이를 소탕하는 과정에서 많은 희생을 치르기도 하였다. 이 과정에서 예비군이 조직되고 주민등록증 제도가 실시되었다.

삼선 개헌의 추진과 박정희의 삼선

박정희는 위기 상황을 극복하고 지속적인 경제 성장을 추진하기 위해서는 자신이 계속 재임하는 방법 외에는 없다고 주장하면서 삼선 개헌을 추진하였다.

1969년에 박정희 정부는 대통령의 3회 연임을 허용하는 3선 개헌안을 야당의 반대를 무릅쓰고 통과시켰다. 당시 여당인 민주공화당은 국회의석 2/3 이상을 차지하고 있었기 때문에 야당의 반대에도 단독으로 개헌안을 통과시킬 수 있었다. 이것이 삼선개헌이다.

그 이후 치러진 1971년 대통령 선거에서 박정희는 야당인 신민당 김대중 후보를 물리치고 제7대 대통령에 당선되었다. 그러나 김대중은 정부의 부정 선거에도 불구하고 많은 표를 얻어 박정희를 놀라게 하였고 같은 해 치러진 총선에서는 야당인 신민당이 약진하면서 공화당은 개헌에 필요한 국회 의석의 2/3를 얻는데 실패하였다. 이런 상황에서 박정희는 또 한번의 권력 연장이 가능할 것인지 불안해졌고, 사선 개헌이 아닌 다른 방법을 통하여 권력의 연장을 추진하게 되었다.

10월 유신(1972)

10월 유신의 추진

삼선개헌을 통해 겨우 집권 연장에 성공하였지만 새로운 헌법도 삼선 이상은 금지되어 있었다. 박정희는 장기 독재 체제를 구축하기 위해서 비상 수단을 선택하게 된다. 대통령에 취임하자마자 국가 비상사태를 선언하면서 정치적 통제를 강화하였다. 또한 7·4 남북 공동 성명을 통하여 국민들을 당장이라도 통일이 될 것 같은 흥분에 빠지게 하였다. 그러나 국민들이 통일의 꿈에 들떠 있을 때 박정희는 10월 유신을 준비하고 있었다. 1972년 10월에 통일과 남북 대화를 위해 새로운 체제가 필요하다는 명분을 앞세워 비상계엄을 선포하고 국회를 해산하였다. 이후 대통령이 임명한 장관들로 구성되는 국무회의를 비상 국무회의로 개편하여 국회 역할을 하도록 하고 중앙 정보부가 비밀리에 마련해 둔 유신 헌법을 통과시켰다.

유신 헌법과 제왕적 대통령제

유신 헌법은 대통령에게 입법, 사법, 행정의 모든 권력을 집중시켰기 때문에 대통령은 왕이나 다름없는 권력을 가지게 되었다. 대통령의 중임 제한은 철폐되어 임기 6년의 대통령을 무제한으로 할 수 있어 박정희의 영구 집권이 가능해졌다. 국가의 위기를 극복하기 위해서라는 명분으로 대통령이 발표하는 긴급 조치는 헌법에 규정된 국민의 권리마저 제한할 수 있었다. 또한 대통령 선출 방법도 직선이 아닌 간선으로 바꾸면서, 국회 외에 별도로 통일 주체 국민 회의라는 기구를 두어 대통령을 선출하도록 하였다.

박정희는 1972년 12월 통일 주체 국민 회의에서 실시된 제8대 대통령 선거에서 당선되었다. 2,359명의 대의원이 전원 장충 체육관에 모여 박정희의 이름을 한자로 잘못적은 무효 2표를 빼고 모두 박정희에게 투표하였다.

◎ 유신시대에 식량자급을 목표로 개발된 통일벼 관련된 유물(문화재청)

유신 체제에 대한 저항

유신 체제에 대한 각계 각층의 다양한 저항이 일어났다. 개헌 청원 백만 인 서명 운동이 전개되었고(1973), 재야 인사들이 모여 긴급조치 철폐와 박정희 퇴진을 요구하며 3·1 민주구국선언을 발표하기도 하였다(1976). 박정희 정부는 이러한 저항에 대해 1호부터 9호까지의 긴급조치를 차례로 발표하여 탄압하였다. 중앙정보부는 일본에서 반정부 활동을 하던 김대중을 납치하기도 하였다. 또한 간첩 사건을 조작하여 관련 대학생들을 사형에 처하기도 하였다(인민혁명당 재건위 사건과 민청학련 사건). 신문 기자들이 중심이 되어 언론자유 수호운동이 전개되었고, 박정희 정권의 언론 탄압에 맞서 동아일보 백지 광고 사건이 벌어졌다.

10 · 26 사태

배경

유신 말기에 중화학 공업에 대한 과잉 중복 투자와 제2차 석유 파동으로 경제 위기가 발생하였다. 또한 미국 대통령 카터가 인권을 강조하는 외교를 내세우며 유신 헌법하의 인권 탄압을 비판하면서 미국과 갈등이 발생하였다. 또한 주한미군 철수를 우려한 박정희 정부가 핵무기 개발을 추진하면서 미국과의 갈등이 증폭되었다. 1978년 국회의원 선거에서는 야당이 여당보다 1.1% 더 많은 득표율을 얻으면서 민심이 돌아서는 모습을 보여주었다. 그러나 여당에게 유리한 선거구 때문에 의석은 공화당이 더 많이 차지하였다. 민심은 박정희와 공화당에서 점점 멀어져가고 있었다.

YH무역 사건과 김영삼 제명

1979년에 YH무역 사건이 발생하였다. 외국 자본이 세운 YH무역이 폐업을 하자 여성 노동자들이 야당인 신민당 당사에서 항의 농성을 하였는데, 경찰이 이들을 강제로 끌어내었고 이 과정에서 사망자가 발생하였다. 신민당 총재인 김영삼이 미국 언론과의 인터뷰에서 유신 체제를 비판하자, 당시 유신정우회와 공화당이 장악하고 있던 국회는 김영삼을 국회의원직에서 제명하였다. 야당 총재를 여당 의원들이 제명하는 초유의 사태가 일어난 것이다.

부마 항쟁과 10 · 26 사태

✎ 김영삼 제명 직후 김영삼의 정치적 고향인 부산과 마산에서 대규모의 반정부 시위가 발생하였다. 집권 세력 내에서 부마 항쟁을 무력으로 진압하자는 강경파와 대화를 주장하는 온건파로 나누어졌고 그들 사이에서 갈등이 발생하였다. 당시 실권을 장악하고 박정희 다음가는 2인자로 행세하던 인물이 경호실장 차지철이었는데, 그는 군대를 동원하여 무력으로 진압할 것을 주장하였고 박정희도 동조하였다.

✎ 온건파였던 중앙정보부장 김재규가 강경진압을 주장하던 박정희를 사살하였다(10 · 26 사태). 정부는 박정희가 죽자 비상계엄을 발표하고 국무총리였던 최규하가 대통령권한대행이 되었다.

💬 박정희(1917~1979)

① 박정희는 경상북도 구미에서 가난한 농가의 막내 아들로 태어났다. 그의 아버지는 몰락한 양반 가문 출신으로 동학농민운동에 참여하였다고 한다.

② 가난한 집안의 수재였던 박정희는 대구사범학교를 나와 교사 생활을 하였다. 당시 차별받던 조선인에게 보통학교 교사는 상당히 좋은 직업이었다. 그러나 어릴 때부터 군인을 동경했던 박정희는 교사를 그만두고 만주로 가서 만주국 육군 군관학교에 입교하여 수석으로 졸업하였다. 졸업한 뒤에 일본 육사에 편입한 박정희는 일본 육사도 우수한 성적으로 졸업하고 만주국의 장교가 되었다. 만주국은 일본의 괴뢰국으로 일본군의 수족 역할을 하던 만주군의 장교가 된 것이다. 이후 만주군에서 활동했는데 그의 행적은 친일 행위로 비판받고 있다.

③ 만주군 장교가 된지 일년도 되지 않아 일본이 항복하면서 박정희는 무일푼으로 고향에 돌아오게 되었다. 그는 다시 서울로 올라와 육사의 전신인 조선경비사관학교에 2기로 입학하였다. 당시 군대에는 광복군 출신·일본군 출신·만주군 출신 등이 뒤섞여 있었는데 대부분 제대로 된 군사 교육을 받지 못한 상황에서 정규 일본 육사 출신인 박정희는 승승장구하였다. 그러나 미군정의 정책에 반대하는 대구 봉기에 그의 형 박상희가 참여하다 경찰에게 살해당하는 사건이 벌어졌는데, 이후 박정희는 남로당에 가담하였다. 하지만 여순 10·19 사건이 터지면서 박정희는 남로당의 조직원으로 체포되어 재판을 받고 군대에서 축출되었다.

④ 실의에 빠져있던 박정희는 6·25 전쟁의 발발 이후 다시 군으로 복귀할 수 있었다. 그 뒤 1953년에 장군이 되고 여러 직책을 맡았다가 1961년 제2군 부사령관으로 재직 중에 군부쿠데타를 주도하여 정권을 장악하였다.

⑤ 5·16 군사 정변 이후 박정희는 18년 동안 집권하였다. 군인으로서 2년, 민간 대통령으로 18년간 집권하였다. 그의 재임 기간 18년은 대한민국 대통령의 최장기 집권 기간으로 공(功)도 많은 만큼 과(過)도 많아 그에 대한 평가는 언제나 크게 엇갈리고 있다.

ㄱ 군정 기간 동안 국가 재건 최고 회의의 의장으로 통치하였다.

ㄴ 민정 이양 이후 제3공화국 헌법에 따라 임기 4년의 대통령을 세 번 역임하였다.

제5대 대통령(1963~1967)때는 야당 후보 윤보선을 물리치고 당선되어 4년간 재임하였다.

제6대 대통령(1967~1971)때는 역시 야당 후보 윤보선을 누르고 당선되었다.

그러나 헌법이 삼선을 허용하지 않았으므로 삼선개헌을 통해 다시 대통령에 출마하였다.

제7대 대통령(1971~1972)때는 야당 후보 김대중을 누르고 당선되었으나 유신을 선포하고 새로운 헌법을 만들면서 임기가 중단되었다.

제8대 대통령(1973~1978)때는 유신 헌법에 의해 통일주체국민회의에서 임기 6년의 대통령에 선출되었다.

제9대 대통령(1978~1979)으로 당선되었으나 10·26 사태로 사망하여 임기를 채우지 못하였다.

🗨 새마을 운동

새마을 운동은 경제 개발과 더불어 박정희의 대표적인 업적으로 거론된다. 박정희 정부가 경제 개발을 본격적으로 추진하면서 빈부의 격차가 더욱 커지고 도시와 농촌의 소득 수준도 점점 벌어졌다. 여당의 표밭이었던 농촌에서도 공화당과 박정희의 지지도가 낮아지면서 선거에서 고전하게 되었다. 1970년에 박정희는 가뭄대책을 논의하기 위해 열린 전국 지방 장관 회의에서 농민의 자발적인 노력을 통하여 농촌 소득을 올리는 방법을 연구하라는 지시를 내렸고, 이러한 대통령의 지시에 따라 새마을 운동이 본격적으로 전개되었다. 정부는 먼저 농촌 마을에 시멘트를 지원하여 마을이 원하는 사업을 하도록 하였다. 여기서 다시 뚜렷한 성과가 나오는 마을은 더욱 많은 지원을 하면서 마을 간의 경쟁을 부추기고 농민의 자발적인 노력을 강조하였다. 처음에는 농촌의 소득을 늘리기 위한 운동으로 시작되었지만, 많은 성과가 나타나자 도시·직장에까지 새마을 운동이 확산되면서 근면·자조·협동을 생활화하는 의식 개혁 운동으로 발전하였다. 새마을 운동은 농촌 운동의 세계적 성공 사례로 한국의 자랑거리가 되었다. 그러나 새마을 운동을 유신에 대한 농민들의 지지를 끌어내기 위한 관 주도의 동원 체제로 비판적으로 보는 시각도 있다.

⊙ **1969년에 우리나라 최초로 만들어진 금성세탁기(문화재청)**

🗨 박정희 정부 시기의 고도 성장

① 1960년대부터 한국 경제는 30년 이상 고도의 경제 성장을 하였다. 일본이 50년대부터, 중국이 80년대부터 경제 성장을 한 것과 비교해보면 일본보다는 조금 늦었지만, 중국보다는 더 빠른 편이었다. 한국이 1950년대부터 고도 성장을 이룩했다면 현재 한국의 1인당 GDP가 일본을 앞질렀을 것이다. 또한 한국이 고도 성장을 추구하는 시기에 중국은 문화대혁명을 겪으며 정체기를 겪었는데, 그 결과 한국은 아마도 단군 이래 처음으로 중국을 경제적으로 앞섰다.

② 아직 군정 기간이었던 1962년에 제1차 경제 개발 5개년 계획에 착수하였다. 처음에는 경공업을 위주로 수입 대체 산업을 육성하여 자립 경제를 달성하려 하였다. 그러나 자금 부족 등으로 한계를 느낀 정부는 계획을 수정하여 가공 무역을 중심으로 하는 적극적인 수출 주도형 공업화 정책을 추진하였다. 한·일 기본 조약과 베트남 파병, 서독 광부·간호사 파견 등으로 벌어들인 자금이 경제 개발에 많은 도움이 되었다. 무엇보다 미국의 경제 원조와 시장 제공이 큰 힘이 되었다. 한국 경제는 제1, 2차 경제 개발 5개년 계획에서 연평균 8~9%에 달하는 높은 성장률을 기록하였다. 경공업이 발달하였고 중화학 공업에도 일부 진출하기 시작하였다.

③ 제 3, 4차 경제 개발 5개년 계획에서는 중화학 공업을 본격적으로 육성하였다. 석유 화학, 조선, 철강, 전자, 자동차 산업 등이 집중적으로 육성되었는데 지금도 한국 경제의 기둥이 되는 산업들이 이 시기에 성장하였다. 1973~1979년 사이에는 연평균 9%의 경제 성장을 이룰 수 있었다. 1977년에는 목표를 4년 앞당겨 수출 100억 달러를 달성하였다.

④ 1973년에 제1차 석유 파동이 닥치면서 유가 폭등으로 경제 위기를 겪었으나, 중동 건설 시장에 적극 진출하여 이를 넘길 수 있었다. 그러나 제2차 석유 파동(1978)이 닥치고 중화학 공업에 대한 과잉 중복 투자가 문제가 되면서 다시 경제 위기에 직면하였다. 이때 박정희가 죽으면서 정치적 위기까지 닥치면서 1980년에는 마이너스 성장을 하게 되었다.

67 전두환의 등장과 5·18 민주화 운동

미 군정기	이승만 정부	과도기	장면 정부	박정희 정부			과도기	전두환	민주화 이후의 정부
미 군정	제1공	허정	제2공	군정	제3공	제4공	최규하	제5공	노태우·김영삼·김대중· 노무현·이명박·박근혜

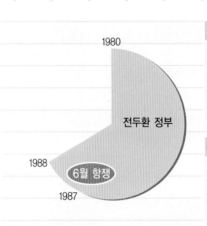

1980

전두환 정부

1988

6월 항쟁

1987

제5공화국 수립

■ 신군부의 권력 장악
• 12·12 군사 반란으로 군부 장악
• 5·17 비상계엄령 전국 확대 조치로 정권 장악
• 5·18 민주화 운동 유혈 진압 이후 국가 보위 비상 대책위원회 설치
• 최규하 하야시킨 후 전두환이 제11대 대통령에 당선, 개헌(제5공화국 헌법)
• 새로운 헌법에 의해 대통령 선거인단에서 제12대 대통령에 당선

국민의 저항과 정부의 대응

■ 민주주의의 시련과 민주화 운동
• 인권 탄압, 권력형 부정부패와 비리 사건으로 국민의 불신 초래
• 1985년 총선에서 선명 야당인 신한민주당 약진
• 개헌 논의 전개: 학생, 시민, 야당이 직선제 개헌 요구
  → 여당은 내각제 개헌 주장
• 부천 경찰서 성고문 사건 발생

6월 항쟁(1987)

■ 6월 항쟁의 전개
• 박종철 고문치사 사건 발생 → 경찰의 은폐 시도 폭로
• 4.13 호헌 조치: 개헌 논의를 중단하고 기존 헌법으로 차기 대통령을 선출하겠다고 선언
• 6.10 민정당 전당 대회에서 대통령 후보에 노태우 선출
• 6월 항쟁 전개: 이한열 사망, 중산층이 대거 시위에 참여

6·29 선언과 직선제 개헌

■ 새로운 헌법과 새로운 정부
• 노태우가 직선제 개헌과 민주화 요구 수용 발표
• 여야 간의 합의로 직선제 개헌 실시(현행 헌법)
• 김대중·김영삼의 후보 단일화 실패
• 노태우 대통령 당선(제6공화국)

전두환 정부의 정책

• 국정 목표: 정의사회 구현
• 강경 정책: 민주화 운동 탄압, 삼청교육대 설치, 언론기관 통폐합, 보도지침 통해 언론 통제
• 유화 정책: 정치인 해금 학도 호국단 폐지, 교복 자율화, 야간 통행 금지 해제, 해외여행 자유화
• 경제: 집권 초기 경제 불황 → 3저 호황으로 극복

박정희의 죽음과 전두환의 등장(1979)

유신 시대의 절대 권력자였던 박정희가 죽었다. 권력은 진공을 싫어하기 때문에 누군가 나서서 박정희의 공백을 메워야 했다. 유신 헌법은 대통령이 죽고 나면 국무총리가 대통령 권한 대행이 되어 대통령 역할을 수행하도록 규정하였다. 당시 국무총리는 외교관 출신의 최규하로 벌써 4년째 국무총리 역할을 수행하고 있었다. 그러나 헌법상으로는 대통령에 이어 2인자였지만 실제 최규하의 힘은 미미했다. 가장 큰 영향력을 가진 집단은 군부였는데, 직업 외교관이었던 최규하는 군대와 인연이 거의 없었다. 그런 상황에서 최규하가 대통령 권한 대행이 되었고, 대통령 자리가 오래 비게 되자 통일 주체 국민 회의를 소집하여 대통령이 되었다. 임기 6년의 막강한 권력을 가진 유신 헌법 상의 대통령이 되었지만 실제로 최규하가 권력을 장악했다고 보는 사람은 거의 없었다.

이런 상황에서 국민들은 곧 유신 헌법이 철폐되고 새로운 헌법이 만들어져 민주적으로 새 대통령이 선출될거라 믿었다. 이때 차기 대통령으로 유력하던 인물은 여당인 민주 공화당의 김종필과 야당의 김영삼, 김대중이어서 이들을 함께 3김이라 불렀다. 3김 시대의 개막이 눈앞에 온 것처럼 보였다. 그러나 1979년 12월 12일, 전두환, 노태우를 비롯한 신군부 세력은 군사 반란을 일으켜 자신들의 직속 상관으로 육군 참모 총장이며 계엄 사령관인 정승화를 체포하고 군대를 장악하였다.

신군부의 권력 장악과 광주 시민의 저항(1980)

서울의 봄과 5·17 계엄령 전국 확대 조치

이렇게 신군부 세력이 권력을 장악해 가는 가운데 학생들과 시민들은 유신 헌법 철폐와 계엄령 해제, 조속한 민주화를 요구하는 시위에 나서는 데 이를 '1980년 서울의 봄'이라 하였다. 특히 5월 15일에 4·19 혁명 이후 최대 인파인 10만여 명의 대학생들이 서울역 앞에서 시위를 벌였다. 이날 학생 대표들은 신군부의 정치 개입에 빌미를 제공할 것을 걱정하여 일단 학교로 복귀할 것을 결정하였다(서울역 회군). 그러나 신군부 세력은 전국 주요 지휘관 회의를 열어 전두환을 자신들의 지도자로 추대할 것을 결의하였다. 1980년 5월 17일, 군대가 출동하여 대통령과 국무위원들을 위협하면서 비상계엄령을 전국적으로 확대하고 전국 대학에 휴교령을 내렸다(5·17 계엄령 전국 확대 조치). 모든 정치 활동을 금지하고 민주화 운동 세력을 탄압하였다.

5 · 18 민주화 운동

1980년 5월 18일 광주 전남대 앞에서 벌어진 학생들과 계엄군의 충돌을 시작으로 광주에서 유혈 사태가 발생하였다. 광주 시민과 학생들은 신군부의 무자비한 탄압에 맞서 대대적인 시위를 벌였다. 신군부 세력은 공수 부대를 투입하여 시민들과 학생들을 무차별적으로 폭행하더니 급기야 시민들을 향해 발포하였다. 이에 맞서기 위하여 광주 시민들은 시민군을 조직하여 무장을 하였다. 시민군과 계엄군 사이에 총격전이 벌어졌고 일단 계엄군은 시 외곽으로 철수하여 광주에서 외부로 나가는 교통과 통신을 차단하고 시민군을 폭도로 매도하는 선전을 시작하였다. 한편 광주 시민들은 도청을 접수하고 시민 수습 대책 위원회를 구성하였다. 위원회는 시내의 치안을 유지하고 계엄군과 협상을 통해 계엄령의 철폐와 민주주의 회복을 요구하였다. 그러나 5월 27일에 계엄군이 도청에 진입하여 시민군을 무자비하게 진압하였고 이 과정에서 엄청난 유혈 사태가 벌어졌다.

5 · 18 민주화 운동은 1980년대 민주화 운동의 정신적인 지주 역할을 하였다. 또한 계엄군의 무력 진압 과정에서 미국의 책임을 묻는 사람들이 늘어나면서 반미 운동이 나타나는 배경이 되기도 하였다. 미국은 한국에 강력한 영향력을 행사하고 있었고, 한국 전쟁 이후 미군은 한국군의 작전권을 가지고 있었기 때문에 5 · 18 민주화 운동 당시 미국의 역할에 의문을 품는 사람들이 등장하였다.

◐ 5.18 민주화운동의 중심
지인 광주 구 전남도청
(문화재청)

전두환 정부의 성립

신군부의 정권 장악

12 · 12 사태(1979)와 5 · 17 비상 계엄령 전국 확대 조치(1980)로 권력을 장악하고

광주 시민들의 5 · 18 민주화 운동(1980)을 무력으로 진압한 신군부 세력은 국가 보위 비상 대책 위원회를 설치하여 국정을 장악하였다. 국가 보위 비상 대책 위원회(국보위)는 형식적으로는 당시 대통령인 최규하가 최고 책임자였지만 실제로는 전두환이 상임 위원장으로 모든 실권을 장악하고 있었다. 신군부 세력은 사회 정화를 명분으로 군대 내에 삼청 교육대를 설치하고 많은 사람들을 강제로 끌고 가 군대식 훈련과 강제 노동을 강요하였다. 또한 많은 공무원과 언론인을 해직하면서 반대 세력을 억압하였다.

전두환의 대통령 취임

신군부는 국정 장악에 자신감이 생기자 제10대 대통령이었던 최규하를 대통령 자리에서 물러나게 하고 통일주체국민회의를 열어 전두환을 제11대 대통령으로 선출하였다(1980). 유신 헌법에 의하여 통일주체국민회의에서 대통령에 당선된 사람은 박정희(8,9대), 최규하(10대), 전두환(11대) 세 명이고, 네 차례의 대통령 선출이 있었다. 하지만 임기 6년을 다 채운 것은 제8대 대통령 임기를 마친 박정희 뿐이었다.

제5공화국 헌법 제정

임기 6년의 유신 대통령으로 취임한 전두환은 기존의 유신 헌법으로는 통치가 불가능하다는 사실을 인식하고 유신 헌법을 대신하여 새로운 헌법인 제5공화국 헌법을 만들었다(1980). 제5공화국 헌법은 통일주체국민회의를 폐지하고 대신 대통령 선거 인단이 간선으로 임기 7년의 대통령을 선출하도록 하였다. 전두환은 역대 대통령들이 장기 집권의 욕구를 이기지 못했기 때문에 비극적인 말로를 맞았다고 하면서 자신은 장기집권을 하지 않겠다고 약속하였다. 따라서 새 헌법은 대통령을 지낸 사람은 다시는 대통령을 할 수 없도록 단임제를 규정하였다. 대신 임기 7년은 우리 헌정에서 가장 긴 임기였다. 새로운 헌법에 의하여 전두환이 다시 제12대 대통령으로 선출되었다(1981). 전두환에게는 1981년 2월부터 1988년 2월까지 7년의 임기가 보장되었다. 이후 6월 항쟁으로 새로운 헌법이 만들어졌지만, 기존 전두환 대통령의 임기는 보장되었기에 새로운 헌법에 의한 대통령 임기는 1988년 2월 25일에 시작되었다. 임기 5년 단임제인 현행 헌법의 대통령은 취임식을 2월 25일에 하는데, 이런 이유에서이다.

전두환 정부의 정책

유화 정책

전두환 정부는 유화 정책과 강경 정책을 병행하였다. 정의 사회 구현을 국정 지표로 내세우면서 항상 정의 사회를 강조하였다. 전두환이 조직한 여당의 명칭이 민주 정의 당(민정당)이었다. 학교에서 학도 호국단을 폐지하였고, 야간 통행 금지 해제, 교복과 두발 자율화, 해외여행 자유화 등의 조치를 실시하였다. 또한 정치 활동이 금지되었 던 정치인들의 활동을 일부 허용하였다.

○ 군사훈련 현장을 방문한 전두환(출처 국사편찬위 원회, 소장 미국 국립문 서기록관리)

강경 정책

민주화를 향한 움직임은 철저히 탄압하였다. 학원 자유화 조치로 대학교에서 정복 입 은 경찰은 철수하였지만 사복을 입고 여전히 대학을 감시하였다. 언론 기관을 통폐합 하고 보도 지침 등을 통하여 매일 매일의 기사 내용까지 일일이 감시하면서 언론을 통제하였다.

6월 항쟁과 직선제 개헌

✎ 전두환 정부의 강압적 통치에 반대하고 민주주의를 열망하는 학생과 시민들의 저항은 점점 고조되었다. 전두환 정부 초기에는 민주한국당과 한국국민당 같은 관제 어용 야당이 있었지만 이들은 제대로 야당 역할을 하지 못하였다. 정치활동 규제에서 점차 풀려난 야당 정치인들은 새로운 선명야당인 신한민주당을 조직하여 총선에 나 섰다.

1985년에 제12대 국회의원 총선거가 있었고 새로 등장한 신한 민주당이 돌풍을 일으 키면서 다른 야당을 누르고 제1야당으로 떠올랐다. 신한민주당은 대통령 직선제 개 헌을 위한 천만 명 서명 운동을 전개하며 정부를 압박하였다.

✎ 이런 분위기 속에서 부천 경찰서 성 고문 사건(1986), 박종철 고문 치사 사건

(1987)이 연이어 발생하며 국민의 분노가 더욱 커져갔다. 전두환 정부는 야당의 직선제 요구에 맞서 내각제 개헌을 추진하였고, 학생과 시민들의 민주화 요구를 강경하게 진압하였다. 전두환은 대통령 단임제를 공식적으로 약속했기 때문에 차기 대통령으로 나오기 힘들었고, 따라서 내각제로 개편하여 수상으로서 계속 권력을 유지하려 했던 것이다.

개헌 논의가 뜻대로 진행되지 않자 정부는 1987년 4월 13일에 더 이상의 개헌 논의를 중단하고 기존 제5공화국 헌법대로 대통령 선거인단을 통해 대통령을 선출하겠다고 발표하였다(4·13 호헌 조치). 그리고 전두환의 오랜 친구였던 노태우를 차기 민주 정의당 대통령 후보로 지명하면서 민정당 전당 대회를 1987년 6월 10일에 개최하기로 하였다.

🖋 분노한 학생, 시민, 야당들은 민주 헌법 쟁취 국민 운동 본부를 조직하고 같은 날인 6월 10일에 전국 주요 도시에 모여 호헌 철폐와 독재 타도의 구호를 외치며 시위에 나섰다. 이것이 6월 민주항쟁이다. 정부의 압박과 경찰의 진압에도 불구하고 시위는 계속 전국적으로 확산되었고 경찰력만으로는 시위 진압이 불가능한 상황에 이르렀다.

정부 내의 강경파들은 계엄 선포를 주장하였지만, 다음 해인 1988년에 서울 올림픽이 예정되어 있는 상황에서 정부는 군대의 동원에 부담을 느끼고 있었다. 결국 전두환 정부는 민정당 대통령 후보인 노태우를 통해 직선제 개헌을 수용한다는 특별 선언을 발표하였다(6·29 민주화 선언).

🖋 6·29 선언 이후 전두환의 각본대로 군부 인사 출신의 노태우는 갑자기 민주화에 공헌한 인물이 되었다. 여야 정치 회담에서 직선제 개헌이 논의되어 5년 단임의 대통령 직선제를 골자로 하는 헌법이 만들어졌는데, 이것이 지금도 시행되는 현행 헌법이다. 1948년 제헌 헌법이 만들어진 이후 9차례 헌법 개정이 있었는데, 현행 헌법만큼 오랫동안 유지되는 헌법은 없었다. 이는 현행 헌법이 여야 합의에 의해 만들어졌고 국민의 희망과 시대적 사명이 담겨져 있기 때문에 가능한 일이었다.

📝 1987년 12월, 새로운 헌법에 의해 대통령 선거가 치러졌다. 여당은 예정대로 노태우가 민주 정의당 후보로 나왔으나, 야당은 후보를 단일화하지 못하고 통일 민주당 김영삼 후보와 평화 민주당 김대중 후보로 분열되었다. 이전에도 영·호남의 지역감정은 있었지만 이는 세계 어느 나라에나 존재하는 수준이었다. 그러나 박정희 정부의 차별정책과 김영삼·김대중의 정치적 분열을 겪으면서, 영·호남의 지역감정은 현대 한국사회의 병폐로 크게 부각되게 되었다. 또한 김종필이 다시 정계 복귀를 선언하면서 신민주 공화당을 조직하여 대통령에 출마하였다. 결국 김영삼과 김대중이 얻은 표가 1,200만 표가 넘었지만 800만 표를 얻은 노태우가 제13대 대통령에 당선되었다.

헌법 개정의 역사

○ 제5공화국 탄생기념주화 2만원권(목포자연사박물관)

행정부	개헌		대통령 선출 방법	특징
제헌 국회	제헌 헌법		국회 간선	대한민국 정부 수립
이승만 정부	발췌 개헌(1차)		직선	부산 정치 파동으로 개헌
	사사오입 개헌(2차)		직선	이승만에 한해서 예외적으로 중임 제한 철폐
허정 과도 정부	내각제 개헌(3차)		• 상하원 합동회의에서 대통령 선출 • 대통령이 총리 지명하고 국회에 인준 요청	내각제, 양원제, 총리가 실질적 통치
장면 정부	4차 개헌			4·19 책임자에 대한 가중 처벌의 근거 마련
군정	5차 개헌	국민투표	직선	대통령제, 단원제로 환원
박정희 정부	삼선 개헌(6차)		직선	대통령의 3선 허용
	유신 헌법(7차)		통일 주체 국민 회의 간선	긴급조치, 유신정우회
전두환 정부	제5공화국 헌법(8차)		대통령 선거인단 간선	7년 단임
	직선제 개헌(9차)		직선	현행 헌법, 5년 단임

💬 전두환과 신군부

① 전두환은 경상남도 합천에서 태어나 대구에서 성장하였다. 6·25 전쟁이 한창이던 1951년에 육사에 지원하여 합격한 전두환은 진해에 있었던 육군 사관학교에 제11기로 입교하였다. 육사 가 개교한 초기에는 속성으로 장교를 배출하기 위해서 단기 과정을 거쳐 임관시키다가 11기 때부터 4년제로 바뀌었다. 전두환은 정규 육사 기수로 1기가 되는 셈이다.

② 임관 이후 장교로 근무하다 5·16 군사 정변이 터지자 쿠데타군에 가담하여 육사 생도들의 지 지 시위를 이끌어냈고, 이를 통해 박정희의 신임을 얻었다. 박정희 시대에는 승승장구하면서 주요 직책을 역임하였다. 전두환은 타고난 친화력을 활용하여 상관들과 좋은 관계를 유지했고 주변에도 따르는 무리들이 많았다. 점차 11기의 선두 주자인 전두환을 중심으로 정규 육사 출 신의 동기와 후배들이 결집하게 되는데, 이것이 바로 군대 내의 사조직인 하나회이다. 10·26 사태가 일어나 박정희가 사망했을 때는 전두환이 보안사령관으로 재임하고 있다. 보안사령부 는 군대를 감시하면서 쿠데타를 방지하는 것을 임무로 하는 조직인데, 사령관인 전두환이 스 스로 쿠데타를 일으킨 것이 12·12 사태이다.

○ 팀스피리트 훈련중인 미 군(1984), (미국 국립문 서기록관리청)

③ 12·12 사태와 5·17 비상계엄령 전국 확대 조치를 통하여 전두환·노태우를 중심으로 하는 새로운 군부 세력이 떠오르는데 이들을 신군부라 한다. 신군부는 전두환의 사조직인 하나회를 중심으로 뭉쳐 국가의 공식적인 명령 계통을 무력화시키고 권력을 장악하였다.

💬 5·18 민주화 운동의 영향

6·25 전쟁이 일어난 직후인 1950년 7월에 이승만 대통령은 한국군의 작전 지휘권을 유엔군 사 령관인 맥아더에게 이양하였다. 1978년에는 한미연합사령부가 창설되면서 유엔군 사령부에 있던 국군의 작전 통제권이 한미연합사로 이양되었다. 한미연합사령부는 사령관은 미군 대장이, 부사 령관은 한국군 대장이 맡고 있다. 즉 한국군에 대한 작전 통제권이 미군 장성에게 있는 셈이다. 5·18 민주화 운동이 벌어지던 1980년에는 미국이 한국군 대부분에 대한 작전 통제권을 행사하 고 있었기 때문에 신군부 세력이 계엄군을 투입한 데 대하여 미국의 책임 문제가 제기되었다.

우리는 친미 국가로 오랜 전통을 갖고 있었다. 최초로 수교한 서양 국가도 미국이며, 조·미 수호 통상 조약의 거중조정 조항을 믿고 미국에 의지한 적이 여러 번이었다. 일제 시대에도 영어 교육 열기가 대단했고 미국에 유학을 떠난 사람들이 많았다. 일제의 지배로부터 해방된 것도 미군 주 도의 연합군의 승리 때문이었고, 6·25 전쟁 때도 미군을 파견하며 한국을 지켰다. 친미적 성향 을 갖고 있는 한국인들에게 미국을 비판적으로 바라보는 경험은 큰 충격이었고, 부산과 서울에서 미국문화원을 대학생들이 공격하는 사태가 벌어졌다. 서울 올림픽에서는 미국과 소련의 농구 시 합에서 소련을 응원하는 시민들이 등장하기도 하였다. 최근 중국의 부상 속에서 중국과 미국 사 이에서 어떻게 균형을 잡아야 할지가 새로운 숙제로 떠오르고 있다.

68 민주화 이후의 정부

미 군정기	이승만 정부	과도기	장면 정부	박정희 정부		과도기	전두환	민주화 이후의 정부
미 군정	제1공	허정	제2공	군정	제3공 제4공	최규하	제5공	노태우 · 김영삼 · 김대중 · 노무현 · 이명박 · 박근혜

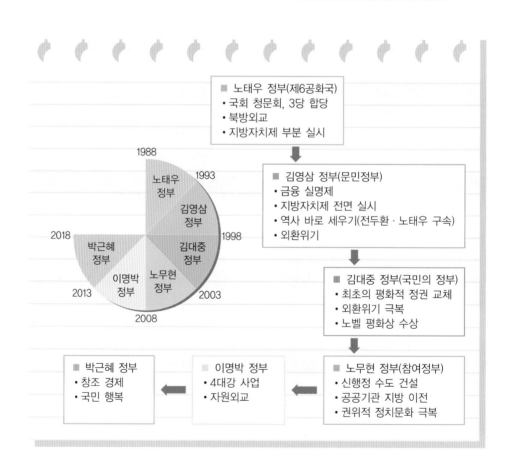

■ 노태우 정부(제6공화국)
• 국회 청문회, 3당 합당
• 북방외교
• 지방자치제 부분 실시

1988
노태우 정부

1993
김영삼 정부

1998
김대중 정부

2003
노무현 정부

2008
이명박 정부

2013

2018
박근혜 정부

■ 김영삼 정부(문민정부)
• 금융 실명제
• 지방자치제 전면 실시
• 역사 바로 세우기(전두환 · 노태우 구속)
• 외환위기

■ 김대중 정부(국민의 정부)
• 최초의 평화적 정권 교체
• 외환위기 극복
• 노벨 평화상 수상

■ 노무현 정부(참여정부)
• 신행정 수도 건설
• 공공기관 지방 이전
• 권위적 정치문화 극복

■ 이명박 정부
• 4대강 사업
• 자원외교

■ 박근혜 정부
• 창조 경제
• 국민 행복

노태우 정부(1988~1993)

대통령 당선

1987년 12월에 제13대 대통령 선거가 있었다. 6월 항쟁 이후에 5년 단임의 대통령 직선제 개헌이 이루어지면서 1971년에 제7대 대통령 선거가 실시된지 16년 만에 국민이 직접 대통령을 선출하였다. 민주정의당의 노태우가 야당의 김영삼, 김대중이 분열한 틈을 타 36.6%의 득표율로 당선되었다.

⊕ 미국을 순방하고 돌아오는 노태우 대통령(위키피디아)

여소야대 국회와 청문회(1988)

1988년 2월에 노태우는 제13대 대통령에 취임하였다. 4월에는 총선거가 치러졌다. 제13대 국회의원 총선거는 한 선거구에서 한 명의 국회의원만 선출하는 소선거구제로 치러지면서 1위 외에 다른 후보자는 모두 떨어지게 되었다. 전체 국회 의석 299석 중에 야당인 평화민주당, 통일민주당, 신민주공화당의 의석이 164석에 달해, 125석에 그친 여당 민주정의당을 크게 앞서는 여소야대 국회가 구성되었다. 헌정사에서 여소야대 국회는 여러 번 있었는데 가장 유명한 여소야대 국회가 바로 제13대 국회이다. 여소야대 국회에서 제5공화국의 비리와 5 · 18 민주화 운동의 진상을 밝히기 위한 국회 청문회가 열렸다. 온 국민의 관심 속에서 열린 국회 청문회는 증인들의 비협조 속에서도 비리의 일부를 밝혀냈고, 전두환은 사과문을 발표하였다.

주요 정책

노태우 정부에서 5 · 16 군사 정변 이후 중단되었던 지방 자치제가 부분적으로 다시 실시되었다. 새 헌법은 지방 자치제를 조건 없이 실시하도록 규정하고 있었는데, 노태우 정부는 지방 의회만 직선으로 구성하고 지방 자치 단체장은 여전히 정부에서 임명하여 지방 자치제를 부분적으로 실시하였다. 언론 자유를 억압하던 악법인 언론 기본법이 폐지되어 언론 자유가 확대되었다.

북방 외교

노태우 정부의 대표적인 업적으로 언급되는 것이 북방 외교이다. 냉전이 끝나고 사회주의 국가들이 차례로 무너지는 국제 정세의 변화 속에서 소련, 중국, 동유럽 공산주의 국가들과 차례로 수교하는 북방 외교를 추진하였다.

3당 합당과 민주자유당 창당(1990)

대통령제에서 대통령을 배출한 정치 세력은 행정권을 장악한다. 그러나 행정부가 일을 하려 하면 국회가 법을 만들어서 뒷받침해줘야 하는데, 노태우 정부는 여소야대 국회 하에서 여러 가지 어려움을 겪게 되었다. 여소야대 하에서는 행정부가 국회의 다수를 차지하는 야당과 협력하면서 국정을 운영해야 하는데, 한국에는 아직 그러한 정치적 전통이 제대로 확립되지 못하였고 여야 간의 극단적인 대립이 벌어지는 경우가 많다. 노태우 정부는 여소야대 상황에서 계속 어려움에 처하자 김영삼의 통일민주당, 김종필의 신민주공화당과 3당 합당을 통해 민주 자유당을 창당하였다. 이는 국민이 만들어 준 정치구도를 인위적으로 바꾸는 것으로 많은 비판을 받았다. 3당 합당에서 소외된 김대중의 평화민주당은 재야 세력과 연합하여 민주당을 창당하였다.

○ 김영삼 대통령(위키피디아)

김영삼 정부(1993~1998)

문민정부 수립

1992년 12월에 제14대 대통령 선거가 있었다. 민주자유당 대통령 후보 김영삼과 민주당 대통령 후보 김대중이 대결하였다. 김영삼이 당선되면서 5·16 군사 정변 이후 오랜만에 민간인 출신의 대통령이 등장하였다. 김영삼 정부는 스스로를 민간인 정부라는 의미로 문민정부라 불렀다. 김영삼은 군대 내의 사조직인 하나회 출신의 군부 인사들을 축출하여 쿠데타의 가능성을 봉쇄하였다.

주요 정책

지방 자치 제도를 전면 실시하여 자치 단체장도 주민의 투표로 선출하였다. 공직자 윤리법을 개정하여 고위 공무원의 재산 등록을 의무화하였으며, 부정한 돈의 흐름을 막기 위해 금융실명제를 실시하였다. '역사 바로 세우기'를 통해 전두환, 노태우를 비롯한 신군부 인사들을 구속하고 재판에 의하여 처벌하였다. 경복궁 앞을 가로막고 있던 조선 총독부 건물을 철거하였다.

외환 위기(1997)

그러나 성급한 경제 개방과 국제 경제 여건의 악화로 1997년 말에 외국에 지불해야 하는 외국 화폐가 부족한 외환 위기를 맞았고, 결국 국제 통화 기금(IMF)의 긴급 구제 금융을 지원받게 되었다.

◈ 김대중 대통령과 미국의 클린턴 대통령(위키피디아)

김대중 정부(1998~2003)

평화적 정권 교체와 국민의 정부 수립

1997년 12월 제15대 대통령 선거에서 야당인 새정치국민회의의 김대중 후보가 당선되었다. 헌정 사상 최초로 선거에 의한 평화적인 여야 간의 정권 교체가 이루어졌다. 김대중 정부는 스스로를 국민의 정부라 불렀다.

주요 정책

김대중 정부의 가장 중요한 과제는 외환 위기 극복이었다. 김대중 정부는 노사정 위원회를 조직하고, 기업 구조 조정, 외국 자본 유치, 부실 기업 정리 등을 통하여 외환 위기를 극복하여 2001년 8월에 국제 통화 기금 관리 체제에서 벗어날 수 있었다. 그러나 이 시기에 은행과 주요 기업들이 외국 자본에 싼 값으로 넘어가고 사회의 양극화가 빠르게 진행되었다. 신자유주의 경제 정책이 과도하게 추진되었다.

대북 포용 정책 추진

한편 김대중 정부는 햇볕 정책이라 불리는 대북 포용 정책을 적극적으로 진행하여 남북 관계를 개선하고 최초의 남북 정상 회담을 성사시켰다(2000). 또한 정상 회담 마지막 날 6·15 공동 선언을 발표하였고 그해 노벨 평화상을 수상하였다.

노무현 대통령(위키피디
아)

🗨 노무현 정부(2003~2008)

제16대 대통령 선거에서 집권당인 새천년민주당의 노무현 후보가 당선되었다. 노무현 정부는 국민과 함께 하는 참여 민주주의를 강조하며 스스로를 참여정부라 불렀다. 참여정부는 권위주의 청산과 지역 감정 해소를 위해 노력하였고, 수도권 소재 주요 공공 기관의 지방 이전과 친일·독재 등 과거사 정리를 추진하였다. 노무현 대통령은 헌정 사상 최초로 야당에 의해 탄핵을 당하기도 하였으나 헌법재판소에 의해 탄핵이 기각되면서 직무에 복귀하였다.

미국과 한·미 FTA를 체결하였으며, 임기 말에는 북한의 김정일 국방위원장과 두 번째 남북 정상 회담을 하고 10·4 공동 선언을 발표하였다.

이명박 대통령과 미국의
조지 부시 2세 대통령(위
키피디아)

🗨 이명박 정부(2008~2013)

제17대 대통령 선거에서 다시 여야 정권 교체가 이루어지며 야당인 한나라당의 이명박 정부가 당선되었다. 이명박 정부는 실용주의를 내세우며 경제 성장, 300만 개 일자리 창출 등을 추진하였다. 또한 4대강 사업을 시행하였고 해외 자원의 개발을 위해 자원 외교를 추진하였다. 4대강 사업과 자원 외교에 대해서는 많은 논란과 비판이 존재한다.

🗨 박근혜 정부(2013~2018)

제18대 대통령 선거에서 여당인 새누리당의 박근혜 후보가 당선되었다. 박근혜 정부는 국민 행복과 국가 발전의 선순환을 지향하면서 경제 부흥, 국민 행복, 문화 융성, 평화 통일 기반 구축을 국정 기조로 제시하였다. 박근혜 정부는 한국사를 수능 필수 과목으로 지정하였고, 문이과 통합 교육을 추진하였다. 또한 역사 교과서의 국정화 정책을 발표하였다.

박근혜 대통령과 미국의
오바마 대통령(위키피디
아)

🗨 정부의 별칭

한국에는 새로운 정부가 들어설 때마다 스스로를 '제＊공화국'이라 칭하는 관행이 있었다. 이는 현 정부를 과거의 정부와 구분하면서 스스로의 정당성을 강조하기 위해서였다. 이승만 정부는 제1공화국, 장면 정부는 제2공화국, 박정희 정부는 유신 이전은 제3공화국, 유신 이후는 제4공화국이라 불리었다. 특히 전두환 정부는 스스로를 제5공화국이라 지칭하면서 정의 사회 구현을 국정 지표로 강조하였다. 그러나 전두환 정부는 정의롭지 못한 정권이었고 국민의 저항에 의해 물러났다. 노태우 정부는 스스로를 제6공화국이라 하여 역시 과거 정부와 차별하였다.

김영삼 정부가 등장하게 되면서 새로운 용어가 필요했는데, 노태우 정부와 똑같이 현행 헌법 하에서 등장한 김영삼 정부가 제7공화국이라는 호칭을 쓰는 것은 논리적으로 어려웠다. 따라서 새로운 호칭을 사용하여 김영삼 정부는 군사 정권이 종식되었다는 의미에서 스스로를 '문민정부'라 하였다. 다음에 등장한 김대중 정부는 국민의 통합을 강조하면서 '국민의 정부'로 불러주기를 원하였다.

그러나 이러한 관행은 노무현 정부가 '참여정부' 호칭을 사용한 것을 마지막으로 이명박 정부와 박근혜 정부에서는 사라졌다. 이명박 정부나 박근혜 정부는 이러한 별칭을 붙이지 않는 것으로 과거 정부와 자신들을 구분하였다.

🗨 국회청문회

① 1987년 12월, 노태우는 야당의 분열로 대통령에 당선되었다. 그러나 집권 이후인 1988년 4월에 치러진 국회의원 총선에서는 집권여당인 민주자유당이 과반수 의석을 차지하지 못한 여소야대 국회가 성립되었다. 야당은 5공화국의 비리와 5·18 민주화 운동 진상 규명을 위한 국회 청문회의 개최를 요구하였고, 결국 1988년 하반기부터 청문회가 열렸다. 청문회는 국민이 궁금해하는 사실을 파악하기 위하여 국회의원이 국민을 대신해서 질문하고 증인의 대답을 듣는 절차이다.

② 유신 이후 제대로 역할을 할 수 없었던 국회의원들은 청문회가 열리자 국민에게 좋은 이미지를 심어주고자 노력하였다. 특히 청문회 과정은 컬러텔레비전으로 전국에 중계되었다. 그러나 많은 국회의원들은 호통만 치고 증인의 답변을 끌어내는 데 실패하였고, 이를 지켜 본 국민들에게 실망만 안겨 주었다. 이때 소수의 국회의원들이 논리적이고 차분한 질문으로 증인들로부터 의미 있는 증언을 끌어내자 국민들은 환호하면서 이들을 주목하였는데 이들이 바로 청문회 스타이다. 이인제·노무현 등이 당시의 유명한 청문회 스타였다. 수세에 몰리던 전두환은 자택을 떠나 강원도 백담사로 가서 숨어 지냈고 결국 여야 간의 타협에 의해 국회에 와서 유감을 표명하였다.

🗨 김영삼 정부의 역사 바로 세우기

민주화 운동의 투사였던 김영삼이 대통령이 되자 국민들은 그에게 전두환·노태우를 처벌하자 요구하였다. 그러나 3당 합당을 통해 대통령이 된 김영삼은 노태우를 사법처리할 수 없었다. 김영삼은 12·12 사태를 쿠데타적 사건으로 규정하였지만 처벌은 역사에 맡기자 선언하였다. 그러나 야당 의원이 전두환·노태우의 막대한 비자금을 폭로하였고, 이것이 사실로 밝혀지면서 국민 여론이 악화되자 김영삼은 결단을 내리고 전두환·노태우를 체포하여 재판에 회부하면서 이를 '역사 바로 세우기'라 불렀다. 유죄 판결을 받고 감옥에 있던 전두환·노태우는 김대중 대통령이 국민 화합을 명분으로 석방해주었다.

한편 김영삼 대통령은 역사 바로 세우기의 일환으로 광복 50주년인 1995년 옛 조선총독부 건물을 다이너마이트로 폭파해, 해체하였다. 조선총독부 건물이 경복궁 정면에 세워지면서, 총독부의 시야를 가리던 광화문은 철거해 한쪽으로 옮겨졌었다. 그러나 총독부 건물을 해체한 이후에는 광화문을 다시 제자리에 복원하였다.

69 통일을 위한 노력

선사 시대		고대					중세	근세	근대 태동기	근대와 현대	
구석기	신석기	청동기	(초기) 철기	원삼국	삼국	남북국	고려	조선 초기	조선 후기	개항기	일제	현대

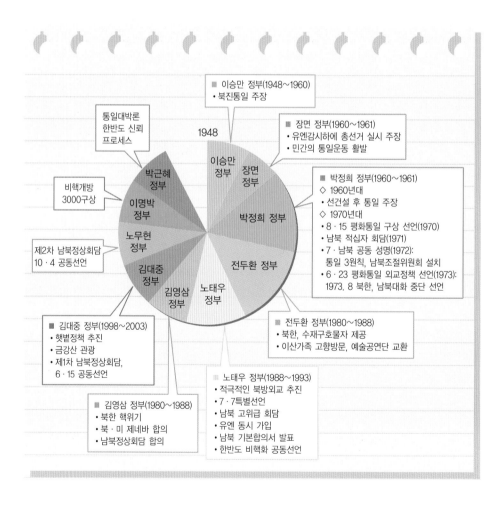

■ 이승만 정부(1948~1960)
• 북진통일 주장

1948

■ 장면 정부(1960~1961)
• 유엔감시하에 총선거 실시 주장
• 민간의 통일운동 활발

통일대박론
한반도 신뢰
프로세스

■ 박정희 정부(1960~1961)
◇ 1960년대
• 선건설 후 통일 주장
◇ 1970년대
• 8·15 평화통일 구상 선언(1970)
• 남북 적십자 회담(1971)
• 7·4 남북 공동 성명(1972):
  통일 3원칙, 남북조절위원회 설치
• 6·23 평화통일 외교정책 선언(1973):
  1973. 8 북한, 남북대화 중단 선언

비핵개방
3000구상

제2차 남북정상회담
10·4 공동선언

■ 전두환 정부(1980~1988)
• 북한, 수재구호물자 제공
• 이산가족 고향방문, 예술공연단 교환

박근혜 정부
이명박 정부
노무현 정부
김대중 정부
김영삼 정부
노태우 정부
전두환 정부
박정희 정부
장면 정부
이승만 정부

■ 김대중 정부(1998~2003)
• 햇볕정책 추진
• 금강산 관광
• 제1차 남북정상회담,
  6·15 공동선언

■ 노태우 정부(1988~1993)
• 적극적인 북방외교 추진
• 7·7특별선언
• 남북 고위급 회담
• 유엔 동시 가입
• 남북 기본합의서 발표
• 한반도 비핵화 공동선언

■ 김영삼 정부(1980~1988)
• 북한 핵위기
• 북·미 제네바 합의
• 남북정상회담 합의

이승만 정부

📖 6 · 25 전쟁이 휴전 협정으로 마무리 된 이후 1954년 스위스 제네바에서 평화 회담이 개최되었다. 유엔은 유엔 감시 하에 남북한 총선거 실시를 주장한 데 대해, 북한은 외국 군대의 철수를 요구하면서 평화 회담은 결렬되었다.

📖 이승만 정부는 반공을 강조하며 북진통일을 주장하였다. 북진통일은 사실상 무력통일일 수 밖에 없었다. 평화 통일을 내세운 진보당이 북한의 주장과 비슷한 주장을 한다는 이유로 해산을 당하기도 하였다. 이승만 정부는 반공을 내세우며 독재를 정당화하였다. 북한도 '민주기지론'을 내세우며 무력 공산화 통일을 추구하였다.

○ 재판중인 조봉암(위키피디아)

장면 정부

📖 장면 정부 시기에는 민간의 통일 운동이 활발하게 벌어졌다. 학생과 혁신 세력이 중심이 되어 중립화 통일론, 남북 협상론 등이 주장되었다. 또한 학생들은 북한 학생들에게 남북한 학생 회담을 판문점에서 열자고 주장하기도 하였다. 그러나 이승만 정부 못지않게 보수적이었던 장면 정부는 민간의 통일 운동을 억누르는 한편, 북한에 대하여 유엔 감시 하에 남북한 총선거를 통한 통일을 제안하였다.

📖 북한은 당분간 남북한의 현 체제를 그대로 유지하는 과도기적인 연방제 통일 방안을 제시하였다(1960).

박정희 정부

1960년대

📖 박정희 정부는 '반공'을 내세워 민간 차원의 통일 논의를 억압하면서 북한과의

대화에 소극적으로 임하였다. 이때까지 북한의 경제력이 남한보다 우위에 있었기 때문에 한국 정부는 통일 논의에 대하여 소극적인 입장을 보였다. 또한 북한도 남조선 혁명론을 내세우며 무장 간첩을 계속 파견하였고 남북 관계는 극도로 경색되었다.

◎ 주민등록증 제도가 실시되기 전에 사용되던 도민증(출처 국사편찬위원회, 소장 박건호)

📖 이 시기에는 남북한 간의 무력 충돌도 자주 일어났다. 북한의 특수 부대가 휴전선을 넘어와 청와대를 습격하려 했던 1·21 사태(1968)가 일어났고, 며칠 후에는 북한이 미국의 정보 수집함 푸에블로 호를 나포하는 사건(1968)이 벌어졌다. 또한 북한의 특수 부대가 경상북도 울진과 강원도 삼척 일대에 대거 남파되는 울진·삼척 사태가 벌어지기도 하였다(1968). 1·21 사태가 일어나면서 향토예비군이 조직되었고 주민등록증 제도가 실시되었다. 예비군은 울진·삼척 사태 때 현장에 투입되었다.

1970년대

📖 1970년대에 들어 와 남북 관계에 변화가 일어났다. 미국이 닉슨 독트린(1969)을 발표하면서 아시아에 대한 직접적인 개입을 꺼리게 되었고 미국과 공산권의 관계가 개선되자 더 이상 반공만을 내세우기가 어려워졌다.

📖 1970년, 박정희 정부는 8·15 평화 통일 구상 선언을 발표하였다. 박정희 정부는 통일이 중요하지만 이를 위해 전쟁을 할 수는 없다고 하면서 북한에 대하여 평화 통일을 강조하였다. 또한 어느 체제가 국민들을 더 잘살게 할 수 있는지 서로 선의의 경쟁을 하자고 제안하였다.

📖 1971년, 민간 기구인 남북 적십자사가 남북 적십자 회담을 열어 이산가족 상봉 문제를 논의하였다.

📖 1972년, 협상을 위한 비밀접촉 이후, 7·4 남북 공동 성명이 서울과 평양에서 동시에 발표되었다. 공동 성명은 자주·평화·민족 대단결이라는 조국 통일 3대 원칙을 제시하였다. 남북 간의 문제를 의논하기 위하여 남북 조절 위원회가 설치되었고, 서울과 평양 사이에 직통 전화가 가설되었다. 그러나 공동 성명은 남북한 정부에

의해 권력 강화에 이용되었다. 남한에서는 유신 헌법이 공포되었고, 북한은 김일성을 국가 주석으로 하는 사회주의 헌법을 만들어 독재 체제를 강화하였다.

1973년, 박정희 정부는 6 · 23 평화 통일 외교 정책 선언을 발표하고 북한에 대하여 상호 문호 개방과 남북한 유엔 동시 가입을 제안하였다. 이에 대하여 북한은 남북한이 2개의 국가로 유엔에 동시 가입하는 것은 남북 분단을 고착화시킨다고 주장하고 고려 연방제를 제안하였다(1973). 이후 북한은 남한이 통일 문제를 독재 강화에 이용한다고 비난하면서 남북 대화를 중단하였다.

전두환 정부

전두환 정부 초기에는 남북 관계가 경색되어 있었다. 북한은 고려 민주 연방 공화국 창설 방안(1980)을 제시하였는데 이것이 현재까지 유효한 북한의 통일 방안이다. 이전의 연방제 제안이 완전한 단일 국가로 가기 위한 과도기로 연방제를 거치자는 제안이었다면, 1980년에 제안한 연방제는 남북한이 각각 지역 정부를 두어 별개의 체제를 유지하자는 입장으로 최종적인 통일 방식으로 연방제를 주장하였다.

1984년, 중부 지방에서 홍수가 발생하여 많은 수재민이 발생하자 북한이 수재 구호 물자를 제공할 것을 제안하였고 전두환 정부가 이를 수락하면서 원조 물자가 남한에 들어왔다. 이후 남북 대화가 진행되었고 1985년에는 이산가족 고향 방문과 예술 공연단의 교환 공연이 실현되었다. 이것이 남북 분단 이후 최초의 공식적인 이산가족 상봉이었다.

노태우 정부

1980년대 후반, 6월 민주 항쟁 이후 민간 차원의 통일 운동이 활발해졌고, 국제적으로는 냉전 체제가 무너지면서 공산 정권이 차례로 쓰러졌다. 노태우 정부는 이런 상황에서 공산권 국가들과 수교하는 북방 정책을 추진하였으며, 7·7특별선언(1988)을 발표하고 북한과도 적극적인 대화에 나섰다. 공산권 국가들이 무너지면서 외교적으로 고립된 북한도 고립을 탈피하기 위하여 남북 대화에 참여하였다.

📖✍ 1990년부터 남북한의 총리가 만나는 남북 고위급 회담이 여러 차례 열렸고, 남북 화해의 분위기가 조성되면서 1991년 9월에는 남북한이 유엔에 동시에 가입하였다.

📖✍ 1991년 12월에는 '남북한 사이의 화해와 불가침 및 교류 협력에 관한 합의서'가 채택되었는데 이를 남북 기본 합의서라 부르기도 한다. 남북 기본 합의서는 남북한 정부 간에 최초로 공식적으로 합의한 문서였다. 이후 1992년에는 핵무기를 개발하지 않는다는 한반도 비핵화 공동 선언이 채택되었다.

김영삼 정부

📖✍ 김영삼 정부는 그때까지 나온 통일 방안을 종합하여 민족 공동체 통일 방안을 발표하였다. 이에 따르면 남북한은 ① 화해·협력 단계, ② 남북한이 국가 연합을 하는 남북 연합 단계를 거쳐, ③ 최종적으로 단일 국가로 통일하는 3단계를 거치도록 하였다.

📖✍ 김영삼 정부도 남북 관계를 위해 노력하였으나 북한의 핵무기 개발 문제로 미국과 북한이 극도의 긴장 상태에 들어가면서 남북 관계도 영향을 받았다. 전쟁 위기가 감도는 등 한국 전쟁 이후 최악의 위기로 치닫던 미국과 북한의 관계는 전직 대통령인 카터의 평양 방문과 김일성과의 협상을 통해 돌파구가 열리면서, 스위스 제네바에서 미국과 북한의 합의가 있었다(1994).

📖✍ 1994년 제네바 합의에서 북한과 미국은 북한이 핵 개발을 포기하고 국제 사회

의 사찰을 받아들이는 대신, 미국은 북한에게 경수로 원자력 발전소를 지어주기로 합의하였다. 이를 위해 국제 기구인 KEDO(한국 에너지 개발 기구)가 조직되었고, 우리 정부는 한국전력을 중심으로 경수로 사업에 적극 참여하였다. 또한 김영삼 대통령과 김일성 주석은 남북 정상 회담을 1994년 7월에 개최하기로 약속하였다. 그러나 회담이 열리기 직전에 김일성이 갑자기 사망하면서 남북 정상 회담이 무산되었다.

◉ 미국 대통령 클린턴과 악수하는 북한군 조명록 차수(위키피디아)

김대중 정부

📖 김대중 정부는 북한에 대하여 적극적인 포용 정책(햇볕 정책)을 추진하였다.

📖 1998년, 현대 그룹의 정주영 회장이 소 떼를 데리고 판문점을 넘어 북한으로 가는 이벤트가 있었고 현대에 의해서 금강산 해로 관광이 시작되었다.

📖 2000년, 평양에서 분단 이후 처음으로 남북 정상 회담이 개최되었고, 마지막 날 6·15 공동 선언이 발표되었다. 공동 선언에서 남북한은 남측의 국가 연합과 북한의 낮은 단계의 연방제가 공통점이 있다고 인정하고, 이 방향에서 통일 논의를 진행하기로 합의하였다. 공동 선언에 따라 이산가족 방문과 서신 교환이 이루어졌고, 경의선 철도 복구, 개성 공단 건설, 금강산 육로 관광 등의 사업이 전개되었다.

노무현 정부

📖 노무현 정부 때는 정부의 남북 관계 개선 의지에도 불구하고 대북송금 특검문제와 제2차 북한 핵위기 때문에 여러 어려움이 있었다.

📖 개성 공단이 완공되어 제품들이 판매되기 시작하였다. 2007년 평양에서 제2차 남북 정상 회담이 개최되고 10·4 공동 선언이 발표되었다.

![한·걸·음·더]

🗨 이명박 정부와 박근혜 정부의 통일 정책

김대중 정부 시기에 1999년과 2002년 두 차례에 걸쳐 남북 해군 사이에 교전이 있었다(연평 해전). 또한 노무현 정부 시기에 북한의 핵실험이 처음으로 실시되었다(2006). 그러나 김대중 정부와 노무현 정부는 대체로 북한에 대하여 포용 정책을 고수하였고 남북 교류가 꾸준히 추진되었다. 이에 대해 북한에게 저자세를 보이고 있다고 비판하면서 상호주의에 입각하여 북한의 변화도 함께 요구해야 한다는 주장이 보수 진영에서 제기되었다.

10년 만의 정권 교체로 등장한 이명박 정부는 상호주의에 입각하여 북한에게 핵을 포기하면 우리가 북한의 경제 개발에 적극 협력하겠다는 '비핵 개방 3000 구상'을 제시하였다. 그러나 북한은 두 차례에 걸친 핵실험과 천안함 피격 사건, 연평도 포격 사건으로 응수하였다. 이명박 정부는 5·24 조치를 발표하여 북한에 대한 제재를 실시하였다.

박근혜 정부도 북한을 상대할 때 원칙을 지키면서 대등한 입장에서 대화할 것을 강조하였다. 그러나 한편으로 통일대박론을 제기하면서 통일에 대한 긍정적인 시각을 확산시키려 하였고, 독일의 드레스덴에서 '한반도 평화통일을 위한 구상'을 발표하여 북한에 대하여 민생 인프라 구축 등을 제안하였다.

🗨 남북한의 통일 방안 비교

	대한민국	북한
명칭	민족 공동체 통일 방안	고려 민주 연방 공화국 창립 방안
주요 내용	1단계: 화해와 협력 2단계: 국가 연합 3단계: 완전한 단일 국가 구성	전제 조건: 주한 미군 철수, 국가보안법 철폐 고려 민주 연방 공화국 수립 • 최고 연방 회의와 연방 상설 위원회 구성
특징	• 선 민족 통일, 후 국가 통일 • 쉬운 문제부터 접근	• 선 국가 통일, 후 민족 통일 • 어려운 문제 먼저 해결
최종 목표	단일 국가(1민족 1국가 1체제)	연방 국가(1민족 1국가 2체제)
과도 단계의 존재 여부	국가 연합 단계로 남북 연합 제안	없음(낮은 단계의 연방제와 높은 단계의 연방제로 단계 구분)

🗨 남북한의 체제 대결

① 분단 이후 남북한은 서로 자신들이 한반도의 유일한 정부임을 주장하면서 자신의 우위를 과시하기 위하여 대결하였다. 남북의 대결은 정치와 외교뿐만 아니라 경제·사회·문화 등 다양한 분야에서 치열하게 전개되었다.

② 북한은 자신의 정통성을 김일성의 항일 투쟁에서 찾았다. 김일성이 항일 투쟁을 한 것은 사실이지만 김일성 이외에도 많은 독립 운동가들이 있었다. 그러나 모든 독립 운동을 김일성의 가계 위주로 편성하고 김일성에게 밀려난 정적들의 투쟁 경력은 철저히 무시하였다.

북한 정권이 수립되었을 당시에는 헌법에 서울을 수도로 명시하고 평양은 임시 수도로 규정하였다. 이는 500년간 조선의 수도였던 서울을 정통 수도로 인정하면서 자신의 정통성을 확보하려는 의도였는데, 1972년에 헌법을 개정하고 평양을 수도로 선언하였다. 이후 혁명의 수도로 평양을 부각시키려는 노력을 꾸준히 하고 있다. 특히 고조선의 최초 근거지가 랴오허 일대라 주장했던 북한은 이후 입장을 바꾸어 평양에서 단군 부부의 유골이 발굴되었다면서 평양에 피라미드 모양을 본뜬 단군릉을 크게 조성하였다. 평양에 수도를 두었던 고구려를 정통으로 보고 당과 연합한 신라를 폄하하는 것도 북한의 정통성을 강조하기 위해서이다.

③ 대한민국도 헌법을 제정하면서 헌법 전문에 3·1 운동으로 건립된 대한민국 임시정부의 법통을 계승하였음을 분명히 하면서 남한의 정통성을 강조하고 있다. 또한 국제연합이 한반도에서 유일한 합법 정부로 대한민국을 인정하였음을 강조하였다. 아직 유엔 회원국이 아니던 1950년에 국제연합 창립기념일인 10월 24일을 법정공휴일로 정하였는데, 이는 1970년대까지 지속되었다. 또한 태극기를 사용하고 대한제국시기부터 내려오던 애국가를 사용하고 있음을 강조하였다. 북한도 초기에는 태극기와 애국가를 사용하다가 정권 수립 전에 국기와 국가를 교체하였다.

④ 남북한의 이러한 대립 의식은 특히 외교 분야와 스포츠 분야에서 표출되었다. 남북한은 서로 몇 개의 국가와 국교를 맺고 있는지 경쟁하였고, 그 때문에 특별한 외교적 필요성이 없는 아프리카 지역에도 많은 공관을 유지하였다. 상대방이 새로운 국제 기구에 가입하거나 새로운 국가와 외교 관계를 맺을 때는 이를 방해하기도 하였다.

⑤ 특히 스포츠 분야에서 남북 대결이 치열하여, 1980년대까지만 해도 국가대표팀이 절대 패배해서는 안되는 경기가 한일전과 남북 대결이었다. 1960년대에 북한 축구가 전성기를 누리면서 잉글랜드 월드컵(1966)에서 8강에 진출하자 중앙정보부는 우수 선수들을 모아 양지팀이라는 축구팀을 구성하여 유럽에 장기간 원정 훈련을 보내기도 하였다. 국제 대회가 열리면 남북한은 서로 상대방보다 많은 메달을 따내려 치열하게 경쟁하였다.

⑥ 경제 분야에서도 서로 경쟁하였다. 1950년대와 1960년대에는 지하자원이 풍부하고 정치적으로 안정되어 있었던 북한 경제가 남한보다 우위에 있었는데, 한국 정부는 경제적으로 북한을 따라잡기 위하여 많은 노력을 하였다. 그 결과 1970년대 이후 점차 한국 경제가 북한을 앞지르게 되었다. 초기에는 군수 공업과 중화학 공업에서 북한이 압도하여 전차와 전투기도 북한이 먼저 생산하였다. 그러나 남한도 중화학 공업을 집중 육성하면서 북한을 따라 잡았다.

⑦ 현재는 남한이 모든 면에서 북한을 앞서고 있기 때문에 남북 대결이 큰 의미를 잃고 있다. 스포츠 경기에서 북한에 패하더라도 큰 관심을 두지 않으며 잘 싸운 북한 선수들에게 박수를 보내는 여유를 보여주기도 한다.

70 경제 성장과 사회의 변화

선사 시대		고대					중세	근세	근대 태동기	근대와 현대		
구석기	신석기	청동기	(초기) 철기	원삼국	삼국	남북국	고려	조선 초기	조선 후기	개항기	일제	현대

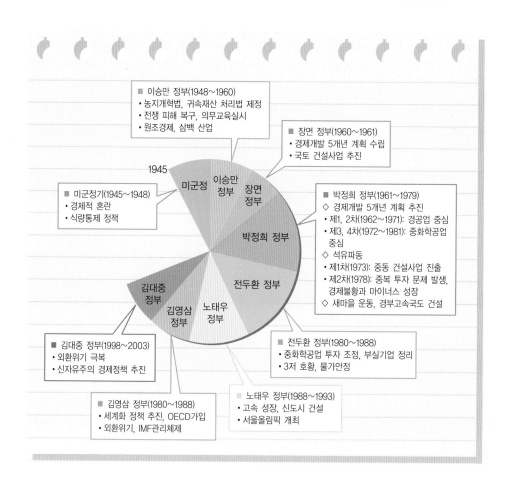

■ 이승만 정부(1948~1960)
• 농지개혁법, 귀속재산 처리법 제정
• 전쟁 피해 복구, 의무교육실시
• 원조경제, 삼백 산업

■ 장면 정부(1960~1961)
• 경제개발 5개년 계획 수립
• 국토 건설사업 추진

■ 미군정기(1945~1948)
• 경제적 혼란
• 식량통제 정책

■ 박정희 정부(1961~1979)
◇ 경제개발 5개년 계획 추진
• 제1, 2차(1962~1971): 경공업 중심
• 제3, 4차(1972~1981): 중화학공업 중심
◇ 석유파동
• 제1차(1973): 중동 건설사업 진출
• 제2차(1978): 중복 투자 문제 발생, 경제불황과 마이너스 성장
◇ 새마을 운동, 경부고속국도 건설

■ 김대중 정부(1998~2003)
• 외환위기 극복
• 신자유주의 경제정책 추진

■ 전두환 정부(1980~1988)
• 중화학공업 투자 조정, 부실기업 정리
• 3저 호황, 물가안정

■ 김영삼 정부(1980~1988)
• 세계화 정책 추진, OECD가입
• 외환위기, IMF관리체제

■ 노태우 정부(1988~1993)
• 고속 성장, 신도시 건설
• 서울올림픽 개최

1945

미군정 · 이승만 정부 · 장면 정부 · 박정희 정부 · 전두환 정부 · 노태우 정부 · 김영삼 정부 · 김대중 정부

해방 직전의 남북한 지역의 경제 상황

해방 이전의 조선은 자립적인 경제 활동을 하는 독립된 지역이 아니라 일본의 영토 내에서 일본의 다른 지역과 연결되어 종속적인 역할을 수행하는 식민지였다. 일본은 지배 초기에는 식량 생산 기지로 조선을 묶어두고자 공업화를 억제하였으나, 제1차 세계 대전 이후 일본의 자본주의가 점차 발전하면서 일본 자본의 조선 진출을 점차 허용하였다. 이후 1920년대 이후 수도권을 중심으로 경공업이 조금씩 발전하였고, 북부 지역에는 비료나 석유 산업 같은 중공업 공장들도 일부 건설되었다. 그러다 일본이 대륙 침략에 본격적으로 나서면서 전쟁 수행에 필요한 중화학 공업 시설이 함경도를 중심으로 북부 지방에 활발히 건설되었다. 북부 지방은 지하자원과 전력 확보에 유리하고 중국에 인접해 있다는 장점이 있었기 때문에 일본 자본의 투자가 집중되었다. 공장의 일자리를 찾아 남쪽에서 북쪽으로 인구 이동이 있었고, 일제 말기에는 한때 공업 생산액이 농업 생산액을 앞지르기도 하였다. 이러한 일제 말기의 공업 분포를 이어받았기 때문에 해방 직후에는 북한 지역이 남한 지역보다 훨씬 공업화되어 있었고, 전력 생산량도 북한이 압도적으로 많았다.

해방 직후의 경제 혼란(1945~1948)

해방 이전 남한 지역은 다른 지역과 경제적으로 연결되어 있었는데 해방이 되면서 일본, 중국, 그리고 북한 지역과 경제적 교류가 줄어들면서 경제적으로 어려워졌다. 또한 남한을 통치하게 된 미 군정 당국은 원래 군인들로 국정 운영 능력이 부족하였다. 이런 상황에서 여러 가지 어려움이 닥쳤다. 특히 이 시기에 문제가 되었던 것이 토지 개혁 문제였는데, 미 군정기에는 토지 개혁이 실시되지 못하였다. 미 군정은 일본인들의 재산을 몰수하여 미 군정의 소유로 했다가 대한민국 정부에 넘겨주었는데 이를 귀속재산 또는 적산(적의 재산)이라 하였다. 일본인 소유였던 농지를 관리하기 위해 신한공사를 설치하여 소작료를 징수하였다. 그러나 농민들의 불만이 커지자 미 군정은 점차 소작농들에게 신한공사가 관리하던 농지를 불하하였다.

이승만 정부와 원조 경제(1948~1960)

6 · 25 전쟁 이전의 이승만 정부

어려운 경제 상황에서 탄생한 이승만 정부는 ① 농지개혁법을 실시하고, ② 귀속재산 처리법을 제정하였다. 그러나 6 · 25 전쟁으로 그렇지 않아도 부족하던 산업 기반이 잿더미가 되면서 커다란 경제적 어려움에 직면하였다.

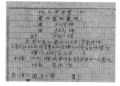

● 1950년에 농지개혁으로 매수된 토지에 대한 지급을 청구하는 지주신고서 (출처 국사편찬위원회, 소장 박건호)

6 · 25 전쟁 이후의 이승만 정부

전쟁 이전도 그랬지만 전쟁이 끝난 이후 한국 경제는 미국의 경제 원조로 지탱되었다. 이 시기의 경제를 원조 경제라 부른다. 미국의 원조는 미국에서 생산되어 남아 도는 잉여 농산물 위주였으며, 무상으로 도입된 원조 물자를 유상으로 매각하면서 얻은 차액은 정부 예산과 군사비 등에 충당되었다.

미국에서 도입된 원료를 가공하여 소비재를 만드는 산업이 발달하였는데, 모두 원료가 백색이라 하여 삼백 산업으로 불리었다. 면직물을 만드는 제면업, 설탕을 만드는 제당업, 밀가루를 만드는 제분업이 그것이다. 제일제당 · 제일모직 등이 이 시기에 한국을 대표하는 대기업으로 성장하였다.

미국의 경제 상황이 나빠지면서 1950년대 말경부터 한국에 대한 원조가 감소하고 무상 원조가 유상 원조로 바뀌었다. 그러자 원조에 의존하던 한국 경제가 불황에 빠지면서 실업자가 늘어나게 되었는데 이러한 경제적 어려움이 4 · 19가 일어나는 하나의 원인이 되었다.

이승만 정부 시기에는 여러가지 어려움에도 불구하고 전쟁의 피해를 복구하였으며, 경제 개발에 대한 계획을 만들기 시작하였다.

이승만 정부 시기에는 의무교육이 실시되었고 교육열이 크게 높아졌다. 학교와 학생의 수가 폭발적으로 늘어나면서 한 학급의 인원이 70~80명에 달하였고, 2부제와 3부제 수업을 하는 학교가 많았다. 입시경쟁도 치열하였다. 당시 교육에 대한 국민의 욕구를 정부의 재정으로 도저히 감당할 수 없게되자, 여러 우대조치를 통하여 사립학교 설립을 장려하였다.

장면 정부와 경제 개발 계획 수립(1960~1961)

4·19 이후 등장한 장면 정부는 경제 제일주의를 내세우며 경제 개발 5개년 계획을 수립하였다. 또한 도로 및 교량 건설 등 국토 건설 사업을 추진하였다. 그러나 정치적 지도력의 한계와 사회 혼란 등으로 별 성과를 거두지 못하고 5·16 군사 정변으로 무너졌다.

박정희 정부와 경제 개발의 추진(1961~1979)

◐ 우리나라 최초의 고유모델 자동차인 현대자동차의 포니1(문화재청)

경제 개발의 추진

군사 정변으로 권력을 잡은 박정희 정부는 부족한 정치적 정당성을 경제 개발을 통해 채우려 하였다. 1962년부터 제1차 경제 개발 5개년 계획을 추진하였다. 그러나 경공업 중심으로 수입 대체 산업을 육성하여 자립 경제를 달성하려던 원래 계획이 자금 부족 등으로 한계에 부딪치게 되었다. 이후 계획을 수정하여 1964년부터 원료를 수입하여 완제품을 만드는 가공 무역을 통하여 수출을 늘리는 수출 주도형으로 공업화 정책을 바꾸었다. 이 무렵 체결된 한·일 기본 조약과 베트남 파병, 서독에 대한 광부·간호사 파견은 경제 개발 자금 마련에 큰 도움을 주었다.

경공업에서 중화학공업으로

① 제1차(1962~66)와 제2차(1967~71) 경제 개발 5개년 계획은 경공업을 중심으로 추진되어 큰 성과를 거두었고 일부 중화학 공업 분야에도 관심을 가지기 시작하였다. 의류, 신발, 합판, 가발 같은 노동집약적 산업이 중심이 되었고 수출이 크게 늘어났다. 경공업은 저임금 노동력을 활용할 수 있었으나 부가가치를 늘리는데 한계가 있었고, 점차 임금이 상승하면서 경쟁력이 약화되었다. 베트남 전쟁이 점차 미국에게 불리해지고 주한미군 감축이 현실화되자 한국 정부는 자주 국방을 추진하였다. 자주 국방을 위해서는 중화학 공업 육성이 필수적이었다.

② 제3차(1972~76)와 제4차(1977~1981) 경제 개발 5개년 계획을 통하여 석유 화

학, 조선, 철강, 비철금속, 전자, 자동차 등의 중화학 공업 분야가 집중적으로 육성되어 많은 성과를 거두었다. 그러나 소수의 재벌 기업에게 특혜가 집중되면서 정경 유착 등의 많은 부작용이 나타났고, 중화학 공업에 대한 과잉 중복 투자가 이루어졌다. 또한 두 차례의 석유 파동으로 국가 경제가 큰 어려움에 처하기도 하였다. 특히 제2차 석유 파동은 박정희 정부의 정치적 위기로 이어지면서 10·26 사태를 거쳐 전두환 정부가 등장하게 되었다.

전두환 정부(1980~1988)

제2차 석유파동이 일어나면서 세계적인 불황이 일어났고 이런 상황에서 그동안 중화학 공업에 대한 과잉 중복 투자를 한 것이 문제가 되어 경제적 위기가 닥쳐왔다. 여기에 10·26 이후 정치적 혼란이 겹치면서 1980년에는 경제 성장률이 마이너스가 되었다. 이러한 경제적 위기 속에서 전두환 정부가 등장하였다. 전두환 정부는 경제 위기를 극복하기 위하여 중화학 공업에 대한 구조 조정을 실시하고 일부 부실 기업을 정리하였다. 그러나 수출보다 수입이 더 많은 무역 수지 적자 상태가 지속되고 외채는 점점 늘어나면서 한국 경제는 큰 위기에 부딪쳤다.

전두환 정부 후반부인 1980년대 후반에 한국 경제에 큰 호재가 나타났는데 바로 3저 호황이었다. 저유가, 저금리에 달러 가치 하락이 겹치면서 한국 경제는 유례없는 호황을 맞게 되고 무역 수지는 흑자로 전환되었다. 3저 호황으로 한국경제는 위기를 벗어날 수 있었다. 또한 전두환 정부는 물가안정정책을 추진하여 그전까지 매년 수십 %가 넘던 인플레이션을 억제하였다. 1986년에 아시안 게임이 서울에서 개최되었다.

이 시기에 우루과이 라운드로 불리는 다자간 무역 협상이 시작되면서 점차 시장 개방의 압력이 강화되기 시작하였다. 1986년부터 시작된 우루과이 라운드는 김영삼 정부 때인 1993년에 타결되었다.

1980년대

① 1980년대는 전두환 정부의 강압적인 통치로 정치적으로는 민주주의가 억압받으며 이에 저항하는 민주화 운동이 치열하게 전개되던 시기였다. 그러나 사회·경제적으로는 석유 파동의 후유증을 극복하면서 중산층이 늘어나고 조금씩 다양한 대중 문화가 발달하던 시기였다.

② 텔레비전의 컬러 방송이 시작되었다. 1980년대를 기억하는 사람들은 전두환 시대를 컬러텔레비전의 시대로 기억하는 사람들이 많다. 전두환이 집권한 1980년에 처음으로 컬러 방송이 시작되었다. 한국은 이미 컬러텔레비전을 생산하고 있었고 컬러 방송 기술을 가지고 있었다. 하지만 정부가 사회 위화감 조성이라는 명분으로 흑백 방송만 하고 있었는데 컬러 방송이 시작되었다. 컬러텔레비전이 급속도로 보급되었고 연예인의 얼굴을 컬러로 본 사람들은 신선한 충격을 받았다.

③ 국민이 마땅히 즐길 여가거리가 없다고 걱정한 정부는 프로야구, 프로축구를 출범시켰고 영화의 검열 수위도 확실하게 낮추어 국민들에게 볼거리를 제공하였다. 서울올림픽(1988)을 유치하고 엘리트 체육을 육성하여 각종 대회에서 좋은 성적을 거두게 되었다. 가요계 분위기도 1970년대보다 밝아지면서 많은 가수들이 다양한 노래를 내놓기 시작하였다.

노태우 정부(1988~1993)

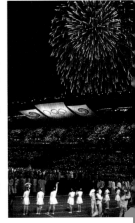

○ 서울올림픽(1988) 폐막식(위키피디아)

노태우 정부는 3저 호황으로 벌어들인 외화를 바탕으로 적극적인 북방 외교를 추진하였다. 그러나 3저 호황이 끝나면서 한국 경제는 다시 무역 수지 적자를 보게 되었다. 또한 6월 항쟁이후 사회가 민주화되고 노동자들의 실질 소득이 올라가면서 주택 가격이 상승하자, 주택공급을 확대하고 일산·분당 등의 신도시들을 건설하였다. 서울 올림픽이 개최되어 메달획득 순위에서 세계 4위를 차지하였다.

6월 항쟁 이후 민주화가 진전되면서 언론의 자유도 확대되었고, 노동운동도 활발히 전개되어 노동조합이 늘어났다.

김영삼 정부(1993~1998)

✎ 김영삼 정부는 금융실명제를 전격적으로 실시하였다(1993). 차명으로 이루어지는 금융 거래를 금지시켜 부정한 돈의 거래를 막겠다는 취지로 실시된 금융실명제는

김영삼 정부의 대표적인 업적으로 평가된다. 돈은 햇빛을 싫어한다면서 금융실명제가 경제 위기를 가져온다는 주장까지 나왔으나 금융실명제는 비교적 순조롭게 정착되었다.

✍ 오랫동안 지속되던 우루과이 라운드가 타결되어 새로운 세계 무역 질서인 WTO(세계무역기구)체제가 수립되었다. 이런 상황에서 김영삼 정부는 선진국 클럽이라 불리는 OECD에 가입하고 경제 개방을 추진하였다. 그러나 이러한 성급한 경제 개방이 외환 위기의 하나의 원인이 되었다는 주장이 있다.

✍ 김영삼 임기 말인 1997년에 외환 위기가 발생하였다. 우리가 보유한 외환이 부족하여 외국에 지불할 대금을 감당하지 못하는 국가 부도 위기가 발생하였다. 미국, 일본에게 돈을 빌리는데 실패하면서 국제통화기금(IMF)과 양해각서를 체결하고 외화를 빌리게 되었다. 국제 통화 기금(IMF)이 긴급 자금을 빌려주는 조건으로 다양한 긴축 정책을 요구하였다. 이러한 IMF의 처방은 완전한 실패로 다음해인 1998년에 두 번째 마이너스 성장을 겪으면서 경제가 크게 어려워졌다.

김대중 정부(1998~2003)

✍ 국가적 위기 속에 등장한 치러진 대통령 선거에서 김대중 후보가 당선되었다. 김대중 당선인은 아직 대통령에 취임하기 전부터 대통령 당선인의 신분으로 경제 위기 극복을 위해 적극적으로 노력하였다.

✍ 고통을 분담하기 위하여 노동자와 사용자, 정부로 구성되는 노사정 위원회가 조직되었다(1998). 노사정 위원회 자체는 김대중 정부 이후에도 존속하지만 가장 영향력을 행사하였던 것은 김대중 정부 시기였다. 김대중 정부는 외환위기를 극복하기 위해 노력하였지만, 이 과정에서 미국과 IMF가 요구하는 신자유주의적인 경제 질서를 너무 지나치게 받아들였다는 평가를 받기도 한다. 외환위기 이후 한국 화폐의 가치가

폭락하면서 한국 제품의 가격 경쟁력이 높아졌고 수출이 늘어났다. 한국 돈의 가치가 떨어지면서 원화로 표시되는 한국 제품의 가격이 떨어졌고, 상대적으로 고가인 일본 제품보다 가격에서 우위를 가질 수 있었던 것이다. 결국 2001년에는 IMF로부터 빌린 빚을 모두 갚을 수 있었다. 그러나 경제 활성화를 위해 실시한 벤처 지원, 카드 발급 완화, 부동산 경기 부양 등의 정책은 여러 부작용을 남기기도 하였다.

한 · 일 월드컵(2002)이 개최되어 한국 국가대표 축구팀이 4강에 진출하였다.

노무현 정부(2003~2008)

노무현 정부는 미국과 한 · 미 FTA를 체결하였고, 수도권의 주요 공공 기관의 지방 이전을 추진하였다. 그러나 주택 가격을 안정시키기 위한 많은 노력에도 불구하고 부동산이 폭등하기도 하였다. 충청권으로 수도 이전을 계획하고 세종시를 건설하였으나, 헌법재판소의 판결과 야당의 반대 등으로 실현하지는 못하였다.

이명박 정부(2008~2013)

이명박 정부는 감세 정책을 통한 경제 활성화를 추진하고 그린 벨트를 해제하여 보금자리 주택을 공급하였다. 또한 4대강 사업을 실시하였고 해외 자원을 개발하기 위한 자원 외교를 추진하였는데, 여기에 여러 가지 문제점이 드러나고 있다.

박근혜 정부(2013~2018)

박근혜 정부는 '창조 경제'를 정책 과제로 내세우며 경제 혁신 3개년 계획을 시행하였다. 교육에서는 중학교에서 자유학기제 시행, 고교의 문 · 이과 구분 폐지 등을 추진하였다. 또한 역사교과서의 국정화를 추진하였다.

한편 서해상에서 일어난 세월호 참사(2014)는 국민들에게 큰 충격을 주었다.

원조 경제와 삼백 산업

1950년대는 미국의 원조에 국가 경제의 절대적 부분을 의지하였는데, 이를 원조 경제라 한다. 미국의 원조는 식량, 의복, 의약품 등 생활필수품이 중심이었고, 원조 물자를 가공한 면방직업, 제당업, 제분업의 삼백 산업이 발달하였다. 미국의 원조는 전후 복구와 절대 빈곤 해결에 큰 도움을 주었지만 부작용도 있었다. 미국의 농산물이 대거 수입되면서 국내의 농업 기반이 붕괴되고 면화와 밀 생산이 큰 타격을 받게 되었다.

◉ 원조된 건설자재로 공사하는 현장을 돌아보는 외국 관계자(위키피디아)

석유 파동

석유 가격이 급격히 상승하여 세계 경제에 큰 충격을 준 경제적 사건으로 오일 쇼크(oil shock)라고도 한다. 제1차 석유 파동(1973)은 중동 전쟁 이후 전쟁에 패한 아랍 국가들이 석유 무기화를 위해 석유 가격을 급격히 올리면서 발생하였다. 석유가 나지 않는 한국은 큰 위기를 겪었으나 중동 건설 시장에 진출하면서 막대한 외화를 벌어 위기를 벗어날 수 있었다. 1977년에는 당초 목표보다 4년 빨리 100억 달러 수출을 달성할 수 있었다. 제2차 석유 파동(1978)은 이란에서 이슬람 혁명이 일어나고 이란과 이라크 사이에 전쟁이 터지는 와중에 석유 가격이 크게 뛰면서 시작되었다. 세계적 경제 위기 속에서 그동안 해왔던 중화학 공업에 대한 과잉 중복 투자 문제가 부각되면서 다시 불황을 겪게 되었다. 이 와중에 10 · 26 사태로 박정희가 죽고 정치적 위기까지 발생하였다. 유신 체제는 석유 파동과 함께 시작되어 석유 파동과 함께 종말을 맞았다 해도 과언이 아니다.

IMF(국제 통화 기금) 관리 체제

IMF는 제2차 세계 대전 이후 자본주의 체제의 몰락을 방지하고 자유무역을 촉진하기 위한 브레턴우즈 협정에 의해 설립된 국제기구이다. 국제적으로 외환 시세를 관리하며 일시적으로 외환이 부족한 국가에 대하여 외환을 대여하였다. 한국은 1997년에 외환 부족을 겪으면서 IMF로부터 자금을 빌렸는데, 자금 대여의 조건으로 IMF가 여러 가지 요구를 제시하였다. 재정을 긴축하고 이자율을 올리고 노동 시장을 유연화하도록 하였으며, 은행의 건전성을 확대하도록 요구하였다. 한국은 IMF의 지시를 충실히 따랐고 그 결과 엄청난 경제 불황을 겪게 된다. 최근에 남유럽 경제 위기에서 IMF나 다른 국제 기구가 처방하는 것에 비하여 한국에 대해서는 훨씬 엄격하고 구체적인 요구를 하였는데 결과는 그다지 성공적이지 못하였다.

노동 운동의 발전

① 일제 강점기에 노동 운동 · 농민 운동이 발전하면서 사회주의 계열이 중심이 되어 많은 노동 조합 · 농민 조합이 결성되었으며 다양한 활동이 전개되었다.

② 해방 이후 남북이 분단되는 과정에서 극단적인 이념 대립이 나타나면서 좌익 진영이 주도하던 노동 운동과 농민 운동은 미 군정과 이승만 정부의 탄압을 받게 되었다.

③ 1960년대 이후 경제가 성장하면서 노동자들이 늘어났으나 이들은 낮은 임금과 열악한 노동 조건에서 일해야 했다. 노동자의 저임금을 유지하기 위한 저곡가 정책으로 농촌도 어려움을 겪어야 했다. 4·19 이후에는 교원노조 설립운동이 전개되었으나, 정부의 탄압으로 좌절되었다.

④ 1970년 청계천 평화시장의 피복 공장 노동자였던 전태일의 분신은 노동 현실에 대한 사회적 관심을 환기시켜주었고, 이후 많은 대학생들이 노동 운동에 뛰어들면서 해방 이후 한국의 노동 운동이 발전하는 밑거름이 되었다.

⑤ 1987년 6월 항쟁 이후 노동 운동이 본격적으로 성장하였다. 정치적으로 민주화가 진행되면서 노동자들은 직장마다 노동조합을 조직하였고, 기존의 한국노총 외에 전국 민주 노동조합 총연맹이라는 전국적인 조직도 등장하였다(1995). 사무직 노동자들의 노동조합 결성도 늘어났고 교사들도 전국 교직원 노동조합을 결성하였다(1989). 민주노총과 전교조는 모두 김대중 정부 시기에 합법화되었다.

⑥ 1997년에 외환 위기 발생하면서 신자유주의가 확대되고 노동 시장의 유연화가 확산되었다. 비정규직 노동자가 급증하고 청년 실업이 늘어나는 것이 오늘날 중요한 사회 문제가 되고 있다. 또한 외국인 노동자들이 대거 유입되어 제조업 분야에 진출하였다.

💬 대중 문화의 발달

① 경제가 발전하고 대중 매체가 보급되면서 대중 문화도 점점 발달하였다.

② 1960년대에는 한국영화가 1400편 넘게 제작되며 한국영화의 황금기로 불리었다.

③ 1970년대에는 텔레비전의 보급에 따라 영화에 대한 관심이 줄고 텔레비전 드라마가 크게 유행하였다. 인기 있는 드라마가 방영되는 시간에는 길거리에 인적이 끊길 정도였다.

④ 1980년대에는 컬러텔레비전이 보급되었고, 청소년이 대중 문화의 주인공으로 등장하였다. 대학가에서는 민중가요가 많이 불리었다.

⑤ 1990년대에는 가요의 인기가 크게 성장하면서 한국 가요의 황금기를 맞이했다.

⑥ 2000년대 이후에는 대형 기획사들이 가요계를 주도하게 되었고, 한국의 대중문화가 세계적으로 유행이 되는 한류 열풍이 불었다. 또한 유튜브 등 인터넷을 통하여 한국의 대중문화를 접하고 한국을 동경하는 외국인들이 늘어나고 있다.

◎ 전쟁이 한창이던 1951년 당시 대구 풍경을 그린 만화(출처 국사편찬위원회, 소장 박건호)

노쌤의 달 달 한국사

발행일	2016년 1월 5일 초판 인쇄
	2016년 1월 15일 초판 발행
저 자	노동진
발행인	황인욱
발행인	도서출판 **오래**
주 소	서울특별시 용산구 한강로 2가 156-13
전 화	02) 797-8786, 070-4109-9966 (대표)
팩 스	02) 797-9911
메 일	orebook@naver.com
홈페이지	www.orebook.com
출판신고번호	제302-2010-000029호. (2010.3.17)

ISBN 979-11-5829-010-8   [정가 22,000원]